太原通史

太原通史编委会 编

先秦秦汉卷

中华书局

序

    《太原通史》是在中共太原市委、太原市人民政府的大力支持下，由太原市三晋文化研究会承担并主持，聘请山西大学、山西省社会科学院、山西博物院、太原市社会科学院、太原市文物考古研究所的部分专家撰写的，这是太原市文化建设的一项功在当代、惠及后人的基础性工程。

    太原历史的研究，世人已做了大量的工作，仅同一书名的"太原史话"就有六种之多，其他如《太原史稿》《话说太原》《太原春秋》以及见于报刊的文章等，这些读物和论述，无疑对宣传太原历史和晋阳文化起到了一定的作用。但是，在文化大发展大繁荣的形势下，还没有一部较全面、系统和权威性的反映太原历史的学术专著问世。太原市三晋文化研究会顺应这一形势的要求，邀请省城有关专家就编撰《太原通史》进行了反复讨论。专家们认为，鉴于我们多年的努力和取得的研究成果，编撰一部集科学性、学术性、可读性为一体，具有较高水平和质量的《太原通史》，条件已经具备，时机已经成熟。2006 年 7 月，经市委、市政府主要领导批示，即组织省城专家开展工作。《太原通史》时空界定，上起旧石器时代，下止中华人民共和国成立，全书共分六卷出版，即《先秦秦汉卷》《魏晋北朝卷》《隋唐五代卷》《宋金元卷》《明清卷》《民国卷》。

    太原，是一座具有 5000 年文明史和 2500 多年建城史的国家级历史文化名城。由于其独特的地理环境和战略地位，对中国历史的发展产生了重大影响。太原地处我国北方游牧民族和中原华夏民族的交错地带，是北方各民族融合的前沿地区，有力地促进了多元一体中华民族的形成和发展。在春秋战国、魏晋南北朝、五代十国三次大的封建割据时期，太原是北方诸侯创业立国的基地，也是中原统一王朝的北方重镇、"中原北门"。历史上有九个独立王朝在太原建立了国都或陪都，累计 300 余年，时间跨度近 1400 年，它的历史地位和作用，是包括我国"八大古都"在内的都城所不可替代的。在太原历史上出现的重要历史人物和发生的重大历史事件，几度影响着中国历史的发展进程。

太原历史上的辉煌，铸就了众多的闪光点。晋平公十七年（前541），"晋中行穆子败无终及群狄于大原"，在这次征战中，晋将魏舒"毁车以为行"，改车战为步战，取得了胜利。从此，步兵作为新的兵种出现在战场上，在战争史上具有划时代的意义。晋出公二十二年（前453），智伯联合韩、魏围攻赵襄子的晋阳之战，以智伯失败而告终，导致了韩、赵、魏三家分晋，形成了"战国七雄"的格局。赵肃侯二十五年（前325），赵武灵王即位，进行了一次以"遂胡服，招骑射"为主要内容的改革。赵人着胡服，在胡人看来是友好的表示，于是林胡王献马，楼烦王致兵，归顺赵国。赵武灵王依靠改革后组建的骑兵优势，使赵国一跃成为东方最强大的国家，齐、楚等国纷纷效仿"胡服"。"胡服骑射"改革的成功，冲淡了当时"华优夷劣"的世俗观念，有力地推动了民族融合的进程，为秦汉建立统一的多民族的封建国家，奠定了思想基础。汉高祖十一年（前196），封皇子刘恒为代王，都晋阳。刘恒治代的十七年，正是他思想逐渐成熟的青少年时期，对太原地区自春秋战国以来多民族杂居、交往产生的智慧和人文精神，耳濡目染，形成了其治国安邦的思想理念。刘恒继位后，采取了"约法省禁""轻徭薄赋""与民休息"等一系列措施；在边陲防务上，采用了"坚边设候，结和通使"的政策，这些措施和政策景帝时继续沿用，使土地开辟，人口增加，经济繁荣，社会安定，史称"文景之治"。

北魏正光五年（524）爆发了六镇起义，形成了东胡秀容川尔朱荣和鲜卑化汉人高欢先后坐镇太原控制北魏的局面，太原遂为北魏"霸府"、东魏下都、北齐别都，是当时政治、经济、文化和对外交流的中心，成了实际上的国都，被誉为国际大都会。显祖高洋尝登童子佛寺，望并州城曰："此是何等城？"部下回答道："此是金城汤池，天府之国。"

隋朝末年，爆发了全国性农民起义。大业十三年（617）七月，太原留守李渊经过周密布置，在太原起兵，很快攻入长安，建立了我国历史上最强的唐王朝。唐太宗李世民，青少年时期生活在太原，接受着太原地区多民族文化的熏陶，他重视多民族经济、文化的发展，使唐王朝出现了前所未有的边塞通和，社会安定，经济繁荣，史称"贞观之治"。五代时期，突厥沙陀人李存勖、石敬瑭、刘知远和刘崇，都是以河东节度使身份在晋阳起兵，先后建立了后唐、后晋、后汉和北汉政权。刘崇的北汉政权，以晋阳为国都，与后周、北宋抗衡了29年。

后周显德七年（960），殿前都点检赵匡胤"陈桥兵变"，建立了宋王朝。他先后于开宝二年（969）、开宝九年两次征伐北汉不克。太平兴国四年（979），宋太宗赵光义以"太原我必取之"的决心，亲征北汉，用了五个月的时间围攻晋阳，才迫使北汉皇帝刘继元投降。宋太宗痛恨晋阳军民拼死抵抗，痛恨晋阳城坚固难攻，下诏火烧、水灌晋阳城，这座具有1500多年历史的北方重镇被彻底毁灭了。两年后，在并州知州符昭愿的主持下，于晋阳城北25公里的唐明镇修建了太原城，宋仁宗时，升并州太原为太原府。

金天会三年（1125），金太宗下诏分两路伐宋。西路军宗翰率金兵由大同南下，在太原遇到了顽强的抵抗，尤其是宋钦宗割让太原、中山、河间三镇的诏书到达时，守将王禀拒不接受，他和知府张纯孝率领当地军民坚持抗战250余天。金兴定元年（1217）蒙古军在木华黎的率领下进攻太原，金太原知枢府事乌古论德升"植栅为拒"，与太原军民一起，坚守十余日。太原失守后，晋阳公郭文振"迁老幼于山寨，得壮士七千，分驻营栅"，又率众"夜登其城，斩馘甚众，所获马仗不可计，护老幼二万余口以出"。这期间，太原虽一度收复，但在蒙古军队强大的攻势下，太原终被占领。

元至正二十八年（1368）朱元璋在南京即皇帝位，派大将常遇春、徐达攻占太原。明太祖对太原的战略地位和防务十分重视，于洪武三年（1370），封其三子朱棡为晋王，设太原都卫。朱棡委其岳父永平侯谢成大规模扩建太原城，又在府城东修建了雄伟壮丽的晋王府。明王朝迁都北京后，太原直系京师安危。明王朝又置"九边重镇"，太原处于中心地位。明后期，女真后金部强盛起来。明崇祯九年（1636），后金皇太极称帝，改国号"大清"。清兵入关，太原是其南下的战略要地。清将叶臣破固关，兵临太原城下，太原守将陈永福率部坚壁清野，坚守抵抗。叶臣调来西洋"神炮"集中轰击城西北角，清军才攻下太原城。

1911年10月10日，孙中山领导的革命党人在武昌起义，辛亥革命爆发。太原革命党人积极响应，公推姚以价为司令官。10月29日凌晨，姚以价在狄村营地广场集合队伍，向新南门进发，在城内革命党人的配合下，很快占领了军械库等要地，并攻占了巡抚衙门，击毙山西巡抚陆钟琦和陆军协统谭振德。随后又攻占了八旗兵驻地新满洲城，革命党人取得了胜利。太原起义成功，为辛亥革命推翻中国历史上最后一个封建王朝作出了贡献。

1921年7月，中国共产党第一次全国代表大会在上海召开，从此，中国人民的革命斗争在中国共产党的领导下，揭开了新的篇章。太原娄烦人高君宇是早期的马克思主义者，中国共产党最早的党员之一。1924年5月，高君宇受李大钊的委派回到太原，着手建立太原党组织，并筹划山西的国共两党合作事宜。同年秋，中国共产党太原支部正式成立。太原人民在党的领导下，进行了一系列反帝反封建的革命斗争，影响较大的有"五一八"反房税斗争、国民师范学潮和声援"五卅"反帝爱国运动等。太原成了当时山西的政治中心，革命斗争的前沿。

1931年，日本帝国主义发动了九一八事变，侵占东北三省，进而加紧对华北的进攻。在民族危机日趋严重的时刻，1936年5月，毛主席致信阎锡山，希望他与共产党联合抗日，并派代表主动对阎锡山做争取工作，阎终于同意与共产党联合抗日。1937年七七事变爆发后，7月31日，阎锡山向彭雪枫表示：自今日起，可用红军和中共代表的名义公开进行活动。至此，山西国共两党抗日民族统一战线正式建立。以彭雪枫为主任的八路军办事处在太原挂牌开展工作。9月上旬，中共中央代表周恩来率团来太原，与阎锡山商谈八路军三个师开赴山西进行抗战的相关问题。周恩来在太原期间，先后在国民师范、成成中学、太原女师和海子边"自省堂"等处演讲，号召青年脱下长衫，换上短衣去战斗。当时在太原云集了一批来自北京、天津、上海、武汉和东北等地的青年学生，太原被进步人士称作"二延安""革命时期的广州"，在民族危亡的关键时刻，太原走在了时代潮流的前沿。

1937年9月下旬，日军坂垣第五师团一部向平型关发起攻击，八路军一一五师在师长林彪的指挥下，经过激战，把被包围在十余里长夹沟的日军一千余人全部歼灭，击毁日军汽车百余辆，大车二百余辆，缴获大批枪支弹药和作战物资。平型关大捷，是八路军抗战后第一个大胜仗，极大地增强了全国人民抗战的决心和信心。1937年10月，日军集中兵力向山西军事要地忻口发动进攻。阎锡山从五台返回太原，决定在忻口与日军决战，调动兵力，制定作战部署。在近一个月的激烈战斗中，中国军队共歼灭日军两万余人，中国军队也伤亡惨重，第九军军长郝梦龄、第五十四师师长刘家麒、独立第五旅旅长郑廷珍三位将军，在指挥作战时不幸阵亡。忻口战役是抗战初期华北地区最重要的会战，与淞沪、徐州、武汉会战，并称"四大战役"。为配合忻口战役，八路军一二九师派出一个营的兵力，于10月19日夜袭日军在代县阳明堡的军用飞机场，将日军25架飞机全部炸毁，歼敌百余人，有力地支援了忻口战役的中国军队。在忻口战役激战时，太原成成中学师生400余人在校长刘墉如的带领下，成立了"成成中学师生抗日游击队"，投笔从戎，奔赴抗日战场。他们配合八路军转战晋西北和塞北草原，前后共有200多位师生为国捐躯，谱写了可歌可泣的壮丽篇章，"成成烽火"永载史册。

1937年11月8日太原沦陷。太原人民在中国共产党的领导下，对日本侵略者展开了英勇顽强的斗争。城内地下党组织深入工厂、学校发动群众，利用各种机会和途径，收集情报，输送物资。城外抗日根据地的军民反"扫荡"，拔据点，开展游击斗争。1940年11月，根据中共中央的指示精神，成立了晋绥八分区，领导太原地区的抗日斗争。在交城、古交、文水、清徐等地，有力地打击了敌人。1942年12月，晋绥八地委落实毛主席"把敌人挤出去"的号召，时任交城县抗联主任、宣传部部长的华国锋同志领导群众进行"空室清野"和"反对维持"的斗争，切断了敌人的运输线，使敌人断粮、断水，被困在了炮楼里。到1943年7月，芝兰据点的敌人被迫撤退。晋绥八分区把芝兰作为"把敌人挤出去"的典范，受到了毛主席和中共中央的表彰，晋绥边区迅速掀起了大规模"把敌人挤出去"的高潮。太原军民的抗日斗争，山西国共两党抗日民族统一战线的建立，为中国人民抗日战争的胜利作出了重大贡献。

抗战胜利后，蒋介石电邀毛主席赴重庆进行和平谈判，国共两党代表签署了《停战协定》。阎锡山由孝义返回太原，为了巩固其在山西的统治，破坏停战协定，阻挠军事调停，改编留用日伪军政人员，并在太原城周边大肆修建碉堡工事。同时，推行"兵农合一""净白阵营""三自传训""平民经济"等政策。1948年7月晋中战役后，中共中央军委决定组成以徐向前为书记的中共太原前线委员会，和以徐向前为司令员兼政治委员的太原前线司令部，指挥解放太原的战役。在围困太原期间，先后攻占了太原城外围的小店、武宿和东山四大要塞等地，形成了总攻形势。同时，进行政治攻势，瓦解敌人。经过多方面的工作，策动了国民党第三十军军长黄樵松起义。因三十军二十七师师长戴炳南向阎锡山告密，致使起义失败，黄樵松将军和解放军的联络人晋夫、王震宇被捕，三人在南京国民党监狱英勇就义。1949 年 4 月 21 日，毛主席和朱总司令发布《向全国进军的命令》，22 日全部肃清太原外围据点，于 24 日早 5 时半，对太原城发起总攻，经过激烈战斗，全歼守敌，太原宣告解放，太原人民获得新生。

《太原通史》撰稿中遵循从实际出发、以史为据、突出重点的原则，体现了如下几个方面和特点：

1．突出太原历史发展的闪光点。在全面反映太原历史发展过程中，把在我国历史上产生过重大影响的历史人物和历史事件作为重点，浓墨重彩。历史人物，如先秦秦汉时期的赵简子、赵襄子、刘恒，魏晋北朝时期的高欢、高洋，隋唐五代时期的李渊、李世民、武则天、李光弼，宋元时期的赵光义、杨业、王禀、乌古论德升，明清时期的朱枫、陈永福，民国时期的阎锡山，党的创始人之一的高君宇，以及薄一波、彭真、徐向前等在太原地区参加过革命斗争的党的领导人；历史事件，如三家分晋、刘恒治代、东魏北齐的中心地位、李渊起兵、李光弼坚守太原、五代更替、宋金元守城战役、晋商之都；近代争矿运动、义和团斗争、辛亥太原起义、太原建党及其斗争、抗日战争中的地位、解放太原等，对于上述列举的人物和事件，重点叙述并给予实事求是的评价。

2．正确把握太原在历史上的地位和作用。由于太原独特的地理位置和自然环境，战略地位十分重要，被称作北方重镇、中原北门、京师屏障，历来为兵家必争之地，史籍上也多有评述："东带名关，北逼强胡，年谷独孰，人庶多资，斯四战之地，攻守之场也。"（《后汉书·冯衍传》）"襟四塞之要冲，控五原之都邑，雄藩剧镇，非贤莫居。"（《李太白全集》）"刘安世曰：'弃太原则长安、京城不可都也。'……夫太原为河东都会，有事关、河以北者，此其用武之资也。"（《读史方舆纪要·山西二》）等。刘恒治代 17 年，李世民青少年时在太原度过，在他们登上皇位之后，出现了汉代的"文景之治"和唐代的"贞观之治"这两个历史上的盛世。太原地处北方游牧民族与中原华夏民族的交错地带，是我国北方各民族融合的前沿地区，为多元一体中华民族的形成和发展，起到了重要的作用。

3．加大反映太原历史文化的分量。太原的历史，不仅在政治、经济、军事等方面有着重要的地位，而且在文化方面也有着丰富的内涵和深厚的底蕴。历史上太原地区不仅是我国北方多民族文化融合的前沿，也是儒、释、道兴盛的地方。特别在东魏、北齐时期，成为中西文化交流的中心，给我们留下了丰富多彩的文化遗产。春秋大墓的青铜艺术，北齐娄睿墓、徐显秀墓的壁画艺术，隋代虞弘墓的浮雕艺术，以及龙山、天龙山石窟艺术和晋祠宋代彩塑艺术等，都是国内的精品。截至目前，太原有国务院公布的国家级文物保护单位38个，国家非物质文化遗产18项，在《太原通史》中都有重点反映。对于太原地区的民俗、民风和民间艺术，经过调查、整理，也反映出来。

4. 贯彻厚今薄古、详略适当的原则。《太原通史》分作六卷，在篇幅安排上，贯彻厚今薄古的原则。《隋唐五代卷》，"贞观之治"和大唐鼎盛与太原有着重要的因果关系，因此内容安排较《先秦秦汉卷》《魏晋北朝卷》《宋金元卷》为多；《明清卷》《民国卷》两卷涉及面广，为广大读者所关注，特别是从辛亥革命开始经历的太原建党、抗日战争到太原解放，更贴近民众的生活实际，因此安排内容最为详尽丰富。这样摒弃了各卷平均安排的弊端，做到了详略适度。

《太原通史》是一部较全面、系统反映太原人民以爱国主义为核心的民族精神的历史长卷，是历史赋予并州儿女的一笔丰厚的文化遗产和精神财富。习近平总书记指出：对中国人民和中华民族的优秀文化和光荣历史，要加大正面宣传力度，通过学校教育、理论研究、历史研究、影视作品、文化作品等多种方式，加强爱国主义、集体主义、社会主义教育，引导我国人民树立和坚持正确的历史观、民族观、国家观、文化观，增强做中国人的骨气和底气。留住历史记忆，进行书写、传承和宣传，是我们义不容辞的责任；为弘扬中华民族的英雄品格、民族气节和爱国主义精神，实现中华民族伟大复兴的中国梦，我们不遗余力。

太原通史编委会

2024 年 6 月

目 录

前　言

本卷为《太原通史》第一册，讲述太原地区旧石器时代、新石器时代、夏商周以迄秦汉时期的历史。

一

《诗经》："薄伐猃狁，至于大原。"大原即太原，这是太原之称见诸文献的最早出处。"原"字本意为水流的源头，甲骨文作"𤽎"或"𤽒"，隶为"泉"，像涓涓流水。金文在其上再加表示人可居住的崖窟"厂"而成"𤽎"或"𤽒"，隶为"原"。"原"字本意即为源泉，加偏旁厂，意为高平有水，人可生产居住之地。《诗经》"薄伐猃狁，至于大原"中的"大原"，一般认为是指甘肃东南部一带，或以为指今山西晋南地区。

《尚书·禹贡》记载大禹治水时也谈到"太原"："既载壶口，治梁及岐。既修太原，至于岳阳。"此处"太原"指代哪里，也是众说纷纭，如王玉哲考证说"位于壶口东与岳阳间之古太原，必在平阳附近"[1]，而于逢春则认为其"不在汉之河东郡而在太原郡"[2]。至于《春秋经·昭公元年》"晋荀吴帅师败狄于大卤"一事，三《传》都有记载，"大卤"作"大原"，《公羊传注疏》曰："此大卤也，曷为谓之大原？地物从中国，邑人名从主人。"此所谓"大卤""大原"应指今太原地区，不过这时仍是一个大的地理区域泛称，而不是行政区划名。

从秦昭襄王四十八年（前259）"司马梗北定太原"，到秦庄襄王三年（前247）"攻赵榆次、新城、狼孟，取三十七城"，再到"初置太原郡"，太原终于从泛称转变为专用地名、行政建置名，成为山西省会，迄今不改。

---

① 王玉哲《西周太原之地望问题》，《古史集林》，中华书局，2002年。
② 于逢春《太原考》，《兰州大学学报（社会科学版）》1984年第2期。

并州是太原的主要别称。

相传帝尧时期，天下洪水浩荡，大禹秉承帝尧命令，浚川敷土，随山刊木，依山川形势，划天下为九州。不过《尚书·禹贡》的九州无并州，并州地区当时包含在冀州范围之内。《尚书·舜典》又有舜肇十二州之说，《史记·五帝本纪》"肇十有二州"，《集解》："马融曰：禹平水土，置九州。舜以冀州之北广大，分置并州。燕、齐辽远，分燕置幽州，分齐为营州，于是为十二州也。"

《周礼·职方氏》记载的九州中有并州："正北曰并州，其山镇曰恒山，其泽薮曰昭余祁，其川虖池、呕夷，其浸涞、易。"古恒山在今河北曲阳，昭余祁薮在今晋中盆地。《周礼》所言并州包括今河北保定、正定和山西太原、大同等地。

并州何以言并，历来众说不一。古时以兼并说和地形说为盛。随着考古发现的增多，人们逐渐认识到，太原所以有并州之称，得于远古时期的"并人部落"。并氏应为一尚箭之民族，或为传说史中赫赫有名的后羿族一支。其族原居于山东，至迟到商代，并氏已在今山西省中部一带活动，或许就在今太原、石楼一带①。汉武帝元封五年（前106）参照古代九州、十二州之制，将全国分为朔方、交趾及冀、幽、并、兖、徐、青、扬、荆、豫、益、凉等十三州。以各州为一个监察区（部），共十三部，每州（部）设置刺史一人监察政治情况，其性质与秦代的监御史相当，习惯称之为十三州刺史。并州刺史部监察太原、上党、云中、定襄、雁门、代郡六郡。至汉成帝绥和元年（前8），刺史更名为牧，州牧从仅有监察之权变成拥有直接指挥各郡首长权力的大员。中国地方行政机构遂由郡、县二级制变为州、郡、县三级制。这一制度在西汉末期至南北朝的数百年间，作为中国地方行政架构的主要形式而不改。并州牧治所主要设于晋阳（太原）城内，并州遂成为太原的主要称谓之一。

二

今日之太原市，北接忻州，东连阳泉，西交吕梁，南界晋中，三面环山，共辖六区三县及一个县级市。全市面积6988平方公里。撰述《太原通史》自然应该着

---

① 王永波：《并氏探略——兼论殷比干族属》，《考古与文物》1992年第1期。

眼于此区域，然而历史上行政区域是不断变化的，可以说代有不同。何况本卷描述的历史包括史前阶段，史前人们本就没有什么行政区域概念，族群生活更多依赖自然地理环境。太原位于晋中盆地北沿，在史前文化阶段，包括夏商周时期，其文化面貌与盆地迤南的广大区域更为一致。这就要求我们在描述太原历史时，既关注太原地区，还要兼顾周围地区[①]，更多时期是将晋中盆地作为一个整体看待。

人类生活与其所处环境有着密不可分的关系，所谓一方水土养一方人。我们所在的晋中盆地，或称太原盆地，位居山西中部。南北长约 150 公里，东西最宽处约 40 公里，面积 5000 余平方公里。海拔高度 700—800 米。地理坐标为东经 111°38′—112°54′，北纬 36°51′—38°14′，此纬度线，即研究者所谓的农牧分界线。宜农宜牧的自然条件，塑造了晋阳地区人民粗犷、豪放、不屈不挠的个性和艰苦奋斗、勇于开拓的精神，也形成了农耕和游牧兼收并蓄的民族文化特性。

宇宙洪荒，桑田沧海，亿万年的地质运动，形成了太原今天的地质地貌。流经盆地的汾河为黄河第二大支流，为盆地提供了丰沛的水资源，广泛分布的黄土堆积为农业发展提供了必备条件，而煤、铁、铜、硫磺、硝、盐、矾等矿藏也是太原先民因之生存的自然因素，直至今天，这些矿藏仍是太原经济发展的重要支柱。

"打开灵石口，空出晋阳湖"是山西有名的民间传说，尤其盛传于太原、晋中一带。传说很久以前，晋中地区是一个很大的湖泊，称晋阳湖。大禹在灵石县夏门村打开该湖南口，空出湖水，人们因此安居乐业。其实，传说中的这个大湖，大约肇始于地质年代的第三纪末至第四纪初，约 300 万年前最终形成。这也正是人猿相揖别的时期。第四纪以来，晋中盆地基本上为一片汪洋大泽。大约距今 6000 年起，湖面随着人类的活动逐渐缩小。先秦时期，湖面面积尚存约 1800 平方公里，占晋中盆地总面积的 36%。

三

人类产生于第四纪之初，考古工作者把属于更新世、以打制石器为主要工具而基本不知道磨制石器的文化遗存，称为旧石器时代文化。晋中盆地位于中国北部黄

---

① 黄河东岸吕梁山区自半坡文化至夏代早期诸文化的传承关系，当与太原盆地一致。参见国家文物局等《晋中考古·结语》，文物出版社，1999 年。

土高原之上，在其周围有闻名世界的北京猿人遗址、有距今约 200 万年的河北阳原小长梁遗址、距今约 170 万年的山西芮城西侯度遗址、距今约 60 万年的芮城匼河遗址，与太原同处汾河流域的襄汾丁村遗址年代距今约 10 万年，也是驰名世界的旧石器文化遗址。

中国北方地区的旧石器时代文化，可分为"大石片砍砸器—大三棱尖状器传统"和"船头状刮削器—雕刻器传统"两大体系。其中"大石片砍砸器—大三棱尖状器传统"分布范围大致在山西南部、陕西东部和河南西部，"船头状刮削器—雕刻器传统"大体分布于河北北部、山西北部和辽宁西南部一带。

从 20 世纪 50 年代起，汾河流域及其支流两岸的台地上多处发现旧石器地点，太行山西麓也发现了一些诸如古交遗址、古钢石器地点等旧石器时代遗存。发现的早期石器以大石片砍砸器和三棱尖状器为主，即和所谓的"大石片砍砸器—大三棱尖状器传统"有着更多的一致性。远古先民沿着汾河谷地这条天然通道迁徙流布，因此产生了相近的文化。到旧石器时代晚期，除"大石片砍砸器—大三棱尖状器传统"的石器文化有所发展外，流域范围内新发现了一些器型以船头状刮削器、雕刻器为主，小型石器占比较大、种类也更多的石器地点，即所谓"船头状刮削器—雕刻器传统"石器地点。此外还发现了细石器文化遗址。晋中盆地地处两大区系之间，从旧石器时代开始，已经表现出了兼容南北的文化二重性。

四

在东北亚地区，旧、新石器时代交替大约发生于距今一万年前后。在晋中盆地周边，发现了位于内蒙古自治区海拉尔、扎赉诺尔[①]，陕西省大荔沙苑，河南省许昌灵井，山西省吉县柿子滩等地的中石器时代（旧、新石器时代过渡期）遗址，以及北京市东胡林人墓葬等新石器时代早期遗址、山西省翼城枣园等新石器时代中期的遗址。

中国旧石器文化与非洲、欧洲的旧石器文化有区别，而且自身也有不同的区系。到新石器时代，文化区系的分化更为明显，在分合、融汇、碰撞与消长中，中

---

① 早在 1933 年，在内蒙古呼伦贝尔的扎赉诺尔就发现了第一个被认为是中石器时代的文化遗存及人类头骨化石。这个头骨化石后来被定名为"扎赉诺尔人"。经研究，扎赉诺尔人是形成中的蒙古人种。

华大地最终形成了以中原地区为核心，以黄河流域、长江流域等文化区域为主体，以诸区域性文化为元素的重瓣花朵式格局，从而为多元一体的中华民族的形成奠定了基础[①]。

　　新石器时代是原始农业文明产生和发展时期。仰韶时代，中华文明的曙光在东方初露，产生了"仰韶古城""红山古城"和"良渚古城"等，其大体处于距今 5500—4500 年这个阶段。在中国古代典籍中，这个阶段被称为古国阶段，又称"万国"或"万邦"，相当于古史传说五帝中的黄帝、颛顼、帝喾时代。从距今大约 4500 年开始，由古国阶段逐步发展到方国阶段。方国阶段从距今大约 4500 年至公元前 221 年秦统一，大体相当于古史传说中的尧、舜和夏、商、周三代[②]。

　　晋中盆地四周群山环抱，中间湖波荡漾，具有得天独厚的人类自然生存环境，目前仅发现新石器时代晚期遗存。结合周边考古发现，我们有理由相信，在晋中盆地周边以及山间盆地山水结合部的台地上，很可能发现新石器时代中期[③]甚至早期文化遗存。我们寄希望于考古工作者的努力。

　　晋中盆地目前发现的新石器时代遗址，以童子崖 2 号房址（F2）、太谷上土河 1 号灰坑（H1）等为最早，其文化与源于河北省被称作后岗一期文化的特征更为接近，属于仰韶时代早期；仰韶时代中期，即成熟时期庙底沟文化遗址，在晋中盆地多有发现；到仰韶时代晚期，义井文化横空出世。义井文化因发现于太原市万柏林义井村而得名。它与太原周边诸如黄河上游甘、青地区的马家窑文化，内蒙古海生不浪文化，豫北冀南的大司空文化等相互激荡、交流、融合，在积极同外部交往的同时，又保持着自己的独立性，为以后的文化时代奠定了坚实的基础。晋中地区普遍发现了龙山时代文化遗存，由于有其自身特点和分布范围，已构成一个单独的文化类型，名之为"杏花文化"。其文化特征与黄河中下游中原文明特征相去较远，而与北方地区龙山文化因素大体一致。晋中盆地位于燕山、长城和关中、晋南、豫西两大新石器时代文化区系之间，是探讨冀西北及晋东北长城地带和黄河流域文化关系之重要区域，其向东经河北与以山东为中心的东方文化交往频繁，向西与吕梁

---

① 严文明、李零《中华文明史》第一卷《绪论》，北京大学出版社，2006 年。
② 李伯谦《中国从"古国"、"方国"到"帝国"》，《人民日报》2009 年 8 月 7 日。
③ 娄烦县西街采集到的折唇壶，与翼城枣园灰坑 1∶89 所出折唇壶相似，或许两者之间有着相同或近似的文化因素。参见国家文物局等《晋中考古·结语》，文物出版社，1999 年。

山及黄河西岸榆林等地的文化面貌相近。考古发现和传说历史都说明了太原地区的交汇东西、沟通南北的文化特性。

太原地区流传大量有关黄帝、蚩尤乃至炎帝的传说故事。《尚书校释译论·周书·吕刑》引《述异记》曰："秦汉间说，蚩尤氏耳鬓如剑戟，头有角，与轩辕斗，以角抵人，人不能向。今冀州有乐名蚩尤戏，其民两两三三，头戴牛角而相抵。汉造《角抵》，盖其遗制也。太原村落间祭蚩尤神，不用牛头。今冀州有蚩尤川，即涿鹿之野。汉武时，太原有蚩尤神昼见，龟足蛇首，□疫，其俗遂为立祠。"《述异记》还提到"太原神釜冈中，有神农尝药之鼎存焉"。神釜冈的具体位置无考，但阳曲县轩辕庙、阪泉庙史籍有载。《永乐大典》卷五二〇三："阪泉庙，在（阳曲）县东北六十里罕山西北。旧经引《春秋》晋文公卜遇黄帝战于阪泉之兆，故立庙于此。有唐太和六年修庙碑。"明《（万历）太原府志》：阳曲县"轩辕庙，一在阪泉山，一在南关"。阳曲县至今还流传着轩辕道、黄帝战蚩尤等地名和传说故事。晋南、晋东南、晋中都有傩戏遗踪，故事以远古时代黄帝与蚩尤战争为题材。今天湖南、贵州等民俗文化中还较多地保存有傩戏遗存，结合当地流传黄帝与蚩尤争战并从中原退居长江流域的传说，我们大胆猜测，傩戏也许和蚩尤族系有着较深的渊源。

仰韶时代早期，中原地区并立着三支考古学文化，即后岗一期文化、半坡文化和庙底沟文化。此时东西两支文化比较强大，相互间不断渗透和影响，庙底沟文化相对较弱，他们不断吸收东西两支文化的先进成分，至庙底沟文化中期，开始向四周扩展与传播，在由南而北发展过程中，黄河、汾河支流起到了通道作用。晋中盆地周缘台地及吕梁山地的河谷两侧台地，是此类文化遗址的主要分布地点。他们发展到此地后，积蓄力量并继续向北向东推进，到达桑干河流域和河套地区，形成庙底沟文化白泥窑子类型，最后融入源于大凌河的红山文化。或以为红山文化为黄帝族团文化，盖源于此。庙底沟文化的另一支沿着后岗一期文化西进路线折而向东，进入河北省北、中部地区，表明黄帝族系已进入蚩尤的老家。距今6000年左右，庙底沟文化与后岗一期文化的对峙局面终于宣告结束，河北平原地区的文化受到严重破坏，除磁县钓鱼台等少数遗存与庙底沟文化近似外，大部呈现出萧条景象，显示出战争对文化的破坏程度之巨，亦可见冀西北的涿鹿一带包括太行山东麓地区已归属黄帝族团。后岗一期文化所代表的部族，一部被迫南迁，抵达江汉东部地区，最终形成黎苗集团①。正如研究者所谓："一方面是半坡—庙底沟文化在整个黄河中、上游地区的广泛分布，一方面是后冈一期文化从河套、张家口、汾河流域的迅速消失，最后当庙底沟文化出现在太行山东侧后，黄河以西地区便不复见后冈一期文化及其后裔的踪影。"②

种种迹象说明，中原地区仰韶时代诸考古学文化，对中国上古史中炎黄、蚩尤等族团的传说，起到了重要支持；或者说，上古史中的一些传说故事，很可能就是庙底沟文化、后岗一期文化、义井文化等考古学文化所代表远古族团的史影。涿鹿之战确立了庙底沟文化在华夏集团的主导地位，使黄帝等族团，或者说中原地区仰韶时代的考古学文化，成为古代中国的认知核心，它对中国古代文明的起源、形成和发展都有深远影响。就太原地区来说，无论是考古遗存还是历史传说，均说明在距今 7000—5000 年的仰韶文化时代，太原地区的原始居民积极参与这场人类历史上前所未见的大发展大变革，并在其中起到重要作用。

有关文献记载、历史传说以及新石器时代、夏商周的考古发现还说明：晋中盆地以其特殊的地理区位，与东西两大文化区域的交往更为频繁。仰韶时代早期，源于河北的后岗一期文化，西过太行山，进入山西中部后，与沿汾河北上的枣园文化在晋中盆地交汇、融合。这是河北地区与山西新石器文化的首次大规模远程交流，也是中原新石器文化通过晋中盆地和东方新石器文化交流的滥觞。其后，晋中盆地诸多考古遗存中，都能窥见东方文化的史影，尤以与河北龙山文化、大汶口文化的交流为最著。

帝尧是我国又一个久远的历史传说，它涉及中国古史上黄河下游、中游诸文化交流与融合问题。传说尧为五帝之一，序在帝喾之后。《尚书》《史记》都说他名叫放勋，姓伊祁，后代又传说他曾居于陶（今山东省菏泽市定陶区），封于唐（今河北省唐县），号陶唐，谥曰尧，故亦称帝尧。传说尧曾设官掌管天地时令，观测天象，制定历法，敬授民时，用鲧治水，征伐苗民，推行公平的刑法。尧实行上述措施，使得万邦和睦，共同组成了中原部落大联盟，出现了国家雏形。尧选择舜为其

---

① 《涿鹿之战探索》，韩建业、杨新改《五帝时代》，学苑出版社，2006 年。
② 张忠培、乔梁《后冈一期文化研究》，《考古学报》1992 年第 3 期。后岗，早期研究多用"后冈"。

继任人，死后由舜继位。

《毛诗正义·国风·唐风》引郑玄《诗谱》："唐者，帝尧旧都之地，今日太原晋阳是。尧始居此，后乃迁河东平阳。"传说尧始封于唐，又徙晋阳（今山西省太原市），及为天子，都平阳（今山西省临汾市）。在临汾盆地，考古发现一座面积近280万平方米的古城。遗址出土一批学者们称为有"王者之气"的文物，如龙盘、鼍鼓、特磬、土鼓、彩绘木案、俎、匣、盘、豆、彩绘陶器、玉石钺等，更有可以称为文字的朱书文字扁壶，这就是陶寺城址。发掘者认为，陶寺城址是我国尧舜禹时期的一座都邑性城址，它的存在，表明当时社会已经突破了氏族部落阶段而进入了初期国家阶段①。陶寺城址是目前我国规模最大、显现文明化程度最高，具有部落联盟古国即中国早期文明初期国家性质的古城址，有学者认为它是夏代以前帝尧陶唐氏时代的文化，可能就是陶唐氏的文化遗存之一②。

陶寺文化遗存与太原盆地发现的庙底沟二期文化早段、山西龙山文化白燕类型特别是太原清徐县都沟遗址有着千丝万缕的联系。都沟遗址第三期遗存与陶寺早期的联系主要体现在以下几个方面。其一，陶寺早期有大口折沿罐、筒腹侈沿罐、敞口盆、矮把豆、碗、钵、土鼓、斝等，未见扁壶、彩绘龙盘、泥质单耳罐等，出现了小罐、单耳杯等新器类，此与都沟三期在器类上存在很多共性。其二，陶寺早期的土鼓分为两型，制作精美；都沟遗址中出土的土鼓原始，不分型，较单一。二者之间的渊源关系还是较明确的，都沟的土鼓应是其重要的源头。第三，都沟遗址第三期生产力发展的水平与陶寺早期是无法比拟的，尤其是陶寺大墓所反映的氏族内部的财产、权力的分化，在都沟遗址第三期还未见到。以上三点可以对都沟遗址族属的去向做出比较合理的判断：都沟遗址的族属在陶寺文化早期之前由于某种原因南迁至临汾盆地，逐渐发展壮大起来③。

晋中盆地、临汾盆地考古发现中的大汶口文化因素尤可注意。

晋中地区庙底沟二期文化早期遗存至少包含三种不同的文化因素，其中第三

---

① 梁星彭、严志斌《陶寺城址的发现及其对中国古代文明起源研究的学术意义》，《中国社会科学院古代文明研究中心通讯》第3期，2002年。

② 王文清《陶寺遗存可能是陶唐氏文化遗存》，《华夏文明》第一集，北京大学出版社，1987年。

③ 山西省考古研究所、清徐县文物事业管理所《清徐都沟遗址发掘简报》，石金鸣主编《三晋考古》第三辑，山西人民出版社，2006年。

种以彩陶壶、长颈壶、短颈壶为代表，这类器物与山东大汶口文化晚期的同类器物相似，应是东来的文化因素。晋中考古队《山西太谷白燕遗址第二、三、四地点发掘简报》认为：白燕遗址一至三期的发展自成体系。第一期的文化面貌与南部的黄河流域有许多相似之处。第二期既是前一期的尾声，又出现许多新的因素，如出土了大量的细泥陶器，其陶质、器型和纹饰不仅是这个遗址中其他时期所不见的，也是同一时期的其他单位所不见的。这些细泥陶中有些具有明显的东方大汶口文化的因素。

高炜、张岱海认为，陶寺出土陶器中，能在大汶口文化中晚期找到相似器形的至少有十种以上，包括一二类墓中作为礼器出现的厚胎夹粗砂圜底缸，几种壶、尊、大口罐等，居住址出土的尊、簋、单把杯等。另一些承自本地庙底沟二期文化的器类，如早期墓中的盆形鼎（仅出于早期第一组）、鬶等，原本也来自大汶口文化。相映成辉的彩绘陶器和彩绘漆木器，构成陶寺文化的显著特征，这些特征在本地尚找不到直接来源，但大汶口文化中晚期的彩绘同陶寺颇多接近①。

大汶口文化（距今约 6200—4600 年）是黄河下游以山东省泰山地区为中心，东起黄海之滨，西到鲁西平原东部，北至渤海南岸，南及今安徽淮北一带的考古学文化，很可能就是古文献记载的东夷部族文化。考古发现和文献记载都说明陶唐氏系大汶口文化的部族之一，他们最初活动在山东定陶一带，此后他们中间的一部分从黄河下游定陶一带辗转迁徙，经河北、晋中，最后落脚于临汾盆地，并成为当地的统治者。以都沟遗址为代表的帝尧部族，在太原地区繁衍生息，并且创造了灿烂的文化②。某种程度上我们甚至可以说，帝尧始封于唐，又徙晋阳，及为天子，都平阳。在河北与山西，晋南与晋中地区文化交流融合的大趋势中，晋中盆地因其特殊的地理位置，对帝尧族系的形成发展起到了重要作用。

不仅是帝尧都太原，资料显示，距今 5000 年前后的数百年间，源自东方的大汶口文化波浪式西进，并通过太行山大峡谷进入晋中盆地，与当地先民一起，创造

---

① 高炜、张岱海《汾河湾旁磬和鼓——苏秉琦先生关于陶寺考古的论述》，宿白主编《苏秉琦与中国当代考古学》，科学出版社，2001 年。

② 都沟遗址是为配合大运高速公路而进行的考古发掘，在发掘地点选择上受到很大限制，考古收获可想而知。据了解，清徐县、阳曲县都有与都沟遗址时代相近，但面积更大、遗存更丰富的遗址发现。相信随着考古工作的开展，有关唐尧部族的文化面貌将更加清晰。

了灿烂的古代文明。帝喾迁实沈于大夏,台骀肇始大原,九州之一——"并州"名称的渊源或为习射尚箭的东方夷羿族团,百家姓之首赵氏的祖源则为东方崇鸟的少昊族团等,种种历史事件都与大汶口文化部族西进这一波澜壮阔的远古文化大迁徙、大交流、大融合相关联。

五

三代时期,夏居洛(今河南省偃师市),商都殷(今河南省安阳市),西周都丰镐(今陕西省西安市长安区)。三代政治中心或在晋中盆地正南,或在东南,或在西南,距离在 400—650 公里之间。这一时期,晋中盆地居民在政治上多数时间游离于中原王朝直接统治之外,文化上或影响,或借鉴,文明进程较中原发达地区略显滞后,但也在逐步向前发展。尤其是以晋中盆地为中心,分布于忻定、晋东南地区的"东太堡文化",对三代文明的发展起到了重要作用。

太原地区夏时期文化遗存——"东太堡文化",是在继承本地传统文化基础上,融合并吸收外来文化因素而发展起来的。它与一些学者认为的夏代遗存的二里头文化不尽相同,是一支与周边诸文化长期并存又独立发展的考古学文化。"东太堡文化"有着浓厚的地方色彩,并给予周边文化以强烈影响。发现于太原小店区的许坦遗存,以石片垒砌棺椁的形制,开北方地区石砌墓葬先河(使用石椁石棺墓葬形式广泛分布于长城南北一线广大地区,作为戎狄文化特征而与中原地区不同)。又如蛋形三足瓮,它是"东太堡文化"典型器物之一。龙山时代末期,蛋形三足瓮就出现在内蒙古中南部到太原盆地的广大区域内,夏时期则是它的鼎盛阶段。它在东下冯类型和先商文化漳河型中均有较多发现,追溯源头均应在晋中盆地。而先商文化漳河型,中心分布地区为河北省滹沱河与漳河流域之间的沿太行山东麓一线,是殷商文化主要来源之一。"东太堡文化"中的一些传统器物如鬲、甗、斝、三足瓮等,最终成为先商文化漳河型的典型器物,前者对后者的影响由此可见一斑。

晋中盆地商代文化早期遗存以太谷白燕五期为代表,是由当地夏时期文化融合其他文化因素发展而来的。早商文化的陶鬲谱系可分三个序列:第一是当地传统的绳纹口侈沿深腹鬲,第二是商系翻缘鬲,最后为介于二者间的"中间型"鬲。三支陶鬲稳步发展,构成了早商时期晋中地区考古学文化谱系上的重要特征,显示出晋中盆地早商时期没有沦为商人殖民统治区，仅是文化间接渗透关系。当地土著文化在沿袭旧有传统并与商文化冲击相抗衡的同时，开始部分吸收、融合商文化因素，互利合作。晚商时期（殷墟文化一至三期）代表土著文化特征的侈沿深腹鬲锐减，商式鬲仍处于稳定发展过程，"中间型"鬲盛行不衰，成为大型鬲的主体。这说明，商文化与土著文化相结合而派生的文化更为发展，与殷商王朝的联系日益紧密，成为商王室西部的重要屏障。

太原地区远古文化对先周文化也施加了重要影响。钱穆《周初地理考》力主周之先祖来源于山西。邹衡将以晋中盆地为主的北方地区龙山末期至殷商时期考古学文化称作"光社文化"。邹衡以考古资料说明光社文化即为姬周文化的三源之一，又通过铜器铭文族徽的追溯证明，姬周诸族中的一部分是从山西迁至陕西的。人类学材料表明，周人与山西新石器时代晚期和青铜时代的居民在体质特征上有较大相似性，他们之间存在着明显的基因联系。

先周文化与太原地区关系密切，但西周时期的文化遗存，太原地区绝少发现。"西周不过霍山"，目前看仍是颠扑不破的论断。说明周人离开太原地区后，相当长一段时间再没有回到故土。当时太原地区生活的族群，其文化面貌与北方地区草原民族文化更为接近，应是继承当地文化传统并有所发展的结果。某种程度上我们可以说，居留太原地区的"东太堡文化"族群，在接纳诸如唐（丹朱）部族、龙方、土方、商人等族群和文化的同时，始终坚守着当地的文化传统并融合发展。夏、商、西周时期，龙方、鬼方、舌方、鬲方、燕京之戎、北唐戎等方国部族或许就是晋中盆地的主人。

六

《左传·定公十三年》："晋赵鞅入于晋阳以叛。"这是公元前五世纪初，晋国发生的一次政治事件。事件起因永远是一个古老的话题——不同利益集团的倾轧。在晋国，则是已经坐大的范氏、中行氏、赵氏等诸卿为扩张领地、充实力量而文攻武卫。事件的结果之一，晋国由六卿擅权变为四卿专政，更为重要的是，晋阳城因之横空出世。其后简子退保，襄子固守，文帝治代，北齐霸府，大唐北都，一次次历史事件在这里上演，晋阳城作为中国历史进程中一个重要部分而光耀史册。赵简子创建晋阳城无疑是中国政治史上的划时代事件。

晋阳城是中国北方闻名遐迩的军事重镇。

晋阳城地处山西高原中心，雄跨晋中盆地北端。《资治通鉴》卷二八四注曰："河东治晋阳，东阻太行、常山，西限龙门、西河，南有霍太山、雀鼠谷之隘，北有雁门、五台诸山之险。"《读史方舆纪要·山西二》："（太原府）控带山、河，踞天下之肩背，为河东之根本，诚古今必争之地也。"赵简子退保晋阳，站稳脚跟，率领"晋阳之甲"，回师绛都，翦灭范氏、中行氏；赵襄子以晋阳城为依托，北灭代国，南并智氏，最终三分晋国。"水灌晋阳"之战因此成为春秋与战国的历史分界线。

晋阳城是多民族融汇的大舞台。

中国从古及今，在北纬 38 度线左右，自然形成一条西南—东北向穿越我国北方地区的农牧分界线。分界线以北，主要以游牧经济为生，分界线以南，以农业经济为主。晋中盆地地跨这条农牧分界线的南北地带，晋阳城居于盆地北端高阜，汾河所带泥沙淤积，在盆地内形成多级冲积扇平原，地势平坦，土地肥沃，水源充沛，是优良的农垦区；盆地周缘的山坡上山林茂密，资源丰富，又是理想的牧马场。

农牧分界线南北两种不同的生产生活方式，也导致了古代中国北方旷日持久的民族冲突与融合。晋阳自古既为农业部族与游牧部族频繁交往和冲突之地，也是各民族融合的中心地带。从春秋战国到隋唐五代，先后有戎狄、匈奴、鲜卑、羯、氐、突厥、回纥、沙陀、吐谷浑等民族在此与汉民族交流往还，斗争融合。

由于太原地区地理位置优越，晋阳城建成以后，山西的政治文化中心就从晋南逐渐转移到太原，而且 2500 年来，太原作为政治中心的地位始终没有改变。尤其是晋阳城存在的 1500 年间，太原一直都是北方地区最为重要的政治、军事重镇，是民族融合、文化交流的大熔炉。像这样 2500 年作为一个自然和历史区域政治中心而无变化的现象，在中国历史上也是比较少见的，究其原委，均与简襄父子经略晋阳关联。

东周晋阳，特别是赵简子、赵襄子经营晋阳的 80 多年间，是晋阳城最为绚丽多彩的时期。魏绛和戎，启民族融合范例；中行弃车，开步兵列阵先河；安于营筑，成就一代名城；襄子固守，标志七国来临；豫让刺赵，彰显道义力量；孟谈固赵，突出谋士奇才。晋阳文化，在春秋战国之交的中国文化史上，占有重要的历史地位。

七

秦汉以来，强悍的匈奴不断南下侵掠。汉高祖七年（前200），刘邦被围于白登山（今山西省大同市东北），汉朝被迫和亲，岁奉贡献，并开关市与之交易。然而，匈奴仍屡屡背约南侵，成为汉朝一大边患。汉武帝时国力强盛，三次大举出兵反击匈奴，匈奴势力渐衰。汉宣帝五凤元年（前57）匈奴分裂后，出现五单于并立的局面。宣帝甘露元年（前53）呼韩邪单于归汉，引众南徙阴山附近。元帝竟宁元年（前33）以宫人王嫱（昭君）嫁呼韩邪单于，恢复和亲。东汉光武帝建武二十四年（48），南边八部匈奴拥立日逐王为南单于，袭用其祖父呼韩邪单于的称号（史称南匈奴），请求内附，得到东汉允许，屯居朔方、五原、云中等郡。从建武二十六年开始，匈奴人陆续入居山西，与晋人杂居，他们逐渐熟悉了农业生产，浸染于汉族传统文化，但仍然聚族而居，社会结构变化不大。

东汉末年，曹操统一北方之后，对山西境内的匈奴不能完全放心，运用政治手段，分其为五部，立其中贵者为帅，选汉人为司马以监督之，互不统属，分而治之，并将单于控制于朝廷。南匈奴五部全散居于晋阳及其附近：左部万余落居丁兹氏（今汾阳），右部六千余落居于祁县，南部三千余落居蒲子（今隰县），北部四千余落居新兴（今忻州），中部六千余落居大陵（今文水）。这样一来，便改变了匈奴原有的政治体制和社会结构，由以生产组织和军事组织相结合的游牧业经济转向农业经济，加快了与汉族社会一体化的进程。同时，先前与匈奴关系密切的乌桓、鲜卑、羯、氐、羌等游牧民族也随之大量内迁，史载汾河流域匈奴"五部之众，户至数万，人口之盛，过于西戎"；太行山区"群胡数万，周匝四山"。晋阳成为汉族农业区中胡人最为集中的地区，成为民族大融合的"搅拌池"和"大熔炉"。山西中部胡人作为中国北方举足轻重的重要政治军事力量，逐渐形成"晋阳之甲"，左右中国北方的政治格局。拓扑学有"蝴蝶效应"一说，两汉时期汾河谷地各民族迁居，无异于蝴蝶翅膀最初的煽动，而汉晋以后，五胡十六国争战，北朝晚期霸府、别都政治，乃至于李唐、五代王朝迭起等历史事件，可以说是蝴蝶翅膀小小煽动带来的暴风骤雨般的大变动、大革命。

八

1982 年我从山西大学历史系考古专业毕业后，即分配至太原市文物管理委员会从事考古发掘研究工作，1998 年文管会和晋祠风景名胜区管理局合并，新组建太原市文物局、太原市文物考古研究所等。我们一些搞业务的大多到了考古所，所做工作依然是考古发掘、历史研究等相关工作。这一做就是三十多年。其间，对太原历史有一些思考，也写过一些小文发表，自认为对太原历史还有一定认识。当霍润德先生希望我接手《太原通史·先秦秦汉卷》撰写任务时，我便欣然应允。然而动笔以后才意识到，通史撰写和专题研究有很大差别，关键在一个"通"字，天文、地理、经济、文化，举凡古代社会所涉及的内容，都要了解和掌握；要体现历史发展的脉络，给人一种整体的认识，而自己掌握的知识显然离此要求还有很大距离，别无他法，只有加紧学习，向知者请益，向书本索求。几度寒暑，可以说写作的过程，也是我学习和提高的过程。现将本卷编纂过程中学习和思考的问题作一简要回顾。

第一，本卷为《太原通史》的"先秦秦汉"部分。从时间上讲，绝大部分为史前时期，人类还处在茹毛饮血阶段，文字尚未产生，遑论历史记载。介绍史前社会，依赖的主要是考古资料。近年来，晋中盆地考古工作有很大的进展，发表的史前考古报告有《晋中考古》《忻州游邀考古》两部；《太原义井村遗址清理简报》《山西太谷白燕遗址第一地点发掘简报》《山西太谷白燕遗址第二、三、四地点发掘简报》《清徐都沟遗址发掘简报》等简报资料；综合性的研究有《晋中地区西周以前古遗存的编年与谱系》《晋中地区庙底沟文化及相关问题》等，《山西考古四十年》《中国北方地区新石器时代文化研究》《关于考古学文化的区系类型问题》《山西龙山时代考古遗存的类型与分期》等论著论文对太原地区的史前文明也有相当介绍。这些考古资料是我们研究太原史前史最为重要的资料。不过要全面了解太原地区史前人类历史，现有资料还是远远不够的，我们只能运用有限的考古资料，参照相关研究成果，尽可能向读者描绘一幅完整的史前画卷。太原地区最早的文字资料，目前看，应该是赵卿墓出土的御戈，可以说是太原历史的最早记载。文献如《春秋》及其三传、《国语》、《战国策》、《史记》、《汉书》、《韩非子》、《吕氏春秋》、《说苑》等东周、秦汉古籍对太原历史或多或少都有一些记载，尤以赵简子的资料最为丰富。而太原晋国赵卿墓的发掘与《太原晋国赵卿墓》的发表，榆社台曲遗址、古交屯村遗址的发掘和《晋中春秋时期文化遗存分析》《春秋晋国赵氏研究》及相关研究成果的发表，使我们对春秋战国之交的太原有了更为清晰的认识。将考古资料、文献资料、古代传说和前贤、今人研究成果等结合起来，交相印证，并尽量吸收最新研究成果，尽可能给读者一个全面、接近史实的描述，是作者的愿望；对太原历史上一些未有定论的重要问题，结合研究心得给出一个合乎情理的论断，也是作者所期。不过由于学识所限，认识一定有不足和错误之处，真诚地希望识者指正。

　　第二，近年来，随着考古研究的不断深入，中华文明起源问题、不同文化区域交流与互动问题、神话传说所包含的历史质素问题等研究领域，取得了丰硕成果。作者根据最新研究成果，结合太原地区的考古发现和历史传说，指出晋中盆地仰韶文化时代的庙底沟文化可能是传说中黄帝族团的文化，后岗一期文化可能是蚩尤族团的文化。当然这些还都是假说，之所以提出来，一方面试图回答太原地区的远古人类是否为炎黄子孙，另一方面也是提出问题，借以引起感兴趣者的讨论。又如帝喾迁实沈于大夏、台骀肇始大原、唐尧都太原、并州名称的渊源等，梳理太原历史传说，发现大多与太行山以东的文化相关联，再结合有限的考古成果，我们可以说，太原地区在距今5000—3000年间，文化性质总体来说属于北方系统，但东方——远至山东的大汶口文化因素绝对不容忽视。太原先民在数千年的社会发展中，始终保持自己的文化特色，又不断吸纳周边文化的先进因素，不同区域文化的交流与互动，贯穿于远古时期文化发展的各个阶段，而这也是贯穿本卷的一根主线。其他如先商文化源流、先周文化来源、叔虞封唐考辨、"赵氏孤儿"与晋文化进入晋中盆地时间考察、春秋晋国赵氏渊源、赵氏立国时间、代王陵寝位置等有关问题的考证，或拾遗补阙，或有所发明，虽说有凿空之嫌，但意在提出问题，拓展思路，推动太原史的深入研究。由于一些论点学术界还存在较大争议，不免"广征博引"，显得行文冗长，还望读者谅解。

九

本卷是集体劳动的成果。

本卷最初拟定由张崇宁先生主编，张先生因故婉拒，但将写作纲要草案惠赐。本卷各部分具体分担情况如下。先秦部分中，彭娟英撰写"太原的地质与地理"部分；龙真撰写"原史时代太原——夏、商、西周时期"第五节"方国与部族"部分，石立撰写第六节"太原地区三代居民的社会生活"；吴鹏程撰写"东周太原"第九节"文化与社会生活"，其余由常一民撰写。秦代太原、西汉太原，大部分章节由左振华草就，常一民做了较大幅度调整并补充"太原郡为毒国""代国诸侯王陵园臆测""北边重镇"等章节。东汉太原部分由马剑东撰写，渠传福对其中第五节、第六节做了一些调整。全书图片部分由常一民、唐洁收集和绘制。

本卷编撰过程中得到赵瑞民、薛新明、王益人、渠传福以及太原三晋文化研究会诸师友的倾力帮助，他们或提出建议，或提供资料，正是有了他们的支持，本书才得以顺利完成。单位同事彭娟英、杨芳、裴静蓉等阅读了大部分章节，提出了中肯的意见，十分感谢他们的帮助。最后衷心感谢霍润德先生，因为他的信任，使我有机会参加《太原通史》的撰写，并在写作中得以提高学养。我所收获的又岂是《太原通史》第一卷而已。

常一民

2014 年 6 月 25 日于太原卷烟厂草舍

第一章

太原的地质和地理

《太原通史》主旨为太原地区史学研究，但需要先对太原的地质和地理进行阐述。考虑到研究内容和涉及地域的同一性，下文多处地域概念表述中将"太原"扩大为"太原盆地"。太原盆地即晋中盆地，由于其地域涵盖范围涉及山西中部大部分地区，为了便于理解，行文中选择"晋中盆地"一名。

晋中盆地整体轮廓似两端狭窄、中部宽阔的袋囊。南北长约150公里，东西最宽处约40公里，面积5000余平方公里。盆地略呈北东—南西方向斜列的平行四边形，北部为系舟山，东南部为太岳山，西北部为云中山南段，西及西南均为吕梁山余支，统称为西山。北部石岭关隆起与忻定盆地相隔，南部韩侯岭隆起与临汾盆地为界。汾河出太原西山峡谷，入盆地后折转南下，过灵石口入临汾盆地。

太原地处晋中盆地北端的咽喉部位，地理坐标东经111°30′—113°09′，北纬37°27′—38°25′，区域轮廓呈蝙蝠形，东西横距约144公里，南北纵约107公里，全市面积6988平方公里。太行、吕梁东西耸峙（境内吕梁山称太原西山），北面系舟、云中二山（境内系舟余脉和太行山称太原东山），中南部为坡地和平原，三面环山成拱卫聚合之势。太原地势起伏，北高南低，高差悬殊，全市最高峰娄烦县赫赫岩山，海拔2708米，最低处清徐县西青堆河漫滩，海拔760米。汾河自北而南流贯全城，河床宽浅，河岸东西阶地土地肥沃，人口密集。

太原境内地貌类型丰富。

东部山地包括系舟山及其向西南延伸的余脉太原东山，系舟山西侧山势陡峭，沟谷深切，以断层崖与忻定盆地相接，东南侧山势稍缓。山体走向北东—南西，海拔1800—2000米，相对高差1000米左右，主峰柳林尖山2101米，为东部山地最高峰。太原东山主要由含煤砂页岩构成，以低中山和黄土丘陵相接，其中分布有山间盆地。

西部山地为吕梁山东翼，包括云中山南端、太原西山和关帝山东段。云中山南端指西山汾河以北地区，海拔在1600—1700米，相对高差800—1000米。太原西山主要由石炭系、二叠系砂页岩及灰岩构成。关帝山东段为穹隆形构造隆起区，由古老的变质岩、砂页岩、灰岩和岩浆岩组成。受河流侵蚀作用影响，西部山地汾河及其支流局部地段分布有面积不等的山间盆地和宽谷，还分布有梁状黄土丘陵。

北部山地是太行山、吕梁山延伸的交接地带，为太原、忻州的界山。山体大多低矮，海拔高度约1400米，由奥陶系灰岩组成。其间的石岭关与天门关号称北门锁钥，为兵家必争之地。

中南部河谷平原属于晋中盆地北端，由冲积平原和冲洪积倾斜平原组成，海拔800米左右，太原城区就坐落其间。河谷平原东西两侧分别以太谷、交城大断裂与山地或丘陵相接，西侧山前断层三角面及冲洪积扇较为发育。汾河出西山峡谷后，自北向南纵贯冲积平原，沿岸发育有二至三级堆积阶地，地势平坦开阔。

第一节　造山运动与昭余古湖的形成

太原地势地貌的形成要追溯到遥远的地质生成年代。

在距今约31亿年的太古代，吕梁山、五台山区域下降接受沉积，后经多次强烈的构造运动和岩浆活动，混合岩化作用显著增强，形成深变质杂岩及中变质岩系，使吕梁山和五台山的地层发生褶皱、变质并隆起为古陆块。距今约20.5亿—18.5亿年的元古代时期发生的吕梁运动[①]使中国大陆形成五大地块，也使五台山和吕梁山太古界地层进一步褶皱、变质，构造复杂化，并伴有基性、酸性岩浆岩脉侵入，形成了五台山和吕梁山大陆的基本骨架。

---

① 吕梁运动是一次涉及中国大陆及其周边地区的强烈地壳运动，是地质学家李四光根据吕梁山北段鸡儿堪附近剖面而命名的地壳运动。

从中生代三叠纪中期至侏罗纪早期发生的印支运动[1]，对我国古地理环境的发展影响很大，它改变了三叠纪中期以前"南海北陆"的局面。长江中下游和华南地区大部分由浅海转为陆地，从此中国南北陆地连为一体，全国大部分地区处于陆地环境。从1.34亿年前开始到6500万年前左右，在地史上主要属于中生代侏罗纪末到白垩纪初这段时期，我国许多地区地壳因受到强有力的挤压，褶皱隆起，形成绵亘的山脉，北京附近的燕山是典型代表。地质学家把出现在这个时期的强烈地壳运动，统称为燕山运动。经过燕山运动，我国地貌构造格局清晰显现，且东部褶皱隆起进一步加强。再一个时期就是近3000万年以来的喜马拉雅运动，我国又成为地球上地壳运动强烈的地带，喜马拉雅山从海底崛起，许多地方特别是西部地区隆起上升的现象很显著，燕山运动中已经形成的山岳被再次抬升，这种变动直到今天还没有完全停止。从燕山运动之后至新生代中新世末，山西绝大部分地区处于剥蚀状态，大约在中新世晚期，整个山西高原拱曲上升，发生大面积垂直升降运动，华北平原沉降增大，太行山以西则发生了大面积隆起，使二者分异更加显著，太行山在印支运动、燕山运动和喜马拉雅运动中，由于东亚板块的东滑下沉和大陆板块挤压而崛起。

晋中地区自中生代晚期以来长期处于隆起状态，早第三纪末，喜马拉雅运动波及本区，产生了汾河地堑。上新世末地壳运动剧烈，太原盆地与太原西山明显分离，山地上升，盆地相对下降，开始形成斜列于山西中部的呈箕状裂陷盆地，以及吕梁山以西和太行山、太岳山之间的其他小盆地，并于上新世初开始接受河湖相沉积。更新世时，堆积了巨厚的红色黏土—浅红色亚黏土—黄土状亚砂土。更新世早中期，汾河产生了强烈下切，切穿了盆地南沿，湖水干涸。晚更新世末，地势上升，侵蚀加强，边山河流下切，形成了河谷。全新世时，山地继续上升，河流切割作用继续加强，盆地不断下降，冲积扇不断前移，形成了多级扇，盆地中心，汾河

---

[1] 即印度支那运动，是三叠纪中期至侏罗纪早期的地壳运动，由印度支那半岛而得名。该时期形成的褶皱带称印支褶皱带。20世纪上半叶中国许多地质学家对这一时期的地壳运动作大量研究，并分别以"象山运动""艮口运动""淮阳运动"等命名。对这期运动，有人认为属于早期燕山运动。1945年黄汲清将阿尔卑斯运动划分为印支、燕山和喜马拉雅三个旋回。印支运动对中国古地理环境的发展影响很大，它改变了三叠纪中期以前"南海北陆"的局面，包括川西、甘肃和青海南部等地的"雪山海槽"全部褶皱升起，海水退至新疆南部、西藏和滇西一带，长江中下游和华南地区大部分由浅海转为陆地，从此中国南北陆地连为一体，全国大部分地区处于陆地环境。

左右摆动，形成今日之地形地貌。从更新世到全新世，晋中盆地属于河湖相地层堆积，相当长的时间段，古湖水量最大时可占据整个盆地。据研究，到先秦时期，湖面面积尚存约 1800 平方公里，占盆地面积的 36%，到隋唐时期已不足 10%[①]。

史前传说中有晋阳湖，历史文献中记载有昭余祁、九泽、祁薮、邬泽、文湖等，这些湖泊实则为晋中古湖的孑遗。元明以后，这些湖泊逐渐消亡。而关于这些湖泊的形成和治理，民间流传着一个颇具想象力的故事。

"打开灵石口，空出晋阳湖"是山西著名的民间传说，尤其盛传于太原、晋中一带。传说大禹治水前，晋中地区是一个很大的湖泊，名叫晋阳湖。大禹在晋阳湖周围群峰众壑中选择山体最薄、地势较低的南部为突破口，打开灵石口，排出晋阳湖之水，空出了晋中盆地，人们因此安居乐业。此故事流传久远，因此演绎出诸多相关传说：阳曲县有系舟山，传为大禹治水系舟之处；灵石县有王禹村，传为大禹住处；夏门村传为大禹打开晋阳湖南口处。

距今一万年前后，人类已经离开深山密林，选择河流两岸的二、三级台地或泉水周边作为居址。随着时间推移，居住地点逐渐从山坡高地向开阔低平的台地与平原方向移动。这一时期人类还没有发明打井技术，因此距离水源不远又有一定高度的地方，是人类最为理想的居住地。依据多年经验，人们看出夏秋涨水总有一个大致界限，在这界限以外的近处，就是氏族生活聚居之地。这样一来，即使有洪水来袭，因为居于高台之上，也就避免了洪水灾患。突然有那么几年，降水量陡然增大，河水暴涨，远超人们对自然界的认识。这时候的社会生产已经进入农业种植阶段，生活已是有室有家，不期而至的洪水给人民生产生活造成巨大影响，甚至生命因之消亡，给人们留下深刻印象。而这一时期，生产进步，人口增加，已经有相当规模的社会组织。面对洪水，人们组织起来，或加固堤坝，逢高作堰，或疏川导滞，合通四海。这一治理洪水的壮举，也成为华夏民族与洪水搏斗的共同记忆，《诗经》《尚书》《左传》《孟子》等先秦文献中，多有关于洪水和大禹治水的故事记

[①]　根据王尚义教授的研究，先秦时期昭余祁总面积约 1800 平方公里，占太原盆地总面积的 36%；北魏时期的邬泽和祁薮的面积约 700 平方公里；隋唐时期邬泽和祁薮的面积约 500 平方公里；唐宋时的邬泽面积约 300 平方公里；元代昭余池面积约 50 平方公里。参见王尚义《太原盆地昭余古湖的变迁及湮塞》，《地理学报》1997 年第 3 期。

载，就是这一民族记忆的反映①。

晋中盆地目前发现的新石器时代遗址为仰韶时代早期，距今约7000年，到新石器时代晚期的龙山文化时代，聚落遗址在晋中盆地大量发现，并且多发现于边山地带的台地上。夏商周时期，随着湖水容量不断缩小，此消彼长，人类聚落逐渐随着湖水的退缩向平原推移。战国时代，晋中盆地的大陵（今交城）、中都（今平遥）、邬县（今介休）、祁县等城址与村落就是沿着750米高程线布局。在此过程中，因气候变化而产生的水患可想而知，人们也一次次与之斗争。文献中的台骀宣汾、洮，障大泽，窦犨兴修水利等，就是人们与水患搏斗的历史反映。而大禹是古代传说中成功治理洪水第一人，在治水故事的流布演绎中，人们把其他有关治水的记忆和传说都附会到他身上，于是在全国各地都有了大禹的功绩。《尚书·禹贡》"既修太原，至于岳阳"，可以说是这一传说故事的滥觞。就"打开灵石口，空出晋阳湖"的传说而言，其成形应不早于晋阳一名的形成时间，即文献记载的公元前497年，赵简子奔保晋阳城时期，而灵石置县，晚至隋开皇十年（590），说明其形成尚在此时间段以后。

值得指出的是，进入文明时代以来，随着人类攫取和利用自然资源的深度、广度不断提高，加之气候因素影响，传说中的晋阳湖进入快速消减期。《尔雅·释地》《周礼·职方氏》等都提到昭余祁薮，其范围约当今介休以北，平遥、祁县、太谷以西，文水、汾阳以东，方圆数百里，面积之大，可以想见。发展至汉代，王先谦《汉书补注·地理志》中说："陂泽连接，其薮有九，故谓之九泽，总名之曰昭余祁。"可见汉代由于水浅，泥沙淤积，大湖已分割成许多水面较小的湖泊了。北魏郦道元《水经注》只记述了邬泽和祁薮，亦可见分割成的若干小湖泊，大部分已

① 远古时代人类曾经遭遇大洪水，是世界各民族的共同记忆。对洪水的成因，有各种解释。徐旭生认为洪水大致发生于兖州，而治水传说则是今辉县共水流域的故事在全国的流布。参见徐旭生《中国古史的传说时代》，文物出版社，1985年。有学者认为：大致在公元前第三个千年的中期，即距今4500多年前，有的研究认为可能还要早些，气温又为一个急剧升高的时期。这一时期，正是龙山文化后期。地处黄河下游华北大平原上的陶丘，地势相对低洼，是豫东和鲁西地区降水汇聚之地，古代有大野泽，就在定陶附近。另外，陶丘所在地区也是黄河泛滥区。在尧的时期，陶丘所在地区，内涝频繁的黄河洪水，是尧迁移政治中心的主要原因。《尧典》《史记·五帝本纪》和《稽古录》中关于尧时期大洪水的记载，可能正是这一气候环境的反映。古文献中关于尧将政治中心迁移和大洪水的记载，有其真实的气候环境背景，并非虚构。见王守春《尧的政治中心的迁移及其意义》，《古代文明研究通讯》总第八期，2001年3月。

经干涸成陆地，只剩邬泽和祁薮两个湖泊了。至宋元时期就连这两个小湖泊也变成芦苇丛生的浅水沼泽地。明清之际，仅在原湖泊所在地修建人工灌溉渠，虽沿用昭余池之名，但已经完全不是当初的模样了，犹如国家"一五"建设时期，将为太原第一发电厂修建的工业冷却池命名为"晋阳湖"一般，只能是名存实亡的附会罢了。

第二节　汾河、漳河及其支流的形成

汾河是黄河一级支流，是山西省内最大的河流。它发源于宁武县境内管涔山东寨镇的雷鸣寺泉，南流694公里至河津市禹门口附近汇入黄河。汾河流经太原和临汾两大盆地，流域面积为39471平方公里。主要支流有岚河、潇河、文峪河、昌源河、洪安涧河、浍河等。由河源到太原兰村为上游，兰村到洪洞县的石滩村为中游，石滩村以下为下游。汾河是一条地堑型纵谷，其发育与晋中大裂谷的发育紧密联系在一起。大约在新生代第三纪中新世晚期，整个山西高原拱曲上升，使老断裂层重新活动，并且在大拱曲轴部形成一系列正断层，造成纵贯的大断裂谷地。在第三纪上新世晚期至第四纪早更新世，即距今530万—180万年前，汾河可能通过大断裂谷地贯穿忻定、太原、临汾和运城四个盆地。在晋中盆地昭余古湖的盛期，汾河或许只是昭余古湖的入口和微弱的出口，阔大的湖水犹如一个大胃，而汾河或许就是它极为细弱的上食道和下消化道，在很长时期内承担着水流的注入和流走。郦道元《水经注》："汾水于县左迤为邬泽。《广雅》曰：水自汾出为汾陂，其陂东西四里，南北一十余里，陂南接邬。"邬泽即昭余古湖之余绪，可见汾水确与昭余古湖相连通，随着昭余古湖的萎缩，晋中盆地汾河段才得以显现。

晋水源头是地下泉流，也是汾河支流之一，发源于太原西山之悬瓮山（龙山）下，主源有难老泉和善利泉。《山海经·北山经》："又北五十里曰县雍之山，其上多玉，其下多铜。其兽多闾、麋，其鸟多白翟、白鶮。晋水出焉，而东南流，注于汾水。其中多鮆鱼，其状如儵而赤麟，其音如叱，食之不骄。"《水经注》："晋水出晋阳县西悬瓮山。"晋水与太原春秋至宋初的晋阳城有密切关系，太原第一座有明确文献记载且遗址尚存的晋阳城，其得名即因建于晋水之北而名曰晋阳（古以山南水北为阳）。晋水流经晋阳城南，注入汾河，分南北二渠，北渠即智伯渠，主要供给晋阳城生活用水和周围农田灌溉。《新唐书·地理志三》："长安李勣架汾引晋水入东城，以甘民食。"《读史方舆纪要·山西二》引《水经注》："晋祠南有难老、善利二泉，大旱不涸，隆冬不冻，溉田百余顷。"现晋祠仍保留泉眼和旧渠遗迹。《水经注》说晋水："今在县之西南，昔智伯之遏晋水以灌晋阳，其川上溯，后人踪其遗迹，蓄以为沼。沼西际山枕水，有唐叔虞祠，水侧有凉堂，结飞梁于水上，左右杂树交荫，希见曦景，至有淫朋密友，羁游宦子，莫不寻梁契集，用相娱慰，于晋川之中，最为胜处。"可见晋祠之为名胜古迹与晋水有直接关系。

漳河是晋中盆地另一重要河流。

漳河在山西境内分清漳河、浊漳河两支。清漳河又分为东源与西源。东源发源于昔阳县的沾岭山，西源发源于和顺县的八赋岭（八缚岭），东源、西源于左权县交漳东南汇合后，称为清漳河。浊漳河有南、北、西三源。南源出于长子县发鸠山，向北流至襄垣县甘村附近与西源汇合，西源出于沁县西北漳沅村。西源与南源汇合后，北流至襄垣县合村口附近与北源汇合，北源出于榆社县柳树沟。南、北、西三源汇合后称为浊漳河，浊漳河从平顺县东北出省境。清漳河与浊漳河又于河北省涉县合漳村合流称漳河，注入海河支流卫河。

昭余古湖、汾河、晋水、漳河等湖泊和河流直接影响着晋中盆地的地形地貌。河水冲刷致使晋中盆地中部发育成平坦的冲积或湖积平原，盆地两侧翼发育为洪积倾斜平原及洪积扇形地，盆地边缘形成洪积台地。这些湖河冲积形成的陆地，表面覆盖着深厚的黄土层，在间歇性抬升过程中形成丘陵、台地和平原，且富灌溉之利，适于农牧业发展。

第三节　矿产资源

在波澜壮阔的地质时代，伟大的造山运动不仅营造出地面上的大山、大河，同时在地下富积了巨量的煤炭和其他矿产资源，这些丰富的矿藏是晋中盆地人类文明绵延发展的原动力。

在整个地质年代中，全球范围内有三个大的成煤期：古生代石炭纪和二叠纪，成煤植物主要是孢子植物；中生代侏罗纪和白垩纪，成煤植物主要是裸子植物；新生代第三纪，成煤植物主要是被子植物。太原西山煤田在古生代石炭纪和二叠纪，新生代第三纪和第四纪都处于成煤期，这两期是成煤植物孢子植物和被子植物最为繁盛的时期。太原东西山地层中曾发现有石燕、长身贝、纺锤虫、珊瑚及羊齿植物化石，这些动植物化石的出现，说明晋中盆地古生代石炭纪、二叠纪时期湖泽纵横，植被丰茂。石炭纪末期，华北大陆开始沉降，海水高涨起来，原来茂盛稠密的森林被水冲浸，沉积分解。频繁的地壳运动和火山运动，如中生代晚二叠纪至三叠纪的印支运动、新生代第三纪和第四纪时期的燕山运动和喜马拉雅运动，使吕梁山、太行山和太岳地块在强烈隆起和抬升的过程中加剧了地块错动。巨量的腐生动植物体被埋入地下，长期与空气隔绝，在高温高压下经过一系列复杂的物理化学变化形成煤炭。经科学探测，发现太原西山煤田中主要地层为石炭系中上统、二叠系中下统、新生代第三系和第四系。太原西山煤田是面积极为宽广的巨型煤田，东西宽 48 公里，南北绵延 70 公里，面积 1599 平方公里。同时，诸如铁矿石、铝矿石等矿产资源也在地层中得到富积。

太原狐爷山区、太原郭家梁矿区和长治平顺西安里一带铁矿储量十分丰富，这些铁矿资源早在汉晋时期就得到开发利用，至唐宋，太原的铁制工具已经具备相当规模和声望。唐代著名诗人杜甫曾赞誉"焉得并州快剪刀，剪取吴淞半江水"，陆游在《秋思》中高歌"诗情也似并刀快，剪得秋光入卷来"，清代诗人陈维崧在《南乡子·邢州道上作》中写道："秋色冷并刀，一派酸风卷怒涛。并马三河年少客，粗豪，皂栎林中醉射雕。"可以说，并州剪刀颇得先贤盛誉。

第四节　气候环境

太原处于相对闭塞的晋中盆地北缘，三面环山，河流纵横，多样性地貌为该区域早期人类和原始动植物生长营造了良好的生活环境。新生代第四纪及其以后，地球进入冷暖交替时期，气候变化极为剧烈，高纬度地区发生多次冰川运动。伴随着第四纪气候变化，在距今约 250 万—1 万年，人类发展进入了考古学上的旧石器时代①。旧石器时代人类受限于自身能力，只能选择山间沿河地带生活，以狩猎和采集植物果实为生，人类在漫长的适应自然过程中逐渐学会了用火，制作木质器具、打制石器和骨器，至旧石器时代晚期，形成了母系氏族。这一时期晋中古湖四周沿岸沟壑纵横，地被广泽，林木丛生，雨量充沛，空气温暖潮湿，旷野上奔跑着肿骨鹿、麋鹿、粗壮丽牛、平额象、披毛犀等大型动物。季节交替变化中，各种野生浆果此消彼长，湖泊沿岸的人们在与严酷自然环境的斗争中，求得生存和发展。

距今一万多年前，第四季最后一次冰川期结束，人类发展进入考古学上所谓的新石器时代。晋中盆地的自然气候和世界上整个大的气候变化格局相同，所谓"环球同此凉热"，也经历了几次冷热交替的气候事件。山地、丘陵、沼泽，岩石、沃土及丰饶的林木、富足的水生资源，为建立地区动植物种群的多样性和良好的生态系统注入了生机活力。而更为重要的，是人类自身适应自然环境和认识自然规律的能力随着时代的推移而逐步提高。生产生活发生了根本性转变，人类主要活动区域由山地转移到山前坡地和湖水消退后的湖积平原，生活方式由被动式采摘转为主动生产。水源和颇具肥力的土壤为农业的产生提供了条件，野生禾本植物得到选育种植；家居生活使豢养牲畜成为可能，野生动物得到驯化。打井技术的发明，则大大提高了人类在平原地区的生活能力。另一方面，由于太原和晋中盆地处于北半球农牧分界带，蒙古高原和西伯利亚寒冷气流直接影响到晋中盆地高海拔山地。干燥寒冷的气流与温暖湿润的气流锋面对峙，使山地气候变得较为干燥阴冷，不适于大乔木生长，却十分适合灌木和草本植物，于是形成大片草原。大量食草牲畜被人们放牧到草原，牧业迅速成为本地生民除农业之外又一主要营生。太原及晋中地区形成了农业牧业并行的生产模式，文献资料中有关本地区牧业经济的记载不胜枚举。这一经济基本框架经久不息，世代传承。近年来，沿汾河流域发现很多新石器时代人类生活遗址，其中最为著名的有汾阳杏花村遗址、太谷白燕遗址、清徐都沟遗址和娄烦河家庄遗址。这些遗址特色鲜明，所反映的文化内涵丰富，与北部忻定盆地滹沱河流域的游邀遗址、五台阳白遗址，以及大同盆地桑干河流域和吕梁山西坡黄河

---

① 旧石器时代是考古学以使用打制石器为标志的人类文化发展阶段，是石器时代的早期阶段。一般认为这段时期约在240万—1万年前，地质时代属于更新世。一般划分为旧石器时代早期、中期和晚期，大体上分别相当于人类体质进化的能人和直立人阶段、早期智人阶段、晚期智人阶段。

流域的众多新石器遗址在文化上互有取舍，交相辉映。夏商周时期迄秦、汉、隋、唐，太原先民在这块热土上繁衍生息，生存发展，为中华民族的文明史增添了华丽的一章。

总之，太原地区在距今约 31 亿年太古代时期，由于吕梁山、五台山区域强烈的地质构造运动隆起为古陆块。距今约 20.5 亿—18.5 亿年的元古代时期发生的吕梁运动，形成了五台山和吕梁山大陆的基本骨架。古生代的中奥陶世、中石炭世一直到晚二叠世末，太原地区地壳周期性升降运动频繁。从 1.34 亿年前开始到 6500 万年前左右，中生代燕山运动使吕梁山、太行山形成基本轮廓。新生代早第三纪末，距今 3000 万年以来的喜马拉雅造山运动后，太行山进一步隆起，并产生了汾河河堑。上新世末，山地上升，盆地下降，沦为湖泊和河湖相沉积。更新世时堆积出巨厚黏土。全新世，东、西山继续上升，晋中盆地相对下降，晋中古湖充盈其中，湖水深广，汾河左右摆动，太原地区东、西山和汾河谷地的地貌基本成形。

太原及晋中盆地的多样性地貌，为太原和晋中盆地人类文明的产生和发展提供了广阔的地理空间。其广博的动植物、水文、矿产资源，以及适宜的温湿度、充足的光照和深厚的土壤等环境资源，是太原文明发展的无穷动力。晋中盆地的人类文明，正是在这样的气候土壤中孕育生成，也是在这样的气候土壤中发展壮大的。

第二章

旧石器时代的太原

　　中国是世界古人类发源地之一，山西省又是古人类生活的重要区域。从早更新世的西侯度遗址到中更新世早期匼河遗址，再到丁村遗址、许家窑遗址、下川遗址等一系列旧石器时代文化遗存的发现，为中国建立旧石器时代文化发展序列和研究原始社会演变提供了丰富而珍贵的资料。

　　无论地理环境还是文化特征，旧石器时代（以至新石器时代及夏、商、周三代）晋中盆地的文化类型和发展脉络都有着较多的一致性。因此，在谈及太原地区旧、新石器时代乃至夏商周时期文化时，我们将兼及晋中盆地周边地区：地理区域大致为北至系舟山，西及吕梁山东麓，南至灵石霍太山，东到太行山西麓（一定时间段还包括忻定盆地），行政区划包含今太原市、晋中地区大部和忻州、吕梁局部地区。

　　考古工作者把属于更新世，以使用打制石器为标志的人类物质文化发展阶段称为旧石器文化。旧石器文化又分为早、中、晚三期。早期相当于早更新世到中更新世早中期，年代约距今 240 万—20 万年，与此相适应的人类化石是所谓直立人或猿人。中期相当于中更新世晚期，年代约距今 20 万—5 万年，与此相适应的是古人或早期智人。晚期相当于晚更新世，年代约距今 5 万—1 万年，与此相适应的是新人或晚期智人。原始蒙古人种大约形成于这一时期，并且成为中国人的直系祖先。

　　中国北方地区旧石器时代文化可划分为"匼河—丁村系"（又称"大石片砍砸器—大三棱尖状器传统"）和"周口店第一地点—峙峪系"（又称"船头状刮削器—雕刻器传统"）。其中"匼河—丁村系"以西侯度文化和匼河、丁村文化为代表，分布范围大致在山西南部、陕西东部和河南西部。石器器形较大，大三棱尖状器、砍砸器占比较高。"周口店第一地点—峙峪系"以北京周口店第一地点为代表，包括河北阳原小长梁、山西朔州峙峪、辽宁营口金牛山下层等处，分布范围大体相当于河北北部、山西北部和辽宁西南部一带。石器大多个体较小，类型较复杂，刮削器占绝对优势，并有少数雕刻器出现。

旧石器时代的人类没有穿地取水的打井技术，生活用水完全依赖河流，因此旧石器时代遗址多发现于河流两岸的台地上。自 20 世纪 50 年代起，汾河流域及其支流两岸台地上多处发现旧石器地点，太行山西麓也发现一些旧石器时代晚期遗存。早期石器以大石片砍砸器和三棱尖状器为主，与所谓"匼河—丁村系"传统有着更多的一致性，远古先民就是沿着汾河谷地这条天然通道迁徙流布的。到旧石器时代晚期，除"匼河—丁村系"的传统石器文化有所发展外，流域范围内新发现了一些占比大、种类多的小型石器，器型以船头状刮削器、雕刻器为主，即所谓"周口店第一地点—峙峪系"传统。此外还发现了细石器文化遗址。晋中盆地地处两大文化区之间，从旧石器时代开始就表现出文化的二重性，这一特征经新石器时代与"历史时代"而不改。

第一节　晚期猿人文化遗存

一、直立人阶段文化遗存

在早更新世阶段（距今 240 万—70 万年），山西大部分地区继承了上新世的古地理格局，大地多为湖泊所占据，如忻定古湖、临汾古湖等，晋中盆地则为昭余古湖。其他一些小山间盆地如古交、榆社等地，也都发现了湖相堆积。到中更新世时期，古湖泊萎缩，古河道逐渐形成。这一时期，气候刚从上一阶段的冰期中恢复过来，以温热湿润为主。表现在动植物上，就是除了温热带的种类外，还出现了喜欢湿热的南方类型，如水牛、东方剑齿象等。古交盆地在这一阶段发现了多处旧石器地点。

古交市地处太原市西北，吕梁山东坡。该地群山起伏，山势陡直，南北高峻，中部低缓。汾河自西北方向流入，大川河、原平河及屯兰河亦为本地主要河流，分别由南和西南方向汇集而来，在原古交镇（现桃源街道）附近注入汾河继而蜿蜒向东，横贯全境，经太原向南流去。旧石器地点就发现于这些河岸附近的台地上。

晋中盆地的旧石器遗址文化遗存主要如下。

（一）王家沟旧石器地点 [①]

王家沟旧石器地点位于古交市西南约一公里处汾河四级台地上。1989 年在地表发现一些线索，次年于台地底部砾石层中发现旧石器，共 18 件，石制品均以角页岩为原料，器形硕大。其中石核 14 件，砍砸器 4 件。石核多选用扁平砾石，沿周边打片，利用率较低，多数标本仅有两三块片疤，并以单台面一侧打片为主。砍砸器同样以扁平砾石打制而成，加工较为简单，在砾石一端或一边修整出刃。发现者认为其地质时代属早更新世，相当于旧石器时代早期 [②]。

（二）土堂旧石器地点 [③]

土堂旧石器地点位于太原市尖草坪区上兰镇土堂村北汾河西岸的黄土台地上，台地前缘出露的黄土厚度 20 余米。2000 年调查发现，获得石制品 20 件，有石核、石片、砍砸器、刮削器、石球、石锤等类型。石器打片全部使用锤击法。石核皆取材于砾石，既有单台面石核，也有多台面石核，未见修理台面者，存在有疤台面石片，石器加工技术包括正向、反向和交互打制。刮削器有单直刃与复刃之分，制作较粗糙。砍砸器均以砾石打制而成，发现有单边刃砍砸器。石制品较粗大，长度都超过 6 厘米。原料来自附近的古老砾石层，主要为角页岩砾石和石英岩，砂岩极少。土堂石器虽然不是发掘所得，但从石制品发现地点、包裹在石制品表面的黄土以及胶结在上面的钙膜和钙质结核的性状颜色分析，应出土于当地出露的深红褐色亚黏土古土壤条带（即离石黄土第五条古土壤层），地质时代为中更新世早期，应属旧石器时代早期人类文化遗存。

此外，在尖草坪区大留村也发现了石球、石核等石制品，时代大致与土堂地点

① 参见王向前、陈哲英《太原市古交旧石器时代遗存》，《中国考古学年鉴（1984）》，文物出版社，1984 年。本卷关于考古遗址遗存等情况介绍，均注明依据的相关考古发掘报告、研究论文论著等，下同。
② 关于王家沟地点的石制品，有研究者提出不同看法。如王益人认为，王家沟地点的石制品疑点较多。首先，石制品类型单一，仅发现石核和砍砸器两类，没有发现任何石片和石片石器。其次，发现的石核和砍砸器体积巨大，其上的打片和修理痕迹均在石核或石器边缘，打击和修理的方法单一。最后，其埋藏地层为砾石层，这些"石核"或"石器"上的痕迹不能排除在砾石层中滚动以及受其他砾石撞击形成的可能。这些特点均不符合本地区的文化特征。因此，王家沟地点的石制品的文化性质值得怀疑。参见王益人《太原地区旧石器时代的人类文化遗存》，《太原文史资料——太原建城二千五百年专辑》（内部印行），2003 年。
③ 参见于振龙、石金鸣《太原土堂发现的旧石器》，《人类学学报》2004 年第 2 期。

相同或略晚。

(三)后梁旧石器地点 [①]

后梁旧石器地点 1983 年 7 月发现于古交镇(现属桃源街道)以西约一公里后梁北坡的黄土堆积中,同年 10—11 月发掘。堆积层高出附近汾河河面约 100 米。地层剖面厚 23.5 米,自下而上分为两大层:下层为含砾石和钙质结核的微红色亚黏土土层,上层为厚度 19.5 米的砂质黄土,含两条古土壤带。石器发现于下层微红色亚黏土土层中。获得石制品 459 件,原料 95% 以上为角页岩,其次为砂岩、脉英岩和石英岩等。角页岩分两种:一为灰黑色,质地细密;一为浅灰色,颗粒较粗。石制品有石器、石核、石片和石料残件。地质时代为中更新世晚期至晚更新世早期之间,文化时代相当于旧石器时代早期较晚阶段。

石器分为砍砸器、刮削器、尖状器和石锤四大类,共计 142 件,以砍砸器和刮削器为最多,尖状器少且不典型。砍砸器是这个遗址的典型工具,共 52 件,以砾石砍砸器为主,有 45 件,器形较硕大,加工粗糙,多在砾石前端或一侧单面加工,因此分为端刃砍砸器和侧刃砍砸器两型。石片、石核砍砸器 7 件,均以石片和石核为坯加工而成,石器长度多在 100 毫米左右。刮削器 85 件,均为角页岩质,分为单边、双边、多边三个亚型。多以石片为坯,以正向加工者居多,反向加工者次之,其他组合性加工者较少。刃缘有细小平齐和深凹呈锯齿状之分。尖状器 4 件,均不典型。石锤 1 件,为角页岩质椭圆形扁平砾石,在其周围边棱上遗有密集的小疤痕。从疤痕特征分析,它并非由自然力作用形成,而是人工砸击的结果。

石核共 98 件,多以角页岩作原料,大部分呈不规则状。石核台面有自然面和人工打击面两种。台面少见修理。台面角平均为 72.8°。石核长多在 90—130 毫米之间,其中最长者为 200 毫米,最短者 45 毫米。依每件石核上台面数量,可分为单台面、双台面和多台面三类。

石片共 160 件。其中砂岩 3 件,石英岩 1 件,其余均为角页岩。石片尺寸普遍较小,长径在 50—90 毫米之间者共 111 件,约占全部石片的 70%。石片长、宽接近,平均值分别为 60 毫米和 65.4 毫米。半锥体突出和打击点集中等情况表明,锤

---

① 王向前、陈哲英《太原古交后梁之旧石器》,《纪念马坝人化石发现卅周年文集》,文物出版社,1988 年。

击法是该遗址中打片的主要手段。

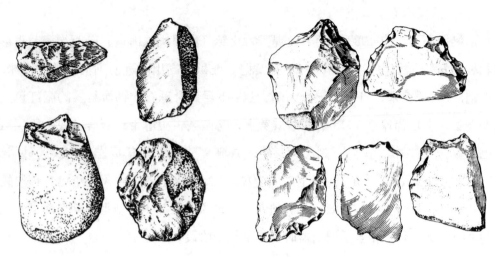

后梁出土的砍砸器线图　　　　　　　　后梁出土的刮削器线图

后梁石器地点，时代约当旧石器时代早期偏晚阶段。这是古交盆地唯一经过科学发掘的旧石器时代遗址，它的发现对研究太原盆地旧石器时代文化具有重要意义。后梁石器地点石核与石片多呈不规则状，石器比例较高，构成了以砍砸器和刮削器为主体，砾石石器和石片石器共存的石器组合与文化特征。由扁平砾石加工的砾石砍砸器为其典型器物，且占有一定比例，显示了后梁旧石器文化的个性。砾石砍砸器，在我国旧石器时代早期如周口店中国猿人地点、匼河以及国外有关遗址中，早有发现。这是一种加工方法简单，在早期遗址中常见的工具类型。后梁砍砸器与匼河垣曲盆地以及陕西梁山等石器文化比较，有一定相似处，但和时代稍晚的丁村石器相比尚有差别。丁村石器硕大，以石片石器为主，以大三棱尖状器为特征，球形器数量丰富，这些性质后梁多不具有。和较晚的古交钢厂等地点比较，既有共性，也有明显不同处。相同点是砍砸器、刮削器均占较大比例，尖状器少而不典型，球形器缺如；不同点是古钢石器硕大，方正的几何形轮廓明显，器身和手握部分多作修理。后梁地点的刮削器多缺乏固定形态和特征，尖状器不典型，同加工前毛坯形状相似。石器尺寸属于中小型，石核利用率不高。总的看来，石器类型较为单调，加工不十分精细，器形又不甚规整。这些都有待于进一步深入研究。

（四）古交钢厂旧石器地点[1]

古交钢厂石器地点，1959 年发现。石器地点分布于高出汾河水面约 50 米的形成于第四纪的阶地上。阶地上部为沙质红色土壤，下部为厚度约 2—3 米的砾石层。石制品发现于沙质淡红色土底部与砾石层交接部位。发现石制品 12 件，均以角页岩为原料。石核 4 件，其中 2 件石器是用交互打击法使边缘呈现出明显弯曲状。像这样性质的石核，早在丁村文化和交城旧石器遗存中就曾发现。石片 5 件，都是用直接打击法产生。石器 3 件，其中砍砸器 2 件，是用宽大石片以交互打击方法修制而成。大型尖状器是这次采集标本中最好的一件，它是用巨厚石片制成，长 24 厘米，宽 13.5 厘米，厚 7 厘米，重 2530 克，这是我国目前发现的最大的尖状器。这件石器轮廓呈枣叶形，背面还保存着一大片天然石面。尖部由于原本尖利，所以加工很少，只在一侧边缘略略修打了几下，就成为一个锐利的三棱尖。但在与尖端相对的一头及两侧，为了便于手握，从台面的中间各向背面和劈裂面做了很多修整，避免台面周缘的锋棱割手。这件石器，虽然和丁村大三棱尖状器在制作上不尽相同，但按其性质——三棱尖状来说，应把它们当成同一类型的石器[2]。

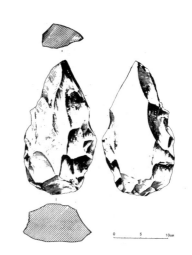

古交钢厂三棱大尖状器线图

（五）静乐风程山石器地点[3]

静乐风程山石器地点位于静乐县西北约 10 公里汾河西岸风程山的红色土堆积中。1958 年发现，获石制品 300 余件。原料有红色石英岩、石灰岩、白色火石和脉石英。石制品除一件大型尖状器外，均为石核和石片。贾兰坡等认为，风程山石器地点的地层应属于中更新世，而石器中也因有类似于丁村的大型尖状器，故应属

① 王择义、王建《太原古交工矿区旧石器的发现》，《古脊椎动物与古人类》1960 年第 1 期。
② 关于古钢旧石器时代遗址的时代，看法不同，或以为属于旧石器时代早期，或以为属旧石器时代中期。参见王向前《古交遗址群文化性质初探》，《人类学学报》1991 年第 1 期；陈哲英《山西旧石器时代》，《史前研究》1988 年。
③ 贾兰坡、王择义、邱中郎《山西旧石器》，科学出版社，1961 年。

于丁村文化体系。

（六）交城范家庄旧石器地点 [①]

交城范家庄旧石器地点位于交城县西冶河和瓦窑河之间的范家庄一带。1957年发现并先后进行了两次野外调查。南起垆子峁，北至野则咀，在南北长 20 公里、东西长 10 公里的两河之间，共发现石器地点 45 个，获得 1000 余件石制品。石制品多数采集于地表，只有少数标本发现于范家庄垆子峁的红色土结核层和范家庄以北附近后岩岭顶部的红色土层结核带中。这一带，凡是有红色土显露于地表而有结核的小山头上，几乎都有可能发现石制品。石制品的表面还经常粘接着结核，表明它们就是出自红色土中。石制品以角页岩为主要原料，绝大部分为石片，具有第二步加工的石器很少，石器中有砍砸器、刮削器、尖状器，还有两面交互加工的石核。这批材料的性质和丁村文化早段更为接近。

二、早期智人阶段文化遗存

经过百万年的漫长岁月，人类逐渐发展到了早期智人阶段，考古学称之为旧石器时代中期（约距今 20 万—5 万年）。这一时期，气候比现在更加温暖，山林中豺狼出没，丘陵和山间盆地草木茂盛，各种食草动物成群结队，河流中鱼虾嬉戏，这些都是古人赖以生存的食物。

这一时期，太原地区的文化遗址发现较少，目前可以肯定下来的就是长峪沟地点 [②]。

长峪沟石器地点是太原地区唯一一处旧石器时代中期文化遗存。1983 年王向前等人在长峪沟附近的一个砖场采集到石制品 7 件，有石核、石片、砍砸器、尖状器等类型，另外一件石片直接取于汾河第三级阶地底部砾石层中。其地质时代属于晚更新世早期。这里的石核、石片均不甚规整，砍砸器 2 件，均由砾石交互加工而成，手握一端多保留砾石面。三棱大尖状器 1 件，长 210 毫米，宽 100 毫米，厚

---

① 贾兰坡、王择义《山西交城旧石器文化的发现》，《考古通讯》1957 年第 5 期。

② 或认为古交钢厂、交城范家庄、静乐风程山等遗址为旧石器遗址中期文化。参见山西省考古研究所《山西考古四十年》，山西人民出版社，1994 年。盖汾河流域发现的这些旧石器地点，石制品多非发掘所得，研究者只是根据石制品性质确定其时代，因此有中更新世晚期和晚更新世早期的不同看法。总的来看，早期研究确定时代倾向于晚更新世早期，随着研究的深入，特别是丁村旧石器遗址早段的确认，有将这些地点往中更新世晚期靠拢的倾向。

85 毫米，除一个侧面遗有部分砾石面外，其余均为片疤覆盖，器身横断面为正三角形，三条边棱的修理以单向加工为主，该标本与丁村及古交钢厂地点三棱大尖状器非常相似。

20 世纪 70 年代初，贾兰坡等根据华北地区发现的旧石器时代文化遗址特征，将以大石片砍砸器—大三棱尖状器为特点的石器遗存划分为"匼河—丁村系"文化系统，分布范围以黄河中下游的山西、陕西、河南三省交界的三角地带为主。时代最早的是西侯度遗址，其次是地质时代属中更新世早期的匼河遗址、蓝田遗址以及三门峡水沟和会兴沟等石器地点。这些遗址或地点发现的石器，尤其是三棱大尖状器和厚大尖状器，都具有厚大、三棱的特点，石器随着时代的推移有由粗到精的变化。太原地区旧石器时代早期、中期的文化遗存与"匼河—丁村系"有较多的一致性，它们主要发现在汾河流域及其支流，是汾河流域除丁村遗址外又一个大型旧石器时代遗址群。这些地点的石制品与丁村遗址乃至整个汾河流域的旧石器文化既有共性，又有明显不同，对于研究汾河流域旧石器时代人类文化有着十分重要的意义。

三、晚期智人阶段文化遗存

大约在距今 5 万年前后，地质时代进入晚更新世晚期，人类体质也发展到晚期智人阶段。在这一阶段，世界上几大人种逐渐形成。目前世界各种族形成时所处的确切地区境况还不是很清晰，不过到距今约一万年即最后一次冰期的末期，各种族在全球已有一个为今人所公认的大致分布，其中分布在东亚和南北美洲的是蒙古人种。中国境内发现的人骨化石和原始蒙古人种的体质形态特征具有更多的一致性。现在一般认为，中国大陆是蒙古人种主要发祥地的一部分[①]。

---

① 人种的分化是近四五万年以内，人类发展到新人阶段才开始发生的。从中国发现的古人类化石及旧石器文化遗址的研究来看，蒙古人种的起源时间大致也不会比这个时间更早。近半个世纪以来，特别是在新中国成立以后，在我国陆续发现了许多属于旧石器晚期的人类化石，其中周口店山顶洞人和广西柳江人的化石是研究旧石器晚期人种属性的重要材料。对于山顶洞人的三具头骨，德国古人类学家魏敦瑞在二十世纪三四十年代指出他们分别代表三个不同的人种类型：101 号男性老人颅骨，具有原始蒙古种兼有旧石器晚期的欧洲人种特征；102 号女性颅骨代表美拉尼西亚人种；103 号女性颅骨属于因纽特人种，并引申出山顶洞人是外来人种而不是中国人的祖先。新中国成立后，我国的人类学者对山顶洞人的种属问题重新作了研究，提出了与魏敦瑞不同的看法。代表性的意见认为：三例山顶洞人颅骨在一系列体质特征上具有共同性，有些特征是更新世晚期新人化石所共有的原始性；有些（转下页）

这一时期，气候变得异常干冷，自然环境比较恶劣，然而人类发展到这一阶段，适应或者说克服环境不利因素的能力已大大加强，在艰苦的环境中生活，人类更坚强，文化发展更快，表现在考古学上就是旧石器时代晚期遗址的大量发现。

（一）石千峰细石器地点[①]

石千峰细石器地点位于古交市区西南的石千峰一带。1980 年山西省考古研究所根据王择义生前提供的线索，在石千峰一带的北石沟、花梁、吉峰沟、新华村、窑儿头、大垴上等地发现了多处旧石器时代晚期细石器文化遗存，其中以石千峰西南一公里的花梁山坡地带最为密集。采集到石制品 101 件，主要以燧石和角页岩为原料，其次是脉石英和石英岩。类型有石核、石片和石器。采集品以细小石器为主体，加工修理主要采用间接法。综观石器性质和打制技术，特别是典型细石器技术传统的代表性器物如楔状、锥状石核和石核式刮削器的存在，说明石千峰石器与下川文化关系较为密切。这是太原地区发现的唯一一处细石器地点群。它是继 1979年蒲县薛关遗址发现后，在吕梁山系发现的又一个细石器地点，是探讨这一地区古文化发展的重要线索。

（二）四晌洼旧石器地点[②]

四晌洼旧石器地点位于古交市西，2003 年发掘。地质时代为晚更新世晚期甚至更晚，文化时代为旧石器时代晚期。发现石制品 119 件，以角页岩为主，其中有石核、石片、石器等。文化层分为上下两层，其中下文化层以石核、石片为主，有少量石器，石制品由南向北呈倾斜状分布，一些石核和石片可以拼接复原成原始石料。说明原始人初来这里时，地形还是倾斜的，他们在这里选取石料，制作坯料，打制并使用石器。生活了一段时间后，他们离开了这里，黄土慢慢堆积覆盖了他

（接上页）特征则接近现代蒙古人种中的中国人、因组特人和美洲印第安人；另外一些特征如阔鼻、低眶，虽然与现代蒙古人种不完全一致，但却可以在新石器时代的颅骨上找到承袭的踪迹，因此山顶洞人是形成中蒙古人种的一个代表。用山顶洞人共生动物化石测得的放射性碳元素年代距今约一万九千年，所测得的这个年代比以往估计的"十万年左右"缩短了很多。如以山顶洞人的年代测定为依据，那么，现代蒙古种系的形成时间比原来设想的要晚近多了。总之，从更新世晚期人类化石的发现和研究，反映出我国在蒙古人种的起源和发展过程中占有很重要的地位。华南、华北广大地域是蒙古人种主要发祥地的一部分，是有明显的古人类学根据的。参见潘其风、韩康信《我国新石器时代居民种系分布研究》，《考古与文物》1980 年第 2 期。

① 王向前、丁建平《太原古交区石千峰一带的细石器》，《山西文物》1982 年第 1 期。
② 于振龙《太原古交地区早期人类活动的个案分析》，《而立集——山西大学考古专业成立 30 周年纪念文集》，科学出版社，2009 年。

们的生活遗迹。不久又一批古人来到这里，他们带着在其他地方制作的石器在此生活，留下了种种遗迹，是为上文化层。上文化层以石片和石器为大宗，石器类型以刮削器为主，另有薄刃斧、斧状器、石锤等。从上文化层中多为成形石器且大致呈水平状分布来看，这一地点应是人类从事与刮削器、薄刃斧等有关劳动的地方。上文化层最终又被废弃，遗址又为黄土覆盖。

（三）大发旧石器地点[①]

大发旧石器地点位于晋中市榆次区东赵乡以东一公里的潇河右岸。大发石制品和动物化石，出自潇河二级阶地前缘底部的砂砾层中。地质时代属晚更新世晚期，文化时代属旧石器时代晚期[②]。

大发旧石器地点石制品原料主要是燧石和石英岩，兼有少量脉石英、硅质岩和玛瑙。遗址发现大量石片，石器多用不同形状的片状石材制作，偶用石核与石块。石器以小型为主，尺寸在 20 毫米以下的占 25%，存在典型的细石核、石叶和细石叶。石器分为刮削器、端刮器、凹缺刮器、尖状器、雕刻器、石钻、刮削器—凹缺刮器和石钻—端刮器等。刮削器是该地点的主体器型，形式多样，有单边、两边和三边之分。尖状器虽数量不多，但加工精细。端刮器数量较多，加工细致，器型稳定，形成该地点石器工业的鲜明特色。打片主要用锤击法，偶用砸击法。石器的第二步加工，主要采用锤击法；从部分刃口平齐、修疤平远而规整的标本来看，明显地使用了压制技术，且绝大多数石器只向一面加工。总体来说，石器形体规整，加工精细匀称，器型稳定，表明其加工制作技术已进入高度稳定发展阶段。

大发石器文化既具有我国华北旧石器时代晚期文化的一些共同特点，又有自身特色。从技术传统上看，它属于峙峪文化为代表的小石器传统，与同期的下川文化有更多相似点：如以燧石为主要原料；以石片石器为主体；打片以锤击法为主，偶用砸击法；第二步加工使用了压制法；工具组合以类型多样的刮削为主；石器以小

[①] 高星、尤玉柱等《山西榆次大发旧石器地点》，《人类学学报》1991 年第 2 期；李壮伟、王志刚《山西榆次大发地点的旧石器》，《人类学学报》1992 年第 4 期，并见山西省考古研究所《山西旧石器时代考古文集》，山西经济出版社，1993 年。

[②] 吴志清、孙炳亮、喻正麒认为该遗址的地质时代为"全新世的早、中期"，文化时代为"旧石器时期的晚期或新石器时期的早期"。详《榆次大发细石器遗址及其在地层学及古气候学上的意义》一文，《考古与文物》1990 年第 5 期。

型为主；大部分石器为单向加工，小部分系双向加工而成等。但也有不同点：如下川石器类型丰富，有类型多样的刮削器、数量众多的三棱小状器以及加工精美的雕刻器等，大发石器类型相对简单，也远不如下川复杂。与蒲县薛关遗址比较，二者在打片技术、石器组合、石器加工等方面有许多相似之处，但如半月形刮削器、石斧、石锤等大型石器，是薛关文化的几种典型器物，大发却一件也未见到；而大发的腹背两面用压制法修理的标本，如尖状器、石钻—端刮器等，薛关则未见。总之，大发石制品与华北地区（尤其是山西）的旧石器文化在时空上有着密切的关系，说明华北旧石器文化存在明显的继承性。

小石器与细石器共存的典型遗址，在山西南北均有发现，如雁北地区的峙峪、晋南地区的薛关和晋东南地区的下川等。大发地点传统小石器和细石器并存，在晋中盆地属首次发现，起到了衔接南北中三地文化的作用，对于研究各地点（群）小石器和细石器文化发展关系有着十分重要的意义。

（四）西长凝遗址[①]

西长凝遗址位于晋中市榆次区东南西长凝村西约一公里的涂河南岸贾鱼沟，1974 年发现。石制品、烧骨以及破碎骨片发现在晚更新世棕黄色亚黏土中。石制品 43 件，原料多为粗砂岩，类型单调，仅有石核、石片和刮削器三种。石器加工多单向修理。烧骨有的呈红色，有的呈灰黑色或黑色，这些烧骨很可能是当时人们烧烤肉食的结果。时代属旧石器时代晚期后一阶段。

（五）凤凰崖石器制造场[②]

凤凰崖石器制造场位于古交市以西约一公里的大川河、原平河和屯兰河与汾河的交汇地带。分布范围东起古交市，西至屯村，北到西曲，南可到距古交 6 公里的李家社。东西宽 4 公里，南北长 7 公里，尤以海拔约 1100 米的凤凰崖附近最为集中。这一带山体为二叠纪砂岩，水土流失严重，很少有黄土覆盖。山体顶部断续有一砾石层，主要成分为角页岩和砂岩，其次是火成岩等。石制品散落于山坡之上，

[①] 吴志清、孙炳亮、陈哲英《山西榆次贾鱼沟旧石器的发现》，《史前研究》1985 年第 1 期。国家文物局主编的《中国文物地图集·山西分册（下）》（中国地图出版社，2006 年）名为西长凝遗址。

[②] 王向前、陈哲英《太原古交发现旧石器时代石器制造场》，《人类学学报》1984 年第 1 期。王向前、陈哲英《太原古交旧石器晚期遗存的发现》，《史前研究》1984 年第 4 期。

大部分石制品棱角锐利，显然是取材于山顶砾石层就地打制的结果，有少数标本被黄土覆盖，也有一部分石制品在外力作用下被搬运到冲沟之中。

这里的石器分布面积较大，数量丰富，各个地点石器性质基本一致，可归为同一文化之中。石制品器形硕大，最大石核重 21500 克，最大石片重 4200 克，在山西旧石器遗址中极为少见。石制品可分为石核、石片和石器三大类，石核、石片所占比例相当大，石器比例甚少。石制品原料比较单一，角页岩约占 95%。石片的打制主要使用锤击法，也有少数标本采用碰砧法。石器类型单调，以砍砸器、刮削器为主，约占 90%，尖状器较少且不典型。综观石制品面貌风格，单边砍砸器、刮削器等与丁村文化及汾河流域旧石器文化较为接近，但也有一些加工进步的石器，如半圆形刮削器，器形规整的矩形、舌形刮削器等。从比对研究看，凤凰崖石制品既含有旧石器时代中期石器类型和打制技术，又具有旧石器时代晚期一些典型器物，同时也出现了某些类似新石器时代器形风格和加工方法的石器，因此，将时代定为旧石器时代晚期较为恰当。从遗址中石核、石片丰富，石器占比甚小，大量石制品自打制以后散落于地表少经搬运的现象看，其性质应是一处大型旧石器时代晚期石器制造场。

古交凤凰崖石器制造场

第二节　太原地区远古人类的社会生活

自 20 世纪 30 年代杨钟健、德日进在汾河流域进行地质古生物考察算起，到目前为止，晋中盆地已发现旧石器地点 70 多处。这些地点包括了旧石器时代早期、中期和晚期遗存，多数地点的石器都具有与丁村石器风貌一致或相似的成分。这些地点真正经过发掘的仅有三处，大部分地点还仅仅处在调查采集阶段。读者从我们的介绍中可以看到，对发掘过的遗址，我们了解到的信息更多，叙述也更详尽，而对大部分仅仅只有调查的遗址来说，其内涵还不是十分清晰，因此对其文化的认识也只能是初步的。需要说明的是，太原地区还没有发现古人类化石，但从发现的石器时代看，分别属于晚期猿人的直立人、早期智人、晚期智人阶段。

晋中盆地旧石器时代早期文化遗存更多具有"匼河—丁村系"传统。据研究，大尖状器更多用来挖掘植物根茎，因此其生产应是以采集经济为主。其实在远古时期，人类还处在茹毛饮血阶段，在生存过程中，并不会按一个固定模式生活，而是根据气候、自然环境和物质生活资料来源的不同，采取一些相应的生产生活方式，生产生活工具也就会随之有所改变。

依据晋中盆地发现的石器地点，结合中国其他地方考古研究成果，可以确定，太原地区的远古人类主要生活在山高林密、禽兽遍野的环境中。他们每个单独的个人几乎没有力量抵御野兽，根本不可能生存下来。人们靠采集野生植物和捕捉动物过着朝不保夕、勉强糊口的生活。为了生存的需要，必须结成群体，以群体的联合力量弥补个人的不足。这种原始群大约是十几人到几十个人为一个单位，这就是人类最早的社会组织。这种群体是以血缘关系为纽带组成的，内部松散，不很稳定，群与群之间也没有多少经济联系。

在原始群里，所有成员共同协作，共同制造和使用工具，共同防御野兽和猎取食物。由于一切产品都是集体创造，所以产品也平均分配，共同享用[1]。刮削器、砍

---

[1]　在看待这种人类早期社会时，还应该对所谓"平等"现象再作思考。人类出现后，因其生存能力强于古猿，繁衍速度一定较快，出现了一个个群体（氏族），各群体为争夺或保护维持自身生存的资源，必定发生战斗。由于当时的生产能力（狩猎或采集）有限，必须联合行动，在群体内部会依体力和智力的强弱而出现首领。就整个群体而言，因几乎没有剩余食物，相互的关系自然是相对平等的，但在享用食物方面，也会因其所获的多寡存在差异。至于对其他群体，只要发生争夺资源之战，只会杀戮对方，而不会将其收为本群体的成员。在这种情况下，如就含有若干群体的人类总体而言，（转下页）

砸器、尖状器既用以砍伐和修理木质或骨质工具，又是捕猎的重要工具，大尖状器用来挖掘植物的块根。他们靠群力猎取各种大型野兽，也捕捉各种小动物或采集各种野生植物的果实和根、茎作为补充食物。

远古人类的社会集体是比较松散的，只有母系血统可能起一定的作用。原始人的早期阶段，两性关系杂乱，各种配偶只是临时的，既有兄弟与姐妹的婚配，也有上下辈之间的结合。《吕氏春秋·恃君览》："昔太古尝无君矣，其民聚生群处，知母不知父，无亲戚兄弟夫妻男女之别，无上下长幼之道。"可以看作原始社会初期早段人类两性关系的写照。

当时的人们已经学会用火，而且可能学会了控制火，管理火。火的使用是人类继生产出第一个石器后的又一个划时代事件。有了火，原始人类摆脱了茹毛饮血的生活，改善了健康状况；可以战胜严寒，从而迁徙到更广阔的地区；可以利用火光照明，驱赶野兽，保护自身安全，甚至可以利用野兽对火的惧怕，利用火的威力来驱赶、围攻野兽。

生存是极其艰苦的，困难折磨着他们。在周口店发现的40多个个体中，约有三分之一活不到14岁就死去了。但是由于他们发明了群体的组织，有了简单的工具并已知用火，通过集体的劳动和斗争，顽强地改造着自然，也改造着自己的体质，向早期智人阶段迈进。

太原地区早期智人阶段人类文化遗存目前仅发现长峪沟石器地点。从长峪沟出土的石器，结合相邻地区如襄汾丁村遗址、阳高许家窑遗址的发现看，早期智人经过几十万年的发展，积累了较为丰富的劳动经验，劳动工具的制作技术有改进，类型更多，加工更精细。许多石器经过第二步加工，特别是石球的大量出现。这一切进步使人类可以获得更多的食物。随着采集狩猎经济的发展，劳动中按年龄分工，人类思维进步，逐渐排斥了杂乱的性交关系，发展为比较固定的血缘群团，又称血缘公社或氏族公社。一个血缘群团，既是一个生产生活单位，又是一个内部互婚的集团。其内部排斥了祖辈和小辈之间、双亲和子女之间互为夫妻的行为，而在同一

（接上页）其野蛮程度应超过以后的文明时代的任何时期。见俞伟超《考古学体系与人类历史进程关系的新思考》，《古史的考古学探索》，文物出版社，2002年。

辈分之间，既是兄妹也是夫妻，即年龄相近或同辈之间的男女互相婚配①。

太原地区发现的早期智人阶段石器地点，人群社会组织应该处在这一阶段。随着血缘群团规模的扩大，群团数量也有所增加。他们的体质相比于猿人，脑盖较薄，脑容量较大，智力有了明显提高，其体质特征和欧洲、非洲乃至西亚的早期智人明显不同，已显示出蒙古人种的某些特色。

关于早期智人，自从 20 世纪 60 年代诞生了分子生物学以后，人们对人类起源问题开始了一种全新研究。新学说根据遗传基因研究，了解到从猿到人的转变取决于古猿群体在遗传结构（基因库）上的变化，从而对"劳动创造人"这个著名论断提出挑战②。遗传学家分析现代各大洲人类胎盘细胞线粒体中的 DNA，根据推算出的基因变异速度，推测现存人类是在 20 万年前形成并开始向外扩散，当今各大洲各人种都是大约 20 万年前非洲女祖先的后裔。这个假说后来被通俗地称为"夏娃理论"。而更早从东非形成的能人、直立人等，扩散到欧洲和亚洲的人科类物种，因多次寒冷的冰期等原因，在全球各地早已绝灭。"夏娃"后代中的一部分在大约 13 万年前来到东亚，取代了这里的原居民，即中国的直立人和早期智人，然后发展成现代人③。

---

① 对于这一观点，有学者提出不同看法，如俞伟超认为：一百多年前摩尔根所说人类婚姻最初经过血缘群婚和亚血缘群婚（普那路亚）两个形态的论点，既无实例可寻（含残痕），又不合于人类最初的群体就是氏族·部落的理论分析，亦应加以否定。在人类刚出现时，一定人口稀少，全球的考古发现，也表明万年以前的人类遗迹数量很少，而其遗迹又难以表明当时群体结构的情况，故现今对人类早期社会的认识，都只是依据一些 19 世纪以来人类学调查中所见晚近存在的原始部落情况而作出的理论推测。何时能得到可作具体说明的材料，根本无法预测，但为了建立史学和考古学的体系，似又无法躲开。于是，在 20 世纪 80 年代以前，苏联和中国的一些学者，就往往假设人类最初的群体结构是类似动物群一样的原始群，实行血缘群婚、亚血缘群婚，大约在 5 万年或 10 万年前，氏族制出现，实行族外对偶婚。但当人类起源问题的认识发生了转折性的新变化，能人、直立人、尼人已被排挤出真正人类的范畴，那个时期是否实行群婚制，至少在研究人类活动时也就可以先不考虑。换言之，所谓的血缘群婚和亚血缘群婚，已失掉了存在的时间范畴，不必再加讨论。至于直立人和尼人打制的一些石器同人工制品非常相似的问题，也应该放在另外的科学领域中去研究。对研究生物进化史来说，能人、直立人、尼人及其制作工具的能力，无论如何应该继续研究，不过毕竟已是人类历史范畴以外的事情了。俞伟超《考古学体系与人类历史进程关系的新思考》，《古史的考古学探索》，文物出版社，2002 年。
② 龚樱晏《关于"劳动创造人"的命题》，《史学理论研究》1994 年第 2 期。
③ 参阅李逆熵《寻找夏娃——现代智人起源的辩论》，《二十一世纪》总第十九期，香港中文大学中国文化研究所，1993 年 10 月号。俞伟超《图腾制与人类历史的起点》《考古学体系与人类历史进程关系的新思考》，《古史的考古学探索》，文物出版社，2002 年。虽然诸多遗传学证据支持非洲起源假说，但对最终揭示现代人类起源和迁移问题，仍需要更多化石方面的确凿证据来支持，需要解释考古学、古人类学方面的质疑。如澳大利亚国立大学索恩等人研究显示，现代人类有可能由不同地区的古人类分别演化而来。新发现质疑了目前学术界流行的"走出非洲"理论。他们提出名为（转下页）

大约从四五万年前开始，我们的祖先从早期智人进化到晚期智人阶段。在中国境内发现了大量晚期智人化石。从发现化石的测量看，虽然还存在着个别的原始特征，彼此之间也不尽相同，但体质形态上的总体特征已和现代人大体相近，已经具备了大多数蒙古人种的基本特征 ①。

这个时期的人类，打制石器的风格已经因种群的不同而有所区别。如古交凤凰崖石器制造场更多地传承了"大石片砍砸器——大三棱尖状器"传统，而榆次大发旧石器地点则属于"船头状刮削器——雕刻器"传统。后者的文化特征是石器大多数个体较小，类型较复杂，刮削器占绝对优势，并有少量雕刻器，缺乏大三棱尖状器和石球。小型石器被认为用来切刮皮肉，是狩猎经济的使用工具。研究显示"典型细石器文化"可能是在小石器传统的基础上发展起来的，而"典型细石器文化"是新石器文化发展的前奏。大发旧石器地点既有小石器文化传统的特征，又有细石器文化的因素，而石千峰细石器地点群则是典型的细石器文化。这些石器地点的石器打制方法和石制品相较于早期智人表现出明显的进步性：在石器制作中普遍修理台面，能用间接打击法生产出细长石片，还能用压制法加工石器；石器种类更加多样化，如各种类型的刮削器、尖状器、雕刻器、石钻等。这些石器技术的进步和类型

（接上页）"地区连续性"的现代人类起源新理论，认为起源于非洲的直立人在过去 150 万年间不断迁徙到非洲以外的其他地区，并形成不同分支，这些分支通过混血繁衍，在 10—15 万年前分别在非洲、欧洲、东亚和西亚等地进化为现代人。吴新智从北京猿人与现代中国人共同具有的一些形态特征、中国各处人类化石之间从北京猿人开始便没有大的时间间隔等论证中国的直立人和早期智人、晚期智人是连续进化的。智人最可能是由本地区的早先人类发展而来的。参见吴新智《关于东亚现代人起源的问题》，中国考古学会、山西省考古学会、山西省考古研究所《汾河湾——丁村文化与晋文化考古学术研讨会文集》，山西高校联合出版社，1996 年。

① 李辉、宋秀峰、金力等学者认为，东亚地区人群主要分为汉藏语系、阿尔泰语系、侗台语系、苗瑶语系、南亚语系以及南岛语系六个系统，其中汉藏语系无疑是很重要的。汉藏语系群体的祖先最初来源于东亚的南部，在约 40000—20000 年前，一个携带 Y 染色体 M122 突变的群体最终到达了黄河中上游盆地，然后在约 10000 年前，由于粟谷农业的出现，新石器文化开始在这个地区发展起来。人口的增长使群体必须扩增新的居住地，这样在约 6000—5000 年前出现了两个语族的分野。其中一个亚群，被称为前藏缅语族群体，离开黄河流域，向西及向南迁移，最后在喜马拉雅山脉南北居住下来。这次迁移就是沿着著名的"藏缅走廊"进行的，这条通道始于黄河上游地区，向西到达青海省，向南到达喜马拉雅山脉。其中景颇语支一直向南，穿过喜马拉雅山脉到达今天的缅甸、不丹、尼泊尔、印度东北及中国云南省的北部。在与一支来自中亚或西南西伯利亚带有 YAP 突变的群体发生大范围混合后，藏语支向喜马拉雅进发并最终扩散到整个西藏。缅彝及克伦语支向南到达中国云南西北部，最后到达越南、老挝及泰国。在这 5000 年中，另一语族，即汉语族主要向东向南扩增，最后在中国各个地区居住下来。参见《人类谱系的基因解读》，《二十一世纪》网络版第四期 2002 年 7 月 31 日。

的分化，反映了狩猎经济的进一步发展。在石器工艺明显进步的同时，骨角器也大大发展起来，种类有锥、针、鱼叉、刀、铲等，它们是用锯、切、削、磨、钻等方法制成，表明智人们使用的工具更加多样化，技术也更加先进。

这个时期的人类，已经有了比较固定的石器制造场所，能够制造比较复杂的石器，磨制骨器甚至磨制石饰品，但还不知道磨制石器，也不知道烧制陶器；他们善于打猎，但还不知道把野兽驯养成为家畜；他们会采集植物果实，但不知道种植方法；他们已经有了审美观念，制作出穿孔石珠、穿孔兽骨、穿孔海蚌壳等用于佩戴；他们有比较固定的生活居住场所和死亡埋葬地，对亡者放置简单的装饰品并经过一定的埋葬仪式，说明已经有了灵魂观念。集团内以生产资料公有制为基础，过着集体生产、共同消费的经济生活。氏族内部禁止通婚，实行氏族外婚制，所以许多互相通婚的氏族就组成了部落。

旧石器时代，集团首领权力受到严格限制，那时还不存在由制度确立、为大家公认的强制性权力。熟悉宗教仪式的老人被大家推举为司仪，而狩猎本领出众的年轻人则当选为狩猎集团首领。但最重要的是，所有这些首领都不是运用权力，而是通过自身影响来完成自己的职责，因为当时还没有任何制度规定有谁可将自己的意志强加于其他人。

在氏族部落内部，每一个成员都要对他人承担责任，也都享有同样的权利。他们在寻找食物、避风躲雨、防御敌人等过程中相互帮助。部落与部落之间因争夺狩猎、捕鱼场地而发生争斗。不过，因为旧石器时代社会缺乏维持大规模战争所需要的人力物力，所以即使有争斗也是小规模的。大规模的战争直到人们发明了农业而生产率大大提高、人口相应增多时才成为可能。

旧石器时代早期，由于采集经济在当时居于主要地位，男子和妇女之间无多大差别。但是随着工具的改进，男子能组织起大规模的狩猎团体，杀死大型动物，而妇女却仍然在居住地附近采集、照料孩子和烧煮食物，男子作为食物供给者的地位因之提高。

原始人对自己和社会基本不抱历史的、发展的态度。他们以为，将来与现在相同，就像现在和过去一样。在他们头脑里没有变化的观念，也不存在改变现有制度和习俗的想法。在他们看来，天地万物，包括他们自己，他们的生活、文化，都是神祇创造出来的，而且将一成不变地发展下去。各民族关于远古创造的神话都惊人的相似，也说明了这一点。这些神祇创造自然环境，安排供狩猎的动物，繁殖人类，教会人类各种技艺并遵守各种风俗习惯。

总之，随着社会组织的扩大，人类交流的深入，生产工具的进步，劳动技能的提高，人类对自然界客观规律的认识逐渐提高，生活水平显著提高，人口数量迅速增加并向外扩散，并出现了明显的地方性差异。到旧石器时代末期，先进的石器制作技术发展演变，达到了新的高度。人类即将告别以采集和狩猎为生活来源的旧石器时代，步入以农业种植为主、采集狩猎为辅的新石器时代[①]。而太原作为旧石器时代遗址的主要发现地区，在中国人类文化的发展和演进中，无疑起到了重要作用。

纵观太原地区旧石器时代文化遗址的特征，主要表现在：其一，旧石器地点主要分布在汾河及其支流的三级台地以上或附近，全部为露天遗址，没有洞穴遗址。其二，砍砸器在石器组合中占有重要地位，这一特点与中国北方南部的"匼河—丁村系"相同，而与中国北方北部地区小型石器系统相去较远。其三，处于中国北方旧石器时代两种不同文化体系的中间地带，太原地区的旧石器文化与属于北方南区的丁村文化相比，又有一些差异。如丁村文化石制品中砍砸器不发达，是所有石器类型中最为粗糙者，太原旧石器石制品中，砍砸器占有较大比重；丁村文化中，人们已经掌握和运用双面石片打制技术，并有一定数量的双阳面石片工具，但在太原旧石器地点，用双阳面制作的石器基本不见。其四，太原位于山西地堑中部，汾河谷地又是人类迁移扩散的通道，处在旧石器时代中国北方南北两大文化区的衔接地带，对两种文化的交流作用可谓举足轻重，在中国北方旧石器时代考古以及古人类研究中地位之重要也可见一斑。

---

① ［美］斯塔夫里阿诺斯（L.S.Stavrianos）著，吴象婴、梁赤民等译《全球通史》（第7版修订版），北京大学出版社，2006年。

太原盆地旧石器时代遗址／地点整理表

序号	遗址或地点	年代	发现时间	地貌部位	出土遗物
1	交城县范家庄	旧石器时代早期	1957 年	地表	石片、砍砸器、刮削器、尖状器
2	榆社县石栈道村墩疙瘩遗址	旧石器时代早期	1958 年	地层	石制品
3	古交市古钢遗址	旧石器时代早或中期	1959 年	阶地或地表	石制品
4	古交市后梁遗址	旧石器时代早期	1983 年	地层	石核、石片、砍砸器、刮削器、尖状器、石锤等
5	古交市王家沟村	旧石器时代早期	1990 年	地层	石制品
6	尖草坪区土堂村	旧石器时代早期	2000 年	地层	石制品
7	尖草坪区大留村	旧石器时代早期或稍晚	2000 年	地层	石制品
8	尖草坪区大留村西	旧石器时代早期	2000 年	地层	石制品
9	古交市寨上村	旧石器时代早期	2002 年	地层或地表	石制品
10	古交市王娄北岭	旧石器时代早期	2003 年	地层	石制品、动物化石
11	古交市王家沟砖厂	旧石器时代早期	2003 年	地层	石制品、动物化石
12	古交市河口村	旧石器时代中期	1959 年	地层	石核、石片、砍砸器、大型尖状器等
13	古交市长峪沟社区	旧石器时代中期	1983 年	地表	石核、石片、砍砸器、尖状器等
14	榆次区西长凝遗址	旧石器时代晚期	－	地层	石制品、动物化石
15	榆次区东赵乡大发村南	旧石器时代晚期	－	地层	刮削器、端刮器、尖状器、动物化石
16	和顺县马连曲洞穴遗址	旧石器时代晚期	－	地层	石制品
17	昔阳县河上洞穴遗址	旧石器时代晚期	－	地表	石制品、动物化石
18	寿阳县北东遗址	旧石器时代晚期	－	地层	石制品
19	古交市石沟村北石千峰	旧石器时代晚期	1980 年	地表	细石核、石片、刮削器、尖状器等
20	古交市凤凰崖	旧石器时代晚期	1983 年	地表	石核、砍砸器、刮削器、凿形器、尖状器等
21	古交市皇帝峁	旧石器时代晚期	1983 年	地层	石核、砍砸器、刮削器、尖状器等
22	榆社县赵王遗址	旧石器时代晚期	1985 年	地表	石制品
23	榆社县河峪乡东形彰遗址	旧石器时代晚期	1988 年	地层	石制品、动物化石

序号	遗址或地点	年代	发现时间	地貌部位	出土遗物
24	阳曲县黄寨	旧石器时代晚期	2000 年	地层	石制品
25	阳曲县黄寨杨兴河	旧石器时代晚期	2000 年	地层	石制品
26	古交市石家河村	旧石器时代晚期	2001 年	地层	砍砸器、凹刃刮削器、石片、石核等
27	古交市火山村	旧石器时代晚期	2002 年	地层或地表	石制品
28	古交市西四晌洼遗址	旧石器时代晚期	2003 年	地层	石制品、动物化石
29	古交市高崓上	旧石器时代晚期	2003 年	地层	石制品、动物化石
30	古交市红梁山	旧石器时代晚期	2003 年	地层	石制品、动物化石
31	古交市郝家庄村	旧石器时代晚期	2009 年	地层	石片、石核（石英岩）
32	古交市屯村	旧石器时代晚期	2009 年	地层	刮削器、石核（角页岩）
33	古交市石家河村	旧石器时代晚期	2009 年	地层	石片、石核（砂岩、角页岩）
34	古交市神堂岩村	旧石器时代晚期	2009 年	地表	石片（燧石）
35	古交市石家河村南	旧石器时代晚期	2009 年	地表	石制品
36	古交市李家社遗址	旧石器时代晚期	2009 年	地表	石制品
37	古交市郝家庄村西北	旧石器时代晚期	2009 年	地表	石制品
38	古交市明扶岭村	旧石器时代晚期	—	地表	砍砸器、尖状器、石片、石核等
39	娄烦县东六度	旧石器时代晚期	2009 年	地表	石制品

第三章

新石器时代的太原

距今约 12000 年前后，地球上最后一次冰期结束，气候逐渐变暖，原始人群的生产活动也随之改变。伴随着定居村落、原始农业种植、家畜饲养、磨制石器和烧制陶器的出现，人类跨入新石器时代。新石器时代是原始社会氏族公社制由全盛到衰落的一个历史阶段。这时候生产力有了明显进步，社会组织也有巨大变化，人口迅速增加，文化向前发展，到公元前 2000 年前后，最终由原始社会逐渐步入阶级社会。

山西是中国新石器时代文化的重要分布地区，全境内从新石器时代中期到晚期的遗址都有发现。中原黄河流域的地位十分特殊，它是中国新石器文化的核心地区之一。其中晋南地区是这一核心地区的重要部分，庙底沟文化、庙底沟二期文化、陶寺文化都发源于此，对中华文明的形成起到决定性作用。中国考古学界将中国新石器时代的文化划分为六大区系：其一，以燕山、长城南北地带为重心的北方；其二，以山东为中心的东方；其三，以关中、晋南、豫西为中心的中原；其四，以环太湖为中心的东南部；其五，以环洞庭湖为中心的西南部；其六，以鄱阳湖—珠江三角洲一线为中轴的南方。山西晋南地区和晋北地区分别属于中原、北方地区，而晋中盆地则跨燕山、长城南北和关中、晋南、豫西两大文化区。考古学家苏秉琦在探讨中华文明起源时说，华（花）人、龙的传人、中国人的源、根从何而来，三者成为同义词从何说起，中国考古学者经过半个世纪的努力，对于这个问题总算已经找到了解答的钥匙。那就是中原地区以华（花）为标志的仰韶文化和北方地区以龙为标志的红山文化。华（花）和龙最早分别出现在距今六七千年的华山脚下和燕山之北，而两者的根的成长，时间同步，条件相似，追根究底，尽管不能说两者开始就是"一家人"，但却可以承认这件事实本身意味着文明的曙光已经出现在东亚大陆了①。

　　太原盆地虽属于面向欧亚大陆的黄河流域，却是一个相当稳定、独立的考古学文化区，或是这类区的部分地区。介于北方区系和中原区系之间，在南北两大区域的文化交流与碰撞中，晋中盆地的远古先民积极参与，为两大文化的融合，为华（花）与龙的结合，起到了重要的桥梁作用。仰韶时代，庙底沟文化溯汾河而上，遗迹流布晋中、晋北，以至内蒙古。龙山时代，红山文化又经晋中，沿汾河谷地南下，在晋南与当地文化融合，创造了灿烂的陶寺文化，并奠定了最早"中国"的地位。

　　不仅如此，晋中盆地的先民与太行山以东，包括以山东为中心的东方诸文化也有频繁的交流，晋中盆地的诸多考古遗存，都能窥见东方文化的史影，而与后岗一期文化、大汶口文化、河北龙山文化等的交流为最著。

　　截至 2004 年底，晋中盆地新石器时代遗址共发现 200 多处。其中娄烦童子崖、汾阳段家庄、太原义井、清徐都沟、太谷白燕等遗址分别代表了晋中盆地从仰韶到龙山诸时代考古学文化的面貌，尤其"义井文化"在继承本地文化因素的基础上，广泛吸收各方先进文化成分，第一次走上独立发展的道路，为以后的文化发展奠定了坚实基础。

第一节　中石器时代遗存问题

　　新石器时代文化是从旧石器时代文化发展而来的。

　　距今 12000 年左右，人类生活方式随着自然环境的变化发生了转变，这时的狩猎经济更加发展，突出标志是弓箭的发明，人类使用的工具普遍细化②，旧石器时代结束，向新石器时代过渡。二十世纪末叶，英国考古学家艾伦·布朗将从旧石器时代向新石器时代过渡的阶段定为"中石器时代"。一般认为它可能开始于距今 12000 年左右。《大英百科全书》"中石器"条中，除了指出中石器时代介于旧石器和新石器时代之间外，又说中石器时代的狩猎者比旧石器时代更有效率，能够更大

---

① 苏秉琦《华人、龙的传人、中国人——考古寻根记》，《中国建设》1987 年第 9 期。
② 中国的细石器文化发展大约在距今 26000—10000 年之间。

范围地利用动植物资源。

中国目前已发现的"中石器时代"材料有陕西大荔沙苑，河南许昌灵井，内蒙古自治区海拉尔、扎赉诺尔，山西吉县柿子滩等处。

在晋中盆地，目前还没有发现学术界公认的中石器时代文化遗存，但山西省周边细石器遗址大量发现[1]，晋中盆地及其周围也发现了多处细石器时代遗址[2]。其北边朔州市峙峪遗址被认为是细石器的滥觞，东南沁水下川遗址是细石器的成熟阶段，或认为就是中石器时代文化[3]。晋中盆地也发现了我们在前一章中提到的榆次大发、古交石千峰以及榆社赵王、孟家庄、岚峪等细石器地点。榆社东形彰细石器或被指认为中石器时代遗存[4]。而距晋中盆地很近的吉县柿子滩中石器时代文化遗址的发现和确定，为我们探寻和研究晋中盆地中石器时代文化遗存，提供了重要的参考。

中石器时代开始阶段，约处于恩格斯所论断的"蒙昧时代"高级阶段的开始时期，即原始社会母系氏族的发展阶段。更新世最后一次冰期已经消退，气候由严寒转为比较温暖。经济生活仍然以渔猎和采集为主，原来适应寒冷气候的大型动物消失，人们面对新生的动物群，改以猎取中小型野兽为主，其中大宗的猎物是鹿类，狗已成为家畜。人们还从水域获取更多的鱼、贝类等食源。此时继续使用直接打制的大型石器，而占主体地位、间接打制的细石器工艺更为成熟。出现用细石片镶嵌骨、木柄的弓箭、刀等进步的复合工具，镖、锥等骨器也较为精良实用。而弓箭的普遍使用，使狩猎效率大为提高。总之，整个渔猎采集经济比旧石器时代有了长足

① 近年来在华北及中原地区的山西、陕西、河南、河北、山东等地相继发现了细石器遗址。下川、虎头梁文化的细石器在技术上与新石器时代的细石器存在渊源关系，在年代上无疑早于中原的新石器时代。更重要的是在中原的新石器时代文化中如仰韶文化、龙山文化多或少都发现有细石器，它们的存在说明在中原的新石器时代文化之前有可能存在着一个以细石器为主的时代。参见安志敏《海拉尔的中石器遗存——兼论细石器的起源和传统》，《考古学报》1978 年第 3 期。陈星灿《关于中石器时代的几个问题》，《考古》1990 年第 2 期。

② 参见陈哲英《山西细石器研究》，山西省考古学会、山西省考古研究所《山西省考古学会论文集（三）》，山西古籍出版社，2000 年。

③ 赵静芳《试论华北旧石器时代向新石器时代的过渡》，山西省考古学会、山西省考古研究所《山西省考古学会论文集（四）》，山西人民出版社，2006 年。

④ 参见陈哲英、王太明《山西榆社东形彰的细石器》，《史前研究：西安半坡博物馆成立四十周年纪念文集》，三秦出版社，1998 年。陈哲英《山西细石器研究》，山西省考古学会、山西省考古研究所《山西省考古学会论文集（三）》，山西古籍出版社，2000 年。

进步。人们除依旧利用自然洞穴栖息外，还有了季节性的窝棚居址。埋葬死者的习俗比旧石器时代更加复杂。随着人们采集活动经验的积累，在西亚一些地区，采集目标逐渐集中于大麦、小麦等野生稼禾，而中国黄河流域则是黍类植物，这可看作农业起源的前奏。就这样，远古人类从以采集与狩猎经济为主的中石器时代，逐渐过渡到以农业经济为主的新石器时代。

第二节　新石器时代的自然环境

人类的产生时期从地质年代来讲相当于第四纪更新世，新石器时代则相当于第四纪全新世的前半叶。地球进入第四纪后，其气候特点是冰期、间冰期交替，地质学家称之为"旋回"。近 70 万年来，以 10 万年周期为一个旋回，而最近一个旋回开始于约 12 万年前，到距今 2.3 万年前达到最冷，称为末次冰盛期。在每个 10 万年左右的冰期、间冰期旋回中，温暖时期是比较短暂的，一般为 1 万—2 万年，更多的时间处于寒冷时期。全新世——包括我们现在所处的时代，仍然是末次冰盛期之后的间冰期。也就是说，我们现代人所处的环境总体是属于温暖湿润期。也许再过 1 万—2 万年，气候又旋回为冰期，那时候人类要讨论的则不是如何防止气候变暖，而是如何防止气候变冷。在间冰期期间，也会有一段冷干气候。这些冷干气候一般只有几百年，短的也许只有 100—200 年，不过它对人类社会发展的影响却是巨大的[1]。我国著名气候学家竺可桢根据考古资料、文献记载和物候记录，对中国近五千年来的气候变化作了系统研究，他将历史时期划分为明显的四个温暖时期和寒冷时期[2]。中国历史上北方民族几次南迁，因之引起的民族争战，与历史上几次寒冷期发生时间相重叠，这恐怕不只是偶然的巧合。

中国北方地区属于东部季风区向西北内陆干旱区过渡地带的大陆性季风气候，生态环境和气候变化敏感，冬冷夏热，四季分明。晋中盆地处于北纬 37 度至 38 度之间，属于中纬度地区，整体上和北方地区的气候环境相一致，属温带大陆性季

---

① 全新世以来，气候和环境经历了多次变化幅度大、持续时间长、影响范围广的气候事件。同时，人类社会也经历了农业的起源与发展、古代文明社会兴起与衰落等一系列对人类发展进程产生重大影响的演化阶段，人类社会发展固然有其内在的演化规律，但地理和环境因素的影响作用也不可忽视。

② 竺可桢《中国近五千年来气候变迁的初步研究》，《考古学报》1972 年第 1 期。

风气候，也具有山间盆地的小气候特征。在大约距今 6500 年前后，整个盆地受到印度洋暖湿季风和东南太平洋环流、夏季风系统的强烈影响，年平均温度较现在高 2—3 摄氏度，降水量在 450—500 毫米之间。此期间，植物种群增加，植物密度增大，以桦木为主，形成了一个适宜于农业生产的森林草原环境。舒适的自然环境和丰富的动植物资源，促进了人类文化的大发展，以河南安阳后岗一期文化为主流的新石器文化在这一时期进入晋中盆地。大约距今 6000—5500 年，气候依然温暖湿润。此一阶段，庙底沟文化繁荣发展，并沿汾河谷地进入晋中盆地，进而通过晋中盆地影响到内蒙古东南部岱海地区的海生不浪文化、红山文化等。而庙底沟文化被认为是以农业生产为主的新石器时代文化。从大约距今 5500 年开始，进入仰韶时代后期，气温逐渐下降，降水随之减少。农业发展相对于过去面临更大困难，晋中盆地在这一时期走上了独立发展的道路。中国北方黄土高原地带使用了数千年的窑洞式房屋，就是在这一时期诞生于晋中盆地。窑洞式房屋冬暖夏凉，能抵御风沙侵害，木材使用量少，这正是晋中先民应对日益恶化的气候条件的伟大创举。大约距今 4300 年，正值地球干湿气候的转变时期，无论是气温还是降水都比仰韶时代明显下降，被认为是全新世最为寒冷的一次降温过程[①]。这一过程持续了约 300 年，在东亚地区形成北旱南涝的环境格局。不断增加的人口，日益匮乏的资源，复杂的社会矛盾，促使各文化区系、各社会团体之间的大流动、大变革，并由此促进了中国古代文明的诞生。这一时期的晋中盆地，年平均温度几乎降至 0 摄氏度，无霜期缩短到百天左右，气温明显比现在温度低 2—3 摄氏度。雨量减少，过去常见的油松森林覆盖面积减少，冷松增加，气候条件逐步变得不再适宜农业生产。表现在考古学文化上，便是北方草原游牧文化因素逐步增加，直至形成有别于中原新石器文化而和内蒙古南部，即所谓北方地区龙山时代文化因素有更多一致性的地方文化——白燕类型。这种文化的一致性，除人们适应自然环境的必然选择外，还和整个北方

① 这次气候事件被认为与欧亚大陆上印欧人的一次民族大迁徙有关。这次迁徙始于德国北部和斯堪的纳维亚南部，经过原俄罗斯南部、东南欧、安纳托利亚半岛、波斯、印度甚至中国的西北部。美国历史学家斯塔夫里阿诺斯曾总结性地指出，当时欧亚大陆正处于一个猛烈的骚动时期，整个欧亚大陆都处于一片混乱之中，表现为游牧民族入侵、古老的帝国衰落、旧的社会制度瓦解、世界古代文明消失、古典文明兴起等。参阅许靖华《太阳、气候、饥荒与民族大迁徙》，《中国科学》（D 辑），1998 年第 28 卷第 4 期。[美]斯塔夫里阿诺斯（L.S.Stavrianos）著，吴象婴、梁赤民等译《全球通史》（第 7 版修订版），北京大学出版社，2006 年。

自然环境恶化，北方民族为生存需要而波浪式南下有关。

环境变迁与新石器时代文明演进之间的关系，愈来愈受到研究者的关注，环境考古也成为考古学研究的一个重要课题。总体上讲，环境变化对人类一方面提出了挑战，另一方面也为先民提供了机遇。如果环境变化幅度较小，尚在人类适应能力范围之内，这种变化对人类文化的某些方面可能起到一定的促进作用，也就是说适当的环境变化往往会促进文明的演进。因为环境变化尚在人类适应能力之内时，人类为了生存和应对挑战，必须在生产技术、社会组织等方面做出适应性改进和调整。在这种积极的适应过程中，人类不断积累经验，从而在社会组织、生产技术等方面得到锻炼，一旦气候好转，往往得到加速发展。相反，如果自然环境变化幅度较大，超出了人类适应能力的范围，环境变化则可能对人类社会产生更多的负面影响，对文化产生一种抑制作用，有时甚至直接导致文化的衰落。应当注意的是，即使是一些变化幅度比较大，对早期文化造成了较大负面影响的气候事件，其正面影响也不可忽视。正如美国历史学家斯塔夫里阿诺斯对距今 4000 年气候事件的评述那样：一方面它导致古老帝国衰落，旧的社会制度瓦解，世界古代文明消失；另一方面，它又促进了世界古典文明的兴起。在中国，距今 4000 年的气候事件一方面与中原周围地区新石器文化的衰落有关，另一方面，又被认为是中原地区夏朝建立和发展的催化剂[1]。

第三节　考古文化分期与谱系

晋中盆地新石器文化考古调查始于 20 世纪 20 年代，当时李济为寻找夏文化，在太原一带做过短暂调查。抗战时期，日本人和岛诚一在晋中盆地从事古迹调查，发现仰韶时代文化遗存多处[2]。20 世纪五六十年代，伴随着新中国的经济建设，考古工作主要以调查和重点遗址的小规模发掘为主，考古发现陆续见诸报道。杨富斗介绍了祁县梁村仰韶文化遗址的发现[3]，戴尊德报道了义井遗址发掘[4]，高寿田报道

---

① 参见吴文祥、刘东生《4000aB.P. 前后降温事件与中华文明的诞生》，《第四纪研究》2001 年第 5 期。
② 陈星灿《中国史前考古学史研究（1895—1949）》，生活·读书·新知三联书店，1997 年。
③ 杨富斗、赵歧《山西祁县梁村仰韶文化遗址调查简报》，《考古通讯》1956 年第 2 期。
④ 戴尊德《太原义井村遗址清理简报》，《考古》1961 年第 4 期。

了光社遗址的发现情况[①]，此外梁宗和、酒冠五等也在晋中盆地调查和发掘了一些新石器遗址。晋中盆地大规模考古工作开展于1980年。全国第一、第二次大规模有计划的文物普查，也发现大批新石器遗址。1980年、1981年，国家文物局、山西省考古研究所和吉林大学考古专业组成的晋中考古队，发掘了太谷白燕遗址。此期间考古队在娄烦、汾阳、孝义、离石和柳林诸县展开调查，对汾阳杏花村等遗址重点发掘，并发表《晋中考古》报告。太原市文物管理委员会也曾调查发掘娄烦童子崖、山城峁遗址。1987年晋中考古队调查发掘忻州游邀遗址，发表《忻州游邀考古》报告。此外，山西省考古研究所等相关单位发掘了太原义井、清徐县都沟、五台阳白和石楼岔沟聚落遗址等。通过这些调查发掘和分析研究，大致厘清了晋中地区新石器时代文化序列和谱系。

晋中盆地目前还没有发现新石器时代早中期文化遗存。就北方新石器考古学文化来说，山西怀仁鹅毛口曾发现新石器时代早期石器制造场遗址。1966年，北京发现"东胡林人"墓葬，发现石片和骨、蚌质装饰品，被认为是距今1万年左右的新石器时代早期墓葬。20世纪80年代，河北徐水南庄头遗址，不仅发现了华北地区目前最早的陶器，还发现了可能用于加工食物的石磨盘、石磨棒，年代在万年上下[②]。在太行山东麓，河北磁山文化[③]距今约8000年。太行山西麓和晋中盆地东南相邻的武乡县石门乡牛鼻子湾据说也出土一套石磨盘与石磨棒[④]，现收藏于山西博物院。两件石器和磁山遗址发现的同类器物有相同特点，时代大约相当于磁山文化晚期。在晋中盆地南部，相邻的翼城"枣园文化"[⑤]，为跨越前仰韶到仰韶时期的考古学文化遗存，后来发展成为空前繁荣的庙底沟文化[⑥]。追溯枣园文化中的石磨盘、石磨棒、盂、蒜头长颈壶等，可以看出其与磁山文化有较密切的关系。考古发现表

---

① 高寿田《太原光社新石器时代遗址的发现与遭遇》，《文物》1957年第1期。

② 陈星灿《中国新石器时代早期文化的探索——关于最早陶器的一些问题》，徐钦琦、谢飞、王建《史前考古学新进展》，科学出版社，1999年。

③ 中国华北地区新石器时代中期文化类型，因发现于河北省磁山县而得名。主要分布在河北省中南部的太行山东麓，以洺河流域最为集中。对研究中国北方旱作农业起源和聚落发展具有重要意义。参见中国社会科学院考古研究所《中国考古学·新石器时代卷》，中国社会科学出版社，2010年。

④ 山西省考古研究所《晋东南、晋南和吕梁地区的新石器时代遗址》，《中国考古学年鉴（1985）》，文物出版社，1985年。

⑤ 仰韶时代早期考古学文化，因发现于山西翼城枣园而得名。参见山西省考古研究所《翼城枣园》，科学技术文献出版社，2004年。

⑥ 新石器时代晚期考古学文化，因发现于河南陕县庙底沟村而得名。或称西阴文化。

明，新石器时代晚期，晋中盆地透过太行山山间孔道亦即所谓太行八陉，与河北地区有着广泛的文化交流，这种交流一直持续到"历史时代"。就是今天，晋冀两地通过太旧高速、太长高速等公路枢纽，依然保持着频繁交往。因此可以期望，晋中盆地应该存在新石器时代早中期的人类文化遗存，而且这种遗存的文化面貌和周边遗存或多或少都会有一些相似性。

晋中盆地目前仅发现新石器时代晚期遗存。最早的文化遗存是以童子崖 2 号房址（F2）为代表的仰韶时代早期遗址，其文化特征更多接受河北后岗一期文化[①]和晋南枣园文化影响。仰韶时代中期遗存以典型的庙底沟文化为主，具有部分本地特色。仰韶时代晚期以后，文化独立性增强，更多具有北方新石器文化特征，特别是龙山时代，这种特征更加明显。综合分析晋中盆地新石器时代文化遗存特性，可将其分为五期[②]，绝对年代大致在距今 6500—3900 年之间。

第一期：

以娄烦童子崖 2 号房址（F2）、太谷上土河 1 号灰坑（H1）为代表，在娄烦西街，阳曲县东泥屯[③]，离石吉家村、后赵以及祁县梁村等地都有发现。典型器类有敛口绳纹瓮、旋纹罐、旋纹盆、红顶钵、弧腹盆、小口折唇或直口平底壶、鼎等。泥质陶一般为红色，夹砂陶多褐色，以素面为主，见旋纹或绳纹，有红色网纹、条带纹彩陶。调查试掘资料显示，这批遗存的年代为仰韶时代早期，大致和半坡文化东庄村一期，庙底沟文化翼城北撖三、四期，后岗一期后段相当。绝对年代为公元前4500—4200 年[④]。

关于本地区仰韶时代早期遗存性质，有学者认为，晋中上土河之遗存基本没有小口尖底瓶和大头细颈壶，文化面貌与后岗类型比较接近，而与半坡类型的东庄村一期相差较远。更有学者进一步认为上土河陶器之壶、钵、鼎与正定南杨庄、武安赵窑以及濮阳西水坡等地后岗一期文化同类器非常相似，可以暂归入后岗一期文化

---

① 新石器时代中晚期考古学文化，因首先发现于河南安阳后岗而得名。陶器以鼎、壶、钵为基本组合。中心分布区为太行山以东的黄河下游地区。晋中地区同时期文化也深受其影响。参见张忠培、乔梁《后冈一期文化研究》，《考古学报》1992 年第 3 期。

② 参见韩建业《中国北方地区新石器时代文化研究》，文物出版社，2003 年。也有的学者划分为二期十一段。参见许伟《晋中地区西周以前古遗存的编年与谱系》，《文物》1989 年第 4 期。

③ 2009 年全国第三次文物普查中发现，笔者参加调查。典型器物有泥质红顶钵、加砂旋纹罐、泥质红陶壶等。

④ 本书新石器文化绝对年代参考了韩建业《中国北方地区新石器时代文化研究》的研究成果。

范畴^①，还有学者认为没有理由把该地区遗存归入半坡类型或后岗、下王岗类型中的任何一个，而是应当有专门的名称，不妨就因其名为"鲁家坡类型"^②。总的来看，本期文化特征和后岗一期有较多一致性，但也受到晋南地区枣园文化因素甚至半坡文化的影响，而呈现出当地特色，是否可以划分出一个区域类型，还需要新的发现和研究。至于这一文化的前身，很可能是后岗文化、枣园文化等发展至此相互融合的产物，其更早的来源应当是裴李岗文化、磁山文化、老官台文化等。

值得指出，仰韶时代早期，中原地区并立着三支考古学文化，即后岗一期文化、半坡文化和庙底沟文化^③。此时的东西两支文化比较强大，相互间不断渗透和影响。而庙底沟文化早期相对较弱，不断吸收东西两支文化先进成分，待发展到北撤三、四期时^④，迅速地强大起来，开始以晋南盆地为中心向四周扩张。其中一支甚或多支通过黄河及汾河，溯河而上到达晋中盆地后，以其为支点继续向北推进，一直到达大同盆地、桑干河流域和内蒙古中南部。晋中地区仰韶时代早期文化遗存特征表明，以后岗一期文化为代表的部族，西过太行山，进入山西中部后，与沿汾河北上的枣园文化为代表的部族在晋中盆地交汇、融合。这是河北地区与山西新石器文化的首次大规模远程交流，也是中原新石器文化通过晋中盆地和北方新石器文化交流的滥觞。从此以后，晋中盆地连接东西、交融南北的作用一直延续到"历史时代"。

第二期：

20世纪80年代以前，本期遗存仅限于零星调查和发现。自80年代起，山西省考古研究所与吉林大学经过广泛、细致的调查和试掘工作，发现了大量庙底沟文化时期的遗址和地点，其中太原、文水、祁县、太谷、离石、方山、娄烦、孝义、交城、汾阳分布地点较多，内涵也较为丰富。

本期遗存，彩陶多为白衣黑彩，以圆点、弧边三角和钩叶纹为主要构图要素，晚段方格纹和窄带纹发达。非彩陶器器表多饰线纹、细绳纹、旋纹，余为素面。典型器类有双唇口尖底瓶、葫芦口平底瓶、卷沿曲腹彩陶盆、叠唇素面盆、敛口曲

---

① 张忠培、乔梁《后冈一期文化研究》，《考古学报》1992年第3期。
② 韩建业《中国北方地区新石器时代文化研究》，文物出版社，2003年。
③ 对于黄河流域新石器晚期文化的类型认识，学术界看法不一。或认为仰韶文化代表的是首先发现于河南仰韶村的彩陶文化，可分为半坡、庙底沟、后岗等类型。或以为仰韶现在可以是一个时代的代表，半坡、庙底沟以及后岗等都是具有自身特点的考古学文化。本书在分期中就把仰韶作为一个时代标志。
④ 北撤文化遗址，发现于山西翼城县隆化镇北撤村南。

腹钵、弦纹夹砂罐、敛口瓮等。时代大致相当于庙底沟文化中期及稍晚阶段，绝对年代为公元前4200—前3200年前。

典型庙底沟彩陶盆

本期遗存无疑属于成熟的庙底沟文化范畴。这类遗存与本地区仰韶早期遗存没有直接继承关系，显然来自外地。陶器组合及特征与陕晋豫地区的陕州区庙底沟遗址第一期出土器物比较，绝大部分都能对应，典型器类和芮城东庄村类型也非常相似，难辨伯仲。不过这里的庙底沟文化遗存里常见夹砂素面罐，新出双錾绳纹罐或瓮，缺少釜、灶，彩陶未见鸟纹图案等现象，与陕晋豫地区的庙底沟文化有所差别，也与周围地区如白泥窑子、开端庄（即客省庄）、庙底沟和大河村等遗存不尽相同，在庙底沟文化中独具特色。

发端于山西晋南的庙底沟文化，在庙底沟文化中期，即成熟的庙底沟文化时期或略早，便开始向四周扩展与传播。在由南而北发展的过程中，黄河、汾河及其支流起到了通道作用。晋中盆地周缘台地及吕梁山地的河谷两侧台地，是此类文化遗址分布的主要地点。他们发展到此地后，积蓄力量并继续向北推进，直达桑干河流域和河套地区。其中一支有可能遵循着后岗一期文化西进的路线折而向东，进入河北省北、中部地区。晋中盆地在庙底沟文化向北向东推进过程中起着十分重要的作用。

庙底沟文化是山西新石器文化向外传播最广、影响最大的考古学文化。这一文化传播的力度和方式，与此前其他文化传播方式截然不同，几乎就是强加式的征服和替代，各地传统因素往往居于次要地位或全部被迫中断，这是史前时期绝无仅有的一次文化大更替，其规模、方式和结果对后世影响都是空前的。一些研究者将这一文化比附为古史传说中的黄帝时期，并以阪泉之战、涿鹿之战来说明庙底沟文化对外扩张的形态，有关话题我们留在太原传说时代历史中再谈。

第三期：

遗存以太原义井探方1、太谷白燕灰坑99和汾阳杏花村灰坑11为代表。太原矿山机器厂、清徐都沟、娄烦庙湾、娄烦童子崖、孝义临水、离石马茂庄和榆次源涡遗址等也发现有此时段遗存。年代大约在公元前3200—前2800年之间。

本期陶器分泥质和夹砂两大类，陶色以灰褐及红褐为主。夹砂陶多拍印绳纹，并在其上指压数周附加堆纹，见少量篮纹，大型器物肩部靠上多带大鸡冠耳。泥质陶以素面为主，拍印篮纹者也较多。彩陶颜色丰富，常见红、褐色，少量紫色、黑色。图案复杂，有垂带纹、背向双勾纹、网格纹、棋盘格纹、对角三角纹、条带纹、同心圆纹等，常组合使用。典型器类有绳纹折沿双鋬罐、小口翻领罐、彩陶罐、大口缸、敛口折腹钵、斜直腹平底碗等。另有陶刀、陶环、骨镞等工具或饰品。

由于晋中地区所处的地理位置，其仰韶时代晚期遗存的文化成分十分复杂。吕梁山地的尖底瓶和宽沿盆明显是西王村类型和半坡晚期类型的文化因素，不过尖底瓶仅发现于吕梁山地东麓黄河沿岸，可能是半坡晚期类型或西王村类型溯黄河北上，向河套地区传播或扩张过程中的遗留，晋中盆地较大范围则不见它的踪影。红色棋盘格纹和网纹彩陶等与西面的甘青地区、北面的河套地区的彩陶图案非常相似。红色或紫色的垂线纹和蝶须纹，包括折腹钵及素面夹砂罐，又与东面的大司空文化几乎完全一致。同时本地的因素也非常突出，小口壶、钵、夹砂罐等陶器组合发展演化轨迹清楚，尤其是典型器小口壶，数量极多，颇有特色。尖底瓶是仰韶文化的代表性器物，在陕晋豫等仰韶文化分布地区司空见惯，而本地区流行小口壶，显然在功用上取代了尖底瓶的作用。此外本地区的彩陶也别具一格，尤其是所谓以义井文化为代表的彩陶，有着强烈的地方风格，因此有研究者将这一类遗存命名为"义井文化"。

第四期：

亦即晋中盆地庙底沟二期文化时期[1]。该期遗址在太谷、汾阳、石楼、娄烦以及忻州等地均有发现，经过发掘的代表性遗址有太谷白燕、汾阳杏花村、石楼岔沟等。

本期陶器分夹砂和泥质，多为灰陶。泥质陶盛行横篮纹，夹砂陶仍以绳纹为主，附加堆纹常见，偶见红色条带纹彩陶。典型器物有绳纹或篮纹深腹折沿罐、高

---

① 或称为白燕二期文化。参见罗新、田建文《庙底沟二期文化研究》，《文物季刊》1992年第2期。

领罐、大口罐、单耳罐、高领壶、斜腹盆、敛口曲腹盆以及直口折腹盆、豆，并有器颈部或口沿外箍多周附加堆纹的直壁缸、大口瓮、敛口瓮等。新出折腹斝、盆形鼎、高领折肩罐、盘口盆等。数量较多的细泥彩陶盆、壶颇具特色，它们多为橙黄色陶，饰紫红色条带镶以黑边。这是晋中地区目前所见最早的彩绘陶，它与空足三足器的出现具有同样重要的划时代意

阳曲彩绘豆

义。另有两侧带缺口的石斧、陶刀、石或陶环、骨匕等。陶器以手制为主，个别器物底部有轮制痕迹。绝对年代在公元前 2800—前 2500 年间[1]。

　　晋中地区庙底沟二期文化遗存至少包含三种不同的文化因素：第一种以夹砂罐和小口篮纹壶为代表，是本地区前段遗存的延续；第二种以釜形斝和盆形鼎、盘口盆为代表，这些器物与河南陕州庙底沟遗址第二期遗存、襄汾陶寺等同类器物相同，是晋南庙底沟二期文化的因素；第三种以彩陶壶、长颈壶、短颈壶为代表，这类器物与山东大汶口文化晚期的同类器物相似，应是东来的文化因素。新出的双鋬手斝式鬲是受釜形斝影响产生出来的，以高领为特征的夹砂罐则多见于晋中以北地区，如河套地区和冀西北地区[2]。

　　相对而言，晋中地区的庙底沟二期文化，尤其是后一阶段，受外来文化影响程度很大。前一阶段的深腹罐、瓮等器类多是义井文化的发展和延续，后一阶段新出现盆形鼎、折腹斝、素面高领折肩罐、盘口盆等特征鲜明的器物。盆形鼎应当是临汾盆地形成陶寺文化之前从晋南传入，折腹釜形斝和陶寺类型同类器基本相同。素面高领折肩罐和陶寺文化同类器极为接近，不排除从临汾盆地传入的可能，问题是临汾盆地此类器也是突然出现的。这类器物的出现可能和东方文化的强烈影响有关，只可惜由于联系山西和山东地区的河北省中南部地区此时段文化面貌不甚清晰，限制了对这种影响过程的进一步研究。此类器先到晋中或差不多同时期到达晋

①　有研究者将晋中盆地的庙底沟二期文化划分为晋中小区，并且认为本区只存在早期遗存，绝对年代在公元前 2800—前 2600 年之间。参见郭智勇《山西庙底沟二期文化遗存分期与分区研究》，《而立集——山西大学考古专业成立 30 周年纪念文集》，科学出版社，2009 年。
②　参见许伟《晋中地区西周以前古遗存的编年与谱系》，《文物》1989 年第 4 期。

中和临汾盆地，都是可能的①。

第五期：

晋中地区龙山时代遗存大致也可分为早、晚两期，绝对年代在公元前2500—前1900年间。早期以离石乔家沟灰坑1、汾阳杏花村灰坑317和太谷白燕第三期遗存为代表，晚期以忻州游邀灰坑291、灰坑193、灰坑326等单位的遗存为代表②。

早期陶器分夹砂和泥质两大类。夹砂陶中含有一些较大的砂粒，陶质坚硬，占全部陶器一半之多。泥质陶以灰陶为主，红陶次之，另有一定数量的红褐胎黑皮陶，见于尊、豆、器座等。纹饰以绳纹为主，篮纹次之。绳纹多饰于夹砂陶器，篮纹多饰于泥质陶器。陶器制法有轮制、模制，除空三足器为模制外，其余多为轮制。炊器有鬲、甗、釜灶、甑等。双鋬鬲的形态一般为矮领，口微侈，三足分立，直接贴附于领部之下，底部凸弧，形成所谓"斝式鬲"。单把鬲在这一地区较少见，形态同罐形斝相似。储存器有侈口绳纹深腹罐、绳纹鼓腹罐、篮纹大口宽肩尊、篮纹小口平底壶、敛口瓮以及镂孔器座、覆碗式器盖等。饮食器类发现较少，仅见宽沿浅盘豆，盘内黑色磨光，盘外饰竖篮纹和附加堆纹。

晚期陶质仍以夹砂灰陶和泥质灰陶为大宗，有少量泥质红陶、褐陶及黑皮陶。纹饰以绳纹、篮纹为主，附加堆纹也占有一定比例，篮纹以斜向和横向为主，缺少早期的竖向特征。陶器制法与早期相同，大型器物多分段制作，套接成器，再经慢轮修整。器物类别、数量及形态特征同早期相比有较大变化。炊器中的双鋬鬲仍占主要地位，且数量也有增加，底部三足间距缩小，有的已经消失；单把鬲趋于消失，斝为折腹圆底，甗上部为方唇、敛口、深腹盆形状，下部同鬲相似，底部圆

---

① 仰韶晚期之末，中原地区的文化面貌有了一次脱胎换骨的革命，来自黄河下游地区的文化因素沿黄河西进，在晋、豫交界的黄河两岸地区与当地的西王村三期文化发生融合，以空三足器的诞生为标志进入了庙底沟二期文化，并且迅速向周围其他地区扩散。与此同时，北部地区红山文化因为所在地沙漠化等原因在仰韶晚期逐步向内地迁移，并且与所经区域的当地文化发生了碰撞与融合。红山文化的一支经过河北北部进入河套地区和山西北、中部，当这一支文化南下经过霍太山进入临汾盆地时，与那里的庙底沟二期文化相遇，一个足可以称为"文明"的火花产生了，这就是著名的陶寺文化。这一次的文化交流成就了陶寺遗存的辉煌，虽然交流、汇聚的时间较短，又涉及庙底沟二期文化时期，而且也不是河北固有传统向山西地区的传播或渗透，但却与当时最具有活力的几乎所有部族均有关系，是继庙底沟文化之后又一次地域广大、规模宏大的文化大融合，中国古代文化由此进入另外一个新阶段。

② 宋建忠《山西龙山时代考古遗存的类型与分期》，《文物季刊》1993年第2期。

弧，内壁有腰隔。此期还发现残盉，矮领，口微侈，弧腹斜收，长流。储存器中的夹砂绳纹罐近于消失，大口尊、盆以及敛口瓮等急剧增多。饮食器类的钵、碗、豆等也有明显增加。

晋中地区龙山时代文化遗存，由于有其自身特点和分布范围，已构成一个单独的文化类型，研究者或以白燕类型名之[①]。该类型的主要特点是双鋬鬲非常盛行，且形态同其他地区的区别较大。双鋬鬲矮领较直或微侈，三足肥大，足上部高耸成肩。早期底部凸弧，三足分离，晚期三足聚合。单把鬲少且形态也不同于其他类型同类器。斝、甗、盉形态独特，数量较多，是这一类型的另一特点。到龙山晚期，这类遗址数量更多，遗址面积更大。在晋中盆地周邻地区，如晋南陶寺、陕西延安、内蒙古河套地区、河北蔚县及邯郸涧沟、河南汤阴白营等地，都有晋中双鋬手斝式鬲不断向外扩张渗透的踪迹。这些地区的双鋬手斝式鬲都应是晋中地区龙山时代遗存的流布。

晋中盆地龙山文化晚期遗存同晋南龙山文化晚期、河北龙山文化晚期，即所谓黄河中下游中原文明特征相去较远，而与内蒙古地区南部，即所谓北方地区龙山文化晚期的文化因素大体一致，应属一个文化区系。这一区系的文化属性直到夏商时期仍然基本相同。

第四节 史前太原先民的生产与生活

晋中盆地目前发现的新石器文化遗址近 200 处，属于仰韶文化遗址 43 处，庙底沟二期文化遗址 19 处，龙山文化时代遗址 97 处，还有一些遗址未标明文化属性。发现了这么多的遗址，但对它们的发掘和研究却远远不够，留下很多空白。因此我们在讨论晋中盆地新石器时代诸如聚落布局、社会形态、居民生活等问题时，

[①] 又有研究者认为河北、山西、陕西三省北部的三北地区龙山考古学文化面貌具有高度的一致性，这种一致性是以双鋬耳为特色的鬲、斝、盉、甗、盆、罐、甑等器物构成的陶器群作为主要标志。忻州游邀遗址处在三北地区的中心，文化遗存丰富，内涵单纯，并且该遗址早、中、晚三期代表了三北地区龙山时期双鋬陶器群遗存的全部发展过程。因此，应将三北地区龙山时期的双鋬陶器群遗存称为"游邀文化"。参见许永杰、卜工《三北地区龙山文化研究》，《辽海文物学刊》1992 年第 1 期。还有学者将发现于汾阳杏花村的龙山时代遗存称为杏花文化。参见张忠培《杏花文化的侧装双鋬手陶鬲》，《故宫博物院院刊》2004 年第 4 期。

参考了相近文化的研究成果。

一般而言，一处古代文化遗址往往包含几个时期的文化遗存。为体现遗址的整体性，我们在第一次介绍该遗址时，会将遗址的遗迹遗物做全面介绍，其中就包含一些不同文化阶段的遗存，如下面介绍的童子崖遗址，其第一阶段为仰韶时代早期，第二阶段为庙底沟文化，第三阶段为庙底沟二期文化，第四阶段为龙山文化等，这个问题需要给读者交代清楚。

一、童子崖——仰韶时代早期的聚落与文化

晋中盆地目前发现的新石器文化遗址，最早当推距今 6500 年左右的娄烦县童子崖遗址。

童子崖遗址位于太原西北方向的娄烦县，吕梁山东麓。县境内山峦起伏，沟壑纵横，唯有狭窄的河谷地带较为平缓。主要河流有汾河及其支流岚河、涧河等，县城西面有一座建于 20 世纪中期的最大容量为 7 亿立方米的汾河水库。

童子崖村在涧河北岸，东距县城仅 1.5 公里。遗址分布在村北土丘上，地势北高南低，范围约 35000 平方米。1982 年晋中考古队调查发掘[①]。遗址大致经历了四个发展阶段。其中以编号 F2 为代表的第一阶段遗存属于仰韶时代早期文化遗存。房址 2 为半地穴式，破坏严重，仅东墙壁保存一小段高 0.3 米的残壁。墙壁和地面均抹草拌泥，并经烧烤，地面形成一层厚 0.03 米青色硬壳。陶器质地有夹砂和泥质两种。夹砂陶质地粗酥，多为红褐色和浅灰色。泥质陶质地细腻，胎较薄，多为浅灰色和红色。器表施绳纹、弦纹，有的为素面。器类有鼓腹罐、圜底钵等。此外，还采集到折唇口陶壶残片。

第二阶段遗迹有房址和灰坑。房址 3 仅残留一片形状不规则的居住面，居住面分上下两层，各厚约 0.01 米，上部居住面由草拌泥敷抹而成，两层居住面均经烧烤。发现遗物主要为陶器。夹砂陶多呈灰色及褐色，泥质陶均为红色。器表多施线纹、弦纹，有一部分素面陶器和饰黑彩的彩陶。器类有罐、瓶、盆、钵、瓮等。为仰韶时代中期庙底沟文化遗存。

---

① 国家文物局等《晋中考古》，文物出版社，1999 年。卜工、陈冰白、许伟《山西娄烦、离石、柳林三县考古调查》，《文物》1989 年第 4 期。

第三阶段遗迹为圆形袋状和圆形直筒状灰坑。遗物有陶器和石器等。陶器分夹砂陶和泥质陶两种。夹砂陶以灰色为主，有少量褐色。泥质陶多为红褐色和灰色。器表以绳纹、横篮纹为主，有少量方格纹，附加堆纹和鸡冠状耳较发达，此外还有楔形戳点纹等。夹砂陶器以深腹罐和圆鼓腹罐为主，泥质陶器有小口罐、瓮、壶、钵、碗等。石器有斧、锛、凿、刀、纺轮等。系庙底沟二期文化遗存。

第四阶段仅见陶器，有夹砂陶和泥质陶两类，纹饰以绳纹和篮纹为主，器类有鬲、罐、瓮等，为龙山时代文化遗存。

童子崖遗址第一阶段，属于仰韶时代早期，时间大约距今6500年。这一时期，气候虽可能有过冷暖波动，但总的状况是温暖湿润，十分适宜农业发展。在中原地区，后岗一期文化、庙底沟文化和半坡文化发展繁荣，遗址数量较新石器时代中期有显著增加。太原地区发现这个时期的考古文化，也是这一发展趋势的必然结果。

这一时期，人类社会已进入母系氏族社会的繁荣阶段。在晋中盆地山间河谷两岸的台地上，三三两两散居着原始聚落。这些聚落一般选择在距离水源较近、地势较高、向阳背风的台地上建设。如童子崖遗址就坐落在涧河北岸的黄土台地上，东泥屯遗址坐落在泥屯河与季节性河流交汇处的台地上。聚落的面积一般在数万平方米之间。当时的聚落已经有一定规划，居住区、墓地与制陶作坊都被布置在一定的区域内。在聚落内，明确地划分出几个不同的居住区，每一个居住区都有一个中心广场，一座大型房子，一些中小型房子。以小型房居多，面积约10平方米。房子多为半地穴式，所有房子的开门都面对着中心广场。每一个聚落内居住着一个或几个氏族成员，这几个氏族可能是一个氏族分出的几个女儿氏族，或互相通婚的几个氏族，或是几个氏族联合而成的胞族。几个这样的聚落则组成一个个部落。农忙季节，妇女率领全体氏族成员一起劳动，男子砍伐树木，开辟土地，女子松土整地，掘洞点种，收获时期也是妇女带领。劳动产品集体储存，归氏族全体成员所有。

农业种植是人们食物的主要来源。当时种植的农作物主要是粟类。粟类作物可分两属，其一为粟属，又称禾、粱、谷子、小米等，其二为稷属，又称穄、黍子、糜子、黍稷等。黄土高原是最早人工培育粟类作物的地区。研究者指出太行山特别是它的东麓，很可能就是粟类作物的发源地①。粟类耕作简单，成熟期短，易于保存，是新石器时代北方居民的主要食物。我们今天普遍种植的小麦则发源于另一个古代文明中心——西亚两河流域，直到公元前 2000 年前后才传到中国。进行农业生产，需要砍伐林木，开垦土地，点种收割，所需工具远较采集经济为多，而且也更复杂。考古发现表明，新石器时代的生产工具仍然以石器为主，而且是打制石器和磨制石器共存，随着时代的进步，打制石器越来越少，棱角清晰、刃口锐利、整体抛光的磨制石器越来越多。生产工艺广泛采用切割法加工，穿孔石器从极少量到显著增加，穿孔方法从原始的刮、挖、琢等发展到管钻。石制品种类也明显增多。用于生产的工具有石铲、石刀、石凿、石锄，以及骨铲、骨匕和陶刀、陶刀、陶纺轮等。木器应该也是人们日常使用的工具。在人类发展史上，木器应该是发明最早，并广泛使用的一种工具，直到现在，木质工具仍然是人类赖以生存的生产生活用具。我国古籍多有上古时代先民使用木器工具的记载，如"蚩尤之时"，人民"剥林木以战"；神农氏曾"斫木为耜，揉木为耒"；到黄帝、尧、舜时期，又"断木为杵，掘地为臼"，因此有研究者提出了木器时代人类发展阶段说②，只是因为木质工具难以保存，所以在早期的考古发掘中很少发现。

除种植以外，当时的人们还从事蓄养、渔猎、纺织、缝纫、冶陶等活动。男子主要从事渔猎、冶陶，也部分地从事种植活动。广阔的丛林草原与河流是人们渔猎的理想场所，渔猎所得马鹿、獐子、黄羊及河鱼、河蚌等，是人们食物的重要来源。妇女则是种植、采集、蓄养和纺织缝纫活动的主要承担者。原始农业就是妇女在采集实践中逐渐发明的。家畜蓄养是人们在狩猎过程中的又一项发明。当时蓄养的动物有狗、猪、鸡、牛等，我们通常所说"六畜"，这时候已具其四。至于羊的饲养则在距今 5000 年前后从中、西亚传入西北，然后传入中原。中国人饲养马的历史晚到殷商时期，是从中亚传播而来③。

童子崖遗址一期时的太原远古人类，生活较新石器时代早中期的先民们有了

---

① 石兴邦《下川文化的生态特点与粟作农业的起源》，《考古与文物》2000 年第 4 期。王星光、李秋芳《太行山地区与粟作农业的起源》，刘毓庆《华夏文明之根探源》，学苑出版社，2008 年。

② 任凤阁、阎瑞生《论木器时代之存在》，《陕西师范大学学报（哲学社会科学版）》1985 年第 1 期。

③ 或以为龙山文化时代可能已经有了家马。参见《中国新石器时代的家畜》，《新中国的考古发现和研究》，文物出版社，1984 年。薄吾成《中国家畜起源论文集》，天则出版社，1993 年。

很大进步。人们已经有了固定居所，半地穴式房子冬暖夏凉。衣服以兽皮为主，麻类纤维也是人们服装的原料。食物有谷类、肉类和蔬果等。食物加工除原始的烧烤、石煮外，还使用陶器蒸煮；而使用陶器蒸煮食物，可谓新石器时代居民的一大进步[1]。蒸煮工具有夹砂陶罐、盆形甑、陶鼎等。盛饭用泥质红顶钵，盛储则有敛口瓮、旋纹盆等。我们在博物馆经常见到的小口尖底瓶是半坡人代表性器物之一。一度认为它是一种汲水器，最新研究表明它可能是一种酒具，其形状和汉字"酉"近似，可称"酉瓶"，应是神祀人员用具。中国文字尊、遵、奠等都从酉，兼具敬畏之意，便是证明。不过与半坡人、庙底沟人使用尖底瓶不同，太原地区人们使用的是红陶平底壶。可以说，衣食住行，远在6500年前，我们的先民已初具模样。

参考相邻地区如西安半坡、河北后岗一期文化的考古发现，以及民族史研究成果，我们推测，当时太原地区居民的社会组织仍处于母系氏族公社时期。所谓母系氏族公社制度，就是有特定的氏族名号，以血缘关系为纽带，具有共同信仰，有比较固定的经济生活，财产由妇女经管，世袭按妇女系统传递，子女随母而姓，子长则出嫁，女长则居家招夫等一系列特征的社会组织形态。由于生产物品不是很丰富，产品交换也比较少见。各氏族部落间偶尔也有物物交换，但只限于氏族间进行，以其所有，易其所无。通过交换，氏族和部落间增加了学习交流，社会也因之逐渐发展进步。

仰韶时代在晋中盆地，即以娄烦童子崖、汾阳段家庄等遗址为代表的仰韶时代早、中期新石器文化社会，为母系氏族社会的繁盛阶段。

二、段家庄遗址——仰韶时代中期的聚落与文化

距今6200年前后，气温继续回升，这一过程时间长达1000年。其间气温一度上升到全新世以来的最高点。华北地区大部分时间内，是以栎等阔叶树为主的森林草原环境。黄河中、下游仰韶时期诸文化发展进入最繁盛阶段。中原文化向北方高纬度、高海拔地区的流布也达到高潮。在这一契机下，源于晋南地区，以折唇口尖

---

[1]　宋兆麟《原始的烹饪技术》，《史前研究：西安半坡博物馆成立四十周年纪念文集》，三秦出版社，1998年。

底瓶、弧边三角彩陶盆及夹砂罐为主要特征的庙底沟文化发展壮大，并迅速向外扩张，文化影响北逾长城，西至青海湟中，南过长江，东及海滨。

仰韶时代早期，晋中盆地新石器文化已经受到它南边邻居的影响，到这一时期，更是全盘接受了庙底沟文化因素，文化面貌和晋南地区几无二致。考古调查表明，属于庙底沟文化的遗址，比以娄烦童子崖遗址为代表的仰韶时代早期遗存大量增加，几乎遍及晋中盆地所有地区，如娄烦西街，阳曲思西、东青善，汾阳段家庄，柳林杨家坪，离石吉家村，汾阳杏花村等。不过晋中盆地的庙底沟文化遗址都是调查资料，只有少数遗址经过正式发掘，以汾阳段家庄遗址为代表。

遗址位于段家庄村东，南距貔义河近百米，台地高出河床近 20 米，面积约 2 万平方米。考古发现 1 座房址和 3 个灰坑。房子为半地穴式，南部残缺，东、西两壁分别被灰坑 3 和灰坑 2 破坏，南北残长 4.8 米，东西宽 4 米。房子的地面和墙壁都抹上一层草拌泥，西部地面经过烧烤，室内中部偏西有两个直径 0.2 米、深 0.4 米的柱洞，室内东面有一个半圆形土坑，烧烤痕迹明显，应该是房内的灶坑。出土陶器主要有叠唇直腹罐、敛口鼓腹罐、敛口直腹缸、重唇小口尖底瓶、葫芦口瓶、卷沿彩陶盆、叠唇盆、钵、碗、器盖等。其他遗物还有陶刀、纺轮、石铲等。陶器分夹砂和泥质两种质地。纹饰有线纹、弦纹等。部分泥质陶饰黑彩，彩陶纹样以圆点、弧形三角构成的图案为主。制法主要是泥条盘筑，口沿上常见慢轮痕迹，口部套接叠唇的做法很流行。

以段家庄为代表的考古文化遗存，时当庙底沟文化在中原占据统治地位时期。整个文化区域内，聚落规模扩大，人口剧增，定居生活稳定，经济发展状况在当时的亚洲东部处于领先地位。

晋中盆地作为庙底沟文化的主要分布区，社会发展基本和庙底沟文化中心区域相当。当时居民制作生产工具的材质没有多少变化，仍以石料、木头和陶土为主，不过制作质量则有很大提高，生产工具种类和制作工艺有了新的发展。如石铲，也叫耒耜，长度多在 20 厘米左右，体形扁薄，正面呈三角形或椭圆形，柄部有明显的安柄痕，其形状和我们今天使用的铁锨相类，功用也近似，是当时最为有效的耕植工具。又如石刀，分单孔和双孔，主要用来收割谷类，在考古遗址中大量出土。它们的大量发现，说明当时农业种植已很繁盛。此时不仅种植谷物，还栽培芥菜、白菜类蔬菜。彩绘图案中流行的鱼、鹿、蛙、鸟、嘴衔鱼人面等纹饰，墓葬中使用骨镞、骨鱼叉和鱼骨作为死者的随葬品，都反映了渔猎经济也是他们生活来源的重要方面。采猎用的主要工具是弓箭、投掷棒和石锤。捕鱼除使用插鱼法、围鱼法外，还使用网捕法。需要指出的是，性别分工在这一时期出现了明显变化。整个社会生产中，男子较妇女占据更重要的地位，起着更大的作用。农业生产中，男子已较妇女担当了更多的职能，同时独占了渔猎部门，并且是手工业劳动的主要担负者。考古发掘的男性墓葬中，陪葬有铲、斧、锛、凿和镖、镞等整套农业、手工、渔猎工具，说明男子中已涌现出一些相当富有的兼职手工匠人，也暗示着社会组织正在发生变化。

　　较之于晋中盆地仰韶时代早期居民，以段家庄遗址为代表的庙底沟文化时期，居民生活水平有了明显进步。他们居住的房子多为半地穴式或地面式，平面一般呈方形。房屋南面伸出一斜坡式门道，迎门一侧均设置竖穴式圆形大灶坑。门道、室内地面、灶坑和墙壁内外均平整地涂抹了草拌泥。在屋墙和房内一些地方，挖洞栽立支撑屋顶的主柱，墙壁为木骨泥墙。到庙底沟文化中晚期，出现了双间房、三联间房、四联间房和排房等。这不只是房屋建筑技术的进步，更反映了家庭和社会组织的进步。这个时候，人们的衣着除传统兽皮、草编以外，布织服装更多地成为日常生活的必需品。从出土的纺轮、骨针等遗物可知，当时制作衣服的布或者用原始织机织成，或者用骨针编织而成，人们用精细的骨针缝制衣服。除服装以外，人们还佩戴装饰品，考古发现最多的是陶环，发笄则由石料和骨料做成。

　　庙底沟文化是以彩陶文化发达而著称的考古学文化，陶器的烧制是新石器时代又一代表性创举。陶器更多地与人们的日常生活如熟食、汲水、食物盛放等息息相关，它的出现极大地改善了人们的生活质量。从某种意义上说，将新石器时代称作陶器时代更能代表这一时期的文化特征。早期陶器可能为露天烧制，到庙底沟文化时期的陶窑，已经发展为竖穴窑。陶窑由火口、火膛、火道、窑箅及窑室组成，窑室面积一般不足一平方米。陶器的烧成温度为900—1000℃。烧制之前，人们经过选料、和泥、盘筑泥条，制成陶器的粗坯，再经修削、拍打或压磨，乃至在轮盘上修整器形或口沿，待器坯晾干。细泥陶制品器坯晾干后，还需精细打磨，装饰纹饰，最后入窑烧制。这种制陶技术，考古学称为慢轮制陶[①]。烧制陶器的工作，最初主要由妇女担任。关于这一点，我们从民族学考察资料和早期手捏陶器手指纹的纤细可以推知。而到庙底沟文化时期，已经逐渐转变为男子烧制了。考古发现制作陶器的工具多陪葬于男子，应该是这种转变的说明。陶器主要用于人们的日常生活，用作饮食类的主要有钵、盆、碗、盘、杯等，用作炊类的有灶、釜、甑、鬲、鼎等，用作存储器有瓶、缸、瓮和罐等。饮食器、取水器多为细泥陶制品，彩绘图案也主要装饰在这一类器物上。夹砂陶器以蒸煮器、存储器为主，多饰篮纹、绳纹。和童子崖遗址所代表的仰韶时代早期比较，段家庄为代表的仰韶时代中期陶器质量的提高和种类的增加十分明显，这无疑大大提高了人们的生活质量。而且陶器上彩绘图案和纹饰的使用，说明了人们日常生活中精神生活的丰富与对美的追求，体现了当时人类物质和精神生活的状态。

　　此时的晋中盆地，可以说凡适宜于古人类生活的地方，基本上都已经有聚落存在。所谓适宜，首先是要有一个取用方便的水源。仰韶时代的人类还没有学会掘井技术，生活用水只能依靠地表水，而且当时的人类已经开始定居生活，所以比起其他动物，对固定水源的依赖性更强。然而水能载舟亦能覆舟，洪水来袭，对于没有多少防御能力的古人来说，简直是灭顶之灾。经历了不知多少次惨痛的教训，人们终于懂得选择既容易取水，又不为洪水困扰的地方生活居住。大致来说，山谷河流交汇处的二三级台地上是古人首选地点，其次要选择有适宜种植土壤堆积的地带。作为农业社会，肥沃的土壤自然是生产的必要条件，而避风向阳也在古人选择居址考虑范围之内。以娄烦县娄烦镇新石器遗址调查为例，在涧河北岸，从童子崖村到山城峁 12 公里长范围内，分布着 5 处新石器遗址，现在这里也只分布着 8 个村落。又如清徐县，沿西山边麓不到 16 公里长的范围内，就分布着 8 处新石器时代遗址，占到现有村庄数的一半，多数遗址甚至和现有村庄相重合。如果考虑到一些遗址遭受破坏的情况[②]，数量应该更多。由此可见，距今 6000—5000 年的仰韶文化时代，

①　考古学把仅修整器形或口沿的加工陶器的轮盘，称为慢轮，用它加工陶器的工艺，叫慢轮制陶。把在陶轮上使陶器成型的工艺，称作快轮制陶。考古资料指明，只是到庙底沟类型晚期才产生快轮制陶技术，而且，仅是以此制作为数较少的小型器皿。

②　如清徐县上固驿村，自然条件完全符合新石器遗址存在条件，笔者在调查中了解到，地表取土达 3 米余。是否曾有新石器时代居民在此居住生息，恐怕永远是一个谜了。不过，由于这些遗址都是调查资料，不能肯定所有遗址都包含此阶段的文化因素。

在晋中盆地，分布着大小不一的众多聚落①。这些聚落有的很分散，有的相对集中。聚落中，有的面积很大，如清徐县马峪遗址，面积达 23 万平方米；有的面积较小，仅数千平方米。徐顺湛根据河南省、陕西省仰韶时代聚落群分布的规模，认为可以划分为四个等级的社会组织，即家族、氏族、部落、部落联盟或者说是酋邦国家②。戴向明认为晋南庙底沟文化聚落群分为四级甚至五级③。晋中盆地聚落分级情况应该与之相近，在四级左右。在山涧河谷的台地上，一排排经过规划的房屋围绕着中心广场组成村落，村子中心是一座或数座面积较大的建筑，大型房子皆为方形，可能是氏族（或部落）首领的住室或氏族（或部落）议事场所。中型房子绝大部分也是方形，小型房子以方形为主，还有少部分圆形。这种小型房子、中型房子、大型房子和整个村落分别对应着核心家庭、扩大家庭、大家族、氏族四级组织。村落周围挖有壕沟，村子附近分布着公共窑场、公共墓地等。地穴或半地穴式房屋内居住着一个个家庭，女性是家庭的主人。女子死后，财产由氏族集体继承，实际由其子女们集体继承。个人的衣物和装饰品有些用于随葬，有些归女儿使用，男子死亡以后，他的衣饰则由外甥继承。若干个这样有血缘的家庭组成一个氏族。氏族内禁止通婚，实行族外群婚，即一个氏族的同辈男子做另一氏族同辈女子的丈夫。每个氏族都民主选举自己的首领，负责管理日常事务。氏族首领通常由女性担任，世袭按母系血缘计算。氏族是一个有机的整体，成员间完全平等，共同劳动，平均分配④。

---

① 有学者据对姜寨聚落的研究认为，姜寨经常性的居民，当有450—600人之多。陕西华州区经较全面调查，发现年代大致相同的半坡文化遗址五处。如依对姜寨估算的人口为基数，则知当时华县人口约为2500人。太原盆地居民人口可据此略而知之。

② 参见许顺湛《再论黄帝时代是中国文明的源头》，《考古与文物》1997年第4期。许顺湛《五帝时代研究》，中州古籍出版社，2005年。

③ 戴向明《庙底沟文化的聚落与社会》，北京大学中国考古学研究中心等《古代文明》（第3卷），文物出版社，2004年。

④ 对于这一点，也有不同认识。如张忠培研究了大汶口文化刘林期的考古材料后认为：1. 在家族和社会劳动分工中，男子已担任主要职能，或在生产中起主要作用。他们中间出现了一些具有专业特长的劳动能手，这些人占着较多的财富，享有较高的社会地位。妇女在某些生产领域中还起着重要作用，但从总体上说，她们在生产劳动中的地位，已退居第二位了。2. 家族已明显地分为富裕的和贫困的。私有制进一步发展，贫富分化还未能导致财富集中在少数人手中，同时，贫困的人数较少，多数人的经济状况，都在中等以上水平。3. 存在着一夫一妻婚姻。妇女在家族和社会中，基本上和男子处于相等的地位，而在家内经济生活中，或许还拥有更多的发言权或支配权。不过张忠培也说，在史前黄河流域存在不同谱系的考古学文化，每一谱系考古学文化的发展道路都有其自身特点。因此，对任一谱系的考古学文化的历史阶段的认识，都只能是具体的，自然难以代替对黄河流域史前历史的整体研究。参见张忠培《黄河流域史前合葬墓反映的社会制度的变迁》，《华夏考古》1989年第4期。（转下页）

几个这样的氏族组成一个个部落，一些部落又组成部落联盟，部落与部落联盟的酋长都由选举产生。一个部落联盟，具有一定的领地及部落名称，有基本相同的语言，具有相同或相近的宗教信仰与崇拜习俗。部落或联盟的重要事情由部落或联盟会议最终决定。当然，首领在其中起着较大的作用。

生产力的发展，社会组织的进步，带来了生活质量的改善，使得此时期居民寿命较以前有所提高。据研究，仰韶时代居民人均寿命为 20.3—20.8 岁，成年人的平均寿命 34 岁左右。以陕西元君庙为例，大多数人的死亡年龄都在 50 岁以下，50 岁以上者只有少数几个，没有发现 60 岁以上者，这与我们今天相比较，似乎显得相差很大，但在当时已经是很大的进步。我国在 20 世纪初平均寿命也才 36 岁。劳动强度大、环境艰难、生活水平低下和疾病肆虐，是对人类健康的最大威胁。在生产生活过程中，人们已积累了一些医疗知识，用来防治疾病。考古发现人骨中有桡骨及颅骨陈旧性骨折愈合的例子，结合我国原始社会阶段少数民族使用中草药治病的事例可知，"神农尝百草，始有医药"，应该是当时人们具备一定医疗护理知识的说明。

这时候，世界上几个大的人种类型已经形成，蒙古人种也已经形成了几个大的支系。人类学家通过对仰韶文化遗址数百具骨架的研究认为：他们都属于蒙古人种，和近代蒙古各支人种比较，则与太平洋支的南亚人种系、远东蒙古人种系接近，其接近程度以南亚人种系较多，而与蒙古人种大陆支的中亚西亚系相去较远。大概在原始时期，华南、华北都住着我们的祖先，后来居住在华北的先民不断与北方来的民族融合或同化，体质特征起了变化，南方居民则仍保持着原来的特征，因而仰韶文化人们的体质特征接近于近代南方人。这证明仰韶文化的人们正是我们的祖先，我们是仰韶文化先民的子孙。

三、义井遗址——仰韶时代晚期的聚落与文化

大约到距今 5200 年前后，中原各地新石器时代文化分化的趋势开始加强，在太原地区周围，几乎同时出现一些新的考古学文化，如马家窑文化、海生不浪文化、大司空文化、秦王寨文化等。在这一背景下，太原地区新石器时代先民的表

（接上页）《仰韶时代——史前社会的繁荣与向文明时代的转变》，《中国考古学：九十年代的思考》，文物出版社，2005 年。晋中盆地关于新石器时代的考古发现和研究远不够我们明确认识其社会发展阶段。

现尤为突出，义井文化脱颖而出。它一改庙底沟文化的传统，积极同外部交往，但却保持着独立性，第一次走上独立发展的道路，为以后的文化发展奠定了坚实的基础。

太原地区，属于义井文化的遗存大量分布，考古调查中，每每发现具有义井文化特征的陶片。

义井文化以太原市晋源区义井村发现的义井遗址为代表。遗址位于义井村西的台地上，背靠西山，东临汾河谷地，遗址南北长约1500米，东西长约1000米，面积约150万平方米。20世纪50年代发现，60年代和90年代初曾多次调查。做过两次小型试掘，发现文化层厚度为2—3.44米，虽然可分三层，但各层出土遗物基本相同，应为时代大致相近的同一文化遗存。

义井遗址发现的文化遗存有圆形灰坑、瓮棺墓葬及陶器、石器、骨器等。遗迹发现最多的是灰坑。灰坑是考古工作者对古人利用凹坑填埋垃圾物而形成的遗迹的形象称呼。史前灰坑多是由窖藏坑、地穴式房子遗弃后，倾倒垃圾形成，是考古断代和研究古代人类经济生活的重要资料。义井遗址发现的灰坑都是圆形，坑口较底部略小，坑壁略呈弧形。如灰坑2，南北残长4.35米，东西宽约1.6米，深2.2—2.55米。坑底部不平整，西壁坑底有两个椭圆形小浅坑，西壁距坑底1.55—1.58米处有两个小圆洞（似柱子洞），洞中填深灰色土。坑底北端有一小窑洞，南壁有一个台阶形小窝，这些小坑都由人工挖成。像这样的灰坑就有可能是义井人的一个窖藏坑。坑内堆积较厚，土色复杂，有黄褐土、灰土、黄淤土和黑黄色花土（中间掺有木炭灰屑）等。各层中出土物基本相同，出土遗物有篮纹、绳纹、素面灰红陶片，彩陶片，少数未烧成的泥坯片及残石器、陶刀、圆盘形陶器、残骨笄等。义井出土一个二音孔陶埙，陶埙发出的三个音也构成两个音程，一个小三度和一个完全四度[1]。

义井遗址还发掘瓮棺墓葬一座，是用两个粗砂质灰陶罐相对组成。罐内填满深灰色松土，内有小孩骨架一具，头朝东，下肢骨折叠一起。瓮棺葬陶罐敛口，圆腹，平底，腹两侧各有一个半圆形齿轮状耳。

---

① 许顺湛《黄河文明的曙光》，中州古籍出版社，1993年。

遗址出土陶器有泥质灰陶、夹砂灰陶、彩陶三类。泥质灰陶发现最多，纹饰有篮纹、绳纹、附加堆纹、点纹、方格纹等，但以素面为多，篮纹次之。彩陶花纹一般是红陶画红彩，少数是灰陶画红彩。彩陶通常在器外表浸刷一层黄色或白色陶衣，纹饰有方格纹、斜方格纹、菱形纹和涡旋纹等，器物有敛口罐、钵、碗、盆、甑、纺轮、陶刀、陶镰、环、圆盘形陶器、圆形小陶饼、陶熏、圈足器残片等。出土的石器大多数残破，器类有斧、刀、杵、锤、纺轮、敲砸器、研磨器、环、球和砺石等。骨角器种类有箭头、锥、针、簪、加工胛骨等。义井出土的骨箭头，可以分成三种样式：一种横剖面呈菱形，双面有脊，铤部不明显；一种横剖面呈梯形，铤部残，尖部为三棱形，两面削平；还有一种横剖面近似梯形，铤部扁圆，无锋。经过加工的胛骨，边沿和表面局部都能看到磨过的痕迹，在一短边的边沿钻成一个半圆形孔。

1984年9月，山西省考古研究所在太原矿山机器厂发掘了两座瓮棺墓葬，也属于义井文化遗存。考古调查发现工地为一文化遗址，并采集到一些陶片。器类有夹砂罐、泥质钵、盆和器物的鋬耳等，纹饰有绳纹、篮纹和素面磨光，并有呈绛红色的彩陶。从出土的瓮棺墓葬可以窥见仰韶时代晚期太原先民埋葬儿童的葬仪。

太原矿山机器厂儿童墓葬为一长方形竖穴土坑墓，方向355°，墓圹长80厘米，宽45厘米，深45厘米。葬具由两件夹砂罐对接组成，平置于墓内，内存小孩骨架一副，骨架主干保存较好，年龄约在一岁左右。作为葬具的两件器物均已破碎，复原可见两件器物大同小异。陶罐为夹砂灰陶，系泥条盘筑捏制而成，口沿部似经过慢轮修整。尖圆唇，宽折沿，鼓腹，腹上部施一对对称的鸡冠鋬耳，平底。器表饰较整齐的绳纹，绳纹印痕浅呈麻点状，腹上部有两道凹弦纹将绳纹隔断。

以陶罐埋葬死者，是古代先民葬仪文化的一种形式，仰韶时代最为流行，并且主要用来埋葬孩童。陶罐上往往还钻一个小孔，被认为是供灵魂出入的孔道，它反映了先民的一种宗教观念。而葬具与埋葬方式的异同，则反映了时代与文化的异同。类似于太原矿山机器厂埋葬儿童的陶罐，在太谷白燕遗址、孝义临水遗址、阳曲遗址都有发现，从一个侧面也反映了义井文化在太原盆地的分布情况。不同的文化遗存代表着不同的考古学文化，不同的考古学文化则代表着不同体系的社会集团。义井文化就是太原先民继承庙底沟文化传统，与周边诸如海生不浪文化、马家窑文化，尤其是大司空文化互动、融合而创造出来的独具特色的考古学文化。这种文化的创造，和晋中盆地沟通南北、交汇东西的地理优势密切相关。

仰韶时代，作为新石器时代晚期文化，已在多处地点发现了金属制品——铜器，如姜寨的铜片及铜管状物，红山文化的冶炼遗存及铜制品，榆次源涡镇的铜炼渣和马家窑文化经过冶炼并由合范浇铸而成的青铜刀子。犹可注意的是源涡镇的铜炼渣[①]，严文明教授根据发表的材料，指出源涡镇遗存的文化性质，基本同于太原义井文化遗存[②]。可以说，晋中盆地虽然目前还没有发现属于仰韶时代晚期的铜器，但我们绝对不排除发现的可能性。义井发现的加工胛骨也特别值得我们关注，这个胛骨在一短边边沿钻成一个半圆形孔，边沿和表面局部也都经过磨制。利用甲骨占卜是中华早期文明的一个显著特点，义井胛骨虽然还不能完全确定其用途，但结合其后忻州游邀遗址中发现的大量卜骨看，其作为占卜意图是很明显的。由此也可看出晋中盆地的史前文化在中国文明发展进程中所起的作用。

我们前边谈到，仰韶时代居民的住房有地穴式、半地穴式和地上建筑等。大致来说，早期穴居式较多，晚期地面建筑更加发展。房子可分为大中小三种类型，小型房屋居多，一般面积在 15 平方米左右；房子由屋顶、斜坡式门道、灶坑和居住面等部分组成；中型房屋面积在 40 平方米左右；大型房屋面积达 300 平方米，研究者认为已经具有原始殿堂性质。这一时期太原先民在居址上的一大创造是窑洞式居址的发明。太谷白燕房址 501、灰坑 99 等窑洞式居址是目前中国所见最早的窑洞[③]，是晋中盆地义井文化的先民为中华民族，特别是北方地区民众生活做出的又一贡献。基于它在北方黄土高原的建筑和居住优点，很快就传播到晋南、甘肃东北部、宁夏南部等地。到龙山时代，它已经成为晋中盆地先民的主要居址。

"义井文化"阶段，婚姻制度已经由族外婚发展到对偶婚，即一个男子在许多

① 1942 年，在山西榆次源涡镇仰韶晚期的地层中，发现了一块粘在陶片上的铜渣。经化验测定，铜渣含铜率 47.67%，含硅 26.81%，含钙 12.39%，含铁 8%，当是冶铜所剩的炉渣。参照冶铜有关数据，可知冶炼的是红铜，其年代距今约 5200 年。参见《山西通史》，山西人民出版社，2001 年。

② 严文明《论中国的铜石并用时代》，《史前研究》1984 年第 1 期。

③ 翼城枣园发现的唯一一座房址，研究者认为它可能是一个弧形顶的窑洞式居住处，但和其遗址内涵时代相同的垣曲宁家坡、古城东关等地发现的房址却是一种半地穴式圆形居址，因此对它的性质还需要更多的考古新发现证实。参见山西省考古研究所《翼城枣园》，科学技术文献出版社，2004 年。又，傅淑敏最早对史前窑洞遗迹进行分期研究，认为石楼岔沟窑洞为晋南龙山文化第三期。参见傅淑敏《山西龙山文化土窑洞的分期》，《山西大学学报（哲学社会科学版）》，1989 年第 1 期。

妻子中有一个比较固定的"主妻"，一个女子在许多丈夫中有一个比较固定的"主夫"。对偶婚家庭里，男子从妇而居，所生子女属于女方所在的氏族。这种婚姻仍是比较松散的暂时性的结合，是向一夫一妻制过渡的婚姻形态。当时的子女已初步意识到谁是他们的生父。随着家庭结构的变化，农业和手工业发展，母系氏族制度也逐渐走到它的末期，一种新的社会形态——父系氏族社会随着时间的推移孕育发生。

四、清徐都沟与太谷白燕——庙底沟二期到龙山时代的聚落与文化

庙底沟二期文化是以发现于河南陕州庙底沟遗址为代表的一种考古学文化。文化遗迹主要分布于山西、河南、陕西等地。对其文化属性，学者们意见不一，或以为它是一个独立的考古学文化时代，或以为它是仰韶文化到龙山文化的过渡阶段，或认为它是龙山文化的早期阶段。晋中盆地庙底沟二期文化发现较多，经过考古发掘的有清徐都沟、娄烦山城峁、太谷白燕、汾阳杏花村、石楼岔沟等遗址。

都沟遗址位于清徐县马峪乡都沟村西约 100 米，遗址东临季节河。面积约 9 万平方米，文化层厚 0.5—1 米。断崖上暴露遗迹有灰坑、墓葬。采集有龙山文化白燕类型夹砂灰陶绳纹筒形罐、泥质灰陶篮纹敛口盆、篮纹折肩罐，东周泥质灰陶高柄盘豆等残片。2001 年发掘，共发现灰坑 16 座、窖穴 5 座、陶窑 2 座，少量夯土遗迹，出土了一批比较典型的新石器时代遗物。灰坑分为三类：第一类为典型的袋状坑，口大底小，底部较平坦，出土陶器比较丰富；第二类为喇叭口的袋状灰坑，灰坑保存较好，形制典型，内部经专门捶打，推测其功能为窖穴；第三类为大型灰坑，由于被明清土洞墓打破，破坏严重，从残存情况看，有台阶、壁龛、柱洞及平整的地面，推测作为聚落的中央大房子使用。窖穴在遗址中部发现较多，与以往发现的同时期窖穴类似，先挖竖穴再掏横洞，地面经捶打而变得坚硬光滑，应为存储物品的仓库。陶窑发现 2 座，均残，仅存火门、火膛及少量火道，规模不大，从地层上看应与聚落时代相当。都沟遗址出土的陶器大部分是夹砂灰陶、泥质灰陶，也有少量泥质褐陶及夹心陶；纹饰以绳纹、篮纹为主，也有剔刺纹、划纹、附加堆纹、旋纹等；从器类上看有罐、盆、钵及少量的异形陶器。罐上的附加泥条从三道至一道不等，罐的最大腹径和唇的变化与太谷白燕类型一至三期相同。只是遗址当

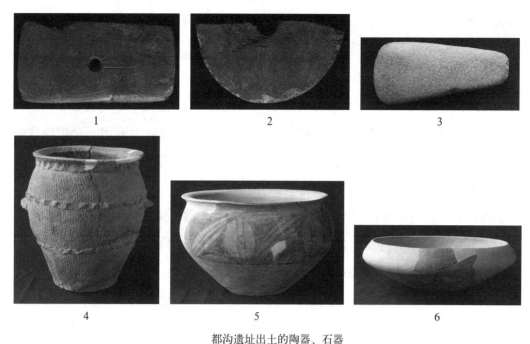

都沟遗址出土的陶器、石器

1. 石刀　2. 石纺轮　3. 石斧　4. 夹砂罐　5. 彩陶盆　6. 彩陶钵

中没有发现高等三足器的踪迹，仅有一件鬶的残足，器型较原始。关于都沟新石器文化年代，从遗物、遗迹上判断，应经过仰韶时代庙底沟文化时期、庙底沟二期文化、龙山时代文化早期，其主要遗存是庙底沟二期文化。都沟出土的陶鼓，形制与襄汾陶寺发现的陶鼓有相近处，只是更加原始。关于陶寺文化，学者们多以占史记载的唐尧相联系，在清徐一带流传着许多有关唐尧的传说，是后人的附会还是有其历史的素地？这个问题，我们留在太原的传说历史中讨论。

和清徐都沟遗址时代相近的还有石楼岔沟遗址。

石楼县城东约 4 公里处，屈产河从旁侧流过，河谷狭窄，河两侧崖壁陡峭。在屈产河旁向阳的山腰上断续分布着庙底沟二期文化时期许多房址，山脚下的洼地里也可采集到少量陶片。1980 年由中国社会科学院考古研究所发掘，发现居址、灰坑和陶器。窑洞式房址为其鲜明特色。

窑洞式房址以岔沟房址 3 为例。房址 3 平面呈"凸"字形，居室略呈椭圆形，东西长 4.15 米，南北宽 3.1 米。墙壁皆为生土壁，上下略有弧度；居住面及四壁均先涂一层草泥土，再抹白灰面做成。室中央偏南设一圆形烧灶，直径 1.23 米。

门道在居室南面，东壁略长，约 1.4 米，西壁较短，约 0.8 米，呈弧形转角。门在门道顶端的中央，门宽 0.8 米，深 0.4 米。门前有二级台阶，门和门道之间有门槛。门外是一片院落，东西长 6 米，南北宽 2.7 米。院西侧还有一个露天烧灶，灶为长方形，东西长 0.7 米，南北宽 0.4 米，深 0.67 米，灶两侧贴有石板。经复原，该房为穹隆顶生土洞穴房屋。建筑程序为，先在生土的陡坡上开出一层阶梯状崖面，然后横穿筑穴，门道台面即为院落。房子构思巧妙，施工简便，用材较少，是北方黄土地带适应自然环境的主要建筑形式。

晋中盆地经过大规模发掘，文化序列清楚的是太谷白燕遗址[①]。

白燕村坐落于太行山西麓的山前缓坡地带，西南距原太谷县城约 15 公里，北距嵰峪河 3.75 公里，南临乌马河，西南与阳邑村隔河相望。遗址主要分布在白燕村西北的河边阶地上，现存范围东西长约 830 米，南北宽约 430 米，面积在 35 万平方米以上。文化层厚 3—5 米。山西省文物工作委员会于 1956 年普查发现。1980—1981 年国家文物局、山西省考古研究所、吉林大学联合发掘，总发掘面积近 3000 平方米。清理遗迹有灰坑、房址、陶窑、墓葬和灰沟等，出土大量陶、石、骨、角、牙、蚌器和少量青铜、金器。文化遗存分为六个阶段，其中第一到第三阶段为新石器时代文化遗存。

第一阶段属仰韶时代晚期。发现房址和灰坑，出土有仰韶文化义井类型的夹砂灰陶绳纹宽折沿罐、泥质灰陶篮纹小口壶、敛口钵、深腹缸等，新出平口瓮、豆、鼎和釜灶等器类。陶器以夹砂陶为主，有灰色和红褐色两种，多饰绳纹、附加堆纹。泥质陶以素面和篮纹为主。大型器物上多有大鸡冠形鋬耳。

第二阶段遗存为庙底沟二期文化。陶器以泥质灰陶为主，夹砂灰陶次之。代表性器物有灰陶绳纹附加堆纹缸、盆形鼎、釜形斝、绳纹罐、泥质灰陶长颈壶、深腹盆、盘口盆、器盖等，空足三足器——釜形斝是一种具有划时代标志的器物。白燕遗址发现一座保存较好的袋状地穴式双间房屋，平面呈"吕"字形，由南间、北间和过道组成。南间为椭圆形袋状，东西底径 3.72 米，南北底径 8 米，穴壁残高 1.48 米。过道呈长方形。北间是在过道北端向西掏进的一个弯庐顶窑洞。居住面

---

① 参见《山西太谷白燕遗址第一地点发掘简报》《山西太谷白燕遗址第二、三、四地点发掘简报》，《文物》1989 年第 3 期。

呈抹角方形，边长 2 米左右。在过道东北角发现一片烧土面，南北长 1.6 米，东西宽 0.7 米，烧土厚 0.18 米，其上覆盖着 0.05—0.1 米厚草灰，可能是一个地面灶。居住面平坦、坚硬，解剖共发现四层居住面。接近居住面的填土中有大量木炭、烧土块、草泥土和少量白灰面，伴有大量碎陶片，共复原彩陶 20 余件，素面及绳纹陶器 10 余件。彩绘陶多为橙黄色，饰紫红色条带，镶以黑边，还有少量饰红色彩绘的黑陶残片，是为晋中盆地所见最早彩绘陶。器物有壶、长颈壶、深腹盆、盘口盆等。彩绘陶和襄汾陶寺遗址发现的彩绘陶器有相近处。

第三阶段为龙山文化白燕类型。遗迹有房址和灰坑。灰坑坑口以圆形为主，坑体大多数为筒状，袋状次之。大型灰坑仍多有阶梯状坡道。陶器分夹砂和泥质两大类。夹砂陶中含有一些较大砂粒，陶质坚硬，在整个陶器中约占 1/2 强。泥质陶以灰陶为主，红陶次之，不见细泥陶。红褐胎黑皮陶最具特色，见于尊、豆、器座等。夹砂陶多饰绳纹。泥质陶纹饰以斜、竖篮纹为主，排列整齐，宽窄相同。陶器种类和形制与前期相比有很大不同，夹砂陶器有扁壶、斝、釜灶、罐、瓮等，泥质陶器有壶、盆、尊、瓮、甗、豆、器座、器盖等。本期器物的口沿和底座外侧多加厚或呈一凸棱，泥质陶器流行折腹，棱角明显。

与太谷白燕遗址遥遥相对的汾阳市杏花村也发现一处极富时代特点的大型新石器时代晚期遗址。

杏花村以生产汾酒闻名于世。巧合的是，考古工作者在杏花村发现的史前文化遗存以龙山文化最为发达，而龙山文化或被认为是中国酿酒的起始阶段 [①]。

杏花村分东西堡，新石器遗址分布在东堡以东，面积约 15 万平方米。从层位关系及内涵分析，杏花村遗址可分 8 段，其中 1—5 段属于新石器时代文化遗存。

第一段以窑址 201、灰坑 262 为代表。坑内出土陶器、陶片有夹砂和泥质两种质地。夹砂陶以红褐色或灰褐色为主，泥质陶以红色为主，纹饰有线纹、弦纹和部分饰黑彩的彩陶等。彩陶纹样主要为规整的弧形三角组成的宽条带纹和网格宽条带纹。器类有直腹缸、双鋬耳弧腹叠唇罐、鼓腹弦纹罐、小口瓶、卷沿彩陶盆、彩陶

---

① 方扬《我国酿酒当始于龙山文化》，《考古》1964 年第 2 期。我国古代酿酒的起源，或可上溯到距今8000 年前的新石器时代早期阶段。参阅李仰松《我国谷物酿酒起源新论》，《考古》1993 年第 6 期。但根据考古发现看，酿酒业和饮酒之风的兴盛是在龙山时代。

钵、彩陶碗、器盖等，此外还有陶刀、陶环等遗物。第一段相当于仰韶时代中期，是成熟的庙底沟文化。

第二段以灰坑 11 为代表。灰坑 11 为一圆形筒状坑，出土陶器质地、陶色与灰坑 262 大体相同，新出现细篮纹。彩陶以红彩为主，纹样多见网状宽带纹和有间隔的网状宽带纹，还有垂线纹。主要器类有弧腹叠唇罐、侈沿鼓腹罐、泥质小口壶、彩陶盆、彩陶钵、彩陶碗等。泥质小口壶是取代小口瓶而出现的新器型。第二段属仰韶时代晚期偏早阶段遗存。

第三段以灰坑 2、灰坑 5、灰坑 23 等单位为代表。夹砂陶器有侈沿深腹缸、罐等，泥质陶器有小口罐、壶、深腹盘口盆、钵、碗、器盖等，此外还有两侧带缺口的陶刀、石斧、石环、骨匕等遗物。第三段属仰韶时代晚期遗存。

第四段以灰坑 118 等单位为代表，此段遗存在杏花村分布面最广，这一阶段的遗迹有双室窑洞式房址和单室半地穴式房址以及陶窑、袋形穴及灰坑等。

房址 201 为单室半地穴式，面积很小，南北长 2.35 米，东西宽 1.95 米，现存墙壁高 0.28 米，室内踩踏硬面厚达 0.1 米。室内中部和西南角各有一个口径 0.25 米的柱洞，内填碎陶片，底部垫一块不大的石片，西南角柱洞内还垫有石球 1 件。在南壁下还有一个直径 0.08 米的小柱洞。室内中部略偏南处有两小片红烧土面，室内堆积土中也夹杂不少红烧土块。房址东南部被灰坑 227 破坏，尚存墙壁，周围未发现门道。

遗物主要是陶器。主要器物有双銴耳鬲和少量单把斝式鬲、斝、敛口甑、夹砂深腹罐、泥质小口罐、泥质大口罐、尊、瓮、壶、粗柄豆、斜腹盆、折腹盆、甑、器盖等。其他遗物有陶刀、陶环、陶垫、陶抹子、厚体和扁平体的石斧、石凿、石锛、石锤、石刀、石纺轮、压制的燧石镞，以及骨制的凿、锥、簪、针、镞等。第四段属龙山文化时代早期遗存。

第五段以灰坑 317 为代表。出土器物类型和第四段基本相同。一些陶器的形制如双銴手斝式鬲和单把斝式鬲形态均有显著变化。单把斝式鬲与后来的单把鬲非常相似，是单把斝式鬲向单把方体鬲转化的重要阶段，它们是龙山时代晚期文化遗存的典型器物。考古学家张忠培研究了杏花村遗址出土的遗物后认为，侧装双銴手陶鬲于杏花文化陶鬲中占有较大比例的情况，是杏花文化之所以被界定为杏花文化的一个最重要的根据。因此，侧装双錾手陶鬲乃是杏花文化器物中最具文化特征的器物。从杏花文化陶鬲的谱系研究来看，杏花文化是一自具特征、演变清晰、源流有自，并对其周边地区产生了重要文化影响和起了重要作用的考古学文化，因而也是龙山时代分布于太行山以西的一支强势的考古学文化[①]。

杏花村有领侧装双錾手陶鬲

娄烦河家庄遗址也是一处以庙底沟二期和龙山时代文化为主的大型史前聚落遗存，2000年9月太原市人民政府公布为市级文物保护单位。

遗址位于娄烦县娄烦镇河家庄村东北约100米的台地上。南北相对高差约有30米，东西长约240米，南北宽约200米，分布面积约4.8万平方米。遗址分为两个阶段。

第一阶段遗迹发现房址和灰坑各1座，内涵与童子崖第四阶段相同。房址1为半地穴式，已残；东西长4.7米，南北残宽1.4米，原应为方形或长方形；墙壁保存最高处0.8米；门道位于南壁正中，宽1.1米，长0.2米；地面和壁面经过烧烤，上抹一层厚0.02米的白灰。

第二阶段遗迹只发现灰坑，有圆形袋状、圆形直筒状和圆形锅底状三种。遗物中的陶器有夹砂和泥质两种质地。灰陶最多，褐陶其次，有极少量黑陶。绳纹施用普遍，弦纹一般加压在绳纹上，有少量素面磨光的泥质陶器。口沿内外壁多经打磨或留有慢轮修整痕迹。器类中具有代表性的是高领带实足跟的鬲，其他有上部作敞口盆形的鼎、斝、小口广肩罐、盆、瓮、豆等，还有陶垫、石刀、石铲、骨凿、骨铲以及卜骨等遗物。

2011年全国第三次文物普查，考古工作者在遗址断面上又发现9处白灰面房址，定为F1—F9。房址分布在遗址的西、北、中部，南北最远相距约100米，东西最远相距约200米，高度落差约45米。其中F3位于对子沟东侧断面，底宽

---

①　张忠培《杏花文化的侧装双錾手陶鬲》，《故宫博物院院刊》2004年第4期。

河家庄遗址

3.25 米，残高 1.75 米，白灰层厚约 5 毫米，房底中部有一灶坑。F4 位于 F3 北约 10 米的断面上，残长约 2.9 米，白灰层厚约 5 毫米。此外，遗址南部发现一处文化层，采集有东周时期泥质、夹砂灰陶绳纹罐残片。地表采集有新石器时代泥质、夹砂灰陶篮纹罐残片，夏商时期的泥质灰陶绳纹罐残片、夹砂灰陶绳纹鬲足等遗物。

河家庄遗址面积大，遗存丰富[1]，在娄烦涧河周围发现的几处同时代遗址中处于中心位置，应该属于中心聚落，只是大部分资料都是调查所得，考古发掘面积太小，不足以对遗址做更深入讨论，对其全面认识有期待于将来的考古发掘。

总之，距今约 5000—4000 年，太原地区考古学文化发展到了一个新的阶段，遗址数量增加，大型遗址时有发现。这时候，华北地区的植被变为以栎、松、蒿为主的针阔叶混交疏林草原环境，发现较多适宜于草原环境的斑鹿、牛、鼢鼠、羊等种类，表明气温下降，估计年均气温大体与现代接近。干凉的气候迫使西北和北方的居民大规模向东南和南方迁徙，进一步加快了各地文化的冲突、融合和发展。黄河流域龙山时代诸文化中，形成了一些大的部落联盟，原始城堡也在多处发现，一些遗址中还发现了小型铜器。

龙山时代发现的铜器包括手工工具、装饰品、个别生活用品和乐器，可以说人类已经进入典型的铜石并用时代[2]。这一时期的铜器绝大多数为红铜，也有少数青铜和黄铜。这些青铜或黄铜制品，实际上是由铜锌共生矿或铜锡铅共生矿经原始方法冶炼而成，还不是有意制造的合金。出土器物有锥、刀、匕、斧、镯、指环、铃、镜等，大都是一些梳妆类生活装饰品、乐器和小件工具。晋中盆地龙山时代文化遗址中没有发现铜器，不过和它同时期，并有广泛文化交流的红山文化晚期遗存、陶寺文化等都发现了铜质器具，时代更早的榆次源涡镇还发现了铜炼渣，所以我们不

---

① 笔者在调查中，短短几个小时就发现了 9 座白灰面房址。据当地群众讲，他们在田间耕作中，时时发现遗迹遗物，像这样的白灰面房址毁坏不知几许。

② 在中国，铜石并用时代从仰韶时代晚期开始，而龙山时代已是铜石并用的晚期阶段。参见严文明《论中国的铜石并用时代》，《史前研究》1984 年第 1 期。

能排除这里发现铜器的可能性。当时的生产工具仍然以石器为主。此时的石器几乎都属磨制，切割法和管钻法已得到广泛应用，石器种类和形态也更加多样化，可以说达到了石器制作和应用的顶峰。在生产用具发展变化的同时，武器的发展更为显著，主要武器是石镞和石钺，还有少量的矛。石镞作为一种远射武器的代表，一方面说明人们在狩猎经济中效率更高；另一方面，还说明战争在这一时期更为频繁，更加剧烈。晋中盆地龙山时代的生产工具发掘报道资料较少。以清徐都沟遗址为例，石质工具有斧、刀、铲、锛、凿、纺轮、磨盘、棒、鹤嘴斧、球、锤、研磨器等，石料为砂岩、灰绿岩、石灰岩，使用了琢、磨等工艺，其他工具有陶刀、陶环、陶垫、陶抹子以及骨制的凿、锥、簪、针、镞等。汾阳杏花村遗址还发现了压制的燧石镞。

这时候的农业更加发展，出现了犁耕。如果说仰韶时代是锄耕农业的话，那么龙山时代就是犁耕农业。所谓犁耕，就是以犁作为翻土工具。人们在生产实践中，将石锄、石耒、木锄、木耒改造成石犁、木犁，人力牵引犁地。这种耕作方法大大加快了翻土时间，提高了生产效率。大量农业收割工具的发现，说明当时的农业收获量有了显著增加。而石镰和蚌镰的发现，说明人们在收割时，将原来摘取禾穗变成连杆收割。这不仅提高了劳动效率，也为牲畜提供了更多的饲料。龙山时代牲畜饲养已普遍存在，农业、畜牧业的发展，为人们提供了充足的食品，也使得更多的人有能力从事其他行业，手工业因之更为发达。轮制陶器已普遍流行，而且很多陶器都是使用快轮制陶技术。玉器制作工艺的先进、品类的增加都是前一时代不可比拟的。冶铜业、建筑、漆木工、纺织和酿酒等工艺都有了很大进步。窑洞式房屋从仰韶晚期发明以来已经成为晋中先民的主要居址，并且使用石灰作为居室建筑材料，不但美化了居室，也有利于室内卫生。掘井技术和筑城技术是这一时期的又一重要发明。掘井技术的发明，使人们可以不依赖地表水源，极大地拓展了生存空间。

这一时期男子的劳动由狩猎和捕鱼转向农业、家畜饲养业和手工业，占据了原来女子从事的经济领域，成为氏族主要经济活动的承担者，处于主导地位。由于经济地位的变化，父权制逐渐取代了母权制，婚姻形态由对偶婚向一夫一妻制过渡。社会以男子为中心分裂为若干个大家族，继而分裂为若干个一夫一妻制的家庭，产生了父系家长制。妻子从夫而居，世系按父系计算，财产由父系继承。苏北刘林的考古发掘表明，早在仰韶文化时代，墓葬中男左女右的埋葬方式已成定制，当然这种定制还不能看成是后来的男尊女卑，当时的男女地位还是平等的。父系氏族公社时期①，人们的生产和生活不再以氏族为单位，而是以一夫一妻的家庭为单位，氏族的作用日益削弱。与此同时，随着社会生产力的发展，人们的劳动产品除用于消费之外有了部分剩余，氏族内部产生了贫富分化，私有制开始产生。反映在这个时期的墓葬中，死者随葬品多寡悬殊，说明当时不仅出现了私有制，还出现了贫富两极分化的现象。由于人们占有的财产多寡不同，人与人之间的原始平等性逐渐消失，不平等关系——也就是阶级对立关系逐渐形成。不过当时社会仍是以氏族公社为主体的社会。共同利益和血缘纽带把公社成员维系在一起，他们共同商量氏族内诸如首领选举、生产、分配、战争、和解等一切大事。死后仍然埋葬在氏族公共墓地。几个这样的氏族公社组成一个部落，以后又发展成部落联盟。父系家族有族长，氏族有氏族酋长，部落有部落首领，部落联盟也有共同首领。部落或部落联盟首领一般采用民主方法推荐，在相当长的时期内，都是选举贤能有德者担任。这种民主选举首领制度，古文献称之为禅让制。到阶级社会产生前夕，这种制度逐渐遭到破坏，首领的继位方法，实际上是在激烈争夺中进行。这个时期，部落之间或部落联盟之间经常因掠夺而发生战争。因此，在氏族部落或部落联盟中都要设置军事领袖，设置氏族大会、氏族议事会为领导机构，以决定大事，组织指挥战争。这种制度被称为"军事民主制"。随着社会发展，战争频仍，需要效率更高的机构来领导、组织民众，国家——这一人类文明的结晶也就应时而生了。

龙山时代的人种已经具有现代东亚人种的大部分特征。据河南陕州庙底沟遗址二期文化人骨测量，这里的居民有着中等头长和较高的颅高，中等上面高和较阔的面宽，中鼻型和中眶型②。从晋西南陶寺墓地发现的人骨观察，陶寺居民具有偏长的

---

① 关于中国父系氏族社会形成的时间，学术界看法不一，但龙山时代为父系氏族社会，则是比较统一的认识。

② 韩康信、潘其风《陕县庙底沟二期文化墓葬人骨的研究》，《考古学报》1979 年第 2 期。

中颅型和较高的颅高，面高中等，中鼻型和中眶型等面部特征^①。龙山时期的居民较之仰韶居民体质上有了明显变化，特别是在鼻型等方面，已更多地具有了现代东亚人种的特征。对于龙山时期居民体质特征的变化，一般认为主要是适应自然环境而形成。龙山时期居民鼻型的变化，可能同当时的气候变凉有关，是人类适应气候变化的结果，但也不排除人类因文化交流带来的基因交流。如前所述，龙山时期，气候逐渐向干凉的方向发展，北方和西北地区的文化有向黄河中游移动的迹象。西北地区居民在较早时候就已基本具备了现代东亚人和华北人的特征，并从龙山时代早期开始，向关中地区移动。这种大移动，无疑带来了各地人类基因大混合。因此，龙山时代黄河中游居民体质特征的变化，反映的可能是来自北方地区人类基因大移动和大混合的结果。

总之，从新石器时代晚期开始，晋中盆地史前文明进入发展和繁荣时期。这一时期原始农业已经步入成熟阶段。关于农业的发明，我国古代早期文献中多有记载，其中以周人先祖弃，亦即后稷较为突出。《诗经·鲁颂·閟宫》："是生后稷，降之百福，黍稷重穋，稙稺菽麦。奄有下国，俾民稼穑。有稷有黍，有稻有秬。"稷本意为粟粱类谷物，也是早期王的称谓，后稷就是稷后，是发明管理农业之王。《国语·鲁语》："昔烈山氏之有天下也，其子曰柱，能殖百谷百蔬。夏之兴也，周弃继之，故祀以为稷。"《山海经》中也有关于后稷与农业关系的传说。《山海经·大荒西经》："帝俊生后稷，稷降以百谷。稷之弟曰台玺，生叔均。叔均是代其父及稷播百谷，始作耕。"

后稷为周人始祖，周人或发源于汾河谷地，后崛起于渭河平原，其先祖弃在农业上的功绩被反复吟诵。按《尚书·尧典》等史书记载，后稷和禹、契同时，大概都是尧舜时代之人，大致相当于距今4000多年前的龙山时代。龙山时代及其以前，汾河流域不但有大量的考古文化遗存，还有黄帝、唐尧、台骀等诸多人物事迹的史前文化传说。两相印证，更能凸显山西包括晋中盆地在史前文明中的作用。关于这个话题，我们在接下来的第四章《太原地区的史前传说》中详细讨论。

---

① 潘其风《我国青铜时代居民人种类型的分布和演变趋势》，《庆祝苏秉琦考古五十五年论文集》，文物出版社，1989年。

太原地区主要新石器时代遗址整理表

清徐县

序号	名称	位置	面积	时代	其他
1	马家坡遗址	东于镇方山、马家坡、口儿村村北台地上	约17万平方米	新石器时代	仰韶文化义井类型、龙山文化
2	武家坡遗址	东于镇武家坡村西台地上	约2.1万平方米	新石器时代	仰韶文化、龙山文化
3	方山遗址	东于镇方山村北台地上	约10万平方米	新石器时代	仰韶文化、龙山文化
4	仁义深崖沟遗址	马峪乡仁义村东北白石河边二级台地及白石山山南坡地上	约3.7万平方米	新石器时代	仰韶文化晚期、龙山文化早期
5	马峪遗址	马峪乡东马峪、西马峪村北	约23万平方米	新石器时代	龙山文化白燕类型
6	平泉石棱顶遗址	清源镇平泉村北（名为石棱顶）的缓坡地带	约2000平方米	新石器时代	龙山文化
7	仁义磨盘地遗址	马峪乡仁义村北侧台地上	约1.7万平方米	新石器时代	龙山文化
8	黄土坡遗址	马峪乡黄土坡村东南台地及西、南两侧的坡地上	约1.5万平方米	新石器时代	龙山文化
9	申家山遗址	东于镇申家山村东台地上	约6.1万平方米	新石器时代	龙山文化
10	西迎南风遗址	马峪乡西迎南风村西南台地上	约12万平方米	新石器时代、夏代、东周、汉代	龙山文化
11	都沟遗址	马峪乡都沟村西约100米	约9万平方米	新石器时代、东周	仰韶文化、龙山文化

万柏林区

序号	名称	位置	面积	时代	其他
1	大井峪遗址	小井峪街道办事处大井峪村西北约100米老虎威坡地上	约2.5万平方米	新石器时代、夏代	仰韶文化、龙山文化
2	黄坡遗址	神堂沟街道办事处黄坡村西北约200米的黄土垴上	约2万平方米	新石器时代、东周	龙山文化

尖草坪区

序号	名称	位置	面积	时代	其他
1	宇文遗址	柏板乡宇文村北台地上	约 30 万平方米	新石器时代、夏商	仰韶文化、龙山文化
2	镇城村遗址	柏板乡镇城村西台地上	约 35 万平方米	新石器时代	龙山文化
3	土堂遗址	上兰街道办事处土堂村西台地上	约 34 万平方米	新石器时代、夏商	龙山文化

晋源区

名称	位置	面积	时代	其他
义井遗址	义井街道办事处义井村西	约 11.2 万平方米	新石器时代	仰韶文化晚期

古交市

序号	名称	位置	面积	时代	其他
1	董家塔遗址	邢家社乡中社村南约 600 米大川河西岸台地上	约 5500 平方米	新石器时代	龙山文化
2	河口遗址	河口镇河口村北约 200 米	约 1.6 万平方米	新石器时代	龙山文化
3	寨上遗址	河口镇寨上村西北约 200 米	约 1.5 万平方米	新石器时代	龙山文化
4	李家社东北遗址	桃园街道办事处李家社村东北约 100 米	约 1.1 万平方米	新石器时代	龙山文化
5	阎家圪遗址	梭峪乡梭峪村郝家沟自然村北约 300 米的阎家圪	约 4.8 万平方米	新石器时代、夏代	龙山文化
6	上雁门遗址	镇城底镇上雁门村东北约 100 米汾河西岸台地上	约 5 万平方米	新石器时代、东周	龙山文化
7	蒿地足遗址	桃园街道办事处李家社村蒿地足自然村东约 300 米	约 1.7 万平方米	新石器时代、东周	龙山文化
8	屯村遗址	屯兰街道办事处屯村西北约 100 米	约 1.7 万平方米	新石器时代、东周	龙山文化
9	五里铺遗址	岔口乡大应寒村五里铺自然村东北 100 米	约 3 万平方米	新石器时代、东周	龙山文化
10	嘉乐泉遗址	嘉乐泉乡嘉乐泉社区东约 200 米，狮子河东岸台地上	约 2.2 万平方米	新石器时代、东周、汉代	龙山文化

娄烦县

序号	名称	位置	面积	时代	其他
1	烧炕咀遗址	静游镇峰岭底村东约100米	约6.6万平方米	新石器时代	属仰韶文化义井类型遗存
2	强家庄遗址	杜交曲镇强家庄村南、汾河西岸台地上	约8000平方米	新石器时代	仰韶文化、龙山文化
3	南岭坡遗址	庙湾乡羊圈庄村南约1000米，汾河水库东岸台地上	约4万平方米	新石器时代	仰韶文化、龙山文化
4	西街遗址	娄烦镇西街村东北约1200米	约4.3万平方米	新石器时代	仰韶文化、龙山文化
5	韩家坡遗址	杜交曲镇杜交曲村西	约8.1万平方米	新石器时代	仰韶文化、龙山文化
6	杜交曲遗址	杜交曲镇杜交曲村西白石滩台地上	约5.2万平方米	新石器时代	仰韶文化、龙山文化
7	上静游遗址	静游镇上静游村西约1000米	约11.1万平方米	新石器时代	仰韶文化、龙山文化
8	神堂山遗址	杜交曲镇罗家曲村南1200米，汾河西岸台地上	约1万平方米	新石器时代	属龙山文化白燕类型遗存
9	鸡儿崰遗址	庙湾乡庙湾村西约300米、汾河东岸台地上	约5.1万平方米	新石器时代	属龙山文化白燕类型遗存
10	新良庄遗址	娄烦镇新良庄村北约20米台地上	约5400平方米	新石器时代	属龙山文化白燕类型遗存
11	南王崰遗址	庙湾乡庙湾村北南王崰台地上	约3万平方米	新石器时代	属龙山文化白燕类型遗存
12	山城崰遗址	娄烦镇娄烦村旧娄烦自然村东北约500米山梁上、汾河西岸台地上	约19.2万平方米	新石器时代	龙山文化
13	上庙湾遗址	庙湾乡上庙湾村西约1000米，汾河水库东岸台地上	约2万平方米	新石器时代	
14	盐市崖遗址	庙湾乡盐市崖村内，汾河东岸台地上	约3万平方米	新石器时代	
15	长征地遗址	静游镇赤土华村东约700米，龙泉河北岸台地上	约20万平方米	新石器时代、夏代	龙山文化
16	阳坡湾遗址	静游镇下静游村西的阳坡湾台地上	约8.1万平方米	新石器时代、夏代	龙山文化

序号	名称	位置	面积	时代	其他
17	新窑上遗址	盖家庄乡新窑上村东	约4.8万平方米	新石器时代、夏代、东周	仰韶文化、龙山文化
18	青家坪遗址	静游镇上龙泉村西约250米，龙泉河北岸台地上	约7.2万平方米	新石器时代、夏代、东周	龙山文化
19	红坡遗址	天池店乡孔河沟村石窑湾自然村北约30米，天池河西岸台地上	约5.4万平方米	新石器时代、夏代、东周	龙山文化
20	寨峁遗址	静游镇步斗村南约1000米	约7.8万平方米	新石器时代、夏代、东周	龙山文化
21	程家山遗址	庙湾乡羊圈庄村西南300米，汾河东岸台地上	约9万平方米	新石器时代、夏商	属仰韶文化义井类型、龙山文化白燕类型
22	童子崖遗址	娄烦镇童子崖村北约450米，涧河北岸台地上	约3.1万平方米	新石器时代、夏商、东周	仰韶文化、龙山文化
23	河家庄遗址	娄烦镇河家庄村东北约100米的台地上	约4.8万平方米	新石器时代、夏商、东周	龙山文化
24	南崖上遗址	庙湾乡盐市崖村西南约300米，汾河东岸台地上	约4.8万平方米	新石器时代、东周	仰韶文化
25	墓角仙遗址	杜交曲镇罗家曲村南约2.5千米，汾河西岸台地上	约8000平方米	新石器时代、东周	龙山文化
26	东六度遗址	静游镇东六度村东北约600米山梁之上、汾河东岸台地之上	约4万平方米	新石器时代、东周	龙山文化
27	羊圈庄遗址	庙湾乡羊圈庄村北约500米，汾河水库东岸台地上	约1.5万平方米	新石器时代、东周、汉代	龙山文化
28	黄家沟遗址	马家庄乡大圣堂村东南约650米，南川河西岸台地上	约3.2万平方米	新石器时代、汉代	龙山文化

阳曲县

序号	名称	位置	面积	时代	其他
1	泥屯遗址	泥屯镇泥屯村南约50米，泥屯河东岸台地上	约5万平方米	新石器时代	仰韶文化

序号	名称	位置	面积	时代	其他
2	西殿村遗址	东黄水镇西殿村北台地上	约40万平方米	新石器时代	仰韶文化、龙山文化
3	龙兴头遗址	黄寨镇南留南村龙兴头自然村北的台地上	约3.9万平方米	新石器时代	龙山文化
4	中社遗址	黄寨镇中社村东北约500米	约1万平方米	新石器时代	龙山文化
5	大直峪遗址	黄寨镇大直峪村北约100米的台地上	约11.5万平方米	新石器时代	龙山文化
6	大碾沟遗址	侯村乡大碾沟村西南约200米的台地上	约2.6万平方米	新石器时代	龙山文化
7	洛阳遗址	侯村乡洛阳村西北约2.5千米的深沟河东岸台地上	约4.4万平方米	新石器时代	龙山文化
8	龙泉遗址	东黄水镇东黄水村龙泉自然村北约500米的台地上	约2.2万平方米	新石器时代、夏代	龙山文化
9	水泉沟遗址	东黄水镇水泉沟村西约150米	约6.4万平方米	新石器时代、夏代	龙山文化
10	南崖上遗址	黄寨镇大屯庄村南约1.5千米的南崖上	约5.06万平方米	新石器时代、夏代	龙山文化
11	思西遗址	泥屯镇归朝村与思西村之间，泥屯河东岸台地上	约9.8万平方米	新石器时代、夏代、东周	庙底沟文化、仰韶晚期、龙山晚期
12	西青善遗址	泥屯镇西青善村东的台地上	约9.6万平方米	新石器时代、夏代、东周	仰韶文化、龙山文化
13	泥屯西遗址	泥屯镇泥屯村西约200米，泥屯河西岸台地上	约8.4万平方米	新石器时代、夏代、东周	
14	西泥屯遗址	泥屯镇泥屯村西泥屯自然村东北约100米处	约9.4万平方米	新石器时代、夏代、东周、汉代	龙山文化
15	钟岗遗址	黄寨镇官圪垛村北钟岗台地上	约20万平方米	新石器时代、东周	龙山文化
16	泥屯东遗址	泥屯镇泥屯村东南约100米处泥屯河东岸台地上	约7万平方米	新石器时代、汉代	仰韶文化

第四章

太原地区的史前传说

所谓传说时代，是指文字发明之前人们口耳相传的历史阶段，其时段大致相当于新石器时代晚期。相对而言，这一时期已是十分遥远的过去，众多历史人物和历史事件随着时间的推移而湮没于茫茫的历史长河之中。即便如此，仍有一些历史人物和事件深深铭刻在后人的记忆中。文字出现以后，这些远古记忆逐渐以神话、寓言、诗歌、史传等不同形式记录下来，因此有神话史、传说史。近年来，越来越多的学者尝试通过考古研究成果来探讨古代传说，成就斐然。本章用一定篇幅对这一新的研究趋势做了必要介绍，意在说明太原地区史前传说有一定的科学性和真实性。

本书前章主要通过考古发现探讨太原地区新石器时代的社会生活。本章则主要通过文献记载的史前传说，结合考古研究成果，对太原地区的一些传说故事做一历史的解读。两章在时间跨度上有部分重合，叙述内容上各有侧重，读者不妨将它们视作姐妹篇章。

炎帝、黄帝与蚩尤故事是中国传说史上最为辉煌绚丽的一页，古文献中也有相关传说故事涉及太原地区，同时这里也发现了后岗一期文化、庙底沟文化等遗存。当今研究者多以仰韶文化时代的半坡文化、庙底沟文化、后岗一期文化等比附炎黄传说。从这一观点出发，可以说太原先民是黄帝的子孙。

帝尧是我国又一个流传久远的历史传说，它涉及中国历史上以黄河下游为主的大汶口文化与黄河中游的诸文化交流与融合问题。有资料显示，距今5000年前后的数百年间，源自东方的大汶口文化通过太行山大峡谷进入晋中盆地，又沿着汾河谷地到达晋南地区，一系列文化因素在晋南同来自四方的其他文化相融合，碰撞出陶寺这支文明的火花，遂以《禹贡》的"冀州"为中心奠定了"华夏"根基。当今学者多以帝尧比附陶寺文化，而太原地区诸多有关帝尧、台骀的传说当和这一人类族群的大迁徙、大交流、大传播有关。

第一节　关于传说时代

传说时代指的是文字发明之前，人们口耳相传的远古历史阶段。世界上许多民族和国家，都有自己的传说时代。如印度远古历史称为"吠陀时代"，吠陀是历代流传下来的口传宗教文献，它反映了上古印度的经济生活、社会状况和原始军事民主制向国家演变的过程。古希腊有"荷马时代"，是欧洲古史传说时代，又称为英雄时代，主要反映古希腊人原始部落军事民主制时期的历史。我国藏族有世界闻名的"格萨尔王"长篇史诗，生动记述了藏族上古时代和中古时代的历史。中国历史学家也使用传说时代描述中国历史的一个阶段。徐旭生有专著《中国古史的传说时代》。郭沫若主编的《中国史稿》专列"我国古代传说中的氏族和部落"一节，内容从黄帝、炎帝到尧、舜、禹。白寿彝主编的《中国通史》，明确表述了我国古史传说时代的历史对研究原始社会末期历史的重要性，并对我国古史传说时代作了分期：按照古史传说，五帝时代又可分为两大阶段：黄帝至尧以前是第一阶段，尧及其以后是第二阶段[①]。

对待这一段历史，人们见仁见智。郭沫若说，在对待古代传说上，有两种倾向：一种是把传说当作真人真事，进行烦琐考证，结果是愈治愈梦；另一种是对传说材料持全盘否定的态度，他们不懂得氏族制是原始社会发展过程中共有的制度，因而也不可能正确地对待古代的传说[②]。王玉哲也认为，各民族远古的历史都是很渺茫的，而且都是人、神杂糅的传说。古代流传下来的这类传说，虽然杂以神话，但毕竟与单纯的神话有本质的区别。古代传说系口耳相传，时间愈久愈易失真，可是它们大都具有真实历史作为素材，并非完全向壁虚造[③]。徐旭生、苏秉琦在《试论传说材料的整理与传说时代的研究》一文中也指出：历史初期的人民，离开神话，就没有办法思想；离开神话的方式，就没有办法表达他们的见闻。掺杂神话固然足以

---

① 白寿彝《中国通史》第二卷《序言》，上海人民出版社，1994年。
② 郭沫若《中国史稿》，人民出版社，1976年。
③ 王玉哲《中华远古史》，上海人民出版社，2000年。

证明他们的文化发展尚未脱离黎明时期,如果把那些神话认定是历史经过的真实,固然未免过于天真,但从另外一个观点看,掺杂神话的性质,还足以证明它是真正古代遗留下来的传说,并不是后人伪造的假古董。必须要把这一部分半神话半历史的传说整理清楚,才可以把我们黎明时期的历史大略画出轮廓,才可以在我们的史前史同真正的历史中间搭上一座联络的桥梁。一部理想的中国上古史必须根据全部可用的文献、传说和遗物,三种材料综合运用,适当配合写成①。

当然,古史传说,因为记述的是文字产生以前的历史,所谓的文献,已经是成百上千年以后对传说古史的记述。因为传说的讹变、语音和方言的不同、文字的舛异及好古者的增饰等,传说之间有不少矛盾之处,甚至看上去荒诞不经。正如顾颉刚提出的"层累地造成的古史说",以为时代愈后,传说的古史期愈长,传说的中心人物愈放愈大②,因此对史前传说的考证与辨伪是必不可少的工作。

中国"传说时代"所包含的时间范围说法多有不同。王大有《三皇五帝时代》从远古的燧人氏、伏羲氏说起。王玉哲则将古史传说时代和我国古代部落战争及民族社会进一步解体相联系,叙述炎、黄、尧、舜、禹时代至夏朝。徐旭生《中国古史的传说时代》考证了有巢、燧人、神农、女娲、五帝等所谓的古史系统,认为从现在的历史发展来看,只有到殷墟时代(盘庚迁殷约当公元前 1300 年),才能算作进入狭义的历史时代。此前约一千余年,文献中还保存一些传说,年代不很可考,只能叫作传说时代③。韩建业、杨新改认为炎黄时期大致相当于仰韶文化前期(约公元前 5000—前 3500 年)④。严文明认为以龙山文化为代表的历史阶段,其年代为公元前 26 世纪—前 21 世纪,大致相当于古史传说中的唐尧虞舜时代⑤。苏秉琦《重建中国古史的远古时代》一文对这一问题做了精辟论述。他说:"古代有所谓三皇五帝之说,但具体哪是三皇哪是五帝,则往往有不同的说法。要之三皇或类似三皇的说法应属后人对荒远古代的一种推想,并非真实历史的传说,而五帝则可能实有其人其事。""五帝的时代究竟相当于考古学上的哪个时代,现在虽然还无法定论,但

---

① 徐炳昶(字旭生)、苏秉琦《试论传说材料的整理与传说时代的研究》,杜正胜编《中国上古史论文选集》,台湾华世出版社,1979 年。

② 顾颉刚《与钱玄同先生论古史书》,《古史辨》第一册,上海古籍出版社,1982 年。

③ 徐旭生《中国古史的传说时代》,文物出版社,1985 年。

④ 韩建业、杨新改《五帝时代》,学苑出版社,2006 年。

⑤ 严文明《龙山文化和龙山时代》,《文物》1981 年第 6 期。

也不是毫无边际。……从有关夏纪年的各种说法与碳十四年代的比照来看，从夏人活动区域的考订与考古学文化分布范围的比照来看，从夏的文物典章制度与考古学文化内涵的比照来看，从夷夏关系、夏商关系与考古学文化关系的比照来看，二里头文化更像是夏文化。假如这个判断没有大错，那么五帝时代的下限就应是龙山时代。五帝时代之始，战争连绵不断，《五帝本纪》说：'天下有不顺者，黄帝从而征之……迁徙往来无常处，以师兵为营卫。'他先是打败炎帝，接着又擒杀蚩尤。这种情况只有在社会财富有所积累，社会分化日趋尖锐的情况下才会发生。从考古学文化来看，这是仰韶后期即大约相当于公元前 3500 年以后的事。所以五帝的时代的上限应不早于仰韶时代后期。"[1] 许顺湛则将这一时期大致划定在距今 6000—4000 年之间，并且以考古学上的仰韶文化、龙山文化、大汶口文化、红山文化等相对应，甚至主张这一时期已经不是传说时代，而是历史时代[2]。

大致来说，以炎黄作为传说时代上限是较一致的看法。至于下限，早期研究者多以殷商时期当之，就是今天还有一些学者，特别是外国学者，仍以殷商作为中国信史的开端。随着近年来二里头文化、东下冯文化等考古发现与研究的不断深入，夏朝不再作为"传说"时期越来越为史学界认可。以夏禹以前作为传说时代的下限也逐渐成为多数研究者的共识。

我们在前一章石器时代中谈到，太原地区新石器时代的结束大致在公元前 19 世纪，已经跨入中国历史文献记载的第一个朝代——夏朝的纪年。而以夏禹以前作为传说时代下限，按照考古学时代划分，属于龙山文化时代，上越千年，则属于仰韶文化时代。就是说，传说时代的历史和新石器时代文化有一部分是相互重叠的。这样看来，中国所发现的数以万计的新石器时代遗址，中国考古学界所命名的诸多考古学文化，其中的一些很可能就是古史传说中炎、黄、唐尧的文化遗存。而根据考古发掘和研究成果，结合文献传说，搞清楚哪些遗存属于黄帝，哪些遗存属于帝尧，则是考古工作者和历史研究者不可推卸的责任。正如徐旭生、苏秉琦所希望的，正如王先胜所说：如果没有神话传说，史前考古只是挖出一个陌生世界；如果没有史前考古，神话传说永远都是那么荒诞不经。

① 　苏秉琦《重建中国古史的远古时代》，《史学史研究》1991 年第 3 期。
② 　许顺湛《五帝时代研究》，中州古籍出版社，2005 年。

第二节　炎黄传说的流布及其与太原盆地考古文化之关系

中国人号称炎黄子孙，黄帝和炎帝是华夏族形成以后公认的始祖，而传布最广、影响最大的是黄帝。较早提到黄帝的文献为《左传·僖公二十五年》："遇黄帝战于阪泉之兆。"《国语·晋语四》云："昔少典娶于有蟜氏，生黄帝、炎帝。黄帝以姬水成，炎帝以姜水成。成而异德，故黄帝为姬，炎帝为姜。"司马迁不朽巨著《史记·五帝本纪》中，首先记述的就是黄帝，他"尝西至空桐，北过涿鹿，东渐于海，南浮江淮"，进行实地考察，"长老皆各往往称黄帝、尧、舜之处，风教固殊焉，总之不离古文者近是"。可见远在汉代，黄帝传说已有广泛传播。虽然说"学者多称五帝，尚矣。然《尚书》独载尧以来，而百家言黄帝，其文不雅驯，荐绅先生难言之"，但司马迁仍然认为："予观《春秋》《国语》，其发明《五帝德》《帝系姓》章矣，顾弟弗深考，其所表见皆不虚。《书》缺有间矣，其轶乃时时见于他说。非好学深思，心知其意，固难为浅见寡闻道也。"表现出一代史学巨匠的远见卓识。

据文献记载，黄帝族系大约起源于姬水一带[1]，和住在姜水[2]的炎帝族世代互通婚姻。黄帝为少典之子，母有蟜氏，姓公孙，名曰轩辕，国号有熊。《史记·五帝本纪》司马贞《索隐》："少典者，诸侯国号，非人名也。"说出了神话传说的实质。古代文献所记载的黄帝、炎帝、蚩尤、唐尧、虞舜等远古帝王其实都是他们所代表的氏族、部落或者部落宗神的称谓，或者说是他们所代表的氏族、部落首领的统称，而文献所记载的那些史迹则是他们氏族、部落的史迹。黄帝氏族的活动区域，据研究大致在陕西、河南、河北、山东、甘肃、山西等地[3]。《易·系辞》《世本·作篇》等各种文献都盛称黄帝时期有许多发明创造：属于生产技术方面的有穿井、作杵臼、作弓矢、服牛乘马、作驾、作舟等，属于物质生活方面的有制衣裳、旃冕、扉履等，精神文化方面则有作甲子、占日月、算数、调历、造律吕、

---

[1]　姬水不详所在，或以为姬水即渭水。参见刘起釪《姬姜与狄羌的渊源关系》，《古史续辨》，中国社会科学出版社，1991年。

[2]　多以陕西岐水当之。刘毓庆独辟山西屯留说。参见刘毓庆《上党神农氏传说与华夏文明起源》，人民出版社，2008年。

[3]　参见许顺湛《五帝时代研究》，刘起釪《姬姜与狄羌的渊源关系》。

笙竽、医药、文字等。

和黄帝传说大致相当的还有炎帝。炎帝，又说为赤帝，传说他也是少典氏和有蟜氏所生，就是说他和黄帝一样同出于少典氏和有蟜氏两个通婚的氏族。黄帝居姬水流域，故为姬姓，炎帝居姜水流域，故为姜姓。传说炎帝以火德王，故称炎帝。炎帝部落初居于西北高原一带，后来东进，和黄帝部落发生争战。炎帝氏族的一部分继续在西北部发展，姜、羌等族都是其后裔；一部分沿黄河南岸迁移到河南东北部和河北中南部，与当地文化融合发展，形成一个强盛的氏族，传说中的蚩尤很可能就是这个氏族的代表。蚩尤一族在发展过程中和兴起于晋南地区的黄帝族系发生多次争战，失败后，一部分向南迁徙至江汉地域，一部分向东发展到山东一带。值得指出的是，战国以前的传说中，神农和炎帝是两个人。《史记·封禅书》引《管子》："神农封泰山，禅云云；炎帝封泰山，禅云云。"汉代以后，人们将神农与炎帝综合成一人。从此，在传说中炎帝即神农，神农即炎帝[①]。

黄帝和炎帝在古史传说中影响最大的莫过于炎黄之战。《史记·五帝本纪》记载这一战事说："轩辕之时，神农氏世衰。诸侯相侵伐，暴虐百姓，而神农氏弗能征。于是轩辕乃习用干戈，以征不享，诸侯咸来宾从……炎帝欲侵陵诸侯，诸侯咸归轩辕。轩辕乃修德振兵……教熊、罴、貔、貅、䝙、虎，以与炎帝战于阪泉之野。三战，然后得其志。"又有涿鹿之战。《逸周书·尝麦解》说："昔天之初，诞作二后，乃设建典，命赤帝分正二卿，命蚩尤于宇少昊，以临四方，司□□上天未成之庆。蚩尤乃逐帝，争于涿鹿之河（或作阿），九隅无遗。赤帝大慑，乃说于黄帝，执蚩尤，杀之于中冀。"所谓赤帝即炎帝，"二后"指的是炎帝和蚩尤。从文献记载中我们知道，开始的时候，天下主要由炎帝和蚩尤统治，后来炎帝和蚩尤发生冲突，并在涿鹿争战，炎帝处于劣势。炎帝求救于黄帝，他们联合起来共同与蚩尤作战，终擒获蚩尤并将他杀死在冀州中部。关于这两次战争的先后，乃至于阪泉之战与涿鹿之战是两场战争还是一场战争的分化，历来存在不同看法。《后汉书》上谷郡涿鹿县下注曰："《帝王世纪》曰：'黄帝所都，有蚩尤城、阪泉地、黄帝祠。'……于瓒案《礼》五帝位云：黄帝与赤帝战于阪泉之野，不在涿鹿，（涿鹿）

---

① 神农与炎帝的关系，刘毓庆有详细考证。参见刘毓庆《上党神农氏传说与华夏文明起源》。

是伐蚩尤之地。"清人梁玉绳《史记质疑》认为阪泉之战即涿鹿之战。近人钱穆也肯定阪泉之战即涿鹿之战，又提出阪泉在山西解县盐池附近的说法。文献记载阪泉之战的地点，还有太原阳曲与河北保定、涿鹿等处。远古茫昧，史料缺乏，通过文献研究搞清阪泉与涿鹿之战可能是缘木求鱼。

炎、黄传说大体如此。他们仅仅是传说的历史，还是有几分历史内核？他和太原先民又有哪些关联呢？历史研究所不能解决的，通过考古发现是否可以得到新的认识？正如苏秉琦所指出的，考古学的最终任务是复原古代历史的本来面目。除了传说材料，史前时代没有确切的文献记载可供依据，建立史前时代信史的任务自然就落在考古学家的肩上。

近年来，研究者结合文献传说和考古发现，在探索史前史方面取得了丰硕成果[①]。许顺湛很早就注意到了炎黄传说和仰韶文化之间的关系，并撰写了大量文章，专著《五帝时代研究》对黄帝族团的活动范围、起始年代及社会组织等都做了有益探讨。他把黄帝时代的年代框架界定在距今 6000 年前后至距今 5000 年前后，基本上与仰韶文化中晚期相对应。他认为仰韶文化与炎黄文化相对应。因此，谈到黄帝时代的考古学文化，首先就得考虑到仰韶文化，仰韶文化聚落群的重点地区和中心地区很清楚，为进一步研究黄帝时代文化提供了极为重要的考古学资料[②]，并认为仰韶文化庙底沟类型和大河村类型是黄帝族团的文化。杨亚长著文《炎帝、黄帝传说的初步分析与考古学观察》，将炎黄、颛顼等神话人物视为氏族组织、原始部落，而不作某个具体的人物理解。他推测关中老官台文化、仰韶文化半坡类型为炎帝族文化，河南中部裴李岗文化为黄帝族早期文化，豫北冀南的后岗类型为黄帝族战胜并融合蚩尤族以后的原始文化，而庙底沟类型则为黄帝族融合炎帝以及其他氏族后的考古学文化[③]。陈建宪将炎、黄的年代、文化放在距今 7000—5000 年之间去考察，他说，在陕西的黄土平原上，散布着一些以女性为血缘纽带聚族而居的氏族，在这些氏族中，最有名的是黄帝族和炎帝族，他们生活在渭水上游的两条支流——姜水

[①] 韩建业对炎黄文化与史前考古潜心探索，其成果汇集于与杨新改的著作《五帝时代——以华夏为核心的古史体系的考古学观察》，其黄帝、炎帝、蚩尤等传说与考古文化的比附，可以说让我们看到了史前历史的端倪。

[②] 许顺湛《中国历史上有个五帝时代》，《中原文物》1999 年第 2 期。

[③] 参见杨亚长《炎帝、黄帝传说的初步分析与考古学观察》，《史前研究》1987 年第 4 期。

和姬水的旁边。这两个氏族向东部扩张和迁徙，将其文化扩展到河南西部和山西南部。其足迹，在南至汉水中上游、北至河套地区、西至甘肃境内、东至山东省的广大地区都有发现，这就是后来成为中华民族主要来源之一的华夏族团[①]。虽然没有指明炎、黄所对应的考古学文化，但根据其对炎黄年代、地域的界定，正与仰韶文化相合。黄怀信以二里头文化、河南龙山文化王湾类型为夏文化、先夏文化，由王湾三期（龙山文化）上溯至王湾一期，及于庙底沟类型，进而推定其为黄帝文化[②]。孙祖初在研究仰韶文化半坡类型时指出，半坡文化晚期至庙底沟文化时期是秦岭南北两侧古代居民向周边地区迁移的重要时期。从芮城东庄村到蔚县三关，从陕州庙底沟到淅川下王岗，承半坡文化继而发展起来的庙底沟诸文化，沿汾河—桑干河、丹江—伏牛山的两条文化迁移与融合线路正与徐旭生所主张的黄帝和炎帝的东进路线完全一致[③]。

总体来看，以仰韶时代关系密切的半坡文化、庙底沟文化和后岗一期文化（事实上，目前学术界一部分学者仍然将这三种文化通称为仰韶文化，并分别为半坡类型、庙底沟类型、后岗类型）与古史传说中的炎黄时代相比附，是研究者较为一致的看法。具体来说，就是以半坡文化对应炎帝一族文化，以庙底沟文化对应黄帝一族文化，以后岗一期文化对应蚩尤一族文化。因为无论从时间、空间还是从社会发展阶段看，仰韶文化和炎黄传说都是最为契合的。

首先从地域来说，半坡文化的分布范围，西至陕西西部渭水上游，东达太行山西侧，南到郑州附近，北至河套前套。后岗一期文化的分布以河南北部、河北中南部为主，影响所及北达河套地区，西至太行山以西的汾河流域，南至郑州，东达山东胶东半岛。至于庙底沟文化的分布范围，不但覆盖了半坡文化的大部分区域，而且有所扩大。庙底沟文化以黄河中游渭、洛、汾流域为中心，影响所及，东至江苏邳州刘林、大墩子遗址，西至甘肃武山石岭下、临洮马家窑、秦安大地湾遗址、青海民和核桃庄遗址，南至长江汉水流域，河南淅川下王岗、湖北京山屈家岭遗址，北至北京昌平雪山遗址、河北正定南杨庄遗址、内蒙古清水河白泥窑子等地。苏秉

---

①　陈建宪《神祇与英雄：中国古代神话的母题》，生活·读书·新知三联书店，1994年。
②　参见黄怀信《仰韶文化与原始华夏族——炎、黄部族》，《考古与文物》1997年第4期。
③　孙祖初《半坡文化再研究》，《考古学报》1998年第4期。

琦认为，所谓仰韶文化对周围的影响（北到河套，南到江汉，东到京广路以东，西到渭河上游），基本上就是庙底沟类型的分布范围，仰韶文化对周围的影响，实质上就是庙底沟类型的影响，是仰韶文化后期裂变的结果，即距今 6000 年前后由裂变而产生的文明火花[①]。

据古代传说，炎帝族团的发展以陕西南部为基地，沿黄河南岸向东发展。《史记·五帝本纪》张守节《正义》引《帝王世纪》说炎帝"初都陈，又徙鲁"。陈在今天河南省淮阳境内。炎帝以后，姜姓大多在河南南部以及山东境内。其中一支在炎黄之战后，向南发展到今天湖南一带，而留在原地的一支向西南发展，和当地民族融合，形成后来的羌族。《淮南子·主术训》中说，炎帝神农氏"其地南至交阯，北至幽都，东至旸谷，西至三危，莫不听从"。虽然有夸大的成分，但作为影响来看待，还是有几分真实性。

黄帝族团则以渭河、汾河流域为中心，沿太行山向北、向东发展。打败蚩尤以后，黄帝族又从河北大平原扩展至中原地区，中心区域大致在今之陕西、河南、河北、山东、甘肃、山西等省。黄帝之后，凡姬姓氏族，大多在黄河北面的晋南、豫北及冀中南一带。《左传·襄公二十九年》记载："虞、虢、焦、滑、霍、杨、韩、魏，皆姬姓也。"其中霍、杨、虞、魏、韩等均不出今山西。而黄帝一族影响所及"西至空桐，北过涿鹿，东渐于海，南浮江淮"，司马迁的记述和我们今天考古学所发现的仰韶文化分布地区何其相似。

再说蚩尤——中国古史传说中更具神话色彩的人物。传说他也出自炎帝一族，姜姓，为九黎族部落首领，活动于今河北、山东、河南、山西、安徽、湖北等地。据说他有兄弟 81 人，能呼风唤雨，以金作兵器，常以兵作乱。他们勇敢善战，威震天下。黄帝联合炎帝部落与蚩尤大战于涿鹿，蚩尤战败被杀。蚩尤死后，升天为星宿。传说九黎族战败之后，南下与苗蛮部落杂居融合在一起，南方苗、瑶民族即以蚩尤为其祖先。传说蚩尤曾在东方活动，是东方夷人的首领。《逸周书·尝麦解》："命蚩尤于宇少昊，以临四方。"严文明推测说，这段话说明，蚩尤原起于少昊之墟即曲阜一带，后来向北向西发展，才与华夏族的黄帝相遇，被黄帝杀于中

---

① 苏秉琦《文化与文明——1986 年 10 月 5 日在辽宁兴城座谈会上的讲话》，《辽海文物学刊》1990 年第 1 期。

冀①。关于"九黎"，有研究者认为，春秋时仍有黎国，曾为赤狄潞氏所灭，晋灭潞而复立之，可能是九黎之后，其地在今山西黎城、潞城、长治、壶关一带。另外，汉之魏郡有黎阳，在今河南浚县境，东郡有黎县，在今山东郓城县西，这些地名也可能由九黎而来。照此推测，蚩尤就是古代活动于今鲁西、豫北直到山西东南的氏族部落之代称了②。而以河北为中心的山东、山西、河南四省交汇之地，正是我们前边所说后岗一期文化主要分布区，山东的蚩尤传说应该是后岗一期文化东播的反映。至于长江中游的蚩尤传说，学者们则以炎黄之战后九黎一族南迁解释。研究者认为，长江流域新石器晚期文化中被称为边畈类型的考古学文化遗存，与同处于长江中上游的大溪文化谱系不同，鼎是边畈类型的主要传统器物，这与大溪文化以釜为炊器（极少见鼎）的文化传统有着质的区别。在中国新石器时代，面向海洋的以鼎为特征的文化始终与面向内陆腹地的非鼎文化相区别③。而与边畈早期一类遗存最为近似的文化遗存，是远在千里之外的后岗一期文化，其主要器物中诸如足跟压印圆窝纹的釜形鼎、红顶钵、成组的条纹彩陶钵、旋纹罐、口沿外附加一圈泥钉的大口尖底罐等，均是后岗一期文化的典型器。这极可能是后岗一期文化的人们南向移居的结果④。苗黎集团南迁的传说与后岗一期文化为蚩尤族文化，在考古学上的发现也是如此巧合。

再从时间上看，古史传说中，诸多传说人物虽然有很多扞格不通或荒诞不经处，但仔细梳理考订，还是有较为一致的说法。

中国有炎黄之战和黄帝、颛顼、帝喾、唐尧、虞舜五帝的传说⑤，且炎帝早于黄帝，为大多数学史前研究者所认可。大禹为夏之先，其上为虞舜，再其上为唐尧，是研究者较为一致的看法，而黄帝在颛顼、帝喾之前也得到多数学者的认同。研究者认为，五帝分别是不同时期的族团名称、族团领袖世袭名称。他既是具体

①　严文明《东夷文化的探索》，《文物》1989 年第 9 期。
②　田昌五《华夏文明的起源》，新华出版社，1993 年。
③　孟华平《论大溪文化》，《考古学报》1992 年第 4 期。
④　参见韩建业《涿鹿之战探索》，《中原文物》2002 年第 4 期。
⑤　文献记载五帝说法颇多，刘起釪《几处组合纷纭错杂的"三皇五帝"》一文罗列六种之多，并对其形成做了翔实考证。正如他所说："五帝说"所涉及的那些人物，主要是我们祖先从母系氏族公社的盛期之后，到父系家长制的部落联盟盛期及其解体时，由各族始祖神，到各族的杰出首领，到实行军事民主制时期的军事首长人物。参见《古史续辨》，中国社会科学出版社，1991 年。

人，也是一个族团，如果这个概念不弄清楚，对五帝时代是无法研究的。而作为一个族团，一般而言都会延续较长的一段时间，更何况是五个声名显赫的族团。因此从黄帝到虞舜，其间经过一个较长的时间应是情理之中的事。关于夏代开国，无论文献还是考古测年，都在公元前 21 世纪初，则五帝的时间就应该由此上溯。许顺湛依据纷乱的传说文献，爬罗剔抉，参酌损益，推定了一个五帝时代的大致年代框架：帝舜一世 50 年，约为公元前 2150—前 2100 年；帝喾十世（包括尧）400 年，约为公元前 2550—前 2150 年；颛顼九世 350 年，约为公元前 2900—前 2550 年；黄帝十世 1520 年，约为公元前 4420—前 2900 年 [①]。如其所论，我们以距今 7000—5000 年之间的中原地区作为炎、黄两个主要氏族的时空范围来考察应该没有大错。

纵观中原地区的新石器时代文化，处于距今 4500—4000 年之间 [②]，是所谓的龙山文化时代。此时期各地区文化关系错综复杂，虽然各文化间交流频繁，但独立性也十分突出，呈现出万国林立的景象，和古史传说的炎黄时代无论时间还是文化分布都有较大的距离（应该是唐尧虞舜时期）。而在距今 5000—4500 年之间，河南西部洛河流域、陕西东部渭河流域、山西西南部汾河流域是文化因素较为一致的庙底沟二期文化。和炎黄的传说比对，虽然在核心区域上比较一致，但在时间跨度上还有一定距离。距今 7000—5000 年间所谓的仰韶时代，中原地区有着大致相近的文化内涵，研究者称之为仰韶文化 [③]。当然，在这个大致相近的仰韶文化分布区内，因地域、年代的不同，文化的分化在所难免。以黄河中游渭、洛、汾流域仰韶文化中心区域为例，在距今 5500—5000 年之间为西王村类型或称半坡晚期类型；到距今 6000—5500 年之间，则是庙底沟类型、史家类型 [④]；距今 7000—6000 年之间，渭水流域为半坡文化，晋西南地区为东庄类型、枣园文化，河北为后岗一期文化。

特别值得我们关注的是距今 6000—5500 年之间发源于山西晋南地区的庙底沟

---

① 许顺湛《五帝时代研究·序》，中州古籍出版社，2005 年。
② 本文所谓各考古学文化的绝对年代，只是一个约略数字。事实上，各考古学文化因地域不同，兴盛、衰亡的时间相互交错，可达数百年。
③ 或将其分为三个文化系统：1. 陕西渭河流域、豫西和晋南地区的老官台文化—仰韶文化系统。2. 以豫中为中心的裴李岗—大河村文化系统。3. 冀南、冀中和豫北地区的磁山—后岗文化系统。即使将三者独立为不同的文化，研究者仍然承认它们彼此间有许多共性因素。
④ 关于史家类型，或认为其仍属于半坡类型，或将其归入庙底沟类型，可见它们之间相近的程度。参见王小庆《论仰韶文化史家类型》，《考古学报》1993 年第 4 期。

类型，亦即我们所称的庙底沟文化。关于庙底沟文化，苏秉琦说：庙底沟类型遗存的分布中心是在华山附近。这正是和传说华族发生及其最初形成阶段的活动和分布情形相像。所以，仰韶文化的庙底沟类型可能就是形成华族核心的人们的遗存；庙底沟类型的主要特征之一的花卉图案彩陶可能就是华族得名的由来，华山则可能是由于华族最初所居之地而得名[①]。兴盛时期的庙底沟文化，分布范围北达内蒙古南部，西到陇东一带，南及汉水流域，东越河南中部。庙底沟文化因素的传播更远达数百、上千里之外，黄河流域及周边地区文化面貌空前相类，这种大一统的局面在我国新石器时代是绝无仅有的[②]。这个绝无仅有的统一局面与传说中的黄帝时代，在时间和空间上又是如此巧合。韩建业在研究中也发现了这种历史传说与考古发现的契合，他依据王湾三期及其前身谷水河类型，以及庙底沟二期文化为夏文化及先夏文化，由庙底沟二期经仰韶文化西王村类型上溯至庙底沟类型，由老虎山文化在内蒙古中南部经阿善三期、海生不浪类型上溯至白泥窑子类型，在晋中经白燕类型、义井类型上溯至白泥窑子类型，从而推定庙底沟类型为黄帝文化[③]。

仰韶时代庙底沟文化为黄帝族团文化遗存——如果我们这一推论和历史真相相去不远，那么仰韶时代半坡文化，就应该为炎帝族团的文化遗存。半坡文化和庙底沟文化有许多相同或相近的文化内涵，两者基本上平行发展，但前者偏早后者偏晚。后来渭水流域的半坡文化很快衰亡，而庙底沟文化在中原得到了最大程度的繁荣和发展，这与古史传说中的炎、黄二帝同源，黄帝战胜炎帝取而代之十分吻合。

以半坡文化对应炎帝族团的文化，以庙底沟文化对应黄帝族团的文化，后岗一期文化对应蚩尤族团的文化，这些还可以从我们对炎黄之战的考察中得到证明。

前边我们已经谈到传说中的炎黄之战，比如炎黄三战、黄帝五十二战等，战争的细节可能永远也搞不清楚，但通过考古文化的分析，我们还是可以厘清战争的缘由及大致过程。

---

① 苏秉琦《苏秉琦考古学论述选集》，文物出版社，1984 年。苏秉琦虽然认为庙底沟文化居民是华族形成的核心，但他认为黄帝族团与红山文化有关。他说，考古发现正日渐清晰地揭示出古史传说中"五帝活动"的背景，五帝时代以五千年为界可以分为前后两大阶段，以黄帝为代表的前半段主要活动中心在燕山南北，红山文化的时空框架，可以与之对应。参见苏秉琦《中国文明起源新探》，生活·读书·新知三联书店，1999 年。
② 宋建忠、薛新民《北撖遗存分析——兼论庙底沟文化的渊源》，《考古与文物》2002 年第 5 期。
③ 参见韩建业《涿鹿之战探索》，《中原文物》2002 年第 4 期。

在漫长的旧石器时代，人类生产力水平低下，没有剩余产品，因此人与人之间是一种简单协作、分而食之的平等关系。当时人们的斗争对象主要是自然灾害和野兽，原始人群之间的争斗即使有，亦微不足道。

进入新石器时代早期，人类社会组织已经发展为母系氏族社会的繁荣时期。然而地广人稀，各社会群体之间的交往较少，《抱朴子·诘鲍》曰："川谷不通，则不相并兼，士众不聚，则不相攻战"，大致描绘出了这个阶段各氏族组织间的状况。这一时期，不同氏族部落间的争斗更多是为了血亲复仇。血亲复仇是人类面对不可理解的外部大自然，不能掌握自己的命运，从而形成强烈的自卫本能和随时进行抵抗的警惕性。报复是人类精神中最古老的情欲之一，它扎根在自卫的本能中。根据民族学、人类学有关理论和材料推断，在私有制产生之前，由于集团利益的不同，各氏族间为了争夺提供生活资源的土地、牧场以及为巩固氏族而进行血亲复仇。虽然有的血亲复仇是极其残酷和具有破坏性的，但是在人口较少的新石器时代早期，各氏族部落间发生战争的几率还是很小的。

进入新石器时代中晚期，原始社会生产力进步，社会分工的产生和扩大促进了劳动生产率的提高，人口较新石器时代早期有了显著增长。反映在考古学上，就是聚落遗存的大量发现和各文化遗存之间交流的增加。人口扩张和交流增加也就意味着人类对自然资源的争夺。不同部落间摩擦加剧，通过战争手段解决这些矛盾，可以说是人类社会发展到这一阶段的必然选择。"神农伐补、随""炎黄之战""共工怒触不周山""禹征三苗"，战争传说的骤然增加，正是这一历史阶段的真实反映。

具体到考古学文化，我们已经讨论并推测庙底沟文化为黄帝族团文化，半坡文化为炎帝族团文化，后岗一期文化为蚩尤族团文化。因此寻找炎黄之间发生的战争，就应当结合这些考古学文化分布的区域，在这些文化的结合部去寻找，也就是在半坡文化、庙底沟文化的交汇处——晋陕交界之处，寻找所谓的阪泉之战史影；在今河北涿鹿一带，即庙底沟文化和后岗一期文化分布的交汇区，寻找黄帝、蚩尤涿鹿之战的史影。

我们先看晋、豫、陕之交的所谓炎黄之战。

从大约公元前5000年开始，黄河流域的气候进入温暖湿润的所谓全新世大暖期鼎盛阶段，这给人类提供了一次极好的发展机遇。整个黄河流域中游地区，古文化开始了一次较大变革。老官台文化、磁山文化、裴李岗文化，各地区考古学文化在母体内相继孕育，产生了更加生机勃发的原始族团。到公元前4800年左右，半坡文化、后岗一期文化和庙底沟文化的前身——枣园文化，都已经形成并逐渐向外扩张。

发源于汾河下游的枣园文化在这一时期有了较大发展，遗址数量有了较大增加，活动范围逐渐向西南部扩张。他们在陕西渭水下游与强大的半坡文化发生碰撞和冲突，这种冲突以陕西临潼发现的零口遗址表现最为清晰。零口遗址一期属于老官台文化白家村类型（或称白家村文化），没有发现枣园文化一期的遗物，说明枣园人还没有进入这一地区。到枣园文化二期时，这里已经属于枣园文化的分布范围。枣园文化二、三期之交，零口地区又为半坡文化的居民占据。进入半坡文化后期史家类型阶段，受到由枣园文化发展而来的庙底沟文化逼迫，半坡文化逐渐式微，逐步向西退缩，在陇东一带短时间驻足，最终还是被如日中天的庙底沟文化所取代。

这种部落间文化的彼此取代，应该是伴随着冲突和争夺的过程，任何一方都不会将自己的领地拱手相让，于是就有了战争。

20世纪50年代，考古发现的今华州元君庙、华阴横阵村墓地以合葬墓著称，并且以二次葬为主，属于半坡文化二期，亦即枣园文化二、三期之间。研究者多以母系氏族社会盛行的一种葬俗对待，但是如果我们把它放在黄河东西两岸两个部族为争夺生存空间而发生的战争，亦即传说中的炎黄之战这一背景下看待，则会有不同的认识。诚如研究者所指出的，这些死者之所以能埋在一起，是因为彼此亲密的关系，他们属于同一氏族，或家族或胞族，但谁又能确定埋在一起的死者不是一次冲突中死去的成员呢？年龄不同、绝大部分死者为男性，更凸显他们因战争死亡的可能。此外，作为同一时期的半坡文化，华州元君庙、华阴横阵的墓葬多合葬，陪葬品往往为多人使用一套或几套的实用器，难以分辨所有者。与此相对应的泾渭地区和陕南地区半坡文化墓葬，多数为单人葬，随葬华丽的彩陶和长颈蒜头壶等器物。这种区别，不正说明了战争地域与和平地域的不同？

这一时段战争的结果是以半坡文化（炎帝）部族的胜利结束。枣园文化的居民退出了渭河流域，被迫回到晋南老家。然而半坡文化的居民也没能进入晋南、豫西地区，两个部族形成对峙局面。在彼此的争斗和碰撞中，枣园文化吸收了半坡文化的先进因素（彩陶、尖底瓶等开始在晋南地区流行），不断发展壮大。

在此期间，半坡类型扩展到陕西大部乃至鄂尔多斯地区西南部，进而朝人烟稀少的东北方向继续拓展；与此同时，后岗一期文化也向西发展。二者在内蒙古中南部、晋中以及冀西北一带碰撞并融合，形成仰韶文化鲁家坡类型。反映在晋中则是娄烦童子崖遗址、阳曲东泥屯遗址和太谷上土河等后岗一期文化遗存的发现。若从细部来说，鲁家坡类型中后岗一期文化的因素似乎要更强烈一些，这大概就是传说中炎帝和蚩尤冲突，蚩尤略占上风的史影。

枣园文化发展到庙底沟文化（黄帝）之后[①]，实力大增，加快了向外扩张的步伐，其中一支再一次向渭水流域进发，战火也再一次在炎黄两个文化最为接近的部落间展开。这一次西进，庙底沟文化部族采取了循序渐进、步步为营的策略。陕西华州泉护村、华阴西关堡都发现了庙底沟文化的大型聚落遗址，它不仅是这一时期战争的后勤补给地，更是战后驻防的堡垒。战争的结果以庙底沟文化部族的胜利告终，他们占据了半坡文化的腹心地区，失败者被迫向西退却[②]。

对于这一传说中的"炎黄大战"，钱穆《国史大纲》考证说："黄帝又与神农'战于阪泉之野'，阪泉在山西解县盐池上源，相近有蚩尤城、蚩尤村以及浊泽，一名涿泽，即涿鹿矣。然则黄帝故事，最先传说只在河南、山西两省，黄河西部一隅之圈子里，与舜、禹故事相差不远。司马迁自以秦汉大一统以后之目光视之，遂若黄帝足迹遍天下耳。此就黄帝传说在地理方面加以一新解释，而其神话之成分遂减少，较可信之意义遂增添。将来若能与各地域发掘之古器物得一联络，从此推寻我民族古文化活动之大概，实为探索古史一较有把握之方向。"涿鹿之战是否阪泉之战，我们暂不讨论。而谓黄帝故事，最先传说只在河南、山西两省，黄河西部一隅之地，和今日我们所发现的庙底沟早期文化分布无出二致，运城、临潼一河之隔，正是庙底沟文化和半坡文化的交汇地，足见先生之远见卓识。

值得指出的是，庙底沟文化居民在向西扩张的同时，对周围也施加了强烈影

---

① 时间约当东庄类型时期。东庄类型系以芮城东庄村仰韶遗存和翼城北撇一期至三期为代表的考古学文化遗存，是庙底沟文化的前身。时代介于半坡类型和庙底沟类型之间，是半坡类型东进并与当地土著文化融合的结果。如此正可解释炎黄同源且其兴盛期早晚有别的说法。

② 参见山西省考古研究所《翼城枣园》，科学技术文献出版社，2004 年。

响。其中一支沿汾河谷地北上，在晋中、内蒙古中南部形成白泥窑子类型，大大扩充了庙底沟文化的实力；向东南使豫中、豫西南地区遗存也带上了浓厚的庙底沟文化色彩；向东北使原属后岗一期文化的冀西北和晋北区文化演变为地方特征浓厚的马家小村类型，表明黄帝族系的触角已伸至涿鹿一带，但蚩尤的势力尚未退出；向东影响最小，显然与后岗一期文化族团的顽强抵制有关。这时太行山两侧表面上的和平共处，或许正是黄帝和蚩尤两个族团经多次较量后而暂时势均力敌的表现。

公元前 4000 年左右，庙底沟文化与后岗一期文化的对峙局面终于宣告结束。这一时期，冀西北遗存已演变为庙底沟文化白泥窑子类型，河北平原地区的文化发展受到严重破坏。除磁县钓鱼台等少数遗存与庙底沟文化近似外，大部呈现出萧条景象，显示出战争对远古文化的破坏，亦可见冀西北的涿鹿一带包括太行山东麓已归属黄帝族团。后岗一期文化所代表的部族，一部被迫南迁，抵达江汉东部地区者，留下了边畈早期一类遗存，最终形成黎苗集团[1]。《后冈一期文化研究》论及后岗一期文化、半坡文化、庙底沟文化这一远古时期不同文化的大动荡、大变迁时说："一方面是半坡—庙底沟文化在整个黄河中、上游地区的广泛分布，一方面是后冈一期文化从河套、张家口、汾河流域的迅速消失，最后当庙底沟文化出现在太行山东侧后，黄河以西地区便不复见后冈一期文化及其后裔的踪影"，"庙底沟文化所呈现的特征表明其同后冈一期文化在谱系上的区别是不言而喻的。即使是豫北冀南地区接继后冈一期文化之后的'大司空村类型'，从其彩陶装饰风格、陶器基本组合等内容来看，显然同后冈一期文化关联甚少，而很可能是庙底沟文化在这一区域的后裔。黄河以西地区后冈一期文化分布变化的事实表明，后冈一期文化在这一地区逐步被半坡及庙底沟文化所取代，各地后冈一期文化后的诸文化类型，同后冈一期文化都不具有谱系上的联系"[2]。这一现象或许是黄帝大败蚩尤于涿鹿的考古学注解。

我们大略考察了距今 6500—5500 年间中原地区几支主要考古学文化间的兴衰，从中看到古史传说中阪泉之战（炎黄之战）和涿鹿之战（黄帝蚩尤之战）的史影。无独有偶，仰韶文化遗址彩绘陶器上多次发现的鱼鸟争战图，也从另一个方面反映

---

① 参见《涿鹿之战探索》，韩建业、杨新改《五帝时代》，学苑出版社，2006 年。
② 张忠培、乔梁《后冈一期文化研究》，《考古学报》1992 年第 3 期。

了这场争战的情形。

彩绘陶器以 1978 年河南汝州阎村仰韶文化遗址出土的夹砂红陶缸最为典型。陶缸器表绘有一只白鹳衔着一尾鲢鱼，旁边竖立一柄石斧，斧柄上画有一个 × 形符号，此即考古界所称"鹳鱼石斧图"。严文明认为画有"鹳鱼石斧图"的陶缸应是某个部落酋长的瓮棺。他说："在酋长的瓮棺上画一只白鹳衔一尾鱼，决不单是为了好看，也不是为着给酋长在天国玩赏。依我们看，这两种动物应该都是氏族的图腾，白鹳是死者本人所属氏族的图腾，也是所属部落联盟中许多有相同名号的兄弟氏族的图腾，鲢鱼则是敌对联盟中支配氏族的图腾。这位酋长生前必定是英武善战的，他曾高举那作为权力标志的大石斧，率领白鹳氏族和本联盟的人民，同鲢鱼氏族进行殊死的战斗，取得了决定性的胜利。在他去世之后，为了纪念他的功勋，专门给他烧制了一个最大最好的陶缸，并且打破不在瓮棺上作画的惯例，用画笔把他的业绩记录在上面。当时的画师极尽渲染之能事，把画幅设计得尽可能地大，选用了最强的对比颜色。他把白鹳画得雄壮有力，气势高昂，用来歌颂本族人民的胜利；他把鲢鱼画得奄奄一息，俯首就擒，用来形容敌方的惨败。为了强调这场战斗的组织者和领导者的作用，他加强描绘了最能代表其身份和权威的大石斧，从而给我们留下了这样一幅具有历史意义的图画。"① 在仰韶时代考古学文化上，鱼纹主要流行于半坡文化，以关中地区最为常见。鸟纹主要流行于庙底沟文化，以豫西地区最为常见。而"鹳鱼石斧图"不但将代表两个部族的物类画在一幅图面上，而且极力渲染了鸟的胜利。这正是庙底沟文化战胜半坡文化——也就是黄帝族团战胜炎帝族团的真实写照②。

太原盆地考古遗存和炎黄时期历史传说也多有契合。

"鹳鱼石斧图"陶缸

① 严文明《〈鹳鱼石斧图〉跋》，《文物》1981 年第 12 期。

② 赵春青研究了仰韶时代的鸟鱼图，描绘了以鸟为图腾的族团和以鱼为图腾的族团，从东西对峙，到相互交战，但又难分高下，从相互交战，到鸟族胜利，再到鸟鱼和睦相处的过程。参见赵春青《从鱼鸟相战到鱼鸟相融》，《中原文物》2000 年第 2 期。

后岗一期文化、庙底沟文化在太原盆地分布情况，新石器时代一章中已有专门讨论。总体来看，后岗一期文化目前仍是太原盆地发现最早的新石器时代文化，遗址数量少，聚落面积也较小。继后岗一期文化之后崛起的是庙底沟文化，无论遗址数量和聚落面积都有了显著增加。前文说明，后岗一期文化可能是蚩尤一族的文化，庙底沟文化可能是黄帝一族的文化。太原地区关于这两个族团的史前传说也很丰富。《尚书校释译论·周书·吕刑》引《述异记》记述蚩尤传说："秦汉间说，蚩尤氏耳鬓如剑戟，头有角，与轩辕斗，以角抵人，人不能向。今冀州有乐名蚩尤戏，其民两两三三，头戴牛角而相抵。汉造《角抵》，盖其遗制也。太原村落间祭蚩尤神，不用牛头。今冀州有蚩尤川，即涿鹿之野。汉武时，太原有蚩尤神昼见，龟足蛇首，□疫，其俗遂为立祠。"所谓蚩尤戏，就是角抵：两人或多人将一腿弯曲抬起，一脚着地，相互对抵，两脚先着地者败。时至今日，太原盆地的居民在闲暇之时仍相抵游戏。《述异记》还提到："太原神釜冈中，有神农尝药之鼎存焉。"神釜冈的具体位置，我们今天已不可知，但阳曲县阪泉庙、轩辕庙遗址尚存。《永乐大典》卷五二○三："阪泉庙，在（阳曲）县东北六十里罕山西北。旧经引《春秋》晋文公卜遇黄帝战于阪泉之兆，故立庙于此，有唐太和六年修庙碑，今废。国朝洪武四年，改称阪泉之神。"明《（万历）太原府志》：阳曲县"轩辕庙，一在阪泉山，一在南关"。阳曲县至今还流传着轩辕道、黄帝战蚩尤等地名和传说故事。山西流传有绪的傩戏也应引起我们的关注。傩戏源于远古时代，是一种既娱神又娱人的巫歌傩舞。黄河流域曾经是傩文化的主要发源地，晋南、晋东南、晋中都有傩戏遗踪。列为国家非物质文化遗产名录的寿阳爱社（傩舞）舞蹈曲目《轩辕战蚩尤》，演绎的就是远古时九黎族首领蚩尤据守河北涿鹿，他生性残暴，经常残害百姓，轩辕黄帝为安民除暴，令士卒扮作二十四家冤鬼头，迷惑敌人，冲锋陷阵，最终战胜蚩尤，保住社稷的故事[①]。学者考证，冀字金文就是一个头戴牛角舞蹈的象形字，古冀州所指主要是今山西地区和河北西部，而现存傩戏中一部分仍以远古时代黄帝与蚩尤战争为题材，今天湖南、贵州等文化中较多地保存了傩戏遗风的情况，

---

① 参见窦楷《山西傩戏简论》，庹修明主编《傩文化与艺术》，贵州人民出版社，1993 年。作者引老艺人王志恭回忆，说寿阳爱社系其四爷王府勇从涿鹿一带学会传回本村。也许爱社是从涿鹿传来，但六朝任昉《述异记》已记载太原地区有蚩尤戏，窦楷记述爱社流行于寿阳平头镇沟北村一带近二百年。足见寿阳傩戏远非老艺人所说传自涿鹿，还应该是山西远古流传的傩戏遗风。

不由让我们猜测，傩戏也许和蚩尤族系有着较深的渊源。这些黄帝、蚩尤等文化民俗和传说，我们虽然不能肯定说它就是黄帝、蚩尤时期（仰韶时代早期）居民的遗风流韵，但考虑到后岗一期文化、庙底沟文化在太原盆地的传播情况，却也不能断然排除这种可能性。进一步说，不但太原盆地仰韶时代的文化遗存和蚩尤族团、黄帝族团有着千丝万缕的联系，而且晋南豫西地区的西王村类型、庙底沟二期类型，晋中的义井类型、白燕类型、庙底沟二期早期类型，内蒙古中南部的海生不浪类型—阿善三期类型等所代表的部族，都和黄帝族团有关。

考古学家邹衡在讨论光社文化及其文化区域出土的天黿与天兽族徽铜器时说："周族中还有一个著名的氏族，徽号叫 🧍或🧍，即'天'……从这些天兽器，人们会很容易地联想到：《史记·五帝本纪》记载黄帝与炎帝在阪泉之野作战时，正好是用了六支不同图腾的军队：熊、罴、貔、貅、貙、虎（《大戴礼记·五帝德》谓黄帝'教熊、罴、貔、豹、虎以与赤帝战于版泉之野'稍有不同）。难道这完全是巧合吗？"[1]而光社文化正是 20 世纪 50 年代太原尖草坪区光社村发现的青铜时代文化。郭沫若释天黿为古轩辕，邹衡以其和炎黄阪泉之战相联系，都认为他们是传说中黄帝族团的后裔。这些遗迹遗物在晋中盆地等处的发现，从另一方面说明了古代关于炎黄、蚩尤等传世故事有着一定的可信度。

总之，中原地区仰韶时代诸考古学文化，对中国上古史中黄帝、炎帝等族团传

几种"天"字族徽拓片

黿父癸方鼎族徽"天黿"拓片

---

① 邹衡《论先周文化》，《夏商周考古学论文集》，文物出版社，1980 年。

说历史的形成，起到了重要作用；或者说，上古史中的一些传说故事，很可能就是庙底沟文化、后岗一期文化、义井文化等考古学文化所代表的远古族团的史影。而涿鹿之战确立了庙底沟文化在华夏集团的主导地位，使黄帝等族团，或者说中原地区仰韶时代的考古学文化成为古代中国的认知核心，对中国古代文明的起源、形成和发展都有深远影响。就太原地区来说，无论是考古遗存还是历史传说，也都说明在距今 7000—5000 年之间的仰韶文化时代，太原地区的原始居民积极地参与了这场人类历史上前所未见的大发展大变革，并在其中起到重要的作用。

第三节　太原的分野与参商不相见

古代史志在叙述建制沿革时，通常都要说到分野。《史记·天官书》："天则有列宿，地则有州域。"明《（嘉靖）太原县志》卷一专列"分野"一章，并记曰：太原属河北冀州，为参井所临之次。

所谓分野，是指星空区域和地面州国之间的对应关系，就是把天上的星宿分别指配于地上的州国，或者说根据地上的区域来划分天上的星宿。就天文说，称作分星；就地面说，称作分野。分野大约起源于春秋战国，最早见于《左传》《国语》等书，大体以十二星次的位置与地面上州、国相对应，战国以后也有以二十八宿来划分分野的，以后又因十二星次与二十八宿互相联系，从而两种分野也在西汉之后逐渐协调互通。

中国上古时代是以农耕为主的社会，农业生产要求准确的农事季节，所以天象观测就成为一件十分重要的事情。人们要知道季节、时间，都得仰观日月星辰。日出而作，日入而息，作息时间表画在天上，某种程度上可以说人人皆知天文。正如顾炎武《日知录·天文》："三代以上，人人皆知天文。'七月流火'，农夫之辞也。'三星在天'，妇人之语也。'月离于毕'，戍卒之作也。'龙尾伏辰'，儿童之谣也。"由此可见古代天文知识的发展和普及，诸如银河、十二星次、四象等，应该说三代之前，中国人对天文历法已经有了相当深入的研究。

所谓十二星次，是中国古人为观测日、月、五星运行和节气变化，把黄道附近一周天自西向东划分为十二个部分，称为十二次。十二次的名称依次是：星纪、玄枵、娵訾、降娄、大梁、实沈、鹑首、鹑火、鹑尾、寿星、大火、析木。《左传》《国语》等书中已有这些名称记载，它们被用来记述岁星（木星）运行的位置。一般认为，十二次的创立起源于对木星的观测，它的时代大约在春秋时期或更早。《国语·周语》中记伶州鸠的话说："昔武王伐殷，岁在鹑火。"据中国天文学家张钰哲近年关于哈雷彗星轨道的研究，认为武王伐纣应为公元前 1057 年。当时岁星确实正在鹑火之次，所以伶州鸠的这个说法应是周初时的实际观测。如果这个结论可靠的话，那么，十二次的创立时代也有可能推至殷末周初。

再说二十八宿。古人观测日、月和金、木、水、火、土五星运行，以恒星为坐标系。经过长期观测，古人选择了黄道、赤道附近二十八颗恒星为坐标，称二十八宿。又以二十八宿为主体，把黄道、赤道附近的一周天按照由西向东的方向分为二十八个不等份。因此，二十八宿也就意味着二十八个不等份的星空区域。二十八宿从角宿开始，自西而东排列为：

东方苍龙七宿——角亢氐房心尾箕

北方玄武七宿——斗牛女虚危室壁

西方白虎七宿——奎娄胃昴毕觜参

南方朱雀七宿——井鬼柳星张翼轸

东方苍龙、北方玄武、西方白虎、南方朱雀，这是古人把每一方的七宿联系起来想象成四种动物，叫作四象。

古人又以战国时的十二个国家分别对应十二次、二十八宿。如《晋书·天文志》记载十二州为兖州、豫州、幽州、扬州、青州、并州、徐州、冀州、益州、雍州、三河、荆州，分别由郑、宋、燕、吴（越）、齐、卫、鲁、赵、魏、秦、周、楚十二古国对应。应当指出的是，分野中以星宿对应州国，也有一个发展完善的过程，而且各种史书所记不尽相同。

古人所以要设立分野，是为了通过天上星宿变化来预测地上祸福。古代占星术认为，地上各州郡邦国和天上一定区域相对应，某一天区发生的天象，预兆着各对应地方的吉凶，如某星主风雨，某星主水旱；某星进入某宿，则该宿在地上的分野区域就会有相应的反应。《国语·周语下》："岁之所在，则我有周之分野也。"韦昭注："岁星在鹑火。鹑火，周分野也。岁星所在，利以伐之也。"由于天上星宿与地上州郡有对应关系，所以古人著作中常常用星宿借指地方，如王勃《滕王阁序》"豫章故郡，洪都新府。星分翼轸，地接衡庐"，李白《蜀道难》"扪参历井仰胁息，以手抚膺坐长叹"，杜甫《赠卫八处士》"人生不相见，动如参与商"等。

杜甫诗中的参与商，说的是二十八宿中的参宿和心宿。其中参宿一般认为是晋的分星，又有太原属于昂星和毕星的说法。《汉书·地理志》："赵地，昂、毕之分野……西有太原、定襄……"明《（万历）太原府志》："故论晋之天为天关，地为北戒，太原所属正在参、井之交。"说法不尽相同。对于这种情况，《永乐大典》卷五二〇〇："《晋书·天文志》曰：班固取《三统历》配十二次，其言最详。又有费直说《周易》、蔡邕《月令章句》，所言颇有先后。……三说皆不同。《唐·天文志》载一行之言曰：诸儒言星土者，或以州或以国，废置不同，疆场舛差。是守甘石遗术，而不知变通也。"盖古代分野，以天上星宿对应地上州郡，本身就是人为划分的，因时代、学术流派的不同，造成不同的划分对应，而州郡的地理疆界也因时代的变革而不同，这样天上地下的对应也就出现了不同的说法。如太原古属冀州，后属并州，春秋属晋，后属赵国，秦以后，或为州郡，或为邦国，疆域因时而变，其与天上分星的对应，自然也就有了说法的变异。

我们谈论分野，一方面应该看到它反映了天人合一的思想，值得研究，另一方面依今天的眼光看，没有多少科学论据，因此也就没必要去计较那些说法的异同。引起我们关注分野的，是史书记载分星形成过程中的一个传说故事。这个故事出自《左传》，它所记述的故事和山西、太原关系极大。

故事发生于晋平公十七年（前541），晋平公罹患重病，郑国派子产前往晋国探视。晋国大臣叔向告诉子产说："我们国君患病，卜人说是实沈、台骀在作怪，太史不知道他们是谁，请问这实沈和台骀是什么神灵？"子产于是说道："昔高辛氏有二子，伯曰阏伯，季曰实沈，居于旷林，不相能也。日寻干戈，以相征讨。后帝不臧，迁阏伯于商丘，主辰。商人是因，故辰为商星。迁实沈于大夏，主参。唐人是因，以服事夏、商。其季世曰唐叔虞。当武王邑姜方震大叔，梦帝谓己：'余命而子曰虞，将与之唐，属诸参，而蕃育其子孙。'及生，有文在其手曰'虞'。遂以命之。及成王灭唐而封大叔焉，故参为晋星。由是观之，则实沈，参神也。昔金天氏有裔子曰昧，为玄冥师，生允格、台骀。台骀能业其官，宣汾、洮，障大泽，以处大原。帝用嘉之，封诸汾川。沈、姒、蓐、黄，实守其祀。今晋主汾而灭之矣。由是观之，则台骀，汾神也。"

子产提到的实沈、高辛氏、商丘、大夏、唐叔虞以及台骀、金天氏、大原等人名、地名，与山西、与太原有着莫大的干系，并且涉及"叔虞封唐"、传说时代东西文化交流，亦即所谓夷夏相争等重要课题，需要认真研究。"叔虞封唐"问题留待下一章讨论，我们先看看实沈和阏伯之争。

文献上关于实沈和阏伯的记载很少，主要就是他们互相争斗的故事。他们争斗的旷林，或以为地名，所在地不详，或以为指的就是旷野。总之，具体地点不清。而商丘，或说在豫北或说在豫东，一般认为即今之河南商丘。关于大夏，则说法较多，主要有河南、山西之说。刘起釪《由夏族原居地纵论夏文化起于晋南》从文献上论定夏人先居晋南[1]，后迁河南，可为确论，唯将陶寺文化视为先夏文化，还可商榷。韩建业《唐伐西夏与稷放丹朱》论定庙底沟二期文化为先夏文化[2]，可以信从。在此意义上说，庙底沟二期文化的分布范围，就应是大夏的分布范围。晋南是庙底沟二期文化的策源地，自然是大夏的中心区域。与之相邻的晋中盆地是庙底沟二期文化早期分布区，自然也属大夏范围。庙底沟二期文化之所以退出晋中盆地，则与子产所讲的故事相关。

子产提到的高辛氏，是历史上一个赫赫有名的人物，一说他即五帝之一的帝喾。王国维《今本竹书纪年疏证》："帝喾高辛氏，生而骈齿，有圣德。初封辛侯，代高阳氏王天下，使瞽人拊鞞鼓，击钟磬，凤皇鼓翼而舞。元年，帝即位，居亳。十六年，帝使重帅师灭有郐。四十五年，帝赐唐侯命。"《史记·五帝本纪》："帝喾高辛者，黄帝之曾孙也……帝喾娶陈锋氏女，生放勋。娶娵訾氏女，生挚。帝喾崩，而挚代立。帝挚立，不善，而弟放勋立，是为帝尧。"对于史书记载的帝喾高辛氏，王国维考证殷墟卜辞中的高祖夒、《山海经》中的帝俊，即所谓帝喾，系商

① 刘起釪《古史续辨》，中国社会科学出版社，1991 年。
② 韩建业《唐伐西夏与稷放丹朱》，《北京大学学报（哲学社会科学版）》2001 年第 4 期。

人先祖之最显者①。徐旭生不同意帝俊即帝喾，他说，注意到古代社会的错综变化，就不难看出帝俊、帝喾、高辛、帝舜四个名词很可以代表四个不同的人或氏族。可以确凿地说，在写《大荒经》和《海内经》的人的脑子里面，帝俊、帝喾、帝舜的确是三个人。同时，他也不同意帝喾高辛氏的说法，两个名词中间是否有关系，完全无法知道，所以古书上谈及高辛氏的事情，我们并不能随便把它们算在帝喾的账上②。

高辛氏与帝喾的关系，恐怕一时难以厘清，但他们所处时代和地域，则比较清楚。就时代而言，文献记载中帝喾高辛氏活动时间大致在黄帝、颛顼以后，帝尧之前，距今约 4600 年前后。比对考古学文化，则在大汶口文化末期或龙山文化时代早期。就活动区域而言，田继周认为，帝喾始居于高辛（今河南省商丘市东南境），故为高辛氏，后都于亳（今河南省洛阳市偃师区），死藏狄山之阴（今河南省清丰县境），这表明，他也是活动在黄河下游的一个部落或部落集团的首领③。许顺湛考证：帝喾族团活动的地域，河南是其中心，还到过山东④。徐旭生认为高辛氏大约居住东方。刘起釪在考证三皇五帝时说，颛顼、帝喾虽原出东方，但却在东西各族长期交糅融合之后，作为维系各族成为有血缘关系的两大支的宗神而出现⑤。

看来，高辛氏是活动在黄河下游的一个族团部落⑥，后来他们中间的一些子系族团起了争斗，因此一部转移迁徙往河南商丘一带，因而阏伯成了河北的分星（神祇），一部分迁到山西中南部，实沈便成了晋的分星（神祇）。总之是从黄河下游的东方辗转到了黄河中游的西方，并和当地文化融合，从而创造了灿烂的史

---

① 参见王国维《殷卜辞中所见先公先王考》，《王国维遗书》，上海古籍出版社，1983 年。
② 徐旭生《中国古史的传说时代》，文物出版社，1985 年。
③ 田继周《先秦民族史》，四川人民出版社，1996 年。
④ 许顺湛《五帝时代研究》，中州古籍出版社，2005 年。
⑤ 刘起釪《几次组合纷纭错杂的"三皇五帝"》，《古史续辨》，中国社会科学出版社，1991 年。
⑥ 韩建业认为颛顼和帝喾族系大约分别对应豫东鲁西皖西北地区的大汶口文化中晚期和末期遗存。他认为，王国维从五个方面考证《山海经》中的帝俊即帝喾，可谓确论。帝喾是唐尧、商契、周稷之祖，又有与其妻羲和、常羲生日月的传说，地位十分显赫；所居之亳在曹县，冢在濮阳，总之离不开豫东鲁西，介于华夏、东夷两大集团之间。《国语·鲁语》说"帝喾能序三辰以固民"，《大戴礼记·五帝德》说他"历日月而迎送之"，说明帝喾（帝俊）对日月运行、天文历算有很大贡献，这或许是其生日月传说的由来。颛顼和帝喾族系大约分别对应豫东鲁西皖西北地区的大汶口文化中晚期和末期遗存，不见得能够包含整个大汶口文化，更不可能对应整个东夷集团。参见韩建业、杨新改《五帝时代》，学苑出版社，2006 年。

前新文化。这一现象与山东大汶口文化晚期大肆西进，并对豫中、晋中、晋南等地史前文化产生重要影响有关，也和子产所说台骀"宣汾、洮，障大泽，以处大原"有关。

第四节　台骀肇始大原

台骀最早见诸史籍是作为汾水之神出现的。汾水为山西境内第一大内河，是山西的母亲河，《元和郡县图志》："台骀神祠，在（曲沃）县西南三十六里。"《太平寰宇记》：其祠"盖晋都绛时所立也"。《永乐大典》卷五二〇三："台骀庙，在县南一十五里晋泽之南……《晋阳杂记》曰：祠在泽南，春秋尝修祠事，节度使卢钧不欲名之，改为汾川祠。晋高祖天福六年，封昌宁公。宋世改封灵感玄应公，赐额曰宣济庙，有景祐四年通判并州事掌禹锡所撰碑。"明《（万历）太原府志》："台骀庙，（五台）县西南八里许紫罗山上。元至大年建。"台骀作为汾水之神，似乎没有多少疑问[①]。而其所治理的另一条河流洮河，一名洮水河，源出绛县南25里横岭关北侧，西北流至东阳西南4里入涑水河，长约20公里。一条20公里的小河与汾河并称且为台骀所治，似乎说不过去；所以郦道元在《水经注·洮水》中讨论："涑水所出，俗谓之华谷，至周阳与洮水合。水源东出清野山，世人以为清襄山也。其水东径大岭下西流出，谓之唅口。又西合涑水。……贾逵曰：汾、洮，二水名。司马彪曰：洮水出闻喜县，故王莽以县为洮亭也。然则涑水殆亦洮水之兼称乎？"所论极是。因此钱穆在《周初地理考》中说：台骀以处太原，兼带汾、洮，在河东。障大泽，实相当于今之闻喜。王继祖《释"太原"之名的含义与起源》认为，当年台骀宣汾障泽，肇始之大原，正是今之太原无疑。顾炎武《日知录·大原》："'（台骀）宣汾、洮，障大泽，以处大原'，则是今之晋阳。"

如此来看传说中的台骀是作为金天氏后代，活动于汾河、洮河流域，亦即山西

[①]　或以为台骀在陕西。《诗经·大雅·生民》在谈到后稷稼穑时说到"即有邰家室"，因牵涉到周族的源流，所以聚讼不断。王克林研究认为：周祖后稷后居的邰地，据《诗经·大雅·生民》后稷"即有邰家室"，《史记·周本纪》"帝舜曰：'……尔后稷，播时百谷。'封弃于邰"，历来史家都以其地在今陕西省武功县为是。其实这一邰地，是周人后世由东向西迁徙后的地名层化之所致，此犹晋人都绛，徙都后有故绛、新绛或绛，以及楚都之郢等同例。早期的邰应在晋南的汾、浍流域。参见王克林《姬周戎狄说》，《考古与文物》1994年第4期。

中南部，而他最初活动的地域则应该追溯至文献传说中金天氏的活动地区。

中国古籍之中，有许多关于"少昊金天氏"的记载，称呼有少昊青阳氏、少皓、少暤、少皋等。传说中少昊的时代跨度很大，或神或人。傅斯年认为，太昊、少昊皆是部族名号，不是个人私名，在古代记载上本甚明白，所谓伏羲氏、金天氏者，亦非能名之于一人者①。我们前文谈到炎黄之战，曾引用《逸周书·尝麦解》，其中说到黄帝与蚩尤大战："命蚩尤于宇少昊，以临四方。……乃命少昊清司马鸟师，以正五帝之官，故名曰质。"这个少昊清就是和炎黄传说大致同时的人物，研究认为少昊是中国古代传说时代较早时期东方部族的代表之一。

石兴邦《我国东方沿海和东南地区古代文化中鸟类图像与鸟祖崇拜的有关问题》一文，通过国内外特别是环太平洋地区有关鸟崇拜的研究指出，淮河以北沿渤海周围的山东、辽东以及接壤的朝鲜半岛地区为一鸟文化崇拜区，这一地区鸟文化发展最为典型，文献记载和考古资料能联系起来。从大汶口文化到龙山文化，有丰富的鸟形陶塑和花纹装饰，并有明晰的演变过程和规律。四千多年前进入历史民族文化层积时代后，由于这里是东夷族的地区，故文献称当地部族为鸟夷。少昊是保存鸟崇拜最典型的氏族部落。太昊、少昊氏族部落，居住在沿渤海湾地区，即山东、辽东和朝鲜半岛，因为以鸟为图腾，所以历史上又称这一带的古代居民为鸟夷②。

顾颉刚《鸟夷族的图腾崇拜及其氏族集团的兴亡》一文，系统梳理了中国古文献中有关鸟夷的传说资料，指出传说中的太暤、少暤、少皞、皋陶、伯益、帝喾、殷契、帝挚等都是鸟夷的宗神，有关他们的传说最初都起源于东方。不过顾氏认为所谓"少昊金天氏"中的"金天氏"，是西汉经学家刘歆按照五行学说伪造的名号并掺入《左传》的，以使其金德色彩更加浓厚③。"这个整齐的名氏已造成了，如何插入古书里呢？好在《左传》是他们的势力范围，可以随意增订的，他们便在《昭元年传》内淡淡地着了一笔：'昔金天氏有裔子曰昧，为玄冥师。'又在《昭二十九年传》中写上：'少暤氏有四叔，曰重、曰该、曰修、曰熙，实能金木及水。使……修及熙为玄冥，世不失职，遂济穷桑。'让这两段文字，以'玄冥'一名的

① 傅斯年《夷夏东西说》，《傅斯年全集》，湖南教育出版社，2003年。
② 石兴邦《我国东方沿海和东南地区古代文化中鸟类图像与鸟祖崇拜的有关问题》，《中国原始文化论集》，文物出版社，1989年。
③ 顾颉刚《鸟夷族的图腾崇拜及其氏族集团的兴亡》，《古史考》，海南出版社，2003年。

联络，遥相呼应。"[①] 于是"少昊金天氏"一名就成为东汉以下的人们的历史常识。按照顾颉刚的看法，"金天氏"是刘歆伪造出来的，与少昊没有多少关系。因此要探寻台骀的来源，就不仅要看他和少昊的关系，还要看封他到太原的所谓"帝"，以及与玄冥昧之间的关系。

传说中，昧是作为水官玄冥出现的。关于玄冥，《左传·昭公十八年》："禳火于玄冥、回禄。"杜预注："玄冥，水神。"《汉书·扬雄传上》："帝将惟田于灵之囿，开北垠，受不周之制，以终始颛顼、玄冥之统。"颜师古注引应劭曰："颛顼、玄冥，皆北方之神，主杀戮也。"汉张衡《思玄赋》："前长离使拂羽兮，委水衡乎玄冥。"《礼记·月令》："（孟冬、仲冬、季冬之月）其帝颛顼，其神玄冥。"《淮南子·时则训》："西方之极，自昆仑绝流沙、沉羽，西至三危之国，石城金室，饮气之民，不死之野，少皞、蓐收之所司者，万二千里……北方之极，自九泽穷夏晦之极，北至令正之谷，有冻寒积冰，雪雹霜霰，漂润群水之野，颛顼、玄冥之所司者，万二千里。"各种记载中，玄冥都是作为颛顼辅佐出现，可见他们之间关系的密切。玄冥为司水之神，也正和台骀宣汾、洮，障大泽被封为汾水之神相符。而颛顼就是子产所讲故事中的所谓"帝"[②]，为上古传说中的五帝之一。《史记·五帝本纪》："帝颛顼高阳者，黄帝之孙而昌意之子也。……帝颛顼生子曰穷蝉。颛顼崩，而玄嚣之孙高辛立，是为帝喾。帝喾高辛者，黄帝之曾孙也。高辛父曰蟜极，蟜极父曰玄嚣，玄嚣父曰黄帝。自玄嚣与蟜极皆不得在位，至高辛即帝位。高辛于颛顼为族子。"如此来说，他不但和玄冥有关，而且和我们前文所说迁实沈于大夏的帝喾高辛氏有关。太史公在《史记·历书》中还说："少皞氏之衰也……颛顼受之。"说明颛顼和少昊也是有联系的。谈到少昊和颛顼关系的，还有《山海经·大荒东经》，曰："东海之外大壑，少昊之国，少昊孺帝颛顼于此。"少昊育养颛顼，是传说史中比较一致的看法，说明颛顼和少昊两个族团有过密切的联系。这样看来，虽然金天氏被冠在少昊头上，可能是刘歆等为了王莽的篡位而伪造的，但台骀和昧

① 顾颉刚《五德终始说下的政治和历史》，《古史辨》，上海古籍出版社，1982年。又，参见《中国上古史研究讲义》，中华书局，1998年。
② 服虔、杜预皆以帝为颛顼。据雷学淇所辑《世本》，黄帝生昌意，昌意生高阳，是为帝颛顼。则颛顼与金天氏，仅一辈之隔，而昧为金天氏之远子，台骀又为昧之子，故孔颖达疑之，《春秋左传正义》云："臣世多而帝世少。史籍散亡，无可检勘。"其实，古代传说，言人人殊，不足深究。参见杨伯峻《春秋左传注·昭公元年》，中华书局，1981年。

（玄冥），和颛顼，进而和少昊的关系则有着历史内核。既然少昊、帝喾、颛顼、玄冥以及帝喾、实沈等这些传说中的人物，或者是东方传说中的帝王、宗神，或者和东方族系有着密切的联系[①]，那么我们说台骀源于东方也就不是向壁虚造，而是有一定的历史根源了。

当然，由于是远古传说，所以这些人物上天入地，或神或人，并且他们之间的关系或父子，或子孙，存在着许多混乱和夹缠不清的问题。田昌五在讨论了高阳氏与高辛氏，颛顼部和皋陶部、伯益部等远古部落领袖之间错综复杂的关系以后就说，这些以及类似的事例说明，在中原大地上，原来各不相同的氏族部落群体后来经过冲突而互相融合了。在黄、炎、蚩尤之间进行战争的时候，它们还是各不相同的氏族部落群体，到颛顼和共工大战之后，它们开始走到一起来了。原始时代的部落战争常常以和平结盟而结束，而和平结盟的结果一般都会形成新的社会共同体。华夏族就是这样产生的[②]。傅斯年认为中国在三代时及三代以前，政治的演进，由部落到帝国，是以河、济、淮流域为地盘的。在这片大地上，地理的形势只有东西之分，并无南北之限。三代及近三代之前期，大体上有东西不同的两个系统。这两个系统，因对峙而生争斗，因争斗而起混合，因混合而文化进展[③]。傅斯年所讨论的主要是三代历史，其实在三代之前的新石器时代晚期又何尝不是如此。我们前文谈到的后岗一期文化在晋中盆地的发展与退出，庙底沟文化在晋中盆地的发展及对河北的占领、对大汶口文化的影响，庙底沟二期文化早期退出太原，临汾盆地山西龙山文化中包含大量的东方文化因素等，都是这一文化交流和融合的见证。表现在古史传说中，则是与东方民族关系密切的实沈成为晋之分星，台骀成为汾水之神，以及唐尧初都太原，后迁平阳，并在晋南大地创造了灿烂的陶寺文化，而晋中盆地作为联系东西方的通道，为中华民族的形成和发展做出了自己的贡献。

---

① 杨宽《鲧、共工与玄冥、冯夷》在考证鲧、共工、实沈、台骀、玄冥与冯夷等传说分化演变的过程后说，鲧、共工、玄冥、冯夷等本皆殷人东夷河伯神话之分化。东夷之神话却和山西、太原产生了如此紧密的联系，从另一方面也说明了东夷与山西在远古时期交往的史实。参见杨宽《鲧、共工与玄冥、冯夷》，《杨宽古史论文选集》，上海人民出版社，2003年。
② 田昌五《中华文化起源志》，上海人民出版社，1998年。
③ 傅斯年《夷夏东西说》，《傅斯年全集》第三卷，湖南教育出版社，2003年。

第五节　唐尧都太原

明确提出唐尧初都太原的，是东汉末期经学家郑玄。《毛诗正义·国风·唐风》引郑玄《诗谱》："唐者，帝尧旧都之地，今日太原晋阳是。尧始居此，后乃迁河东平阳。"《汉书·地理志上》"晋阳"县下注："故《诗》唐国，周成王灭唐，封弟叔虞。龙山在西北……晋水所出，东入汾。"应该也是认为尧都太原的。此后《水经注》、杜预注《左传》、《后汉书》、《括地志》、《初学记》、《元和郡县图志》等都认为唐尧曾都晋阳。太原地区有关唐尧的方志记载、民间传说与城址、祠庙遗迹更是大量存在。如《永乐大典》卷五二〇一："《元一统志》：太原自台骀、实沈、陶唐、叔虞迭治之后，流风善政，犹有存者。"《永乐大典》卷五二〇四："陶唐城，在县南三十六里。旧经云陶唐氏自涿鹿徙居于此，俗又谓之姚城村。今废。"明《（万历）太原府志》：祁县"二帝行祠，县东十五里，祀尧、舜，春秋时建"，清源县"帝尧庙，县东三十里尧城都，元至正年建"。清源县尧城（陶唐城）与帝尧庙的记载尤可引起我们的注意。据清光绪八年《清源乡志》，尧城近方形，设东西南北四门。城内有东西和南北两条街将城区分为四片。1986年，山西大学考古专业对清徐尧城进行了调查：城南北长532—538米，东西宽386—389米。地表现存残墙数段，残长约500米，基宽10—12米，顶宽约4米，最高约6.2米。版筑，夯层厚21厘米，残存北城门，门洞深5米，高6—7米，原有门楼。据专家考察，从墙体夯筑手法分析，该城当为明代所建。根据方志和其他文献，尧城建筑年代应该更早。尧城中最大的建筑群为尧庙，位于城区西北部，坐北朝南，传说修建于帝尧所居茅屋之地。现存建筑有帝尧殿、娘娘殿、狐仙楼等。其中帝尧殿，始建年代不详，明正统年间重修，后多次增补修葺。大殿面宽、进深各五间，四周有围廊。重檐歇山顶，上檐施双翘斗拱，下檐施单翘单昂斗拱。殿顶用小斗拱五跳组成八角藻井，不用梁架，故称"无梁殿"，为山西省少见的木结构古建筑之一，系清徐县级重点文物保护单位[①]。

唐尧都太原是传统史学界比较一致的说法。自明季顾炎武提出叔虞封唐之地

---

① 参见太原文物名胜录编辑委员会《太原文物名胜录》，文物出版社，1999年。

清徐尧庙

在晋南而非太原以后，对叔虞封唐进而对帝尧都太原说法梳理和探讨的论著不断涌现[1]。刘起釪《由夏族原居地纵论夏文化始于晋南》中说："至于唐的所在，过去曾有过三个错误的说法：（1）《汉书·地理志》太原郡晋阳县下云：故《诗》唐国。周成王灭唐，封弟叔虞。郑玄《诗谱·唐谱》即承此说云：唐者，帝尧旧都也，今曰太原晋阳是。下文把其地有晋水也说成是今太原的晋水。《括地志》并州晋阳县亦沿此说。（2）《地理志》注引臣瓒说：唐，今河东永安。……（3）《晋世家》'唐叔虞'，《集解》引《世本》曰：居鄂。……按当时晋北为夷狄地，夏人力量达不到霍县以北，受封的唐自当在晋南。《晋世家》正义引《括地志》云：故唐城在绛州翼城县西二十里。这是正确的。《晋世家》明载'翼，晋君都邑也'，又历叙晋公室活动皆在翼。程恩泽《国策地名考》引《列国兴废说》也说：成王封叔虞于唐，始都翼。可知唐的地点在翼，即今晋南的翼城。"[2]邹衡《晋始封地考略》中说，天马——曲村为唐地，并非把晋之始封地仅仅局限于此，今知西周初期的晋文化遗址主要分布在翼城、曲沃二县境内，又比较集中在翼城县的翔山以西，曲沃县的汾河以东，浍河以北，翼城、曲沃二县的崇山以南，东西长约 30 公里，南北广约 15 公里的长

① 如卫文选《尧都考》，《山西师院学报》，1981 年第 3 期。马斗全《唐叔虞封地在今永济考》，《晋阳学刊》1982 年第 4 期。陶正刚《晋国早期都城"唐"地考》，《三晋文化学术研讨会论文专集》，山西古籍出版社，1999 年。王克林《陶寺文化与唐尧、禹舜——论华夏文明的发展》《从唐叔虞之封论周族的起源》，并见《华夏文明论集》，山西人民出版社，2006 年。

② 刘起釪《由夏族原居地纵论夏文化始于晋南》，《古史续辨》，中国社会科学出版社，1991 年。

形地带,在此范围内大概也就是晋始封地的中心所在①。这一论断随着晋侯墓地发掘研究资料的公布,已被越来越多学者所认同,叔虞所封之唐在晋南而非太原已成定论(详论见第五章)。

不过,学者们论定的叔虞所封之唐在晋南,乃商末周初事。这个唐虽与唐尧有所关联,但时代相差千年以上。明确了叔虞所封之唐在晋南,并不能说明唐尧是否初都太原。对此问题,我们还须从文献记载和唐尧所处时代的考古发现来探究。

尧,又称唐尧,是中国传说史中的贤君圣王。《史记·五帝本纪》说:"学者多称五帝,尚矣。然《尚书》独载尧以来。"传为中国最早史籍的《尚书》,已经有了关于尧的记载。不过《尚书》在记述尧舜等史迹时,开宗明义"曰若稽古",道出了那些史迹都是根据传说得来,唐尧的历史还是要归到传说时代。

传说中的唐尧名放勋,姓伊祁,黄帝之后。尧父为帝喾,母为陈锋氏女。帝喾为黄帝曾孙,在位70年,卒后由尧之异母兄挚即位。挚在位9年,为政不善,禅让于尧。尧即位以后,举荐德才兼备的贤者,使部族紧密团结,做到"九族既睦";又考察百官政绩,区分高下,奖善罚恶,使政务井然有序;同时又协调各部落之间关系,教育老百姓和睦相处,《尚书》说"协和万邦,黎民于变时雍"。当时的中国,天下安宁,政治清明,世风祥和。太史公因此称颂:"其仁如天,其知如神。就之如日,望之如云。富而不骄,贵而不舒。"

传说尧的时代,首先制定了历法,这样,劳动者就能够依时按节耕种劳作,不致耽误农时。尧的时代,又是传说中洪水泛滥时期,"汤汤洪水方割,荡荡怀山襄陵,浩浩滔天"。尧对此非常关切,他征询了四岳的意见,先让鲧治理洪水。鲧治水九年不成,此后才有了大禹凿龙门,三过家门而不入的美谈。帝尧传说中最为人称道的,是他传贤不传子。尧在位70年,认为自己的儿子丹朱凶顽不可用,于是和四岳商议,对以孝行著称的虞舜,妻之以娥皇、女英,授之以百官政务,处之于险恶环境,多方考察后,禅位于舜。禅位28年后尧弃世。

尧作为上古传说中的圣帝贤君,在封建时代受到普遍认同。《论语》载孔子赞美尧说:"大哉,尧之为君也!巍巍乎,唯天为大,唯尧则之。荡荡乎,民无能名

① 邹衡《晋始封地考略》,《夏商周考古学论文集(续集)》,科学出版社,1998年。

焉。巍巍乎，其有成功也。焕乎，其有文章。"因着人民对清明政治、圣帝贤君的渴望，尧的事迹传说也广泛流布，各地纷纷和帝尧攀亲，或者说是出生地，或者说是埋葬地。建都之地就有山东定陶、鄄城、菏泽说，河北唐县、隆尧说，山西太原、平阳说等。尧帝祠庙所在多有，宋人罗泌《路史》就说：尧舜之祠，天下不胜多矣。

20 世纪 20 年代，以顾颉刚、钱玄同等学者为代表，吸收西方近代社会学、考古学方法，用历史演进观念和大胆疑古精神，对中国古代历史和典籍展开深入的疑古辨伪工作。对于唐尧，他们认为《尚书》中的《尧典》不可靠，该篇出现在战国时期。尧舜的故事出现在东周末年，尧舜禹的关系和禅让故事，都是逐渐编造完善的。童书业在《"帝尧陶唐氏"名号溯源》中说："自从西汉末年的古文家秉着他们的安汉公摄皇帝王莽的意旨，本着他们的'正乖谬，壹异说'的精神，惨淡经营，造出了一个整个的古帝王名号系统：太昊炮犠氏—炎帝神农氏—黄帝轩辕氏—少昊金天氏—颛顼高阳氏—帝喾高辛氏—帝尧陶唐氏—帝舜有虞氏—伯禹夏后氏……来，把《史记》的残缺乖谬（？）的古帝王名号系统……的命革了；因着新汉（东汉）两代帝王的威权，得到了世人的公认，于是'帝尧'的头和'陶唐氏'的脚安牢了，永远连成一体了。"[1] 刘起釪考证说，古代"帝"指上帝，"帝某"总是指某一天神。恩格斯说，每个氏族都起源于一个神，"帝尧"就是这样一个部落的宗祖神。尧原与唐亳无关系，但与"陶"则是同音异字，也即同于"窑"。尧字在甲骨文中象人顶着陶器的土坯去烧，而陶及窑是已成缶器的陶坯在窑穴里，它们构形不同而取义相同，可能成字有先后之异，总之三个字原是一个字。远古氏族由蒙昧时代进入野蛮时代，是由制陶术开始的。制陶技术随着野蛮时代由低级、中级进入高级而日益精进。大概当时有制陶术比其他民族更优的某一族以窑神做了氏族神，陶氏族成了有名氏族，它的承用宗祖神的杰出首领担任着部落或部落联盟的首领，因而其名望也更高贵，围绕着他流传着一些美好的传说，到儒家"按往旧造说"之时，就把这一神性的首领完全净化为历史上德望最高的圣王了[2]。

诚如上论，中国远古传说中的许多人物都是来自神话中的，并非实有其人。如

---

① 吕思勉、童书业《古史辨》七《下编》，上海古籍出版社，1982 年。
② 刘起釪《古史词条四则》，《古史续辨》，中国社会科学出版社，1991 年。

夏朝的建立者大禹，禹字古写像草中之蛇或以手持蛇形，显然只是姒姓的标志。但这种情况是世界文明起源中的通例，非独中国古代为然。中国文明起源的历史就隐含在这一片扑朔迷离的传说和神话之中，只有通过文献记载的考订，考古文化的研究，特别是二者的结合、比对，才有可能在茫昧的古史传说中寻找到一丝历史的真谛。

唐尧传说故事所处的古代社会发展阶段，正是氏族部落联盟父系家长制度濒临解体时期，也是国家形成的初期阶段。许宏认为，这一时期，中国社会之万邦林立，具有规模小且彼此差别不大、独立性强、存在时间较短、城乡分化尚不甚明显等特点，呈现出城市初期所特有的面貌，但它们都与居住区结合，属内涵复杂的永久性居民点，是具有多种功能的城邑，属城市范畴 [①]。唐尧时期的社会形态及其城址遗存，当不出这一范畴。

揆诸文献，尧都临汾盆地说，因史料记载早，当地有关传说故事丰富，而备受研究者重视。在临汾盆地，距今 4600—3900 年间，广泛分布着一种龙山时代的考古学文化遗存，研究者称为陶寺文化。陶寺遗址位于汾河东岸，塔儿山西麓，襄汾县陶寺村南，是一处重要的以龙山时代文化遗存为主的史前遗址，发现有城址、观象台、居住址及墓葬群等，出土有陶器、木器、石器、玉器和骨器等。

陶寺城址总平面呈圆角长方形，东西长约 1800 米，南北宽约 1500 米，面积近 280 万平方米，由不同时期的三座城址构成。早期小城东西长约 1000 米，南北宽约 800 米。中期大城在早期小城的基础上扩建而成，是我国迄今为止所发现的史前最大城址。中期小城位于中期大城南城垣外，即中期大城垣外的东南部，面积约为 10 万平方米。据发掘报告，城内有宗教祭祀区和贵族墓地。紧靠大城东垣偏北处是一处贵族墓地，墓地以南是宗教祭祀区。中期大城内除贵族居住区和宫殿区外，还有居民区和仓储区等。一般居民区位于大城西北部。大城东南部为仓储区，其中发现三个大型窖穴。陶寺还出土一批学者们称为有"王者之气"的文物，如大型墓葬中随葬的龙盘、鼍鼓、特磬、土鼓、彩绘木案、俎、匣、盘、豆、彩绘陶器、玉石钺等，更有可以称为文字的朱书文字扁壶。发掘者认为：陶寺城址是我国尧舜禹时期的一座都邑性城址，它的存在，表明当时社会已经突破了氏族部落阶段而进入

---

① 许宏《先秦城市考古学研究》，北京燕山出版社，2000 年。

了初期国家阶段[①]。

　　发现于中期城址外东北部的大型圆体夯土建筑，总面积约 1740 平方米。建筑形状奇特，原为三层台基，结构复杂，规模宏大，是陶寺文化迄今发现最大的单体建筑。发掘者推测其功能与观天象和祭祀有关。唐尧时代对天文历法的贡献是空前的，尧派遣羲和、羲仲管理历法，并测定了一年的天数、二十四节令和四季。《尚书·尧典》就有"期三百有六旬有六日""以闰月定四时成岁"等历法记载。陶寺"观象台"的发现，证实了观天授时活动的存在，与《尚书·尧典》上记载的"历象日月星辰，敬授人时"相印证。

　　居住区共发掘 5000 余平方米，清理遗迹有房址、窖穴、水井、陶窑和石灰窑等。根据出土遗物可将其分为早、中、晚三期。早期出土陶器主要有夹砂灰陶和泥质灰陶，黄褐陶次之，有少量磨光黑陶和磨光褐陶。纹饰以绳纹为主。器型有扁壶、单把鬲、双把鬲、盆形斝、圈足罐、深腹罐和双腹盆等。晚期出土陶器以灰陶为主，纹饰有绳纹、篮纹，器型有双鋬鬲、罐形甗、深腹盆形瓿、敛口圆腹圜底斝、罐形单把杯、三足单把杯、簋、碗和豆等。另出土有石铲、锛、刀、骨刀、镞、凿和针等。

　　墓地位于遗址东南部，面积约 3 万平方米。发掘墓葬 1300 余座，面积约 5000 平方米。发掘表明，陶寺墓地按照墓葬面积大小和随葬品的情况可以区分为大、中、小三种规格，存在着明显的金字塔式等级结构。处在塔尖位置的大型墓占墓葬总数约 1%，几座大墓每座均出有一二百件随葬品，其中包括鼍鼓、石磬、土鼓、龙盘等礼乐重器以及成组木器、陶器和玉石器。随葬品精美丰富，组合成比较完备的丧葬礼仪制度，体现了王权的至高无上和社会内部的等级制度。墓主应是掌握祭祀和军事大权的部族首领，甚至是王者。几十座中型墓也有较丰富的随葬器。而占墓葬总数 90% 的小墓，墓圹仅能容身，随葬品十分贫乏，甚至一无所有，应是社会的平民阶层。这些现象反映出当时社会等级分化已很明显，充分说明了社会的复杂化程度和文明化进程。

　　城址、宫殿区、王陵区、大型礼制建筑区、官营手工业作坊区、普通居民区、

[①]　梁星彭、严志斌《陶寺城址的发现及其对中国古代文明起源研究的学术意义》，《中国社会科学院古代文明研究中心通讯》第 3 期，2002 年。

王权控制的大型仓储区以及文字、金属器等，从聚落形态角度看，高规格的宫殿建筑、宗教建筑和与天文历法有关的建筑设施，应当是"王都"级聚落所具备的标志性建筑要素。显然，陶寺已具备了早期文明化社会的一些基本要素，应该说是目前我国规模最大、显现文明化程度最高的史前聚落。有学者认为，陶寺文化的社会具有部落联盟古国即中国早期文明初期国家的性质[1]。而这个国家阶段，和我们前述传说帝尧所处的社会形态和地理位置又是如此重合。因此当陶寺文化发现以后，对于陶寺文化和中国历史传说时代的比附，曾有夏文化说、虞舜文化说、唐尧文化说等，而随着考古新发现的不断涌现，研究领域的不断扩大，唐尧部族文化遗存说日益为世人接受。正如临汾下靳墓地的发掘者所说："临汾古为平阳，史有尧都平阳之说。《汉书·地理志下》：'河东土地平易，有盐铁之饶，本唐尧所居，《诗·风》唐、魏之国也。'又师古注引应劭曰：平阳，'尧都也，在平河之阳'。《后汉书·郡国志》：河东郡平阳，'尧都此'。注云：'《晋地道记》曰有尧城。'《三辅旧事》引《帝王世纪》：'帝尧，陶唐氏，……以火承木，都平阳，置敢谏之鼓。'《山西省辑要》卷二平阳古城下：'在临汾西南，尧都平阳。'如上述所记，帝尧所都之平阳应在今临汾市西南一带。"[2]

临汾盆地陶寺文化为传说中的陶唐氏——唐尧文化遗存，那么陶寺文化或者说唐尧文化又来源于哪里？它和我们太原盆地的考古学文化以及文献传说又有什么联系呢？

临汾市下靳墓地是陶寺文化中心区发现的重要墓葬区之一，因陪葬大量玉器而为研究者关注。宋建忠认为：从对下靳和陶寺墓地的情况看，临汾盆地存在着一个以玉石礼器为主要陪葬品的文化中心，此中心形成的具体过程还有待进一步的深入研究。这个中心大量消费和使用玉石礼器的来源，乃是引进的技术传播可能性更大，即在陶寺文化范围内存在着一个玉石器工业中心，这个中心所依赖的技术传统不是源于当地，而是舶来于黄河下游地区的大汶口文化乃至江淮地区的薛家岗文化[3]。

何驽多年来致力于陶寺文化遗址的发掘和研究，他在《陶寺文化谱系研究综

① 王克林《陶寺文化与唐尧、虞舜——论华夏文明的起源》，《文物世界》2001年第1、2期。
② 梁星彭、李兆祥、张新治《山西临汾下靳村陶寺文化墓地发掘报告》，《考古学报》1999年第4期。
③ 宋建忠《山西临汾下靳墓地玉石器分析》，北京大学中国考古学研究中心等《古代文明》（第2卷），文物出版社，2003年。

论》一文中指出，陶寺文化作为一个都邑文化，以陶寺城址为依托，其主支来自当地的庙底沟二期文化晚期，再结合其他一些来源复杂的文化因素，形成陶寺文化早期的文化面貌[①]。

考古学家苏秉琦在谈起陶寺文化时说过，陶寺大墓殉葬成套的庙堂礼乐器、漆木器，反映了比红山文化更高一级的国家形态，圆腹底斝、鬲原型可追溯到内蒙古中南和冀西北，彩绘龙纹与红山文化有关，扁陶壶序列的近亲只能到山东大汶口文化寻找，俎刀更要到远方的浙北杭嘉湖去攀亲。从中原区系的酉瓶和河曲地区的三袋足鬲的又一次南北不同文化传统共同体结合所留下的中国文字初创时期的物证，到陶寺遗址具有的从燕山北侧到长江以南广大地域的综合体性质，可以看出，晋南具有"帝王所都曰中，故曰中国"的地位[②]。诚如斯论，陶寺遗址早中晚各期都有一些外来的文化因素，尤其是出土于贵族大墓的诸如高领折肩壶、折肩罐、折腹盆、大口缸、陶鼓、鼍鼓、钺、厨刀、琮等礼器类器物与其上的纹饰等，明显具有大汶口文化和良渚文化晚期的东方文化风格。高炜、张岱海《汾河湾旁磬和鼓》一文指出，陶寺出土陶器中，能在大汶口文化中、晚期找到相似器型的至少有十种以上，包括一二类墓中作为礼器出现的厚胎夹粗砂圜底缸，几种壶、尊、大口罐等，居住址出土的尊、簋、单把杯等；另一些承自本地庙底沟二期文化的器类，如早期墓中的盆形鼎（仅出于早期第一组）、觚等，原本也来自大汶口文化；陶寺早期彩绘在本地尚找不到它的直接来源，但大汶口文化中、晚期的彩绘同陶寺颇多接近，大汶口晚期墓曾出土沿面和圈足底缘涂红的陶豆、把口沿涂红并在肩部或上腹一周绘出三个大红圆点的背壶、双鼻壶和深腹罐等，陶寺早期随葬的大口罐和陶豆最普遍最富特征的装饰手法与之如出一辙，成为陶寺文化受到大汶口文化强烈影响的又一证据[③]。

不但一些器物和山东大汶口文化有紧密的联系，就是陶寺文化出土的竹鼠遗骸据研究也是从大汶口文化传来的。王守春《尧的政治中心的迁移及其意义》一文指出，竹鼠今天分布于江南多竹地区。陶寺遗址所在的临汾盆地，在龙山文化时期虽然可能有竹鼠栖息，但根据对该文化层中花粉的研究，当时该地植被为温暖带落叶

① 何驽《陶寺文化谱系研究综论》，《古代文明》（第 3 卷），文物出版社，2004 年。
② 苏秉琦《中国文明起源新探》，生活·读书·新知三联书店，1999 年。
③ 高炜、张岱海《汾河湾旁磬和鼓——苏秉琦先生关于陶寺考古的论述》，宿白主编《苏秉琦与中国当代考古学》，科学出版社，2001 年。

阔叶林，并非亚热带植被。陶寺遗址先民食竹鼠的爱好，表明他们是从黄河下游的多竹地区迁徙来的。对于陶寺遗址出土的鼍鼓，王守春通过古代地理气候条件的考察认为，当地鼍鼓文化是从黄河下游地区的人群向这里迁移而带来的，且迁徙人数多到足以保持原来的文化特色。陶寺遗址鼍鼓文化的存在，表明龙山文化时期，从鲁西地区向临汾地区有较大规模的移民活动①。至于迁徙原因，王守春说，大致在公元前第三个千年的中期，即距今 4500 多年前，有的研究认为可能还要早些，气温又为一个急剧升高的时期。这一时期，正是龙山文化后期。地处黄河下游华北大平原上的陶丘，地势相对低洼，黄河内涝频繁，是尧迁移政治中心的主要原因。《尧典》《史记》和《稽古录》中关于尧时期大洪水的记载，可能正是反映了这一气候环境背景。

文献和考古资料的发现，都把山西远古文化和山东大汶口文化联系到一起，让我们看一看所谓的大汶口文化。

大汶口文化是分布于我国海岱地区的一种原始文化，因发现于山东大汶口遗址而得名，其文化分布东起黄海之滨，西到鲁西平原东部，北至渤海南岸，南及今安徽淮北一带，河南省也有少部分这类遗存的发现。大汶口文化经历了长期的发展过程，分早、中、晚三期，时间距今约 6300—4600 年。大汶口文化中期以后，随葬石铲、石斧、石锛等生产工具的主要是男性，而随葬纺轮品的则主要是女性。这说明男子已成为社会生产，特别是农业生产的主要担当者，而妇女则从事纺织等家务劳动，社会已经从母系氏族公社阶段发展到父系氏族公社阶段。大汶口文化晚期，随着生产的发展，私有制已经出现。一些大型墓葬随葬有很多猪头和猪的下颚骨，应是墓主人生前的私有财产，随葬的私有财产还有陶器、生产工具和各种装饰品等。私有制的产生和发展，必然导致贫富两极分化，氏族内部出现富有者和贫穷者。大汶口文化中、晚期墓葬清楚地反映了这种演变。发达的制陶业是大汶口文化的一个显著特征。黑陶和白陶是大汶口文化中晚期制陶业中出现的两个新品种，反映了当时制陶工艺的显著进步。一般认为大汶口文化时期私有制已经确立，一夫一妻制已得到巩固，应处于父系氏族社会末期阶段。有人甚至认为墓内随葬品悬殊很

---

① 王守春《尧的政治中心的迁移及其意义》，《古代文明研究通讯》总第八期，2001 年 3 月。

大，并已出现文字，应是奴隶社会的初级阶段。考古学家栾丰实《太昊和少昊传说的考古学研究》一文，综合分析了山东地区的考古学文化后推定，兴盛于公元前4300—前2600年，以泰山地区为中心的大汶口文化为太昊、少昊族团的文化遗存，而大汶口文化经过长时间的积累，自仰韶时代晚期（即大汶口文化中期）开始，海岱文化区的发展速度加快，并很快在全国各大区系文化中居于领先地位，它以居民迁徙、文化传播、文化影响等形式表现出来的对外扩展，触角涉及半个中国，影响的外围到达辽东、辽西、山西、陕东、湖北、江西、浙江一线[①]。

考古发现和文献记载都说明陶唐氏系大汶口文化的部族之一，他们最初活动在山东定陶一带大汶口文化分布区内，此后他们中的一部分人群从黄河下游定陶一带辗转迁徙，最后落脚于临汾盆地，并成为当地的统治者。迁徙的原因可能和我们前边论及的洪水有关，而部族迁徙和文化传播所表现出来的对外扩展，应该伴随着战争。

《逸周书·史记解》记载说："昔者西夏，性仁非兵，城郭不修，武士无位，惠而好赏，屈而无以赏。唐氏伐之，城郭不守，武士不用，西夏以亡。"文中的"唐氏"，应即我们所谓的陶唐氏，它的初居地在黄河下游，前文已多次谈及，而"西夏"的主要居地，据韩建业《唐伐西夏与稷放丹朱》，"笼统来说不出晋南和豫西，实际上当为起于晋南而迁至豫境。晋南才是夏人真正的老家，故其地有'夏墟'之称……结合考古学文化来看，以豫西为分布中心的二里头文化总体上属夏文化无疑，具体当属少康中兴之后的晚期夏文化，此前的王湾三期文化后期为早期夏文化。由此前溯，王湾三期文化前期及其前身谷水河类型就属于先夏文化的范畴。又因为谷水河类型主要是庙底沟二期类型东向推移的结果，故庙底沟二期类型应当是更早的先夏文化，亦即以'西夏'为主体的遗存"[②]。而庙底沟二期文化是以晋南为策源地，并以临汾盆地、运城盆地和豫西为主要分布区的新石器文化，在晋西南（运城盆地）的这种西夏（庙底沟二期）文化，发展变化，最后在豫西形成二里头文化——夏文化。在晋南（临汾盆地）发现的主要遗址，除乔山底2号房址（F2）

①　栾丰实《海岱地区考古研究》，山东大学出版社，1997年。
②　韩建业《唐伐西夏与稷放丹朱》，《北京大学学报（哲学社会科学版）》2001年第4期。

偏晚处于东关六段外，其余所发现庙底沟二期文化遗存均为早期①。也就是说，在临汾盆地，只有庙底沟二期文化的早期遗存，此后这里的文化一变而成陶寺文化②。韩建业认为，如果说庙底沟二期类型是"西夏"人的文化，那么其在临汾盆地被陶寺类型早期的代替，反映的正是自东而来的陶唐氏对夏人的征服。战争的结果可能是夏人主体被赶出临汾，并被迫移居豫西，而部分人留在原地受侵略者统治。这一陶唐氏遗存中大量高等级器物以及彩绘陶木器、大小墓分化严重等文化因素，与当地庙底沟二期文化风格迥异，却与大汶口文化为代表的东方文化相吻合。非但如此，这一文化遗存在和周边文化联系微乎其微的情况下，却与晋中盆地太谷白燕晚期遗存关系最为密切③。

韩建业的论述令人耳目一新。太原地区庙底沟二期文化的过早消失、实沈与台骀、唐尧都太原传说等问题，都因"唐伐西夏"的推定有了合理解释。当然这一东西两大族系的文化交往乃至战争，并不是始于唐尧时期，也不仅局限于这一次。正如前文所述，早在仰韶时代早期，这种战争和交流已经开始。如果说滥觞，前节黄帝与太原传说中提到的蚩尤从太行山东麓发展，西渐之太原地区，才是真正的滥觞。迄后实沈因争斗而至山西，台骀因治水而处大原，一战争、一生产，交相辉映，构成了人类文化交流的两大主流。这一现象在太原地区的历史中反反复复，成为太原文化的一大特色（东夷族西迁历史其来久远，它和赵简子一族的起源也有着密切联系，详本书第六章）。

再看他们迁徙的路线。

文献中又有唐尧部族活动于今河北省唐县、望都等地的记载。《后汉书·郡国

① 郭智勇《山西庙底沟二期文化遗存分期与分区研究》，《而立集——山西大学考古专业成立 30 周年纪念文集》，科学出版社，2009 年。

② 对陶寺文化早期的谱系，目前仍存在不同意见。或认为属于庙底沟二期文化晚段，或认为属于陶寺文化早期。不过观点虽然不同，但都认为陶寺文化早期与庙底沟二期文化晚期之间存在着巨大差异。韩建业进一步讨论说：陶寺 M3002 和 M3015 为代表的遗存一般被归为陶寺类型早期，绝对年代约在公元前 2600—前 2200 年。它的文化因素主要可分为两大部分：斝、筒形罐、釜灶、扁壶等主要日常陶器种类为继承当地庙底沟二期类型第 2 期而来，而高领折肩壶、折肩罐、折腹盆、大口缸、陶鼓、鼍鼓、钺、厨刀、琮等器类，以及陶、木器上的彩绘，大小墓的严重分化等多种表现"礼制"相关的因素，和庙底沟二期类型第 2 期风格迥异，而与以大汶口文化晚期以至于良渚文化为代表的东方地区的文化面貌相当吻合。这就清楚地表明，陶寺类型的形成是东方文化西移，并与当地文化融合的产物。同时，社会的上层人物应以东方"殖民者"为主，他们力图维护原有文化传统和等级制度。

③ 参见韩建业《晋西南豫西西部庙底沟二期—龙山时代文化的分期与谱系》，《考古学报》2006 年第 2 期。

志》注引《帝王世纪》曰："尧封唐。尧山在北，唐水西入河，南有望都山……"《元和郡县图志》卷十八："唐县，本春秋时鲜虞邑，汉唐县之地，即古唐侯国，尧初封于此，今定州北有故唐城，是尧所封也。""望都县，本汉旧县，属中山国。以尧山在北，尧母庆都山在南，登尧山见都山，故以望都为名。"徐旭生也认为陶唐氏旧城应该是今河北唐县、望都一代。此一时期，该地区分布的考古学文化为中原龙山文化后岗类型。对此文化，现在可以肯定的是，豫北冀南的龙山文化同样是大汶口文化与当地土著文化相结合的产物，否则后岗类型中含有的大汶口文化因素如陶鬶、陶甗、鸟头式足鼎之类，是无法解释的[①]。看来唐尧一族曾经迁徙到了河北西北部，不久这个古族又离开河北，西徙太原[②]。至于西迁路线，韩建业认为，陶唐居地的情况要复杂得多，有山东、河北、山西诸说。山西说因见于《左传》等先秦典籍而备受重视，其本身又早有晋南临汾"平阳"说和晋中太原"晋阳"说的分歧，皇甫谧主张从晋阳徙平阳，也许离事实最近。山东、河北说虽明确出现于汉代，但也不容忽视。应劭认为唐县和平阳均为尧之居地，或许有着更早的出处，因此存在陶唐氏由河北迁山西的可能。再联系尧为帝喾子，以及高辛氏居东方的说法，则陶唐氏的始居地就可能确在东方。这样从山东附近伊始，经河北、晋中，终抵晋南，就构成陶唐氏由东徂西的一条可能之路[③]。何光岳认为，是从唐县、望都一带出发南下行唐，沿滹沱河过井陉，途经太原，再进入平阳[④]。王继祖认为唐尧率其部族西徙太原的路线，似不应为沿滹沱河过井陉，途经太原，而是由太行山东部的平缓地带沿着滹沱河溯流西进向高处迁徙，穿越太行峡谷，进入今山西省境，在今盂县又沿滹沱河支流乌河、温川河，汾河支流杨兴河（这几条河古代水量远比今日大），继续向西南跋涉，最终来到汾河中游的河谷地带，今太原盆地[⑤]。许伟《晋中地区西周以前古遗存的编年与谱系》一文在讨论太原盆地龙山时代早期新出现的一些文化因素时指出，以彩陶壶、长颈壶、短颈壶为代表的一类器物与山东大汶口文化晚期的同类器物相似，应是东来的文化因素；发现于河南淮滨、郸城、商水、周口、平顶

①　田昌五《中华文化起源志》，上海人民出版社，1998 年。
②　迁徙原因，我们认为和《左传·昭公元年》记载高辛氏二子阏伯、实沈之事有关。
③　韩建业《唐伐西夏与稷放丹朱》，《北京大学学报（哲学社会科学版）》2001 年第 4 期。
④　何光岳《炎黄源流史》，江西教育出版社，1992 年。
⑤　王继祖《试论唐尧初都太原》，《太原日报》2003 年 1 月 17 日。

山、禹县、偃师，山西陶寺以至太谷白燕等地的大汶口文化遗存或相关遗物，清晰地显示出大汶口文化自东向西这样一条西渐的路线①。迁徙的具体路线一时难以搞清，而从河北经太行山山间孔道到达太原盆地，则是不争的事实。太原盆地发现的考古学文化充分说明了这一点。

太原盆地距今 5000—4500 年间的考古学文化，即本书前章第三节《考古文化分期与谱系》所划分的第四期、第五期文化。这一时期的考古学文化，有庙底沟二期文化早段、山西龙山文化白燕类型等，其中庙底沟二期文化早段、山西龙山文化白燕类型和大汶口文化、陶寺文化有着千丝万缕的联系。

庙底沟二期文化、山西龙山文化白燕类型，包括清徐都沟遗址的考古发现，本书前章《新石器时代的太原》已有介绍，并讨论了其文化渊源与谱系。

许伟《晋中地区西周以前古遗存的编年与谱系》总结晋中地区庙底沟二期文化早期遗存至少包含二种不同的文化因素：第一种是以夹砂罐和小口篮纹壶为代表的本地区前段遗存的延续；第二种以釜形斝和盆形鼎、盘口盆为代表，这些器物与河南陕州庙底沟遗址第二期有关遗存、襄汾陶寺的同类器物相同，是晋南庙底沟二期文化的因素；第三种以彩陶壶、长颈壶、短颈壶为代表，这类器物与山东大汶口文化晚期的同类器物相似，应是东来的文化因素。新出的双鋬手斝式鬲是受釜形斝的影响产生出来的，以高领为特征的夹砂罐多见于晋中以北地区，如河套地区和冀西北地区。

韩建业《中国北方地区新石器时代文化研究》指出，相对而言，晋中地区庙底沟二期文化，尤其是后一阶段受外来文化影响的程度很大。前一阶段的深腹罐、瓮等器类多是义井文化的发展和延续，而后一阶段却新出现盆形鼎、折腹斝、素面高领折肩罐、盘口盆等特征鲜明的器物。盆形鼎显然应当是临汾盆地形成陶寺类型之前从晋南传入。折腹釜形斝和陶寺类型同类器基本相同，素面高领折肩罐和陶寺类型的同类器极为接近，不排除从临汾盆地传入的可能。但问题是临汾盆地的此类器也是突然出现的，这类器物的出现可能和东方文化的强烈影响有关。只可惜联系山西和山东地区的河北省中南部地区，此时段的文化面貌不甚清楚，限制了对这种影

---

① 许伟《晋中地区西周以前古遗存的编年与谱系》，《文物》1989 年第 4 期。

响过程的进一步研究。此类器先到晋中或差不多同时期到达晋中和临汾盆地，都是可能的 [①]。

白燕发掘者也认为：白燕遗址一至三期的发展自成体系。虽然第二期和第三期之间文化面貌差别较大，但有些器物是连续演变的。总的来看，第一期的文化面貌与南部的黄河流域有许多相似之处。第二期既是前一期的尾声，又出现许多新的因素：房址 F2 和 F14 出土了大量的细泥陶器，其陶质、器型和纹饰不仅是这个遗址中其他时期所不见的，也是同一时期的其他单位所不见的。这些细泥陶中有些具有明显的东方大汶口文化的因素。第三期与北部的河套地区以及河北境内的壶流河流域有共同的文化因素。这反映了晋中地区新石器时代在发展过程中与其他文化的联系也在发生着变化 [②]。

清徐都沟遗址，是太原市 21 世纪初发掘的新石器时代晚期遗址，为我们研究尧都太原提供了珍贵的实物资料。发掘者总结说，第三期陶器组合较复杂，文化面貌也趋于多样化，这是本期最主要、最特别之处。如细泥陶中高领宽肩壶 T111 ②：2 与具有明显东部大汶口文化因素的折肩壶相似，三期陶豆 II 区 GH2：2 与河北省境内壶流河流域有共同特征的泥质敛口豆相似等，基本可以反映出其文化的多样性。至于本地考古学文化的流向，由于受到土鼓类陶器的启示，让人自然想到了陶寺遗址。都沟遗址第三期遗存与陶寺早期有许多共性：第一，陶寺早期有大口折沿罐、筒腹侈沿罐、敞口盆、矮把豆、碗、钵、土鼓、斝等，未见扁壶、彩绘龙盘、泥质单耳罐等，出现了小罐、单耳杯等新器类，它们之间器类上存在很多共性；第二，陶寺早期的土鼓分为两型，制作精美，都沟遗址中出土的土鼓原始，不分型，较单一，它们之间的渊源关系还是较明确的，都沟的土鼓应是其重要的源头；第三，都沟遗址第三期生产力发展的水平与陶寺早期无法比拟，尤其是陶寺大墓反映的氏族内部的财产、权力的分化，在都沟遗址第三期还未见到。以上三点可以对都沟遗址族属的去向做出比较合理的判断，就是说，都沟遗址的

都沟土鼓线图

①　韩建业《中国北方地区新石器时代文化研究》，文物出版社，2003 年。
②　《山西太谷白燕遗址第二、三、四地点发掘简报》，《文物》1989 年第 3 期。

族属在陶寺文化早期之前由于某种原因南迁至临汾盆地，逐渐发展壮大起来①。

以都沟遗址为代表的族属南迁临汾盆地，应该是沿着汾河谷地前行，这在洪洞侯村考古发现中有所表露。发掘者认为，侯村类型除与陶寺文化中心区域相似的主要因素外，还融合了来自晋中地区的一些文化成分，表明在龙山时期晋中与晋南两大区域之间的文化交流和传播中侯村类型起着重要的媒介作用②。苏秉琦看到侯村出土器物以后认为，侯村遗址独具特征的陶器组合不仅扩大了陶寺文化的研究范围，而且反映出晋南与晋中地区文化交流融合的趋势③。

一系列考古发现，充分说明文献记载中有关尧都太原说有其远古的史影。以都沟遗址为代表的帝尧部族，曾经在太原地区繁衍生息，并且创造了灿烂的文化④。某种程度上甚至可以说，帝尧先都晋阳，后迁平阳府。在晋南与晋中地区文化交流融合的趋势中，晋中盆地因其特殊的地理位置，对帝尧族系的形成起到了重要作用，促进了中国古代文明的发展。还是用已故考古学泰斗苏秉琦的论断作为这一章的总结：一系列新文化因素在距今5000—4000年间，又沿汾河南下，在晋南同来自四方（主要是东方、东南方）的其他文化再次组合，碰击出陶寺这支文明的火花，遂以《禹贡》冀州为中心奠定了"华夏"的根基⑤。

---

① 山西省考古研究所、清徐县文物事业管理所《清徐都沟遗址发掘简报》，石金鸣主编《三晋考古》第三辑，山西人民出版社，2006年。

② 山西省考古研究所、洪洞县博物馆《洪洞侯村新石器时代遗址调查、试掘报告》，杨富斗主编《三晋考古》第二辑，山西人民出版社，1996年。

③ 杨富斗、薛新民《苏秉琦先生与晋文化考古》，宿白主编《苏秉琦与中国当代考古学》，科学出版社，2001年。

④ 都沟遗址为配合大运高速公路而进行的考古发掘，在发掘地点选择上受到很大限制，考古收获可想而知。据了解，清徐县、阳曲县都有与都沟遗址时代相近，但面积更大、遗存更丰富的遗址发现。相信随着考古工作的开展，有关唐尧部族的文化面貌将更加清晰。

⑤ 苏秉琦《关于重建中国史前史的思考》，《考古》1991年第12期。

第五章

原史时代太原——夏、商、西周时期

原史时代，或简称原史，是相对于文献丰富的"历史时代"而言。原史时代概念来源于西方，现已逐渐为我国历史与考古学界所接受。人类发展到这一阶段已有极少量的文字记录，不过记录也是只言片语，并且很难读懂；涉及的社会面又非常之少，需要结合考古学资料加以解读，才有可能了解当时的社会面貌。在中国，虽然观点不同，但夏、商、西周为原史时代则是较为一致的看法。太原地区夏、商、西周时期的社会发展大致相当于这一历史阶段。

我们在描述太原地区夏时期历史时，使用的是"夏时期"一词，而非夏朝或夏代。原因在于，以晋中盆地为中心，分布于忻定、晋东南地区的"东太堡文化"，与一些学者认为的夏代夏人遗存的二里头文化不尽相同，是一支独立发展的考古学文化。换言之，虽然两者所处时代相同，但所处地域不同、族群不同、文化内涵不同，国别也不同（如果有国家的话），夏时期太原地区的古代文化遗存属"东太堡文化"，以太原东太堡遗址、忻州游邀遗址、太谷白燕遗址为代表。发展过程中，其对晋南地区的夏文化东下冯类型、河南偃师二里头文化等施加了强大影响。

"东太堡文化"也是先商文化源头之一。考古学家邹衡以太原光社遗存为基础，提出"光社文化"说，并将这一时期的考古发现分为四类，时间涵盖新石器时代末段到殷商时期。而发现于山西中部许坦、东太堡、狄村、光社等地的新石器时代晚期遗存，亦即我们所谓的"东太堡文化"早期遗存为第一类——河北龙山文化许坦型，时代下限不晚于夏文化早期。它对先商文化漳河型的形成与发展起到重要作用，是先商文化的主要来源之一。而商朝所以名商，据考证也和发源于晋中盆地的漳水不无关系。

有关太原地区商代历史，资料所限，治史者绝少提及。或以为此时段第三、四类文化遗存，年代大体相当于早商晚期—晚商时代，与商文化关系甚为密切。此后太谷白燕、汾阳杏花村、灵石旌介等处陆续发现商代遗存，时间跨度为二里岗上层至殷墟四期，基本上涵盖了有商一代。依文化特征可分三组：其一为当地文化因素，其二为典型商文化因素，其三为源自北方草原民族的文化因素。考古遗存的发现与研究，填补了太原商代历史阶段的空白。

太原地区远古文化对先周文化也施加了重要影响。钱穆《周初地理考》力主周之先祖来源于山西。先周文化主要由三种文化因素构成，其中光社文化即为姬周文化的三源之一。人类学材料表明，周人与山西新石器时代晚期和青铜时代居民在体质特征上有较大相似性，他们之间存在着明显的基因联系。

先周文化与太原地区关系密切，但西周时期，太原地区绝少发现周人文化遗存。"西周不过霍山"，目前看仍是颠扑不破的论断。说明周人离开太原地区后，相当长一段时间，再没有回到他的故土。当时太原地区生活的族群，其文化面貌与北方地区草原民族文化更为接近，应是继承当地文化传统并有所发展的结果。某种程度上我们可以说，居留在太原地区的"东太堡文化"族群，在接纳诸如唐（丹朱）部族、龙方、土方、商人等族群和文化的同时，始终坚守着当地的文化传统并融合发展。夏、商、西周时期，龙方、鬼方、吾方、鬲方、燕京之戎、北唐戎等方国部族或许就是晋中盆地的主人。

太原地区自古流传着"叔虞封唐"的故事，说西周成王分其弟叔虞于唐，即今日之太原，其子燮父因晋水改国号为晋。当今考古学业已证明，叔虞所封唐地在晋南而非太原。本章专用一节探讨叔虞封唐故事的演变过程，借以探索这一传说故事形成的原因和结果。

第一节　太原地区的夏时期文化

一、夏王朝与夏文化

中国历史上有一个夏朝，是国人几千年来的普遍认知。史学巨著《史记》专列《夏本纪》，作为中国历史上第一个君主政权的开端。《尚书·召诰》曰："我不可不监于有夏，亦不可不监于有殷。"《诗经·大雅·荡》也说："殷鉴不远，在夏后之世。"说明远在西周时期人们就认为周以前有商，商以前有夏。商人后裔追述其先人事迹的《尚书·汤誓》《诗经·商颂·长发》诸篇中都有关于夏朝的明确记载。春秋中叶的《叔夷钟》《秦公簋》铜器铭文等都提到了禹，并歌颂了其治水功绩。战国、秦汉时代诸子和其他著作往往都有关于夏朝历史的论述。

不过，因没有发现同时代文献记载，也没有发现夏代文字，商代文字中也没有发现关于夏朝的直接记录，连公认的"夏"字都没有，因此即使中国"夏商周断代工程"将夏代立国和灭亡时间精确到公元前2070—前1600年，并且列出夏王世袭——禹、启、太康、仲康、相、少康、予、槐、芒、泄、不降、扃、廑、孔甲、皋、发、桀，质疑之声还是不绝于耳[1]。特别是一些国外学者，他们或者怀疑夏的存在，或者将夏定为传说时代。如日本人成家彻郎认为所谓的夏王朝实际并不存在，在商以前并不存在国家。其因素有：王朝名"夏"，据文献记载其最初出现于公元前6世纪以后产生的物中；"夏"字形是汉代以后才出现的，先秦文献"夏"原来是"夒"字，"夒"在殷墟甲骨文中是作为商族最崇拜的远祖之一来处理的；殷墟甲骨文中未见商王朝是推翻其以前存在的国家而成立的相关卜辞；西周金文也未见商之前存在国家这一论述。即使假设夏存在，但因没有同时代的文字资料，所以也不能对其实际年代进行探讨[2]。斯塔夫里阿诺斯巨著《全球通史》、伊佩霞所著《剑桥插图中国史》等著作，在叙述中国古代史时，只字不提夏朝。罗兹·墨菲《亚洲史》虽然提到夏朝，但认为夏可能仍是晚期龙山—仰韶文化最后发展阶段的合适名称[3]。杨宽认为夏史之传说本亦"下土之神"之神话组合而成，有夏本即下国，夏后本即下后，亦即后土社神，夏史大部为周人依据东西神话辗转演述而成者[4]；陈梦家

---

① 参见陈星灿、刘莉《夏商周断代工程引起的网上讨论纪实》，《古代文明研究通讯》总第九期，2001年6月。
② 成家彻郎《读〈夏商周断代工程1996—2000年阶段成果报告（简本）〉》，吴锐等编《古史考》第九卷，海南出版社，2003年。
③ [美]罗兹·墨菲著，黄磷译《亚洲史》，海南出版社、三环出版社，2004年。
④ 杨宽《中国上古神话传说综论》，《先秦史十讲》，复旦大学出版社，2006年。

认为夏史乃全从商史中分出[①]，二人均从不同角度否认有夏一代的存在。白寿彝主编的《中国通史》则将夏列入传说阶段。

造成这一现象的主要原因在于资料缺乏和认知方法的不同[②]。《论语·八佾》记载孔子感叹："夏礼，吾能言之，杞不足征也；……文献不足故也，足，则吾能征之矣。"秦火以后，夏代史料更是凤毛麟角。研究夏史，除却对文献的重新认识以外，一个重要途径是通过地下考古发掘，把实物资料和文献上有关传说记载结合起来综合研究，才有可能解决夏史的问题。

1916 年，王国维发表《殷卜辞所见先公先王考》和《续考》，通过殷墟出土卜辞证明《史记·殷本纪》所记商王世系的可靠，从而证明《殷本纪》的可靠。而殷的先公适当夏王朝之世，既然司马迁对殷先公的世次还很清楚，那么他对《夏本纪》中夏王朝世系及有关史迹记载也不会没有根据。夏朝的存在，通过考古学与文献学相结合、比对，初露端倪，而如何从考古学上确认夏王朝的文化遗存，就成为研究者的重要课题。

夏鼐认为，所谓"夏文化"应该是指夏王朝时期夏民族的文化[③]。《夏本纪》中的夏朝，疆域范围大致包括黄河、淮河以及长江中下游在内的大半个中国。所指可能是以华夏部落联盟为主体包括各方国，即所谓"夏有万邦"的疆域。在这个广阔的疆域内，既有夏民族的文化遗存，也有诸如"北唐戎""先商""东夷""三苗"等部族的遗存，而夏王朝时期夏民族遗存，学者多以河南西部和山西南部的二里头文化当之。

二里头遗址位于河南洛阳偃师二里头村，1959 年发现，时代约距今 3800—3500 年，相当于中国历史上的夏、商时期。二里头遗址发现了大型宫殿基址，大型青铜冶铸作坊，制陶、制骨遗址，与宗教祭祀有关的建筑以及 400 余座墓葬，出土了成组的青铜礼器和玉器。最近几年，二里头遗址陆续有重要发现，找到了遗址

---

① 陈梦家说：窃疑夏之十四世，即商之十四世，而汤武之革命，不过亲族间之争夺而已。参见陈梦家《商代的神话与巫术》，《燕京学报》1936 年第 20 集。

② 陈淳、龚辛《二里头、夏与中国早期国家研究》通过对河南偃师二里头遗址发掘以及夏文化研究的回顾，从认知方法、考古学范例、文献运用等方面，剖析了中外学者在中国早期国家研究特别是夏朝存在与否认知中存在歧见的原因，指出中外学术传统上的差异和中国学者因缺乏国际交流所造成的研究方法的滞后等问题。

③ 夏鼐《谈谈探讨夏文化的几个问题》，《夏鼐文集》（中），社会科学文献出版社，2000 年。

中部的井字形街道、勾勒出城市布局的基本骨架；发现了宫城城垣，并揭露出部分二、三、四期宫殿建筑基址；出土了包括大型绿松石镶嵌龙在内的珍贵文物；发现了最早的车辙痕迹，将中国发明双轮车辆的年代前推了 300 多年。

二里头遗址共分四期。学术界对于四期遗址的文化属性主要有两种看法：一种认为二里头遗址一至四期都是夏文化，发现的宫城就是夏都；另一种认为一、二期是夏文化，三、四期已进入商朝，所以发现的宫城是商都。不过学术界普遍认为二里头遗址是一处早于郑州商城具有都城规模的遗址，二里头遗址和二里头文化是探索夏文化和夏商王朝分界的重要遗存。

山西也是探索夏文化的重要区域。早在 20 世纪 30 年代，考古学家李济为探寻夏都而在山西调查发掘，结果在夏县西阴村发现了庙底沟文化，今天仍有学者坚持庙底沟文化应称西阴文化。在考古工作者的不懈努力下，终于在夏县东下冯村发现了东下冯遗址。

东下冯遗址总面积约 25 万平方米。遗址内发现有灰坑、房屋、墓葬、水井、沟槽、陶窑等遗迹。遗物有石、骨、铜、陶等生产工具、生活用具和兵器、乐器。

青铜镞、凿和石范的出土，表明当时已经进入青铜时代，但生产用具仍以石质的铲、镰、刀、斧为主，出土的石磬是当时发现时代最早的石磬之一，但仅打琢成形而未经磨制，仍带有较多的原始性。生活用器以陶器最普遍，计有鬲、鼎、罐等炊器，尊、盆、簋、豆等生活用器和酒器。此外还出土有刻花骨器和不施钻凿的卜骨等。东下冯还发现二里岗时期（早期商文化）城址，南部呈曲尺状，城墙保存较好，城外环有护城壕。经放射性碳素测年，约当公元前 1900—前 1500 年。

东下冯遗址与豫西地区二里头文化遗存大同小异，被一些学者称为二里头文化东下冯类型 [①]。这里鬲多鼎少，蛋形三足瓮颇具特色。这一特点和我们将要讨论的太原盆地夏时期文化极为相近。东下冯类型可分四期，一至四期的陶器之间存在紧密联系。东下冯遗址的发现，对了解晋南地区二里头文化内涵，探索夏文化具有积极意义。

---

① 对于东下冯遗存的文化性质，学术界有不同看法。或认为属于二里头文化东下冯类型，或认为属于一支独立的考古学文化，即东下冯文化。

二、"东太堡文化"

晋中盆地夏时期文化遗存较为丰富，学者称其为"东太堡文化"①，得名于太原小店区东太堡及其附近狄村、许坦等村落的考古发现。它以高领鬲、敞口斜直腹甗、蛋形瓮、敛口罃、碗形豆等为主要文化特征。遗存分布较为密集，与周围的二里头文化、先商文化、夏家店下层文化相比多有不同，是一支独具特色的考古学文化。由于工作开展较少等原因，研究者对于太原地区"东太堡文化"遗存的分布范围还存在不同看法②。从目前资料看，"东太堡文化"南以霍太山为界，与东下冯文化分峙；东至太行山一线，与先商文化系统相邻；北至忻定盆地，北沿与大同盆地边沿、蔚县盆地相望；西入吕梁山，大致介于汾河水系和黄河水系之间，分布区包括晋中盆地、忻定盆地以及长治盆地，而以晋中盆地为中心。

1958年，太原南郊许坦村民在农耕时发现古墓葬十五六座。墓葬距地表深约2米，其中5座用石片砌成棺椁形状，四周用自然石块砌成墙，上面用大石片覆盖，底部未铺石块，长约2米，宽、高各约50厘米。死者均为仰身直肢单人葬，头向西南。随葬陶器有鼎、甗、鬲、罐、钵、盆、杯等，计50余件③。许坦墓葬遗存是当地村民发现并经考古人员调查采集回收。鬲、甗、盆等器物绳纹具有龙山时期粗、乱、深的特点，同时，素面单耳杯和锥刺纹罐也很难同龙山时期遗物相区别。可见这批器物还有一些龙山时期遗风，但从鬲、甗、鼎、豆等典型器物的形态看，

① 关于太原盆地夏时期文化，学者们先后以光社文化、二里头文化晋中类型、东太堡文化、朱开沟文化光社类型、白燕文化、尹村一类遗存、下七垣文化白燕类型、白燕类遗存、杏花文化等名词称之。观点虽有不同，但在山西中北部地区确实存在着一种文化面貌、特征及性质不同于其周边任一地区的独特的夏时期考古学文化，则是学者们的共同认识。宋建忠认为，晋中地区夏时期考古遗存是一个新的文化。关于这个文化的命名，由于最早发现此类遗存的遗址是太原东太堡（1953年发现），1980年又从该遗址采集到一批能代表此类遗存的典型器物，因此可将这个文化称为"东太堡文化"。参见宋建忠《晋中地区夏时期考古遗存研究》，山西省考古学会、山西省考古研究所《山西省考古学会论文集（二）》，山西人民出版社，1994年。由于东太堡一带的夏时期遗存多非科学发掘所得，学术意义自然大打折扣。以"东太堡文化"代表太原盆地的夏时期遗存，只能是我们在没有确立典型遗址之前的权宜之计。

② 如侯毅认为北至北郊光社村一带，南到金胜晋源之交，汾河以东集中在狄村、东太堡至许坦的山前台地上，汾河以西集中在金胜村周围，即仅为太原市附近的夏时期遗存。宋建忠认为东太堡文化范围东可能达太行山西麓一线，西抵黄河沿岸的吕梁山区，北部可能到忻定盆地的北端，西面至灵石一线，东南则在榆社—左权一带。武俊英认为，其范围南以霍太山为界与东下冯文化分峙，东在太行山一线与先商文化系统相邻，北有大同盆地连接桑干河与蔚县盆地相望，西入吕梁山大致借汾河水系和黄河水系相区分，分布区包括晋中的太原盆地、晋北的忻定盆地以及晋东南的长治盆地，其文化在与二里头文化、先商文化、夏家店文化的争夺、交流中占有一席之地，形成了雄踞一方的考古学文化。

③ 参见高礼双《太原市南郊许坦村发现石棺墓葬群》，《考古》1962年第9期。

无疑又开了夏时期陶器风格的先河。所处时代约当夏初期，是太原地区目前所见夏时期最早的文化遗存。

1975年，村民在许坦村北约一公里的狄村东南侧平整土地时又发现一批陶器，现场虽已破坏，但陶器出土地点清出一具人骨残骸。据发现者说，陶器出于距地表一二米深的土中，出土时排列较为整齐，分上、下两层，两层相距约30厘米，共有鼎、斝、鬲、甗、豆、罐、角、盆等器物20件。由此可知，这批陶器应当出自一座或至多两座墓中，应是同一时期遗存。对比典型陶器可以看出，罐形鼎、甗、单耳罐等器物，同东下冯第二期同类器有许多相同之处，其年代也应同东下冯第二期。

早在1953年，在太原东太堡砖厂取土时就发现灰陶鬲、甗、罐等完整陶器及磨光石斧、骨器等，可以说是太原地区最先发现的夏时期遗存。遗址南北长50米，东西宽40米，在断崖上露出灰坑痕迹。1980年又发现土坑竖穴墓一座及14件陶器，出土陶器有泥质灰陶和夹砂灰陶，纹饰有绳纹、附加堆纹、三角纹、锥刺纹，器型有斝、甗、鼎、鬲、豆、爵、罐等[1]。东太堡村出土的14件陶器虽非发掘品，但陶器出于同一墓中，属同时期遗存应无疑问。我们通过类型学比较可以看出，这批器物与狄村所出陶器在风格上有很大相似性，但某些器物形态又有逻辑上的发展。如甗、斝等三足器，足部细长高耸，足跟部凹槽捆绑痕迹明显，具夏代晚期典型风格，因此这批陶器在时代上要晚于狄村陶器。出土的盆形鼎同东下冯三、四期盆形鼎在盆部形态上有较大相似性；双錾手卷沿深腹盆与东下冯三、四期同类器及白燕四期深腹盆共性也很大。据此可断定，这批陶器年代约与东下冯第三期相当，也许能延续到四期偏早阶段[2]。

东太堡村东南约2公里的南坪头村，文物调查中也发现一处夏时期文化遗址。遗址面积约2万平方米，文化层厚0.5—3.5米。断崖上暴露有灰坑。采集标本有罐、豆、盆、鬲和石凿、骨器残片，陶器纹饰有粗绳纹、附加堆纹、篮纹等。

东太堡及相邻的许坦、狄村、南坪头等村庄周围，方圆4—5平方公里范围内

---

[1] 参见山西省考古研究所《太原狄村、东太堡出土的陶器》，《考古与文物》1989年第3期。
[2] 参见宋建忠《晋中地区夏时期考古遗存研究》，山西省考古学会、山西省考古研究所《山西省考古学会论文集（二）》，山西人民出版社，1994年。

一系列夏时期文化遗存的发现，说明这里应是一处人类活动的重要区域。由于这类遗存最初发现于东太堡村，且不同阶段遗存都有所发现，因此研究者以"东太堡文化"代表太原地区的夏时期文化遗存。然而由于遗址多非科学发掘，大大降低了它的研究价值。随着社会发展，当时出土遗物的地点已多为高楼大厦覆盖，一处处重要的文化遗址，未经全面考古发掘，转而被毁弃破坏，损失无可挽回。

如上所指，太原市附近夏时期遗存虽发现较早，数量较多，但考古工作多为非系统调查和抢救性发掘。晋中盆地经过大型科学发掘的夏时期遗存，为太谷白燕遗址。

白燕遗址位于太谷小白乡白燕村东南乌马河北岸台地上，是一处从新石器时代晚期开始，延续至夏商，并有极少量西周晚期遗存的大型文化遗址。遗址共分六期，前三期属于新石器时代遗存，我们在前章已有介绍，不再赘述。第四期遗存属于夏时期。第五期和第四期遗存虽有差异，但又有密切联系，属同一文化的不同发展阶段，从年代和文化属性考察，应已进入商纪年。第四期遗存又可分为早、晚两段，遗迹有房址、陶窑和灰坑。房址保存较好。以F4为例，系一穹庐顶窑洞房屋，平面略呈椭圆形，门道朝西南，面积6平方米有余。居住面为一层厚5—10厘米草拌泥红烧土硬面，室内西转角处有一穹庐顶壁龛，面积约0.1平方米，应为灶址。室内东北部设一穹庐顶大壁龛，面积约一平方米，推测为储物室。遗物以陶器为大宗，夹砂陶与泥质陶的胎质都较粗，以灰陶为主，第一阶段有少量杂色陶。陶器多饰绳纹：第一阶段多为细绳纹，第二阶段则以粗绳纹为主，并有少量特粗绳纹。其他常见纹饰有弦纹、附加堆纹及楔形点纹、圆形坑点纹、圆圈纹和三角划纹等。器型中，炊器以鬲为主，甗、斝次之，另有极少量甑、矮足深腹罐和鼎；盛贮器有盆、簋、罐、敛口三足瓮、小盆形钵、敛口钵、四足方杯等；酒器为角流爵。

白燕第四期文化遗存的形成过程，受到周邻地区文化，尤其东下冯文化影响，但它所继承的主流文化，是以正装双鋬手高领鬲为代表的杏花文化[①]。四期早段的侈

[①] 张忠培认为杏花文化与白燕第四期文化之间尚有缺环。参见张忠培《杏花文化的侧装双鋬手陶鬲》，《故宫博物院院刊》2004年第4期。它们的缺环是否就是以许坦、狄村为代表的太原盆地夏时期早、中期遗存，资料所限，尚难讨论。

沿鬲与二里头遗址第三期出土陶鬲形制相近，年代也大约相当。晚段的直腹鬲则与襄汾大柴遗址出土的直筒鬲十分接近，大柴遗址年代约相当于二里头文化第四期。所以，白燕遗址第四期遗存的第一段，年代上应相当于二里头文化第三期，第二段则相当于二里头文化第四期[①]。

和太原市相距近百公里的忻州游邀遗址是经过大型考古发掘的古文化遗址，其中夏时期文化遗存极为丰富。它与太原地区夏时期文化有许多相近之处，对我们了解太原夏时期先民的文化不无帮助，在此一并介绍。

游邀遗址面积约 20 万平方米，可分为早、中、晚三期。早、中期遗存属龙山文化时期，晚期遗存则为夏时期。夏时期遗迹有房址、灰坑、陶窑、墓葬等。房址为圆形直壁半地穴式，灰坑以圆形和椭圆形的直壁坑为主，陶窑均为竖穴窑，墓葬均是小型土坑竖穴墓。遗物以陶器为大宗，陶质以夹砂陶为主，泥质陶次之。夹砂陶质粗，胎厚，色不匀。绝大部分陶器为灰陶。夹砂陶多施绳纹，个别器物施篮纹。泥质陶以斜向或竖向的浅篮纹为主，划纹、戳印纹和素面磨光陶比较发达。器型有鬹、鬲、甗、盉、瓮、罐、盆、壶、豆、尊等。鬹的数量多，形体大，形制多样，极具特征。鬲也具有一定特色。此外，还出土有石质斧、铲、锛、纺轮，骨质锥、镞、笄及卜骨等。

游邀遗址晚期遗存除延续中期的一些文化因素外，出现了一些新器物如鬶、鼎、簋等。一些器类形制也有了较明显的变化，如瓮类器中新出现圈底下附实足，鬹类器中新出现了体形瘦高的杯形鬹，以及盉的新变化等，说明游邀晚期遗存既与其中期相衔接，又是中期向晚期发展的一个新阶段。游邀晚期遗存明显区别于龙山文化，而近于二里头文化和东下冯类型的整体风格。二里头文化或东下冯类型文化，无疑已进入夏代纪年，因此我们可以将游邀遗址确认为山西中北部进入夏代纪年最早的大型文化遗存[②]。

迄今为止，晋中盆地经过较大规模发掘、属于"东太堡文化"的遗存有太谷白燕、汾阳杏花村等。经过调查、采集或小型试掘的遗址不下数十处，主要有太原

---

① 参见国家文物局等《晋中考古》，文物出版社，1999 年。

② 参见忻州考古队《忻州游邀考古》，科学出版社，2004 年。山西省考古研究所《山西考古四十年》，山西人民出版社，1994 年。

游邀遗址出土石器与陶器

1. 石斧　2. 瓮式斝　3. 罐式斝　4. 侧装双鋬手高领鬲

许坦、狄村、东太堡、光社、金胜村，娄烦罗家曲、河家庄，汾阳市杏花村、峪道河、北垣底，宏寺[1]，孝义市薛会、柳湾煤矿二十九亩地，榆社县台曲等地。这些遗址基本覆盖了晋中盆地，同时在文化面貌上又有极大的相似性，大略能够反映出晋中盆地夏时期考古学文化面貌。

晋中盆地夏时期文化遗存以许坦、狄村、东太堡为代表，大致可分为早、中、晚三期。早期遗存，是直接继承本地龙山时期的传统陶器，又融入一些新的器型及风格发展而来。器物组合以鬲、甗、斝、三足瓮、深腹盆、盆形豆、侈口罐为主。高领鬲和空足三足瓮的出现，是夏时期遗存与龙山晚期遗存相区别的界标。而三足器袋足较肥，足跟较短且多无凹槽痕迹，也是一个很明显的早期特征。中期在早期基础上，向典型的夏时期陶器风格发展，不再看到龙山时代的遗风。器物组合与早期相同，只是形态上有一定变化，如足跟变长且多有凹槽等捆绑痕迹，整体较为瘦长。新出现浅盘细把豆、单耳罐、扁足罐形鼎、单把罐形鼎、爵、长颈罐、小口圆腹罐等。这些器物虽不多见，但给整个器物群增添了不少新的色彩，给人以全新的感受。晚期在整体风格上同前期有较大的共性，充分显示出了夏时期陶器特色。陶器组合不变，以鬲、甗、斝等为组合的器物群继续占有明显的主导地位；而浅盘细把豆、扁足鼎、爵、四足方杯等受外来影响的器物时有发现，继续构成晋中盆地陶器群的一个特色。此外，本期除典型高领实足跟鬲外，还有一些侈沿矮领实足跟鬲，已显示出商鬲的部分特色。

---

[1]　马升、段沛庭《山西汾阳县宏寺遗址调查》，《文物季刊》1996 年第 2 期。

晋中盆地夏时期主要遗存分期表

早 期	许坦遗存、汾阳峪道河 W2：1 三足瓮为代表的部分遗存、峪道河 H1、游邀 H2 等单位遗存
中 期	狄村遗存、东太堡 1953 年出土部分遗存、孝义二十九亩地采集陶器、杏花村 H313、游邀 H129 等单位遗存
晚 期	东太堡 1980 年出土的陶器、白燕四期部分遗存、榆社台曲遗存等

纵观"东太堡文化"陶器，以夹砂灰陶为主，泥质灰陶次之，陶质较粗。纹饰以绳纹为主，另有篮纹、弦纹、附加堆纹及点纹、圆圈纹和三角形纹等。高领鬲、单把鬲、甗、斝、蛋形三足瓮、盆形鼎、盆形豆、侈口罐、折肩罐等一系列文化属性构成了晋中盆地夏时期遗存——东太堡文化的主要特征，高领鬲和空足三足瓮更是本地区夏时期最具特色的器物。

蛋形三足瓮是"东太堡文化"典型器物之一。有迹象表明，在龙山时代末期，蛋形三足瓮就出现在内蒙古自治区中南部到晋中盆地的广大区域内，而夏时期则是它的鼎盛阶段。它在东下冯类型和先商文化漳河型中均有较多发现，追其源头均应在晋中盆地。无论晋中盆地还是内蒙古的发现，蛋形三足瓮大多作为瓮棺葬葬具使用。假若这种器物最初的功能确实仅仅是葬具，那么这种瓮的形态本身便具有某种特定的含义，即应是当时人们一定的宗教意识的反映。考古资料显示，晋中盆地夏代的三足瓮大致有两条演变轨迹：在汾河沿岸或以东地区，可能由于受高领鬲的影响，瓮足经历了由漏斗状空足到乳状空足再到锥状半空足，最后变为尖锥状实足的演变过程；在吕梁山区或黄河沿岸，瓮足始终保持空足的特点相对稳定发展。山西柳林高红灰坑 1、陕西清涧李家崖及绥德薛家渠、山西洪洞永凝堡等地所见的三足瓮，便是后一系统空足三足瓮的后裔，它们与周文化有着较为明显的联系。

高领鬲是东太堡文化的又一代表性器物。在晋西南的东下冯文化、晋中地区夏时期遗存及河套、晋东北的夏时期遗存中，都是以高领鬲作为它们的文化表征，不过器物的细节特征上还是存在着一些差异。东下冯文化的高领鬲全无鋬手，与之搭配的还有较多的单把高领鬲。河套及晋东北地区夏时期遗存的高领鬲，基本上都是正装双鋬手高领鬲，同时又无东下冯遗址那样的单把高领鬲。晋中地区夏时期遗存的高领鬲中，除正装双鋬手、无鋬手者一类外，还存在一定数量的侧装双鋬手高领鬲。侧装双鋬高领鬲在迄今的考古发现中仅见于太原地区。器物类别上的差异，反映了它们所承继的主流文化的不同。

　　龙山时期，处于北方长城沿线中段的三北地区（包括晋中北、冀西北、内蒙古中南部及陕北地区），文化面貌有着较强的一致性。进入夏时期后，这种相对统一的文化格局产生了分化：山西中北部地区逐渐形成了以高领鬲、敞口斜直腹瓿、蛋形三实足瓮等为代表，自具特征的"东太堡文化"；而内蒙古及陕北地区则先后形成了以正装鋬手鬲、盉、敛口甗、双耳罐、折肩罐、单把鬲等为代表的大口二期文化和以蛇纹鬲、敞口甗、带纽罐等为代表的朱开沟文化；同时，冀西北地区也形成了自身的文化特色。这种分化，使得原本统一的文化格局不复存在，但因源自同一个大的亲缘文化区，又令它们在各自发展中存在着广泛的相互渗透和影响。

　　晋中盆地夏时期遗存和朱开沟文化有着广泛交流。朱开沟文化以内蒙古自治区鄂尔多斯市为中心，南边大体以陕北地区经吕梁山至晋中北部一线而与晋中盆地夏时期文化相接，是一处距今 4200—3500 年，横跨原始社会晚期到商代前期的考古学文化，其中二、三、四段属夏时期遗存[①]，以花边鬲、高领鬲、蛇纹鬲、单把鬲、敛口甗、蛋形三足瓮、单耳罐、双耳罐、镂孔高圈足豆等为典型器。可以看出其与晋中盆地器物有许多共同之处，然而还有相当比例的器类不为晋中盆地所具有。两者不属于同一文化。至于两者之间相似器类，是交流的产物还是各自发展的结果，尚难定论。但可以肯定的是，两者在相邻的几处考古学文化中交流最为广泛。我们在讨论晋中盆地龙山时代晚期文化时曾经提到，晋中盆地龙山文化晚期遗存同晋南龙山文化晚期、河北龙山文化晚期，即所谓的黄河中下游中原文明特征相去较远，而与内蒙古南部即所谓北方地区龙山文化晚期的文化因素大体一致，应属一个文化区系。朱开沟文化和东太堡文化的相似性，正是这一文化趋势的显现。

　　东太堡文化和先商文化漳河型也有一定交流。先商文化漳河型是一支分布于河北省南部漳河中游邯郸、磁县等地区的夏时期考古学文化。漳河型陶器以三足器

---

① 　学者们对朱开沟遗址的文化分期及属性看法不一。王乐文将朱开沟遗址的发现分为甲类遗存和乙类遗存，认为朱开沟甲类遗存的年代当在龙山时代晚期的偏晚阶段至二里头文化二期前后。乙类遗存即朱开沟文化，可分为早、中、晚三期。早期是其起源与形成阶段，大致相当于夏代晚期（二里头文化三、四期）；中、晚期进入早商时期（二里岗下层至二里岗上层晚段）。参见王乐文《试论朱开沟文化的起源、发展与消亡》，《北方文物》2006 年第 3 期。吕智荣将朱开沟遗址以蛇纹鬲为代表的遗存分为四期，并认为第一期遗存的时代下限大约在二里岗下层商文化偏早阶段，而上限或者稍早，进入到二里头文化四期年代的范围之中，即约相当四期偏晚阶段。第四期则晚于殷墟商文化二期。参见吕智荣《朱开沟文化相关问题研究》，《华夏考古》2002 年第 1 期。韩建业则认为朱开沟遗址早期遗存时当二里头文化早期。参见韩建业《中国北方地区新石器时代文化研究》，文物出版社，2003 年。

和平底器最为流行，典型陶器为高领鬲、甗、花边深腹罐、扁足鼎、盆形豆、折腹盆，其他还有大口尊、蛋形三足瓮等。不难看出，这些器类中的鬲、甗、盆形豆、三足瓮，也是晋中盆地的典型器；但漳河型其他典型器则不为晋中盆地所有，同时晋中盆地的斝在漳河型中也少见，它们分属两个文化当无异议。鬲、甗、斝、三足瓮是晋中盆地的传统器物，在龙山时代均能找到源头，但这些器物在漳河型分布区域内则是无源之水；同时，漳河型早期又晚于晋中盆地的早期遗存。由此看来，漳河型中的这些器类只能源自晋中盆地的同类器。如果将这些器类看成是漳河型的文化主流，那么漳河型的源头应在晋中盆地，起码是其源头之一。

晋西南地区东下冯类型陶器以单耳罐、深腹罐最为常见，鬲、甗、鼎居次要地位，而且鬲是从第二期逐渐增多，斝则更少见，其他数量较多的器类还有大口尊、小口尊、双錾深腹盆等。由于东下冯遗址的地理位置介于晋中盆地以鬲、三足瓮为代表的东太堡文化区和豫西以夹砂深腹罐、大口尊为代表的二里头文化区之间，因此东下冯夏代遗存同时含有这两地的文化因素，文化交流自是不言而喻。相对而言，晋中盆地对东下冯类型的影响更为强烈，如东下冯类型中的蛋形三足瓮、甗，甚至可能包括鬲，都是这种影响的结果，而东下冯类型对晋中盆地的影响则是温和、微弱的。

二里头文化的典型陶器是以圜底深腹罐、双錾罐、单耳罐等夹砂罐类和扁足鼎、盆形甑、大口尊、小口尊、高粗圈豆、爵、四足方杯等为代表，这同以鬲、甗、斝、蛋形三足瓮等为主的晋中遗存大相径庭，毫无共同之处。但两者之间分别发现有极少量的对方器物，如晋中发现的扁足鼎、爵、四足方杯，二里头发现的鬲、甗、蛋形三足瓮等，似乎表明两者之间有文化的双向交流。不过事实上，就连这种交流也很可能是通过漳河型或者东下冯类型的中介来实现的[①]。因此，它们之间

---

① 或以为这种交流是通过汾河河谷实现的。徐昭峰、李丽娜认为，太行山西麓，晋西南分布着二里头文化东下冯类型，东下冯类型以北，则分布着所谓"光社文化"，也有人称之为"白燕文化""东太堡文化"等。这一区域发现有较多二里头文化的典型器，如山西太谷白燕遗址平底盆 H119：1、H392：39，M14：1 四足方杯，当通过东下冯类型传播至此；堆纹斝 F1：23 当源于东下冯类型。太原狄村、东太堡光社文化遗址，均发现有二里头文化的典型酒器角；狄村的敞腹盆形鼎、东太堡的宽沿盆形鼎近于二里头文化东下冯类型的同类器。同时，该区域又有夏家店下层文化的因素，如山西太谷白燕遗址 T127③D：1 桶腹鬲，属夏家店下层文化典型器。太原西北的娄烦罗家曲陶爵、庙湾的陶簋以及太原以北的忻州游邀遗址的碗形豆、敛口斝当源自东下冯类型。而冀西北蔚县一带夏家店下层文化三关遗址墓地 YSGH2071：7 蛋形瓮，则源于山西太原的光社文化。则太行山以西地区王朝文化对夏家店下层文化的传播通道，自东下冯类型向北，沿汾河河谷经汾阳、太谷到达太原，继续沿汾河河谷经娄烦到达宁武一带进入桑干河流域，然后沿桑干河谷东进入冀西北的夏家店下层文化壶流河一带。参见徐昭峰、李丽娜《夏商之际王朝文化北向传播的通道及背景探析》，《中原文物》2009 年第 5 期。

的关系就显得微乎其微。

相邻诸文化分期对应表

东太堡文化类型	二里头文化类型	东下冯类型	漳河型	朱开沟文化
早期	一期	一期		早期
中期	二期	二期	早期	中期
晚期	三期	三期	中期 晚期	晚期
	四期	四期		

  总体而言，太原地区夏时期文化遗存——东太堡文化，是在继承本地传统文化的基础上，融合并吸收外来文化因素而发展起来的，它是一支与周边诸文化长期并存又独立发展的考古学文化。许坦以石片垒砌棺椁的形制，开北方地区石砌墓葬的先河（分布于东北夏家店下层文化使用石椁石棺葬，春秋战国时期，这一墓葬形式广泛分布于长城南北一线广大地区，作为戎狄文化的一个特征而与中原地区不同）。东太堡文化有着浓厚的地方色彩，并给予周边文化以强烈影响。空三足瓮在此地的发展序列，就是对东下冯类型影响的一个见证；扁三角足鼎、细把残盘豆的存在，说明其通过先商文化漳河型而与东面的岳石文化有着某种联系；而豫北冀南先商文化中某些陶鬲也应是晋中陶鬲的继承者。故先商文化中的某些因素应是由晋中盆地夏时期遗存派生而来。如果说二里头文化对漳河型和东下冯类型施以强烈影响的话，那么东太堡文化对这两个文化的影响同样强烈。在此意义上，我们可以说东太堡文化同二里头文化一样有着同等重要的地位，两者具有浓厚的地方传统色彩，均具有很强的生命力，均占据一方并形成了明显的文化中心。一般认为豫西晋南地区属夏文化，那么至少夏文化相当一部分因素来自东太堡文化。可见，东太堡文化不仅对先商文化的形成与发展起到了举足轻重的作用，也在夏文化的发展中扮演着重要角色。如果我们承认东太堡文化是传统史学上认为的北方族群创造和使用的文化，就可以说，作为中华文明史开端的夏、商王朝文化，是吸纳了相当程度的北方族群文化而发展起来的。

  关于夏文化的起源，学术界看法不同。许多学者认为夏文化起源于豫西，向西北发展而有东下冯文化。还有一些学者认为二里头文化是从晋南龙山文化发展而来的：二里头一、二期陶器的变化说明，该类型的一期文化的来源，显然是来自西边或孕育于晋南龙山文化（或陕、晋、豫多源的龙山文化）中[1]。我们前边已经谈到晋南庙底沟二期文化、陶寺文化和晋中盆地的远古文化有着广泛的交流，晋西南很可能是先夏文化的发源地。如此说来，在中原远古文化的形成和发展中，不仅东太堡文化，晋中盆地的远古文化很早就在其中发挥了重要作用，这种作用可以说其来有自，源远流长。

后人因此又有大禹都晋阳的说法。《史记·封禅书》张守节《正义》引《世本》云："夏禹都阳城，避商均也。又都平阳，或在安邑，或在晋阳。"禹是治水英雄，又是夏朝的奠基者，因此中国很多地方都有关于禹的传说，禹都晋阳传说就可能因此产生。大禹系舟山的传说、"打开灵石口，空出晋阳湖"的传说，都是由此传说孳乳而出。

第二节　商代文化遗存

商朝历史和夏朝一样，曾经遭到历史学家的质疑。20世纪上半叶，殷墟遗址大规模发掘，出土的甲骨文印证了司马迁《史记》所载商王世系的可靠性。随后偃师二里头、河南郑州商城、湖北盘龙城、四川广汉三星堆等大量考古发现和研究成果公布，使商朝的历史文化逐渐清晰。现在我们知道，商人是一个以玄鸟为图腾的部族。《诗经·商颂·玄鸟》曰："天命玄鸟，降而生商。"《史记·殷本纪》记载，有娀氏之女名简狄，吞玄鸟之卵而生契。商的始祖契曾助禹治水，有功而受封于商，以后就以"商"来称其部族。从契至汤，该部族曾八次迁徙，到商汤时在伊尹的辅佐下打败夏桀，建立商朝后，以"商"为国号。其后裔盘庚迁殷（今河南省安阳市西北）后，又以"殷"称之，或"殷商"并称。末代君王商纣王于牧野之战被周武王击败而亡，商朝共经历17代31王。商朝立国年代史书记载不一，"载祀六百"是一个约略说法。中国夏商周断代工程认为商朝取代夏朝的时间约前1556年，至前1046年1月20日被周武王所灭，共510年[2]。商朝立国五百多年间曾五次

---

[1]　王克林《华夏文明论集》，山西人民出版社，2006年。

[2]　参见夏商周断代工程专家组《夏商周断代工程1996—2000年阶段成果报告（简本）》，世界图书出版公司，2000年。

迁都，五个都城中四个都在河南省境内。目前在河南洛阳市偃师区、郑州市、安阳市都发现了都市规模的遗址。商代文化遗存在河南、河北、山东、山西，甚至陕西等地都有大量发现。

商人灭夏前是夏王朝的一个方国，到灭夏时已经发展成足以和夏王朝相抗衡的强大部族。据记载，商汤以前至契曾八次迁徙。学术界将商人先公先王的这一段历史称为"先商"，将始祖契到成汤灭夏之前以商人为主体的人群所创造和使用的考古学文化称为"先商文化"[①]。关于"先商文化"分布范围以及起源问题，史书记载简略且矛盾，历史上有西方说、东方说、北方说、东北说、晋南说等等[②]。考古学上也有河北龙山文化雪山型、保北型、王油坊类型、漳河型、辉卫型、下七垣文化等为"先商文化"的讨论[③]，其中下七垣文化或曰先商文化漳河型，则和晋中盆地的远古文化有着千丝万缕的联系。

一、晋中盆地的先商文化因素

先商文化漳河型，中心分布地区为河北省滹沱河与漳河流域之间的沿太行山东麓一线。关于其来源，邹衡认为先商文化漳河型的来源并不是单一的，它应该有三个主要来源：一是河北省的河北龙山文化涧沟型，二是山西省的河北龙山文化许坦型，三是山西省的夏文化东下冯型。

邹衡所谓河北龙山文化许坦型，就是我们在前边谈到的东太堡文化早期遗存。我们在讨论东太堡文化的交流与影响时说到，先商文化漳河型的典型陶器鬲、甗、三足瓮等也是晋中盆地东太堡文化的传统器物，而且在龙山时代均能找到源头，可见它们也是漳河型的源头。果真如此，那么晋中盆地的东太堡文化就是先商文化漳河型源头之一。邹衡在讨论河北龙山文化许坦型与光社文化时，将发现于山西中部的许坦、东太堡、狄村、光社以及娄烦河家庄等地的考古遗存分为四类，并且认为第一类遗存应为河北龙山文化许坦型，时代下限不晚于夏文化早期；第二类的年代约当夏文化晚期至早商时代；第三类不晚于"殷墟文化"早期；第四类的年代约相

---

① 张立东《先商文化浅议》，《中国商文化国际学术讨论会论文集》，中国大百科全书出版社，1998年。
② 参见朱彦民《商族的起源、迁徙与发展》第一章第二节，商务印书馆，2007年。
③ 张立东《先商文化的探索历程》，《三代文明研究（一）》，科学出版社，1999年。沈勇《商源浅析》，《文物春秋》1990年第3期。

当于"殷墟文化晚期"。各类别间文化因素有一定的连续性。第二到第四类遗存可以通称为光社文化，它们同商文化有比较密切的关系。由于晋中盆地太原地区光社文化早期同先商文化漳河型有某些相似之处，而从许坦型河北龙山文化过渡到光社文化又比较清楚，因此，先商文化漳河型中的部分文化因素也可能来源于晋中地区的河北龙山文化许坦型[①]。李伯谦也注意到了这一文化现象，他将先商文化漳河型与辉卫型一类遗存通称为下七垣文化，并且说，如果把下七垣文化与其周边地区早于它的龙山期文化作一通盘考察，便不难发现，位于太行山西麓的龙山期文化与其关系更为密切，这也许暗示出下七垣文化的主流是继承晋中龙山期文化逐渐发展而形成起来的[②]。

文献记载也透露出先商文化源自山西的证据。

《诗经·商颂·玄鸟》："天命玄鸟，降而生商，宅殷土芒芒。"《诗经·商颂·长发》；"有娀方将，帝立子生商。"古商宁写作"商""，字上部像凤鸟之冠状，说明商族和以鸟为图腾的东夷集团，亦即我们在前文讨论过的大汶口文化——太昊、少昊族系关系密切。（中国古代一大集团，和我们太原关系密切的赵氏之祖伯益，史书也说他是因母亲女修吞食燕卵而生，说明赵氏、殷商以及远在山东一带东夷少昊族群之间，在远古时期是有一定联系的。这一问题，我们在下一章第三节《赵氏先祖探源》中再加以讨论）

说商族的起源和东方夷人有关，考古学和文献也有佐证，然而商族的来源并不是单一的，它的另一个主要来源，就是文献记载和商族关系密切的"戎"。《尚书·康诰》"殪戎殷"；《国语·周语》："吾闻之《大誓》曰：'……戎商必克。'"可见戎和商在古人心目中有时就是一回事。戎夷合体是为殷商，所以古籍上有称其为"戎殷"或"戎商"。这个"戎"应该就是商族的母姓一族——有娀氏。关于"戎"，《淮南子·地形训》："有娀在不周之北。长女简翟，少女建疵。"高诱注："有娀，国名也。不周，山名也。娀读如嵩高之嵩。"《淮南子·天文训》："昔者共工与颛顼争为帝，怒而触不周之山。"高诱注："不周山，在西北也。"可见娀应该就是戎，是在西北地区。而《史记·殷本纪》："殷契，母曰简狄，有娀氏之

---

① 邹衡《夏商周考古学论文集》（第二版），科学出版社，2001 年。
② 李伯谦《先商文化探索》，《庆祝苏秉琦考古五十五年论文集》，文物出版社，1989 年。

女。"《正义》曰："按《记》云'桀败于有娀之墟',有娀当在蒲州也。"更具体地指明有娀的地望是在今天山西省境内。商族有名的先王之一王亥,传说为玄冥之子,古籍多记其事。《古本竹书纪年》："殷王子亥宾于有易而淫焉。有易之君绵臣杀而放之。是故殷上甲微假师于河伯,以伐有易。"有易或以为即有狄。河伯的原住地据考在今山西省太原以西的岚县和内蒙古自治区河套地区托克托一带。漳河流域也有关于河伯的传说。这些地方正是邹衡所谓的光社文化分布区域或其影响所及的地区①。考古和文献资料表明,先商文化与山西境内的古代文化无疑有着密切关联。

非唯如此,商族之所以名商,很可能和发源于山西晋中盆地的漳水有关。

关于商族得名缘由,一种说法是该族"肇牵车牛,远服贾",因很早开始从事商业贸易活动,长于商贸,故得名商。然而在甲骨文中,商字不见与商贸活动有所关联,反而多表示人名、族名、地名、水名等。王国维就认为商之国号,本于地名②。研究者进一步认为地名之商和滴水、漳水有关。殷墟卜辞中有三十多条提到滴水或者商水,且多和祭祀有关,可见滴水是商人十分崇敬的一条河流。对于滴水,前人很早就注意到了它和商人的关系。葛毅卿《说滴》考证,甲文之滴或即后日之漳。漳水发源于晋,横亘豫北冀南,其地为昔商族徘徊之所,滴或因商而得名也③。杨树达《释滴》引用《说文》释商为"章省声",《匡谬正俗》"商字旧有章音",《水经·河水篇》中的"商河"郦道元注"一曰小漳河"等,说明古代商、章通用,进而认为,滴水盖亦今河南省境内之水,以字音求之,盖即今之漳水也④。不过对于滴水是否为漳水的问题,李学勤、郑杰祥等都提出了不同意见⑤。罗琨《卜辞滴水探研》考证,殷墟甲骨文中的滴水当为周代文献中常见的淇水,由于是殷都附近重要河流之一而常见于卜辞,更因为它承用了商族的母亲河——漳水的古名⑥。对

---

① 参见邹衡《试论夏文化》,《夏商周考古学论文集》(第二版),科学出版社,2001 年。
② 王国维《说商》,《观堂集林》,中华书局,1959 年。陈梦家不同意王国维的看法,认为地名名商,本于族名名商,而族名之商实本于人名之商。参见陈梦家《商代的神话与巫术》,《燕京学报》1936 年第20 集。
③ 葛毅卿:《说滴》,《"国立中央"研究院历史语言研究所集刊》,第七本第四分册,1938 年。
④ 《杨树达文集》之五《积微居甲文说》,上海古籍出版社,1986 年。
⑤ 参见李学勤《殷代地理简论》,科学出版社,1959 年;郑杰祥《商代地理概论》,中州古籍出版社,1994 年。
⑥ 罗琨《卜辞滴水探研》,北京大学考古文博学院《考古学研究(五)》上册,科学出版社,2003 年。

此孙淼《商族起源地与商族名称的由来》一文中更明白地说，商族的起源地与商族名称的来源，均应出自漳水流域①。

学者们所谓的漳水，即文献所载清漳水和浊漳水，是山西晋东南地区的主要河流之一。《禹贡》："覃怀厎绩，至于衡漳。"此衡漳即指漳水。《水经注》卷十："浊漳水出上党长子县西发鸠山，漳水出鹿谷山，与发鸠连麓而在南。"漳河支流众多，其中清漳水和浊漳水是漳河的两条主要干流。清漳河两源，一为晋中市昔阳县，一为晋中市和顺县，而浊漳河的三源之一浊漳北源出晋中市榆社县北八赋岭，总之流域和晋中地区密不可分。漳河流域分布着大量史前文化遗址，其中东太堡文化或认为属于夏时期文化的一个地方类型，而晋中盆地的东太堡文化正是学者们所谓的先商文化源头之一。更为巧合的是，距离两条河流源头不远的太谷白燕村，考古工作者发现的大型文化遗址——白燕遗址，文化遗存不仅包含仰韶文化、山西龙山文化，而且还包含东太堡文化、商代文化。

二、商代文化遗存

白燕遗址的文化遗存，发掘者将其分为六期。其中一期为仰韶文化晚期，二期为庙底沟二期文化，三期为山西龙山文化白燕类型，本书在新石器太原的相关章节中已有介绍。第四期为东太堡文化，分为早晚两段，时代分别相当于二里头文化三、四期。第五期即为商时期，又分为四个发展阶段。发现遗迹主要为灰坑，形制和第四期基本相同。坑口平面以椭圆形和圆形为主，坑体形状以斜壁平底、斜壁锅底和直壁平底为主，有一定数量的坡底状和袋状灰坑。灰坑的用途还有待进一步研究，不过一些灰坑可能作为储藏或房子使用，后来废弃成了垃圾坑。以灰坑23为例，椭圆形坡底状，坑壁竖直，残高0—1.4米。灰坑中发现烧土、灰烬、炭渣等，应该和炊事活动有关。又如灰坑223，系一上下两级袋状灰坑。坑口为抹角长方形，坑口面积约4.4平方米，残深1.14米。在第一级坑坑口底北端，沿北壁下挖第二级坑，深1.5米。在第二级坑口南沿，等距离排列四个长方形凹槽，与凹槽水平相对的北壁上有四个壁洞，应该是承架横木而挖。两级坑壁和坑底皆平整光

① 孙淼《商族起源地与商族名称的由来》，殷墟博物苑、中国殷商文化学会《殷墟博物苑苑刊（创刊号）》，中国社会科学出版社，1989年。

滑，也没有发现烧土痕迹，很可能是作为窖藏使用的。而灰坑47为近圆形袋状灰坑，坑壁及坑底均平整光滑，坑内填质地较硬的灰黄土。出土一件完整的陶甗，坑底西南部紧挨坑壁埋葬三具完整的措置叠压的中青年骨架，三具骨架均有被砍杀痕迹。

白燕遗址第五期出土遗物以陶器为主，多为夹砂和泥质灰陶，也有一定数量的杂色陶。以绳纹为主，新出现饕餮兽面纹、云雷纹等纹饰。器型有鬲、甗、甑、斝、鼎、簋、盆、豆、钵、单把唇口罐、小口绳纹罐、中口折肩罐、敛口三足瓮、夹砂红陶缸等[①]。从地层关系和陶器变化看，可分为四个发展阶段。一段相当于二里岗文化上层早段。陶器同前一阶段有密切联系，如甗、斝、盆、小口广肩绳纹罐、三足瓮、敛口钵、小盆形钵等主要器类都存在着一脉相承的发展演进关系。但鬲和豆变异较大，前段的高领深腹鬲大部分已转化为腹腔发达的绳纹口侈沿深腹鬲，并出现众多以平缘方唇为主的商式翻缘小鬲。前段盛行的细把碗形豆已很少见，取而代之的是大量商式粗柄真腹和假腹盘形豆。有的豆柄上有十字形镂孔，有的假腹豆上压印饕餮纹。本段开始流行的单把唇口罐特色鲜明，一直延续到第三段。

第二段时代当二里岗文化上层晚段。陶器类别与前段相同。高领深腹鬲完全消失，侈沿深腹鬲最为流行，商式翻缘小鬲数量亦多。值得注意的是，部分侈沿深腹鬲的口部绳纹被抹掉，并参照商式翻缘小鬲修整加工，形成一种介于绳纹口侈沿深腹鬲和商式翻缘小鬲之间的"中间型"鬲。

第三段时代当殷墟文化第一期。绳纹口侈沿深腹鬲锐减，"中间型"鬲数量剧增，成为大型鬲的主体。商式翻缘小鬲的宽方唇变窄，唇折处圆钝，实足跟变得矮小。其他主要陶器如盆、锥状实足三足瓮、小口绳纹广肩罐、豆、钵等仍处于稳定发展中。

第四段时代当殷墟文化第二期。陶器种类与前段基本相同。"中间型"鬲依然盛行不衰，圆鼓腹和斜直腹两种类型特征已发展得十分显著。商式翻缘小鬲正视形状多为近方形，且出现一种扁方形商式侈沿小鬲。陶器主体成分仍然是前段的延续，但也集中出现了一些以往不常见的因素，如无实足跟袋足鬲、柱状实足跟鬲、

---

① 参见晋中考古队《山西太谷白燕遗址第一地点发掘简报》，《文物》1989年第3期。

颈饰附加堆纹的夹粗砂陶鬲及宽侈沿鼓腹簋等[①]。

白燕遗址五期文化时代大致为商代早期至晚期前段，依据发现遗物碳十四测定并经树轮校正，年代为距今 3525—3235 年，达到商朝纪年的一半以上，可说是晋中盆地具有商代文化特征的代表性遗址。

白燕遗址之外，晋中盆地考古发掘的商代遗址还有汾阳杏花村遗址和灵石旌介墓葬等。

汾阳杏花村遗址与白燕遗址的直线距离为十余公里，是太原盆地少数经过科学发掘、包含有商代遗存的文化遗址。

遗址位于吕梁山脉东南，汾阳市杏花村东，面积约 15 万平方米。遗址堆积连绵不断，年代跨度长，内涵丰富。文化遗存包括仰韶时代庙底沟文化、龙山时代杏花文化、夏时期文化、商代文化等。发掘者将商代遗存分为两个阶段，第一段遗迹仅发现灰坑，出土遗物有方唇深腹联裆鬲、敛口泥质灰陶瓷、饰弦纹和十字镂空的泥质灰陶簋残座等，时代相当于二里岗上层。

杏花村遗址商代重要遗存是第二段遗迹，发现多座灰坑和一批墓葬。时代和白燕遗址四段相当，即殷墟文化第二期，其中一部分墓葬的时代可能晚到殷墟文化晚期。

第二段灰坑多为圆形或椭圆形，底呈锅底状。出土遗物，陶器有肥腹鬲、瘦腹鬲、陶甗、陶瓮、陶盆、陶豆等，石器有镰和锛，骨器有镞、针和卜骨。卜骨均以牛肩胛骨经锯或削、磨加工，粗糙面钻眼密布，少数钻眼由于不够薄，再经凿挖，以利钻灼。钻眼上都有灼痕，对应的光面有清晰的卜纹。

墓葬因砖厂取土已经遭到极大破坏，一些埋藏较浅的墓葬已经荡然无存，另一些埋藏较深的墓葬开口也不清楚。砖窑场随处可见被刨出后抛弃的人骨和破碎陶器，所谓的考古发现，不过是这些残存的墓葬。因为遭到破坏，墓葬的范围、布局及确切数量不清，共抢救发掘墓葬 37 座。墓葬均为长方形小土坑竖穴墓，一般长约 2 米，宽约 1 米，最大的墓长 3 米，宽 1.9 米。大多数墓葬为南北向，仅墓地西部四座墓为东西向。还有两座墓带有殉狗的腰坑。墓葬均为单人葬，多数有木

---

① 　许伟《晋中地区西周以前古遗存的编年与谱系》，《文物》1989 年第 4 期。

棺。墓主人多仰身直肢，俯身直肢者两座，侧身屈肢者一座，这三座墓墓主人均为女性。有一半以上墓葬陪葬一件陶器，非鬲即豆。还有两座墓同时随葬一两件石饰品，其他墓葬没有陪葬品。比对随葬器物的特征，这批墓葬的时代约相当于殷墟时期[①]。

杏花村遗址墓葬虽遭到极大破坏，但由于它是晋中盆地唯一经过考古发掘的大型商代墓葬，无疑有着重要的学术价值，对研究晋中盆地殷商时期文化有着重要意义。墓葬葬式基本同于殷墟商人墓，只是没有殷墟商墓随葬陶器的组合形式。遗址中出土的代表性器物——陶鬲，可以明显看到不同的来源：一种具有典型商文化特征，文化因素显然来自东方的商文化区，另一种是本地传统风格和以本地传统风格为主，又吸收一定商文化因素而产生的中间型陶鬲。此外遗址还发现少量与前两处风格明显不同的陶鬲，吕梁山腹地柳林高红遗址出土器物则与之如出一辙，说明商代杏花先民和以吕梁山高红遗址为代表的文化族群也有一定的交往。

杏花村遗址这种文化特征表明，以杏花村遗址为代表的晋中盆地居民同商文化有着密切关系。如前所述，自先商时期开始，商人就和太原盆地居民有着紧密的源流关系，至二里岗时期，商人扩大和深入了对晋中盆地居民的文化影响。杏花墓地存在浓厚的商人葬俗现象，当是沿着上述轨迹发展的结果。而另一方面也可看出，根植于晋中盆地的这种文化遗存，虽然受到商文化的强烈影响，并且吸收了以吕梁山高红为代表的部分文化因素，但仍顽强地保存着自己的文化特征，构成一种自成特色的考古学文化遗存。

杏花村墓地出土的商式鬲、传统型鬲，在灵石旌介商墓也有发现。

灵石旌介因1976年出土30多件精美的青铜器引起考古工作者的关注。1984年，得悉旌介村民要在墓3周围取土烧砖的消息，山西省考古研究所迅速派人调查勘探，又发现了两座古墓，编号墓1、墓2，随即发掘，出土了大批青铜器和其他遗物。两墓均为竖穴土坑墓，有棺有椁，青铜礼器基本组合为爵、觚、罍、卣、簋等。以墓1为例，墓葬为长方形竖穴土圹，一椁三棺，正中男性墓主人仰身直肢，两侧各有一面向墓主人的侧身葬女性；墓主人脚部上方填土中，有一殉人侧身直肢

---

① 国家文物局等《晋中考古》，文物出版社，1999 年。

灵石旌介墓出土器物一组

1. 铜钺　2. 铜簋　3. 方鼎　4. 兽形觥　5. 觚　6. 爵

面向墓主人；墓圹南侧中部填土中殉一牛头，贴近墓圹东西壁填土中各有一殉狗，墓底正中腰坑殉狗一只。随葬品共 41 件，均为青铜器，以容器为主，计有鼎、簋、尊、卣、斝、罍、觚、觯、爵、矛、戈、镞、铃、弓形器、兽形管状器等 15 类[1]。

　　旌介商墓时代当殷墟晚期，出土的大多数青铜器上都有铭文和族徽，铭文以一字居多，出现次数最多的一个族徽，释为丙或丙[2]。铭丙的青铜器在山东、陕西、河南、河北等地都有发现，数量达百余件，多为商代器物，少数可到西周早期。可见丙族在当时是一个重要的方国。《续殷文存》记载一件铸有丙族族徽的铜鼎，长篇铭文叙述了作器者随王征井方，受到商王赏赐而为父丁作器。丙族首领能奔走在商王左右，随王出征并接受商王赏赐，说明丙族和商王朝关系之密切。

　　灵石旌介出土的青铜器从文化风格来看，可分为两类。其中占主导地位的青铜器如爵、罍、尊、簋、斝和玉璜、玉鸟、玉鱼等，与殷墟晚期墓葬出土的同类器物几乎完全一样，具有典型商文化风格，说明活动在这里的族群和中原商文化有着密切交往，总体上属于商文化系统。而另一类器物如弓形器、羊首刀、兽首管状器等少见或不见于殷墟，具有北方系青铜文化风格。特别是在葬俗上三棺共一椁、两棺

---

① 参见海金乐、韩炳华《灵石旌介商墓》，科学出版社，2006 年。
② 对此铭文，释法不一。海金乐、韩炳华释为丙，认为是商朝十干族之一——丙族。

共一椁男女合葬的现象，绝不见于殷墟。表现出它们与商王朝或商文化的距离，即他们应是以商文化为主体，融合当地及其他青铜文化的某些因素而形成的一个地方类型。结合墓葬特征和青铜器铭文，我们推测㝬族与商王朝属于关系密切的邻邦。墓葬主人很可能就是㝬国贵族或国君，而灵石一带应是商代晚期㝬族方国所在地。

值得注意的是，作为旌介村大墓墓主人陪葬者的几座小墓，随葬陶㝬与杏花村墓地出土的商式㝬和中间型㝬相同。这也许说明杏花村遗址居民应是在旌介村墓主人所代表的贵族统治之下，晋中一带也应属㝬国范围。

灵石旌介出土青铜器中，还有一些铸有天、亚羌、辛、戈、邑、卷、舌等族徽，说明这些铜器的主人可能也是活动于山西一带的方国首领，起码与㝬国有一定联系。此点我们在下文讨论太原地区"方国与部族"时再谈。

此外出土一件铜簋，底上有一个骡形动物图案，引起了学者们的关注。陶正刚将其释为马，并与文献所载马羌相联系。考古学家张颔考订其即为文献上所谓的"赢"，即骡子。驴和骡本北狄或西戎所有，可能在春秋战国之际传入燕、赵等国，逐渐进入内地，但在秦汉时还不是十分普遍。如果把视野扩大到考古资料，所见就有很大的不同，根据这件簋的发现，应该把驴、骡传入内地的历史至少提到殷商晚期[①]。

在太原尖草坪区光社、忻州连寺沟、吕梁山等地发现的商代遗址和墓葬，同样也值得我们关注。

光社遗址位于尖草坪区光社村南侧黄土层台地上，1954年考古调查时发现，1956年小范围发掘。遗址为不规则长方形，面积约1万平方米。地面散见各种器类的碎陶片、残破石器等。经发掘获得陶器、石器、骨器等遗物。灰坑非常稠密，大部厚达3米以上，有的灰坑内发现有白灰面，表面薄而匀，涂于草拌泥上。陶器中㝬的数量最多，约占总数的一半还多。陶㝬皆饰绳纹，㝬足皆为锥状实足跟。除㝬之外，陶器中的生活器皿还有甗、罐、杯、盆、盘、豆、杯、钵等。蛋形三足瓮是光社遗址出土的代表性器物。生产工具有陶纺轮、石刀、石铲、石斧、石锛、石凿等，骨器有针、锥、卜骨等。共发现卜骨11片，计有灼无钻3片，有钻有灼8

---

① 参见张颔《"赢簋"探解》，《文物》1986年第11期。认为应是马羌族徽者，参见山西省考古所《1979—1989年山西省的考古发现》，《文物考古工作十年（1979—1989）》，文物出版社，1991年。

光社文化蛋形三足瓮

片，大部是牛胛骨，正、背面均经刮削加工。钻窠大小并不一致，窠槽内也不规律，并显有刃状器挖削痕迹，正面有卜兆，无文字。学者们对光社遗址的文化时代看法不一。发掘者认为：它大约是带有地方性的新石器时代晚期文化，也可能相当于龙山文化的晚期，或者接近于商代文化[1]。邹衡将晋中盆地发现的龙山晚期到夏商时期考古遗存称为光社文化，并且认为它代表的是一支广及黄河两岸晋西北、陕东北直至河套地区，或者至少是影响所及的考古学文化。推其时代，白灰面、石刀、石环等约当龙山晚期，蛋形三足瓮、扁平石铲、猪肩胛骨卜骨等约当夏时代晚期，细绳纹鬲、有肩石铲以及三角划纹簋等则当殷墟时期[2]。此外，遗址东北部发现零星陶片，有红陶、彩陶、条纹陶等，很明显属于仰韶文化时代。

1966 年，位于太原地区以北的忻州连寺沟村南羊圈坡发现商代墓葬，出土一批青铜器，有铜爵、铜觚、铜鼎等。早在 1938 年，就在连寺沟村东约半里的牛子坪沟崖上发现同一类型青铜器，部分遗失，部分新中国成立后被太原文物商店收购，计有铜鼎 1 件，铜瓿、铜斝、铜爵、铜簪各 1 件。

吕梁山一线的石楼县后兰家沟、桃花庄、二郎坡、贺家坪、义牒，永和县下辛角，柳林县高红，保德县林遮峪等地多处发现商代晚期遗址、墓葬。如林遮峪墓葬位于林遮峪乡林遮峪村南黄河岸边，墓地背山面水，山顶平坦，面积约 200 平方米。墓中有人骨一具，头向朝东，2 件铜斧置于骨架右外侧，金弓形饰和玉饰串置于胸前，其余铜器零散置于足下端。发现铜器 30 件，计有垂页三角纹鼎、带铃豆、铜瓿、提梁卣、铃首剑、銎斧、双球铃等。

2009 年，吕梁山柳林高红遗址调查和发掘一处商代遗址，并被评为全国十大考古新发现之一。出土器物表明，石楼、永和、高红等地的文化遗存，既有商代文

① 参见解希恭《光社遗址调查试掘简报》，《文物》1962 年第 Z1 期。
② 参见邹衡《关于夏商时期北方地区诸邻境地区考古学文化的初步探讨》，《夏商周考古学论文集》（第二版），科学出版社，2001 年。

化的典型器物，又有属于北方草原的青铜文化，即鄂尔多斯青铜文化系列。它们是一支以晋陕交界的黄河两岸高原地带为中心区域，和商文化并行发展而又互相影响的考古学文化。这支文化和晋中盆地以杏花村为代表的商时期文化族群，有着密切联系，甚至一度还曾侵入晋中盆地。

晋中盆地商代文化遗存，从商代早期到殷墟晚期都有不同程度的发现，而且自成特色，胡建、郎保利、赵曙光在《山西商代考古学文化的若干问题》中称它为"白燕五期类型"[①]。依据典型单位地层学和器型学，结合各地区文化特征，晋中盆地商代文化遗存可分为五个发展阶段，即以太谷白燕遗址第五期为代表所划分的1—4段，以及杏花村墓地部分陶器为代表的第5段，时代相当于二里岗文化上层早段至殷墟文化晚期[②]。其分布范围包括汾河中游的太原盆地和滹沱河流域的忻定盆地及周边地区[③]，其年代依据白燕第五期地层数据，约为前1600—前1200年。

晋中盆地早商时代文化即白燕第五期遗存，是由当地夏时期文化白燕第四期遗存融合其他文化因素发展而来的。早商文化的陶鬲谱系可分三个序列：第一是绳纹口侈沿深腹鬲，第二是商系翻缘鬲，最后为介于二者间的"中间型"鬲。三支陶鬲稳步发展，构成了早商时期晋中地区考古学文化谱系上的重要特征。这三种陶鬲平行稳定的发展过程，显示了晋中盆地早商文化的几个特点：第一，晋中地区未能直接沦为商人殖民统治区，仅是文化间接渗透关系；第二，富有特色的土著文化开始部分吸收、融合商文化因素，互利合作因素特征明显；第三，夏时期文化因素惯性地左右着土著文化，与商文化冲击相抗衡，并且具有排他性。胡建、郎保利、赵曙光研究认为，商王朝在山西地区扩张有三种战略方式：第一，据黄河天险构筑军事要塞，遏制反商势力，形成保护商王朝王畿范围的保护圈；第二，黄河以北平原地带，以排他式的殖民统治划入商人的势力范围；第三，高原山地的地理限制，迫使

---

① 胡建、郎保利、赵曙光《山西商代考古学文化的若干问题》，山西省考古学会、山西省考古研究所《山西省考古学会论文集（三）》，山西古籍出版社，2000年。

② 参见许伟《晋中地区西周以前古遗存的编年与谱系》，《文物》1989年第4期。胡建、郎保利、赵曙光将山西商代文化分为二期七段，其中晋中盆地为三段至七段，与许伟的分期相近。

③ 胡建、郎保利、赵曙光《山西商代考古学文化的若干问题》，山西省考古学会、山西省考古研究所《山西省考古学会论文集（三）》，山西古籍出版社，2000年。关于太原盆地的商代文化，迄今还没有各方认可的考古学定名。邹衡在讨论太原地区此阶段文化时称之为光社文化，但邹衡所谓的光社文化又涵盖夏时期文化。

商文化采取渗透方式，并且与土著文化之间共存互利，达到阻止北方文化南下的目的。晋中盆地商代文化遗存的性质应是所谓的第三种方式。

晋中盆地白燕、杏花村、旌介等商代文化遗址，均发现晚商时期——殷墟文化一至三期的遗存。其特征是代表土著文化特征的侈沿深腹鬲锐减，"中间型"鬲盛行不衰，成为大型鬲的主体，商式鬲仍处于稳定发展过程。总体来看，忻定盆地连寺沟羊圈坡和牛子坪出土的青铜器风格，与灵石旌介青铜器群性质相近。太谷白燕遗址位于晋中腹地，灵石旌介和忻州连寺沟分处南北两地，它们之间的文化因素纵然因地域、环境不同而略显差异，与商王朝的关系也随时势的不同有所区别，但它们的主体文化成分相同，都属于商文化系统下的一个地方类型。至于晋中盆地这个地方类型的部族，是在鬲国的统治下，还是有一些诸如沚方、龙方等方国，在同一文化类型下共同占据？以目前的发现，我们还不能回答。

商代的山西地区，商文化始终占主导地位，控制着大部分地区。大致南北以霍太山为界，晋西南、晋南、晋东南地区是商文化直接控制地带，晋中盆地属商文化与北方文化抗衡的间接控制区，吕梁山一线以及晋北地区则应是北方草原文化势力范围。文化特征以花边鬲、棱纹鬲和三足瓮为主的北方草原文化，主要分布在内蒙古阴山南北两侧的河套地区，以及陕北、晋西北的黄河两岸。这支文化长期活跃于北方地区，与商王朝处于敌对状态。他们以黄河东西两岸为基地，采取一种较为灵活的跳跃式游击战略，由西北向东南出击，与商文化相抗衡。晋中盆地以白燕五期类型为代表的商代遗存，始终保持与商文化的密切联系，特别是盘庚迁殷以后，豫北地区成为商王朝统治区域，晋东南处于商王朝控制势力范围之内，表现出与殷墟文化的相似特征。白燕五期晚商阶段遗存，商文化因素及其与土著文化相结合派生出来的特征明显增强，表现出与殷王朝日益紧密的联系，并以其强大势力，与北方草原文化相抗衡，有效地遏制了北方草原文化南下的势头。对此，考古学家张忠培总结道：在广大北方草原地区表现得十分活跃的、以花边鬲为代表的文化集团，尽管也曾不断地向晋中地区施加影响甚或短暂地侵入，但正是由于有植根晋中盆地的杏花类型的盘踞，才使其向东南方的扩张受到了很大程度的遏制[1]。

---

[1] 张忠培《晋陕高原及关中地区商代考古学文化结构分析》，《中国考古学：九十年代的思考》，文物出版社，2005年。

第三节 晋中盆地的先周文化因素

所谓先周文化，是指武王克商以前周人的早期文化[1]。周人的起源和地望问题，历来是考古学和中国古史研究的重要课题。对先周文化的考古学探索，肇始于 20 世纪 30 年代苏秉琦等对宝鸡斗鸡台墓地为代表的发掘及研究，成形于陕西沣西遗址、周原等遗址的发掘和研究。特别是 20 世纪 80 年代邹衡《论先周文化》一文，首先提出先周文化的命题，并且指出先周文化三种文化构成因素：一是来自以殷墟为代表的商文化，二是从光社文化分化出来的姬周文化，三是来自辛店文化，可谓具有里程碑意义的经典之作。随后发表的《关于夏商时期北方地区诸邻境文化的初步探讨》《再论先周文化》等论著提到"先周文化源头之一为晋陕之间光社文化"的观点，拓展了我们探索山西，特别是晋中盆地远古时代文化的思路。近三十年来，随着陕西长武碾子坡、武功郑家坡以及扶风刘家墓地、周原等一批重要考古遗址的发掘，先周文化研究取得了丰硕成果。胡谦盈、尹申平、雷兴山等一批学者发表了大量论文和专著。时至今日，考古发掘已确认周人早期都邑周原、丰镐的地望，基本厘清了公刘迁岐以后先周与商王朝的关系。

至于公刘迁岐以前的历史，则意见纷呈，传统说法有商周同源说、戎狄种姓说等。

关于商周同源说。《史记·殷本纪》云，殷契母简狄，其母有娀氏女，为帝喾次妃。《史记·周本纪》云："周后稷，名弃。其母有邰氏女，曰姜原。姜原为帝喾元妃。"说周族的始祖"弃"和殷族的始祖"契"是同父异母兄弟，也就是说周人和殷人原来是一个原始氏族，后来逐渐分化为周族和殷族。

对于商周族属同源说，胡谦盈根据已有史料，特别是发掘材料，条分缕析，下面对胡谦盈《姬周文化及其族属探源》一文的观点作简要介绍。

第一，史有明文记载，殷族的始祖"契"为卵生，而周族的始祖"弃"乃其母姜原践巨人迹而感孕生，表明殷人和周人对祖先（或说图腾）崇拜是完全不同的。崇拜不一，可知殷人和周人并非同祖同宗，他们应分别属于完全不同的两个民族。

---

[1] 邹衡《再论先周文化》，《夏商周考古学论文集（续集）》，科学出版社，1998 年。

这一点，从现有的考古发掘材料可以得到证实。例如，姬周文化的陶器基本特征与殷文化的陶器基本特征是迥然有别的，而且两者的文化渊源也不相同。目前考古界多认为殷文化来源于所谓"河南龙山文化"，姬周文化，大约渊源于寺洼文化。

第二，史称殷民族兴起并活动在中国的东部地区（即今黄河中、下游地区），周民族则崛起并活动在中国西部地区（即今黄河流域上、中游支流的泾渭地区）。迄今发现的商文化遗址和先周文化遗址的分布地域，与古代文献所记载殷人和周人的活动地区基本吻合。表明殷人和周人分属中国古代分布在不同地域的两个不同渊源的古老民族，二者在族系上毫无联系。概括地说，周民族和殷民族不是从一个原始氏族中分化出来的，而是分别从居住在不同地区的两个不同原始氏族中渐渐成长和壮大起来的。

第三，《古本竹书纪年》云：殷王武乙三十四年，周王季历来朝，武乙赐地三十里，玉十珏，马八匹。又云：殷王文丁杀季历。由此可见，周王季历之父——古公亶父约处于殷王康丁、武乙时期。按周武王灭殷之年，约为公元前 1027 年[①]。古公亶父是周武王曾祖父，充其量是公元前 1100 年前后的人物——《史记·周本纪》记录周人先王世系，姬周从始祖后稷至古公亶父历十三世十三个王。若按每个王平均在位二十年计算，传说中的周始祖"后稷所处历史纪年"只能上溯到商代末期或稍早，即商王祖丁时期前后。从考古学文化资料来说，约相当于郑州二里岗上层商文化遗存的年代，距商汤立国还有 200 年，距传说中的"殷始祖契历史纪年"则更久远了。传说中的殷族历史比周族历史早数百年，现有的考古材料也验认了这一点。例如在河南偃师二里头和郑州市南关外等地，都已经发现比二里岗上层商文化遗存年代早得多的商文化遗存。所以，根据殷族历史比周族历史早数百多年这个史实，也同样可得出结论，所谓"殷祖契和周祖弃是同父异母兄弟的传说"（或者说殷族和周族是从同一个原始氏族中分支出来的），应属虚构之事[②]。

周族源于戎狄种姓也是一个比较古老的说法。《史记·周本纪》："（后稷子）不窋末年，夏后氏政衰，去稷不务，不窋以失其官而奔戎狄之间。不窋卒，子鞠立。鞠卒，子公刘立。公刘虽在戎狄之间，复修后稷之业，务耕种，行地宜，自漆、沮

---

① 陈梦家《西周年代考》，中华书局，1955 年。
② 胡谦盈《姬周文化及其族属探源》，《胡谦盈周文化考古研究选集》，四川大学出版社，2000 年。

度渭，取材用，行者有资，居者有畜积，民赖其庆。百姓怀之，多徙而保归焉。周道之兴自此始，故诗人歌乐思其德。公刘卒，子庆节立，国于豳……古公亶父复修后稷、公刘之业，积德行义，国人皆戴之。薰育戎狄攻之……乃与私属遂去豳，度漆、沮……豳人举国扶老携弱，尽复归古公于岐下……于是古公乃贬戎狄之俗，而营筑城郭室屋，而邑别居之。作五官有司。"可见周人从不窋起，就长期与戎狄族杂居生活，直到古公亶父迁岐以后才出现大发展的崭新局面。

近年来，随着考古发现和研究的不断深入，胡谦盈"姬周族属是戎狄种姓或分支的传说是姬周人族源的真实记录"已为大多数研究者所认可，而且在传统上认为周族起源于陕北高原的观点基础上，研究者基本公认先周文化必是泾、渭地区商时期的某支考古学文化[①]。

不过一些学者关于周族和山西的关系，进而和太原关系之探索依然应该引起我们的重视。

周族或者说先周文化源于山西的说法，自从著名学者钱穆提出以后，引起了越来越多学者的关注。陈梦家、田昌五、许倬云、王玉哲、王克林、韩建业等对周族源于山西，从历史学、考古学诸方面作了有益探索，考古学家邹衡进而认为先周文化与太原地区的光社文化有一定关联，使我们看到山西古文化在多元一体的中华民族形成中的重要作用。

《诗经·大雅·生民》在谈及周族的起源时，对周族先祖后稷有大段追述："厥初生民，时维姜嫄。生民如何？克禋克祀，以弗无子。履帝武敏歆，攸介攸止，载震载夙，载生载育，时维后稷……诞后稷之穑……即有邰家室。"诗文描述了姜族女姜嫄践踏上帝的脚趾印而孕生后稷，后稷经过艰难险阻，学习种植，最后在邰地安下他的家。关于后稷所处时代，《生民》没有给我们一个明确交代，但古文献多记后稷为周族的男始祖，曾在尧舜时代当农官，教民耕种。《诗经·鲁颂·閟宫》又说他"奄有下土，缵禹之绪"，说明其生活时代，相当于古史传说的尧舜禹时期，亦即考古学所指龙山文化时代。

后稷在邰地安了家，这个邰地对我们探索周族起源意义重大。

---

① 雷兴山《先周文化探索》，科学出版社，2010年。

关于邰地，一般都认为在陕西武功县境。《史记·周本纪》张守节《正义》引《括地志》说："故斄城一名武功城，在雍州武功县西南二十二里，古邰国，后稷所封也。有后稷及姜嫄祠。"考古学家胡盈谦所著周族源流探索系列中，对周人都邰以及先周文化源于陕甘一带的寺洼文化等有较为详备的论述。

不过也有邰地最初在山西的说法。

钱穆《周初地理考》中说：姜嫄之在晋，闻喜有姜嫄墓。《闻喜县志》载其邑人翟凤翯《涑水编·姜嫄墓记》谓邑西北三十五里有冰池，《诗》云"置之寒冰"是也。池东为姜嫄墓，山后荒垄数十亩，为有邰氏坟。其山曰稷。上有后稷陵，下有姜嫄墓。考姜嫄为有邰氏女，邰亦作骀，《路史·疏仡记》高辛氏上妃有骀曰姜嫄是也。闻喜于古为台骀氏邑。台骀之称有骀，犹陶唐之称有唐也。台骀氏所处太原，兼带汾洮，在河东，障大泽，实相当于今之闻喜。以大夏、太原、实沈、台骀之地望考之，参之以诗书百家之言，知后稷教稼，断在晋冀，不在秦雍[①]。

钱穆谈到的台骀、有邰，我们在第四章《台骀肇始大原》一节中已经说明他是汾水之神，代表着一支山东大汶口文化的部族，龙山时代早期已经辗转迁徙到山西地域。清徐都沟、太谷白燕等地出土的高领折肩壶、陶鼓、陶器、木器上的彩绘等因素，有可能是他们在晋中盆地留存的文化遗迹。

台骀为汾水之神，邰地极可能首先指称山西某地。陕西有关邰的地名，很可能是随着周人西迁流布过去的。

周人崇夏尊禹，而且往往自称为夏人或以夏人自居。《诗经·周颂·时迈》"我求懿德，肆于时夏"，《思文》"无此疆尔界，陈常于时夏"，《尚书·康诰》周公曰"用肇造我区夏"，又《君奭》"惟文王尚克修和我有夏"，此"有夏"显然是周人自指，都以夏作为自己的疆域看待。周之后人在追溯其祖源时，每每与夏或禹相联系，如《诗经·鲁颂·闷宫》"赫赫姜嫄……是生后稷"，"奄有下土，缵禹之绪"，《逸周书·商誓解》"在昔后稷……登禹之绩"。表明了周与夏关系之密切，很可能他们就是夏族的一个分支。许倬云《西周史》认为：夏代建国山西，及于河南，其疆域未及渭水流域，周人自同于夏的心理，只能由历史记忆中周人老家在山西为解

---

① 钱穆《周初地理考》，《古史地理论丛》，台湾东大图书有限公司，1982年。

释①。我们在《唐尧都太原》一节中已经谈到晋南地区的庙底沟二期文化——"西夏"可能是夏文化的前身，以台骀为代表的东方大汶口文化居民到达山西晋南以后，和当地的土著文化——庙底沟二期文化碰撞融合，形成了灿烂的陶寺文化。陶寺文化分为早中晚三期，其中陶寺中、晚期遗存与早期遗存有重大区别，而变化程度之巨，则和史书所载"稷放丹朱"有关。

《古本竹书纪年》："后稷放帝朱于丹水。"后稷与其母有邰氏姜嫄的居地，我们已经说明或在晋南。陶寺遗址很可能就是传说中五帝之一帝尧的都城。丹朱传为帝尧子（更大的可能是代表帝尧一族晚期），其始居中心地自然还应在临汾盆地。陶寺文化晚期，以陶寺灰坑365和灰坑303为代表的晚期类型，在临汾盆地代替了陶寺类型，并将其范围南扩至稷山、新绛一带。陶寺早期类型中斝、扁壶等原属庙底沟二期系统的土著器物，在陶寺晚期类型得到较多承继，而特征鲜明的高领折肩壶、折肩罐、折腹盆、大口缸、陶鼓、鼍鼓、钺、厨刀、琮等器类，以及陶、木器上的彩绘等东方因素则丧失殆尽，新出大量鬲类陶器。我们知道，狭义的北方地区——包括山西晋中、陕北和内蒙古中南部在内，是鬲的主要发源地，它们在晋南的大量出现，自当是由于北方文化南进造成的。这可能正是"稷放丹朱"，亦即后稷族系逐走陶唐氏这一事件在考古学上的真实反映。如此看来，不但龙山时代后期临汾盆地的陶寺晚期类型有后稷族系早期文化的因素，而且这一因素的源头还可以追溯到包括晋中盆地在内的北方新石器文化——老虎山文化游邀类型前期②。

龙山时代，北方地区本身已基本形成统一体，对外影响明显增强，许多北方文化因素逐渐成为整个早期"中国文化"的一部分。如中国三大文化系统之一的鬲文化系统，就是在该地区产生和发展起来的。龙山时代后期，随着老虎山文化的扩张，对外影响骤然加强。双鋬鬲向南依次进入临汾盆地、黄河沿岸以至于伊洛流域，向东依次影响到河北、山东，不但替代了临汾盆地的陶寺类型，还对王湾三期文化、雪山二期文化、后岗二期文化以至于龙山文化后期等都产生了程度不同的影响。鬲及其所代表的饮食习俗因此成为最典型的中国早期文化因素之一。不仅如此，老虎

---

① 许倬云《西周史》（增补二版），生活·读书·新知三联书店，2012年。
② 韩建业称之为"老虎山文化"，并且认为忻州老虎山文化游邀类型参与了这一文化融合的进程。参见《唐伐西夏与稷放丹朱》《先周文化的起源与发展阶段》，见韩建业、杨新改《五帝时代》，学苑出版社，2006年。

山文化南下引起的连锁反应甚至可能与夏王朝的建立也有一定关系。作为此后中国文化核心的商、周文化更是与北方地区新石器时代文化存在直接的渊源关系 [1]。

一些文献记载和考古发现，也佐证了这一渊源关系。

史载姜嫄因踏了上帝的脚趾印而生子弃。岑仲勉曾引钱坫《遽中觯》"《宣和图》有器，多作足迹形者"，于是疑足者为周之图腾。无独有偶，考古工作者在属于老虎山文化的凉城老虎山、五台阳白等遗址发现陶人脚形器物，这正与《诗经·大雅·生民》中姜嫄踩了天帝大脚趾印才生育后稷的传说吻合，也在一定程度上说明了后稷族系与山西中部远古文化的渊源关系。

对此问题，邹衡名作《论先周文化》及其姊妹篇《再论先周文化》中有较为翔实的讨论。《论先周文化》一文指出，先周文化陶器最突出的特征，就是同时存在两种不同类型的陶鬲——联裆鬲和分裆鬲，两种陶鬲有不同的来源。联裆鬲是来自东方的山西地区，分裆鬲来自西方的甘肃地区，而来自山西地区的联裆鬲则和光社文化有一定的联系。在光社遗址出土的锁链状甗腰、鬲或甗的平足跟、蛋形三足瓮等与先周文化的同类器均有相似之处，而陕西武功郑家坡先周文化遗址出土的绳纹平底小盆、绳纹敛口钵、绳纹敞口簋、锁链纹腰的甗等，都可在太原光社、许坦、东太堡等地找到其祖型。特别是光社文化的中期陶器中有一种联裆鬲，这种陶鬲的颜色都呈褐色，绳纹极细，有的领部有楔形点文，其足跟有锥形和平足两种。这些特征，除楔形点纹外，恰好与先周文化的联裆鬲相同，而且两者的圆肩平底陶罐也有些相似。这当然不会是偶然的巧合，说明它们之间存在必然的联系。由于光社文化的这种联裆鬲的年代比先周文化第一期要早，因此只有一种可能，即先周文化的联裆鬲是从光社文化来的，而绝对不可能相反 [2]。

《再论先周文化》中，他指出，更引人注目的是，1982 年在关中淳化县黑豆嘴M3 出土的 4 件金耳环，其形制与陕北清涧解家沟出的 6 件金耳环完全相同，与往年在山西石楼县桃花庄、后兰家沟和永和县下辛角以及太谷白燕等地出土的也没有两样。黑豆嘴共发现 4 座墓，其中 M3 出的铜壶和 M2 出的铜爵均属商晚期。M2出的多孔铜刀，与陕北绥德县后任家沟发现的乳丁纹銎内刀和山西石楼县南沟村出

---

① 韩建业《中国北方地区新石器时代文化研究》，文物出版社，2003 年。
② 参见邹衡《论先周文化》，《夏商周考古学论文集》，文物出版社，1980 年。

土的乳丁纹直内刀，风格均相似。这种异形铜刀的造型，应就是先周和西周所见戣的原始形态。戣只见于周器，而不见于商器，可见是周人特有的兵器。这些发现，明显地把山西（太谷、石楼、永和）—陕北（绥德、清涧）—关中（淳化）的商时期文化（包括先周文化在内）进一步联上了关系[1]。

许伟在《晋中地区西周以前古遗存的编年与谱系》一文中也说："晋中早商时期遗存相对稳定地发展到殷墟早期。晋中地区相当殷墟二期及其后的第十九、二十段遗存，谱系结构发生了变化。汾阳杏花村墓地中除了商系鬲、小型化的白燕'中间型'鬲外，还有一些形态与陕西武功郑家坡、宝鸡斗鸡台等地相近的陶鬲。这类鬲无实足跟，矮领分裆袋足或侈沿弧裆，绳纹浅细，应属先周文化系统。杏花墓地中的粗柄豆与沣西早期西周墓葬的同类器相近，由此也可表明杏花墓地的周系鬲的出现并非是孤立和偶然的。杏花墓地的周系鬲在陕西黄河沿岸的神木等地也有发现，可见这种鬲在晋中以西地区相当活跃。新近发掘的西安老牛坡墓地，陶鬲类型与杏花墓地的大体相同。这里需要提出的是，以杏花墓地为代表的遗存及空足三足瓮等，是沣西西周文化的重要来源及其组成部分，这对于研究西周文化的形成有着十分重要的意义。"[2]

文献记载的豳地，可能也和山西有关。

《诗经·大雅·公刘》："于豳斯馆。"《孟子·梁惠王》："昔者大王……去邠，逾梁山。"《逸周书·度邑解》："维王克殷，国君诸侯，乃厥献民征主九牧之师，见王于殷郊，王乃升汾之阜，以望商邑。"钱穆考证曰：汾一作邠，《史记·周本纪》引作豳。豳、邠古今字，而汾、邠亦相通。周人既克殷，乃归途至于晋之汾阜，昔者公刘之故土。临汾有古山古水，公亶父本居其地，故称古公，犹公刘之称豳公也。由此推之，公刘居豳及于亶父，盖在临汾古水之滨[3]。豳、邠为古今字，豳字象分栏圈养家猪的情形。邠从分从邑，即是汾水附近的邑。汾从分从水，邠、汾二字本字都是分。山西的母亲河名汾河，可能和这个"豳"字有关[4]。陕西武功等地也有北

① 邹衡《再论先周文化》，《夏商周考古学论文集（续集）》，科学出版社，1998 年。

② 许伟《晋中地区西周以前古遗存的编年与谱系》，《文物》1989 年第 4 期。

③ 钱穆《周初地理考》，《古史地理论丛》，台湾东大图书有限公司，1982 年。

④ 也有人认为和风方有关。如陈昌远说，居住在古代山西的部族，同样也都是以鸟为图腾的。山西汾河的得名，与凤鸟有关系，就是甲骨文的"凤方"。卜辞常有凤方，凤方之凤字，通假为风。陈昌远《商族起源地望发微——兼论山西垣曲商城发现的意义》，《历史研究》1987 年第 1 期。

豳、南豳等，应该是随着周人西迁带过去的①。

周人曾经数次迁徙，其中一次重要的迁徙就是《诗经·大雅·绵》所记周之先人"自土沮（徂）漆"。土即土方，是商代北方地区的一个重要方国，关于其分布区域众说纷纭。邹衡考证今山西吕梁山石楼一带曾是土方活动的地方②。周人"自土沮漆"，说明山西曾是他们活动的地域。韩建业更认为如果"自土沮漆"的"土"果真是石楼附近，有邰氏（台骀）所处"大原"本指今太原盆地，则周之先人祖居地还当包括晋中在内。或者周先人也存在一个由晋中扩展至晋南的过程③。

人类学材料也为先周文化与山西太原地区、晋南地区的交流传播提供了佐证。王明辉通过有关周人人类学材料的整理发现：与周人关系最密切的古代对比组多出自山西、河南和陕西的新石器时代和青铜时代遗址，尤其以山西的古代对比组最多，如游邀组、上马组、白燕组、曲村组等。周人与山西古代居民，尤其是山西新石器时代晚期和青铜时代的居民在体质特征上有较大的相似性，他们之间存在着明显的基因联系。因此，周文化与山西古文化之间存在密切关系也是符合逻辑的④。

应当指出的是，我们所谓晋中盆地的先周文化因素，和一般意义上说的先周文化有所不同。从时间上说，它并不局限于公刘迁岐以后，相反，更多的是迁岐之前，某种程度可以说是有关先周文化源流的探讨。从地域来讲，主要介绍和山西特别是晋中盆地有关的研究成果。关于晋中盆地先周文化因素，张天恩认为，就近三十年来关中地区有关先周的大量考古发现，许多文化遗存的年代均已相当甚至超过迁岐，山西迄今无任何可信的考古线索而言，已经证明根据文字、音韵等方面的研究的"山西说"根本没有得到考古学的支持⑤。虽然所论未免绝对，但基本道出了山西特别是晋中盆地先周文化研究的现状和窘境。邹衡 20 世纪 80 年代提出光社文化的概念后，后继少有系统性研究成果面世。又如晋中盆地所谓"东太堡文化"的命名，依据仅仅是一些零散资料，多半是抢救性发掘，许多资料的地层关系尚不清

---

① 许倬云《西周史》（增补二版），生活·读书·新知三联书店，2012 年。
② 邹衡《关于夏商时期北方地区诸邻境文化的初步探讨》，《夏商周考古学论文集》（第二版），科学出版社，2001 年。
③ 韩建业《唐伐西夏与稷放丹朱》，《北京大学学报（哲学社会科学版）》2001 年第 4 期。
④ 见王明辉《周人体质特征分析》，《二十一世纪的中国考古学——庆祝佟柱臣先生八十五华诞学术文集》，文物出版社，2006 年。
⑤ 张天恩《关中商代文化研究·先周文化研究》，文物出版社，2004 年。

楚，所得结论势必难以服人。近三十年来，相关时段的考古发现少见报道，遑论重
要的遗址发掘。因此我们对晋中盆地先周文化因素的认识，仍然是一鳞半爪。对其
系统的认识和研究，有待于晋中盆地龙山时代和夏商时代遗存的全面调查和重要遗
址的发现与发掘。

第四节　叔虞封唐说

叔虞封唐故事在太原地区广泛流传。最早提到这一传说的古文献是《左传》，
《左传·昭公元年》记述了晋国大臣叔向和郑国大臣子产的一段对话。唐人在夏商
时代就生活在晋国这片土地上。商代末年唐的最后一位国君叫唐叔虞。周武王妻
子邑姜怀孕时，梦见天帝对她说：我给你的儿子起名叫"虞"，并且给他唐地。后
来儿子出生，果然手纹上有个"虞"字，便起名叫"虞"。周成王灭掉唐国后，就
把唐地封给了叔虞。《史记·晋世家》记述这一故事时，增加了一些内容："晋唐
叔虞者，周武王子而成王弟。初，武王与叔虞母会时，梦天谓武王曰：'余命女生
子，名虞，余与之唐。'及生子，文在其手曰'虞'，故遂因命之曰虞。武王崩，成
王立，唐有乱，周公诛灭唐。成王与叔虞戏，削桐叶为珪以与叔虞，曰：'以此封
若。'史佚因请择日立叔虞。成王曰：'吾与之戏耳。'史佚曰：'天子无戏言。言则
史书之，礼成之，乐歌之。'于是遂封叔虞于唐。唐在河、汾之东，方百里，故曰
唐叔虞。"这也成为桐叶封弟故事的主要来源。

考古发现的一些铜器铭文也透露出叔虞封唐的历史。

《晋公盨》记载："唯王正月初吉丁亥，晋公曰：'我皇祖唐公，膺受大命，左右
武王，□□百蛮，广治四方，至于大廷，莫不来王，王命唐公，□宅京师……□□
晋邦。'公曰：'余午令小子，敢帅井先王。'"铭文记述的是晋国国君追述其"皇祖
唐公"辅佐武王、征战百蛮、广治四方的业绩。

唐叔虞作为晋国开国君主，是山西乃至中国历史上的重要人物。后人对唐叔虞
的历史事迹，如桐叶封唐的真实性以及唐地究竟何地等疑虑，存在着不同说法。

先说唐叔虞。

古人一般认为他是周武王之子、成王之弟。《左传·僖公二十八年》："先君唐

叔，武之穆也。"同书昭公十五年："叔父唐叔，成王之母弟也。"《国语·晋语》："晋祖唐叔，出自武王。"然而也有人对此表示怀疑。童书业《春秋史》认为唐叔虞的行辈可能要高于成王，因为春秋时的铜器铭文说，唐公辅佐武王，唐公是武王所封。唐公若是唐叔，或者他与管叔、蔡叔、康叔等同为武王诸弟之一，也未可知①。陈槃引《周书·王会解》成周之会，"唐叔、荀叔、周公在左，太公望在右"之说，认为成周之会，唐叔叙次在荀叔、周公之上，则文王子武王弟之说，亦不为无据。

他们说唐叔虞为武王之弟，主要是看到文献记载：武王死后，其长子成王即位之时尚在幼年，而另一些文献资料中的记载又表明唐叔虞受封时已是左右武王的成年男子。如果成王为唐叔虞之兄，那么唐叔虞受封时应该更小而不是相反。既然此时的叔虞已是孔武有力、"射兕于徒林"的男儿，那么唐叔虞年龄肯定长于成王，辈分也应该高于成王，那叔虞只能是周武王之弟、成王之叔了。

先秦典籍中，记载成王即位时尚在幼年的史料以《尸子》为最早。《周礼正义》引《尸子》云："昔武王崩，成王少，周公践东宫。"这种说法，流传至秦、汉时已变得极度夸张，《史记·蒙恬列传》："昔周成王初立，未离襁褓，周公旦负王以朝，卒定天下。"

然而历史可能还有另一面，那就是武王死时成王未必是幼年孩童。据顾颉刚《武王的死及其年岁和纪元》，《路史·发挥四》引《古本竹书纪年》，武王死时年约54岁。成王作为其长子，当时已有30岁左右是很正常的。又《尚书·金縢》载周公东征归时"王与大夫尽弁，以启金縢之书"。"弁"这里为戴冠之意，说明成王此时已行过冠礼，古时行冠礼在20岁，表明当时成王应在20岁以上。

另外，金文资料中亦多有周初成王亲征殷商反叛遗民之事。《小臣单觯》铭曰："王后□克商，在成师。周公锡小臣单贝十朋，用作宝尊彝。"② 王指成王，周公指周公旦，克商指"克武庚之叛"。这是说成王、周公一起参加了"三监之乱"③的平叛

---

① 童书业《春秋史》，开明书店，1964年。
② 陈佩芬《夏商周青铜器研究》，上海古籍出版社，2004年。
③ 三监之乱是发生在西周早期周武王死后的一件大事。武王克商之后，殷商的势力远未消灭，周将今安阳、淇县之间的一部分土地，分给纣王儿子武庚禄父，统率殷纣王留下来的部队和宗族。将周武王的弟弟管叔、蔡叔、霍叔分封在周边，以监视、防范武庚和殷商的残余势力。武王死后，周公摄政称王，周室一些人对此不满，武庚禄父于是乘机煽动东方徐奄、淮夷叛乱。周国很可能也参与了这次叛乱。危急关头，周公决定东征，最终征服了今山东全境、河北以北至辽东半岛。许多东夷人、夏商的后人以及前代遗留下来的一些氏族部落也被周人所征服，成了被统治阶级。

活动。"三监之乱"是周武王死后发生的大事件，按传统观点是周公摄政称王之后亲讨。然而由以上文献及金文资料分析，成王也都亲自参与了，而且是和周公同时参加的。这充分说明成王即位时，绝非年幼，当已成年。

成王即位时业已成年，那么作为武王子、成王弟的叔虞左右武王乃至分封之唐地，应该是历史的真实写照。

为什么周成王从一个四处征讨的成年男子变为一个未离襁褓，需要周公旦负之以朝的少儿？像叔虞封唐这样的国家大事被演绎成两个孩童的游戏，这涉及西周初年发生的一个政治事件，即传统上所谓的圣贤周公摄政，待周成王长大后又还之以政的故事①，其实是战国中晚期儒生为美化周公，更改编造历史造成的。真实情况应该是：周武王灭殷两年后死，周成王即位，年约十八九岁，雄才大略的周公乘机夺取了王位，管叔、蔡叔与武庚联合起兵反对周公，拥护成王。周公决定团结召公，许下七年后还政、与召公瓜分权力的诺言，并通过召公联合师尚父，出兵反击管、蔡等，两年后赢得胜利，在采取一系列巩固政权的措施后，还政成王，周公在位共七年。春秋以后，周公逐渐演变成圣人，他曾经篡位的经历显然与所谓圣人不符，因此战国中晚期的儒生为美化周公，更改编造历史。改变叔虞的年龄，是为了适应改变成王年龄的需要，而缩小成王的年龄，又是为了抹杀周公篡位的史实。不过这已不是本书所要重点介绍的，李裕民《周公篡位考》②言之甚详，有兴趣者可参阅。

再说"桐叶封弟"的故事。

"桐叶封弟"故事首见于《吕氏春秋·审应览》，《史记·晋世家》也记此事，只是把"周公以请"换成了"史佚因请"。

对待这个传说，持怀疑态度的大有人在。太史公在讲述这一故事时，虽然只是把故事里的周公换成了史佚，但也透露出他对此事的怀疑和犹豫。像分封诸侯这样的国家大事，不应该如此儿戏，更遑论圣人般的周公。唐代柳宗元因此提出质疑，《桐叶封弟辩》："王之弟当封耶？周公宜以时言于王，不待其戏而贺以成之也。不当封耶？周公乃成其不中之戏，以地以人与小弱者为之主，其得为圣乎？且周公

---

① 《史记·周本纪》："武王已克殷，后二年……太子诵代立，是为成王。成王少，周初定天下，周公恐诸侯畔周，公乃摄行政当国。管叔、蔡叔群弟疑周公，与武庚作乱，畔周。周公奉成王命，伐诛武庚、管叔，放蔡叔……周公行政七年，成王长，周公反政成王，北面就群臣之位。"

② 李裕民《周公篡位考——从"桐叶封弟"的疑案说起》，《晋阳学刊》1984 年第 4 期。

以王之言，不可苟焉而已，必从而成之耶？……吾意周公辅成王，宜以道，从容优乐，要归之大中而已，必不逢其失而为之辞。又不当束缚之，驰骤之，使若牛马然，急则败矣。且家人父子尚不能以此自克，况号为君臣者耶？是直小丈夫致觖觖者之事，非周公所宜用，故不可信。"

诚如斯言，文献史料也透露出叔虞封唐的真实原因，是选建明德、藩屏周室，以及叔虞勇敢、善射，曾辅佐武王，参与克殷。

《左传·定公四年》："子鱼曰：'以先王观之，则尚德也。昔武王克商，成王定之，选建明德，以蕃屏周……分鲁公……分康叔……分唐叔以大路，密须之鼓，阙巩，沽洗，怀姓九宗，职官五正。命以《唐诰》，而封于夏虚，启以夏政，疆以戎索。三者皆叔也，而有令德，故昭之以分物……'"由此看来唐叔之所以受封，乃是由于他"有令德"，有功劳于周室。又《国语·晋语》："昔吾先君唐叔射兕于徒林，殪，以为大甲，以封于晋。"兕是类似犀牛的猛兽，一箭就将其射死，可见叔虞的神勇善射。"射"为先秦时期六艺之一，其时有所谓的大射仪、乡射礼等射箭礼仪活动，射艺也是先秦时期选拔诸侯、卿大夫的标准之一。由于叔虞孔武善射，辅佐武王，广征四方，并且征战蛮戎，使皆归顺周王朝，所以才被周王分封到唐地，来保证周室东北方的安全。正如李裕民《周公篡位考》所言："从当时形势看，周一向自称'小邦周'，人数少，地盘小，在打败'大邦殷'后，两次大分封，他们都采用在各要地驻扎重兵的办法，以巩固统治，管叔、蔡叔监殷，太公封齐，周公封鲁，监视奄、薄姑，召公封燕，以对付北方之戎。这是与周王朝命运有关的重大决策，故派领导骨干担任，而不分封未成年的王室子弟。唐叔虞所封是夏族故地，在今汾河中下游，那一带是戎狄活动的地区，如果丢失这块地盘，戎狄越过黄河，立即会威胁到西周王都丰、镐的安全。为了有效地统治这一地区，在分封时，特意交代不用周族的统治方式去统治，而是'疆以戎索'，尊重戎族的风俗习惯，用戎族的传统方式去统治。"揆之以当时政治形势，叔虞之封断不会像《吕氏春秋·审应览》所记载的那样，而应该是周王室为藩屏周室、选建明德的重要举措。

既如此说，那么因梦受封之说也就只是一个传说而已。然而一个封邦建国、藩屏周室的国家大事被演绎成近乎神话般的故事，除了古人所信奉的天命说和我们前文所说战国中晚期儒生篡改情况外，张颔提出是由于古人"对文字的误会而演绎出来的"观点，从另一方面探讨了这一故事形成的原因。

东周时期，晋国人包括国君在内，对其祖先封土建国的详情已经不甚了了，所以才由一个"外国人"子产讲述晋国祖先的事情，虽然所讲故事近乎神话，可晋国国君仍然感叹他是"博物君子"，晋国人对自己祖先早期历史的了解由此可见一斑。即便如此，晋国人还是相信他们最初是封于唐地的，这从春秋以前的文献和金文资料都可以看出来。"桐叶封弟"虽然只是一个到战国晚期才出现的故事，但也不会是无缘无故的凭空想象，一定有其来龙去脉。这个原因就是古人对个别文字的错识。

古代文书都写在简牍之上，简牍经常翻卷磨损，字迹漫漶不清，容易出现误读，应该是可以想见的。所谓"削桐"或者"剪桐"，有可能就是这种情况。削、剪（古书作劗）二字，都有灭和分割的意思，所谓消灭、劗灭等。《尔雅·释言》"劗，齐也"，齐者，断也，《左传·成公二年》"劗灭此而朝食"，《战国策·齐策》"夫削地而封田婴"，正和"灭唐而封太叔"的语义相同。可见剪桐之剪应该是消灭而非剪断。而桐字，古作"𣐿""𣕚""𣖻"等，唐字，古作"𤰌""𤲃""𤲤"等，两字的古文写法极为接近，再加上简牍文字漫漶，唐、桐二字混淆，因此剪灭唐国而封叔虞，就变成了剪个梧桐树叶封给一个唐国了[①]。

这样说来，"剪桐封弟"应该是"剪唐封弟"，也即"剪唐封晋"。"剪唐封晋"是西周王朝拓疆建国、控制北土局势的战略举措。分封唐叔虞，是周成王灭掉叛乱的唐国，将唐国的土地和人民交给他的弟弟叔虞管理。

叔虞所封的唐国和太原有着莫大关系，因此我们有必要追溯一下它的历史。

唐是我国三代已远一个赫赫有名的大邦。《左传·襄公二十四年》："昔匄之祖，自虞以上为陶唐氏，在夏为御龙氏，在商为豕韦氏，在周为唐杜氏，晋主夏盟，为范氏。"早在龙山时代，唐人就建立了强大的联盟政权，前章第五节《唐尧都太原》中所说的临汾盆地陶寺遗址很可能就是陶唐氏的统治中心。虞舜时期，陶唐氏仍存。《左传·昭公二十九年》晋太史蔡墨曰："昔有飂叔安，有裔子曰董父，实甚好龙，能求其耆欲以饮食之，龙多归之。乃扰畜龙以服事帝舜。帝赐之姓曰董，氏

---

① 参见张颔《"剪桐"字辨——析"桐叶封弟"传说之成因》，《张颔学术文集》，中华书局，1995 年。

曰豢龙，封诸鬷川。"夏立国后北上灭掉唐国，唐成为服事夏朝的一个方国。《左传·哀公六年》："《夏书》曰：'惟彼陶唐，帅彼天常，有此冀方。今失其行，乱其纪纲，乃灭而亡。'"《竹书纪年》载夏启"十五年……征西河"，很可能与灭陶唐有关。到夏孔甲时期，豢龙氏被孔甲所灭。《国语·郑语》："董姓鬷夷、豢龙，则夏灭之矣。"夏王灭掉豢龙氏后，封陶唐氏的另一支为其养龙。《左传·昭公二十九年》说："有陶唐氏既衰，其后有刘累，学扰龙于豢龙氏，以事孔甲，能饮食之。夏后嘉之，赐氏曰豢龙，以更豕韦之后。"豢龙氏据记载为鼺叔安的后裔，鼺即刘，而御龙氏为刘累后裔，看来他们应是两个从陶唐氏分化出来的善于饲养龙的两个亲属氏族。到商代，曾经服事夏的唐国被商王朝征服，被征服的最后时间应该在晚商之前，商王武丁时期的卜辞记载"亚唐东降，在□"，甲骨卜辞还记载"王其迍新唐"，"奠其奏唐，惟旧唐大京必"等，可见唐国的城址不止一处。商代唐国与商王朝来往密切，是商王朝的重要方国之一，卜辞称其为"亚唐""侯唐"等。西周初年，商纣王之子武庚禄父叛乱，唐国国君遥相呼应，周成王征灭之，而将其疆土封给自己的弟弟叔虞，因封在唐地，故称其为唐叔虞，此即历史上有名的"叔虞封唐"。

那么文献所载的这个被周王朝翦灭的唐国，或者说叔虞所封的唐国在哪里呢？这又是一个聚讼千年的疑案。

叔虞封在商末的唐国，唐国在山西，对此人们没有多少疑义，争议主要集中在这个唐国是在晋南①，还是在晋中地区——今日之太原？

先说叔虞是否封于太原。

太原有唐城，文献称"故唐城"，目前看到的最早史料应该是《括地志》。《括地志》已佚，《史记·晋世家》张守节《正义》引《括地志》云："故唐城在并州晋阳县北二里。《城记》云尧筑也。徐才《宗国都城记》云：'唐叔虞之子燮父徙居晋水傍。今并理故唐城。唐者，即燮父所徙之处，其城南半入州城，中削为坊，城墙北半见在。'"《永乐大典》卷五二〇四："《方志图》曰：古唐城，陶唐氏居之，其存

---

① 晋南又有永济、安邑（今夏县）、鄂（今乡宁）、新绛、翼城、平阳（今临汾）、永安（今霍县）诸说。参见任伟《晋国分封诸问题与晋侯墓地研究》，《西周封国考疑》，社会科学文献出版社，2004年。

者五百步。"① 史料虽然晚到唐代，不过却提到了晋阳城最早的城池，而且说它是尧所筑，也是叔虞所封之唐。如上一章所述，史籍中有关陶唐氏活动于晋阳的记载数不胜数。《汉书·地理志》"晋阳"下注云："故《诗》唐国，周成王灭唐，封弟叔虞。龙山在西北，有盐官。晋水所出，东入汾。"这是叔虞封晋阳说见诸文献的最早记载②。

文献记载又有北唐戎。

《逸周书·王会解》："北唐戎以闾，闾似瑜冠。"王应麟曰："北唐即晋阳也。"它曾给周穆王献过宝马，它与晋南陶寺一带的唐尧之唐及周灭之唐应有关联，是否龙山晚期唐尧部族因虞舜、夏禹部族之迫，一支北走晋中建立"城邦"？清徐有"尧王城"，平遥原名"平陶"，以及祁县之名"祁"，都与姓伊祁氏的帝尧有关。不过文献记载的这个北唐，已是"叔虞封唐"以后的方国，如果说和"叔虞封唐"之唐有所关联，也只能是周所灭之唐的孑遗。

太原地区发现的东太堡遗址为夏时期文化遗存，文化遗迹分布于晋中盆地、忻定盆地、上党盆地等，太原市东南郊东太堡村、南坪头村、狄村和许坦村，西南郊金胜村，北郊光社村等有遗址发现。我们在《太原地区的夏时期文化》一节里指出东太堡文化中的高领鬲、单把鬲、甗、斝、蛋形三足瓮等炊器在当地龙山文化中已占主导地位，说明东太堡文化的主体是当地文化传统。有学者认为它可能是陶唐氏后裔丹朱所封之国的文化遗存③。也有可能在尧舜时代，发生了革命性事件，如《竹书纪年》：舜囚尧于平阳，取之帝位。尧的一支辗转逃到太原地区，和当地文化相融合，创造了东太堡文化。无论文献和考古资料，都说明夏代以远，唐尧部族曾活动于太原地区。

太原又有晋祠，传为纪念唐叔虞的家庙。

《水经注·晋水》载："晋水出晋阳县西悬瓮山。县，故唐国也。……县有晋

---

① 《元和郡县图志》《太平寰宇记》《(嘉靖)太原县志》等都提到故唐城，所述和《括地志》基本一致。
② 一般认为唐尧所都和夏代的唐国、商代唐国（周成王所灭之唐）在同一地域。如王鸿玲《故唐地望辨》，《山西大学学报（哲学社会科学版）》1986 年第 2 期。王尚义《太原建都已有四千四百七十年的历史》、李书吉《论太原在古代中国的历史地位》，并见《中国古都研究》（第二十辑），山西人民出版社，2005 年。而赵瑞民认为夏代唐国曾经迁徙，和唐尧所都、商代唐国不在同一区域。参见杨国勇主编《华夏文明研究：山西上古史新探》，中国社会科学出版社，2002 年。
③ 赵瑞民《夏代唐国的地望》，杨国勇主编《华夏文明研究：山西上古史新探》，中国社会科学出版社，2002 年。

水，后改名为晋……《山海经》曰：'悬瓮之山，晋水出焉。'今在县之西南。昔智伯遏晋水以灌晋阳，其川上溯，后人踵其遗迹，蓄以为沼。沼西际山枕水，有唐叔虞祠。水侧有凉堂，结飞梁于水上。左右杂树交荫，希见曦景。至有淫朋密友，羁游宦子，莫不寻梁契集，用相娱慰，于晋川之中，最为胜处。"位于圣母殿南侧的两株柏树，干枝虬结，号称周柏。周柏向南，有唐叔虞祠，塑唐叔虞像。北魏至明清，有关唐叔虞的记载史不绝书。

太原南郊有唐叔虞和其子燮父的墓葬，也成为叔虞封唐在太原的一证。

《太原文物古迹名胜录》载：唐叔虞墓，位于南郊区晋祠镇牛家口村东晋王岭。明《（嘉靖）太原县志》载，叔虞及子燮父墓在此。墓地呈方形，封土高出地面2米。中有二冢，一大一小，系太原市重点文物保护单位[1]。文献中最早提到唐叔虞墓在太原者，为《元和郡县图志》，其记曰："唐叔虞墓，在县西南十六里。"以后方志多从之。发掘出土的隋虞弘墓志也记载：以开皇十二年十一月十八日，葬于唐叔虞坟东三里[2]。

太原封唐说，自汉代以来一直占据主导地位，直到明末顾炎武提出"窃疑唐叔之封，以至侯缗之灭，并在于翼"（《日知录》）的论断后，质疑之声不绝。刘起釪《由夏族原居地纵论夏文化始于晋南》一文，检讨唐分封地点错误认识时说：按当时晋北为夷狄地，夏人力量达不到霍县以北，受封的唐自当在晋南[3]。

对此我们还可做如下补充。

先说文献提到的"故唐城"。从《括地志》的记载分析，所谓"故唐城"应与唐晋阳城北部相连[4]。王剑霓认为在今"城北村西罗城村东的沙河中"[5]。张德一断其在今城北村和棘针村之间[6]，大致不错。宋平北汉，宋太宗宴群臣于故城高台，这个高台也许就是"故唐城"的遗痕。城北村村民反映，他们在村中挖掘，曾经发现城墙土，是否即"故唐城"，不敢妄断。不过，笔者在晋阳古城遗址从事调查工作近十年来，未在这一区域发现龙山时代及夏商时期的文化遗存，所谓"故唐城"为唐

---

① 《太原文物古迹名胜录》编辑委员会《太原文物古迹名胜录》，文物出版社，1999年。
② 山西省考古研究所等《隋虞弘墓发掘报告》，文物出版社，2005年。
③ 刘起釪《由夏族原居地纵论夏文化始于晋南》，《古史续辨》，中国社会科学出版社，1991年。
④ 太原金胜村西北采集的北齐墓志说墓主人"葬于唐城北五里"，所述方位大致与《括地志》记载相同。
⑤ 王剑霓《晋阳宫城考·兼辨五百年来明清史志之误》，《山西地方志通讯》1987年第1期。
⑥ 张德一《故唐城遗址与唐叔虞封地》，《山西社会主义学院学报》2004年第3期。

尧城址的说法似可排除。

再说唐叔虞墓。1979 年春，考古工作者调查牛家口晋王陵时发现，晋王墓，特别是所谓的"燮父墓"，墓葬的土冢都是用土坯或杂乱无章的杂土堆积而成的，土坯间还杂有明代青花瓷片，而土冢下面却不见有墓穴迹象等，这证明晋王陵实际是一座明朝人在复古思想指导下修筑的假墓①。笔者曾经到晋王岭做过踏查，发现围绕着晋王墓，还残存部分城墙。墓茔北部有大量建筑构件，调查发现有布纹瓦、云纹瓦当等，时代早到汉代。说明最晚到汉代，这里已经有较高规格的建筑。据李裕民《山西古方志辑佚》：唐叔虞墓，在太原县西南一十五里，世谓晋王庙，又曰晋王岭②。我们推测，这里极有可能是早期祭祀唐叔虞的家庙所在，它和汉代开始出现叔虞封唐在太原的说法，应该不是偶然的巧合。

总之，有关叔虞封唐在太原的说法，史料记载晚至汉以后；所谓"故唐城"，既非唐尧所都，亦非燮父所迁；晋王墓、唐叔虞祠等也都是汉以后遗迹。太原虽然有唐尧早期活动遗迹，也有夏时期唐尧遗族存在的可能，但缺少商代有唐文化存在的资料，考古发现也不见西周时期文化遗存。

我们再看叔虞所封之唐是否在晋南。

古代典籍中有关晋国始封地的记载，当推《左传》所记为最早，但"大夏""夏虚"的所在，《左传》没有说明。至西汉司马迁撰《史记》时，对晋都之地望记载仅寥寥数语："唐在河、汾之东，方百里。"至于河、汾之东的更具体方位，太史公也没有细说。我们所推知的就是"夏虚""大夏"和"唐"地在同一区域内，或者说三者在一定程度上讲就是一回事。因此确定了"大夏""夏虚"以及"唐"的地理方位、范围，便解决了叔虞所封之地的问题。

大夏、夏墟（虚）其实是一个泛指地名，文献记载其地理范围多在晋南一带。如《史记·吴太伯世家》载，封"周章弟虞仲于周之北故夏虚，是为虞仲，列为诸侯"。此"夏虚"，裴骃《集解》引徐广云："在河东大阳县。"大阳即今山西平陆县。"是为虞仲"，司马贞《索隐》曰："夏都安邑，虞仲都大阳之虞城，在安邑南，故曰夏虚。"前文第四章第五节《唐尧都太原》中我们谈到庙底沟二期文化的分布

①　山西省考古研究所等《北齐东安王娄睿墓》，文物出版社，2006 年。
②　李裕民《山西古方志辑佚》，山西地方志编辑委员会办公室，1984 年。

范围，应是大夏的分布范围。晋南是庙底沟二期文化的策源地，自然是大夏的中心区域，与之相邻的晋中盆地是庙底沟二期文化早期分布区，自然也属大夏范围。韩建业认为：笼统来说不出晋南和豫西，实际上当为起于晋南而迁至豫境。晋南才是夏人真正的老家，故其地有"夏虚"之称①。

既为夏墟，那么其地望就应限制在考古学上的夏文化分布范围内。1959年，徐旭生通过对夏文化、夏墟的考古调查，指出夏墟当在山西西南部，不在中部②。随后几十年的考古工作中，先后发现了河南偃师二里头、山西夏县东下冯等重要遗址，邹衡等学者便把以二里头、东下冯遗址为代表的二里头文化确定为夏文化。通过考古调查、发掘，可知东下冯类型遗存的分布范围主要在今晋南运城、临汾两地区。

晋南作为夏文化范围，亦即夏墟被确定下来，我们接下来再探讨古"唐国"，主要是商代"唐国"之地望。如胡厚宣《甲骨文合集释文》③记录：

> 贞：作大邑于唐土。(40353 正)
>
> 王其迪新唐。(29712)
>
> ……自长友唐，舌方征……示易，戊申，亦有来自西告牛家……(6063 反)

残缺的卜辞内容主要讲"唐"向商王朝报告，受到来自"舌方"侵扰，而由卜辞可知"舌方"位于殷墟西方。李学勤综合有关地名推定舌方当在晋中南地区④，很可能就在今吕梁山吉县一带（说见本章下节《方国与部族》）。由卜辞又可知"唐"也是位于殷墟西方，殷墟（河南安阳）之西方正是晋南地区。凡此，则"唐"应该在今晋南一带，正在夏文化、夏墟的范围之内。另外，山西天马—曲村遗址出土的玉环刻辞对于推断"唐"之地望亦有帮助。其铭曰："文王卜曰：'我及唐人弘战贾人。'"唐指唐国，贾指贾国。贾之地望，杨伯峻《春秋左传注》考证在山西襄汾东。唐人与贾人发生战争，并且玉环又出土于晋南，可以推测"唐"之地望应在晋

---

① 韩建业《唐伐西夏与稷放丹朱》，《北京大学学报（哲学社会科学版）》2001年第4期。
② 徐旭生《1959年夏豫西调查"夏墟"的初步报告》，《考古》1959年第11期。
③ 胡厚宣《甲骨文合集释文》，中国社会科学出版社，1999年。
④ 李学勤《殷代地理简论》，科学出版社，1959年。

南,更有学者认为晋南东下冯类型即是夏代唐国的文化遗存[①]。田建文更认为以浮山县桥北基地为代表的遗存可能是殷商时期的唐国遗存[②]。

我们前边谈到的以豢养龙著称的豢龙氏、御龙氏,根据文献记载的"帝赐姓董氏"考证:传世铜器上象形族氏铭文**東**字,从人从东,象人负囊,为古重字,也即董字,应是山西历史上的董国,地在今闻喜县[③],间接说明唐国也应在晋南地区。

夏墟、唐之地望主要在晋南地区,叔虞封地自然也应当在这一地区。学者们根据近几年的考古发现,结合太史公所谓的"唐在河、汾之东,方百里",以及东汉服虔"大夏在汾、浍之间"的说法,进一步推断晋国始封地应在霍山以南,绛山以北,汾水以东,浍水以西方圆数十里的范围内,很有可能就是《晋世家》所谓"方百里"的晋始封之地[④]。

1992 年天马—曲村晋侯墓地的发现,为解决晋国始封地问题提供了重要线索。

天马—曲村遗址位于翼城之西和曲沃之东的两县交界处,包括天马、曲村、北赵、毛张四个自然村之间的一大片平地,长约 3800 米,宽约 2800 米。遗址西南距侯马晋国遗址约 25 公里,西距汾河约 12 公里,南距浍河约 8 公里,三面环山,一面近水,与"汾、浍之间"正合。遗址不仅规模宏大,且延续时间也较长,西周初期就已兴起,发展到繁盛时期是在西周晚期至春秋初期。晋侯墓地位于天马—曲村遗址中部偏北,是遗址最重要的组成部分。

墓地于 1992 年发现,共发现墓葬 19 座,可分为 9 组,其中 8 座已被盗掘,11座保存完好。墓葬可分三排,北排 4 组,中排 2 组,南排 3 组。每组墓葬东面均附属车马坑一座,多数东西向,只有墓 114、墓 113 组墓南北向。墓地年代上起西周早期晚段,下至春秋初期,是晋国诸侯的主要埋葬地。其中一些墓葬出土的铜器铭文如晋侯喜父、晋侯稣等可以和史书相印证。

以上墓葬材料,为一些学者所主张的天马—曲村一带为晋国始封地观点提供了有力证据。此遗址是以晋文化为主,其年贯穿晋国始终,而以西周晚期至春秋早期

---

① 董琦《虞夏时期的中原》第五章,科学出版社,2000 年。
② 田建文《初识唐文化》,《古代文明研究通讯》总第二十一期,2004 年 6 月。
③ 张亚初《殷墟都城与山西方国考略》,《古文字研究》第 10 辑,中华书局,1983 年。
④ 邹衡《晋始封地考略》,《尽心集——张政烺先生八十庆寿论文集》,中国社会科学出版社,1996 年。

最为繁盛。今又有诸多晋侯埋葬于此，更确凿无误地证实此处是早期的晋都[①]。

早期晋都在晋南，亦即"叔虞封唐"在晋南，为什么最后"跑"到了太原盆地？

这首先和太原有为祭祀唐叔虞而兴建的晋王祠有关。

太原很可能在汉代已有祭祀唐叔虞的庙堂建筑。最迟在北魏，唐叔虞祠已名闻天下，至北宋晋祠再建"圣母殿"，以祭祀叔虞之母邑姜。叔虞封晋阳说借此名声大彰。

其次，也和太原有晋水相关。

由前文《水经注》引《山海经》，可见至迟战国时，太原已有晋水之称。《史记·晋世家》张守节《正义》引《括地志》："《毛诗谱》云：'叔虞子燮父以尧墟南有晋水，改曰晋侯。'"

将"叔虞封唐"置于太原地区，与我们后文将要谈及的赵简子创建晋阳城也不无关系。晋阳从公元前6世纪末叶成为赵氏都城后，山西政治文化中心由晋南转移到晋中，逐渐成为山西第一大都会，而且这一中心地位历2500年而不改。西汉初，刘恒为代王都太原，后入继大统，对太原极为重视，多次驾幸太原。第二次巡幸代国历时三个月，时间之长，为文帝出行之罕见。从赵简子经营晋阳，到汉文帝治代的几百年间，各种建设包括一些宗庙祭祀场所的建设，所在多有。叔虞封唐，乃至晋水等历史故事和地名，也许正是在这一背景下在太原产生，而且随着时间的推移，太原地位的日益重要，也更为彰显。正如刘起釪所谓：晋水、晋阳等地名，原来都在今山西南部，加上太原也是指临汾南的晋南盆地，所有这一切都反映了作为华夏族的晋人当初活动地区在晋南。到晋悼公时国势发展，始开设县邑，抚定群狄之地，统一了今山西北部，原来晋南的一些地名跟着晋人的北上也带了过去，于是太原、晋水、晋阳等地名就移到了今天的地点，晋阳就成了赵简子之邑[②]。

叔虞封于唐，至其子燮父时迁都，因所迁都城旁有晋水，故国名晋。

燮父为何称晋侯？另一种观点认为，晋字是一个会意字，是器物中盛放某物的象形。从训诂上讲，《说文解字》云："晋，进也，日出万物进。"而《史记·晋世

---

① 邹衡《论早期晋都》，《文物》1994年第1期。
② 刘起釪《由夏族原居地纵论夏文化始于晋南》，《古史续辨》，中国社会科学出版社，1991年。

家》记有唐叔虞向天子进献"嘉禾"之事，两者联系起来考虑，燮父改称晋侯，当是出于纪念其先君唐叔虞向周王献禾的荣宠。

又有研究者认为，晋字系由两个表示善射民族的象形字而组成的会意字——因以为族称，后成为国名。王克林认为，晋字的甲骨文作𣂃，金文作𣂃，清楚地看到晋字的古文形体，像镞矢（箭）和（箭袋），所以认为晋是从矢、箙，是由两个象形字组成的会意字，故而厘定晋字的原始义，是原始氏族社会时期人类的狩猎生产工具，所以晋国之得名于晋者，则是这一地域原始居民狩猎经济的生动反映。因此，鉴于矢（箭）这一生产工具，在当时人类生活中的巨大作用，随之视箭为神灵而顶礼膜拜，并作为族徽和族号托名标志而地名化。后来作者发展了这一观点，认为晋即为古代一善射的氏族或方国名。他说，殷代甲骨文中有关"晋"是古族或方国的蛛丝马迹，是《甲骨文字集释》收录叶森玉《铁云藏龟拾遗》中的卜辞"戕晋"，对"晋"前一字，古文字学家有的释作"将"，唯叶森玉释作"戕"，并引卜辞的"戕戈人"为例，那么"戕晋"的意思，就是杀戮诛灭晋，于是这便反映出"晋"是含有古族或方国的性质。只有晋为古族，才有以族为号而地名化的晋水。由此说"晋"为殷商或周初的一个古族方国，当是可取的。《国语·晋语》载晋大夫叔向曰："昔吾先君唐叔射兕于徒林，殪，以为大甲，以封于晋"，便体现出"晋"有族号地名化的确切含义。从古文字学的角度，发现晋字的字体结构从矢（箭），确凿无疑，然字之下部所从，甲骨文中有从"日"者，这便揭示了我国古文献中记载的帝尧使羿射十日的神话传说故事。这便透露出晋的本义和性质，当也是尚箭崇武"代夏"的后羿族群中的一支，从而为"晋"找到了老家谱牒①。晋为古族，而尚箭之殷代"并氏"也属于后羿族群，此观点我们在下一节中有讲到，王克林《晋文化与后羿族群新探》亦推晋为后羿族群，但以后羿为西夷之人，两者有所区别，可以参阅。

叔虞封唐问题，略如上论，但目前尚未发现晋国早期都城城址，因此天马—曲村一带是否晋国始封之地，尚难以最后落实。此外，晋侯墓地也没有发现可以确定为西周早期前段的侯王墓，特别是叔虞的墓葬。这给落实晋国初都问题增加了疑

---

① 王克林《晋文化与后羿族群新探》，《山西省考古学会论文集（四）》，山西人民出版社，2006年。

间，也为叔虞所封之唐地在太原留下一丝讨论空间。问题的最终解决，恐怕还需要新的考古发现。

第五节　方国与部族

夏商周三代，中原王朝将周边的民族或部落称为某方，卜辞中通称为"多方"。殷周间称国为方[①]，所谓"方"是人的集体[②]。根据岛邦男统计，殷墟卜辞中出现的商代方国名称共有 79 个[③]。当然，这远远不是商代方国的全部。《左传·哀公七年》："禹合诸侯于涂山，执玉帛者万国"；《战国策·齐策四》："及汤之时，诸侯三千"；《史记·周本纪》：周武王伐殷纣，"诸侯不期而会盟津者八百诸侯"，都说明当时方国众多。众多方国中，有中原王朝的友邦，也有敌国，或者时叛时服者。敌对的方国时常侵扰中原王朝及其友邦，大规模的冲突不仅促进了诸方国与中原王朝的文化交流，也使双方活动区域发生变化。这些方国，少数可与文献记载相印证，其地望变化也不大，可以考定。更多的方国名称虽见于文献记载，但又难以和卜辞所记载地望相合。因为这些方国并非处在同一时期，而同一方国不同时期也可能有不同称谓；即使是同一时期的方国，自称与他称也可能不同；方言的异读也可能将同一方国讹变成后世文献记载的多个方国。诸种原因致使对西周以前方国地望的考证愈加困难。近世研究者依据有限资料，对一些诸如龙方、土方、鬼方、舌方等方国的大体方位以及各方国之间的相对位置作了有益探索，不过众方国的具体地望，仍然众说纷纭，言人人殊。晋中盆地有关方国的研究情况也大致如此。

晋中盆地位于山西省中部，北起阳曲石岭关，南至灵石韩侯岭，东部属太行山系，西部为吕梁山系，西北为广袤的黄土高原及内蒙古高原。这里自古以来就是我国北方游牧民族活动的大舞台，而夏商周三代的中心统治区主要位于河南、陕西、山西晋南一带，晋中盆地便成为北方游牧民族与中原王朝交流的大通道，因此留下诸多方国部族的活动遗迹。

---

① 《杨树达文集》之五《积微居甲文说》，上海古籍出版社，1986 年。
② 李学勤《殷代地理简论》，科学出版社，1959 年。
③ 岛邦男《殷墟卜辞研究》，温天河、李寿林译，鼎文书局，1975 年。

（一）龙方

唐尧部族活动于太原地区的情况，我们在第四章第五节《唐尧都太原》中已经讨论，而且说明它是一个善于豢龙的部族。《左传·昭公二十九年》记夏代有学扰龙于豢龙氏者："以事孔甲，能饮食之。夏后嘉之，赐氏曰御龙。"唐尧后裔也有活动于太原地区者，龙方极有可能就是其中之一。

关于龙方，甲骨文有载：

　　吴吊（弔）羌龙（《甲骨文合集释文》6635）
　　贞：乎龙挈羌（《殷虚文字丙编》考释图版肆玖五二）

有学者考察：龙方间于殷、羌之间，近羌而远殷，于殷时叛时服。武丁中期所伐之龙方、羌方已远在陕甘一带①，是则龙方地域应在陕甘与河南之间。

龙方也可能活动于晋中盆地或靠近太原地区。

《汉书·地理志》："故《诗》唐国，周成王灭唐，封弟叔虞。龙山在西北，有盐官。晋水所出，东入汾。"龙山得名或与龙方有关。又，甲骨文"癸酉贞：旬亡祸［在］龙；□未贞：旬亡祸，□箕"（《小屯南地甲骨考释》2858）②。晋中盆地有箕城。《春秋·僖公三十三年》："秋……晋人败狄于箕。"杜预注："太原阳邑县（今太谷）南有箕城。"顾颉刚作《箕子封国》，认为武王封箕子于山西③。任伟推测，认为山西境内之箕地与殷商之箕氏可能有关，也许为殷商之箕氏之分支或为箕氏先辈之封地④。金岳认为，太谷有箕城，箕子封地当在太谷县的箕城镇⑤。龙山、箕城，说明龙方也许曾经活动于晋中盆地。

（二）北唐戎

文献记载又有北唐戎，或许和善于豢龙的唐尧部族有所瓜葛。

《逸周书·王会解》："北唐戎以闾（即驴），闾似隃（即羭，黑色母羊）冠。"

---

① 林小安《殷武丁臣属征伐与行祭考》，胡厚宣主编《甲骨文与殷商史》（第二辑），上海古籍出版社，1986年。
② 姚孝遂、肖丁《小屯南地甲骨考释》，中华书局，1985年。
③ 顾颉刚《箕子封国》，《浪口村随笔》，辽宁教育出版社，1998年。
④ 任伟《箕子与箕子走之朝鲜问题》，《西周封国考疑》，社会科学文献出版社，2004年。
⑤ 金岳《殷周曩方非箕子辩》，《文物季刊》1993年第1期。

《穆天子传》郭璞注"绿耳"："《纪年》曰：北唐之君来见，以一骊马，是生绿耳。"《史记·赵世家》张守节《正义》引《括地志》："《山海经》云夸父之山，北有林焉，名曰桃林，广阔三百里，中多马，造父于此得骅骝、骒耳之乘献周穆王也。"可见，西周有国名北唐者。对此北唐，黄怀信认为，北唐，古国，戎属，地当在今山西晋阳（旧唐国）以北[1]。何松涛谓今太原所属之太原县治，在府西南四十里，即古唐，北唐当在其北，与娄烦相接。刘师培则谓北唐为西北之国，固无可疑，唯以为晋之北鄙，则说近附会，疑此地在今陕西北境，在山西之西[2]。蒙文通考之曰："《竹书》以骊马骒耳之献为北唐之君，《赵世家》以为献自造父，则造父即此北唐之君。《周书·王会》云：'北唐戎以闾。'孔晁注曰：'北唐，戎之在西北者。'则中潏造父以来，于西周为北唐戎。"[3] 戎之在西北，诸家无有具体地点。白国红《春秋晋国赵氏研究》认为蒙文通将北唐之君比附造父似有牵强之嫌，而她考证战国七雄之一——赵国祖牛渊源时说，直到造父祖父孟增时，此族的居地还在山西境内，孟增之子衡父，史载一笔带过，似未有大的建树，那么，造父时，此族仍盘桓于山西境内应无疑问[4]。

关于北唐地望，文献记载寥寥数语，歧见在所难免。我们不妨打开视野，从另一个角度来看看这个北唐戎，包括龙方是否有可能活动于晋中盆地。

晋中盆地新石器时代晚期遗址大量发现，被称为义井文化、白燕文化、杏花文化等。以这些文化为代表的远古部族，在继承传统文化的基础上，与来自四面八方不同文化传统的部族主动或被动交流、融合，而与太行山以东部族的交流融合，即是这一趋势的重要方面。特别是庙底沟二期文化时期及以后的相当长时间里，这种交往更为突出。有夏时期，太原盆地为东太堡文化分布范围。东太堡文化以土著文化为主体，同时也受到周围强势文化的影响，文化遗存表现出很大的独特性。商代太原发现有光社文化，大致可分为三个阶段：早期约当夏代晚期至早商时代，中期下限不晚于殷墟文化早期，即武丁前后，晚期约当殷墟文化晚期，是一支广及黄河两岸的晋西北、陕东北直至河套地区，或者至少是影响所及的考古文化遗存。

① 黄怀信《逸周书校补注译》，西北大学出版社，1996年。
② 杨国勇《华夏文明研究：山西上古史新探》，中国社会科学出版社，2002年。
③ 蒙文通《周秦少数民族研究》，《蒙文通文集》第二卷《古族甄微》，巴蜀书社，1993年。
④ 白国红《春秋晋国赵氏研究》，中华书局，2007年。

有遗存则有居民，有居民则有部落，进而有语言，有习俗，有故事，有传说。我们在第四章第五节《唐尧都太原》一节中曾探讨说明：在漫漫的历史长河中，源自东方的部族不止一次，也不只是一两个部族在晋中盆地迁徙留居。这些族群虽然迁徙时代不同，部族也不同，但他们都从东方而来。大的文化背景相同，自然有一定的文化认同感。唐尧部族很可能就在晋中盆地居留生活过，因此留下诸多有关唐尧的遗迹与传说。

唐尧末期，政局变动，舜代尧而立，尧裔子丹朱从首都（今临汾陶寺）西逃，落脚地很可能就是太原[①]。赵瑞民考证晋中盆地夏时期东太堡文化遗存时认为，结合考古发现，推断夏代唐国的地望，应该是在考古学界所说的东太堡文化的分布范围，即太原盆地和周边地区。因为山西境内夏时期的考古学文化有两支：一是二里头文化东下冯类型，属于典型的夏文化，其分布应与夏墟相当；一是东太堡文化，则应是方国文化，夏代唐国地望当与此对应。从东太堡文化是本土性质的文化这一点来说，似乎唐国很早就扎根在这里。东太堡文化渊源于当地的龙山时代文化，那么唐国在该地区的存在可以追溯到唐尧和唐尧之前。帝尧之都，一般认为应在今临汾陶寺，则太原之唐很可能是尧裔子丹朱的封国。据《史记·五帝本纪》记载，尧所属的方国还是保全下来了。裴骃《集解》引谯周曰："以唐封尧之子，以虞封舜之子。"由是，则知唐是丹朱的封国。晋阳为唐国之地，应该是从这时起始的。尧之后，由于丹朱的昏暴，尧之一族急遽衰落，其文化创造能力也必然随之降低，封到晋阳以后只能因应当地的土著文化，而少有创新，致使以后一直默默无闻，直到被周成王所灭。综上，由此来解释唐国与东太堡文化的关系则是较为顺理成章的[②]。

这个唐国是否在晋中盆地延续千年而不改，直至商末为周成王所灭，姑且不论，但有一点可以肯定，晋中盆地作为唐尧一族曾经的居留地，对他们的后裔族群仍然有一定吸引力。他们因此而回到这里或生活，或建国，都是可能的。丹朱之唐、龙方，乃至于西周时期的北唐戎都是如此。邹衡在考察分布于河北、太原等地龙山文化遗存时特别注明：赵国之先本在晋中，其地正在河北龙山文化许坦型分布

---

① 丹朱所封唐国，有河北唐县说、山西长子说等。
② 杨国勇主编《华夏文明研究：山西上古史新探》第二章《夏代与山西》，中国社会科学出版社，2002年。

范围内①。看来春秋晋国世家大族赵氏最终在太原建都立业，也是其来有自，源远流长。

晋中盆地的新石器时代晚期文化，从龙山时代以来，与中原文化特性相去渐远，而与北方所谓戎狄文化更近。东太堡文化、光社文化无不表现出这一特征。《逸周书·王会解》："北唐戎以闾，闾似隃冠。"王应麟曰："北唐即晋阳也。"据考，晋南夏商时期有唐国，这个"北"字，很可能是相对于晋南唐国而言，而"戎"字则道出了这个北唐的文化属性。夏商以至西周，无论从考古学还是从历史学、民族学来讲，晋中盆地与戎狄的关系都是十分密切的。甲骨文、金文、文献资料中的土方、舌方、鬼方等众多与晋中盆地有关的方国部族，均应如是看。

（三）土方

土字，甲骨文写作"Ω"，土方是商的劲敌，甲骨文中关于商征伐土方的记载很多，动辄"登人三千，乎伐土方""王登人五十征土方"。董作宾将"登人"的"登"解作"殆即征兵之义"。杨树达从之，谓"登盖当读之为征"。

关于土方地望，各家说法不一。郭沫若认为土方之地望盖在今山西北部②。胡厚宣认为土方活跃在晋西南地区③。董作宾则认为土方在殷之北，与下旨及舌方必有相当之联络，下旨之地，亦不可考，殆与土、舌二方毗连，在殷都之西北④。或有同意董说者：土方位于殷北、汕戓东⑤。也有人认为土方是东北一个大方国，地在燕山北面的朝阳北票市的牤牛河（汉徒河）和昭盟的老哈河（古土河）流域⑥。

商王伐土方一次征集人数多达三五千人，可见土方势力之强大。强大的土方是商王朝的主要敌国，它的强势地位也必然表现在考古学文化上。根据考古工作者历年来的考古调查和发掘，在邹衡称为"光社文化"的区域，即石楼、永和县境，以其为中心的商代文化，就其存在年代、具有鲜明地方特征的文化面貌及分布范围来看，与卜辞记载之土方恰相符合。因此，土方的活动中心可能就在今山西、陕西交

① 参见邹衡《关于夏商时期北方诸邻境文化的初步探讨》，《夏商周考古学论文集》（第二版），科学出版社，2001年。
② 郭沫若《卜辞通纂》，文求堂，1933年。
③ 胡厚宣《甲骨文"土方"为夏民族考》，《殷墟博物苑苑刊》（创刊号），中国社会科学出版社，1989年。
④ 董作宾《殷历谱》，《"国立中央"研究院历史语言研究所专刊》，1945年。
⑤ 林小安《殷武丁臣属征伐与行祭考》，胡厚宣《甲骨文与殷商史》（第二辑），上海古籍出版社，1986年。
⑥ 金岳《越族研究源流之一》，《文物季刊》1997年第3期。

界的石楼、永和县一带。

《诗经·大雅·绵》记周之先人曾"自土沮（徂）漆"，王引之以为土即杜。陈梦家以为蚁在沁阳之北，且疑土方即唐杜之杜，而唐在今山西安邑一带。邹衡认为唐杜之说虽未必可靠，但安邑之方位却大体相差不多。

其一，《元和郡县图志》卷十二《河东道一》："石楼县本汉土军县也，属西河郡，晋省。后魏孝文帝于此城置吐京郡。……盖胡俗音讹，以军为京也。隋开皇五年，又以吐京属隰州，十八年改吐京为石楼县，因县东石楼山为名也。"又卷十三《河东道二》："按吐京镇，今隰州西北九十里石楼县是也。十二年改吐京镇为汾州，西河郡仍属焉。"《水经注·淇水》："魏徙九原、西河、土军诸胡，置土军于丘侧。"可见石楼一带向来为胡人所居。

其二，新中国成立前就曾在石楼县韩家畔、谭庄、曹村、殿底峪、下庄岇等地发现商代铜器。新中国成立后，先后在二郎坡、后兰家沟、桃花庄及石楼附近的永和县发现商代铜器墓葬。这些铜器墓所属考古学文化并非商文化，而应包括在光社文化内，或与土方有关。就是说，这里的居民可能长期与商王朝处于敌对地位，而且这些墓葬和铜器的年代有属于武丁时代者，从而与武丁时伐土方事并不矛盾。

其三，以方位来说，今石楼县在安阳之西而稍偏北。武丁时卜辞："迄至五日丁酉，允有来艰自西。沚馘告曰：土方征于我东鄙，戋二邑；吾方亦侵我西鄙田。"（《甲骨文合集释文》6057 正）又："迄至九日辛卯，允有来艰自北。蚁妻笭告曰：土方侵我田，十人。"（《甲骨文合集释文》6057 反）

石楼县位于安阳西北，这与"有来艰自西"基本上是相符的。又因蚁在沁阳之北，而石楼县更在蚁之北，所以与"有来艰自北"也是相符的。再依郭沫若的估计，土方至蚁都约十二三日路程。今安阳距石楼县直线距离七百余里，因为要越过太行山、吕梁山等，几乎全程山路，实际行程可能在千里左右，正合十二三日路程。

其四，姬周文化来自光社文化分布区。周人本曾居汾，自古公去汾至陕，故《孟子·梁惠王》有云："去邠（汾），逾梁山。"梁山地望，以崔述《唐虞考信录》卷三"奕奕梁山，维禹甸之"条所考，《水经注·河水》引《魏土地记》所说"梁山北有龙门山，大禹所凿"之梁山，在河东。当然可以从石楼而渡黄河。总之，这个"土"应即殷墟卜辞中所见之"土方",也就是今石楼县一带[①]。

关于土方族属,胡厚宣认为土方即是"夏遗民"[②]。土方之名亦见于古文献:《诗经·商颂·长发》"洪水芒芒,禹敷下土方";《楚辞·天问》"禹之力献功,降省下土方"。禹和土方之关系,以及土方即是夏,由此可见一斑[③]。

商灭夏后,夏民族并未因此绝迹。他们一部分仍然生活在原地,逐渐与商人融合,一部分向外迁徙,而向北方、西方迁徙是一大支。《史记·匈奴列传》:"匈奴,其先祖夏后氏之苗裔也,曰淳维。"司马贞《索隐》:"张晏曰:'淳维以殷时奔北边。'又乐产《括地谱》云:'夏桀无道,汤放之鸣条,三年而死。其子獯粥妻桀之众妾,避居北野,随畜移徙,中国谓之匈奴。'"然而他们的迁徙并未到此为止,而是从陕、晋、内蒙古一带,经河套上溯而至甘、青或新疆以达中亚的阿富汗、伊朗等地。或以为,"大夏国"(今阿富汗)的建立也可能与此有关[④]。无论最后迁往何地,吕梁山两岸包括晋中盆地都曾经是他们盘桓、迁徙的地区。

(四)舌方

甲骨文中舌写作𠯑或者𠯑、𠯑,各家释读不尽相同,孙诒让释作"昌",王国维释作"吉",叶玉森释作"苦",郭沫若释作"吕",于省吾、傅斯年等释作𠯑,陈梦家、唐兰、董作宾、胡厚宣皆释作"舌"。岛邦男认为《大盂鼎》中的𠯑、𠯑与卜辞中的舌字实为同一字,所以舌应是古字初文,古方就是胡方[⑤]。

舌方也是商王朝重要的敌对方国,常常侵扰商王朝,武丁一朝侵扰中土的外族不下数十,其中以舌方最烈。现存关于舌方的卜辞多达四百八九十片,俱集中于武丁时代。商王曾派人侦察舌方的动态,还亲自率众征伐。经过商王的多次征伐,舌方最终归附于商王朝并佑助商王。

关于舌方的地望,卜辞中有比较清楚的记载:凡殷边候报告舌方寇伐之事皆

[①] 参见邹衡《关于夏商时期北方地区诸邻境文化的初步探讨》,《夏商周考古学论文集》,科学出版社,2001年。

[②] 胡厚宣《甲骨文"土方"为夏民族考》,《殷墟博物苑苑刊》(创刊号),中国社会科学出版社,1989年。

[③] 陈梦家则认为土方即陶唐氏之后"唐杜氏"的杜氏。见陈梦家《殷墟卜辞综述》,科学出版社,1956年。

[④] 参见徐中舒《夏代的历史与夏商之际夏民族的迁徙》,徐中舒《先秦史论稿》,巴蜀书社,1992年。或以为土方即大夏的省称。晋南部族迁徙之中亚之大夏(今阿富汗),可上溯至唐尧时。参见余太山《古族新考》,中华书局,2000年。

[⑤] 岛邦男《殷墟卜辞研究》,温天河、李寿林译,鼎文书局,1975年。

言"自西"，因此，舌方必在殷西。但殷西仅仅是一个大概方位，具体地望则各家说法不同。郭沫若认为土方之地望盖在今山西北部，而舌方或更在河套附近也[①]。陈梦家认为舌为邛，其《殷墟卜辞综述·方国地理》云：邛方似在今垣曲与安邑之间的中条山区域，又说，卜辞的邛方都是在太行山西北的地区，则似乎是较可信的。董作宾认为舌方在殷之西北，为殷人劲敌，舌方即鬼方[②]。唐兰也认为舌即邛，其地略当四川之邛县。胡厚宣对各家的看法加以辩驳，他认为郭沫若的河套说辞多臆测不可信；对陈梦家的河内说，则认为河内之去殷不过三百余里，三百余里内容不下如此许多国家；唐兰的四川说又未免太远，以邛、殷三千里之遥，重以剑门、潼关山川之险，时时内侵绝不可能；最后胡厚宣认为舌必在今山西省以西的陕西省[③]。岛邦男《殷墟卜辞研究·殷的方国》也以为当在今山西、陕西交界处。

卜辞中还有不少关于舌方与土方联合，对商之边地采取军事行动的记载，说明舌方与土方很近。如从前文《甲骨文合集释文》（第6057正）记载来看，土方、舌方分别由东、西两面入侵，可以判断土方应在舌方以西。邹衡认为，土方地望既定，舌方也在其邻近。石楼、永和等县多处发现铜器和铜器墓，可见其分布甚广，未必全属土方，有的也可能属于舌方。不过，目前要区分二者，仍很困难。当然也可以考虑其他的地方。

王国维、丁山等将 舌 释作"吉"也有一定道理。《元和郡县图志》卷十二《河东道一》吉昌县："本汉北屈县地也，属河东郡。后魏孝文帝于今州置定阳郡……十八年，改定阳县为吉昌县。"《读史方舆纪要·山西三》吉州有"吉乡废县"，故治在今吉县。此处是否为商代舌方尚待进一步考古发现证明。

（五）鬼方

与土方、舌方相比，鬼方则显得更加神秘，争议更多。鬼字卜辞作" 鬼 "形。文献中关于鬼方的记载有：

---

①　郭沫若《卜辞通纂》，文求堂，1933年。
②　董作宾《殷历谱》，《"国立中央"研究院历史语言研究所专刊》，1945年。
③　胡厚宣《殷代舌方考》，《甲骨学商史论丛初集》，1944年。

《易·既济》九三爻辞："高宗伐鬼方，三年克之。"

《易·未济》九四爻辞："震用伐鬼方，三年有赏于大国。"

《诗经·大雅·荡》："内奰于中国。覃及鬼方。"

《古本竹书纪年辑校》："武乙三十五年，周王季伐西落鬼戎，俘二十翟王。"

《今本竹书纪年疏证》："（武丁）三十二年，伐鬼方。次于荆。三十四年，王师克鬼方。"

此外，铭文中也有关于鬼方的记载。

《梁伯戈》除"魁方繆"与"梁伯作"六字外，其余字迹皆磨灭，只知周人在康昭以后征伐过鬼方。《小盂鼎》（此为康王时器，从郭沫若说）虽残字过多，但可窥其大略，吴镇烽《商周青铜器铭文暨图像集成》对其释文如下①：

佳（唯）八月既朢（望），辰才（在）甲申，昧丧（爽），三左三右多君入服（服）酉（酒），明，王各（格）周庙，□□□邦宾，征（延）邦宾隮（尊）甘（其）旅服（服），东卿（嚮）。盂吕（以）多旂佩，畝（鬼）方子□□入三门，告曰：王令盂吕（以）□□伐畝（鬼）方，□□□戜（馘）□，执嘼（酋）三人，隻（获）戜（馘）四千八百又二戜（馘），孚（俘）人万三千八十一人，孚（俘）马□□四，孚（俘）车卅两（辆），孚（俘）牛三百五十五牛，羊卅八羊。盂或（又）告曰：□□□□，孚蔑我征，执嘼（酋）一人，隻（获）戜（馘）二百卅七戜（馘），孚（俘）人□□人，孚（俘）马百三（四）匹，孚（俘）车百□两（辆）

文献和铭文的记载证实了鬼方的存在，也可知鬼方活动于商周两代一千数百年间，一直是商周的劲敌。最早研究鬼方的学者，当以王国维为最著。他以古文献与青铜器铭文相互印证，作《鬼方昆夷猃狁考》，对鬼方这一模糊的概念作了精辟论述："我国古时，有一强梁之外族，其族西自汧陇，环中国而北，东及太行、常

---

① 吴镇烽《商周青铜器铭文暨图像集成》，上海古籍出版社，2012年。

山间，中间或分或合，时入侵暴中国，其俗尚武力，而文化之度不及诸夏远甚。又本无文字，或虽有而不与中国同。是以中国之称之也，随世异名，因地殊号，至于后世，或且以丑名加之。其见于商周间者，曰鬼方，曰混夷，曰獯鬻，其在宗周之季，则曰玁狁，入春秋后则始谓之戎，继号曰狄，战国以降，又称之曰胡。"[①]

随着出土资料的丰富，对鬼方的研究也更加深入，王氏观点开始受到质疑，但异说甚多，至今仍无定论。

从文献记载来看，武丁时代外族以西边鬼方为祸最烈，而武丁卜辞有关鬼方的记载却非常稀少，卜辞中武丁时代敌对战争最多的是舌方、土方和羌方。卜辞中虽然提到了鬼方，但却没有伐鬼方的记载。因此，一些学者将鬼方解释为一个北方的方国联盟。也有一些学者认为文献中的鬼方与卜辞的舌方分量相当，舌方就是鬼方。董作宾在《论舌方即鬼方》一文中，以鬼、舌为同音之假借，先后之异文，主张鬼方就是卜辞中的舌方。

罗昆在《高宗伐鬼方史迹考辨》中对鬼方作了精辟分析：有关鬼方的甲骨文资料都不涉及伐鬼方的内容，卜辞中的"鬼方易"是由两个族氏名号——鬼和易构成，意味着易是鬼族分裂出的支系。卜辞告诉我们鬼及其分族易，武丁时就在商王朝统治集团中占有相当重要的地位。很难想象一个刚被伐灭的敌国遗族，能得到这样的信任和重用，至少在甲骨文中找不到类似的例子。所以，卜辞中的鬼方即《周易》所称之鬼方一说，值得怀疑。甲骨文的某方泛指一方非专指一族也有先例：羌在甲骨文中既作专名，如羌方、羌龙、马羌；又是通称，卜辞中的羌、氐羌及祭祀所用之羌并不限于羌方的成员，而泛指被虏获的西北游牧诸族的人。故此鬼方一词当系通称，泛指西北游牧诸族[②]。

岛邦男认为：从卜辞惯例来看亡祸，并不用于卜问敌国，而是专门用于卜殷及殷所属的[③]。实际上，在卜辞中鬼方不仅不是商之敌国，而且常常参与商王的对外战争或祭祀活动。

显然，鬼方与舌方在卜辞中的地位并不相同。关于高宗伐鬼方一事的文献记

①　王国维《观堂集林》，中华书局，1984 年。
②　胡厚宣《甲骨文与殷商史》，上海古籍出版社，1983 年。
③　岛邦男《殷墟卜辞研究》，温天河、李寿林译，鼎文书局，1975 年。

载，从卜辞来看并非完全可信。如何解释卜辞与古代史籍中相互矛盾的记载呢？宋新潮认为：盂伐鬼方一役，在西周初年应是仅次于"武王伐商"和"周公东征"的一场大规模战争。卜辞记载商王武丁时曾对西北的土方、舌方、羌方等敌对方国发动征伐战争。鬼方也活动在这一区域，因而西周以后的古人误认为武丁时期对西北各族的战争，就是对西周初年强族劲敌鬼方的战争，故在成书于西周时期的《周易》一书中，才有"高宗伐鬼方""震用伐鬼方"的记载①。

因此，将鬼方释作方国联盟比较合适，甚至可以进一步确定为鬼方就是指舌方、土方联盟。

关于鬼方的姓氏，王国维在其著名的《鬼方昆夷玁狁考》中说："况鬼方……或本无姓氏之制。逮入中国，与诸夏通婚媾，因以国名为姓。《世本》：陆终取鬼方氏之妹，谓之女嬇。《大戴礼·帝系篇》及《水经注》洧水条所引作女隤。《汉书·古今人表》作女溃……鬼、贵同声，故餽字亦通作馈，则女嬇、女隤疑小女媿、女隗之变。"

王国维还推断怀姓即隗国："此隗国者，殆指晋之西北诸族，即唐叔所受之怀姓九宗，春秋隗姓，诸狄之祖也。原其国姓之名，皆出于古之畏方……案《春秋左传》，凡狄女称隗氏，而见于古金文中，则皆作媿。"李亚农也认为隗姓与诸狄同源②。则王、李二氏均以怀姓与后世之隗姓有渊源关系，属于广义的"狄"人族属，究竟与《左传》《国语》所载赤狄、白狄、长狄有何关系，尚不得而知，或以为此怀姓九宗应为唐氏九族③。

从考古文化来看，鬼方所对应的应为光社文化。殷墟二期前后，光社文化的中心区已由河套、晋西北、晋中地区转向陕东北、晋西的黄河两岸地区，其南缘已至淳化一带，即陕北与关中的交界地区。这一文化中心的转移，或许与武丁讨伐鬼方的战争有关。殷墟二期前后，迫于殷商压力，光社文化有向关中腹地扩张之势。光社文化（鬼方）或其中一支（早期狄）对豳地不断侵扰，使得先周人不得安生，导

---

① 宋新潮《殷商文化区域研究》，陕西人民出版社，1991年。
② 李亚农《西周几个国家的奴隶制》，《西周与东周》，上海人民出版社，1956年。
③ 《左传·定公四年》："分唐叔以大路、密须之鼓、阙巩、沽洗，怀姓九宗、职官五正。命以《唐诰》，而封于夏虚，启以夏政，疆以戎索。"杜预注："怀姓，唐之余民；九宗，一姓为九族。"孔颖达疏：《正义》曰：怀姓居在晋地，而不言殷民，知是唐之余民也。言怀姓九宗，则皆姓怀矣，知一姓而有九族也。"

致古公迁岐。这或许是古公迁岐的原因或原因之一①。范毓周认为武丁晚期商王派遣犬侯诸部族向周人进行寇掠的战争，是古公去豳迁岐的直接原因。所谓犬侯等族寇周一役，大约即是太王迁岐所受的狄人侵扰②。尽管犬侯等是否属狄人一支尚需讨论，但把古公迁岐之因与商王指使其附属国寇周一事联系起来，还是有一定道理的。

殷墟三期或三、四期之交，先周势力已发展至泾水下游地区，与光社文化形成对峙之势，同时也遏止了光社文化向关中腹地的深入。

殷商晚期，周王季时期，周族势力迅速崛起，已形成向外扩张之势。

《后汉书·西羌传》："及子季历，遂伐西落鬼戎。太丁之时，季历复伐燕京之戎，戎人大败周师。后二年，周人克余无之戎。"注引《竹书纪年》："太丁四年，周人伐余无之戎，克。""太丁七年，周人伐始呼之戎，克之。十一年，周人伐翳徒之戎，捷其三大夫。"

陈梦家认为周王季所伐的西落鬼戎，即西落的鬼方之戎；所伐的余无之戎，仍是鬼方的一支；所伐的燕京之戎，当在太原一带。这就是说，王季时期，周人所伐诸戎大致地区在今陕东北、陕北、晋西、晋中一带，而这些地区恰好是光社文化的分布区。故可以说，王季时期，先周人对以光社文化为代表的鬼方等族展开了一场殊死战争，这场战事虽有胜有败，但仍以胜利告终。这也许正是殷墟三期之后，光社文化衰落的原因所在。而这一斗争的胜利，铲除了商王国西北隅的屏障，又对商王朝构成了较大威胁，自然引起商王室的震动，导致文丁杀季历事件的发生③。

（六）燕京之戎

《后汉书·西羌传》："太丁之时，季历复伐燕京之戎，戎人大败周师。"注引《竹书纪年》曰："太丁二年，周人伐燕京之戎，周师大败。""燕京"地望，《淮南子·地形训》："汾水蒙浊而宜麻。""汾出燕京。"高诱注："燕京，山名也，在太原汾阳，汾水所出。"汾河沿岸多出大麻，其中尤以清徐、广灵等县有名。今山西管涔山，古名燕京山。《水经注·汾水》引《十三州志》："（汾水）出武州之燕京山，

---

① 刘军社《古公迁岐的原因及其意义》，《文博》2000 年第 5 期。
② 范毓周《殷代武丁时期的战争》，《甲骨文与殷商史》（第三辑），上海古籍出版社，1991 年。
③ 参见刘军社《先周文化与光社文化的关系》，《文博》1993 年第 2 期。

亦管涔之异名也。"管涔山主峰在今山西宁武西南 35 里，海拔 2603 米，山下有分水岭村，为桑干河与汾河的分水岭与河源地。管涔山天池为汾水正源。西汉汾阳县治所有多说，《通典》：岚州之宜芳县"有古秀容城，即汉汾阳县"。唐宜芳县城在今岚县北 25 里岚城镇，秀容城在今岚县南 1 里古城村。《永乐大典》卷五二〇四："秀容城，在岚县南三十里，周九里三十步……基址微存。"岚县城南曾发现一古城，周约九华里，城内有大量汉代绳纹陶片、汉五铢钱和战国布币，故《通典》所说汾阳县城当指此岚县古城①。查今宁武关，明景泰元年（1450）筑；岚县东北之静乐县，汉为汾阳县地，隋大业二年改今县名，则当时燕京山即管涔山，属汉汾阳县，即今岚县境汾阳县故城址所管辖。商代燕京之戎，亦应分布在今太原以北至管涔山一带。今管涔山在保德与忻州之间，二县之铜器墓葬也许与燕京之戎有一定关系②。

钱穆认为犬戎就是燕京之戎，燕犬古音同部相通，盖古者太原晋阳本称燕，故其山曰燕京，其戎曰犬夷也。《尔雅》燕有昭余祁，《淮南子》云汾山燕京，汾水、昭余祁地在今晋中、晋北，古今无异说，可知晋中、晋北古时都曾称燕。《诗经·大雅·韩奕》载"溥彼韩城，燕师所完"，燕者，汾水燕京之燕也，地在晋中北，而韩地在晋南。《左传·僖公十五年》秦与晋战，始曰涉河，继曰三败及韩，又曰寇深矣，则秦军已深入晋地，而韩原当在河东河津、万泉间可知。《国语·郑语》史伯曰："当成周者，南有荆蛮、申、吕、应、邓、陈、蔡、隋、唐，北有卫、燕、狄、鲜虞、潞、洛、泉、徐蒲，西有虞、虢、晋、隗、霍、杨、魏、芮，东有齐、鲁、曹、宋、滕、薛、邹、莒。"此所谓燕、狄、鲜虞，正指汾水太原一带之地③。

（七）箕

《路史·国名记》卷丁："箕子之先箕伯之封，小国也。春秋犹有箕崇之国。《姓纂》云：商之圻内，今太原，晋败狄于箕者（僖三十三年），预谓太原阳邑有箕城是。阳邑，隋之大谷，后为骨打都，今辽之榆社东南三十（里），古箕城在辽山。"按：阳邑，汉县，今称阳邑村，在今太谷东 17 里处。《元和郡县图志·河东道二》："太谷县，本汉阳邑县地。属太原郡，今县东十五里阳邑故城是也。"郭沫

---

① 参见谢鸿喜《〈水经注〉山西资料辑释》，山西人民出版社，1990 年。
② 参见邹衡《夏商周考古学论文集》，文物出版社，1980 年。
③ 参见钱穆《周初地理考》，《古史地理论丛》，台湾东大图书有限公司，1982 年。

若认为,箕即卜辞的基方[1]。李学勤《小臣缶方鼎与箕子》将殷墟卜辞与小臣缶方鼎等青铜铭文结合考证,认为箕在山西榆社县南箕城镇,距沙河上游不过百余里[2]。

总之,箕之一族在商初很可能曾活动于晋中盆地。

（八）𠂤族

邹衡《论先周文化》称其为先周族的一支,𠂤为徽号。因其地位显赫,铸造铜器不少,单邹氏即搜集到此族铜器 60 余件,还有类似族徽 30 余件。宋吕大临《考古图》记在山西太原东寿阳县紫金山出土一件"𠂤己"爵,时间定位在殷墟文化第三期。

1929 年洛阳出土的两件鼎,洛阳出土的一件卣,河南浚县出土的一件卣,辽宁喀左县山湾子出土的一件簋,均带有𠂤徽号,此数器年代均属西周早期。

由以上器物的年代与分布推测,𠂤族早期曾活动在山西太原附近,后迁至陕西。克商以后,其中某些支族已迁至洛阳等地。

邹衡认为,此族徽虽不识,但它是弓形器的象形,而且并非商式,有明显的山西样式。例如在山西石楼桃花庄、后兰家沟可能属于光社文化的墓葬中,都发现这种青铜制造的弓形器,形制与此族徽完全相同。保德林遮峪在可能属于光社文化的墓葬中还发现了两件以黄金制造的与此形制基本相同的弓形器。

这种弓形器,迄今只在山西境内出现,别处尚未发现。由此可以证明,太原、寿阳、保德、石楼等地的青铜文化有着密切的关系。𠂤族用此作族徽,表明此物应是这种青铜文化的重要标志物,也就是说,𠂤族与光社文化的关系非常密切。这样,就为这个氏族原住山西境内提供了直接的物证[3]。

（九）鬲（丙）方

山西灵石旌介发现了三座商周之际的墓葬,出土了大批"鬲"铭青铜器。

《灵石旌介商墓》[4] 一书对其做了详细介绍,其铭文拓片如 𦥑 𦥑 𦥑 𦥑 等,具体写法略有不同。

---

[1]　郭沫若《卜辞通纂》,文求堂,1933 年。

[2]　李学勤《小臣缶方鼎与箕子》,《殷都学刊》1985 年第 2 期。

[3]　邹衡《论先周文化》,《夏商周考古学论文集》,文物出版社,1980 年。

[4]　《灵石旌介商墓》,科学出版社,2006 年。

邹衡在《论先周文化》《再论先周文化》中也谈到了"鬲"（ⵍⵏ ⵏ）[①]族。他认为鬲字是商代分裆鬲的符号化。以分裆鬲为族徽的青铜器有不少著录，他曾收集到100件左右。邹衡整理的分裆鬲铜器及其族徽，在陕、甘两省的辛店文化、寺洼文化、先周文化中有不少分布，因而这个族徽代表的古族也应该包括以上三个文化在内，或者说，这三个文化中的一部分最早应该是同一个古族。陕西的鬲族就是文献上所说的姜姓族，也可能就是炎帝族，最早是住在宝鸡和周原一带，并由陕西至山西，克商后，部分迁至河南洛阳和山东黄县。《史记·周本纪》有"（宣王）三十九年，战于千亩，王师败绩于姜氏之戎"。千亩，《索隐》："地名也，在西河介休县。"千亩应在今介休市或灵石县境，则姜（羌）于商及周代在山西一直势力很大。

王克林称，灵石旌介发现的三座殷墓，在20余件铜器上铸有"ⵏ"字铭或族徽标志，这批青铜的形制具有殷墟文化的某些特征，但其地域性也很明显，灵石青铜文化的族属问题，显而易见可能为殷时某一方国的部族遗存，由其中铜器铭文"鬲"族徽的大量出现，表明其族可能为夏商时的"有鬲氏"[②]。

也有的学者将该族徽释为"丙"，如《灵石旌介商墓》。有学者统计，有铭的丙国铜器有170余件，时代约自商代武丁至西周早期康昭之世，立国至少300余年[③]。

灵石旌介发现的这一族徽，与邹衡所说陕北发现的国族有无关系，尚需进一步考察。至于是否为文献记载的夏商时期之"有鬲氏"，更需慎重对待，因为一般认为"有鬲氏"在山东。无论如何，鬲族或曰丙族，殷商时期活动于晋中盆地，是不争的史实。

（十）并氏

并氏亦见于甲骨卜辞之中。并氏的来源，得到了不少学者的关注。王永波《并氏探略——兼论殷比干族属》[④]一文考察甲骨文、金文的"矢""大"和"并"字形体的变化，认为并氏为尚箭的东夷夷羿族团。该文指出，并氏既为尚箭之民族，其族源归属便可定位在以崇武尚箭而闻名于世的东夷族团。尚箭民族的中心区域在

---

① ⵏ 少两点，疑亦属此类之省。
② 王克林《山西考古工作的回顾与展望》，山西省考古学会、山西省考古研究所《山西省考古学会论文集（一）》，山西人民出版社，1992年。
③ 参见丁山《盘庚迁殷以前商族踪迹之追寻》，《商周史料考证》，中华书局，1988年。
④ 王永波《并氏探略——兼论殷比干族属》，《考古与文物》1992年第1期。

今鲁北地区，亦即齐地域内，"昔在帝羿，共田径游，弧矢是尚"，"羿左臂修而善射"，东夷尚箭诸部的代表人物应该就是神话传说中的射神、夏初"因夏民以代夏政"的东夷首领有穷后羿，并氏应为东夷尚箭诸部之成员。

王守功《夷羿族团的衍变与考古发现辨证》一文进而论定，夷羿族团为新石器时代晚期活动于鲁北大汶口文化分布范围内的一远古部族。夏初，羿"自鉏迁于穷石"，即今河南濮阳一带，说明至少在龙山文化晚期，夷羿族团的势力已发展至豫东北地区。夏启破坏"禅让"制度而杀伯益，伯益为东夷集团某一部族的首领，他的被杀，触犯了夷羿族团的利益。因此，夷羿族团在夏后太康时期开始了对夏王朝的征讨，并一度代替夏王朝统治。夏太康复国后，夷羿族团主要力量开始退往鲁北地区，势力也大大削弱。夷羿族团逐渐瓦解，在鲁北建立起一系列方国，其中的一个方国就是邶。

邶即"己邶"，或写为"己并"。1952年安阳出土一件己并父丁爵，其后山西又发现一件并氏戈，1983年寿光出土商代铜器64件，其中有铭文者19件，有15件为己并器。

据现有资料，并部族有两支，其中一支居住在山东潍坊一带，没有随夷羿西征而留在当地。依照山东龙山文化时期邦国林立的社会背景分析，这支并氏亦在当地兴起，并建立了自己的国家。在商代，潍坊一带的并氏为商王朝同盟，曾为对付周围其他势力的威胁而与己、其建立联盟。文献载记，潍坊并氏在临朐一带。大量殷代己并氏铜器在山东寿光出土，当是己、并联合后的遗留。因此，并氏古地应在山东临朐，与己氏联合后，逐步变成己国的一个属邑。

《春秋左传正义·庄公元年》："齐师迁纪邶、鄑、郚"，"齐欲灭纪，故徙其三邑之民而取其地"。《春秋穀梁传注疏》："齐师迁纪邶、鄑、郚"，"纪，国也。邶、鄑、郚，国也。或曰，迁纪于邶、鄑、郚"。《春秋》记载一同为齐师所迁的邶邑外，还有鄑与郚，他们也和邶一样，是生活在潍坊一带的尚箭族团或方国，而并、晋为山西古代主要称谓[①]，他们同处于鲁北也是一件耐人寻味的事情。

---

① 王克林《晋文化与后羿族群新探》亦认为并、晋俱为尚箭之民族，即后羿一族，但王氏以为后羿一族是经历有时的一个累世相传的北方显赫大族。远在四五千年前，此族从黄河流域上游逐渐迁移与中原的帝喾、尧、舜、禹等部族发生了关系。这就提示了夷羿族群于五帝时代或文明之初的夏代伊始，已聚居于晋、陕间的西河，为西夷之人，是商周戎狄的祖先。山西省考古学会、山西省考古研究所《山西省考古学会论文集（四）》，山西人民出版社，2006年。

甲骨文、金文中无鄑字，假"晋"为"鄑"。"晋"字在甲骨文、金文中为两矢射日的形状，"鄑"为尚箭"射日"部族①。部，也为甲骨文、金文所无，部之本字"午"与"矢"同义，故部与鄑一样应为崇武尚箭之部族。依据典籍，鄑都在山东昌邑附近，部氏在安丘市西南60里的部山，其上有部城遗址。

邢、鄑、部均为夷羿族团部族，其中鄑、部或者没有随夷羿族团西征，与中原交往较少，或是势力太小，不受重视，故其族名不见于甲骨文、金文。后来他们与己部族联合，国都遂成己国一邑，并最终为齐所灭②。

并氏的另一支随夷羿征夏进入河南。商代建立后，为商之重臣。甲骨文中所记并氏，应属这一支的事迹。并作为氏族名，在甲骨文和金文中称并，与山东大量发现的并器称己并不同，或可说明两支并氏发展中的不同。

从有关记载看，并是殷代的一个有名的大部族，其中一部或徙居山西一带。甲骨刻辞的记载，如郭沫若《殷契粹编》③1535："己巳，贞竝、畐伐舌方，受又。竝弗受又。"张秉权《殷虚文字丙编》④考释图版捌捌九六："乎竝、畐？""勿乎竝、畐？"屈万里《殷虚文字甲编考释》868："辛未贞：其令射畐即竝。"

从甲骨文可以看出，并与畐是一对关系密切、国土相近的方国，故时时派畐人到并。而畐方应在殷都西边。北京图书馆藏卜骨有"西畐其有疾"，"西畐"的西表示方位。《殷虚文字甲编考释》亦认为："畐，殷西地名，其地近羌人。"郭沫若《卜辞通纂》498片卜骨有："畐告曰：舌方伐我。"同书499、500片都记有舌方犯畐之事。同时，从舌方犯畐之事来看，畐地不仅在殷之西，其地必近舌方无疑。卜辞中又见并与畐联合与舌方大战，则并氏亦当与舌方不远。舌方的地理位置已知在今山西、陕西北部一带，则畐应是较舌方更近商王国腹地，而并就更接近商王国腹地。可见并氏必在今山西西部和中北部一带地方活动过。石楼所发现的带并字的铜

---

① 《说文解字》："晋，进也。日出万物进。"王克林《晋文化与后羿族群新探》认为，从古文字学的角度看，晋字的字体结构从矢（箭）确凿无疑，然字之下部所从，甲骨文中有从"日"者，下从"日"便揭示了我国古文献中记载的帝尧使羿射十日的神话传说故事。这便透露出晋的本义和性质，当也是尚箭崇武的"代夏"的后羿族群中的一支。
② 参见王守功《夷羿族团的衍变与考古发现辨证》，北京大学中国考古学研究中心等《古代文明》（第1卷），文物出版社，2002年。
③ 郭沫若《殷契粹编》，科学出版社，1965年。
④ 张秉权《殷虚文字丙编》（上辑二），台湾"中央"研究院历史语言研究所，1959年。

戈，完全有可能与殷代后期甲骨文中所记与龟联合大战舌方的并氏有密切关系，铜戈或许就是参加这场战斗的并氏或其后人所遗留之物。而并氏或其后人之物出土于山西石楼，说明并氏很可能曾经在这一带活动。

并氏不仅殷商时期活动于这一带，直到春秋时期，仍有并氏后裔留居晋国的蛛丝马迹。据《侯马盟书》提供的线索，晋赵鞅举行的宗盟活动，还有称作并氏的参与[①]。可见春秋时期，并氏在晋国还是一个重要部族，其居住地很可能就在晋中盆地。

第六节　太原地区三代居民的社会生活

一、"东太堡文化"族群的社会生活

夏朝已经进入阶级社会。一般认为它是一个部落联盟式的国家组织，并很可能是我国第一个家天下的国家政体。对于夏代的社会性质及生产生活，学者们依据史书记载和考古发现，从国体、神权、军队、官吏、监狱、税赋和农业、制陶、铜器铸造，乃至文字、酿酒等方面做了大量探讨，硕果累累，成就斐然。太原地区夏时期遗存的社会结构及生产生活，相关发现和研究则十分有限，通过比对相近文化遗存及其研究成果——忻州游邀遗址遗存，我们对东太堡文化居民的社会与生活做一简单推测。

相较于龙山时代，特别是仰韶时代的先民，太原地区夏时期先民所面临的自然环境极其恶劣。大约在距今 4000 年前后，地球又迎来一次小冰期，气温较前期下降约 1—2 摄氏度。从山西忻州游邀遗址孢粉组合特征分析可知，该区是时气候温干，遗址附近的森林和湖沼不再发育，地表植被主要是温带半干燥地区常见的乔木、灌木、草本和蕨类植物，构成北方草原或森林草原的生态环境。游邀遗址背倚系舟山，面向盆地中心的滹沱河及其主要支流牧马河，近山而远水，属于山前坡地。居民选择这种自然生态环境和地形居住，利于从事种植农业、渔猎采集及饲养牛、羊这类食草动物等生产活动。游邀遗址早期堆积中只见少数几个灰坑，到中

---

① 《侯马盟书》（文物出版社，1976 年）宗盟类 156.3 号，释并为比。而彭邦炯释比为并，参见彭邦炯《竝器、竝氏与并州》，《考古与文物》1981 年第 2 期。

期，尤其到晚期夏时代，房址、陶窑、灰坑和墓葬等都有发现，且遗址厚达数米。这至少表明，夏时期的居民过着长期较为稳定的定居生活。太原地区东太堡文化的居民自然环境和游邀居民相类，甚至更为优越，长期而稳定的定居生活，应该是东太堡文化居民生活的基本形态。

东太堡文化的主要经济形态以种植农业为主，兼营家畜饲养及牧业和渔猎采集等多种生产活动；加上工具制造、房屋建造、制陶与纺织等手工业门类，构成了当时社会经济的基本结构。

东太堡文化居民以石、骨材料制作生产工具，通过生产工具的类别，我们大致可以了解当时人们的生产情况。

游邀遗址发现较多数量的石斧、大型石铲和盘状砍砸器，可以用于砍伐树木，尤其对遗址附近的乔木和灌木类矮生和丛生树木具有更高的效力；石铲和骨铲可用于松翻土壤和播种；石、陶、蚌刀则是用于收割的工具。这些都是"刀耕火种"的原始农业阶段常规生产工具。另外，石杵、石磨棒和石臼一般被认作谷物的脱壳工具。大量生产工具在遗址中的发现和在出土遗物中所占比例之高，说明农业种植在当时占有重要地位。

游邀遗址发现卜骨32件，经鉴定，猪肩胛骨22件，牛、羊肩胛骨各5件。据此可知猪是主要饲养动物，也从一个侧面说明养殖业在当时的食物生产中占据主要地位。牛、羊是食草类动物，为早期牧业主要饲养对象，在猪、牛、羊中，它们共占了31.25%，可知在饲养业中，牧业已有了相当规模。除这三种家畜外，遗址发现的陶塑小狗也应存在着创造原型，说明狗也是人们饲养和喜爱的动物。

另外，石斧、石铲和砍砸器等形体较大的重石器也可用于对野兽的近体搏杀，而遗址内发现的石球、陶弹丸、石镞和骨镞等，则是远程杀伤武器，出没于遗址附近的野兽自然是主要猎杀对象。从当时的生态环境、遗址位置以及人群组织的形式和规模推测，狩猎对象主要是那些非迁徙、非群居的动物。蚌器的发现，则说明当时的渔捞经济也是食物来源的一种。琢制石片、石砧、敲砸器等石质工具和唯一一件残断铜削的发现，也应与食肉相关。可见肉食的来源，应包括畜养、狩猎和渔业。

数量众多的石刀、蚌刀和陶刀既可以收割农作物，也可以采集野生植物，一些小型骨铲可能用于挖掘植物根茎。存在着采集经济，应是不言而喻的。

手工业和建造房屋也是当时生产领域中的一个基本而重要的门类。在手工业中，当首推工具的制造。除了石、骨、蚌、陶等类别以外，唯一一件残铜削的发现，或许说明当时还存在着制铜业。遗址中发现数量颇多的石楔、石凿和石锛等木材加工工具，表明当时还存在木作业。木作业除了制作生产工具及生活用具外，房屋建造也应是他们的一项重要工作。当时的房屋仍然以半地穴式为主，一般居住面积在 6—12 平方米左右。

在当时的手工业中，制陶业是一个占有重要地位的行业。烧制陶器技术的复杂性，使制陶业有较高程度的专业化。游邀遗址发现的四座椭圆形升焰窑，采取了增大火膛、缩短火膛与窑室的距离、改变窑室内火焰的流向、增设烟道等措施，以提高窑温。陶窑建造技术之先进，在中国北方地区同期发现中尚无出其右者。

游邀遗址墓葬中发现了覆盖于墓主人身上的麻布，系经纬交叉的平纹织物。石质、陶质的纺轮以及一些磨制得粗细如今日金属针的骨针，反映了当时纺织和缝纫的水平。

社会经济的基本结构制约着社群组织的形态与规模。随着农业、手工业和商业大规模社会分工的出现，生产活动场所进一步扩大，劳动生产率进一步提高，物质财富大幅度增加并且大量转化为私有财富，这些都为阶级社会的形成和国家政权的产生提供了重要的物质基础。据研究，东太堡文化周围诸如二里头文化、朱开沟文化等已经进入阶级社会，当时社会私有制已经产生，贫富分化已较为显著，男性对女性行使的权力已远远超出了夫权的范畴。其社会发展阶段，应处于父权制高度发达的军事民主制的后期阶段，东太堡文化的考古发现，也说明其社会形态基本处于这一阶段。

游邀遗址揭露墓葬 73 座，其中 70 座是单人葬，3 座为双人合葬，在单人墓葬中，有 5 座是埋葬儿童的瓮棺葬。通过对成人单人墓布局与排列的探讨，进而推断其中一部分单人成人墓为夫妻异穴合葬墓。关于异穴夫妻合葬墓，以往认为最早发现于商代殷墟时期[1]，而游邀遗址夫妻异穴合葬墓的发现和认定，将此类型葬墓的出

①　孟宪武《殷墟南区墓葬发掘综述——兼谈几个相关的问题》，《中原文物》1986 年第 3 期。

现年代，推到了夏纪年。

除上述外，三座合葬墓的发现尤为重要。这三座墓均为一次葬，因此他们的死亡年龄之差，当为生时年龄之差。

墓128，内埋两人。1号人骨是20岁左右的男性，头北脚南，面朝上，仰身直肢躺在墓圹底部；2号是9—10岁性别不明的儿童，被置于1号脚下的二层台上，面朝向1号，侧身屈肢，双腿呈蹲跪状，曲背，手拱揖于头前，状为跪揖于1号人骨的脚下。1、2号人骨所处墓穴位置及葬式，将他们主从尊卑的关系形象地显示出来。又因两者年龄相差不大，难以将他们释为父子关系，故2号墓小孩应是1号墓主人的家内奴隶。

墓103，埋葬两人。两具人骨上下相叠，1号人骨压在2号人骨之上。1号人骨为25—30岁男性，仰身直肢；2号人骨为女性，年龄13—14岁，仰身直肢，面朝西北。1、2号人骨年龄相差12—17岁或11—16岁，因此两者有可能是父女两代人的合葬墓。父权的尊卑关系，由1号叠压2号的埋葬方式展现出来。又很可能是夫与妻妾的关系，如是，两者的叠压关系则突出夫权，是夫尊、妻或妾（很可能是妾）卑贱的形象再现。

墓131，双人合葬墓。1、2号人骨于墓穴中所占空间之比为4∶3，显示该墓穴以埋葬1号为主。1号人骨是56岁以上的男性，侧身稍仰，直肢，头略侧向2号，被置放于墓穴内的大部分空间。2号为45岁的女性，头略低于1号，腰微曲，下肢弯曲，侧身作依附状面向1号。1号年龄大2号11岁或多一点。考虑到这两人或如1号已进入老年阶段，或如2号即将迈入老年阶段，难以认为墓131是父女两代合葬墓，而应估定为夫妻合葬墓。夫尊妻卑的现象，以埋葬方式直接呈现。

合葬墓仅这三座，形象而典型地显现了如下的两类人际关系：

其一，是父权制下的夫妻关系，如墓131，或夫妾关系，如墓103。

其二，如墓128表述的那样，是主奴关系。

中国的父系制，基本上经历了两个发展阶段：先是夫妻间基本处于平等地位的父系制，后是由这类父系制发展出来的夫妻间处在不平等地位的父权制。在父权制下，有的权贵家族的家长除娶妻外，还纳妾。埋葬习俗或葬制，是一定阶段现实社会机制的反映①。游邀晚期的几座合葬墓，正是父权制家庭机制高度发育的产物，是现实社会已深深进入父权制的典型性标志。

东太堡发现的几座石棺类墓葬也应注意。以石头垒砌墓葬四周，是北方民族的特征。最早的石棺葬出现在东北地区红山文化和西北地区马家窑文化。到了夏家店下层文化，开始出现用石板垒砌的石棺葬②。东太堡遗址许坦地点以石片垒砌棺椁的形制，也是北方地区较早出现的石砌墓葬之一。春秋战国时期，这一墓葬形式广泛分布于长城南北一线广大地区，作为戎狄文化的一个特征而与中原地区相区别。

房址布局也是反映当时社会形态的珍贵资料。游邀遗址发现的房址分布疏散，未能探明其分布的规律。房屋的建筑形式比较简单，均为土木建筑。除一栋为进深两间、面积仅 12 平方米的双间建筑外，其他均为单间。居室面积小者 6—7 平方米，大者也只有 11—12 平方米。建筑结构简陋，都是由居室、灶、门、穴壁和支撑屋顶的柱子组成；双间者也只一灶，不过多一隔墙与沟通内、外室的门而已。在父权制体制下，这等面积的房屋，只能是夫妻及其未成年子女的居室。进深两间的居室，也可能是两代夫妻及其未成年子孙组成的家庭居室。

游邀遗址采集到可供人类学观察和测量研究的夏代居民成年颅骨共 25 具（均配合有下颌骨），其中包括男性 14 具（17—56 岁），女性 11 具（17—50 岁）。通过对其分析比较，可知游邀遗址的居民在种族分类上应归属于亚洲蒙古人种范畴。再与现代亚洲蒙古人种的各个区域性类型做比较，可以看出游邀组夏代居民的体质类型基本上应归入东亚蒙古人种，与近代华北、华南居民之间的关系比较密切，而与因纽特人，尤其是与近代蒙古族居民之间的关系颇为疏远。

二、晋中盆地商代及西周居民的社会生活

商代统治中心地带的气候，总体来说比较温暖湿润，年平均温度比今天高 2℃左右，降雨类型为夏雨型（夏雨型，是指夏季雨水多，且降水集中于夏季，冬季雨水较少）。

---

① 参见张忠培《中国父系氏族制发展阶段的考古学考察——对含男性居本位的合葬墓的墓地的若干分析》，《中国北方考古文集》，文物出版社，1990 年。
② 李水城《石棺葬的起源与扩散——以中国为例》，《四川文物》2011 年第 6 期。

商代早中期（约 300 年）的气候较晚期（约 250 年）冷干，商末文丁以后趋向干燥。商代早、中和晚期都发生过旱灾或涝灾。中国北方长城地带则自距今 5000 年起发生了一系列降温事件，至距今 3000 年发展至顶峰，导致长城以北地区农业向游牧业转化，同时这些民族也向环境更加适宜的南方移动。这样的气候变化以及由此带来的北方民族的迁移，也影响到了太原地区。如前文所说晋中盆地属商文化与北方文化抗衡的间接控制区，周围环绕着两个类型的商时期文化：第一个类型是商文化直接控制地带，包括晋西南、晋南、晋东南地区；第二个类型是属于北方草原文化势力范围的吕梁山一线（黄河对岸陕西绥德等地的文化类型与之一致）以及晋北地区。这两种文化相互渗透、交融，形成了晋中盆地的地方文化面貌。因此我们在研究晋中盆地族群生活和经济时，应注意这两个文化类型对晋中盆地商时期文化的影响。

西周时期晋中盆地仍然外在中央王朝的边缘地带，活动在此地的方国部落从考古发掘和文献资料看，文化特征与商时期大致相同。因此，西周时期晋中盆地居民的社会生活也当与商代一致。

（一）政治制度

商王朝主要政治制度是内服与外服制度。"服"，本意是指服事天子，内服、外服是指不同部族活动的区域。这里的所谓内服，是指在朝中任职的官吏，内服官中又分外廷政务官和内廷事务官。政务官协助商王决策，掌占卜、祭祀、记载和保管典籍等等。内廷事务官是专为王室服务的官员，管理王室各项具体事务。外服是指臣服于王朝的地方诸侯、方国。地方诸侯、方国根据与王朝关系的远近，形成不太牢固的臣服和贡纳关系。方国的服从与否，随着中央力量的强弱而变化。

晋中盆地处在商朝王室直接控制的"王畿"区之外，考古发掘所出的商时期文化遗物，既有中原商人的特点，又有地方风格，应是商文化的边缘地带，是诸侯、方国所在地。商时期的晋中盆地及周边有多个方国，其中有和商王朝关系密切的如灵石旌介的䰝（丙）国，其文化遗存主体为商文化，政治制度应与商王朝较一致。也有的表现出较多的地方文化特色，如吕梁山一线及晋北地区诸方国。这些方国有的只与商王朝为敌，如土方；有的与商王朝时敌时友，如舌方、沚方、羌方等。他们大都属于北方草原文化势力范围，其政治制度应表现出较多的游牧民族特色。

（二）农业、家畜饲养及渔猎经济

晋中盆地商时期居民的经济形态，是以农业为主的农业经济，以家畜饲养和渔猎为补充，即畜牧渔猎经济成分也占有一定比例。

1. 农业

农业是商代经济的基础部门，是商代人们衣食的主要来源。人们在生活中大量使用陶器作为生活用器，生产工具除石器、骨蚌器外，还出现了木器和青铜器等。

商代嗜酒成风，酿酒业发达，以致周人总结殷亡教训时把酒祸作为重要因素，作《酒诰》以诫康叔。灵石旌介商墓中出土的青铜器中有大量酒器，如爵、觚、觯、斝、尊、卣等，说明晋中盆地商时期存在酿酒业，而酿酒业需要大量粮食，它在粮食果腹有余的前提下出现，因此酿酒业的存在和发展也反映了晋中盆地农业的发达。

晋中盆地商时期遗址和墓葬中出土大量陶器，一些陶器如瓮、鬲等，形体大，器形多圆状，是定居农业民族的用器，不适合流动迁徙。而作为炊器的鬲、甑是用来蒸煮食物的，甑用以蒸熟谷类食物，鬲则用以煮熟谷物类食物，可见商时期晋中盆地人以谷物为主食，以农业为其主要生业。

这一时期生产工具依然以石器、骨器为主，不过从吕梁地区出土青铜斧、锛、凿等器型看，当时青铜器已作为加工生产工具使用。

2. 家畜饲养

虽然商时期的晋中盆地已是农业生产为主的社会，但畜牧业也很发达。马、牛、羊、狗、猪等牲畜已经出现，不仅供人食用，而且牛、羊、猪还是祭祀活动必需的牺牲，马可用于战争、狩猎和出行，狗则是贵族狩猎必不可少的。晋中地区灵石旌介商墓中埋有牛腿、牛头，随葬有狗，1号墓出土一个铜簋的外底"铸阳线条骡子一匹"[①]，这是我国最早的"骡子"形象资料。此外，武丁时期的甲骨文中还记载晋中地区的沚国向商王室贡马。

晋西多山地，更有利于放牧。吕梁地区保德县林遮峪一座商晚期墓里出土了大量车马器，说明此地养马驾车；石楼县后兰家沟一座商时期墓出土的一件青铜瓶，

---

① 陶正刚、刘永生、海金乐《山西灵石旌介村商墓》，《文物》1986 年第 11 期。

器肩三个羊首身饰方格雷纹，用羊首做器物的装饰，反映了此地有养羊业存在。此外，晋中盆地的遗址和墓葬中还出土很多骨器，而骨器制造业的发达也反映了当时畜牧业的发达。这些都说明晋中盆地经济形态中，畜牧业亦占有很高份额。

3. 狩猎及捕鱼

狩猎虽然已不是商代人们获取生活资料的主要手段，但仍是人们经常从事的一项重要活动。对于商王及其贵族，狩猎既是游乐又是军事训练，同时还可"获鲜"，用以饱口福及祭神，而普通劳动者的狩猎则是作为补充肉食品来源的一个重要手段。

前文提及的马、狗可用于狩猎活动，而出土的鹿等动物骨骼则可能是狩猎而来。此外，在晋南垣曲商城和东下冯遗址，都出土了不少狩猎用具和野生动物骨骼，还有网坠和人类食用后抛弃的大量水生螺壳[1]。吕梁地区石楼县桃花庄出土一件铜觥，器身除常见的鱼纹外，特别使人惊异的是纹饰中出现了鳄鱼纹[2]。这件铜器为当地人铸造无疑，可见此地当时可能有鳄鱼存在，而从出土甲骨文中也可得知，晋中的商诸侯国沚就是商王行猎之地。

（三）青铜器铸造业

青铜器是一种世界性文明的象征，与文字、城市一同被人类学家作为文明的三大标准。中国是世界上最早进入青铜时代的国家之一，大致自公元前 2000 年左右形成，历经夏、商、西周和春秋，到战国时进入铁器时代，历时约 15 个世纪。商代正处于我国青铜器时代的上升到鼎盛时期，气势雄伟的后母戊鼎、精美绝伦的四羊方尊，就是这一时期的伟大杰作，青铜器也成为商代文化的象征。

晋中盆地青铜器的铸造比晋南晚，大约到殷墟时期，晋中和晋西地区才发现了大量的青铜器，其造型庄重典雅，工艺精致，有较多的商文化因素。但因晋中盆地处于商文化的边缘地带，受到北方草原文化的影响，本地的铜器与商式铜器既有相同或相似之处，又有自己独特的地方特色。如灵石旌介商墓的青铜器，有的表面施复杂花纹，部分饰以三层花纹及兽头、扉棱等饰件，与安阳殷墟等地的同类器相

---

[1] 中国社会科学院考古研究所等《夏县东下冯》，文物出版社，1988年。中国历史博物馆考古部等《垣曲商城：1985—1986 年度勘察报告》，科学出版社，1996 年。

[2] 谢青山、杨绍舜《山西吕梁县石楼镇又发现铜器》，《文物》1960 年第 7 期。

似；有的铜器则表现出较多北方草原文化因素，与殷商文化差异很大，如兽首刀、管形器等。

晋中盆地的青铜器多为本地铸造。如灵石旌介三座商墓中的铜器都应是处于晋中地区的丙（丙）国作坊所铸造的[①]，而其他地方发现的融合商文化与当地特色的铜器，也应为当地人所造。分析出土铜器可知，丙（丙）国炼炉的炉内温度已达到1300℃的高温[②]，能达到如此高温的炉，在商王畿内还未见到，可见其冶炼技术的水平之高。

晋中盆地的青铜器铸造业虽然主要从事兵器和礼器生产，但也铸造一些酒器、装饰品等，还有供贵族和平民使用的生活用品，以及部分生产劳动中使用的小型工具和斧、锛、凿、刀、锯、锥、钻等手工工具。这些青铜工具的应用，对土地的开发，对木器、石器、骨角器等产品的制作，起到了积极作用，是先进生产力的体现，也是促进社会生产发展的重要因素。不过，由于当时青铜器的原料来之不易，冶炼和铸造也要耗费大量人力物力，所以青铜工具的产量较低，青铜农具则更为稀少。

（四）陶器制造业

商代晋中盆地的制陶业，以太谷白燕遗址第五期所出土陶器为代表，其中鬲是本地区传统器物。人们用甗来蒸谷类食物，用鬲来煮谷物类食物，用鼎来煮肉或煮粥，用觚作饮器，用豆、簋、钵等作食器，用盆、瓮、缸等作盛器。大量的陶器说明晋中盆地以农耕定居生活为主，而陶器种类的多样和功能的细分，则反映出人们贮藏、搬运、食物的烹制和进食方式的演进，同时也说明了生活质量的提高。

（五）居住

商代住宅分地面式建筑、半地穴式建筑和地穴式建筑，尤以前两类为流行。太谷白燕遗址第五期遗迹中，部分灰坑可能就是地穴式或半地穴式建筑。这些灰坑坑口平面以椭圆形和圆形为主，坑体形状以斜壁平底、斜壁锅底和直壁平底为主，面积有数平方米，可以作为储藏或房子使用。居于此类房屋的人群，在商代应属于平民或奴隶阶级。

地面建筑遗存原本只在晋南二里岗时期有发现，晋中盆地并无发现，但2004

---

① 殷玮璋、曹淑琴《灵石商墓与丙国铜器》，《考古》1990 年第 7 期。

② 戴尊德《山西灵石县旌介村商代墓和青铜器》，《文物资料丛刊》(3)，文物出版社，1980 年。

年，在吕梁柳林高红村南的一座山梁上，发现了二十余处夯土基址，揭露出近4000平方米的建筑面积，也可作为了解晋中盆地建筑技术的参考。

夯土基址集中分布在山顶东南，土质纯净，夯层厚5—6厘米，夯窝对称分布，似用五六根木棍捆绑起来做夯土工具。位于建筑群中心的7号夯土基址坐南向北，长约46.8米，宽约11米，现存台基面高出当时活动面约1米，面积达500多平方米。建筑规模相当壮观，应是宫殿类房屋建筑。

高红遗址是目前中国北方发现的唯一一处殷商时期的有着大型夯土建筑，与商文化面貌迥异的方国遗存。如此规模的建筑，显示这里绝不是一处普通的聚落居址，规模宏大的殿堂是权力的象征，构筑如此大型的夯土建筑，非集团力量不能做到——这里应是一处政治集团活动中心。

（六）其他手工业

1. 纺织

从考古出土遗存看，商时期晋地有丝、麻两类纺织工艺。晋中盆地南部灵石旌介村第3号墓出土一件含铁铜钺，铜钺的两面均沾有布纹残迹，一面布纹的经纬线较细密，一面则较粗疏，原来可能是用两层不同的布包着的，经纬线较细密的织物有可能是丝织品，较粗疏的应是麻织物。旌介村清理的商时期2号墓葬出土玉蚕一件，体弯曲呈弧形，卷尾，嘴和尾都有孔，浅绿色，长4.70厘米[①]。

纺织工具在太原地区的商代遗存中也有发现，如光社遗址出土的陶纺轮。

2. 玉石器的制造

晋中盆地南部的灵石旌介商晚期1、2号墓都出土有玉器。1号墓出土玉器6件，皆佩饰，即鱼1件、管3件、璜1件、鸟1件；2号墓出土13件，大部为佩饰，器种除两件璧外，其他有鹿、兔、虎、蝉、蚕、鸟、燕等。晋中盆地西部吕梁石楼桃花庄一座商晚期墓出土玉器，有璧、璜、玦、刀、凿等，是商时期晋地出土玉器较多的一处。石楼后兰家沟发现玉璜1件和玉璧残片。这些玉器器物种类和形制都与中原商器大致相同，它们是本地制作还是自中原流入，一时还难以究明。

---

① 戴尊德《山西灵石县旌介村商代墓和青铜器》，《文物资料丛刊》（3），文物出版社，1980年版。陶正刚、刘永生、海金乐《山西灵石旌介村商墓》，《文物》1986年第11期。

（七）商品交换

从山西地区商代考古发掘的建筑和墓葬看，晋中盆地商时期的阶层分化、贫富差距已拉大，这些就是出现商品交换的前提条件。因此，晋中盆地商时期有商品交换的存在，应是没有问题的。初期的商品交换是以其有易其无的物物交换，而当商品交换达到一定程度，就要从实物交换转换成以货币为中介的货币买卖。一般学者认为贝是商代的货币。殷墟时期晋中盆地及周边地区，贝多有发现，如灵石旌介第2号墓出土2枚[①]；吕梁柳林高红村一座墓出土3枚[②]；石楼义牒村商时期墓发现有贝[③]；石楼贺家坪商时期一墓葬（或为窖穴）中发现多枚[④]；石楼桃花庄商时期墓葬，人骨右肋骨下发现很多海贝[⑤]；保德县林遮峪一座商时期墓出土海贝112枚、铜贝109枚[⑥]，是商代青铜铸贝的大发现。

从上述贝的发现情况可以看出，商时期晋中盆地的人们可能已将贝作为商品交换时的中介物，即作为货币使用。

（八）道路交通

商品交换是和交通密切关联的。交通不一定是为商品交换而开设，商品交换却离不开交通。商代的交通很是发达，从商代甲骨文中可以看到，商王朝不断与诸侯、方国交往，进行使者往来、战争、狩猎、巡省等活动，所以商王朝十分重视交通的开辟和建立交通制度，以保证人员物资的畅达。商代道路的具体状况，文献记载缺乏，不得其详，但从前文中遍布太原周边的、作为货币的贝的考古发现，可以证明此地有商品交换。而晚期的青铜器及墓葬在保德、石楼、灵石、介休等地多有发现，也反映了商人在太原境内的活动，这些活动与道路交通的建设息息相关。此外，商王朝在这里建立了沚国，以对抗与商为敌的两个重要方国——土方、舌方。商王朝于此地派驻将领共同对付土方和舌方，甲骨文中常有他们向王室报告军情的卜辞。战争消息的传递要求快速，必得有发达的道路设施。而以上这些也反映在晋中盆地正处于商文化传播的重要交通路线上：从商都到晋东南，向西沿汾河河道至

---

① 陶正刚、刘永生、海金乐《山西灵石旌介村商墓》，《文物》1986年第11期。

② 杨绍舜《山西柳林县高红发现商代铜器》，《考古》1981年第3期。

③ 石楼县人民文化馆《山西石楼义牒发现商代铜器》，《考古》1972年第4期。

④ 杨绍舜《石楼发现古代铜器》，《文物》1959年第3期。

⑤ 谢青山、杨绍舜《山西吕梁县石楼镇又发现铜器》，《文物》1960年第7期。

⑥ 吴振录《保德县新发现的殷代青铜器》，《文物》1972年第4期。

晋中盆地，再向西北行抵晋陕高原。自古以来的太行八陉应是连接晋冀豫三地，穿越太行山相互往来的咽喉通道，汾河谷地则是晋中与晋南的主要干道。

商时期人们的出行方式首先是徒步出行，这是当时大部分人出行的方式。此外，贵族还可以选择乘车出行。吕梁地区保德县林遮峪商墓和灵石旌介商墓都有车马器出土，旌介商墓附近还曾发现车马坑一座，惜被盗，只存少量车马器。此外还有牛车和人力小车作为出行工具。除此之外，汾河水道也是非常重要的，甲骨文中有舟的象形字，说明当时已有了较大的船。

（九）丧葬礼俗

晋中盆地南部的灵石旌介商墓表现了较强的殷墟文化传统：墓底有腰坑，坑内殉葬狗；随葬品一般放置在棺椁之外，或棺内；墓底铺朱砂，椁上盖画幄；竹席、草席的痕迹在殷墟墓葬中也较为常见，以朱砂涂染的平纹织物也非常多见；墓主人头部的二层台上殉葬牛、猪或其他动物的头及部分肢体，也是殷墟时期一个较为普遍的现象。旌介商墓也有明显不同于殷墟文化传统之处：墓向方面，殷墟土室墓和高级贵族墓葬，方向绝大多数为北偏东；而灵石旌介的三座墓，一号墓为西南方向，而另两座墓的墓向几乎相同，为近正东方向。另外，"一椁三棺"（M1），"四觚十爵"（M2），矛多戈少（M1、M2），以及随葬鼍鼓等情况，殷墟难得一见。这说明，太原地区的丧葬礼俗既有很多殷商文化因素，也表现出了自己的地方特色。

第六章

东周太原

周平王元年（前770），平王将都城自镐京（今陕西西安）迁往成周（今河南洛阳）。因成周位于镐京之东，所以称周平王之前的周朝为西周（前1046—前771），周平王之后的为东周（前770—前249）。

东周分为"春秋""战国"两个时代，分别得名于《春秋》和《战国策》两书之名。

东周时期是我国历史上社会制度变革最为活跃的时代，乃"古今一大变革之会"。平王东迁以后，周王室地位一落千丈，"天下共主"已徒具虚名。五霸迭兴、三家分晋、七雄争战，历史步入大动荡、大分裂、大兼并、大变革时期。各国在政治、经济、军事、思想、技术等领域进行全方位改革、变法、图新，各种新制度应运而生。孔子、荀子等聚徒讲学，著书立说。"九流十家"，"百家争鸣"，中国历史上呈现出少有的学术思想自由发展的景象，奠定了中国文化思想的基石。随着社会经济的迅速发展，中原各诸侯国合纵连横，那些被称为蛮夷戎狄的诸如中山、吴、越、秦等，或融入中原大国，或独自发展壮大，促成各个地区的统一，最终形成大一统的秦帝国。

晋国，是东周时期最重要的诸侯国之一。中原争霸，边疆拓土，六卿擅权，三家分晋，李悝变法，武灵胡服——三晋大地的历史进程波澜壮阔。

晋中盆地在春秋早、中期，文化族群以戎狄为主。一般认为，大卤之战后（前541），晋人迅速进入太原地区，晋文化、晋阳文化因之发展。本章依据祁氏之田、瓜衍之县等文献记载，结合古交屯村、榆社台曲等考古成果，推测晋人染指晋中，起码在公元前6世纪初期（前583年以前），而且与"赵氏孤儿"一案相关。赵简子、赵襄子凭据晋阳，反败为胜，晋国逐渐步入三家分晋、合纵连横、七国争斗的战国时代。魏绛和戎，启民族融合范例；中行弃车，开步兵列阵先河；豫让刺赵，彰显道义力量；孟谈固赵，突出谋士奇才；董安于构筑晋阳坚城，金胜村发掘赵卿大墓。晋阳文化，在春秋战国之交的中国文化史上，占有重要的历史地位。

需要强调的是，赵氏步入晋中盆地，我们将其渊源追溯到以鸟为图腾的东方大汶口文化族群。他们自东向西，通过太行大峡谷步入晋中盆地，又沿汾河谷地进入临汾盆地，在当地留下了文化遗存和历史传说。此一历史现象，实自晋中盆地发现的后岗一期文化时期已开先河；到庙底沟二期和龙山文化时代，这一趋势更为明显。台骀肇始大原，帝尧始都晋阳，都是这一历史现象的遗痕。这说明，远古时期人类族群的交流与互动，非但是不停息的，而且是大范围的。古人通过时间换取空间，在文化交流互动中，促进了社会发展和文明演进。

关于晋中盆地的文化特性，以往论者主要强调其在中原农业文明和北方草原文明之间的交互作用，亦即沟通南北的作用。本章用大量篇幅追述了赵氏先祖的情况，意在说明晋中盆地在与黄河中下游诸文化，亦即东西文化的交往中，也起到了重要作用。限于资料，这一观点有推测的成分在内，还需要贤哲达人的进一步研究。我们在这里大胆论述，意在抛砖。此点还希望读者措意。

第一节　群狄故土与魏绛和戎

本书前章已经说明，西周时期活跃于晋中盆地者是以鬼方、燕京之戎及北唐戎、并方等为代表的戎狄部族；到春秋前期，这一格局仍然没有改变。活动在晋中盆地者仍然是史书中称为"北狄"或"戎狄"的方国部落。

历史上所谓"戎狄""北狄"，只是笼统说法。事实上，因时代不同，戎狄各部迁徙、分化、组合、活动的区域和族属都有很大变化。如"山戎"，或称"北戎""无终"等。而北狄，史书上就有"五狄""六狄""八狄"等说法。春秋时期，北狄又可分为"白狄""赤狄""长狄"等。白狄原居于今陕西黄河沿岸，后东迁至今河北西南部到山西边境一带，分为鲜虞、肥、鼓、仇由等部族。仇由居于今山西盂县，其余皆居于今河北定州、石家庄一带。赤狄又分潞氏、皋落氏、廧咎如、甲氏、留吁、铎辰等部族，分布于今山西东南部。赤狄曾是北方势力最强大的部落之一，后被晋景公攻灭，余众逃至代地，与山戎融合。战国时与赵武灵王交战的林胡、楼烦和东胡等"三胡"部族亦属戎狄系统。

可以说，戎狄是春秋时期北方民族中最为强大也最为活跃的族群，广泛活动于山西、陕西、河南、河北、山东等地，足迹遍及大半个中国。他们居无常所，迁徙不定，频繁地分离组合，而古代典籍中仅见零星记载，使其具体活动踪迹难以考证。当时活动于晋中盆地的戎狄部族主要有以下几支。

一、廧咎如

廧咎如为赤狄分支，也是赤狄六部中最后一个被晋所灭的部族。赤狄，隗姓，夏商时期鬼方后裔。周文王赐唐叔虞之怀（槐）姓九宗，应与其有族源关系。

西周时，赤狄主要活动于晋东南与河南交界的太行山区。狄之以白、赤等颜色区分，或以为与此民族信奉的远古宗教——萨满教有关。萨满教以青、赤、白、黑象征东、南、西、北四方。这种认识和白狄分布在陕北高原距离草原西部较近，赤狄分布在山西北部距离草原南部较近基本相合。春秋时，赤狄分布于山西者有潞氏集团（今山西省长治市潞城区）、留吁集团（今山西省长治市屯留区）、铎辰集团（今山西省长治市上党区）和廧咎如集团等。关于廧咎如之地望，汉唐以前无说。清顾祖禹《读史方舆纪要》曰："廧咎如，或曰在山西太原府境。"出土钱币与兵器都有铭"咎奴"者，疑即廧咎如。春秋早期的廧咎如生活在晋西北黄河岸边。公元前656年，晋公子重耳自蒲城奔狄。"狄人伐廧咎如，获其二女叔隗、季隗。纳诸公子。公子取季隗，生伯鯈、叔刘。以叔隗妻赵衰，生盾。"（《左传·僖公二十三年》）晋公子重耳自蒲城（今山西省隰县西北）所投奔之狄为白狄。白狄伐廧咎如，获其二女季隗、叔隗，以妻重耳及从者赵衰。可见当时廧咎如与白狄俱在晋西。靠近渭水北岸以至陕北的广大地区皆为白狄土地，则廧咎如的地望当更在白狄之北或黄河东岸。《史记·晋世家》骊姬曰："蒲边秦，屈边狄。"蒲，今山西隰县西北；屈即北屈，在今山西石楼县北，与狄为邻。司马迁说白狄为重耳母国，故重耳奔之，则屈所边之狄或为白狄。这也说明廧咎如居住地区当在今山西石楼县以北、吕梁山以西的黄河两岸。及白狄为秦逼迫而东迁，赤狄被晋攻伐，廧咎如随之东迁而居太原，在太原留下了生活痕迹。他们经常与晋国及周围其他戎狄发生冲突。前588年，"晋郤克、卫孙良夫伐廧咎如，讨赤狄之余焉。廧咎如溃"，因之东跨太行山，溃逃至河北南部魏县与大名一带，分别与晋、卫、齐等为邻，后为晋、卫所灭。居留故地者融入华夏族，余部北逃，成为后世胡人、匈奴祖先之一。

二、狐氏之戎

狐氏之戎是活动于晋中盆地西南吕梁山麓的戎狄部落，也是与晋国关系最为密切的戎狄部落之一。早在公元前7世纪中叶，狐氏之戎就与晋国存在姻亲关系，一些人还在晋国为官。《左传·庄公二十八年》："（晋献公）娶二女于戎，大戎狐姬生重耳，小戎子生夷吾。"《史记·晋世家》："重耳母，翟之狐氏女也。"狐突由此成为晋国卿大夫。其子狐毛、狐偃曾随重耳逃亡在外19年。重耳回国执政后，狐毛、狐偃协助晋文公成为春秋霸主。

狐氏之戎应为白狄一部。白狄主要分布地在今陕北高原，小部分居于山西西部。《国语·齐语》述齐桓公"西征，攘白狄之地，至于西河"。西河白狄即指晋国西北部的白狄。晋献公爱骊姬，黜诸公子，狐偃偕重耳出奔于狄。"此出奔之狄在今陕西渭河以北。《左氏传》记载重耳在狄，从狄君以猎渭滨；狄亦以重耳之故，出兵击晋兵于采桑（今山西省永和县南采桑镇）。以此知其所奔之狄就是白狄。"[1] 狐氏之戎为姬姓。春秋时盛行"狐氏出自唐叔"之说。韦昭说："狐氏，重耳外家也，出自唐叔，与晋同祖。唐叔之后别在犬戎者。"（《国语·晋语四》韦昭注）既称狐氏，又属姬姓，看上去似乎矛盾，其实不然。如前所说，狐氏之戎与华夏族交往频繁，受华夏同化，因此不排除狐戎上层冒姓姬氏的可能。此外，韦昭明言狐氏"出自唐叔，与晋同祖。唐叔之后别在犬戎者"，一方面我们可以将其理解为晋国同姓贵族自窜于戎狄之间，逐渐成为望族，文献就有狐戎为王子狐之后的说法[2]；另一方面也可以理解为唐叔虞之后留在当地最后被胡化，所谓"在胡即胡，在华即华"。此说还涉及汉代以来盛行的叔虞封唐在太原之说[3]，因为狐氏之戎的活动地区据考就在晋中盆地西北部。

关于狐氏之戎的地望，齐桓公"攘白狄之地，至于西河"，说明晋国西北部已是白狄活动之地，而"山西交城县为狄地，舅犯（狐偃）实生于其地"（阎若璩

---

[1] 马长寿《北狄与匈奴》，广西师范大学出版社，2006年。

[2] "张澍《姓氏辨误》卷六谓言狐姬者，明此姬出于王子狐之后，有居于戎者，此说较胜。"参见杨伯峻《春秋左传注》，中华书局，1981年，第239页。

[3] 张纪仲说："但阎若璩《四书释地》说大戎在今交城县。此说或涉及唐叔虞封地故址晋阳说，存疑。"见张纪仲《山西历史政区地理》，山西人民出版社，1992年。

《四书释地》)。舅犯,一说即晋文公母舅狐偃,为白狄,出生于山西交城,则其地为狐氏所居可知。又晋公子重耳自蒲城奔狄,"狄人伐廧咎如,获其二女叔隗、季隗,纳诸公子",所伐之赤狄廧咎如应与狐氏之戎相近。廧咎如的地望据考曾在晋西,后东迁居太原,并经常和晋国及周围其他戎狄发生冲突①。由廧咎如的活动地区,也可看出狐氏之戎曾在交城一带的吕梁山麓居留。正因为狐戎在交城一带,所以重耳在狄地居留十二年后,离开狄地东行的路线可能也是经过太原盆地,过太行而至东方各诸侯国。

关于重耳的逃亡路线,史书记至曹、至宋、至郑等,言之甚明,但对其东行之中第一站,即先到卫国还是齐国,《左传》和《国语·晋语四》记载相左。前者先卫后齐,后者先齐后卫。就地理位置来看,重耳从白狄居地向东到齐国,应当经过晋中盆地,东出太行,再经过后来所谓东阳之地至齐国。而不是自柏谷而东,于孟津北渡河,进入后来的南阳地区。因为走此道,当首先进入卫境,而后才能到齐国②。太原有重耳庙,顾炎武《日知录》记:"陆游《老学庵笔记》卷九曰:'太宗太平兴国四年,平太原,降为并州。废旧城,徙州于榆次。今太原则又非榆次,乃三交城也。城在旧城东北三十里,亦形胜之地,本名故军,又尝为唐明镇,有晋文公庙,甚盛。平太原后三年,帅潘美奏乞以为并州,从之。于是徙晋文公庙,以庙之故址为州治。又徙阳曲县于三交,而榆次复为县。'然则今之太原府乃三交城,而太原县不过唐都城之一隅耳。其遗文旧迹,一切不可得而见矣。"晋文公庙始建年代不详,但唐代已存,且为纪念晋公子重耳所建,这或许与重耳曾经在他的母舅家生活过十多年有关。又《左传·僖公三十三年》:"晋侯败狄于箕。郤缺获白狄子。"杜预注曰:"太原阳邑县南有箕城。"顾栋高曰:"在今太谷县东南三十五里。"如果说箕地在晋中盆地还有所异议③,那么沿吕梁山东麓一线大量存在有关狐突的传说

---

① 参见舒大刚《春秋少数民族分布研究》,台北文津出版社,1994年。
② 参见马保春《晋国历史地理研究》之《晋公子重耳出亡路线考》,文物出版社,2004年,第261页。
③ 顾炎武《日知录》卷三十一记载:"《左传·僖公三十三年》,'狄伐晋,及箕',《解》曰'太原阳邑县南有箕城',非也。阳邑在今之太谷县,襄公时未为晋有。《传》言'狄伐晋,及箕',犹之言'齐伐我,及清'也,必其近国之地也。成公十三年,'厉公使吕相绝秦,曰"入我河县,焚我箕、郜"',又必其边河之邑,秦、狄皆可以争。而《文公八年》有箕郑父,《襄公二十一年》有箕遗,当亦以邑氏其人者矣。"马保春研究认为箕地在今蒲县东北。参见《晋国历史地理研究》之《晋公子重耳出亡路线考》,文物出版社,2004年,第213页。

和文物遗迹，则是狐氏之戎分布于晋中盆地及其以西地区的实物见证。

狐氏墓群，俗称王墓，位于今太原古交市南狐偃山，又名狐爷山，亦名马鞍山。山上分布有面积约 20000 平方米的墓群，传为狐突家族墓葬地。宋景祐年间，山上建有狐侯庙，抗日战争中遭日军烧毁。据《永乐大典》卷五二○二记载：忠惠庙，在县狐突山，春秋晋大夫狐突庙也。马鞍山，去本县西北五十里，亦名狐突岭，有春秋晋大夫狐突及其子舅犯之坟庙存焉。墓地遗存块石垒筑墓冢[①]19 座及碑亭顶部构件、碑座、残碑等。1 号墓传为狐突之墓，墓冢底部直径 34 米，高 8 米。每座墓冢都有盗洞。1982 年交城县人民政府公布为县级文物保护单位。墓地留存有清代残碑。因未经考古发掘，时代和墓葬性质不明。

全国第三次文物普查资料显示，山西省中西部，以交城为中心，在平遥、太谷、文水、古交、清徐、平定等地广泛分布着为纪念狐突而修建的庙宇。在调查的 37 座狐突庙中，交城县就有 14 处，加上与交城相邻的古交市 6 处，共计 20 处，占所调查庙宇的一多半。现存最早的是清徐县马峪乡西马峪村狐突庙，为全国重点文物保护单位。庙内存元至元二十六年（1289）碑记，记述春秋晋国大夫狐突辅佐重耳以及马峪村众自发修缮庙宇、重妆塑像之事，为太原市境内最早记述狐突之碑刻。狐突庙的分布区域与史书所载狐氏之戎的活动范围基本一致，应该不是偶然巧合，这更加说明春秋时期以交城为中心的晋中盆地及吕梁山东麓，是狐氏之戎的活动区域。

由此不难看出，狐氏之戎确曾活动在晋中地区西部的吕梁山中，至晚在公元前 7 世纪中期，便与晋国公室成为姻亲部族，并有较多往来。

狐偃、狐毛兄弟随狐姬入居晋国时，该部族不可能举族南迁，当仍居住在原地。1989 年山西省考古研究所在古交屯村发掘一处东周遗址，研究认为"古交屯村遗址正好位于该部族活动范围之中，因此屯村遗存应该是狐氏大戎创造的物质遗存"[②]。

---

① 清《(光绪)交城县志》载："马鞍山西峰顶晋大夫狐突并二子毛、偃墓在焉。侯墓悉用碎石垒成，周约十丈。"侯墓为碎石垒成，墓室是否为石筑，不明，而石砌墓葬是北方戎狄民族的特征之一。
② 薛新民《晋中春秋时期文化遗存分析》，中国考古学会等《汾河湾——丁村文化与晋文化考古学术研讨会文集》，山西高校联合出版社，1996 年。

三、北戎—无终氏

北戎又名山戎，意即居于山区的戎族，是我国北方一个古老部族。西周以前称肃慎，起源于我国东北地区。或以为其非狄非戎，为东胡，属东夷系统[①]。西周时期，肃慎开始向西南迁徙，活动于今山西及河北北部。西周晚期，肃慎部被称作北戎或山戎，与中原诸侯国时战时和。公元前790年，北戎与晋国发生战争，"晋人败北戎于汾隰"，北戎的活动地区已至汾河流域一带。前644年，北戎被齐桓公打败，残部附于太行山西麓赤狄部。不久，赤狄为晋国所灭，北戎一部无终崛起，于太原东境建立无终国。有研究称"其时晋已灭赤狄，白狄未兴，众狄无长，山戎无终趁虚而入，成为北狄盟主"。公元前569年，无终向晋国纳贡求和，晋悼公派遣卿大夫魏绛北上，与无终为首的群狄签订盟约，此即著名的"魏绛和戎"，随后的三十多年双方和睦相处。公元前541年，晋国卿大夫中行穆子带兵越过霍山险道，"败无终及群狄于太原"，晋国势力进入太原地区。北戎一部渐次融合于晋，一部在燕、代发展，生活于晋北者被称为"代戎"。战国时期，进入晋北的山戎一部向西南发展，即蒙文通所谓"山戎去燕东入代北，走赵南，居秦韩之边者"。1986年，山西发现"亡终"三孔布[②]，应为无终部遗物。此部山戎后融入秦和三晋之中，还有一部分山戎北迁，与"三胡"部族融合，成为后来鲜卑族的重要组成部分。

四、魏绛和戎

戎狄和晋国的关系时战时和。《春秋·僖公三十三年》："晋人败狄于箕。"公元前790年，北戎伐晋，"晋人败北戎于汾隰"（《后汉书·西羌传》），晋献公妻骊姬曾说："以皋落狄之朝夕苟我边鄙，使无日以牧田野。"（《国语·晋语一》）公元前569年（晋悼公四年），北戎和晋国的交往史上发生了一件大事，即"魏绛和戎"。

在晋悼公即位前的景公、厉公时代，赤狄势力强大，众狄皆归服，受其奴役。后众狄因不堪忍受奴役之苦而归服晋国，晋国借机破灭太行山麓赤狄，从而造成了晋国与戎狄部族的紧张关系。

---

① 舒大刚《春秋少数民族研究》，台北文津出版社，1994年。
② 朱华《略谈"无终"三孔布》，《中国钱币》1987年第3期。

当时，被晋国破灭的赤狄余部纷纷北上，到达今河北怀安、蔚县以西，山西阳高、浑源以东之代地，即后来代国、代郡所在地，这一带原居住着北狄系统的北戎（山戎，亦称代戎）。赤狄余部到达后，即与当地北戎部族相结合，仍被称作"代戎"，无终是这个部落联盟的盟主。"继赤狄、白狄或灭或降以后……代之而起者，是以无终为首的众狄部落联盟。无终部建牙于河北省北部，史称之为'山戎之国'。山戎被齐桓公所伐，无终遂西徙至山西北部的云中、代郡一带，与北戎合……由于他们长于战争，所以众狄举之为盟主。"①

公元前 569 年，无终国君嘉父派孟乐为代表前往晋国，向魏绛贡献虎豹之皮，希望两国建立和平关系。当无终国使者请求与晋国议和缔结盟约时，悼公最初主张"戎狄无亲而贪，不如伐之"（《左传·襄公四年》），魏绛分析当时的情势说："诸侯新服，陈新来和，将观于我。我德则睦，否则携贰。劳师于戎，而楚伐陈，必弗能救，是弃陈也，诸华必叛。"意思是说，既然陈国已经叛楚归晋，晋国若此时拒绝无终部议和结盟之请而出兵攻伐，楚国势必乘机伐陈。晋国两面受敌，无暇南下救陈，必致陈国降楚，楚国得势，诸侯自会纷纷叛晋附楚，结果不仅会失掉陈国，也将失掉华夏诸侯，最终酿成"劳师于戎"而霸业废弃的结局。反之，与无终部议和结盟，解除北方后顾之忧，进而广结中原诸侯，全力抵御强楚，使之势孤力单，不敢轻举妄动，晋国霸业自当重振。

魏绛向悼公陈述和戎的战略意义时，集中讲了"和戎有五利"："戎狄荐居，贵货易土，土可贾焉，一也；边鄙不耸，民狎其野，穑人成功，二也；戎狄事晋，四邻振动，诸侯威怀，三也；以德绥戎，师徒不勤，甲兵不顿，四也；鉴于后羿，而用德度，远至迩安，五也。"

"五利"之中，首先通过和戎，改变戎狄逐水草而居的"荐居"之习及重财货而轻耕植的"贵货易土"之俗，逐步摆脱四出游猎放牧的生产生活方式，转而从事农耕定居。一旦他们习惯于耕垦种植，自会收到"穑人成功"之效，使农业获得发展。这样，晋与戎狄和睦共处，可以不用兴师动众，损兵折将，而实现"土可

① 马长寿《北狄与匈奴》，广西师范大学出版社，2006 年。或以为无终部落就活动在太原以东广大地区。如杨伯峻："无终，山戎国名。疑本在今山西太原市东，后为晋所并，迁至今河北涞源县一带，又奔于今蓟县治，最后被逼至张家口市北长城之外。此时则犹在山西。"《春秋左传注》，中华书局，1981 年，第 935 页。

贾焉",即"予之货而获其土"。以晋国之财货交换戎狄之土地,称作"以货易土",逐步开拓疆域,发展生产,增强国家实力,达到远近诸侯与戎狄部族皆乐于归顺晋国的目的。

晋悼公采纳了魏绛的主张,"使魏绛盟诸戎",即由他负责北上与无终部及众狄议和结盟。魏绛和戎的具体路线史书失载,按当时太原地区是以无终为盟主的北戎联盟的主要分布区,可推定其必经太原北上,也许就在今天的太原地区与戎狄达成了和平协议。

魏绛和戎的成功,为悼公复霸创造了和平的外部环境,晋国霸业因此得以重振。对此,晋悼公在八年之后仍念念不忘,将郑简公送给他的一半女乐、歌钟一列赏赐给魏绛,并感慨道:"子叫寡人和诸戎狄,而正诸华,于今八年,七合诸侯,寡人无不得志,请与子共乐之。"(《国语·晋语七》)"自吾用魏绛,九合诸侯,和戎、翟,魏子之力也。"(《史记·晋世家》)

魏绛和戎,有力地促进了中原华夏民族农耕文化同北方戎狄民族游牧文化的交汇融合,从而在经济生活领域,为全方位的民族融合奠定了物质基础。这是我国民族文化史上的划时代事件,是我国古代民族文化融合的历史创举。从此,狄戎民族居住的山西中北部地区,逐步向农耕、游牧混合型经济过渡。

魏绛和戎方略的实施,使晋国与戎狄间保持了近三十年的和平局面,通过"以货易土","霍山以北,自悼公以后始开县邑",晋国疆域越过霍山,一步步向北拓展。

第二节 大卤之战与太原归晋

一、大卤之战

晋平公时期,擅政晋国的六大卿族为扩充自己实力,竞相北上"启土",拓展领地。仅仅三十年,魏绛和戎所形成的安定局面,被频繁的战争所破坏[①]。

---

① 对战争的起因,学者持有不同看法。如康玉庆说:"晋平公十七年(前541),和晋国修好三十多年的北戎无终部,撕毁和约,联合其他诸戎群狄,结集太原盆地,准备向晋国发动大规模的军事袭击。晋国卿大夫中行穆子率师讨伐无终,'败无终及群狄于大原(太原)',彻底打败了戎狄势力,占领了太原盆地。"见康玉庆《先秦时期太原地区的民族活动——兼论赵国初都晋阳的民族文化背景》,《太原大学学报》2003年第3期。

"大卤之战"，或称"大原之战"①，即其中著名战役之一。

大卤之战是春秋晚期晋国向北扩张领土的一次重要战役，也是晋国将领突破成法，改车战为步战，从而取得胜利的经典战例。对此，《左传·昭公元年》有较为详细的记载："晋中行穆子败无终及群狄于大原，崇卒也。将战，魏舒曰：'彼徒我车，所遇又厄，以什共车，必克。困诸厄，又克。请皆卒，自我始。'乃毁车以为行，五乘为三伍。荀吴之嬖人不肯即卒，斩以徇。为五陈以相离，两于前，伍于后，专为右角，参为左角，偏为前拒，以诱之。狄人笑之。未陈而薄之，大败之。"

西周至春秋中期前，中原诸侯间的交战方式均以车战为主。晋军在太原地区和戎狄族交战，出动的部队也是以战车为主体。当时晋军主将荀吴帅战车部队同无终群狄步卒联军，遭遇于大卤。此地山岳丘陵，道路崎岖起伏，战车难以施展。而戎狄步卒，机动敏捷，奔袭自如，战局不利于晋军。晋军将领魏舒分析战场情况说："敌步兵而我车兵，两军相遇处地形险要，敌方十个步兵即可轻取我一辆战车部队。想在如此险要之地打败敌人，必须放弃战车，全军改为步兵与敌交战。"于是，晋军"毁车以为行"，由战车甲士与步卒组成一支步兵大军，列阵对敌，最终打败了戎狄联军。

在这场战役中，晋军不但去掉战车，把五辆兵车的十五个甲士编为三组，每组五人，即三伍，而且参考车战阵列方法，将晋军编为五种阵势以互相依附，这就是著名的步兵战阵——魏舒方阵。魏舒方阵基本单元是由五伍二十五人组成五个小方阵，其中包括十五名着甲步兵和十名轻装步兵，阵中二十五名士兵以五列纵队排成一个相互配合的有纵深横队。具体布阵方法为两阵在前，伍阵在后，专阵右翼，参阵左翼，偏阵作为前锋方阵用来引诱敌人。

魏舒之所以能够"毁车以为行"，建立步兵方阵而取代车兵，和晋国所处的地理环境不无关系。

步兵是一个古老而人数众多的兵种，在夏、商时期的战争中发挥过重要作用。西周到春秋前期，由于车战逐渐成为主要作战方式，步兵的地位有所下降，但是，这种情况自春秋晚期起，发生了重要变化：随着战争地域与规模的扩大，步兵的地

---

① 《左传·昭公元年》作"晋荀吴帅师败狄于大卤"，而《春秋穀梁传》《春秋公羊传》昭公元年并作"大原"。《穀梁传》曰："中国曰大原，夷狄曰大卤。号从中国，名从主人。"

位迅速提高，车兵位置逐渐降低，开始了由盛而衰的演变。这一过程递嬗到战国时期，最终导致战车不复为战争中的核心。

步战是从春秋初期，华夏诸国对西方、北方戎狄族的战争中发展起来的。戎狄族居山间，善用步兵作战，对华夏族造成很大威胁。地形多山、邻接戎狄的晋国深受其害。晋立国之初，"居深山，戎狄之与邻，而远于王室"，到春秋早期，"秦、狄、齐、楚皆强"。狄人恃其强大武力，遍侵华夏邢、卫、齐、晋、郑、鲁诸国，成为一时之雄。仅据《左传》记载，公元前661年至公元前596年，华夏诸国几乎无年不有狄祸：公元前644年，"狄侵晋，取狐、厨、受铎，涉汾，及昆都（今山西临汾市南）"；公元前603年、前602年狄连续侵晋，甚至连晋国的中军元帅先轸也死于狄伐晋的"箕之役"中。在无数次与狄族的战争中，晋国意识到建立独立步兵部队的重要性。晋国将步兵部队称为"行"，晋献公时已设左行、右行。到晋文公时，在作"三军"的同时，又"作三行以御狄"（前632），即在原有二行的基础上增设中行。行也就成为统领军官的称谓，如中行、左行等，后来逐渐演变成姓氏。当时统领晋军战于大卤的统帅荀吴，又称中行穆子，是因为其祖父荀林父曾为晋国中行。

然而，春秋前期，步兵发展缓慢。晋文侯正式建立的三行部队，可称为晋国军制的重大改革。但是这个新建的三行，有将无佐，其主帅级别也较低，比如中行主帅荀林父，任命的前一年不过是下军主帅栾枝的辅将御戎而已，说明独立建制步兵最初的地位是很低的，他们主要承担与戎狄作战、保卫和开拓晋国疆土的任务，且步卒多由戎狄人组成。公元前589年"鞌之战"中，齐侯与晋军交战，遭遇的步兵部队即由狄人组成："入于狄卒，狄卒皆抽戈楯冒之。"

基于对戎狄作战习性的了解，对步兵作战能力的认识，公元前541年，晋国大将荀吴率军在大卤与善于步战的狄人交战时，面对道路崎岖利于步战的自然环境，采纳了魏舒的建议，果断变革，突破藩篱，"毁车以为行"，使大卤之战成为变革求生的经典战例。这场历史性变革的发生，显示了北方游牧民族的军事文化对中原农耕民族军事文化的促动效力，再一次说明变革对于历史发展的巨大推动作用。

这场战争在中国军事史上具有划时代意义。"毁车以为行"，是中国古代作战方式以步战取代车战的历史性变革。"随着这场战争的胜利，'于是有脱离兵车独立作战的步卒，是谓步兵之起源'。'北方步卒起于晋国。'从此，步兵作为一个崭新的兵种独立出现于古代战场，并以其高度的机动灵活性和密集的战斗队形而成为作战的主力，从而把古代战争由车战时代推向了步战时代。"① 对此，蓝永蔚在专著《春秋时期的步兵》中给予了高度评价："公元前 541 年，春秋军事史上发生了一件大事，晋国的魏舒在一次作战中把车兵改成了步兵。这就是著名的'毁车以为行'事件。……我们暂不讨论这一事件的深刻的阶级和社会背景，也暂不研究魏舒五阵的具体战术内容，这里，只谈谈它在车战向步战转化过程中的意义。和郑国子元为'鱼丽之陈'，密切步车协同不同；和晋国苗贲皇改变进攻方法，采用侧翼攻击不同；和宋国子鱼打破常规，批判陈旧的作战条令不同；'毁车以为行'不是一次车战战术的革新。和楚国增加车下步兵数量，以提高战车作战能力不同；和晋国建立步兵'三行'，扩大军队编制不同；'毁车以为行'也不是一次建立步兵的创举。和所有以前的一切改革都不相同，'毁车以为行'是干干脆脆把车兵改成了步兵，向腐朽的奴隶制军事体系提出了公然挑战！所以'毁车以为行'是车战开始走向下坡路的一个标志。"②

　　当然，任何一场变革都不会和风细雨，都要付出血的代价，反对变革的声音也从来没有停止。"请皆卒，自我始"，可以说是变革者无惧无畏、变法图强的宣言，也是对因循成法、故步自封者所下的战书。"荀吴之嬖人不肯即卒，斩以徇"，短短一行字，我们难以窥见主将荀吴的这个宠幸之人为什么不愿意被编入步兵，也许是放不下贵族的架子③，也许是固守祖宗的成法，也许是看不上"蛮夷"之人的步战之法……总之，反对者人头落地。"请皆卒，自我始"，变革者的无畏成就了中国军事史上的一场大变革，从此步兵迅速发展，在战争中发挥了越来越大的作用。公元前 493 年"铁之战"，公孙龙以 500 名步兵夜袭郑军，夺回赵鞅蜂旗，再次体现出步兵在战争中的巨大优势。

　　晋势力进入晋中盆地后，其东、西、北三面仍与少数民族戎狄接壤，甚或马赛克式地插花杂处。六卿继续不断向戎狄区域拓展，晋中盆地又是他们拓疆的前沿阵

① 李元庆《春秋战国时期晋阳民族文化》，《山西社会主义学院学报》2007 年第 2 期。
② 蓝永蔚《春秋时期的步兵》，中华书局，1979 年。
③ 殷商和西周时期，车兵都是由贵族和士一级组成，而当时的"庶民"只能作车下的步兵，而不可能侧身于甲士之列。

地。为了巩固和扩大战果，他们继续向盆地周围的鲜虞、肥、鼓、仇由等部族发动进攻。

鲜虞为白狄族别种，主要占有今河北正定到石家庄一带地区，都正定；肥也是白狄之一部，为鲜虞的附庸，活动于晋中盆地东部太行山中，都昔阳（今山西省昔阳县冶头镇）；鼓亦为白狄之别种，其地在今河北省晋州西。晋昭公二年（前530），中行穆子率领部队佯会齐师，假道鲜虞，突然攻入肥国都城昔阳，灭肥国，然后回师突袭鲜虞，大获全胜。晋顷公六年（前520），中行穆子将部队伪装成籴米商人，从昔阳突袭鼓国，一举灭鼓。晋军对白狄三部的军事胜利，巩固了其对晋中盆地的控制权。晋定公时，"知伯将伐仇由，而道难不通，乃铸大钟遗仇由之君"，仇由之君不听其臣赤章曼枝的劝阻，堑岸堙谷，开辟运钟大道。知伯遂由此道进兵灭仇由。仇由地在今山西盂县。这条道路即由魏榆（今山西省晋中市榆次区）经马首（今山西省寿阳县南马首乡），沿今温家庄河及秀水河而通仇由。晋出公十六年（前459），"荀瑶伐中山（今河北省定州市），取穷鱼之丘（今河北省涞水县西）"，也是由太原地区东向进军。晋出公十七年（前458），赵襄子从太原地区出发，北登夏屋山，宴饮代王，"阴令宰人各以枓击杀代王及从官，遂兴兵平代地"。上述晋的军事行动，既打通了晋中盆地与周边的交通，又促进了华夏文化与戎狄文化的交流，使太原地区成为当时北方地区民族融合的中心。

二、"祁氏之田"与太原纳入晋国版图时间的考察

大卤之战是晋人对狄人的一次重要战役，主战场在今太原地区。一般认为，大卤之战后，太原地区就基本上纳入晋国版图。明季思想家顾炎武讨论晋国历史时说："晋自武公灭翼，而王命曲沃伯以一军为晋侯，其时疆土未广，至献公始大。考之于《传》，灭杨，灭霍，灭耿，灭魏，灭虞。重耳居蒲，夷吾居屈，太子居曲沃，而公都绛，不过今平阳一府之境。……襄公败秦于殽，自此惠公略秦之地复为晋有，而以河西为境。若霍太山以北大都皆狄地，不属于晋。文公作三行以御狄，襄公败狄于箕，而狄患始稀。悼公用魏绛和戎之谋，以货易土。平公用荀吴，败狄于太原，于是晋之北境至于洞涡、洛阴之间，而邬、祁、平陵、梗阳、涂水、马首、盂为祁氏之邑，晋阳为赵氏之邑矣。"（《日知录·晋国》）"败无终及群狄于大卤，而太原为

晋有矣。"（《日知录·昔阳》）此即晋国历史研究中著名的西周不过霍山论。今人也多持此观点。杨光亮等所著《太原历史大事纪年》，记前 541 年晋荀吴率师败无终及群狄于大卤之事后说："太原地区自此纳入晋国版图。"李元庆《春秋战国时期晋阳民族文化》一文也说："大卤之战前，晋阳一带尚属于北戎无终部等游牧民族分布区；大卤之战告捷，'晋阳为赵氏之邑'后，晋阳城便开始一步步营建了。"①

大卤之战后，太原地区平原地带为晋所有，应无疑义。至于晋中盆地从南往北，纳入晋国版图的具体时间，史料阙如，尚难遽定。不过透过一些零散资料，我们还是可以大致勾勒出晋人在晋中盆地的活动踪迹，勾勒出中原华夏部族和北方戎狄部族在晋中盆地交流融合的史影。

晋中盆地纳入晋国版图，所依据的重要史料即所谓的"祁氏之田"。我们也以此展开讨论。

太原之地自大卤之战后归属晋国，成为晋国公田，后被晋侯封作祁氏采邑。这一点，顾炎武在《日知录》中说得明白："平公用荀吴，败狄于太原，于是晋之北境至于洞涡、洛阴之间，而邬、祁、平陵、梗阳、涂水、马首、盂为祁氏之邑。"祁氏获得祁地的时间，是否如顾亭林所谓在荀吴败狄于太原之后，恐难遽定。据我们研究，应在公元前 583 年（晋景公十七年），即春秋史上著名的"下宫之难"之年（具体原因在后文讨论）。而失去这一封地的时间，史有明文。《左传·昭公二十八年（前 514）》："秋，晋韩宣子卒，魏献子为政，分祁氏之田以为七县。……司马弥牟为邬大夫，贾辛为祁大夫，司马乌为平陵大夫，魏戊为梗阳大夫，知徐吾为涂水大夫，韩固为马首大夫，孟丙为盂大夫。"杜预注："七县：邬、祁、平陵、梗阳、涂水、马首、盂也。"

祁氏之田的重新分配，是中国古代地方行政建制由分封制向郡县制转变的体现。春秋以前，国家对地方的统治，是以采邑制为特色的分封制。春秋时期，随着土地私有制的发展，国家按田亩征收赋税，世卿世禄制被官僚制取代，原有的采邑制已不能适应新的形势。这时，一些诸侯国为了加强中央集权、遏制采邑主及其宗法势力干扰公室的政治权力，也是为了扩大兼并和抵御外敌的需要，在新占领的

---

① 李元庆《春秋战国时期晋阳民族文化》，《山西社会主义学院学报》2007 年第 2 期。

边远地区直接任命官员管理地方事务，逐渐形成由国君直接管理县、郡地方政权的体制。经过战国到秦代，"郡县制"成为国家对地方行政管理的主要模式。最初的郡县制，县的地位要高于郡。晋国正卿赵简子于公元前493年作战前动员令："克敌者，上大夫受县，下大夫受郡。"（《左传·哀公二年》）就是这一现象的说明。战国以后，郡的地位逐渐高于县。如：赵上党郡有二十四县（参见《战国策·齐策二》），代郡有三十六县（参见《战国策·秦策一》），公元前247年，秦攻赵，取榆次、新城、狼孟等三十七城，置太原郡等（参见《史记·秦本纪》）。当时的县、郡多置于边远地带新掠夺的领土之上，而最先置县的是秦国。《史记·秦本纪》：武公十年（前688），"伐邽、冀戎，初县之。十一年，初县杜、郑"。晋国也是春秋时期较早设立县的国家之一。《左传·僖公三十三年（前627）》："命先茅之县赏胥臣。"宣公十五年（前594）："晋侯赏桓子狄臣千室，亦赏士伯以瓜衍之县。"

县制，就其实质来说，是作为采邑制度的直接对立面而出现的一种新的政治制度。从县的产生到郡县制度的最后确立，经历了一个相当长的历史阶段。县在各国出现的时间早晚不同，县制在各国的发展程度也很不平衡。就晋国来说，虽然有了"先茅之县""瓜衍之县"的名称，但这时的县还没有完全变成国家的行政设置，而是更多地具有采邑性质。某种程度说就是采邑的一种——县大夫其实就是采邑主。从隶属关系上看，晋国的县也与秦、楚等国的县有区别。秦国和楚国的县是直属于国君的。每设一县，由国君直接委派县令、县公或县尹，他们的罢免、调遣之权也都由国君掌握，县令、县公（尹）既是该县的行政长官，也是该县的军事将领。他们只对国君负责。秦、楚等国的县制完全不同于旧式的分封制，县的作用与采邑迥然不同。晋国最初所设的县也是由国君委任县大夫，大夫之下有县师和舆尉。但由于晋国卿族势力强大，国君对县的控制又不严，有的县设立之后便逐渐脱离了公室的控制而变成世袭采邑，任命县大夫也发展到不假国君。如祁氏、羊舌氏被灭族后，就是魏献子主持把他们的采邑分为十县，十县的县大夫也多数由六卿子弟担任。《史记·晋世家》："（六卿）各令其子为大夫。晋益弱，六卿皆大。"由此可见，"祁氏之田"改为县制，一方面使晋国卿大夫的势力更为强大，为日后六卿角逐，进而为三家分晋埋下了伏笔；另一方面，它也是晋国地方行政制度发展的一个重要标志。正如张纪仲所言："到了晋顷公十二年（前514），晋国六卿灭祁氏、羊舌氏之后，分祁氏之田为七县，羊舌氏之田为三县，这才使晋县具有了后来的'县制'的县的性质。"[①]

"祁氏之田"历来被作为太原地区隶属晋国的主要标志，而所分七县中，以祁县为首。

祁县，即今之晋中市祁县。《说文·邑部》："祁，太原县。"段玉裁注云："今山西太原府祁县，县东南七里有故祁城，汉县治也。"《左传·襄公二十一年》："其人皆咎叔向。叔向曰：'必祁大夫。'"杜注："祁大夫，祁奚也，食邑于祁，因以为氏。祁县，今属太原。"《魏书·地形志》："祁，二汉、晋属。有祁城、祁奚墓、周党冢、太谷水、赵襄子城。"《元和郡县图志》卷十六《河东道二·太原府·祁县》下云："本汉旧县，即春秋时晋大夫祁奚之邑也……按汉祁县在东南五里故祁城是也。"故址应为今祁县上、下古县村。方足布有面文为"祁"者，朱华以为，此祁地所指当是今天祁县的古县村，属赵地。

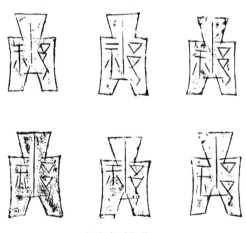

祁字布币拓片

祁姓乃传说时代黄帝十二姓之一。《国语·晋语四》云："凡黄帝之子二十五宗，其得姓者十四人，为十二姓，姬、酉、祁、纪、滕、箴、任、荀、僖、姞、儇、衣是也。"如此看来，祁姓乃黄帝之某子所获姓，又说为陶唐氏之姓。《史记·五帝本纪》："帝尧者，帝喾之子，姓伊祁氏。"我们在太原的历史传说中，曾

① 张纪仲《山西历史政区地理》，山西人民出版社，1992 年。

经论及庙底沟文化应该为黄帝部族的文化遗存，晋中盆地如祁县梁村等地都是庙底沟文化的分布区域。而与"唐尧"部族密切相关的陶寺文化，很可能也是从河北过太行山，沿汾河谷地到达临汾盆地，和当地部族结合产生的。唐尧姓伊祁氏，这个伊祁之祁是否和祁地有关？

因为祁姓是因祁地而来。韦昭云："得姓以德、居、官而赐之姓也。"据其义，则得姓由来有三种途径：一因德行操守，一因居地，一因官名。祁姓因居地为姓。《广韵·脂部》云："祁，姓，出太原，黄帝二十五子之一也。"《说文·邑部》："祁，太原县。"说明黄帝之子因居"祁"地而得名。

祁地之所以名"祁"，似乎和当地的地理环境不无关系。《尔雅·释地》："燕有昭余祁。"郭璞注："今太原邬陵县北九泽是也。"宋邢昺疏："《周礼》并州其泽薮曰昭余祁，郑注云：'在邬。'《地理志》云：'邬，九泽在北，是为昭余祁，并州薮是也。'"汉代邬县、祁县相近，祁县在邬县北。顾栋高"祁县以薮得名"，由于祁地置县以前就称"祁"，所以"祁"这个古地名也是因泽薮而得名。

春秋时期的祁氏，或是自黄帝以来世代居于祁地的祁姓人，或是唐尧姓伊祁氏后人居此，或是别姓食采于祁因居邑得祁姓者？其实难明。晋有祁大夫首见于《左传·僖公十年（前650）》："郤芮曰：'币重而言甘，诱我也。'遂杀丕郑、祁举及七舆大夫。"杜注云："祁举，晋大夫。"祁举可能是从祁地出仕的晋大夫。又，《左传·襄公二十一年（前552）》："其人皆咎叔向，叔向曰：'必祁大夫。'"杜注："祁大夫，祁奚也，食邑于祁，因以为氏。祁县，今属太原。"这是说到祁地做官以地为氏了。《通志·氏族略三》亦云："祁氏，姬姓，晋献侯四世孙奚，为晋大夫，食邑于祁，遂以为氏。其地即今太原祁县是也。"总之，或早至公元前650年，最迟在公元前552年，祁县已为祁氏之食邑，皆早于发生大卤之战的公元前541年。

邬也是从"祁氏之田"中分出置县的。《元和郡县图志·河东道二·介休县》条下云："邬城泊，在县东北二十六里，《周礼》'并州之薮曰昭余祁'，即邬城泊是也。"祁县因昭余祁得名，昭余祁又因近邬城而称邬城泊，则祁县、邬县相近无疑。"《汉书·地理志》太原郡有邬县，乃因春秋晋邬县而置。"[1]《水经注·汾水》："侯甲

---

[1] 马保春《晋国历史地理研究》，文物出版社，2007年。

水又西，合于婴侯之水，径邬县故城南，晋大夫司马弥牟之邑也。"《读史方舆纪要·介休县》："邬城，县东北二十七里。春秋时晋邑，魏献子以司马弥牟为邬城大夫。《史记》：'曹参从韩信击赵相夏说于邬东，大破之，又围赵别将军于邬城中。'汉置邬县，属太原郡。晋及后魏因之。北齐废。志云：故邬城历隋唐至宋，始圮于水，城北接文水，东接祁县境。"《大清一统志》卷一百五引《（乾隆）介休县志》云："故邬城在县东北二十七里，今为邬城店。"[①]刘纬毅编著的《山西历史地名通检》晋中地区"邬县"下以为"（邬县）故治在今介休县东北三十里邬店城"。

平陵，在今文水县境内。顾祖禹《读史方舆纪要·太原府·文水县》"大陵城，县东北二十里，即晋之平陵也"。刘纬毅《山西历史地名通检》大陵县注1："今县东北二十里有大陵村，但此村非大陵故城，依史籍文献和实地观察，大陵城当为东北十五里大城南村。"

梗阳，本为祁氏地。梗阳城故址在今清徐县。《左传·昭公二十八年》："分祁氏之田以为七县……魏戊为梗阳大夫。"杜预注："梗阳在太原晋阳县南。"班固《汉书·地理志》太原郡榆次县下注云："梗阳乡，魏戊邑。莽曰大原亭。"《水经注·汾水》："汾水又南径梗阳县故城东，故榆次之梗阳乡也。魏献子以邑大夫魏戊也。"梗阳在汉晋时期属榆次县，北魏时取消榆次县，梗阳归入晋阳县，隋开皇十六年又置清源县。《元和郡县图志·河东道二》："梗阳故县城，春秋晋大夫祁氏邑也。在县南百二十步。《左传》曰'晋杀祁盈，遂灭祁氏，分为七县，魏戊为梗阳大夫'，是也。隋开皇十六年于其城内置清源县。"《大清一统志》卷九十六"徐沟县"下云：汉榆次县地。唐武德元年复置，仍属并州，开元十一年属太原府，五代及宋因之，金大定二十九年，始侨置徐沟县，属太原府，元属霞宁路，明属太原府，本朝因之，乾隆二十八年，以清源县省入。同卷"梗阳故城"下又说：在徐沟县西。本朝顺治十七年增修，今为县南关。由此可知，春秋晋国梗阳，初为祁氏地，祁氏灭，其地为魏戊采邑。汉为梗阳乡，属榆次县；隋开皇十六年于梗阳乡置清源县；金大定二十九年于清源县徐沟镇析置徐沟县；乾隆二十八年清源县并入徐沟县，原清源县治称清源乡，即春秋梗阳邑所在地；1912年又置清源县；1952年，

---

① 《大清一统志》，上海古籍出版社，2008年。

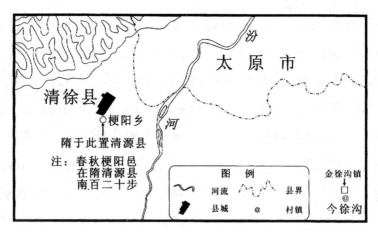

清徐梗阳故城示意图

清源、徐沟二县合并为清徐县，故址位于今清徐县城西南部。

梗阳一名，在晋国封魏戊为梗阳大夫之前已见诸史籍。《左传·襄公十八年》："秋，齐侯伐我北鄙。中行献子将伐齐，梦与厉公讼，弗胜。公以戈击之，首队于前，跪而戴之，奉之以走，见梗阳之巫皋。他日，见诸道，与之言，同。巫曰：'今兹主必死。若有事于东方，则可以逞。'"襄公十八年，为晋平公三年，即公元前555年，而晋国与戎狄的大卤之战发生于晋平公十七年（前541）。在此之前14年，晋国大将中行献子晚上做梦和晋厉公争讼，梦见了梗阳巫师皋。过了几天，他在大道上看见皋，两人就随便聊起来。从这一描述可以看出，皋和晋国上层人物是多么熟悉，我们推测当时梗阳已经有一些诸如巫师皋这样的人物在晋国活动，甚至为官。也就是说，太原地区的部落族众与晋国的交往，在大卤之战前已经达到了一定深度。

无独有偶，《左传》还记载了一件梗阳人诉讼的故事。魏戊到梗阳担当县丞的当年冬天，一个梗阳人到魏戊处告状，魏戊不能决断，于是上报魏舒。梗阳人的宗长送给魏舒一组女乐，魏舒打算接受。魏戊请晋大夫阎没、女宽劝阻魏舒不要受贿，魏舒于是拒绝了梗阳人的贿赂。后世有阎没死葬清徐的传说①。

---

① 《元和郡县图志》："阎没墓，在县西南三里。《左传》曰：'梗阳人有狱，魏戊不能断，以狱上。其大宗赂以女乐，魏子将受之。魏戊谓阎没必谏，许诺退朝，待于庭。馈入，召之。比置，三叹，魏子问之，对曰："或赐小人酒，不夕食，馈始至，恐不足。"中置，自咎曰："岂将军食之而有不足。及馈之毕，愿以小人之腹为君子之心，属餍而已。"魏子辞梗阳人。'"

涂水县，故址当在今晋中市榆次区西南二十里。马保春《晋国历史地理研究》说："涂水亦为祁氏田所分的七县之一，与其余几县均在晋中。《左传·昭公二十八年》：'秋，晋韩宣子卒，魏献子为政，分祁氏之田以为七县。'杜注：'七县，邬、祁、平陵、梗阳、涂水、马首、盂也。'该年《传》又云：'知徐吾为塗水大夫。'"秦于太原郡下设涂水县。春秋晋涂水邑是因大、小二涂水得名。塗水应即涂水，《左传·昭公二十八年》："……知徐吾为塗水大夫。"杜预注："徐吾，知盈孙。塗水，太原榆次县。"《汉书·地理志》太原郡榆次县下注云："涂水乡，晋大夫知徐吾邑。"可见塗水乃涂水。钱币铭文"余水"者，亦应为涂水。榆次有涂水，一曰大涂水，一曰小涂水。高士奇《春秋地名考略》卷五涂水条下注云："臣谨按：《汉·地理志》太原郡榆次有涂水乡，晋大夫知徐吾之邑。"刘纬毅认为，晋国涂水县"故治在今榆次市西南二十里"[1]。

马首，《元和郡县图志》卷十三《河东道二·太原府·寿阳县》下云："马首故城，在县东南十五里，《左传》曰：'晋分祁氏之田为七县，韩固为马首大夫。'即其地也。"顾栋高《春秋大事表》卷七《春秋列国都邑表·晋》"马首"下称："汉为榆次之东境。隋置寿阳县。今属平定州。县东南十五里有马首村。"

盂，亦为祁氏七县之一。魏献子让盂丙食邑于此，叫盂大夫。盂丙或认为应作盂丙[2]。《汉书·地理志》太原郡盂县下注云："晋大夫盂丙邑。"《方志图》云："晋太子于之邑也，后为祁氏采地。祁氏既灭，魏献子分其田为七县，盂，其一也，以盂丙为盂大夫。盂在原仇西百里，汉之盂县也，属太原郡。后魏省，其地属石艾县，一云入阳曲县，俗谓之大盂伯。"《水经注》："（洛阴水，即今杨兴河）出新兴郡，西流径洛阴城北，又西径盂县故城南。《春秋左传·昭公二十八年》，分祁氏七县为大夫之邑，以盂丙为盂大夫。"《山西历史地名通检》记盂县"故治在今阳曲县北二十里大盂镇"。

以上是祁氏被灭之后所分出的七县地理分布与沿革。我们从中可以看出，它们主要分布在今晋中盆地中部、偏东北部和北部一带，且都是因公元前514年"祁氏之田"被瓜分而设县，也因此见诸史籍。其中，梗阳在公元前555年便因梗阳巫皋

① 刘纬毅《山西历史地名通检》，山西教育出版社，1990年。
② 参见杨伯峻《春秋左传注》，中华书局，1981年。

活动于晋国而留名。魏榆本在祁氏七县范围内，但在公元前534年已见诸史籍。公元前541年，晋中盆地发生大卤之战或曰大原（太原）之战，"太原"一名应是一个比较广泛的地域代称。今天的太原地区，如果说当时已有所建置，那应该是后来在历史上占有重要地位的晋阳。从祁氏之田所瓜分的版图看，晋阳北边有盂，东边隔山有马首，西南有梗阳，东南有涂水，显然在祁氏之田范围内，但却不见晋阳踪影。再从占有七县的卿大夫来看，司马弥牟为邬大夫，司马乌为平陵大夫，贾辛为祁大夫，魏戊为梗阳大夫，知徐吾为涂水大夫，韩固为马首大夫，孟丙为盂大夫，也不见赵氏身影。但十七年后，当赵鞅与范氏、中行氏相争之时，晋阳已俨然成为赵氏的根据地。十七年中究竟发生了什么大变故，使赵氏得以迅速在晋阳地区建立起强大的军事堡垒，还是赵氏当时已经占有晋阳地区，但不在"祁氏之田"以内？对此，文献虽没有明确记载，却还是显露出端倪。

这个端倪还是和"祁氏之田"相关。

公元前583年，晋国发生了一件大事，即春秋史上著名的"下宫之难"。《春秋·成公八年（晋景公十七年）》载："晋杀其大夫赵同、赵括。"《左传·成公八年》："六月，晋讨赵同、赵括，武从姬氏畜于公宫。以其田与祁奚。"《史记·晋世

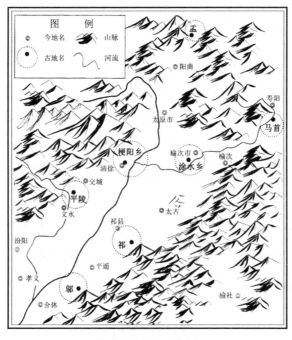

祁氏七县分布示意图

家》也说："（晋景公）十七年，诛赵同、赵括，族灭之。韩厥曰：'赵衰、赵盾之功岂可忘乎？奈何绝祀！'乃复令赵庶子武为赵后，复与之邑。"《史记·赵世家》："于是召赵武、程婴遍拜诸将，遂反与程婴、赵武攻屠岸贾，灭其族。复与赵武田邑如故。"几处史料所述为同一事件，即晋景公因所谓"孟姬之谗"而族诛赵氏。"下宫之难"发生时间，文献记载不尽相同。如我们前文引用的《左传》所记在成公八年（前583），《史记·晋世家》也记在前583年（晋景公十七年），但《赵世家》和《韩世家》又记此事发生于晋景公三年，即公元前597年，两者相差十五年。对此，白国红研究认为："《左传》所言这一事件发生于晋景公十七年的说法是可信的，这也是与《春秋经》的记载相吻合的。我们甚至可以依据《左传》成公八年的记载，将这一时间精确到晋景公十七年（前583）夏六月。"而赵武复立的时间据考证应在晋景公十九年（前581）[①]。

诛灭赵氏后，晋景公"以其田与祁奚"。对此杨伯峻释曰："田为氏族之主要财产，赵氏被灭，唯赵武匿公宫而免，故田收于公，公赏于他人。祁奚，为高梁伯之子。……襄二十一年《传》又称之'祁大夫'。祁是晋邑，故城在今山西祁县东南。"[②] 如此说来，只有晋景公十七年（前583）六月之前，以祁县为中心的晋中盆地已为赵氏所有，才会有赵氏家族被诛灭族，赵氏之田收于公，旋被赏予祁奚的事件，亦即公元前583年赵氏已经占有晋中盆地。这比所谓的"大卤之战"（前541）晋国疆域拓展至太原地区要早四十多年（有关赵武灭族和复宗之事，即"赵氏孤儿"问题，将在后文介绍）。

晋国早于"祁氏之田"在晋中盆地设县，还有文献记载的"瓜衍之县"。

《左传·宣公十五年（前594）》："晋侯赏桓子狄臣千室，亦赏士伯瓜衍之县。"杜注："士伯，士贞子。"宣公十二年："秋，晋师归，桓子请死，晋侯欲许之。士贞子谏曰：'不可。'"杜注："贞子，士渥浊。"士贞子又称士渥浊，乃士氏支庶。《春秋地理考实》卷二"瓜衍"条下曰："《汇纂》孝义县北十里有瓜城，属山西汾州府。"《春秋地名考略》卷五"瓜衍之县"条下云："宣十五年，晋侯赏士伯以瓜衍之县，吴氏曰：'汾州孝义县北十里瓜城，晋灭虞、虢，迁其民于此。'"今山西孝

①　参见白国红《春秋晋国赵氏研究》，中华书局，2007年。
②　杨伯峻《春秋左传注》，中华书局，1981年，第839页。

义市城北十余里处与汾阳市的交界处，有大虢城、小虢城和虞城，虞城在大、小虢城之东。这一带可能就是吴氏所谓晋迁虞、虢遗民之地。后于晋景公六年（前594）赏给士渥浊。而晋献公灭虞、虢在鲁僖公五年，即公元前655年，则姬姓的虞、虢遗民在该地生活了六十余年后成为士氏的采邑。

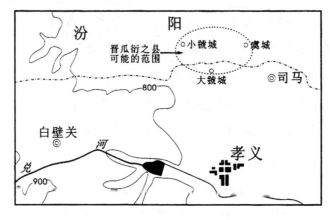

瓜衍之县示意图

太原盆地还有阳邑，传为晋国大夫阳处父之邑。《永乐大典》记：太谷县，本春秋晋大夫阳处父所封之邑，故名曰阳邑。三晋既分，属赵。秦属太原。汉为太原之阳邑县。王莽时，改曰繁穰。后汉时，明帝封冯魴为侯国。晋属太原国。后魏属太原郡，太平真君九年，省，景明二年，复置。后周建德四年，西迁一十五里，即今县也。隋开皇三年，太原郡改为并州，十八年改曰太谷县，因县西南太谷为名，属并州。唐武德三年，分太谷、祁二县，置太州，六年，废州复为县，仍隶并州。历五代至宋、金，皆因之。《读史方舆纪要·山西·太原府》载："太谷县，府东南百二十里，北至榆次县七十里，西至祁县五十里。本晋大夫阳处父邑，汉为阳邑县，属太原郡。"阳处父获得阳邑的时间不明，但他死于前621年，则封地肯定在此之前。

阳处父（？—前621），春秋时晋国大夫，因封邑于阳地（今太谷县阳邑村），遂以阳为姓。阳处父足智多谋，文武双全。晋文公九年（前628），楚国派斗章到晋国请和，晋国派阳处父赴楚国回访，晋楚两国恢复了正常交往关系。晋襄公即位，升阳处父为太傅。晋襄公元年（前627），阳处父领军攻蔡国，楚国派令尹子上前去救援，晋、楚两军隔着泜水（在河南省境内，今称沙河）对峙。阳处父欲罢兵回师，又怕楚军乘机追击，决定计退楚军。他派人对子上说：两军对峙耗时费财，你如果想打，那么我后退三十里，让你过河布阵。否则，你后退三十里，让我过河布阵，咱们再战。楚军恐渡河时遭晋军袭击，便自退三十里，让晋军过河布阵。阳处父就散布楚军逃跑的消息，安全撤兵回国。楚军虽知上当，但只好回国。子上回楚后，被诬"交贿退兵"而被处死。

同年，秦将孟明视等三将率兵越晋伐郑，被晋军擒获。晋襄公在继母文嬴的劝说下放走三帅，随即后悔，遂派阳处父追捕。阳处父追到黄河东岸，见秦国三帅已坐上渡船，阳处父知一时寻不到船只，于是心生一计，他故意解下自己所乘的左骖之马，假托是晋襄公送给孟明视的礼物，让三帅上岸接受。孟明视有心提防，立于船头拜谢，并不上岸受礼，阳处父的虚饵之计落空。

晋襄公七年（前621），晋国征调军队，任命狐射姑为中军将，赵盾为副帅，出征南方诸族。阳处父一则因为赵盾确有才能，重用赵盾对国家有利；二则因自己曾是赵盾之父的部下，心生偏袒，便以襄公之名，私自调换了中军主帅，让赵盾率领中军，狐射姑为副将。狐射姑对阳处父把他从中军主帅降为副帅一直耿耿于怀。晋襄公死后，狐射姑乘立嗣混乱之机，派人暗杀了阳处父。

屏也可能是位于晋中盆地的晋国县邑。

屏为赵衰子赵括的食邑，《左传·僖公二十四年（前636）》："文公妻赵衰，生原同、屏括、楼婴。"杜注："原、屏、楼，三子之邑。"《春秋地名考略》卷四："《路史》曰炎帝臣屏翳封屏国，赵括采邑当在其处。"按《路史·国名记》未详屏翳之国所在，炎帝为传说时代，其事缥缈难断，但经过夏代至商，有关屏的线索似又可寻。1970年7月，山西石楼县城关公社肖家塌发现一件带铭铜戈，铭文为"竝"。彭邦炯认为此戈铭的"竝"就是甲骨文中多见的"并"方，"商代竝氏故地在今山西省中部一带，或许就在今太原、石楼一带"，"据侯马所出盟书提供的线索，晋赵鞅举行的宗盟活动，还有称作竝氏的参与。可见春秋时期，竝氏还是一个有影响的族属。虽然他的居住地不见明确记载，然必在晋国，即今山西境内无疑"[1]。

---

[1]　彭邦炯《竝器、竝氏与并州》，《考古与文物》1981年第2期。

马保春在《晋国历史地理研究》中考据：竝、并、併三字，古为通假字，而当"并（併）"作"抛弃"讲的时候，可与屏、摒相假，如《荀子·强国》"併己之私欲"，以此看"并"与"屏"似可通。屏有屏障、屏障物的含义，如《诗·大雅·板》："大邦为屏，大宗为翰。"郑笺云："屏，树也，所以为蔽也。"又如晋左思《魏都赋》："长世字甿者，以道德为藩，不以袭险为屏也。"今晋中太原盆地西有吕梁山，东有太岳山，正如东西两道天然屏障。此地名竝、并者，或与此自然地貌形态有关。则炎帝时代的屏国，或与后来的并方、并氏、并州有所渊源。春秋晋赵括采邑屏，或许与此有关，有可能在晋中一带，但确址不考[1]。马保春亦以地理形势解释并州得名缘由，颇出新意，可备一说。

楼为赵衰子赵婴的采地。

《左传·僖公二十四年》："文公妻赵衰，生原同、屏括、楼婴。"杜注："原、屏、楼，三子之邑。"《春秋地名考略》卷四："今隰州永和县南十里有楼山城，后周置归化县。隋开皇十八年改曰楼山，大业初废。武德初复置东和州，贞观初废入永和县，取县南楼山为名。"马保春《晋国历史地理研究》说："楼或在今山西省石楼县或其附近。"吕文郁也说："楼邑在今山西永和县西南十里。"[2]

春秋时太原盆地还有晋国魏姓卿大夫的县邑，名曰魏榆。

《左传》还记载了一个师旷借魏榆石人说话，劝谏晋侯的故事。公元前534年，晋平公大兴土木，建筑虒祁宫。传说处于边鄙的魏榆石人开口说话，晋平公感到奇怪，就问当时的大夫、著名音乐家师旷说："石头为什么说话？"师旷回答："石头不能说话，有东西凭借着它说话。否则就是百姓听错了。我曾听说，做事情不合时令，怨恨诽谤在百姓中发生，就有不能说话的东西出来说话。现在的宫室高大奢侈，百姓财力耗尽，怨恨诽谤丛生，没有人能够确保自己的生活，石头说话不也是很相宜的吗？"师旷通过"八年春，石头言于晋魏榆"的传言，对统治者不顾民生提出了尖锐批评。叔向听到师旷的言辞后，感叹道："子野（师旷字）的话真是君子之言。君子的话，诚实而有证明，所以怨恨远离他的身体；小人的话，虚伪而没

---

① 参见马保春《晋国历史地理研究》，文物出版社，2007年。
② 吕文郁《周代的采邑制度》，社会科学文献出版社，2006年。

有证明，所以怨恨灾祸来到他的身上。"刘向《说苑·辨物篇》、王充《论衡》都记载了这一故事。对此事中提到的魏榆，钱穆考证说："神农之后有帝榆罔，其居亦在晋。《左传·昭公八年》'石言于晋魏榆'，杜注：'晋魏邑之榆地。'《地理志》榆次、界休同属太原。吴卓信补注引《汲冢周书》云：'昔烈山氏帝榆罔之后，其国为榆州。曲沃灭榆州，其社存焉，谓之榆社。地次相接者，为榆次。'其地有梗阳乡，魏戊邑，汾水所径。"[①] 这件事发生在公元前 534 年，距大卤之战已经过去七八年；而距公元前 514 年祁氏被灭、七分其地还有二十余年，此时已经有魏榆一地。这告诉我们，晋中盆地所谓的祁氏之田范围内，可能还有诸如魏榆这样属于魏姓卿大夫的县邑。

与魏榆情形相近的还有中都。

《左传·昭公二年（前 540）》："（晋侯）谓陈无宇非卿，执诸中都。"《侯马盟书》亦载有中都一名。《水经注·汾水》："侯甲水又西北径中都县故城南，城邻际水湄。《春秋·昭公二年》晋侯执陈无宇于中都者也。汉文帝为代王，都此。"中都县为西汉置，属太原郡，东汉、晋不改。北魏移于榆次县界，隋开皇十年改为榆次县。《元和郡县图志·汾州·平遥县》："中都故城在县西十二里，属太原郡，汉文帝为代王都于此。"故址在今平遥县西南十二里桥头村北。

以上史料告诉我们，晋国疆域（势力）跨入太原盆地的时间，并不是传统上认为的大卤之战（前 541）以后，而应该更早。公元前 555 年，梗阳之巫皋已经在晋国首都活动。前 583 年，"下宫之难"发生，晋景公夺赵氏之田"以其田与祁奚"[②]，两年之后又"复与赵武之田邑如故"。则"祁氏之田"即"赵氏之田"，是晋中盆地这时已有赵氏之田邑。不过这里有一个问题需要说清，即太史公说赵武复宗后，晋景公将夺取的赵氏田邑又还给了赵氏。这样就产生了一个问题，如果

① 钱穆《周初地理考》，《古史地理论丛》，台湾东大图书有限公司，1982 年。
② 不过，也有人认为，景公并没有把赵氏的田邑给了祁氏。如沈长云说："当赵同、赵括被诛伐之际，赵武随其母孟姬畜养于景公宫中。同、括被诛以后，景公本来打算把他们的田邑转赐给郤氏之族的祁奚，幸亏过去赵盾一手培养并提拔起来并已任为新中军将的韩厥及时向景公建言道：'成季（赵衰）之勋，宣孟（赵盾）之忠，而无后，为善者其惧矣。'景公这才改变主意，重新树立朔子赵武为赵氏嫡系后嗣，将打算赐予祁氏的田邑还给赵氏。一场危机就这样过去了。然而赵氏已受到沉重打击，昔日族大势盛的赵衰的后嗣只剩下赵武一脉，而赵武时年仅八岁左右。赵氏要东山再起，须再等待一段时间了。"沈长云等《赵国史稿》，中华书局，2000 年。

说赵氏的所有田邑失而复得，那么给予祁奚的"祁氏之田"也应该收回，就不存在公元前 514 年分"祁氏之田"而为七县之事。但"祁氏之田"是研究者公认的史实，难以否认。那么还有一种可能，即《史记》的记载有所缺失，赵氏之田并没有完全被收回。史料阙如，我们不敢遽断。从有关"下宫之难"的史料记载看，《左传》记述多符合实际，而《史记》记述却自相矛盾。以当时情势度之，祁奚为中军尉，正在晋国得势之时，而赵武复出，矛盾重重，晋侯与众大夫未必像韩宣子那样热心。《史记·赵世家》记载："（赵武）居十五年，晋景公疾，卜之，大业之后不遂者为祟。景公问韩厥，厥知赵孤在，乃曰：'大业之后在晋绝祀者，其赵氏乎？夫自中衍者皆嬴姓也。中衍人面鸟噣，降佐殷帝大戊，及周天子，皆有明德。下及幽厉无道，而叔带去周适晋，事先君文侯，至于成公，世有立功，未尝绝祀。今吾君独灭赵宗，国人哀之，故见龟策。唯君图之。'景公问：'赵尚有后子孙乎？'韩厥具以实告。于是景公乃与韩厥谋立赵孤儿，召而匿之宫中。诸将入问疾，景公因韩厥之众以胁诸将而见赵孤。赵孤名曰武。诸将不得已，乃曰：'昔下宫之难，屠岸贾为之，矫以君命，并命群臣。非然，孰敢作难！微君之疾，群臣固且请立赵后。今君有命，群臣之愿也。'于是召赵武、程婴遍拜诸将，遂反与程婴、赵武攻屠岸贾，灭其族。复与赵武田邑如故。"赵武复宗，一因晋侯患病，怕危及生命，二有执政卿韩宣子力挺，"景公因韩厥之众以胁诸将而见赵孤"，"诸将不得已"，将当时情形表露无遗。因此赵氏能够复宗已是大幸，未必会立即要求晋侯把所有失去的田邑如数交回，晋侯也未必会把刚刚给予祁奚的田邑收回还与赵武。《左传·成公十八年（前 573）》："祁奚为中军尉。"《国语·晋语七》："公知祁奚之果而不淫也，使为元尉。"《左传·襄公二十一年（前 552）》："其人皆咎叔向，叔向曰：'必祁大夫。'"杜注："祁大夫，祁奚也，食邑于祁，因以为氏。祁县，今属太原。"如果祁县为祁氏田邑仅两年就收回，祁氏因祁地以为氏的可能极小。祁奚之氏祁，说明祁县从晋景公赐祁奚田邑到魏舒七分祁氏邑的四十余年间，一直是祁氏之邑[①]。如此，所谓"复赵武田邑如故"，就有了另一种可能——晋侯把晋中盆地更靠北的地方，即今天的太原地区，春秋时称作晋阳的地

---

① 祁氏原本就与晋中盆地有渊源关系，甚或占有晋中盆地一部分为食邑。将赵氏食邑给予祁氏，只是益其在晋中盆地的食邑而已。

方，给了赵氏。这样，既不夺"祁氏之田"，又交代了赵氏。从当年魏舒夺祁氏之田后，重新分配的七县范围看，似乎已经包括了晋阳地区，在晋阳一带不应该再划分出一个县邑。其实不然，春秋时期，晋国的县邑面积一般都不大，基本上以邑为县。祁奚占有的应该只是以祁县为中心的部分县邑，晋中盆地应该还有一些其他卿大夫的县邑，插花于祁奚所拥有的"祁氏之田"中间。就如"晋阳邑"，公元前497年它肯定已成赵邑，而且是赵氏的一个主要城邑，以至于雄才大略如赵鞅，在危急关头，奔保晋阳。此时距瓜分祁氏、羊舌氏田邑已过去17年。当年赵氏得到的田邑是羊舌氏的平阳（今临汾），文献并没有提到赵氏获得晋阳一邑。如果晋阳当时属于祁氏之田，那么成为赵氏之邑肯定在此之后。短短十几年间，赵氏要从魏戊或孟丙两个家族手中取得晋阳土地，并且迅速治理建设，使其成为足以抗衡王师的坚城，可能性似乎很小。因此就存在着另一种可能，晋阳早在公元前6世纪初，已有城邑，但不属祁氏，而归赵氏所有，亦即"下宫之难"时，晋侯以晋阳地区象征性复与赵武的田邑。再如中都，大卤之战后一年，晋侯就派人来此抓人。魏榆，在前534年已见诸史籍，县邑应该紧邻梗阳，但都不是"祁氏之田"。因此在梗阳、孟之间再设置一个晋阳邑也并非不可能。如此我们可以大胆推测，早在公元前583年之前，赵氏已经进入以祁县为中心的晋中盆地。城邑虽曾短暂失去，但赵氏复宗后，随即失而复得，不过却非原来祁地，而是今曰之太原地区。

晋中盆地发现的考古遗存也为这种可能增加了注脚。

薛新民在讨论晋中盆地春秋时期考古文化遗存的特征时说："古交屯村遗址为代表的晋中时期第二期至第五期（公元前七世纪末—前五世纪初）遗存一脉相承，文化因素较第一期单纯，典型晋文化因素占主流地位，鬲、盆、豆、罐等主要器类的主体特征及形制演变规律与典型晋文化基本一致。……同时受典型晋文化影响，在原文化传统中融入许多先进文化因素，约在公元前七世纪中期形成以榆社台曲遗址为代表的文化遗存。台曲遗址文化堆积薄，物质遗存少或为其居此未久所致。关于该遗存去向尚缺乏足够的资料予以阐述，不过就其总的发展趋势和晋东南春秋时期遗存的研究分析，约在公元前七世纪末至前六世纪初，该类遗存已基本融入晋文化之中了。……从晋献公开始，晋国国君往往把新占领的边地赐给战争中有功的将领，故晋中从此时起至少有一部分已归属晋国。"[1]

考古发现与我们的研究梳理若合符契。因为文献记载表明，早于公元前6世纪，晋国可能已经进入晋中盆地。

晋景公十七年"（晋侯）亦赏士伯瓜衍之县"。瓜衍位于今孝义、汾阳一带，事在公元前598年。又有如屏、楼诸邑，据考也都在晋中盆地或其附近，而见诸史籍又在公元前636年。我们在探讨"瓜衍之县"时已经说明，当地有大、小虢城等，是晋献公灭虞、虢所迁遗民之地，则晋国染指晋中盆地的时间提早到了公元前655年。马保春在讨论千亩之战的时候说："晋国叩问晋中，并非始于献公时期，此前的穆侯时期（前802），兵锋已北至此（介休、灵石一带），只是战而复还而已。"[2]

马长寿在论及华夏和蛮夷关系时说，"'华夏、蛮夷'诸国，在黄河南北并非内夏外夷，截然隔离，而是夷夏错居，犬牙相间。不仅如此，就是一国之内，华夏之国亦有夷狄，夷狄之国亦有华夏。到了春秋战国，由于列国的相互征伐和各族的相互吞并，又由于边远部落的不断入徙，所以无论华夏之国或者夷狄之国的部落联盟，他们并不是单一的部族国家或单一的部落联盟，而是多部族多部落的国家或多部落集团部落联盟"[3]。

山西大地"表里山河"，自古是戎狄民族同华夏民族接触交往的南北天然通道，由此成为不同民族错居杂住的集中分布区。西周初年，晋国建立，"晋居深山之中，戎狄之与邻"。位于山西南部"河汾之东方百里"的晋国，自立国始即处于戎狄民族的环抱之中，晋国的居民与戎狄的关系应该是：在政治上当战则战，当和则和；在疆土上你中有我，我中有你；在文化上相互交流，相互借鉴。

晋中盆地从龙山时代晚期开始，虽然文化因素以北方为主，但和中原华夏族的文化交流始终没有断绝。春秋时期"狐氏之戎"和晋国的姻亲关系，祁姓之人在晋国的入仕，以及狐氏而为姬姓等，都是民族融合与交流的见证。而启土安疆，扩张称霸，是晋国的一贯国策。"狄之广莫，于晋为都。晋之启土，不亦宜乎。"（《左传·庄公二十八年》）索取土地，采取的策略是战争或以货易土。晋国势力应该就

---

① 薛新民《晋中春秋时期文化遗存分析》，《汾河湾——丁村文化与晋文化考古学术研讨会文集》，山西高校联合出版社，1996年。
② 马保春《晋国历史地理研究》，文物出版社，2007年。
③ 马长寿《北狄与匈奴》，生活·读书·新知三联书店，1962年。

是以这种形式一步步进入晋中盆地的。当然，这一过程也应是较为长期且起伏不定的。它与晋国本身国力的消长、晋中盆地戎狄力量的强弱等因素密切相关。晋国对晋中盆地的统治，应该是先南后北，进进退退。而"大卤之战"则是晋国与戎狄在晋中盆地所进行的一场决定性战役。此战以后，晋中盆地平原地带基本为晋所有。其后，晋又灭肥国、突袭鲜虞、灭仇由（今山西省盂县）等，晋中盆地东西两侧戎狄部族基本清除。前458年，赵襄子从太原地区出发兴兵平代地，山西全境基本为晋所有。戎狄部族或远遁他乡，或与进入晋中盆地的晋人相融合，成为中华民族的重要组成部分。

晋中盆地纳入晋国疆域，一般都以大卤之战作为标志。我们所讨论的诸如"赵氏之田""瓜衍之县"等事件，因为资料缺乏，只是大胆推测，尚需考古资料支持。

晋中盆地有关春秋早中期的考古发现相对薄弱，见诸报道的考古发掘资料有古交屯村、榆社台曲等。太原金胜251号大墓是太原地区春秋晚期考古重大发现，由于是单座上层卿大夫墓葬，具有一定的特殊性，留待后文专论。太原大井峪、金胜村等地曾发掘大量春秋战国墓葬，资料尚未发表。忻定盆地发现的春秋中晚期墓葬，对晋中盆地考古文化研究具有一定的参考价值。

1988—1989年，山西省考古研究所在汾河上游的古交屯村南发掘了一处东周文化遗址。屯村遗址位于汾河支流屯兰川南侧山脚下的河旁坡地上，周围是沟壑纵横的梁峁山地，河谷狭窄，土地瘠薄，不是理想的聚居之地。发现的遗迹有灰坑5个、灰沟1条，遗物有石、陶、蚌、骨、铜质生产工具，陶器基本器类为鬲、盆、甑、豆、罐、瓮。虽然遗址规模小、遗迹少、遗物不丰富，却是晋中地区首次正式发掘的东周遗址[①]。

1992年春，山西省考古研究所在晋中太行山西麓榆社县郝北镇台曲村北，发掘了一处东周时期文化遗址。该遗址北距县城11.5公里，南距台曲1.2公里。遗址西面约1公里为浊漳河北源，东面为山前丘陵，丘陵西侧地势呈较宽的阶地。周围地形东高西低，有若干条东西向冲沟。据调查与钻探资料，遗址南北50米，东西60米，面积约3000平方米，文化层堆积最厚者1米，薄者0.4米。由于遗址规

---

① 参见山西省考古研究所《古交屯村东周遗址发掘简报》，《三晋考古》第一辑，山西人民出版社，1994年。

模小、堆积薄，故出土物不够丰富。遗址可分两个时期，下层为夏时期遗存，由于受到上层文化的破坏，遗迹、遗物不甚丰富，陶器含鬲和三足瓮等。台曲遗址以东周文化遗存为主，发现遗迹主要是灰坑，共计 26 座，瓮棺墓 4 座。瓮棺葬特征基本一致，年代亦相同，为东周时期。M1 与 M2 均为长方形竖穴坑，M3 与 M4 没有墓圹或墓圹不十分清楚。它们的共同特征是皆用两件或三件完整或不完整的陶器作为葬具，器物底部多被有意识地打破，内置约 3 岁以下儿童或婴儿，无任何随葬品。方向不尽一致，分布不集中，但都在灰坑旁，显然没有一个集中的瓮棺葬墓地。遗址出土物以生活用陶器为主，器型有鬲、盆、甑、豆、罐、瓮、觚等，其中前五种最为常见。陶器的基本组合为鬲、盆、豆、罐。就器类而言，炊器以鬲为主，盛器有盆、罐、豆等，贮器主要是瓮，饮器为小折腹盆和觚。生产工具与装饰品共 21 件，为石器铲、锛、斧、刀、凿等，陶质工具有纺轮、陶垫、支垫，骨器有笄、骨片，此外还发现一件铜质环首刀[①]。

屯村、台曲二遗址分别位于吕梁山东部和太行山西部，具体年代也有先后之分，但文化遗存却有不少相似特征，尤以陶器方面最为突出。陶器均以夹砂灰陶、泥质灰陶为主，夹砂或泥质褐陶占有一定比例，其他陶系很少；陶器烧成温度偏低，质地酥脆易碎，陶色不匀；以手制为主，器腹内侧多留有泥条盘筑痕迹，口沿部分虽经修整，但总体上显得比较粗糙。器表纹饰以绳纹最为习见，以中绳纹为主，素面仅次于绳纹，也有抹断绳纹的凹弦纹，此外还有少量暗纹、刻划符号等。陶器形制不规则，大型器物体凹凸不平。主要器型有鬲、侈口深腹盆、敞口深腹盆、素面盆、方盘豆、圆盘豆、小口鼓腹罐、深腹罐、瓮等。

两地春秋时期的代表性器物特征明显，早晚都有发现的陶器有鬲、侈口深腹盆、敞口深腹盆（甑）、素面折腹罐、方盘豆、圆盘豆、敞口深腹罐、直口或侈口深腹罐、小口鼓腹罐等，构成晋中春秋时期主要的器物组合。此外，高领罐、鼎、盖豆、觚（杯）等陶器也具有参考意义。据这些陶器形制的演变规律，我们可绘制出晋中春秋时期陶器分期图。

上述各期陶器形制从早到晚演变脉络清晰，没有明显缺环。根据地层和器物组

---

① 参见山西省考古研究所《山西榆社台曲遗址发掘》，《三晋考古》第一辑，山西人民出版社，1994 年。

合变化特征，我们可以将晋中盆地发现的春秋时期遗存分为五期。

第一期以榆社台曲遗址第二层遗存为代表，是迄今为止晋中盆地发现时代最早的春秋时期遗存。台曲遗址发现的侈口高弧裆整体近方形鬲、深弧形盘、圆盘豆、折腹盆等，一些器物与天马—曲村遗址第五期类似，一些器物又与天马—曲村遗址第六期接近，因此该遗址的年代晚于天马—曲村遗址第五期，并略早于第六期，约当公元前 7 世纪中期前后。台曲遗址为代表的春秋时期第一期遗存形制特殊，代表着不同谱系考古学文化的特征。其中外形近方形的侈口宽沿溜肩弧裆鬲、侈口上腹外鼓的深腹盆、宽沿折腹素面盆、深弧形的方盘或圆盘豆、折沿矮颈鼓腹平底罐（瓮）等具有与典型晋文化相似的特征，而侈口宽沿鼓腹鬲、敞口宽沿鼓腹盆（瓹）、折沿小口鼓腹罐等陶器与古交屯村早期遗存类似，此外高领折肩鬲、宽沿圆腹盆、平底或斜直底方形深盘或豆、折沿小口折肩罐、侈口束颈小口罐、侈口圆腹罐等陶器又表现出极强的自身特色。

我们在第五章中已经说明，商代晚期，晋中盆地除商文化元素外，还存在两类谱系不同的考古学文化。其中一类以汾阳杏花村墓地部分遗存、太谷白燕遗址、灵石旌介商墓为代表，另一类以吕梁山区及黄河两岸地区的柳林高红灰坑 1 为代表，后者经陕西绥德薛家梁遗存发展为以陕西清涧李家崖部分遗存为代表的西周前期文化，是一支相当强盛的方国文化。约在西周晚期，黄河两岸、吕梁山区源丁李家崖文化的考古学文化中的一支，向东扩展并融合当地文化元素，形成了太谷白燕西周晚期文化遗存。晋中盆地白燕遗址发现的两件西周晚期陶器，既具有与宗周文化类似的时代特征，又继承了商代末期以来晋中已存在的两支考古学文化的传统，具有不同谱系文化融合的特点。约在公元前 8 世纪末至公元前 7 世纪初，可能受到来自北方某一支文化的影响或逼迫，此一遗存的主人向东迁徙进入太行山区；同时受典型晋文化影响，在原文化传统中融入许多中原文化因素，约在公元前 7 世纪中期形成了以榆社台曲遗址为代表的文化遗存。至于说台曲遗址文化堆积薄，物质遗存少，可能是其居此未久所致。关于该遗存去向，尚缺乏足够的资料予以阐述，不过就其总的发展趋势和晋东南春秋时期遗存的研究分析，约在公元前 7 世纪末至前 6 世纪初，该类遗存已基本融入晋文化中。

商周之际分布在黄河两岸、吕梁山区的文化遗存，学者多以鬼方、赤狄目之。

吕梁山以西、黄河两岸，曾为赤狄活动地区，及白狄被秦逼迫东迁，赤狄被晋攻伐，随即东迁，一部分赤狄如廧咎如就曾迁居太原[①]，一部分从吕梁山经晋中盆地东迁进入太行山区。赤狄进入太行山区后，首先夺取了今潞城一带的古黎国领地，接着趁齐桓公合诸侯北伐山戎（北戎）之机，征服了已经衰落的北戎部族，在公元前7世纪中期崛起于太行山南部地区。公元前660年，晋献公派太子申生带兵攻打赤狄（东山皋落氏），前588年，"晋郤克、卫孙良夫伐廧咎如，讨赤狄之余焉。廧咎如溃，上失民也"。战争在客观上促进了二者间的文化交流，因此，公元前7世纪中期时赤狄必然接受了晋国先进文化的强烈影响。太原地区曾经是赤狄一部廧咎如的活动区域，这正是榆社台曲遗存中发现有大量典型晋文化元素的原因所在。晋文化真正有别于南楚、北燕、西秦、东齐等地方文化形成自己特色的阶段，约在西周末年至春秋时期。这种特色是以晋国、被晋国兼并的许多小国，以及与之相邻的戎狄部族共同创造的，以晋中为桥梁的北方文化也起到举足轻重的作用，其中包含赤狄部族的物质文化，台曲遗存或可作为这种文化融合的典型代表。鉴于这类遗存目前发现尚少，研究也有待深入，我们暂将其归入晋文化范畴，为表明其鲜明的自身特色，不妨称之为"晋文化台曲遗存"。

晋中盆地春秋时期的考古文化第二期至第五期之间虽然可以截然分期，但却属于同一文化的不同阶段，更多具有晋文化的考古学特征，是晋文化不可分割的组成部分。

第二期以屯村遗址第3层、灰坑4等单位及出土遗物为代表。屯村遗址第3层出土的鬲、盆、豆等陶器与翼城苇沟——北寿城城内灰坑3出土的同类器物特征相似，早于侯马晋国新田遗址主要遗存，即在晋景公迁都新田之前，约当公元前7世纪末至公元前6世纪初。

---

① 薛新民认为台曲一期遗存为赤狄遗留。他说："初居地在陕北黄河岸边，后迁入山西东南部的太行山区。"晋献公时称"东山皋落氏"，献公妻骊姬曾说："以皋落狄之朝夕苛我边鄙，使无日以牧田野。"可见当时赤狄已与晋国相邻，并发展为一支相当强盛的部族，在晋景公之前一直是晋国东北部的劲敌之一。赤狄由陕北东迁太行南部的史实与李家崖文化、太谷白燕西周晚期遗存、台曲遗存的传统联系正相吻合，这自然不会是偶然的巧合。因此我们认为太谷白燕H348等遗存是赤狄进居太行以后的物质遗存。史书记载赤狄嗜酒，酒是粮食加工的产品，既有剩余粮食用来酿酒，农业生产必有一定基础，台曲遗址发现有较多的生产工具从侧面证实该遗存即为以农业生产为主的赤狄部族留下的。参见薛新民《晋中春秋时期文化遗存分析》，中国考古学会等《汾河湾——丁村文化与晋文化考古学术研讨会文集》，山西高校联合出版社，1996年。

第三期以屯村遗址灰坑 3、灰坑 2 等单位的出土遗存为代表。出土主要器物与侯马铸铜遗址早期、天马—曲村遗址灰坑 9 出土遗物特征接近，约当公元前 6 世纪中期。

第四期以屯村第 2 层出土遗物为代表。第 2 层出土陶器与侯马铸铜遗址中期早段器物类似，鼎腹与上马墓地墓 4006：5 相似，其年代约当公元前 6 世纪后期至公元前 5 世纪初期。

此外，屯村发掘的墓 1 与遗址没有地层叠压关系，但其随葬器物中的鼎、盖豆、高领罐等陶器显然是遗址第 2 层同类器物的继承与发展。从盖豆把手口部外敞、腹饰瓦棱状凹弦纹，高领罐凸唇明显，鼎腹近平特征看，其时代或超出春秋下限，约当公元前 5 世纪中期前后，是为第五期。

以古交屯村遗址为代表的晋中盆地，春秋时期第二至第五期遗存一脉相承，文化因素较为单纯。鬲、盆、豆、罐等主要器类的主体特征及形制演变规律与典型晋文化基本一致，晋文化元素占主流地位，是晋文化不可分割的组成部分。屯村遗存中地方特点较明显的陶器有敞口鼓腹盆、圆腹罐、侈口深腹罐，第四期出现的高领鼓肩罐等，这些元素占比少，不成系统，不是主流。

我们将晋中盆地出土陶器与典型晋文化同时代陶器特征相比较，可以对晋中盆地的文化属性有一个初步了解。

晋南典型晋文化较早阶段陶器以夹砂灰陶和泥质灰陶为主，仅有少量夹砂红陶及褐陶；陶器的烧成温度较高，质地坚硬，陶色纯正，多呈灰黑色；陶器制作时经过细致的整形拍打，胎体薄而均匀，器形规整。较晚阶段陶器质地较粗糙，制作整形较草率，胎体厚薄不匀，器表凹凸不平。总的发展趋势是质地由优转劣，制作由精细变草率。

晋中盆地春秋较早阶段陶器制作比较落后，与典型晋文化形成很大反差。晚期，虽然陶器制作仍比较粗糙，但质地略有提高，色泽也较纯正，器形略显规整。总的发展趋势是质地由劣转优，颜色由杂变纯，制作由草率逐渐转向精细，与晋南典型晋文化正好相反。

但是两地陶器的主要组合基本一致，鬲、侈口深腹盆、方盘豆、圆盘豆、深腹罐、瓮是流行的器物群。不过晋中盆地不见典型晋文化常见的钵、盘、宽折沿高颈壶、双耳高颈壶、鉴、釜等器类，当然，其中也有一些典型晋文化不见的器类。

屯村、台曲遗址发现的陶器制作水平低、质地差，加工草率，颜色不纯正，形制不规整，即使时代最晚的屯村墓1的随葬器物也仅盖豆质量稍好，鼎、觚（杯）等器均显粗糙。象征墓主人身份的石圭、石璋也仅以砂岩略加磨制而成，与同时期其他地区遗存有较大差距，显示出文化不发达、经济状况落后的特点。

陶器纹饰雷同，主要组合器类相同，大部分器物形制相似，体现出晋中盆地春秋时期遗存与典型晋文化主体元素的一致性，当然二者之间存在的区别也是明显的。究其原因，有如下几点：第一，晋中盆地目前发现的遗址均位于山区，规模、等级和出土遗物的丰富程度与典型晋文化有很大差距，反映的文化面貌也很不全面，尚不能代表晋中盆地这一时期的全貌。第二，环境、地域及经济实力的差异，使陶器制作水平表现出极大的反差。第三，陶器制法、陶质、陶色、纹饰等方面相反的发展趋势反映了两地整体文化不同的兴衰历程：一方面，典型晋文化因公室衰微、卿大夫专权且培植一己势力而逐渐走向衰落；另一方面，晋中盆地随着先进的晋文化元素的增加，文化有了较大的发展。尤其在典型的晋文化进入晋中盆地以后，传统元素进一步减少，陶器制作水平有了长足进步，整体文化表现出由弱渐强的趋势。第四，文化传统的差异。晋中盆地与晋南地区的文化影响和交流，在不同时期，程度和方式也不尽相同。春秋时期，典型晋文化元素向北传播和扩展占主流地位。以台曲遗存为代表的晋中盆地第一期遗存中，来自典型晋文化的元素虽占较大比例，但是地域特点、传统元素仍很明显，表现出不同谱系的考古学文化逐渐融合、碰撞的复杂现象。当时的晋中盆地，可能还是地方特色显著的传统元素占主导地位的另一谱系文化遗存。

尤可注意的是古交屯村考古遗存。春秋时期，狐氏之戎活动于今太原市西南部的吕梁山中。至晚在公元前7世纪中期便与晋国公室成为姻亲部族，并有较多的交往。狐偃、狐毛兄弟随狐姬入居晋国时，该部族不可能举族南迁，当仍居住在原地。古交屯村遗址正好位于该部族活动范围之内，因此该遗存应该是狐氏大戎创造的物质遗存。

史书未见晋国与狐氏之戎发生冲突的记载，说明二者的关系比较和缓，这是晋国和戎政策的成果。作为北方经济大国的晋国，文化发达程度远超过狐氏之戎。该部族既与晋和好，先进的典型晋文化必然大量传入，因此该族接受典型晋文化的时间较早，元素也较多，这种文化交流至晚在公元前 7 世纪中期前后便已开始。屯村遗存于公元前 7 世纪末至公元前 6 世纪初的屯村早期始，从早到晚一脉相承，传统元素不太明显，典型晋文化已占据主导地位。它虽是狐氏大戎及其后裔的物质遗存，但由于与典型晋文化交流较早，而且不久后晋国势力入居晋阳，因此逐步融入晋文化之中是历史的必然趋势。

略晚于晋中盆地春秋时期遗存第四期的太原南郊赵卿墓，不仅墓圹形制、葬具与典型晋文化毫无区别，而且随葬的青铜礼器、乐器、兵器及车马器绝大多数与侯马铸铜遗址春秋晚期陶范的器形、纹饰完全一致，是典型晋文化入居晋中的代表遗存。

与屯村遗址发现具有地方特色的元素类似，赵卿墓、原平春秋晚期墓中均发现有部分北方游牧民族文化的典型器物，甚至在天马—曲村遗址晋侯墓和侯马上马墓地的一些墓葬中也存在这种文化元素。这种情况确凿地说明，正是不同民族文化之间的交流、融合和汇聚，促成了晋文化的高度繁荣。

不可否认，在晋国进占晋中以后，晋中盆地的居民大部分仍是戎狄后裔，甚至周围还有独立的戎狄部族，赵简子便娶狄妻生襄子毋恤，毋恤亦娶空同氏生子五人，但这时晋中盆地的戎狄文化已与晋文化基本融合了。

台曲发现的 4 座瓮棺墓葬也很有特色。自新石器时代开始，一些墓葬，特别是儿童墓葬就有用陶器作为葬具，并且也有打破器底的风俗。太原地区新石器时期瓮棺墓葬也有发现，通过台曲遗址的发现，我们可以知道它一直延续到东周时期。

晋中盆地春秋时期遗存第一期至第五期，从公元前 7 世纪中期一直延续到公元前 5 世纪中期，前后达二百余年，具有典型的代表性[1]。

第三节　赵氏先祖探源

晋阳与赵氏有着不解之缘。晋阳首次见诸史籍即为《春秋·定公十三年（前

---

[1]　参见薛新民《晋中春秋时期文化遗存分析》，中国考古学会等《汾河湾——丁村文化与晋文化考古学术研讨会文集》，山西高校联合出版社，1996 年。

497）》："秋，晋赵鞅入于晋阳以叛。"从此晋阳在史书上的记载不绝如缕，在中国历史上发挥了重要作用。北宋太平兴国四年（979），赵光义将晋阳城付之一炬，颇有点"成也萧何，败也萧何"的味道，故论及晋阳，必先及赵氏。研究显示，远在新石器时代晚期，赵氏先祖很可能已经染指晋中盆地。

一、远追少皞

《史记·赵世家》称："赵氏之先，与秦共祖。"赵氏与秦同源共祖，这一结论已得到史学界大多数学者的认同。这不仅仅是因为文献中有"赵氏之先，与秦共祖"的明确记载，而且还有地下考古资料的印证。

从传世文献来看，赵氏可以直接追溯到的远祖是生活在尧舜禹部落联盟时期的一位女性——女修。《史记·秦本纪》开篇便言："秦之先，帝颛顼之苗裔孙曰女修。女修织，玄鸟陨卵，女修吞之，生子大业。"因为秦、赵同源，故而"秦之先"也当为"赵之先"。这样，赵氏族源便上推到了我国古史传说中的"五帝"时代。

赵氏的母系系统来源于华夏的颛顼氏族。颛顼，是我国上古时代一位著名的氏族首领。《史记》将其列为"五帝"之一，序在黄帝之后，帝喾、帝尧及帝舜之前，实可称中国的人文初祖。汉以前人相信黄帝、颛顼、帝喾三人为华夏族祖先。颛顼生当野蛮时代，却不以武功著称，《大戴礼记·五帝德》篇中对他有如下记述："颛顼，……洪渊以有谋，疏通而知事，养材以任地，履时以象天，依鬼神以制义，治气以教民，洁诚以祭祀。"从中可以看出，他与宗教有着特别的关系，而他的主要事迹也表现在宗教改革方面。据文献记载，当是时，"民神杂糅，不可方物；夫人作享，家为巫史"。针对这一情况，颛顼设置了专门的神职人员，"乃命南正重司天以属神"，对宗教进行管理，使之与民事分离，号称"绝地天通"。这实质上是他进行的一项重大社会革新，是对社会秩序的重新排定，既有利于社会上层对宗教的控制，也使民事专门化管理成为可能。

作为颛顼之苗裔孙的女修，吞玄鸟卵而生子，表明赵氏的父系系统是崇拜鸟图腾的部族。我国先秦历史上，以鸟为图腾的氏族最著名者非东夷集团中少皞氏族莫属，这在文献中有明确记载。《左传·昭公十七年》记载郯子对其祖先的追述说："昭子问焉，曰：'少皞氏鸟名官，何故也？'郯子曰：'吾祖也，我知之。昔者黄帝氏以云纪，故为云师而云名；炎帝氏以火纪，故为火师而火名；共工氏以水纪，故为水师而水名；大皞氏以龙纪，故为龙师而龙名。我高祖少皞挚之立也，凤鸟适至，故纪于鸟，为鸟师而鸟名。凤鸟氏，历正也；玄鸟氏，司分者也；伯赵氏，司至者也；青鸟氏，司启者也；丹鸟氏，司闭者也；祝鸠氏，司徒也；鸤鸠氏，司马也；鸤鸠氏，司空也；爽鸠氏，司寇也；鹘鸠氏，司事也。五鸠，鸠民者也。五雉为五工正，利器用，正度量，夷民者也。九扈为九农正，扈民无淫者也。自颛顼以来，不能纪远，乃纪于近。为民师而命以民事，则不能故也。'"郯子称自己的祖先少皞用鸟来为自己氏族的各分支及各种职事官员命名，可见它确实是一个崇拜鸟图腾的氏族。少皞名挚，古"挚""鸷"二字通假，鸷为猛禽之称，也是百鸟之王，可证少皞为东方所有以鸟为图腾的部族之首领。

赵氏源于少皞氏族，因为少皞氏以鸟为图腾，才有了其后裔赵氏崇拜鸟的习俗。文献中随处可见赵氏祖先崇拜鸟的记载。《史记·秦本纪》记载大廉号称"鸟俗氏"，其玄孙"孟戏、中衍，鸟身人言"。《太平御览·羽族部》中有如下一段引文："孟虧人首鸟身，其先为虞氏驯百禽。夏后之末世，民始食（凤）卵，孟虧去之，凤凰随焉，止于此。山多竹，长千仞。凤凰食竹实，孟虧食木实，去九疑万八千里。"据孙作云考证："'孟虧'实即《史记·秦本纪》中的'孟戏'，或即《左传·昭公十七年》郯子所言九扈中之春扈乎？……孟戏既为'孟雇'，则他的老弟仲衍当为'仲燕'，'孟''仲'只是年岁的标字。……如此说来，二人之以鸟为名，即以鸟为图腾，殆无疑问。"[1]赵氏对鸟的崇拜，一直延续至春秋战国时，且有遗迹可寻：赵简子为制定赵氏北进战略而托病，为赵简子诊病的扁鹊，学者考证说，"扁"据《广韵》释"乃鶣省文，取鹊飞鶣鷉之义"，"鹊"即"喜鹊"，"扁鹊"即飞翔之喜鹊。"扁鹊实为鸟图腾，伪托扁鹊编造谶语应是古老的图腾崇拜之遗迹。"[2]实行胡服骑射的赵武灵王，其容貌据史载也是"赤黑，龙面而鸟噣"，仍未摆脱鸟的形象。

此外，考古发现，赵氏公族墓有墓向朝东西的特征，这与同出晋国母体的韩、魏二国公族墓墓向朝南北的特征迥异，却与少皞氏族所创造的大汶口文化葬制相吻

① 孙作云《飞廉考——中国古代鸟族之研究》，《华北编译馆馆刊》，1943 年。
② 林剑鸣《秦赵同源新证》，《河北学刊》1988 年第 3 期。

合。按照《礼记·檀弓》所载:"葬于北方北首,三代之达礼也。"可知墓向南北是中原文化圈共同遵守的葬制。久处中原之地的赵氏,却与东夷集团少皞氏族的葬制保持一致。在人类社会还处于"事死如事生"的历史发展阶段,葬制在一定程度上反映其族属特征,这已为史学界所公认。此又可证赵氏父系系统来自东方的少皞氏族。

赵氏在追述其先祖时,专称母系一方的"女修",而忽略父系一方。对于这种现象,学者有不同解释。《史记·秦本纪》司马贞《索隐》认为,史籍之所以只记载赵氏女性先祖"女修"的名字,乃是因为"其父不著",也就是女修之夫声名不显著的缘故。而女修则因出身于"帝颛顼"氏族,在重视氏族出身的古代,赵氏后裔经常提到的只是自己这位出身帝胄的女性先祖,久而久之,反而把自己男性始祖的名字淡忘了。另一种观点认为,这个传说反映的是母系氏族社会时期人们"知其母,不知其父"的情况,是赵氏对自己母系社会时期历史的一段追忆。

总而言之,女修吞玄鸟卵而生子大业的传说,反映的是少皞氏族与颛顼氏族有姻亲关系,以及赵氏先族在原始社会曾经活动于东方的史实。

二、皋陶与伯益

女修生子大业,大业是赵氏见于史载的第一位男性祖先,即历史上著名的传说人物皋陶。皋陶是上古传说的四圣之一(尧、舜、禹、皋陶)。《尚书》有《皋陶谟》,记载了皋陶和虞舜、大禹讨论治国方略的情景,是我国最早的政务会议记录。文献中有关皋陶的记载堪称丰富。

文献所见皋陶称谓又有大业、皋繇、咎繇、咎陶、瘖繇等。《史记·秦本纪》:"大业取少典之子,曰女华。女华生大费,与禹平水土。"张守节《正义》释曰:"《列女传》云:'陶子生五岁而佐禹。'曹大家注云:'陶子者,皋陶之子伯益也。'"大业、皋陶的儿子同为大费(即伯益,说详后),可见大业即皋陶。至于皋陶、咎繇等名称,虽看似繁杂,实则因通假造成,"皋"与"咎"、"陶"与"繇",音近相通。

至于"皋陶"一名的含义,徐旭生认为"皋"字本是"少皞"之"皞"字,皋陶,正是表明他出身于少皞氏族,而名为陶。近来,又有学者对"皋"字提出新解，认为皋陶之"皋"字，乃是鸠鸟之义。而鸠鸟正是少皞氏族的崇拜图腾之一。"皋陶之'皋'即来源于其族图腾皋鹠。作为皋陶之后裔的秦、赵先人中有名'旁皋''皋狼'者，绝不是偶然的巧合！'皋狼'即'皋鹠'；'旁皋'即'鹏鹩'，'旁'与'鹏'为音转，实本同字。""鸠"为鸟之一种，因此，以之为图腾的皋陶族无疑是以鸟为图腾的少皞氏族之一支。

从文献记载赵氏的族姓和地望上，也能看出皋陶为东方人。赵氏，嬴姓，文献有记载，从无二辞。皋陶既为赵氏的男性始祖，则赵氏之嬴姓当由皋陶继承而来，皋陶也应该是嬴姓。然而，史载皋陶却是"偃姓"，《世本》云："偃姓，皋陶之后。"对此问题，段玉裁《说文解字注》中"嬴"字注释说："偃、嬴，语之转耳。如娥皇、女英，《世本》作女莹，《大戴礼》作女匽，亦一语之转。"刘师培认为："嬴姓转偃，犹舜妹女莹作女匽。《左传》'败邾作偃'，《公羊》作'缨'也。《潜夫论·志氏姓》篇谓秦、赵皆嬴姓，及梁、葛、江、黄、徐、莒、蓼、六、英皆皋陶之后，《世本》又以六、蓼为偃姓（《史记·陈杞世家》索隐引），则嬴、偃同字明矣。"[①]《路史·国名记》叙皋陶之后英、六，不言偃姓，而直言嬴姓。现代考古发现，也证明偃、嬴二字可以通转，马王堆帛书《五行》引《毛诗·邶风·燕燕》"燕燕于飞"之燕作"婴"，《阜阳汉简》之《诗经》则作"匽"，"婴"与"嬴"声韵皆同，"匽"即"偃"。可以确证，"偃"与"嬴"古音实同。

《路史·后记七》又说皋陶是少皞曾孙，被舜封于"皋"。《史记·夏本纪》张守节《正义》引《帝王纪》云："皋陶生于曲阜。"皋陶所封之"皋"当即其出生地——少皞之墟曲阜。"曲阜，偃地。故帝因之而以赐姓曰偃。""偃"即"奄"，清人马宗琏《春秋左传补注》云："《说文》：'奄国在鲁。'《括地志》：'曲阜县奄里即奄国之地。'"今人郭克煜等著《鲁国史》指出："奄里，当即曲阜阙里。"王献唐在《炎黄氏族文化考》中则认为皋陶的出生地在今山东省泗水县皋里。其实，今之曲阜、泗水二地毗连，皆古之奄地。由此可证，皋陶继承的正是少皞氏族的中心区域——山东曲阜一带，皋陶与少皞属同一族系无可置疑。

皋陶是上古时期著名的政治家、思想家、教育家，被史学界和司法界公认为

---

① 刘师培《左庵集》卷五，北京修绠堂，1928 年。

"司法鼻祖"。今天的"依法治国"和"以德治国"思想与皋陶的"法治""德治"思想有着历史渊源。

传说皋陶先辅佐帝舜，《史记·五帝本纪》将其列为帝舜十大名臣之一，排名第二，仅次于禹，而位于商祖契、周祖弃等人之前。《论语·颜渊》："舜有天下，选于众，举皋陶。"皋陶在帝舜时期担任的职务为"士"（或称"大理"），系执掌刑法的官员。据《尚书·舜典》记载，帝舜之所以任命皋陶为士，乃因当时社会上出现了"蛮夷猾夏，寇贼奸宄"的现象。针对这一严重的社会问题，皋陶制定刑法，此即《尚书·舜典》和《史记·五帝本纪》中所记载的"象以典刑，流宥五刑，鞭作官刑，扑作教刑，金作赎刑"。"象以典刑"，即制定象刑作为常刑。实质上是皋陶在部落联盟成员共同遵守的习惯法基础上制定的一种荣誉刑。其具体内容或即《慎子》所言："以幪巾当墨，以草缨当劓，以菲履当刖，以艾鞲当宫，布衣无领当大辟。"此制战国时仍有遗风："大梁之法，得罪小者别以丹巾，漆其领，有画衣冠之心。"其目的即《汉书·刑法志》所言："画衣冠异章服以为戮，而民弗犯。""流宥五刑"，即以流放之法宽宥五刑之罪人。"鞭作官刑"，即"以鞭为治官事之刑"。"扑作教刑"，即以"扑"作掌教者之刑。"金作赎刑"，即以铜为赎罪之资。

皋陶虽然制定了刑法，但却不提倡严刑峻法，他在执法过程中遵循"眚灾肆赦，怙终贼刑""五刑有服，五服三就；五流有宅，五宅三居"的原则。皋陶在"士"的职位上尽职尽责，取得成功。帝舜这样表彰他："汝作士，明于五刑，以弼五教，期于予治。刑期于无刑，民协于中，时乃功，懋哉！"

传说皋陶还使用一种叫獬豸的怪兽来决狱。獬豸大者类牛，小者类羊，俗称独角兽。据说它很有灵性，有分辨曲直、确认罪犯的本领。皋陶判决有疑时，便将这种神异的动物放出来，獬豸的角只触有罪的人，甚至会将罪该万死的人抵死，令犯法者不寒而栗。

皋陶作刑，折射出的史影是：虞舜时期，我国已进入文明时代的前夜，统治阶层为了维护自身利益，已着手将部落联盟组织转化为对整个社会下层进行统治的国家机构。作为国家机构重要组成部分的刑法也在这时产生。"皋陶作刑"的传说，表明皋陶是我国国家制度的重要奠基者，将其称为我国的刑法鼻祖亦恰如其分。

皋陶不仅是一位称职的法官和刑法制定者，还对整个国家的大政和纲纪有自己的一套理想宏图。皋陶治国安邦的方略收录在《尚书·皋陶谟》中。此篇内容多属后世儒家假托，不能全作信史看待，但也体现出皋陶主张实行德治的精神。这一点与《夏书》中"皋陶迈种德，德乃降"的记载恰相吻合。

传说舜时皋陶被任命为掌管刑法的官。虞舜禅位于禹之后，皋陶又成为禹之首辅，禹对他表示了高度的信任和依赖。《史记·夏本纪》记载："帝禹立而举皋陶荐之，且授政焉，而皋陶卒。"禹继位后，按禅让制举荐皋陶为他的继承人，但皋陶先于禹而亡故，未能继位。后来禹又举荐皋陶的儿子伯益为继承人。

如同他的父亲一样，伯益在文献记载上又称益、化益、后益、柏翳、柏益、伯翳、大费等。他们是否为同一人，长期以来聚讼不已。我们对此稍作辨析。

《尚书·舜典》："帝曰：'畴若予上下草木鸟兽？'……'益，汝作朕虞。'"《史记·夏本纪》云："禹乃遂与益、后稷奉帝命，命诸侯百姓兴人徒以傅土，行山表木，定高山大川。"又云："令益予众庶稻，可种卑湿。"《史记·秦本纪》记载大费"与禹平水土……佐舜调驯鸟兽，鸟兽多驯服，是为柏翳。舜赐姓嬴氏"。《汉书·地理志》云："秦之先曰柏益，出自帝颛顼，尧时助禹治水，为舜朕虞，养育草木鸟兽，赐姓嬴氏。"《孟子·滕文公上》谓："舜使益掌火，益烈山泽而焚之，鸟兽逃匿。"《国语·郑语》谓："嬴，伯翳之后也。……伯翳能议百物以佐舜者也。"

对比史料，我们可以看出，其称谓虽然不一，但却有许多共同特征：一是均与舜、禹同时，而且是其得力助手；二是职官相同，都是舜的虞官；三是事迹相同，皆为受舜命协助禹治水之人。据此可知，益、柏翳、柏益、伯翳等为同一人之不同称谓。此点前人早已注意。韦昭注《国语·郑语》曰："伯翳，舜虞官，少皞之后伯益也。"颜师古注《汉书·地理志》指出："伯益一号伯翳，盖翳、益声相近故也。"至于伯益又称费，乃因"费"是其封国的缘故。《竹书纪年》："费侯伯益出就国。"关于"费"的地望：一为《左传·隐公元年》所记之费，地在今山东鱼台县；一为《左传·襄公十六年》之费滑，在今河南偃师区；一为鲁东季氏之费邑，为《左传·僖公元年》公赐季友之地，在今山东费县西北；一为《尚书·费誓》序所言"鲁侯伯禽宅曲阜，徐夷并兴，东郊不开，作《费誓》"之费。史料所限，伯益所封之国不能确指。而考古学家邹衡又提出伯益之族活动于河北、山西之河北龙山文化涧沟型分布区域的观点。

河北龙山文化涧沟型，以河北省邯郸涧沟龙山文化遗址而得名。其分布与先商文化漳河型和辉卫型大体相近，主要在河北省的太行山东麓一线，山西省太行山西麓一线，河南省北部的安阳、辉县等地也应包括在内。

河北龙山文化涧沟型早、中期早于夏朝年代，晚期接近夏朝年代范围。河北龙山文化涧沟型早期已经发明凿井技术，晚期又发明了夯筑法。这两者都从一个侧面反映了当时的生产水平，同仰韶文化相比，显然前进了一大步。然而，早、中、晚期的遗址中都没有发现金属工具，可见当时生产力发展水平并不高。早期的丛葬坑和猎取人头现象，反映了当时部落之间血族复仇的情景。赵襄子杀智伯后将其头骨作为饮器，也许是这一习俗的遗痕。

文献记载伯益一族的许多情况与这里的考古学发现相近。

首先是水井的发明。《吕氏春秋·勿躬》："伯益作井。"《初学记·地部下》引《世本》亦云："伯益作井。"又云："黄帝见百物，始穿井。"《经典释文》卷二《周易·井卦》引《世本》云："化益作井。"宋衷云："化益，伯益也。尧臣。"《淮南子·本经训》："伯益作井而龙登玄云，神栖昆仑。"从上引文献来看，凿井技术之发明者有二：一为黄帝，一为伯益。我们将黄帝之族的传说与仰韶时代庙底沟文化相联系，到目前为止，还没有考古发现能够证明仰韶时代已经发明了水井。因此说黄帝发明水井，可能是人们以黄帝为人文初祖，所以把一切发明都归功于他。而伯益与禹同时，而且参加了禹治水的事业，水井与治水有一定联系。河北、山西龙山时代文化遗址范围内都发现了水井，与伯益应该有所关联。当然，目前考古发现的水井要比伯益所处时代稍早一些，这说明凿井技术不可能是伯益一人所发明，而是与伯益所属的氏族或部落有关。

伯益，是秦和赵的祖先，相传为"玄鸟陨卵"所生。关于卵生的故事，在古代东夷地区广为流传，而玄鸟的故事，主要流传在河北龙山文化分布的地域。耐人寻味的是，今邯郸地区不仅发现了我国黄河流域最早的水井，还是先商文化漳河型的中心分布区域，而商人的始祖契恰好也是"玄鸟"的后代。可见，发明凿井技术的伯益族和商的先人曾居于同一个地区是完全可能的。

其次是伯益所居。《孟子·万章上》："禹荐益于天，七年，禹崩……益避禹之子于箕山之阴。"箕山，《括地志》谓即阳城县南之箕山。今河南登封告成镇南有箕山，又名许由山。嵩山地区（告成亦属嵩山地区）是夏朝统治的中心区，伯益避启于此，于理不合。古代名箕之地，多在北方，山西太谷有箕城。"顾颉刚先生亦曾言武王封箕子于山西。我们推测，山西境内之箕地与殷商箕氏可能有关，也许为殷商箕氏之分支或为箕子之先辈封地。"[1]因此，伯益所居在黄河之北的可能性更大。河北龙山文化涧沟型的分布范围内应该包括伯益之族或其所属部落的遗存。

皋陶一族源于山东大汶口文化的分布区，他们活动于太行山两侧，是与部族迁徙有关。

我们在《太原地区的史前传说》一章中曾论及，宣汾洮、障大泽的台骀与玄冥的故事。玄冥为帝颛顼的辅佐，帝颛顼又和迁实沈于大夏的帝喾高辛氏有关系。这些传说中的帝王、宗神、人物，和东方族系有着密切联系。台骀源于东方应有一定的历史根源。陶唐氏、台骀等东方部族从山东经河北、晋中，终抵晋南，构成陶唐氏由东徂西的一条可能之路。傅斯年在论及中国夏代政治形势时谈道：三代及近于三代之前期，大体上有东西不同的两个系统。这两个系统，因对峙而生争斗，因争斗而起混合，因混合而文化进展[2]。战争与迁徙当是不可或缺的因素。据尚志儒研究，嬴秦从夏商之际到周初曾三次迁徙[3]，然而这一形势并非夏代独然。新石器时代，后岗一期文化已经通过太行山与山西的文化交流碰撞，大汶口文化的居民也一次又一次地通过太行山到达山西，或留或行。"宣汾、洮，障大泽，以处大原"的台骀从山东过来，开发山西，最后作了汾水之神。皋陶部族应该也是这支迁徙大军中的一员，他们沿着大致相同的路线迁徙、居留，留下了历史的踪迹。陈平《从"丁公陶文"谈古东夷族的西迁》一文中说："（东夷偃姓皋陶部）在后来有很大的发展，其民随处迁徙，北可到冀北，西可到河南，西南可到皖北、鄂东。……另有一段东夷族的西迁活动，基本是由山东东夷族故地先向西北到山西，再由山西汾河流域西渡黄河入陕西。"[4]段连勤也考证说："东夷族的一部分也由于战争和其他原因，逐渐来到汾渭流域。"并特别注明："迁至汾水下游的夷族，后来称赵氏，居

---

①　任伟《西周封国考疑》之《箕子与箕子走之朝鲜问题》，社会科学文献出版社，2004年。
②　傅斯年《夷夏东西说》，《傅斯年全集》第三卷，湖南教育出版社，2000年。
③　参见尚志儒《早期嬴秦西迁史迹的考察》，《中国史研究》1990年第1期。
④　陈平《从"丁公陶文"谈古东夷族的西迁》，《中国史研究》1998年第1期。

地在今山西省赵城。"① 而邹衡在论及伯益与河北龙山文化时候特别注明:"赵国之先本在晋中,其地正在河北龙山文化许坦型分布范围内。"② 应当指出的是,部族迁徙,也许是举族而迁,也许是一个大的部族联盟中的一个或几个部族迁徙。每迁到一地,也许会有一些人或者部族留下,其他人又继续前行,因此在一个个地方留下了他们的痕迹。东夷族向河北、山西乃至陕西等地的迁徙,在漫长的历史长河中,发生过不止一次,其规模也大小不等。宣汾洮、障大泽的台骀,龙山时代活动于河北、山西等地的共工、伯益,夏、商、周初进入山西的东夷族并氏等,都是这一迁徙大军中的成员。迁徙的时代不同,当然也不会只是一个部族。然而有一点是肯定的,他们都是从东方而来,大的文化背景相同,自然有一定的文化认同感。因此西周穆王封造父于赵城,春秋时赵简子、赵襄子(也许如前文所说,还有赵武之辈)经略晋阳,也是其来有自,是植根于悠久的文化背景之下。

伯益　族和历史传说中怒触不周山的英雄共工也有联系。

共工是古史传说中常见的一位神话人物。他最早曾"与颛顼争为帝",继而为尧之水官,旋又被尧、舜所流放,最终遭禹之攻逐。其经历如此长久,则断非一人。然而,共工是确实存在的,文献上多处记有共水、共国可以为证。古代地名、国名、族名往往相通,因此共工大概就是一个氏族、部落或者部族之类的名称,有的文献上就直称为共工氏③。

共工氏活动的地区,主要是在太行山东麓一线,即南起河南辉县,北至河北北部长城以内和山西境内,其次是鲁西地区,更远则到豫西乃至陇东。"共工氏的主要活动地区几乎都是河北龙山文化的分布范围。从其所属年代来说,共工氏和河北龙山文化也是大体相当的(夏和夏以前)。因此,共工氏所留下的遗迹,应该是包括在河北龙山文化之内的,甚至在一定的范围内,两者有可能就是一回事。"④

从商周时期的"其(箕)氏"一族,我们也可看出伯益与太原盆地的关系。商周时期的铜器铭文中,有一个族徽▨,亦即▨。▨像一个竹编簸箕的形象。▨

① 段连勤《关于夷族的西迁和秦嬴的起源地、族属问题》,《人文杂志·先秦史论文集》,1982 年增刊。
② 参见邹衡《关于夏商时期北方诸邻境文化的初步探讨》,《夏商周考古学论文集》,科学出版社,2001 年。
③ 或以为共工即传说中大禹的父亲鲧,鲧即共工的急读。参见顾颉刚、童书业《鲧禹的传说》,《古史辨》七(下),上海古籍出版社,1982 年。
④ 邹衡《关于夏商时期北方地区诸邻境文化的初步探讨》,《夏商周考古学论文集》,科学出版社,2001 年。

字的外框象簸箕形，中间的横线和交叉线正象其"系"，以便于手提，或用绳系在扁担上，以便肩挑。释作箕，也就是古其字 [1]。甲骨文中也有"箕"字，作 ⊠，恰好是金文" ⊠ "字的倒置，二字都是簸箕的象形。聚土为丘（或埂，或堤），削土为平地，都得用簸箕，它是古代"平水土"必不可少的工具。

在商周时期，箕是一个很大的族群。邹衡《关于夏商时期北方地区诸邻境文化的初步探讨》中搜罗到有关箕族氏族文字 250 余例，并将其分为十四类。他通过河北龙山文化涧沟型诸如水井、聚落遗址、剥人头皮等考古发现，以及文献记载中伯益一族的地域分布情况，将箕族与伯益一族与河北省龙山文化涧沟型相联系，并认为历史上赫赫有名的族群共工氏，很可能也是箕族，或者是箕族的一支。据说当初共工平水土的方法是"壅防百川，堕高堙庳"（《国语·周语下》），只知堵，不知疏，所以失败。所谓"堕高堙庳"，就是把高地铲低，低地垫高，这些工作离不开箕。正因为共工氏以用此法平水土著称，所以箕很可能就成了共工氏的代号（氏族名或部落名）。同时，因为垫土或筑堤的需要，也很可能由此而发明了夯筑法。关于河北龙山文化涧沟型的分布范围，邹衡认为，"主要在河北省的太行山东麓一线，而山西省太行山的西麓一线以及河南省北部的安阳、辉县等地区也应包括在内" [2]。我们前边在原史时代太原中谈到太原盆地的光社文化第一类遗存与河北龙山文化涧沟型近似，可见晋中盆地也曾是箕族也就是伯益一族、共工氏一族的活动区域，正如陈槃所谓：其（箕）国始封"或曰大岳，或曰四岳，或曰伯夷（益）……余疑箕之初国本亦在山西，故山西有两箕城" [3]。

"箕氏"在商代得到进一步发展，成为殷商王朝著名的方国。晋中盆地从二里岗上层到殷墟晚期商文化连绵不绝，或与箕氏有关。至周代，箕氏一族仍然在山西活动。殷末纣王无道，比干剖心，箕子走朝鲜，也许是从山西出发，也许是一部分辗转迁徙，最后到了朝鲜半岛，一部分仍然活动于山西老家。古史茫昧，难以稽考。

传说中伯益与夏启曾发生争斗。伯益佐禹治水大获成功，受到帝舜赏识，获得

---

[1]　陈槃《不见于春秋大事表之春秋方国稿》，上海古籍出版社，2009 年。
[2]　邹衡《关于夏商时期北方地区诸邻境文化的初步探讨》，《夏商周考古学论文集》，科学出版社，2001 年。
[3]　陈槃《不见于春秋大事表之春秋方国稿》，上海古籍出版社，2009 年。

了与帝舜之族联姻的殊荣，政治地位大为提高。禹继舜担任部落联盟首领之后，举荐伯益之父皋陶为继承人，然而皋陶年事已高，未及授政而亡。皋陶死后，禹继续在其氏族中寻求政治合作者，继皋陶而起的伯益是其首选人物。据《史记·夏本纪》记载，禹"举益，任之政"。《墨子·尚贤》则称："禹举益于阴方之中，授之政，九州成。"此后，文献中便出现了两种截然相反的记载。

其一是说禹死后，伯益确曾代之而立。《史记·夏本纪》云："帝禹东巡狩，至于会稽而崩，以天下授益。"《汉书·律历志》记载："寿王言化益为天子代禹。"若如此，那么禹与伯益之间确曾有"禅让"之举。

其二是说禹死后，禹子启与伯益争位，伯益失败，启由此建立夏王朝，中国从此建立了"家天下"的政治格局。关于夏启取代伯益，史书中也有不同说法，一种是说伯益主动让位于启。《史记·夏本纪》记载："三年之丧毕，益让帝禹之子启，而辟居箕山之阳。……于是启遂即天子之位，是为夏后帝启。"一种是说夏启代兴是武力争夺的结果。《史记·燕召公世家》即言："已而启与交党攻益，夺之。"《晋书·束皙传》引《竹书纪年》也说："益干启位，启杀之。"从当时社会发展来分析，尧舜时期虽然仍处于部落联盟阶段，但国家雏形已朦胧出现。《尚书》之《尧典》《舜典》记载尧、舜言谈的语气，俨然已具有后世君王的威势。而且当时各种职官备列，各司其职，赵氏先祖皋陶甚至制定了刑法，这是国家机器的重要组成部分。从考古发现的墓葬情形来看，那时社会已出现贫富分化现象，人与人之间已处于不平等状态。因而，社会发展到禹之时，部落联盟首领之职已非过去纯粹的"公仆"性质，私有观念的日益加强不能不对禹产生影响。因而，他便做出了看似矛盾，实质上却符合社会历史发展的举动。他一方面欣赏伯益的才能，表示要按照"禅让"的传统将天下传给伯益，另一方面却又致力于培养自己的家族势力，这就是《史记·燕召公世家》中记载的"禹荐益，已而以启人为吏。……天下谓禹名传天下于益，已而实令启自取之"。因而，"及禹崩，虽授益，益之佐禹日浅，天下未洽，故诸侯皆去益而朝启"。伯益自帝舜朝便佐禹平治水土，禹继舜立，伯益又是其首辅，时日不可谓浅。伯益失政，实乃时势使然。

从《楚辞·天问》"启代益作后"一语来看，禹死后，伯益确曾短时间继禹后为主。然而，夏启羽翼已丰，双方冲突不可避免。据学者考证，"伯益所避居的箕山亦当为进入中原的伯益族人的聚居之地"。故而伯益避居此地，与其说是出于礼仪上的考虑，毋宁说是策略上的需要更为恰当。他可以借助本族的势力，以箕山为据点，向启发动攻势。双方冲突的具体情形，现在已无法知晓。但可以推测，夏启对正面与其争夺政治权力的伯益绝不会手下留情。有关伯益的结局，一说其遭夏启杀害，一说其在与夏启的政治斗争失败后，回归故国。

三、飞廉与造父

飞廉，或作"蜚廉"，活动于商末，是赵氏祖先中颇具争议的一位人物[①]。

从文献记载来看，飞廉已经离开了原来的大本营"少皞之墟"（今山东曲阜一带），来到殷都西部。《史记·秦本纪》："昔我先郦山之女，为戎胥轩妻，生中潏。"胥轩在文献中被称为"戎胥轩"，而"戎"是我国古代西方民族的专称，胥轩名前冠以"戎"字，表明此族在风俗习惯等方面已融于当地部族，说明至晚在戎胥轩时部族已经西迁[②]。嬴秦女祖为郦山女之族，郦山应即春秋时之郦戎或丽土之狄，郦戎之地望在今山西南部[③]，或者就在霍太山一带[④]。赵祖胥轩既与山西境内之氏族通婚，两族必然接近。因此戎胥轩之时，此族可能已迁至山西境内。

胥轩生子中潏，史书上称他"在西戎，保西垂"，这条史料又可证明胥轩之族的西迁居地在山西。西垂应指殷商首都之西。殷墟即今河南安阳，而安阳以西，正是今山西省。殷商末年，在今山西省南部的广大地区，散居着大批种姓不同的戎狄，有"西落鬼戎""燕京之戎""余无之戎""始呼之戎""翳徒之戎"等[⑤]。殷商对于处在其政治中心西部的戎狄，当然可以称为西戎。中潏既然为商王朝之臣，其所保卫的"西垂"当然是商之"西垂"，只是这个"西垂"是泛指商西部边境，还是特指一地之名，由于史籍不载，我们也不好妄加猜测，但均不会脱离今山西

---

① 飞廉或认为属于传说中的人物，为风神。杨宽《西周史》对飞廉有多处评论，可参考。又著名的出土文物"马踏飞燕"或以为即风神飞廉。参见马斗全《武威铜奔马》，《南窗寄傲》，青岛出版社，1999 年。

② 飞廉祖先戎胥轩，一说为欧亚大草原游牧民族斯基泰族即塞种。斯基泰又作西息安，胥轩应为其对音或急读。参见孙新周《岩画·鹿石·嬴秦民族寻根》，《天津师范大学学报（社会科学版）》2007 年第 4 期。

③ 顾颉刚《骊戎不在骊山》，《浪口村随笔》卷一，辽宁教育出版社，2003 年。

④ 参见王玉哲《先周族最早来源于山西》，《古史集林》，中华书局，2002 年。

⑤ 同上。

之境[①]。

《史记·秦本纪》中有关飞廉的记载，为我们提供了飞廉之族生活于山西境内的明确证据。当武王伐纣，"是时蜚廉为纣石北方，还，无所报，为坛霍太山而报，得石棺……死，遂葬于霍太山"。裴骃《集解》："皇甫谧云：'去龁县（今霍县）十五里有冢，常祠之。'"飞廉之所以将霍太山作为终老之地，是因为霍太山一带正是其族聚居之处。霍太山又称太岳山，在今山西霍县东南。据考证，霍太山得名即与赵氏先人的鸟图腾崇拜有关。"霍"就是与皋陶关系密切的"鸠鸟"，霍太山就是皋陶后裔迁居此地后因其图腾崇拜而命名的[②]。霍太山在以后的历史发展中，仍与赵氏有着千丝万缕的联系。《史记·赵世家》记载："赵夙为将伐霍，霍公求奔齐。晋大旱，卜之，曰：'霍太山为祟。'使赵夙召霍君于齐，复之，以奉霍太山之祀，晋复穰。"赵夙即飞廉之子季胜的后裔。后来赵氏势力发展，重新将霍太山囊括在自己的掌握之中时，霍太山便成为赵氏崇拜的神山。《史记·赵世家》记载了霍太山神祇赐福赵氏的传说："赵襄子……奔保晋阳。原过从，后，至于王泽，见三人，自带以上可见，自带以下不可见。与原过竹二节，莫通。……襄子斋三日，亲自剖竹，有朱书曰：'赵毋恤，余霍泰山山阳侯天使也。三月丙戌，余将使女反灭知氏。女亦立我百邑……'襄子再拜，受三神之令。……遂祠三神于百邑，使原过主霍泰山祠祀。"霍泰山即霍太山，赵氏后人对霍太山的崇拜，就是因其祖先曾徙居此地，且是其发展过程中非常重要的根据地的缘故。从史书中飞廉与霍太山形影相随的情形看，飞廉时期，霍太山应是此族的大本营。

飞廉家族是商朝政坛的重要力量。飞廉祖上鸟俗氏大廉长子名费昌，费昌之时，正是历史上有名的暴君夏桀统治之际。"桀不务德而武伤百姓，百姓弗堪"，费昌不堪忍受夏桀的残暴统治，"去夏归商"，投奔了正在兴起的商国。商国对费昌加以重用，"为汤御"，在讨伐夏桀建立商朝统治的斗争中立下战功，曾"败桀于鸣条"。

因为费昌有开国之功，其子孙在商朝一直得到重用。据《史记·秦本纪》："大

---

① 有学者根据《史记·秦本纪》"……中潏，以亲故归周，保西垂，西垂以其故和睦"一语，断定中潏此时已经归周，故而其所保之"西垂"为周之"西垂"。而周之地域范围在今陕西境，因此，中潏所处之"西垂"便远到了今甘肃东部。参见赵化成《寻找秦文化渊源的新线索》，《文博》1987 年第 1 期。

② 李秀松《徐夷迁徙考》，《历史研究》1996 年第 4 期。

廉玄孙曰孟戏、中衍，鸟身人言。帝太戊闻而卜之使御，吉，遂致使御而妻之。"赵氏祖先成为国君近臣，理所当然会多受宠爱，"自太戊以下，中衍之后，遂世有功。以佐殷国，故嬴姓多显，遂为诸侯"。赵氏祖先还担起守卫边疆的重任，中衍的"玄孙曰中潏，在西戎，保西垂，生蜚廉。蜚廉生恶来。恶来有力，蜚廉善走，父子俱以材力事殷纣"（《史记·秦本纪》）。周武王兴兵伐纣时，恶来因忠于纣王被杀，其后代逃到西北陕甘一带，后来建立了秦国。蜚廉因给纣王寻找石棺隐居霍太山，得以幸免，其子季胜即为赵氏始祖。

飞廉不仅是商末政坛上有重大影响的风云人物，也是皋陶一族发展史上划时代的人物。从他以后，此族开始分为两支，各自独立发展：一子恶来，殉商而亡，后裔辗转西迁至陕西、甘肃一带，建立了秦国。一子季胜，商亡后归周，后裔在周代大有作为，造父封邑赵城，赵鞅创建晋阳城，赵襄子因之建立赵国。飞廉是秦、赵二族共同尊奉的最后一位祖先。

造父，西周穆王时人，他是赵氏发展史上里程碑式的人物。赵氏之为氏，就是经过他的努力实现的。

蜚廉有子名季胜。季胜之子"孟增幸于周成王，是为宅皋狼"（《史记·赵世家》）。皋狼在今山西省吕梁市离石区西北，赵氏一直保有此地。公元前454年，智伯向赵襄子索要皋狼之地，从而引发了历史上著名的水灌晋阳之战。皋狼有子衡父，衡父子即造父。当徐偃王作乱时，造父为穆王御，"日驰千里马，攻徐偃王。大破之。乃赐造父以赵城，由此为赵氏"（《史记·赵世家》）。从这则记载看，赵氏之名来源于穆王赏赐给造父的赵城，属于以邑命氏。一个有趣的现象是：赵、造二字音、义皆同，从字形上讲，"赵"所从之"走"字旁，与"造"所从之"辶"旁原本就可以互相通用，从"肖"声与从"告"声亦是一事。造父善御，能日行千里，可以说是继承了其祖父飞廉善走的能力；而赵字从"走"，亦是善走者之名。"造父"得赐"赵城"，真是相得益彰。

造父得为赵氏，很可能与他源于少皞一族有关。《左传·昭公十七年》记载了齐国郯子的一段话："我高祖少皞挚之立也，凤鸟适至，故纪于鸟，为鸟师而鸟名。凤鸟氏，历正也；玄鸟氏，司分者也；伯赵氏，司至者也；青鸟氏，司启者也；丹鸟氏，司闭者也；祝鸠氏，司徒也；鸤鸠氏，司马也；鹃鸠氏，司空也；爽鸠也；鹘鸠氏，司事也。"其中的伯赵氏，为司至一职。杨伯峻说："伯赵即伯劳，一名博劳，一名鵙。秋月以所捕动物贯于小枝，储作冬粮。鸣声甚壮。杜注云：'以夏至鸣，冬至止。'"也许是少皞氏族中主管时令节气的伯赵一族来到山西，因之名族，因之称国。

传世文献中对造父最为称道的是其御马技术。

《淮南子·览冥训》载："造父之御也，上车摄辔，马为整齐而敛谐，投足调均，劳逸若一，心怡气和，体便轻毕，安劳乐进，驰骛若灭，左右若鞭，周旋若环，世皆以为巧。"甚至以造父之御来比拟君主治国，称："圣主之治也，其犹造父之御：齐辑之于辔衔之际，而急缓之于唇吻之和；正度于胸臆之中，而执节于掌握之间；内得于中心，外合于马志。是故能进退履绳，而旋曲中规，取道致远，而气力有余，诚得其术也。"因为其善御，故而成为天上的一个星宿。《晋书·天文志上》："传舍南河中五星曰造父，御官也，一曰司马，或曰伯乐。"中国天文学界以"造父一"命名著名的仙王座 δ 星，与类似的脉动变星一起，统称为造父变星。真可谓留名后世了。

造父的技术也是其专心致志学习得来的。

《列子·汤问》说："造父之师曰泰豆氏。造父之始从习御也，执礼甚卑，泰豆三年不告。造父执礼愈谨，乃告之曰：'古诗言："良弓之子，必先为箕；良冶之子，必先为裘。"汝先观吾趣，趣如吾，然后六辔可持，六马可御。'造父曰：'唯命所从。'泰豆乃立木为涂，仅可容足，计步而置，履之而行，趣步往还，无跌失也。造父学之，三日尽其巧。泰豆叹曰：'子何其敏也！得之捷乎！凡所御者，亦如此也。曩汝之行，得之于足，应之于心。推于御也，齐辑乎辔衔之际，而急缓乎唇吻之和，正度乎胸臆之中，而执节乎掌握之间。内得于中心，而外合于马志，是故能进退履绳而旋曲中规矩，取道致远而气力有余。诚得其术也，得之于衔，应之于辔；得之于辔，应之于手；得之于手，应之于心。则不以目视，不以策驱，心闲体正，六辔不乱，而二十四蹄所投无差，回旋进退，莫不中节。然后舆轮之外可使无余辙，马蹄之外可使无余地。未尝觉山谷之崄，原隰之夷，视之一也。吾术穷矣，汝其识之。'"可谓神乎其技。

造父事迹最彰者，就是为周穆王驾车巡行天下，见西王母，以及日驰千里平定徐偃王叛乱的故事。对这一神话般的故事，战国秦汉典籍多有记载，而以晋太康二年（281）汲冢竹书《穆天子传》最为详尽。《穆天子传》过去多以小说目之，现在看来，"其中既具有西周史料，又反映了先秦中西交通及其沿途部族分布的史迹"[①]。

据记载，造父以知马、善御幸于周穆王。造父于桃林之塞得名马多匹，献于周穆王，其中有赤骥、盗骊、白义、逾轮、山子、渠黄、骅骝、绿耳等[②]，即所谓穆王八骏，成为后世名马的标志。穆王得此名马，便令造父为御，出都城，纵马西行，一路上阅尽异域风光。不觉到了昆仑瑶池之上，见西王母，得到热情接待。周穆王与西王母饮酒唱和，乐而忘归。居住于淮河流域的徐偃王乘机作乱，于是周穆王立即辞别西王母，使造父为御，穿过翟国，登太行山，南渡黄河，日驰千里，回到宗周，攻徐偃王[③]，大破之。穆王"乃赐造父以赵城，由此为赵氏"（《史记·赵世家》）。

蓄养、驾驭骏马是赵氏一族的传统。商代费昌为汤御，中衍为太戊御，以佐殷国，遂为诸侯。《史记·秦本纪》追述其先人事迹说："恶来革者，蜚廉子也，蚤死。有子曰女防，女防生旁皋，旁皋生太几，太几生大骆，大骆生非子。……非子居犬丘，好马及畜，善养息之。犬丘人言之周孝王，孝王召使主马于汧渭之间，马大蕃息。孝王欲以为大骆适嗣。申侯之女为大骆妻，生子成为适。……于是孝王曰：'昔伯翳为舜主畜，畜多息，故有土，赐姓嬴。今其后世亦为朕息马，朕其分土为附庸。'"进入西周，造父将此家传绝技发展到登峰造极的地步，其后代仍然保存这一传统。造父"已下六世至奄父，曰公仲，周宣王时伐戎，为御。及千亩战，奄父脱宣王"。及赵武灵王胡服骑射，虽曰向戎狄学习，但传统的力量也不容忽视。

文献上又有"北唐之君"献马于周穆王的记载，或以为"北唐之君"即指造父。

《穆天子传》注引《古本竹书纪年》记曰："北唐之君来见，以一骊马，是生绿耳。"[④]《山海经》也说："夸父之山，北有林焉，名曰桃林，广阔三百里，中多

---

① 杨宽《西周史》第六章《〈穆天子传〉真实来历的探讨》，上海人民出版社，2003 年。
② 《拾遗记》记载八骏为"绝地、翻羽、奔菁、超影、逾辉、超光、腾雾、挟翼"。
③ 徐，为嬴姓国，"嬴姓"即"偃姓"，祖伯益。与造父同出于少暭、皋陶一族。如此说来，穆王与造父同征徐夷，有以夷制夷的目的在内。
④ 王国维撰，黄永年校《古本竹书纪年辑校·穆王》，辽宁教育出版社，1997 年。

马，造父于此得骅骝、骒耳之乘献周穆王也。"（《史记·赵世家》张守节《正义》引《括地志》）蒙文通考之曰："《竹书》以骝马骒耳之献为北唐之君，《赵世家》以为献自造父，则造父即此北唐之君。《周书·王会》云：'北唐戎以闾。'孔晁注曰：'北唐，戎之在西北者。'则中滀造父以来，于西周为北唐戎。"[1]戎之在西北者，蒙文通没有给出具体地方。对此白国红考证说："直到造父祖父孟增时，此族的居地还在山西境内，孟增之子衡父，史载一笔带过，似未有大的建树，那么，造父时，此族仍盘桓于山西境内应无疑问。"结合《史记·赵世家》"乃赐造父以赵城"，张守节《正义》注"晋州赵城县即造父邑也"；《读史方舆纪要》卷四一"赵城县，……周穆王封造父之地。春秋时赵简子居此"；宋王应麟注《逸周书·王会解》"北唐戎以闾，闾以险冠"，曰"北唐即晋阳也"，则晋中盆地远在新石器时代就已经与太行山以东的部族交流融合。庙底沟二期文化前后，一些部族很可能迁居这里。夏时期，晋中盆地很可能就是唐尧商了丹朱的活动地区。晋南夏商时期都有唐国存在，而太原地区西周时又有北唐戎，这个北字，很可能是相对于晋南而言的。因此我们推测，霍山以北、吕梁山以西的晋中盆地周围，很可能就是这个北唐戎的活动地区。赵氏一族，从新石器时代晚期开始，就在晋中盆地及其周围繁衍生息，发展壮大。

赵氏之源，我们将其追溯到山东一带的大汶口文化。大汶口文化是以农业为主的原始文化。到龙山文化时代晚期，气候逐渐变得寒冷，北方原来以农业生产为主的地区，又逐渐变成牧业或半农半牧地区。山西晋中盆地在这一时期就处于变动地区之中。夏、商包括西周时期，晋中盆地居民的生活方式应是畜牧与农业并行，其部族应是文献记载所谓戎狄。造父一族到达山西后，起初也应以农业生产为主，但后来发生变化，成为戎狄族的一部分。其祖先之一名戎胥轩，多少透露出其部族被戎化的史实。

造父以下几代默默无闻，史籍未见记载。直到造父六世孙奄父，才因千亩之战解救周宣王再现于史籍。

---

[1] 蒙文通《古族甄微·周秦少数民族研究》，巴蜀书社，1993年。

四、奄父御驾与叔带入晋

周宣王父亲周厉王，是中国历史上所谓"坏君主"的代表。他贪狠好利，嬖信虢公和荣夷公，横征暴敛，对山林川泽实行专利，又命卫巫监谤，钳制"国人"言论，得者辄死。大臣屡谏不听，因而社会矛盾尖锐激化，终于在镐京发生了"国人暴动"。周厉王逃到彘（今山西省霍县），朝政由召公、周公代管，史称"共和行政"。"共和行政"之年——公元前841年，遂成为中国有准确纪年的开始。共和行政14年后，厉王死于彘。周宣王继位后重振军旅，发动一系列征讨战争。宣王三十九年（前789），周与申戎（即姜氏之戎）在千亩原发生战争[①]。《史记·赵世家》记载："周宣王时伐戎，为御。及千亩战，奄父脱宣王。"宣王在千亩之战中曾御驾亲征，奄父以其世职，仍为宣王御驾。战争中宣王一度受困，多亏奄父善于驾御，才载着宣王摆脱险境。此次战争的地点距离赵氏根据地赵城不算太远，或者奄父凭借自己族人的力量帮助宣王脱离了危险。

关于千亩之战，史籍多有记述，这次战争无疑是周王朝走向衰亡的一个转折点，它标志着周族与姜氏集团关系的破裂。过去，周族因与姜氏结为巩固的婚姻政治联盟而兴，如今这种关系不仅崩塌，昔日之友邦亦成势不两立的仇敌。从史实上看，宣王千亩之战不久后即死去，继位的周幽王仅维持不到十一年的统治。眼看周王室内外交困日暮穷途，赵氏集团迫切感到需要寻找其他出路，史称"奄父生叔

---

① "《史记·周本纪》云：'（周宣王）三十九年，战于千亩，王师败绩于姜氏之戎。'《索隐》：'千亩，地名，在西河介休县。'《赵世家》亦云：'由此为赵氏，自造父以下六世至奄父，曰公仲，周宣王时伐戎，为御。及千亩战。'《正义》曰：'《括地志》云千亩原在晋州岳阳县北九十里也。'唐晋州岳阳县治今山西省古县，其北九十里已到晋中南界。钱穆先生提出不同看法：《元和志》：'千亩原在晋州岳阳县北九十里，周回四十里。'《正义》之说得之。介休非当是周、晋兵力所及。岳阳故城，今安泽县东。钱先生是嫌介休过于偏北而置'晋州岳阳故城'于安泽县东，不知何据。所以我们仍然以千亩在今介休为是。……千亩的位置可能就是灵石静升旌介一带，因为谢先生曾踏察过此地，发现这里四面开阔，地势平坦，符合'千亩'之义。而且早在1976年、1985年，在这里发掘过三座商代晚期的中型墓，出土有殷墟晚期风格的爵、罍、尊等青铜礼器，同时又有北方系青铜器文化的某些特征，可以认为这一带为商文化与北方系青铜文化交汇处的一个小方国。说明商代末期这里确实存在着某个国族，至周初仍然在此生活。此期条地在晋疆之南、千亩在晋疆之北。先秦征战，不像后世人想象的那样，交战双方相互毗邻，中间无任何隙地，都是在自己势力范围的周边与对手较量，其实未必尽然，而交战双方完全有可能是相距甚远而不甚了解，但知道对方为自己发展的威胁或危险有可能来自那里的时候，交战的一方完全有可能越过二者之间的隙地，或者是别的小国族，而进行远征。如汤桀之战、武王灭商，均是这样，再如秦欲袭郑，只有通过晋境方可与郑国地域相接，计谋失败后，灭滑而还，滑地西距秦也相当遥远。所以，晋穆侯时期晋国的疆域不至介休，但不一定晋人就不在此作战。看来，置千亩于今介休、灵石一带，是可以接受的，谢鸿喜先生也认为，晋国叩问晋中，并非始于献公时期，此前的穆侯时期，兵锋已北至此，只是战而复还而已。"马保春《晋国历史地理研究》，文物出版社，2007年。

带，叔带之时，周幽王无道，去周如晋，事晋文侯，始建赵氏于晋国"（《史记·赵世家》）。赵氏本来离晋国就很近，情势使他选择晋国重新开始发展壮大。

叔带入晋时约为公元前 781 年。"自叔带以下，赵宗益兴，五世而至赵夙"，赵夙开始在晋国辅佐国君，已是中国历史上的春秋时期。

公元前 661 年，晋献公灭耿（今山西省河津市东南）、霍（今山西省霍县西南）、魏（今山西省芮城县北）三个姬姓侯国，其中赵夙为灭霍主将。战后，晋献公将耿赐给赵夙，赵氏由此发展成为晋之强族。

《史记·赵世家》还载有赵夙的另一件事：晋献公灭三国后，晋大旱，求神问卜。"曰'霍太山为祟'。使赵夙召霍君于齐，复之，以奉霍太山之祀。"灭霍而派赵夙为主将，"霍太山为祟"时又派赵夙前往，赵氏与霍太山的关系由此可见一斑。

公元前 655 年，晋国发生了一件对后世影响很大的事件，即"骊姬之谗"。晋献公夫人骊姬为使自己儿子奚齐继承君位，设计诬陷申生弑父，重耳、夷吾牵涉其中。献公大怒，欲杀三子，申生自缢身亡，夷吾还其封地，重耳出奔于狄，赵衰等一批人相随而去。史载有所谓晋文公五贤人之说，其中赵衰、狐突即为其二。

狄是重耳的母邦，所以对重耳甚为礼遇。赵衰在这里娶狄女为妻，生子赵盾。

重耳外逃十九年之后，在秦军护送下于公元前 636 年回晋执政，是为晋文公。赵衰随重耳出亡有功，又很有才干，自然得到重用，成为晋文公的重要辅佐大臣。晋文公为"春秋五霸"之一，其霸业所成，"多赵衰计策"。

赵衰之后，其子赵盾继续在晋国执掌大权，并直接主导了晋灵公的废立。赵盾之后的晋成公时期，赵氏一族仍有多人在晋国担任要职。公元前 602 年，赵盾儿子赵朔被任命为晋军下军的副帅，赵盾之弟赵括、赵婴齐担任中军大夫，另一兄弟赵同担任下军大夫。到公元前 597 年，晋、楚邲之战时，赵朔已担任晋军下军统帅，并且娶晋景公之姐为妻。此时的赵氏在晋国仍据显赫地位，而危机也在一步步逼近。

五、"下宫之难"与"赵氏孤儿"

晋成公时期，晋国卿、大夫中较强的家族除赵氏外，另有羊舌、韩、魏、范、中行、智、郤、栾、先等大族。他们之间争权夺利，相互倾轧。而势力日渐扩大的赵氏，理所当然地遭到其他强族的侧目。赵朔死后，赵氏祸起萧墙。对此太史公有详细记述："晋景公之三年（前597），大夫屠岸贾欲诛赵氏。……屠岸贾者，始有宠于灵公，及至于景公而贾为司寇，将作难，乃治灵公之贼以致赵盾，遍告诸将曰：'盾虽不知，犹为贼首。以臣弑君，子孙在朝，何以惩罪？请诛之。'韩厥曰：'灵公遇贼，赵盾在外，吾先君以为无罪，故不诛。今诸君将诛其后，是非先君之意而今妄诛。妄诛谓之乱。臣有大事而君不闻，是无君也。'屠岸贾不听。韩厥告赵朔趣亡。朔不肯，曰：'子必不绝赵祀，朔死不恨。'韩厥许诺，称疾不出。贾不请而擅与诸将攻赵氏于下宫，杀赵朔、赵同、赵括、赵婴齐，皆灭其族。赵朔妻成公姊，有遗腹，走公宫匿。赵朔客曰公孙杵臼，杵臼谓朔友人程婴曰：'胡不死？'程婴曰：'朔之妇有遗腹，若幸而男，吾奉之；即女也，吾徐死耳。'居无何，而朔妇免身，生男。屠岸贾闻之，索于宫中。夫人置儿绔中，祝曰：'赵宗灭乎，若号；即不灭，若无声。'及索，儿竟无声。已脱，程婴谓公孙杵臼曰：'今一索不得，后必且复索之，奈何？'公孙杵臼曰：'立孤与死孰难？'程婴曰：'死易，立孤难耳。'公孙杵臼曰：'赵氏先君遇子厚，子强为其难者，吾为其易者，请先死。'乃二人谋取他人婴儿负之，衣以文葆，匿山中。程婴出，谬谓诸将军曰：'婴不肖，不能立赵孤。谁能与我千金，吾告赵氏孤处。'诸将皆喜，许之，发师随程婴攻公孙杵臼。杵臼谬曰：'小人哉程婴！昔下宫之难不能死，与我谋匿赵氏孤儿，今又卖我。纵不能立，而忍卖之乎！'抱儿呼曰：'天乎天乎！赵氏孤儿何罪？请活之，独杀杵臼可也。'诸将不许，遂杀杵臼与孤儿。诸将以为赵氏孤儿良已死，皆喜。然赵氏真孤乃反在，程婴卒与俱匿山中。居十五年，晋景公疾，卜之，大业之后不遂者为祟。景公问韩厥，厥知赵孤在，乃曰：'大业之后在晋绝祀者，其赵氏乎？夫自中衍者皆嬴姓也。中衍人面鸟噣，降佐殷帝大戊，及周天子，皆有明德。下及幽厉无道，而叔带去周适晋，事先君文侯，至于成公，世有立功，未尝绝祀。今吾君独灭赵宗，国人哀之，故见龟策。唯君图之。'景公问：'赵尚有后子孙乎？'韩厥具以实告。于是景公乃与韩厥谋立赵孤儿，召而匿之宫中。诸将入问疾，景公因韩厥之众以胁诸将而见赵孤。赵孤名曰武。诸将不得已，乃曰：'昔下宫之难，屠岸贾为之，矫以君命，并命群臣。非然，孰敢作难！微君之疾，群臣固且请立赵后。今君有命，群臣之愿也。'于是召赵武、程婴遍拜诸将，遂反与程婴、赵武攻屠岸贾，灭其族。复与赵武田邑如故。及赵武冠，为成人，程婴乃辞诸大夫，谓赵武曰：'昔下宫之难，皆能死。我非不能死，我思立赵氏之后。今赵武既立，为成人，复故位，我将下报赵宣孟与公孙杵臼。'赵武啼泣顿首固请，曰：'武愿苦筋骨以报子至死，而子忍去我死乎！'程婴曰：'不可。彼以我为能成事，故先我死；今我不报，是以我事为不成。'遂自杀。赵武服齐衰三年，为之祭邑，春秋祠之，世世勿绝。"（《史记·赵世家》）此即历史上著名的"下宫之难""赵氏孤儿"的故事。后世将其编成小说、戏剧等，广泛传唱，皆本于此。然而，对"下宫之难"发生的时间，并因此牵涉的赵武当时是否为遗腹子，以及义救赵孤等问题，学术界看法不一。

首先，是"下宫之难"发生的时间。

《史记·赵世家》记载这一事件发生在晋景公三年，即公元前597年。《韩世家》中也有相同记载。然而《晋世家》却将这一事件记载在晋景公十七年条下，即公元前583年。《史记》记载本身就自相矛盾。而《左传》记载这一事件发生在鲁成公八年，即晋景公十七年，公元前583年，又与《史记·晋世家》所载相同。孰是孰非，我们再看史料。

《左传·宣公十二年（晋景公三年）》："夏六月，晋师救郑。……赵朔将下军……赵括、赵婴齐为中军大夫……荀首、赵同为下军大夫。"《史记·晋世家》晋景公三年："楚庄王围郑，郑告急晋。晋使荀林父将中军，随会将上军，赵朔将下军，郤克、栾书、先縠、韩厥、巩朔佐之。"《左传·宣公十五年》："晋侯使赵同献狄俘于周。"《成公三年（晋景公十二年）》："十二月甲戌，晋作六军。韩厥、赵括、巩朔、韩穿、荀骓、赵旃皆为卿，赏鞌之功也。"赵括、赵旃等人皆为卿，是晋景公赏鞌之功，而鞌之战发生于景公十一年。《成公二年（晋景公十一年）》："六月癸酉，季孙行父、臧孙许、叔孙侨如、公孙婴齐帅师会晋郤克、卫孙良夫、曹公子首及齐侯战于鞌，齐师败绩。"《史记·晋世家》："晋乃使郤克、栾书、韩厥以兵车八百乘与鲁、卫共伐齐。夏，与顷公战于鞌，伤困顷公。"鞌之战后三年，即晋景公十三年："晋赵婴通于赵庄姬。"（《左传·成公四年》）晋景公十四年：赵同、赵括放逐赵婴齐于齐国。"秋八月，郑伯及晋赵同盟于垂棘。"晋景公十五年："晋师遂侵蔡。楚公子申、公子成以申、息之师救蔡，御诸桑隧。赵同、赵括欲战。"

检索史料，从晋景公三年至晋景公十五年，赵氏家族的主要人物，特别是"下宫之难"中遭到族灭的赵同、赵括等，或作战，或升官，或献俘于周，依然活跃在晋国政治舞台上。《史记·赵世家》说"下宫之难"发生于晋景公三年自然难于成立。反观《左传》有关这一事件的记述虽系于各年之下，但前后连贯，合情合理。《春秋》《史记·晋世家》也都将这一事件的发生时间记为晋景公十七年，应该信从。依据《左传·成公八年》"晋赵庄姬为赵婴之亡故，谮之于晋侯，曰：'原、屏将为乱。'栾、郤为征。六月，晋讨赵同、赵括。武从姬氏畜于公宫。以其田与祁奚。韩厥言于晋侯曰：'成季之勋，宣孟之忠，而无后，为善者其惧矣。三代之令王，皆数百年保天之禄。夫岂无辟王？赖前哲以免也。《周书》曰："不敢侮鳏寡。"所以明德也。'乃立武而反其田焉"等记载，"下宫之难"发生的时间是晋景公十七年（前583）夏六月。

其次，从赵氏孤儿主角——赵武的年龄上也能看出"下宫之难"发生的时间是在公元前583年前后。

赵武父亲为赵朔。史籍中有关赵朔活动的最后记载，为晋景公三年（前597）晋楚邲之战中"赵朔将下军，栾书佐之"（《左传·宣公十二年》）。到晋景公十一年（前589）晋齐鞌之战时，栾书已升任下军将。据考证，此时晋军诸卿的秩序为：郤克将中军，荀首佐之；荀庚将上军，士燮佐之；栾书将下军，下军佐无考[1]。此时，晋军将佐升迁虽然没有形成固定模式，但从文献记载来看，只有超级擢拔的（如栾书于是役后不久，即由下军将直升中军帅，为晋正卿），绝无无故废降的。因此我们推测，此时赵朔可能已经去世。此外，晋景公十三年（前587）赵婴齐私通庄姬，次年，赵括兄弟放逐赵婴齐于齐国，整个事件中均不见赵朔踪迹，于理难通，也可证实赵朔此时已不在人世。赵朔已死，庄姬寡居，与赵婴齐私通更近情理。《左传》记载赵氏内讧时称赵朔之妻为"庄姬"，"庄"为赵朔之谥，此又可证赵朔已不在人世。据此推测，赵朔之死，当在公元前589年晋齐鞌之战后不久，至"下宫之难"发生，时间长达六年。《史记·赵世家》谓庄姬"有遗腹，走公宫匿"，所言非是。

再次，《左传·襄公十三年（前542）》记载鲁叔孙豹见赵武后说："赵孟将死

---

① 杨伯峻《春秋左传注》，中华书局，1981年。

矣……年未盈五十，而谆谆焉如八九十者。"如以是年赵武为四十九岁计，则其生年当在鲁宣公十八年，即晋景公九年（前591），距其父赵朔去世之年尚有六年左右。又，《左传·成公八年》叙述"下宫之难"说："武从姬氏畜于公宫。"《国语·晋语九》记载晋大夫邮无正言："昔先主文子少衅于难，从姬氏于公宫。"明确说赵武在"下宫之难"发生时已经出生，不是什么遗腹子。

如上所论，"下宫之难"应发生于公元前583年；而赵氏复宗时间，文献记载则较为一致，也是公元前583年。前引《左传》，将"乃立武而反其田焉"系于鲁成公八年（前583）。《史记·晋世家》景公十七年（前583）条称："诛赵同、赵括，族灭之。韩厥曰：'赵衰、赵盾之功岂可忘乎？奈何绝祀！'乃复令赵庶子武为赵后，复与之邑。"《史记·十二诸侯年表》晋景公十七年条亦载："复赵武田邑。"按照文献所说，赵氏灭宗和赵氏复宗都发生在同一年，而《左传》更将此事同记于成公八年六月之下。

众口一词，赵氏复宗真的就是在公元前583年吗？

赵氏族诛，晋侯将其田邑转赐祁氏，赵武复立，又恢复原田邑，这期间需要一个过程。赵同、赵括是在鲁成公八年（前583）六月被杀的，即使在十二月复宗，也仅有半年时间。在半年的时间内，发生如此天翻地覆的变化，我们不能说没有可能，但可能性较小。因此杨伯峻推测："据《赵世家》，韩厥劝晋景公复立赵武，应在两年后的景公患病时。"[1] 赵武复立，其中一个原因是晋景公患病，韩厥借机向景公提出赵氏复宗之事[2]。而景公得疾病，《左传》于鲁成公十年（前581）记载详细："晋侯梦大厉，被发及地，搏膺而踊，曰：'杀余孙，不义。余得请于帝矣！'坏大门及寝门而入。公惧，入于室。又坏户。公觉，召桑田巫。巫言如梦。公曰：'何如？'曰：'不食新矣。'公疾病，求医于秦。秦伯使医缓为之。未至，公梦疾为二竖子，曰：'彼良医也。惧伤我，焉逃之？'其一曰：'居肓之上，膏之下，若我

---

① 杨伯峻《春秋左传注》，中华书局，1981年。
② 其实赵氏复宗是多种原因造成的。白国红说："其实，细揣《左传》与《赵世家》的文意，我们还可做出如下推断：晋景公复立赵武乃是对卿权强大的畏惧，是对卿族的让步。据《左传》成公十年记载，晋景公所梦大厉极其强悍，'坏大门及寝门而入。公惧，入于室。又坏户'。被灭之卿大夫家族竟能让国君内心恐惧至患病的程度，则赵氏势力之强大也就可想而知了。韩厥言赵氏被灭后，'国人哀之'。哀赵氏之灭的当然是那些与赵氏有政治联盟关系的卿大夫家族，韩氏即其一。他们在赵氏复立过程中当发挥了推波助澜的作用。"白国红《春秋晋国赵氏研究》，中华书局，2007年。

何？'医至，曰：'疾不可为也。在肓之上，膏之下，攻之不可，达之不及，药不至焉，不可为也。'公曰：'良医也。'厚为之礼而归之。六月丙午，晋侯欲麦，使甸人献麦，馈人为之。召桑田巫，示而杀之。将食，张，如厕，陷而卒。小臣有晨梦负公以登天，及日中，负晋侯出诸厕，遂以为殉。"梁玉绳《史记志疑》卷二三条认为："景公病祟而卒，在十九年，《晋世家》所记是也。"晋景公梦见厉鬼，被发及地，诉说他杀死了赵氏先人大业（即皋陶）的后代。韩厥乘机为赵氏请命，景公为了保命，同时也是受诸卿大夫的胁迫，只得复立赵武，"而反其田焉"。其时为晋景公十九年（前581），不过景公并没有因此保住性命，当年即死去。

　　我们在本章第二节之二《"祁氏之田"与太原纳入晋国版图时间的考察》中已经讨论过赵武复宗，一因晋侯患病，怕危及生命，二有执政卿韩宣子力挺，也说明祁氏之田即赵氏之田。如果此推论不错，那么晋中盆地早在公元前583年之前已是赵氏食邑，则晋中盆地纳入晋国版图应在此之前。

　　再说有关程婴与公孙杵臼的故事。

　　上文已经说明赵武在"下宫之难"时已是少年，"遗腹子"之说不可信，自然不存在公孙杵臼与程婴救助赵朔遗腹子的故事。然而，由于《史记》的记载是那么曲折生动，两位义士的行动又是那么义薄云天，加之后世小说、戏剧等广泛传播，赵氏孤儿的故事几乎成为尽人皆知的"史实"。《元和郡县图志》卷十二："晋公孙杵臼、程婴墓，并在县南二十里赵盾墓茔中。"《史记·赵世家》张守节《正义》云："今河东赵氏祠先人，犹别舒一座祭二士矣。"可见早在唐代，赵氏对二士的祭祀就已存在。太原市晋源区庙前山又名婴山，山上建有小大王庙，传为祭奠程婴和代替赵武死去的公孙杵臼儿子之庙[1]。盂县又有藏山、大王庙等，传为程婴与赵武隐藏之地，清徐县有屠岸贾村、贾兆村、屠岸贾墓等，都与赵氏孤儿的传说故事相关[2]。据报道，盂县、太原、襄汾、绛县等将"赵氏孤儿"传说故事申报中国非物质文化遗产，最终由盂县获得。这一切都反映了人们追求正义、歌颂忠良的美好心

---

[1] 清《（道光）太原县志·祀典》："小大王庙俗传所祀即程婴之子屠岸贾所杀之伪孤也。旧在县西小婴山，不知建自何年，遇旱祷雨辄应。乾隆中为山水所坏，邑人遗像在城玉皇庙之左殿。……按：程婴公孙杵臼事先儒多以《史记》为妄，而晋人至今犹乐道之，故有此祀。"

[2] 清《（顺治）清源县志》："屠岸贾故里在县西南十里，今名屠贾村。"清《（光绪）清源乡志》卷十一："屠岸贾墓，在城西南二十里，今名贾兆。"

愿。文天祥"程婴存赵真公志,奈有忠良壮此行",可以说是赵氏孤儿现象的最后注脚①。

"下宫之难"的发生,是春秋时期卿大夫与晋公室、诸卿大夫集团之间矛盾的一次公开冲突,也是晋国政治史上的一次重要事件。如果说六卿专权、三家分晋是卿大夫与晋公室之间斗争所致,那么,赵氏的族诛以及栾氏、郤氏、范氏、中行氏、智氏等家族集团的覆灭,则是卿大夫之间互相倾轧、矛盾激化的必然结果。而赵氏的复宗则表明,在晋君与卿大夫的权力争斗中,晋国宫室渐被架空,诸卿专权之势已成。赵武举行冠礼后,正式踏入政治舞台,韬光养晦,重新培植赵氏根基,此后才有了"简襄功烈",才有了战国七雄之一——赵国的建立与称雄。

第四节　赵鞅的文治武功

一、六卿擅权

公元前 541 年,赵氏中兴之主赵武去世,此时已当春秋晚期。

春秋时期是中国历史发展的重要阶段。自周幽王烽火戏诸侯,平王从镐京迁都洛阳,西周政治的"礼乐征伐自天子出"景象,已是一去而不复返。所谓"天下共主"的周天子,只是国家政权和礼仪的象征。那些曾经藩屏周室的诸侯国君主,从

---

① 古人对历史上屠岸贾的存在与否持怀疑态度。清梁玉绳《史记志疑》卷二三晋景公三年条认为此事"妄诞不可信,而所谓屠岸贾、程婴、杵臼,恐亦无此人也"。郝良真、孙继民《"赵氏孤儿"考辨》说:"屠岸贾其人。据《赵世家》,屠岸贾于晋灵公时得宠,景公时任司寇。从他敢于不请而擅诛赵族,且不受责罚的情况来看,似应是专擅国政的权臣。但《晋世家》灵公、成公、景公时期的全部记载却对他不置一词,且《春秋左传》也从未提及他,更不要说他率领诸将讨赵氏了。据《左传》及《晋世家》,至少在晋景公十七年之前,晋国势力较大的卿大夫是栾氏、韩氏、郤氏、赵氏。如若屠岸贾处权臣重位,《左传》及《晋世家》不应遗漏如此,至少在记述晋国的一些重大事件中应有所披露。"清徐屠岸贾墓等传说提醒我们,赵武"下宫之难"时虽非遗孤,但诸如屠岸贾、公孙杵臼等在历史上也不能说恐亦无此人,而应该有一些历史的影子。如屠岸贾,并非正面形象,也不像时下报道的一些地方争夺诸如武大郎、西门庆等有经济利益的小说人物。但其墓以及传说故事却在民间留存,值得深思。正如白国红所论:"春秋中期以后,随着宗法制的日益衰弱,社会上逐渐出现游离于宗族之外的士人,他们依附于世家大族,成为异姓家臣。因此,说赵氏家族有此二士并非全无可能。更何况赵氏家族历来就有容纳异姓的传统,如阳处父、臾骈、灵辄之流。而'下宫之难'中有少数人幸存,并不影响赵氏所受为'族诛'之刑的性质。前文我们也曾论及,赵朔一支也在族灭之列。因此,有二士协助庄姬保护赵氏孤儿是符合情理的。综上所论,我们认为韩席筹先生'街谈巷语稗官野史未必不出于现实'的观点是可取的;程婴、杵臼二士地位卑微,无由列名《左传》也是顺理成章的。至于二士的'救孤'之举是否真实可信,在没有更多的史料证实之前,轻易否定也是不可取的。"白国红《春秋晋国赵氏研究》,中华书局,2007 年。

周天子手中强夺过"祀与戎"大权，"辟土服远"，"尊王攘夷"，建立自己的功业，因而成就了春秋五霸，上演了一出出历史悲喜剧。然而，相同的一幕在春秋晚期又重复上演。各诸侯国国君为维持统治，汲取周王室教训，采取了"诸侯立家，卿置侧室，大夫有贰宗"等治国方略，借以避免同姓宗室争夺权力，自相残杀。这一政策的实施，导致卿大夫家族势力在各诸侯国政治舞台上迅速崛起，并逐渐发展到把持政权，最后成为新型专制主义国家的最高统治者。"王纲解纽—霸权迭兴—政出家门——瓜分公室乃是春秋社会发展的一条明显的主线，与之相生相伴的是春秋社会各项制度的变革，这种变革经历了日积月累的量变过程，最终导致了春秋社会的全面崩溃和一个新时代——战国时代的来临。后世中国古代社会中许多重要制度（如中央集权、君主专制、官僚政体、郡县制度等）之发生都可于春秋社会追寻其源头。"[①]

春秋霸主——晋国，在西周初封时，只是一个"方百里"的诸侯国家，通过晋文侯勤王拓疆，到春秋初年，俨然成为北方强国。此后发生了"曲沃代翼"政治事件，对晋国发展产生了重大影响。

曲沃强宗是春秋初期"立家"热潮中最先出现的晋国大族。始封者为晋穆侯之子、文侯之弟，号称"曲沃桓叔"的成师。曲沃小宗与晋公室大宗经过六七十年的争斗，到公元前 678 年，曲沃武公灭掉都于翼的晋公室，尽奉晋国青铜礼器，贿赂周釐王，取得周天子对曲沃小宗的认可，曲沃武公正式列为诸侯。过了一年，武公死，子献公继位，后迁都绛邑，历史上称这一事件为"曲沃代翼"。晋献公作为曲沃小宗后代，目睹了其父武公与晋公室的殊死搏斗、血腥屠杀。夺取政权的残酷给晋献公留下深刻印象，同时他也面临"群公子逼""桓、庄之族逼"的局面。怎样才能有效巩固政权，防止动乱再次发生？在"曲沃代翼"的六七十年间，晋国宫室贵族大多非死即伤，势力日降，对晋国新君已构不成威胁。唯有曲沃桓叔、庄伯的支庶后裔众多，而且在"曲沃代翼"之后，已经成为晋国的显族新贵，也成为晋君新的威胁。于是晋献公先用亲信士蒍设计，在桓、庄公族间挑拨离间，造成公族间的争斗与残杀，随后献公又发兵尽杀诸公子。这是晋国历史上第一次大规模诛杀公

---

① 白国红《春秋晋国赵氏研究》，中华书局，2007 年。

族，而晋国也开始向无公族的诸侯国演变。"无亲"成为晋国的政策指导方针。晋献公的夫人骊姬就曾坦率地说："自桓叔以来，孰能爱亲？唯无亲，故能兼翼。"在此政策笼罩下，献公的三个公子包括重耳相继被害或逃亡。晋献公倚重的也是士蒍、里克、荀息、赵夙等异姓贵族。最后，晋国竟出现了"诅无蓄群公子，自是晋无公族"的局面。从此确立了历代晋君恪守不移的一项制度：严格排斥晋君子弟于国家政权之外，不再对其分封赐族。晋君之子除嗣君外，均被遣送出国，寓居他邦。君主以下的卿大夫都是从异姓中去选拔。晋成公时又"宦卿之嫡子以为公族"，异姓卿族获得了更加有利的发展条件。在晋国的政治生活中，异姓宗族势力越来越强大，他们通过各种手段争夺政治上的权力与地位，无限制地扩大各自的私邑领地，排挤、倾轧兼灭其他宗族。到赵武当政前后，晋国的大族只剩下赵、韩、魏、范、知、中行六家，即所谓"六卿"。六卿各自拥有广阔的土地，晋国的政权亦掌握在他们手中，三军正副帅例由六卿瓜分，国内政治和外交等人事不与国君商议而擅自施行，即所谓"诸卿擅权""政在家门"，最终导致了三家分晋的结果。

二、北进战略

公元前 525 年，景叔去世，赵鞅继父职而为卿。赵鞅初涉晋国政治舞台之时，所面临的是一个君权架空、六卿专政、争权夺利、残酷搏斗的局面。

赵鞅的祖父为赵武，赵鞅死后谥"简子"，史称赵简子。公元前 517 年，为商议救助被叛兵所驱逐的周敬王，赵简子与宋、卫、鲁、郑、曹、邾、滕、薛等国的使臣会于黄父（今山西省沁水县西北），赵简子以盟主身份命令各国诸侯准备粮食和军队，护送周敬王归国。这是赵简子作为卿大夫后的一次重要活动，赵简子时任下军佐，虽为六卿之末，却以盟主身份主持诸侯国之间的重要会盟，可见赵氏在晋国六卿中的强势地位。前 509 年，赵简子升任上军将，前 501 年升任中军佐，距离执政卿仅一步之遥。公元前 493 年，晋国执政卿荀砾去世，赵简子升任晋国正卿，成为赵氏继赵盾、赵武之后晋国第三位执政卿。从前 525 年任下军佐，到前 475 年去世[①]，在从政的半个世纪中，赵简子为捍卫赵氏利益，扩大赵氏影响，发展赵氏领

---

① 关于赵简子卒年史书记载不一，《古本竹书纪年》《史记·赵世家》等载简子卒于晋出公十七年（前 458），《左传》载简子卒于晋定公三十七年（前 475）。今从后者。

地，增强赵氏实力，最终裂土为疆，建立赵国，谋划运筹，殚精竭虑。

为实现这一目的，赵简子铸颁刑鼎，扩大亩制，选贤纳谏，在政治、经济、军事诸方面采取了一系列改革措施。其中废嫡立庶，营建晋阳城，并借此向北发展的所谓"北进战略"，是赵简子为赵氏后来立国称雄所做出的重要战略举措之一。

据《史记·赵世家》，赵简子原有太子伯鲁，为赵简子嫡长子。然而，赵简子后来废掉了伯鲁，而以"狄婢"所生庶子赵毋恤即赵襄子代之。据《赵世家》所言，赵简子这一重大举措在很大程度上是受了当时著名的相者姑布子卿影响，姑布子卿言简子诸子中只有毋恤为"真将军"，是"天所授，虽贱必贵"。

废嫡立庶，历来为确定继承人者所顾忌。赵简子所以厉行，其实有更为深刻的政治原因。赵简子曾亲书训诫之辞"节用听聪，敬贤勿慢，使能勿贱"于竹简，分给他的儿子们，要求他们牢记不忘。三年后，太子伯鲁不但将训辞忘记，竹简也不知丢到何处；而赵襄子却将竹简藏在袖中，时时铭记。赵简子为考察诸子的智慧与谋略，对他们说："吾藏宝符于常山上，先得者赏。"结果"诸子驰之常山上，求，无所得"。只有赵襄子称已经得到宝符，问他是什么。他答道："从常山上临代，代可取也。"（《史记·赵世家》）这正是赵简子设想的从常山发兵取代战略。可见赵襄子最能够领会赵简子的"北进战略"思想，所以简子才决意改立其为继承人。

"北进战略"的首要目标是吞并代国。在时机尚未成熟之前，赵氏采取了与代王通婚的策略，借以麻痹对方，掩盖自己的真实意图。

赵、代通婚发生于何时？《史记·赵世家》仅言"襄子姊前为代王夫人"，未点明出嫁时间。《战国策·燕策一》记载"昔赵王以其姊为代王妻"，从上下文来看，此赵王是指赵襄子，则其认为赵、代通婚是在赵襄子时。而《史记·赵世家》"简子既葬，未除服"，襄子即以阴谋手段击杀代王，兴兵平代地。襄子姊不可能在父丧期间出嫁，因此，赵、代和亲当发生于赵简子时期。和亲政策的实施，既为以后兼并此地埋下伏笔，又使赵简子在与国内诸卿的火并中不必有后顾之忧，堪称两全之计。

《史记·赵世家》还记载了一个和"北进战略"相关的故事。

晋定公十一年（前501）赵简子得病，五天昏迷不醒，董安于请扁鹊为其诊视，扁鹊认为赵简子昏迷是血脉淤积所致，两天后就会苏醒，苏醒后还会叙述病中梦境。果然两天后赵简子醒来，并叙述他梦中所见："我之帝所甚乐，与百神游于钧天。……有一熊欲来援我，帝命我射之，中熊，熊死。又有一罴来，我又射之，中罴，罴死。帝甚喜，赐我二笥，皆有副。吾见儿在帝侧，帝属一翟犬……帝告我：'晋国且世衰，七世而亡，嬴姓将大败周人于范魁之西。'"过了几天，赵简子在路上遇见子晰，子晰对赵简子说，你做的梦我都知道，因为我就是梦中站在你旁边的人，你梦中的熊、罴，指的是中行、范氏二卿之祖，射杀熊、罴说明将灭掉中行、范氏。两个竹盒子有副表示两个子姓国家（智氏与代国），上帝赐予竹盒，说明你的儿子将在翟地消灭智氏及代国。故事充满了神秘色彩，显得荒诞不经。然而透过故事，我们可以看到，赵简子在实施废嫡立庶、营建晋阳的北进战略中，应该不是一帆风顺的，一定也有反对的声音。赵简子利用古人的迷信思想，通过梦中天帝的指示，来说服和坚定实施"北进战略"者的信心。

三、董安于筑晋阳

"北进战略"的关键是营建以晋阳城为核心的支撑点、根据地、大本营。

晋阳地处山西高原中心，雄踞晋中盆地北端。从山西地理形势看，它所处的黄土高原，东有太行山为天然屏障，阻隔华北大平原，西南以黄河为襟带，连接关中和广大的中原地区。自中原回望，它山高万仞，拔地而起，表里山河，固若金汤。

具体到晋阳城，它"东阻太行、常山，西限龙门、西河，南有霍太山、雀鼠谷之隘，北有雁门、五台诸山之险"（《资治通鉴》卷二八四《后晋纪五》胡三省注），周围更有石岭关、天门关、蒙山、娘子关、卧虎山等关山环列，构成可进可退、易守难攻的天然屏障。清代地理学家顾祖禹评太原曰："府控带山河，踞天下之肩背，为河东之根本，诚古今必争之地也。"（《读史方舆纪要》卷四十）可谓一语中的。在中国传统的堪舆地理著作中，晋阳也为山西地理形胜首选之地[1]。

晋中盆地北缘，东、西、北三面环山，南部低平，地形呈簸箕形。汾河及各支流交汇而下，晋阳当汾、晋两水交汇处，西倚悬瓮山，北靠石岭山，东濒汾河水，

---

① 参见王玉德《寻龙点穴——中国古代堪舆术》，中国电影出版社，2006 年。

南望台骀泽。"山环水绕，原隰宽平"，这样的山水地理形势，既解决了城市生活中的给水排水问题，又有交通灌溉之利。河流湖泊具有调节气候、净化环境的重要作用。晋国迁都新田，充分考虑了"土厚水深，居之不疾，有汾、浍以流其恶"（《左传·成公六年》）的地理条件。赵简子选择汾、晋交汇处的晋水之阳、台骀泽畔建都立邑，显然是借鉴了晋国迁都新田的经验。

晋阳城肇建时给排水设施情况目前尚未探明。赵襄子时，智伯水灌晋阳城；三家分晋后，利用智伯渠引水灌溉；东汉元初三年（116），太原"修理旧渠，通利水道，以溉公私田畴"（《后汉书·安帝纪》）；隋文帝开皇三年，"漕关东及汾晋之粟，以给长安"（《隋书·食货志》）；开皇六年，"引晋水溉稻田，周回四十一里"（《元和郡县图志》卷一三）；唐贞观年间，长史李勣引晋水跨汾以甘民食；玄宗开元二十二年，为解决长安供给，"自太原仓浮于渭，以实关中"。凡此种种，都说明汾、晋二水在晋阳城市发展中的巨大作用，亦足见地理环境尤其是汾、晋二水在晋阳城兴衰中的重要地位。

就经济因素来说，晋阳城地处汾河谷地冲积扇高阜处，汾河所带泥沙淤积，在盆地内形成多级冲积扇平原，地势平坦，土地肥沃，水源充沛，是优良的农垦区。盆地周缘的山坡上山林茂密，资源丰富，又是理想的牧马场。

中国古代，在北纬 38 度线左右，自然形成一条西南—东北向穿越我国北方地区的农牧分界线。分界线以北，主要以游牧经济为主，正如司马迁所述"龙门、碣石北多马、牛、羊、旃裘、筋角"（《史记·货殖列传》）。分界线以南，以农业经济为主。每当中原王朝强盛时，农业区域便向北发展，靠近中原的一部分游牧民族接受先进的农业文化，就牧为耕。相反，当中原王朝衰落时，游牧民族大举南下，一部分农业区又成为优良牧场。太原地处这条农牧分界线的交错地带，农牧业经济交相辉映。

从新石器晚期开始，到夏、商、西周，农业种植一直是太原盆地居民的主要生产生活形式。到东周、两汉、隋唐时代，晋阳依然是重要的粮食产地。

畜牧业也是太原地区居民的生产生活方式之一，特别是盆地周围的丘陵和山间坡地，更是水草丰沛的理想牧场。春秋末年，赵国有食谷之马数千。西汉在晋阳设家马官，有家马厩，为反击匈奴提供大量战马。清源县（今山西省清徐县）有印驹城，相传以汉文帝筑城置牧得名；有多马山，亦以汉文帝牧苑得名。唐王朝在晋阳西北设楼烦、元池、天池三监牧马，为全国最大的牧马监群。五代时期，吐谷浑酋长白承福在晋阳地区放牧，暴为富户，"饲马用银槽"。农牧二重经济的发展及互补作用，加强了晋阳战略天平上的砝码。

农牧分界线南北两种不同的生产生活方式，也导致古代中国北方旷日持久的民族冲突与融合。晋阳自古既为农业部族与游牧部族频繁交往和冲突之地，也是各民族融合的中心地带。从春秋战国到隋唐五代，先后有戎狄、匈奴、鲜卑、羯、氐、突厥、回纥、沙陀、吐谷浑等民族在此与汉民族插花杂处，交流往还，斗争融合。在这样的历史地理条件下，居民"人性劲悍，习于戎马"，"故自古言勇侠者，皆推幽并"（《隋书·地理志中》）。统治者利用"太原人劲悍，皆可为兵"的优势，就地招募，组织成素质精良、战力强劲的军队，南征北战，所向披靡。

正是由于太原地区地理位置优越，水源丰沛，农牧兼举，民风彪悍，兵马精良，控制山西的自然条件得天独厚，首屈一指，因此晋阳建城以后，山西的政治文化中心就从晋南逐渐转移到太原，而且2500年来，其作为政治中心的地位始终没有改变。尤其是晋阳城存在的1500年间，太原一直都是北方地区最为重要的政治、军事重镇，是民族融合、文化交流的大熔炉。赵简子对太原的发展可以说居功甚伟。

赵简子将营建晋阳城的重任交给了他最为倚重的谋臣董安于。

董安于（？—前496），又称董阏于，春秋末期晋国人，是晋卿赵鞅的心腹家臣，战略家和政治家，以及春秋晋阳城的营建者。

关于董安于的事迹散见于战国、秦汉人的记载中。根据这些一鳞半爪的资料，我们可以大致勾勒出他的史迹。

据顾栋高《春秋大事表》，春秋晋国有董狐，孔子称为"古之良史"[1]，董安于应为其后人。

董安于应该很早就加入了赵氏集团。"下邑之役"，赵简子认为董安于有功，要奖励他，董安于推辞说："方臣之少也，进秉笔，赞为名命，称于前世，立义于诸

---

[1] 顾栋高辑《春秋大事表》卷十《春秋列国官制表》，中华书局，1993年。

侯,而主弗志。"说明他很早就跟随赵简子,从事文告命令撰写等工作,犹如今日之秘书。因其工作成绩优异,为时人所称颂,故以他作为从事此项工作的楷模。壮年时,董安于执掌军法,治理军队,成绩卓著。以后,又从事治理地方的工作,实现了政通人和。按他自己的话说:"及臣之长也,端委韠带,以随宰人,民无二心。"(《国语·晋语九》)

《说苑》记载了一则赵简子与董安于之间的故事,很有意味。

赵简子率领大军从晋阳赶赴邯郸,走到半路就停了下来,引导车队的官吏上前问道:"君王您为什么要停下来呢?"简子说:"因为董安于还在后面。"官吏说:"这是三军的大事,您怎么可以因为一个人就使三军滞留不前呢?"简子说:"那就走吧。"可是驱车走了百十步又停了下来,引车的官吏正打算上前劝谏,董安于正好赶到。赵简子对董安于说:"秦国与晋国道路交接的地方,我忘了命人堵塞它。"董安于说:"这就是我留在后边的原因。"简子又说:"官府的印玺,我忘了派人带上它。"董安于回答:"这也是我留在后面的原因。"简子又说:"行人烛过已经年迈,他的话没有不被晋国所效法的,我走的时候忘了派人向他辞行并向他问候。"董安于回答:"这也是我留在后面的原因。"赵简子率领三军前进,因为董安于一人落后,两次停下大军等待。而董安于之所以落后,是为了堵塞秦道,拿取印玺,向晋国的大贤人烛过道别。所作所为,正是赵简子所思所想。由此可见赵简子对董安于的重视和信任,也可见董安于对赵氏的忠心耿耿,尽职尽责。

董安于是法家早期代表人物之一,在担任上地、晋阳等地方行政长官时,他引入了法制观念。《韩非子·内储说上》记载:"董阏于为赵上地守,行石邑山中,见深涧峭如墙,深百仞,因问其旁乡左右曰:'人尝有入此者乎?'对曰:'无有。'曰:'婴儿盲聋狂悖之人尝有入此者乎?'对曰:'无有。''牛、马、犬、彘尝有入此者乎?'对曰:'无有。'董阏于喟然太息曰:'吾能治矣。使吾法之无赦,犹入涧之必死也,则人莫之敢犯也,何为不治!'"董安于由此悟出了治理地方的办法,那就是严刑峻法,绝不宽恕。重刑轻罪,或者说轻罪重罚,这也成为赵氏立国后所奉行的一条刑法原则。

董安于在治理晋阳时曾问政于塞老。"塞老曰:'曰忠,曰信,曰敢。'董安于曰:'安忠乎?'曰:'忠于主。'曰:'安信乎?'曰:'信于令。'曰:'安敢乎?'

曰：'敢于不善人。'董安于曰：'此三者足矣。'"[1]治理晋阳时，董安于忠于君主，明法守信，不怕得罪人。故《韩非子集解·内储说上》说："董子至石邑，象深涧以立法，故赵国治也。"

董安于究竟制定了哪些严刑峻法，史料缺佚，不能确指。不过从赵简子对宠臣栾激的处置来看，轻罪重罚时常为当权者所用。《说苑·君道》记载，赵简子曾把他的宠臣栾激处以沉河之极刑。他在陈述这样做的理由时说："吾尝好声色矣，而栾激致之；吾尝好宫室台榭矣，而栾激为之；吾尝好良马善御矣，而栾激求之。今吾好士六年矣，而栾激未尝进一人。"于是，栾激就身负"进吾过而黜吾善"的罪名被沉入河中。阿谀奉迎固然令人憎恶，但沉之于河显然是轻罪重罚。

董安于是晋阳城见诸史籍的第一任行政长官，而且也是晋阳城的营建者。

《战国策·赵策一》记载："襄子召张孟谈而告之曰：'夫知伯之为人，阳亲而阴疏，二使韩、魏，而寡人弗与焉，其移兵寡人必矣。今吾安居而可？'张孟谈曰：'夫董安于，简主之才臣也，世治晋阳，而尹泽循之，其余政教犹存，君其定居晋阳。'君曰：'诺。'乃使延陵生将车骑先之晋阳，君因从之。至，行城郭，案府库，视仓廪，召张孟谈曰：'吾城郭之完，府库足用，仓廪实矣，无矢奈何？'张孟谈曰：'臣闻董子之治晋阳也，公宫之垣皆以荻蒿楛楚墙之，其高至丈余，君发而用之。'于是发而试之，其坚则箘簬之劲不能过也。君曰：'足矣，吾铜少若何？'张孟谈曰：'臣闻董子之治晋阳也，公宫之室皆以炼铜为柱质，请发而用之，则有余铜矣。'君曰：'善。'"

这是发生在春秋末期的重大事件，《韩非子·十过》等都有类似记载[2]，而且这也是秦汉文献有关晋阳城建设的主要记载。从文献记载可知，晋阳城的营建者是董安于，他对晋阳城的营建涉及府库、宫室、城郭等。不过文献所载仅此而已，有关董安于所建晋阳城的规模、布局等，是只言片语，含混不清。在此我们参照文献，结合考古调查资料，对晋阳城的规模、布局等做一推测。

最早提到春秋晋阳城城建规模的是唐《元和郡县图志》。书中在记述唐太原府

---

① 《说苑校正》中认为此文与《群书治要》所引《吕氏春秋》魏武侯与吴起论治西河的问答相似，疑一事因传闻而异。

② 见《韩非子·十过》《韩非子·说林上》《韩非子·难三》及刘向《说苑》等。

城内各宫城布局规模时说:"其一曰大明城,即古晋阳城也。《左传》言董安于所筑。……高齐后帝于此置大明宫,因名大明城。姚最《序行记》曰:'晋阳宫西南有小城,内有殿,号大明宫。'即此也。城高四丈,周回四里。"《史记·梁孝王世家》张守节《正义》引《括地志》也说:"并州太原地名大明城,即古晋阳城,智伯与韩魏攻赵襄子于晋阳,即此城是也。"①

据唐代文献,北齐大明宫城址是在春秋时期晋阳城旧址上建立起来的。北齐大明城城高四丈,周回四里,那么春秋晋阳城也是这个规模吗?

唐代晋阳城内有"晋阳宫城""大明宫城""仓城"等三座城址,城垣尺寸和相对方位记载明确,但考古调查至今没有探明哪怕是一座古城的确切位置。目前考古工作者还不能回答大明城的布局乃至它是否建于春秋晋阳城旧址之上的问题。要了解周四里之城是否为春秋晋阳城,需从春秋时期的城建规制和考古发现着手。

中国的城池建设在新石器时代已经出现。山西目前发现的最早古城为陶寺城址,距今已有四千多年,面积约 280 万平方米。山西也发现了东下冯、垣曲等商代城址。到周代,特别是春秋时期,中国迎来了一次筑城高峰,各地王城、诸侯城、卿大夫城邑如雨后春笋般崛起于中国大地。相应地,城建理论也日趋成熟。《逸周书·作洛》《周礼·考工记》及托名管仲的《管子》等文献,对城市选址与建设都有详细论述。成书于春秋时期的《周礼·考工记》是中国记述官营手工业各工种规范和制造工艺的重要文献,其中《匠人营国》一章对都城建设作了严格规定:"匠人营国,方九里,旁三门,国中九经九纬,经涂九轨,左祖右社,面朝后市,市朝一夫。……王宫门阿之制五雉,宫隅之制七雉,城隅之制九雉。……门阿之制,以为都城之制。宫隅之制,以为诸侯之城制。"

按照《匠人营国》记载,周代王城一边长九里,面积八十一平方里。每面三座

① 晋阳古城研究者多根据这一史料论断高齐大明宫即春秋晋阳宫城,甚至春秋晋阳城,进而指出今古城营村城墙方四里之城即为大明城,亦即晋阳宫城。如王剑霓《晋阳古城考——兼辨五百年来明清史志之误》,《山西地方志通讯》1987 年第 1 期。张德一、张继清《也论晋阳古城城垣——兼与王剑霓、常一民、薛愈同志商榷》,载李钢《晋阳古都研究》,山西古籍出版社,2002 年。近几年来,太原市文物考古研究所对古城营村的"大明城"遗址进行了调查试掘,墙体出土器物中包含金元时期的瓷片。《(万历)太原府志》卷二十六:"洪武四年,太原古城修建晋府宫殿,木架已具,一夕大风尽颓,遂移建于府城。"结合"大明城"遗址偏东 6 度,与晋阳古城城市整体布局方向不同(晋阳古城偏东 18 度)的现象判断,此城址的使用时代当不早于元代,很可能就是明初没有完全建成的晋王宫城。

城门。城内东西、南北各有九条道路。宫城位于王城中央,宫城前边为朝会之所,后边为交易集市。王城之外,又有郭城,郭城的面积相较于王城大三倍左右,也是每面开三座城门。郭城外有护城河。王城城墙高七丈(周尺)。

《匠人营国》所记述为周王室王城的规模。"按照《匠人》礼制营建制度的差别,王城方九里,则诸侯城的规模应是,公的城方七里,侯伯的城方五里,子男的城方三里。"[①]诸侯之外,又有卿大夫的采邑城,采邑城的规模是根据卿大夫所在国国都规模而定,"采邑又分三等,即'大都''中都''小都'……其与国都规模的比例关系是:'大都'为'国'的三分之一,'中都'为五分之一,'小都'为九分之一"。如赵简子所在的晋国为侯伯,城方五里,则"大都"城方应不足二里。董安于营建晋阳城时,赵简子已为晋国正卿,属于诸侯之下的卿大夫,而晋阳城则属于卿大夫级的采邑。以"大都"三分之一而论,其城方应不足二里,即每边长在一公里之内,则城市面积不足一平方公里,小即100万平方米以内。以"中都"五分之一而论,则为城方一里,城市面积约25万平方米。以"小都"九分之一而论,则城市面积在8万平方米左右。

《周礼·考工记·匠人营国》主要记载的是西周时期的营国制度,被认为是对先秦时代都城建设的"理想式"总结,同时它又影响到秦汉以来两千多年的中国古代都城建设与发展。本书提出的"匠人营国,方九里,旁三门,国中九经九纬,经涂九轨,左祖右社,面朝后市,市朝一夫",被认为是中国古代都城规划的基本"模式"。但是,在中国古代都城遗址考古中,真正完全与《周礼·考工记》所载都城"模式"相同者,至今还没有发现一座。

因此我们有必要再参考考古发掘的春秋时期城址。

晋国都城新田(今侯马市)是考古发掘较早的春秋城址。以今侯马市为中心,在半径不足10公里的范围内,共发现8座大小不等的东周城址,即平望、牛村、台神、白店、马庄、呈王、北坞、凤城古城。其中平望、牛村和台神三座城址相互依托呈品字形分布。在品字形外围有隍濠环绕。三城总面积约440万平方米。三座古城在使用上有紧密的内在联系,使用年代也大致相同,和晋都新田的年代相符,

---

① 贺业钜《考工记营国制度研究》,中国建筑工业出版社,1985年。

应是晋侯的宫城。晋侯宫城面积约 440 万平方米[①]。以"大都"为国的三分之一计，则晋阳城宫城面积应在 150 万平方米左右。

尤可注意者，是侯马发现的呈王古城。呈王古城由两座南北并列相依的小城构成，两者均为东西向，长方形。北面一座稍大，东西长约 400 米，宽约 168 米，两者总面积约 9 万平方米[②]。呈王古城是侯马发现古城中规模最小、保存最差的城址。有研究者指出，呈王、北坞和马庄三座小型古城的"主人当属拥有权势的卿大夫一类人物"[③]。更有研究者认为呈王古城似为"赵氏之宫"[④]。不过，我们可以发现，呈王等三座小城，即便是属于卿大夫城邑[⑤]，面积与晋侯都城相比，也相差悬殊，和《考工记》所谓的城邑制度也有较大差距，这可能与其和晋侯宫城近在咫尺的特殊地理位置有关。晋阳古城远在晋国都城数百里之外，而且作为赵简子倾力经营的根据地，其规模与呈王古城自然不可同日而语。

可以作为参照的是，同为晋国卿大夫后来建立魏国的夏县安邑故城。

安邑故城，俗称禹王城，由大、中、小三座城组成。其中大、小两城平面呈回字形布局，时代相近，当为东周魏氏安邑城。《史记·魏世家》："魏绛……徙治安邑。……武侯……二年城安邑。"《战国策·秦策四》记述知、韩、魏三家绝晋水围灌晋阳城，水不浸者三版（一版二尺）。智伯得意洋洋地说道："始吾不知水之可亡人之国也，乃今知之。汾水利以灌安邑，绛水利以灌平阳。"可见安邑城建筑年代可到前 6 世纪中叶，较之晋阳城尚早数十年。水灌晋阳时仍为魏氏的都邑。大城遗址平面略呈梯形，现存西墙最长，长约 5000 米，东墙残长约 1600 米，南墙残长约 3600 米，北墙长约 2100 米，面积约 1500 万平方米。城墙基宽 17—22 米，残高 2—8 米。小城位于大城中央，平面略呈长方形，墙体保存较好，现存东墙长约 495 米，西墙长约 930 米，北墙长约 855 米，南墙长约 990 米，面积约 75 万平方米。城墙基宽 6.5—11 米，残高 1—4 米。可能初为魏国宫城。墙体夯筑，夯层厚

① 参见刘绪《晋文化》，文物出版社，2007 年。
② 山西省考古研究所侯马工作站《山西侯马呈王古城》，《文物》1988 年第 3 期。
③ 徐宏《先秦城市考古学研究》，北京燕山出版社，2000 年。
④ 田建文《"新田模式"——侯马晋国都城遗址研究》，山西省考古学会等《山西省考古学会论文集（二）》，山西人民出版社，1994 年。
⑤ 发掘者就认为"呈王古城只是新田古城主体群的附属性城堡"。见山西省考古研究所侯马工作站《山西侯马呈王古城》，《文物》1988 年第 3 期。

0.06—0.10 米[①]。

赵国迁都邯郸后营建的都城也值得参考。

邯郸故城分大城和小城两部分。小城即通常所谓"赵王城"，又由相互依托的东城、西城、北城三个小城组成，平面呈相连的品字形，这一点和侯马新田故城有相似之处。三小城城墙总长8349米，面积共505万平方米。其中西城较完整，平面近方形，遗址内东西1354米，南北1390米，面积188.2万平方米。大城在"赵王城"东北，又名"大北城"，平面呈不规则长方形，南北最长处4880米，东西最宽3240米，面积约1380万平方米。"赵王城"是赵都王宫所在地，而大北城应为赵都的居民城和手工业区。"赵都邯郸古城的平面布局符合于我国当时前者为城，后者为郭，五里之城，七里之郭的习惯定制。"[②]

文献记载和考古发现告诉我们，先秦时期的城市可分为三级，即天子都城（王城）、诸侯王国都城、卿大夫城邑，建筑规模存在一定的等级规制。都城大多实行小城、大城相依或内城外郭的双城制。小城是统治集团所在地，即"筑城以卫君"，大城是平民和手工业等所在地，即"造郭以守民"。城之外多掘濠池。东周时期，随着王权的衰微，卿大夫势力的膨胀，诸侯国都城与卿大夫都邑的规模、规格都发生了很大的变化，较之所谓的等级规制都有很大突破。

具体到赵简子营建的晋阳城。赵简子时为晋国卿大夫，按照城建规制，其都邑的营建规模当在大都和小都之间，即"大都"不超过100万平方米，"中都"约25万平方米，而最小也应在8万平方米左右。参考侯马新田古城、邯郸古城，特别是夏县安邑故城小城面积约75万平方米的调查，晋阳城的面积应在25万—75万平方米之间。《元和郡县图志》记载北齐大明城（春秋晋阳城）周回四里，面积约25万平方米，属于我们推测面积的下限，应该有所依据。要之，北齐大明宫城城址的建设应和春秋晋阳城有所传承，很可能建在春秋晋阳城基址之上，或者部分利用了春秋晋阳城的基础。其城市布局可能与疑为赵氏之宫的侯马"呈王古城"相近，亦

① 国家文物局编《中国文物地图集·山西分册（下）》，中国地图出版社，2006年。有关禹王城城址数据，中国科学院考古研究所山西工作队《山西夏县禹王城调查》（《考古》1963年第9期）、刘绪《晋文化·安邑故城》（文物出版社，2007年）等所载不尽相同。

② 河北省文物管理处、邯郸市文物保管所《赵都邯郸故城调查报告》，《考古学集刊（4）》，中国社会科学出版社，1984年。

由两座南北并列相依的小城构成，两者均为东西向长方形。而"东西宽、南北窄的长方形平面的宫城，商代已出现，东周时期流行"①。因此晋阳（宫）城应该和已经考古调查证实的东西宽、南北窄的晋阳郭城形状一致，也是一座东西宽、南北窄的长方形城池。

晋阳城有郭城。

"春秋战国时代中原各诸侯国的国都，都推行着西'城'连接东'郭'的布局。"②"这时的'双城制'都城基本上有三种类型：第一种为大小二城相套，延续了商代都城的形制；第二种为郭城与宫城的二城相邻或相连；第三种是在第二种类型的基础之上，其中一城又为大城与小城相套，另一城作为前一城的附属城（即'附郭'）。"③这种城郭相依的布局，可以大大加强城市的防御功能。李自智在研究了东周列国都城的城郭形态后总结说："从春秋型城郭形态到战国型城郭形态，这中间存在着一个转型的问题，即由宫城位于郭城之中转变为宫城置于郭城之一侧或一隅。……将宫城独立出来置于郭城的一侧或一隅，就是强化王宫安全防御的重要措施。这样，不但可以郭城为依托和屏障，对付外来的武力进犯，更重要的是可应付来自国内反对势力的威胁。特别是对于居住在郭城内的国人及工匠等的突发事件，便于防范，以免像以前那样，宫城位于郭城之中，处于四面受敌的被动局面。"④营建于春秋晚期的晋阳城，作为赵简子苦心经营的战略重镇，应该如魏都安邑故城一样，有着内城外郭的城市布局，而且已是春秋城向战国城的过渡形态，即内城偏向郭城一侧，具体说应位于郭城的西部。

在今太原市晋源区政府东北，考古工作者发现了一座周回约 29 里的古城址。

古城址西南角位于今晋源区南城角村中，以南城角村为基点，向北延伸 2700 余米，至今七三公路南是为古城西北角，从此折而向东约 4700 米，至今东城角村内东北部是为古城东北角，从此折而向南近 2700 米至北瓦窑村城墙地为古城东南角，折而向西 4700 米至南城角村。城垣周长约 14800 米，面积约 1269 万平方米。

---

①　刘庆柱《中国古代宫城考古学研究的几个问题》，《文物》1998 年第 3 期。
②　杨宽《周代都城布局的特点》，《中国古代都城与制度史研究》，上海人民出版社，2003 年。
③　刘庆柱《中国古代都城遗址布局形制的考古发现所反映的社会形态变化研究》，《考古学报》2006 年第 3 期。
④　李自智《东周列国都城的城郭形态》，《考古与文物》1997 年第 3 期。

对此，调查者认为"从以上的资料和'东城角'村（实际上是东北城角）的方位来看，这座古城南北长约 4500 米。这样就把现在晋阳县、晋阳堡、古城营村的一半和古城营附近古城遗址完全包括了进去。根据夯土的质地、色泽和夯法，我们认为这座古城是东周时期的遗址，和'侯马牛村古城'的情况有些相似，和邯郸、临淄、燕下都的古城情况亦有共同之点，因之有理由设想这座古城正是东周时期的古晋阳城"[①]。

在古城营村西，地表现存南北长 600 米、高约 3 米的古城墙。2005—2007 年，考古工作者解剖西城墙及护城河，其中现存主体城墙地表最宽处约 18 米，垒筑年代不早于西晋，唐代曾有明显修补。主体城墙东侧叠压在一段长约 8 米的夯筑墙体上，此段墙体夯层厚 8—10 厘米。夯窝直径约 6 厘米，墙体内出土的陶片不晚于东周时期，是发掘城墙遗迹中营建时间最早的一段，很可能就是营建于春秋晚期的晋阳城西城墙遗迹。

西城墙的发掘，说明地表现存城墙虽然不是春秋晋阳城的主体城墙，但它是依托春秋晋阳城西城墙而修建的，因此南北 2700 米的西城墙应该也是春秋晋阳城西城墙的范围，它与北城墙、东城墙、南城墙闭合成一个完整的城圈。我们有理由相信，这座古城虽然唐代仍在使用，但它的基础应为春秋晋阳城。严格说来，这个周长 14800 米、面积约 1269 万平方米的城址应为春秋晋阳城的大城，即晋阳

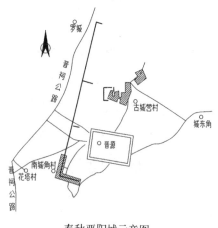

春秋晋阳城示意图

晋阳城残存西城墙

[①] 谢元璐、张颔《晋阳古城勘察记》，《文物》1962 年第 4、5 合集。

郭城。

晋阳郭城之外，应有护城河。

挖掘壕沟作为安全防护手段，较之筑城用于防护，时代更早。掘土筑城，自然留下壕沟，因此绝大多数城池都有壕沟环绕其外，成为城市的又一道防御工事，晋阳城应无例外。考古工作者在晋阳郭城西城墙、南城墙外勘探时都发现了护城河。其中西护城河宽达 40 米，深约 7 米。不过护城河出土遗物年代与补筑西城墙的年代相同，在北朝大规模补筑西城墙的情况下，春秋时护城河被挖毁的可能性是很大的。北城墙之外是否有护城河，考古调查目前尚未探明。自从西晋刘琨沿北城墙再向北筑罗城以后，这里已经变为城内，因此春秋时期即使有北护城河，刘琨筑罗城时也已填平。北护城河的有无，还需今后的考古调查来回答[①]。

通过文献记载和考古发现，我们大致可以推测：春秋时期的晋阳城，外围是护城河，护城河之内，是一座南北长约 2700 米，东西长约 4700 米，面积约 1200 万平方米的大城，即晋阳郭城。郭城之内，有晋阳宫城。宫城总体偏向郭城西部，平面可能也呈长方形，面积应在 50 万平方米左右。《元和郡县图志》所谓周四里的晋阳宫城，应是北齐大明宫的规模，而且它极有可能是在春秋晋阳宫城基址上建设起来的，只是规模不及春秋晋阳宫城。

文献记载晋阳城西北又有"故唐城"。唐人张守节说："《括地志》云：故唐城在并州晋阳县北二里。《城记》云尧筑也。徐才《宗国都城记》云：'唐叔虞之子燮父徙居晋水傍，今并理故唐城。唐者，即燮父所徙之处，其城南半入州城，中削为坊，城墙北半见在。'"（《史记·晋世家》张守节《正义》）故唐城的位置，李吉甫《元和郡县图志》说："在县（晋阳县）北二里。"王剑霓认为在今"城北村西罗城村东的沙河中"[②]，大致在今城北村和棘针村之间。宋平北汉，宋太宗宴群臣于故城高台，这个高台也许就是"故唐城"的遗痕。

关于叔虞所封之唐，我们前文已经说明，其在晋南而不在太原。故这个"故唐城"不可能是西周时叔虞所封之唐。在考古调查中，城北村、棘针村曾发现城墙遗

---

① 唐代李勣曾在晋阳城西城作晋渠，并架汾而至东城。据薛愈考证，晋渠东西向路线大致与今七三公路相一致。此处正是春秋晋阳城北墙，或为李借用故护城河而为之？
② 王剑霓《晋阳故城考——兼辨五百年来史志之误》，《山西地方志通讯》1987 年第 1 期。

痕，田野调查中发现的陶片最早到东周，不见龙山时期陶片。因此，这里即使有城址，也不会是一处史前古城，即属于史前传说的唐尧所都之唐。春秋战国时期，都城的一种类型是"其中一城又为大城与小城相套，另一城作为前一城的附属城（即'附郭'）"。晋阳城也许还有附郭存在。特别是赵氏为晋卿之一，其城市建设必然受晋国新田都城布局即所谓"新田模式"的影响①。赵国都城邯郸就受到"新田模式"的影响，处于它们之间的晋阳城，也不能排除这种可能性。既有护城河，还有附郭城，晋阳城的坚不可摧由此可以想见。

从文献记载看，晋阳城在建设之初，十分重视城池防御体系和战备能力，城墙由夹板夯筑而成，间以荻蒿苦楚等材料，宫城房屋的柱础用铜质材料铸成。先进技术的应用，战争物资的储备，使得晋阳城坚如磐石。很快，它就在赵氏与范氏、中行氏的争斗中发挥了关键作用。

四、兼灭范、中行二氏

赵氏与范氏（范吉射）、中行氏（荀寅）、邯郸午的斗争是晋国历史上的一件大事，也是赵氏发展史上面临生死攸关的重大历史事件。事件的起因是由赵简子向邯郸午索取五百家"卫贡"引起的。

邯郸本为赵氏侧室的采邑。赵夙之庶孙曰赵穿，与赵盾为堂伯兄弟，曾弑晋灵公于桃园。赵穿封地邯郸，胙土命氏，因此也称"邯郸氏"。赵穿子赵旃，赵旃子赵胜，赵胜子赵午亦即邯郸午，赵午生子赵稷。邯郸赵氏，是六卿之外晋国又一股强大的政治力量。赵简子作为所有晋国赵氏宗族的宗主，对邯郸赵氏具有一定的支配权。

春秋卫国在今河南濮阳一带，与邯郸相邻。公元前502年，晋、卫两国为缓和关系在鄟泽会盟。晋国方面赵简子派亲信涉佗、成何与会。古代诸侯订立盟约，最后一个环节是割牛耳歃血盟誓。按照惯例，由地位较低者执牛耳②，地位较高者先歃血——"盟用牛耳，卑者执之，尊者莅之"。会盟的一方卫灵公于是让晋国大夫涉

---

① 参见田建文《"新田模式"——侯马晋国都城遗址研究》，山西省考古学会等《山西省考古学会论文集（二）》，山西人民出版社，1994年。

② 也有与此完全相反的看法，即应是位尊者执牛耳。参见吕静《春秋时期盟誓遗址研究》之《杀牲与执牛耳》，上海古籍出版社，2007年。

佗、成何执牛耳。成何理直气壮地说：卫国不过就像我国的温县、原县一样大，有什么资格位列诸侯。歃血时，卫灵公作为诸侯，理应先歃血。结果涉佗走上前去将卫灵公的手推到一边，卫灵公手上牛血横流，卫国与晋国的矛盾愈结愈深。

晋定公十二年（前500），赵简子率领邯郸午等讨伐卫国，从卫国获得五百户人家，将其安置于邯郸。定公十五年（前497），赵简子想把这五百户人家徙置晋阳，以充实晋阳城实力。他对邯郸午说："归我卫贡五百家，吾舍诸晋阳。"邯郸午答应后，回去告诉了他的"父兄"们，邯郸赵氏自然不愿意将这些人口送去晋阳。他们对赵简子推托道："卫国本来是用这五百家帮助邯郸的，如果把他们安置在晋阳，就断绝了与卫国的友好之路。不如等赵氏先侵伐齐国，等齐人前来报复，再顺势将这五百户人家迁走，也不会伤了与卫国的和气。"赵简子自然不会认同这一说法，他将邯郸午召至晋阳，加以囚禁，并派使者传话邯郸："我私下惩罚邯郸午，你们可以按自己的意愿再立继承人。"后来又杀死了邯郸午。邯郸午的儿子赵稷率领赵程、涉宾等反叛。赵简子命令上军司马籍秦率领晋军包围邯郸（参见《左传·定公十三年》）。

当赵简子利用晋侯名义打击赵氏内部反对势力时，晋国内部也在酝酿着打击赵简子的强势地位。邯郸午是晋六卿之一荀寅的外甥，荀寅又与范吉射是姻亲，他们与邯郸赵氏有着紧密的关系，都不愿出兵围困邯郸，反而谋划攻打赵简子。董安于得到这一情报，报告赵简子说："要预先做好准备。"而赵简子认为："晋国有法令，先发动祸乱的要被处死。我们可以后发制人。"董安于说："与其受他们的危害，不如我们先发制人。如果因此受到惩罚而被处死，我愿意自己承担责任。"秋七月，范氏、中行氏借用晋国国君的名义向赵氏之宫发动进攻，简子不支，走保晋阳。围攻邯郸的上军司马籍秦原本就是范氏一党，围攻邯郸时他拖延不前，这时则迅即回马，与范氏、中行氏主力军会合，包围晋阳。赵氏又一次面临灭顶之灾，这也是赵简子政治生涯中最为危险的时刻。

赵氏与范氏、中行氏的斗争引起了六卿间更为广泛的利害冲突。此时晋国六卿之间已是矛盾重重：韩、魏与赵氏是传统盟友，韩不信（韩简子）与荀寅相互厌弃，魏侈与范吉射相互憎恨；智文子（荀跞）想要驱除荀寅，以宠臣梁婴父取代中行氏卿位；范皋夷也想赶走士吉射，自己担任范氏之主。几股势力因利而合。于是荀跞、梁婴父、韩不信、魏侈与范氏旁支范皋夷，五人谋划救赵。荀跞对晋侯说："君王命令大臣，开始发动祸乱的人应被处死，盟誓辞记载得很清楚。现在三个臣子发动祸乱，而唯独驱逐赵鞅，显得处罚不公，请将他们全部驱逐。"冬十一月，荀跞、韩不信、魏侈等奉晋侯命攻范氏、中行氏。范氏、中行氏情急之下转而攻打晋侯，不胜，逃亡朝歌，晋阳之围解除。《公羊传·定公十三年》记载此事件说："晋赵鞅取晋阳之甲，以逐荀寅与士吉射。荀寅与士吉射者曷为者也？君侧之恶人也。""晋阳之甲"作为地方官吏不满朝廷而举兵的成语典故流传后世。韩、魏等人趁热打铁，请求晋定公赦免赵氏。"十二月辛未，赵鞅入于绛，盟于公宫。"（《左传·定公十三年》）因卫贡而引发的卿族兼并事件告一段落，赵简子取得初步胜利。

不过，晋国六卿中势力最大的是荀（智）氏[①]，他对赵简子绝处逢生心存顾忌。晋阳之围解除后的第二年，荀氏即谋划除掉简子心腹董安于。他以董安于首先发动与范氏等的战争为借口，兴师问罪。智文子（荀跞）对赵简子说："范、中行氏虽信为乱，安于则发之，是安于与谋乱也。晋国有命：始祸者死。二子既伏其罪矣，敢以告。"赵简子为难之际，董安于慷慨陈词："我死而晋国宁，赵氏定，将焉用生？人谁不死，吾死莫矣。"（《左传·定公十四年》）自缢而死。一代政治家、晋阳城的创建者，就这样悲壮地结束了自己的生命。赵简子将董安于暴尸闹市，告诉荀跞："你让我杀死董安于，现在他已经服罪了，特此向你报告。"而后将董安于陪祀在赵氏宗庙内。荀跞见赵简子表示屈服，即与其结盟，赵氏因此巩固了统治地位。

处死董安于是赵简子的无奈之举，当时，范氏、中行氏虽已逃亡至朝歌，但却得到与其利害相关的齐、卫、宋、鲁、鲜虞等国支持，伺机攻回晋国；邯郸氏以赵稷为首，依然固守邯郸城；在太原盆地，与晋阳相距不远的中都很可能还在赵简子的敌对阵营比氏手中[②]；而赵氏大局初定，人心浮动；晋国四卿中，势力最大的荀氏虎视眈眈；韩、魏虽然是赵氏的传统盟友，却也不愿赵氏一支独大。如此政治环境下，赵氏只能委曲求全，牺牲董安于，以求得荀氏支持。从文献记载来看，赵简子从晋阳返回后，同国内有关政治力量进行了一系列的盟誓活动。定公十三年，赵

---

① 荀氏，按封地又作智氏，名跞，谥号文，史称智文子、知文子、智跞、知跞等，智伯瑶即为其后。

② 《侯马盟书》156：1 有"𠂤"字，陈梦家《东周盟誓与出土载书》、唐兰《侯马出土晋国赵嘉之盟载书新释》及《侯马盟书》等均释"先"。陶正刚、王克林《侯马东周盟誓遗址》，刘钊《玺印文字释丛》，黄锡全《汉简注释》等均释"比"。今从。

简子回绛都后，即与诸大夫"盟于公宫"。翌年，在与智跞达成妥协后，随即举行盟誓。此后赵简子在与邯郸赵氏、范氏等长达八年的斗争中，为了巩固阵营，分化敌人，举行了一系列盟誓活动。这些活动为1965—1966年考古发现的《侯马盟书》所证实。

盟书，亦称"载书"。《周礼·司盟》"掌盟载之法"注："载，盟辞也，盟者，书其辞于策，杀牲取血，坎其牲，加书于上而埋之，谓之载书。"当时的诸侯和卿大夫为了巩固内部团结，打击敌对势力，经常举行盟誓活动。盟书一式二份，一份藏在盟府，一份埋于地下或沉在河里，以取信于神鬼。

《侯马盟书》是春秋晚期至战国早期晋国卿大夫举行盟誓的约信文书。举行盟誓的遗址位于侯马晋城遗址东南部，遗址西北与呈王古城相邻。在面积近4000平方米的遗址范围内，共发现祭祀坑401个，发掘326座，其中出土盟书坑40座。祭祀坑底部一般都瘗埋有牛、马、羊等牺牲，大坑埋牛或马，小坑埋羊。出土盟书的坑内一般埋的是羊骨，部分坑伴出玉石器及少量骨片，玉石器有环、圭、璧、璋、瑗、璜、珑、玦及滑石片等。出土盟书5000余件，盟书篇幅长短不一，字数在30—100字之间，多者达220余字。其中可辨识者653件，3000余字，除去重复者，单字近500个。书写盟书的玉石片，绝大多数呈圭形。最大的长32厘米，宽近4厘米，小的长18厘米，宽不到2厘米。文字用毛笔蘸朱砂书写，字迹多为朱红色，少数呈黑墨色。

《侯马盟书》是中国重大考古成果之一，是春秋晚期晋国的官方文书。数千件盟书遗物，完整而系统的盟辞内容，在我国历史文献记载中非常罕见。这批珍贵的历史文物，为我们研究春秋后期社会制度，提供了重要的实物资料。

盟书内容可分宗盟、委质、纳室、诅咒等类别，主要记载"赵孟"与大夫之间，特别是与赵氏宗族人员、与投诚者，对晋君、盟主、岳神，赌咒发誓要忠于主盟人，全心全意共同对敌，不纳室（擅自扩大自己家族的势力），同时也要反对宗族兄弟们的纳室行为，否则甘愿接受诛灭的制裁等。宗盟类是盟书的大宗，共发现514件，主要强调要奉事宗庙祭祀和守护宗庙，"反映了主盟人赵孟为加强赵氏宗族的内部团结，以求一致对敌而举行盟誓的情况"。如《盟书》156∶1记载参盟人趞发誓说："趞一定剖腹挖心，一心一意，侍奉赵家宗主。如果不守盟誓，心怀二心，企图和（敌对）的赵尼、比瘣、比直等人以及他们的子孙勾结，帮助他们反攻回晋国，神灵明鉴，就杀杀杀，杀死我们一大家族。"①

当然，关于《侯马盟书》的年代与反映的历史事件，学术界也有不同看法②。一般认为，《侯马盟书》反映的是春秋晚期晋国大臣赵简子同赵氏、范氏、中行氏斗争的史实。因为从盟书记载内容看，主盟人为"赵孟"，主盟地为晋国首都新田，盟誓时间长达数年之久，且反复多次举行盟誓活动。而打击或诅咒对象范围很广，多至九氏二十一家，其中以邯郸赵氏、中行氏、比氏等势力集团为主。从出土陶片来看，盟誓遗址时代大致在春秋晚期到战国早期，盟书出土相对年代应在新田作为晋都年代之内，即在公元前585—前369年之间。而在此时间段内，赵氏经历了赵武的"下宫之难"、赵简子的"晋阳之围"和赵襄子的"反灭智伯"等事件。其中只有赵简子与邯郸赵氏、中行寅、范氏等势力集团的斗争时间之长、范围之广，与《侯马盟书》记载最为接近。如出土于105号坑墨书"诅咒类"的盟书上，两次提到对"俞（偷）出入于中行寅及螂口之所"的行为进行谴责，可见中行寅为盟誓制裁对象。中行寅即荀寅，见于《左传·昭公二十九年》。荀寅与邯郸午为甥舅关系，共同参与了与赵鞅的争斗。又盟书记载主盟人为"赵孟"。春秋时期，赵氏名赵孟者有赵盾、赵武、赵鞅、赵毋恤以及成侯赵种。这里的"孟"已经突破了行辈概念而成为赵氏宗主的称谓③。五个赵孟中只有赵鞅的经历与盟书记载最为接近。因此《侯马盟书》反映的应是春秋晚期晋国上卿赵氏宗主赵简子以盟誓手段团结国内众多本宗及异姓宗族的政治力量，打击和孤立邯郸赵氏、中行氏等敌对势力的历史事件。《侯马盟书》所记载的盟誓，主要为公元前496年"智伯从赵孟盟"以后，赵

① 参见山西省文物工作委员会《侯马盟书》，文物出版社，1976年，第35—36页。
② 或以为盟书反映公元前585—前581年（晋景公十五年—十九年）赵氏"下宫之难"事件。主盟人是晋室（或一些掌权大夫），被盟咒者是赵氏（赵尼）、先氏等。参见李裕民《我对侯马盟书的看法》，《考古》1973年第3期；陈长安《试探〈侯马盟书〉的年代、事件和主盟人》，《中国古代史论丛》1981年第三辑。或以为盟书反映（前496—前491）赵简子与晋国六卿之范氏、中行氏及邯郸赵氏等斗争事件。参见长甘《侯马盟书丛考》，《文物》1975年第5期；山西省文物工作委员会《侯马盟书》，文物出版社，1976年。或认为"侯马盟书"为公元前五世纪后半期（前452—前416）的产物。主盟人是晋君，被盟咒者是赵氏、先氏等五家。参见陈梦家《东周盟誓与出土载书》，《考古》1966年第5期；唐兰《侯马出土晋国赵嘉之盟载书新释》，《文物》1972年第8期；高明《侯马载书盟书考》，《古文字研究》第一辑。唐兰、高明考证《侯马盟书》的年代为赵桓子元年（前424），赵桓子逐赵献子自立后的遗物。或以为盟书反映的是赵敬侯元年（前386）与武公子朝争位事。参见郭沫若《侯马盟书初探》，《文物》1966年第2期。
③ 余闻荣《论赵孟》，《东南学术》2001年第5期。

鞅为了巩固自己宗族内部势力而进行的一系列"宗盟"①。从发表的盟誓誓辞看,当时邯郸仍在赵稷手上,因此盟书的下限应在赵简子夺回邯郸之前,即公元前491年,时间长达六年。

从文献记载看,赵氏与邯郸赵氏、范氏、中行氏的斗争前后长达八年。

赵鞅虽说与国内众卿订立了一致对付范氏、中行氏的盟约,但真正出力作战的仍是赵氏。相反,逃亡朝歌的范氏、中行氏及困守邯郸的赵稷却得到众多外部支持者的援助,他们因对晋国或对赵氏怀有各种企图而出兵干涉晋国的内部事务。晋定公十六年(前496)夏,晋围朝歌,齐侯即约合卫侯、鲁侯会于牵(或作坚,今河南省浚县北),以"谋救范、中行氏"。与之相配合,范氏、中行氏的同党乘机率领狄人鲜虞部袭击晋都绛。

晋定公十八年(前494)夏,齐侯、卫侯为救援邯郸围困晋五鹿(今河北省大名县东)。同年冬,齐、卫、鲁三国之师再次会同鲜虞伐取晋棘蒲(今河北省赵县),以谋救范氏。晋定公十九年(前493),赵简子同护送粮草前往朝歌的郑国军队在铁丘(今河南省濮阳县西)展开激战。赵军在数量上少于对方,为激励将士,赵简子在战场发表誓师辞,他慷慨陈词:"范氏、中行氏,反易天明,斩艾百姓,欲擅晋国而灭其君。寡君恃郑而保焉。今郑为不道,弃君助臣,二三子顺天明,从君命,经德义,除诟耻,在此行也。克敌者,上大夫受县,下大夫受郡,士田十万,庶人、工、商遂,人臣、隶、圉免。志父无罪,君实图之。若其有罪,绞缢以戮,桐棺三寸,不设属辟,素车朴马,无入于兆,下卿之罚也。"(《左传·哀公二年》)此即著名的赵鞅誓师辞。誓辞中对其部下包括上至大夫,下至庶人,乃至人臣隶圉等承诺,战胜敌人后,上大夫可得到县,下大夫可得到郡,士可得到十万亩土地,庶人工商可做官,奴隶可获得人身自由。铁丘之战誓师成为后世兵家的楷模,商鞅甚至将其编制成系统的制度作为秦国的国法,成为战国中后期秦国强大军事力量的精神支柱——军功爵制度。同时,为了以身作则,赵简子也为自己设立了死后不得进入祖坟——这个在古代看来十分严厉的处罚决定。

铁丘之战(又称铁之战)是赵简子与邯郸赵氏、齐、郑等国进行的一场关键

---

① 山西省文物工作委员会《侯马盟书》,文物出版社,1976年。

战役。战场兵力赵弱郑强，形势严峻。从《左传》的记述中我们可以看到，赵简子战车上的副手卫太子见郑军众多，吓得跳到车下。将军赵罗胆小，他的副手将他绑在战车上，还告诉军士们，赵罗有病，站不起来，只能绑着战斗。而简子的蜂旗一度为郑军所获。简子在战斗中也被郑人击中肩膊，倒于车中。然而，由于简子在战前进行了充分动员，鼓舞了士气，战争中又身先士卒，身负重伤，"伏弢呕血"，仍"鼓音不衰"，坚持指挥，加之众将士奋力向敌，邮良战车残坏，仍坚持驾驭，公孙龙率领五百徒兵，夜攻郑师，夺回蜂旗。结果郑师大败，齐国援助朝歌的一千车粮食为赵军所获。

铁丘之战中赵简子对有军功人员实行土田赏赐，其性质已不同于过去对各级贵族实行的土田封授，而是等同于给其臣僚增加俸禄。由于赏禄制的实行，简子与其下属臣僚之间，事实上形成了一种新的主臣关系。它不同于过去的世卿世禄制，因其手下臣僚一律不得世袭，并一律不得无功受禄；也不同于旧时卿人大家中的家臣，因其手下臣宰一律不再与赵室保有任何宗法关系，不再拥有自己的封邑和领地。它完全由君主在士人中选拔任用自己认为是贤能的人，刑赏出自君主一人，贤者则举拔之，禄用之，厚赏之；不肖者则去之，甚至可以刑杀之。君主还以各种手段督责臣下。《吕氏春秋·骄恣》即称简子"能厚以理督责于其臣"，这已接近于战国时期专制君主制下的官僚制度。赵简子在任贤使能方面的种种举措，为即将成立的赵氏君主专制国家政治体制奠定了坚实基础。

铁丘之战的第二年十月，赵简子再次以重兵包围范氏、中行氏困守的朝歌。由于断绝了给养与外援，范氏、中行氏只好弃城突围，北逃至邯郸。公元前491年九月，赵简子移师围困邯郸，越两月，邯郸不支投降。赵稷奔临地（今河北省临城县西南），中行寅逃奔鲜虞，旋即又在齐国、鲜虞的支持下，占据晋国柏人（今河北省隆尧县西南），赵简子跟踪追击，于公元前490年春再围柏人。齐国则夺取临近柏人的邢（今河北省邢台市）、任（今河北省邢台市任泽区）、栾（今河北省石家庄市栾城区与赵县之间）等地，企图减轻柏人压力。简子不为所动，穷追不舍，终于拿下柏人。范吉射与中行寅只身逃往齐国，沦为平民。历时八年之久的赵氏与邯郸午、范氏、中行氏的斗争，终以赵氏胜利而告一段落。

经过这场斗争，赵简子灭范氏、中行氏，晋国从六卿擅权变为四卿争雄。范氏、中行氏封邑入于晋，而赵氏则完全控制具有重要战略地位的邯郸及柏人城，为以后发展打下了稳固基础。赵氏势力在晋国四卿中也位居前列。《史记·赵世家》说此时的赵简子"赵名晋卿，实专晋权，奉邑侔于诸侯"。

赵简子晚年将全部心血投入与齐国争夺诸侯霸主的大业之中，然而事与愿违，优势一步步向齐国方向扭转。面对严峻的形势，赵简子日夜操劳国事，却未见转机。

公元前482年，赵简子与吴王夫差及鲁哀公等会于黄池（今河南省封丘县南），这是他作为晋卿最后一次参与重要盟会。在这次盟会上，他代表晋国与吴争坐盟主。赵简子利用吴国有越王入侵之忧，扬言要以武力解决相互间的争执，最后吴人妥协，"乃先晋人"。这是赵简子在晋国内部分崩离析、势力日下之时为晋国挣回的一点颜面。

赵简子于公元前527年到前525年之间，接替父亲卿位，出任下军佐，步入政治生涯。前519年左右，中军佐荀吴去世，赵简子升任下军将。前517年夏，在韩起的保举下，赵简子第一次出国，与宋乐大心、鲁叔孙昭子、卫北宫喜、郑子大叔，以及曹、邾、滕、薛、小邾共十国代表，在晋国黄父（在今山西省沁水县）召开平定周室乱局盟会——黄父之会。这次盟会上，盟主是代表晋国的赵简子，这也是赵简子在"国际舞台"上的第一次亮相。作为主盟人，赵简子作风干练，敢作敢当，初显政治家风范。前514年，中军将韩起去世，魏舒执政，赵简子升任上军佐。前509年，魏舒去世，士鞅执政，赵简子升任上军将。在这之前的三十几年中，执政者韩起、魏舒都与赵氏关系密切，赵简子在一个相对有利的环境中积累了足够的政治才干与资本。士鞅任执政卿后，赵简子虽然与士鞅之间发生过一些不愉快，但最终还是保持了合作关系。前501年，士鞅去世，荀跞执政，赵简子升任中军佐，距离执政卿已是一步之遥。前493年深秋，铁丘之战后不久，荀跞去世，赵简子升任中军将，成为晋国执政。前475年赵简子去世，为正卿长达17年。

从公元前527年任下军佐，到前475年去世，赵简子在担任晋国卿大夫的52年间，其所作所为可以说对春秋战国的历史发展起到了推动作用。作为新兴地主阶级的代表人物，他在军事上讨伐晋国腐朽势力，在经济、政治、思想各领域向旧的制度发起猛烈冲击，严重动摇和瓦解了奴隶制的基础，加速了晋国封建化进程，甚至对中国历史发展整个过程产生影响。其中确定以晋阳城为中心的北进战略，翦灭范氏、中行氏可以说是其政治生涯中精彩一笔；而铸刑鼎、扩税亩，乃至识贤才、纳忠言，也常为后世所称道。

五、铸刑鼎　扩税亩

公元前513年，赵简子把晋国前任执政卿所编刑书正式铸于鼎上，公之于众。对此《左传》如此记载："冬，晋赵鞅、荀寅帅师城汝滨，遂赋晋国一鼓铁，以铸刑鼎，著范宣子所为刑书焉。"此即历史上著名的赵简子"铸刑鼎"事件。刑书的主要内容今天已不可知，其大旨为："本秩礼"，即严立阶级限制；"由质要"，即保证债权人的利益；"董逋逃"，即保证追捕逃亡奴隶的权益，等等。

首次公布成文法，并"铸刑书于鼎"的是郑国子产，晋铸刑鼎是中国历史上第二次公布成文法。与郑铸刑书一样，它在中国法制史上具有重要意义，打破了统治阶级专断刑律、任意处置剥夺百姓权利的不合理局面，在开启民智、唤醒人们自我意识，以致打破旧的政治格局、推动社会改革进步方面意义深远。法律公开，使国民知法、懂法，用法律维护自身权益，在今天已是一个基本的法治原则，而这无疑是"铸刑鼎"事件给我国法治进程带来的贡献。

经济与税制改革，是赵简子在边境地区开拓疆土中，顺应变化中的土地剥削关系，实施的又一重要举措。

1972年，山东临沂银雀山出土大批竹简，内有题为《吴问》残简多枚，记载晋国六卿田亩制度情况。其中赵氏实行的亩制"以百廿步为婉（畹，半亩），以二百卌步为畛（亩）"。周朝制度"百步为亩"，赵氏以二百四十步为亩，将亩制扩大1.4倍。这比范氏、中行氏实行"以百六十步为畛"、智氏"以百八十步为畛"、韩氏"以二百步为畛"的面积都要大。春秋战国时期，各国扩大亩制的主要出发点，在于鼓励人民开垦荒地。因为按照扩大的亩制，耕作者可以在规定的亩数名义下，实际占有更多土地。而扩大亩制需要的土地，部分是通过开垦控制边远地区而获得。

赵简子当政时期，赵氏在田税和户税方面也推行了一系列改革措施。《国语·晋语九》记尹铎至晋阳，为减轻民众负担而"损其户数"；《韩非子·外储说右下》记述："赵简主出税者，吏请轻重。简主曰：'勿轻勿重。重则利入于上，若轻则利归于民，吏无私利而正矣。'"两则史料证明赵氏已建有田税、户税制度。值得注意的是，简子征取的税额不轻不重，较为适中。与晋国其他五卿征取十分之二的税率比对，赵氏的剥削量应是比较宽缓的。它对于吸引外来移民，扩大赵氏领地，加强赵氏经济实力，自然具有重要意义。据文献记载，在一定的范围内，赵氏甚至实行无税。《孙子·吴问》记载吴王与大军事家孙子的一段对话说："吴王问孙子曰：'六将军分守晋国之地，孰先亡？孰固成？'孙子曰：'范（范）、中行是（氏）先亡。''孰为之次？''智是（氏）为次。''孰为之次？''韩、巍（魏）为次。赵毋失其故法，晋国归焉。'……赵是（氏）制田，以百廿为畹，以二百卌步为畛（亩），公无税焉。公家贫，其置士少，主金臣收，以御富民，故曰固国。晋国归焉。"孙子不愧为中国最伟大的军事家，他通过对晋国六卿之间田亩税制改革的分析，正确预测了晋国历史发展的轨迹。赵氏改革措施之重要，由此可见一斑。

六、招致贤才　从谏如流

尊贤爱士、善于纳谏是历朝历代贤明统治者的共同特点。赵简子作为赵国的实际缔造者，在这一方面可谓佼佼者。文献对此有大量记载。

赵简子曾向晋国大夫壮驰兹询问贤才："东方人士谁最贤能？"壮驰兹随即向简子表示恭贺。简子问为什么要向自己表示祝贺。壮驰兹回答："我听说：国家将要兴旺，君子自认为不足；国家将要灭亡，君子便自认为才能有余。如今主君执晋国之政，向我询问，而且又是想求得贤人，我因此祝贺您。"另外，赵简子与史黯还谈到自己想把逃亡的范氏、中行氏良臣收为己用。招纳曾经的敌人为己所用，可见赵简子用人之胸怀。

《说苑·尊贤》又记载杨因求见赵简子事。杨因对赵简子说："我住在乡里三次被驱逐，事奉君主五次离开。听说您喜好士人，所以跑来求见。"赵简子听到这番话停下饮食，长跪膝行。左右人劝止说："他住在乡里三次被逐，这是为众人所不容；事奉君主五次离开，这是不忠于主上。现在您要结交的这个人，已出现八次过错了。"赵简子说："你们不明白，那美女是丑妇的仇人；有高尚品德的君子，乱世会疏远他；正直的行为，邪恶不正的人会厌恶它。"于是出门接见杨因，任命他作国相，因而赵国大治。赵简子可谓知人。

赵简子还敢于使用别人不敢用的人。如阳虎，从鲁逃到齐，又从齐投奔简子。简子接纳阳虎并让他担任大夫，左右侍臣劝诫简子说，阳虎"善窃人国政"，不能重用。简子自信有能力驾驭阳虎，"阳虎务取之，我务守之"。果然，在简子"执术而御之"的情况下，"阳虎不敢为非"，忠心为简子效力，"兴主之强，几至于霸"。

赵简子对他所重用的贤才也十分关心、爱护与尊敬。

《吕氏春秋·爱士》说简子有两头白骡子，甚是珍爱。贤士阳城胥渠病重，医官说必须服用骡肝才能治愈。董安于听到后，生气地说："嘀！胥渠想吃我君主的骡子！请您处罚他吧！"而简子却说："夫杀人以活畜，不亦不仁乎！杀畜以活人，不亦仁乎！"于是叫厨师杀了白骡子，把骡肝取出给了胥渠。据说阳城胥渠病愈后，在一次同狄人的战斗中率先登上对方城楼，斩获敌人首级，取得胜利。

赵简子的个人生活则十分简朴。据记载，一天，赵简子外出，上车之前，对左右说："车席过于华美了。帽子再简陋，总要戴在头上；鞋子再贵重，总要穿在脚上。现在席子这么名贵，我该穿什么样的鞋子踩上去呢？有了好鞋子，必然还要有更好的帽子，因为下层的华美而必然加大上层的花销，这就是道义被妨害的根本原因啊！"此后，赵简子出行，改用旧车和瘦马，穿的也是羊皮衣、羊皮裘。家宰觉得寒酸，劝道："新车子坐着才舒服，肥马拉车跑得才快，狐裘才又轻又暖啊。"赵简子说："你说的这些我自然知道。我听说，君子用上好的车马和衣服就会更加谦恭，小人一旦用上这些就会顿时倨傲起来。我故意不用好的东西，就是为了防止自己产生小人的心态啊。"俭与奢，是中国古代国家治理成败的关键，赵简子可谓深得其要。

对于招来的各种贤才，赵简子按其特长分派以不同职事。在他手下有治事之臣董安于、尹铎、阳虎等，有诤谏之臣烛过、史黯、周舍等，还有冲锋陷阵的"斗臣"，等等。赵简子对于治事之臣，放心委以重任；对于诤谏之臣，尤能倾心听取意见。《吕氏春秋·贵直论》记载：赵简子统率军队，攻打卫国外城，交战时，简子远远躲在犀革制成的屏障后面击鼓指挥，而士卒却闻鼓不动。简子扔下鼓槌感叹道："唉！士卒迅速变坏到了这个地步！"这时，烛过摘下头盔，横戈至简子面前进谏道："亦有君不能耳，士何弊之有？"一针见血地指出问题的症结在简子自己。初闻烛过的话，赵简子勃然变色道："我亲自统率这些士卒，你却说我做得不够。

你能说出理由便罢，说不出理由就治你死罪！"烛过回答："从前，我们的先君献公即位五年就兼并了十九个国家，用的就是这些士卒。惠公即位二年，纵情声色，残暴傲慢，喜好美女，秦人袭击我国，晋军溃逃到离绛城只有七十里的地方，用的也是这些士卒。文公即位二年，用勇武砥砺他们，所以三年之后，这些士卒都变得果断勇敢，在城濮之战中，五次打败楚军，又围困卫国，夺取曹国，称霸诸侯。所以说，只是您做得不够罢了，士卒有什么不好？"赵简子听了烛过的话，领悟到身先士卒、以身作则的道理，"乃去犀蔽屏橹而立于矢石之所及，一鼓而士毕乘之"。简子由衷地感叹："与吾得革车千乘也，不如闻行人烛过之一言。"

赵简子与周舍相交的故事也值得领导者深思。

"赵简子有臣曰周舍，立于门下，三日三夜。简子使问之曰：'子欲见寡人何事？'周舍对曰：'愿为谔谔之臣，墨笔操牍，从君之过，而日有记也，月有成也，岁有效也。'"此后周舍与简子出入进退形影不离。不久，周舍死，简子悲痛不已，时常闷闷不乐。大夫请问原因，简子说："千羊之皮，不若一狐之腋；众人诺诺，不若一士之谔谔。昔者，商纣默默而亡，武王谔谔而昌。今自周舍之死，吾未尝闻吾过也，吾亡无日矣，是以寡人泣也。"[①]"千人之诺诺，不如一士之谔谔"，作为对诤谏之士的称美之词流传后世。而诺诺之人亡国，谔谔之士兴国，也是赵简子为从政者用人留下的警世箴言。

史黯劝谏的故事也反映了赵简子从谏如流的品格。《国语·晋语九》记述，赵简子有一次未经许可前往晋君的苑囿蝼地去打猎，史黯闻知，就带了猎犬等候在苑囿门前，并告诉前来的赵简子说，自己也想带这只猎犬到苑囿中试一试。简子责问他为何不事先报告，史黯借机讽喻道："主将适蝼而麓（主管园囿的官吏）不闻，臣敢烦当日（值日官）？"简子知道自己这事做错了，于是罢猎而归。

《国语·晋语九》记载的邮无正劝谏赵简子勿杀尹铎故事，则展现了赵简子及其臣子爱憎分明的品德。尹铎继董安于之后治理晋阳，到晋阳之前，他向赵简子请示治理方略，赵简子说："必堕其垒培。吾将往焉，若见垒培，是见寅与吉射也。"尹铎到晋阳后，不但没有削平营垒，反而把营垒加高。简子到晋阳，望见营垒，怒

---

① 《韩诗外传》卷七。《吕氏春秋·达郁》所载与此大同小异。

气冲天，称一定要杀掉尹铎，然后才进入晋阳城。这时，尹铎昔日的仇人邮无正向赵简子进谏，他历数简子祖父凭自身德行修养恢复卿位，其父继承德业，为恢弘赵氏基业，历尽艰辛。接着说："今吾子嗣位，有文之典刑，有景之教训，重之以师保，加之以父兄，子皆疏之，以及此难。夫尹铎曰：'思乐而喜，思难而惧，人之道也。委土可以为师保，吾何为不增？'是以修之，庶曰可以鉴而鸠赵宗乎！若罚之，是罚善也。罚善必赏恶。臣何望矣！"这番话打动了简子，他感叹道："如果不是你（邮无正），我几乎不能做人了！"于是厚赏了尹铎。

邮无正与尹铎以前有怨仇，尹铎知道邮无正劝谏赵简子的事后，非常感动。他把赵简子赏给自己的金钱送于邮无正，说："子免吾死，敢不归禄。"邮无正辞谢道："吾为主图，非为子也。"[①]一朝臣子爱憎分明的本色跃然纸上。

窦犨（又作犊犨、窦鸣犊）与赵简子的遭际则是一个悲剧性的故事。

据《国语·晋语九》记载：有一天，赵简子突发感慨："雀入于海为蛤，雉入于淮为蜃。鼋鼍鱼鳖，莫不能化，唯人不能，哀夫！"窦犨当时正陪侍一旁，听到这话，立即告诫简子说："臣闻之：君子哀无人，不哀无贿；哀无德，不哀无宠；哀名之不令，不哀年之不登。夫范、中行氏不恤庶难，欲擅晋国，今其子孙将耕于齐，宗庙之牺为畎亩之勤，人之化也，何日之有！"窦犨通过范氏、中行氏的覆灭，告诫赵简子，一切都在变化，包括统治者自己，如果不注重道德修养，统治者也会变成庶民。关于窦犨与赵简子的关系，《史记·孔子世家》记载孔子的话说："窦鸣犊、舜华，晋国之贤大夫也。赵简子未得志之时，须此两人而后从政；及其已得志，杀之乃从政。"孔子还说："夫赵之所以治者，鸣犊之力也。"[②]两则记载虽有小异，但从中可以看出，窦犨作为晋国大夫，或者赵氏家臣，曾为赵氏集团的发展做过一定贡献。不过由于政治理念不同，赵简子最后还是杀了窦犨。《说苑·权谋》记载："赵简子曰：'晋有泽鸣、犊犨，鲁有孔丘，吾杀此三人，则天下可图也。'于是乃召泽鸣、窦犨，任之以政而杀之。"

后世有窦犨封地太原并在当地兴修水利的传说。今太原尖草坪古城村传为窦犨食邑。上兰村有窦大夫祠，是为祭祀窦犨修建的祠庙。祠庙坐北朝南，殿堂三十余

---

① 《国语·晋语九》。《吕氏春秋·似顺论》所载与此大同小异。
② 转引自杜文澜辑《古谣谚》卷三四，中华书局，1958 年。

间，现存的献亭、正殿，为元至正三年（1343）重建；戏台、钟鼓楼、厢房、窑洞则为清代增建。清《（嘉庆）英济侯庙碑记》云：宋元丰八年（1085）六月，因祠为汾水所坏，遂北移重建。唐人李频《游烈石》诗"游访曾经驻马看，窦犨遗像在林峦"，说明此祠唐代已存。宋大观元年（1107）十月，追封窦犨为英济侯，故此祠又称英济祠。

窦大夫祠

相传，窦犨曾在今阳曲黄寨（古狼孟）一带兴修水利，今亦无迹可寻。案诸史乘，河北高唐县汉代有鸣犊河、鸣犊口①。河水以鸣犊称，假若此鸣犊说的就是窦犨——窦鸣犊，则引发我们对窦鸣犊和水之间关系的联想。说窦犨做过一些兴修水利的事情，恐怕也不是空穴来风。当然这里的鸣犊河也可能和历史上的一个事件，即孔子闻赵简子杀窦犨临河而返有关。

《史记·孔子世家》云："孔子既不得用于卫，将西见赵简子。至于河而闻窦鸣犊、舜华之死也，临河而叹曰：'美哉水，洋洋乎！丘之不济此，命也夫！'子贡趋而进曰：'敢问何谓也？'孔子曰：'窦鸣犊、舜华，晋国之贤大夫也。赵简子未得志之时，须此两人而后从政；及其已得志，杀之乃从政。丘闻之也，刳胎杀夭则麒麟不至郊，竭泽涸渔则蛟龙不合阴阳，覆巢毁卵则凤皇不翔。何则？君子讳伤其类也。夫鸟兽之于不义也尚知辟之，而况乎丘哉！'乃还息乎陬乡，作为《陬操》以哀之。"

---

① 《水经注·河水》："河水自灵县别出为鸣犊河者也。"《汉书·沟洫志》："元帝永光五年,河决清河灵犊口（师古注：'清河之灵县鸣犊河口也。'），而屯氏河绝。"

一般认为，孔子周游列国，原计划要到晋国，因听闻赵简子杀死窦犨，顿生物伤其类之叹，故临河而返。但后世将孔子临河而返搬到了太行山巅天井关一带。《水经注·沁水》："邧水又东南径孔子庙东，庙庭有碑。……仲尼伤道不行，欲北从赵鞅，闻杀鸣犊，遂旋车而返。及其后也，晋人思之，于太行巅南为之立庙，盖往时回辕处也。"不过明陈棐《孔子回车庙解》已经说明"孔子当时既临河而返，是未济河也，既未济河，是未诣太行之下也，其太行之巅有回车之辙者，妄矣"（转引自《水经注疏》卷九）。

赵简子与孔子，一个是春秋末期重要的政治家，一个是春秋末期重要的思想家、教育家，终因两人的政治理念不同而未谋面。不过他们始终都在彼此关注。

早在公元前513年，赵简子把晋国前任执政卿范宣子所编刑书正式铸于鼎上，公之于众。此举引起孔子的注意。他评论此事说："晋其亡乎！失其度矣。夫晋国将守唐叔之所受法度，以经纬其民，卿大夫以序守之，民是以能尊其贵，贵是以能守其业。贵贱不愆，所谓度也。文公是以作执秩之官，为被庐（今地不详）之法，以为盟主。今弃是度也，而为刑鼎，民在鼎矣，何以尊贵？贵何业之守？贵贱无序，何以为国？且夫宣子之刑，夷之蒐也，晋国之乱制也，若之何以为法？"

《说苑·臣术》云："简子有臣尹绰、赦厥。简子曰：'厥爱我，谏我必不于众人中；绰也不爱我，谏我必于众人中。'尹绰曰：'厥也，爱君之丑而不爱君之过也；臣爱君之过而不爱君之丑。'孔子曰：'君子哉尹绰！面訾不面誉也。'"孔子在赞扬赵简子谏臣尹绰的同时，含蓄地批评了赵简子接受诤谏时的错误态度。

孔子对赵简子也有肯定的一面。《太平御览》卷四六九引《王孙子》曰："赵简子猎于晋阳，抚辔而叹。董安于曰：'今游猎，乐也，而主君叹，敢问何也？'简子曰：'汝不知也。吾效厩养食谷之马以千数，令官奉多力之士日数百，欲以猎战也。忧邻国养贤以猎吾也。'孔子闻之曰：'简子知所叹也！'"孔子赞誉赵简子时刻不忘危亡的忧患意识。

孔子与赵简子的政治理念，总的来说是相悖的。他们在言论和行动上，更多也是以敌对的形式出现。

当赵简子与范氏、中行氏争斗时，佛肸以中牟反赵简子。佛肸因招孔子，欲共同对敌。对此《史记·孔子世家》记载："佛肸为中牟宰。赵简子攻范、中行，伐中牟。佛肸畔，使人召孔子。孔子欲往。子路曰：'由闻诸夫子，"其身亲为不善者，君子不入也"。今佛肸亲以中牟畔，子欲往，如之何？'孔子曰：'有是言也。不曰坚乎，磨而不磷；不曰白乎，涅而不淄。我岂匏瓜也哉，焉能系而不食？'"

《吕氏春秋·恃君览》记载："赵简子将袭卫，使史默往睹之。期以一月，六月而后反。赵简子曰：'何其久也！'史默曰：'谋利而得害，犹弗察也。今蘧伯玉为相，史鳅佐焉，孔子为客，子贡使令于君前，甚听。……其佐多贤也。'赵简子按兵而不动。"赵简子因孔子、子贡佐卫，而不敢轻举妄动，也说明其对孔子是敬且畏之的。

史书记载最多的还是我们前文提到的赵简子谋杀孔子而未得逞之事。

《新序》曰："赵简子欲专天下，谓其相曰：'赵有犊犨，晋有铎鸣，鲁有孔丘，吾杀三人者，天下可王也。'"《将归操》序曰："《将归操》者，孔子之所作也。赵简子循执玉帛以聘孔子，孔子将往。未至，渡狄水，闻赵杀其贤大夫窦鸣犊，喟然而叹之曰：'夫赵之所以治者，鸣犊之力也。杀鸣犊而聘余，何丘之往也。'"[1]

孔子没有跨过黄河进入晋国，两个春秋末期彼此关注的风云人物，至死也没有见面。公元前 479 年，一代思想家、教育家、儒家学派创始人孔子逝世，终年 73 岁，葬于曲阜城北泗水之上，即今山东曲阜孔林所在地。四年之后（前 475），政治家、军事家、赵国基业的开创者赵鞅，也走完了他的人生历程。不过，与孔子不同，赵简子的葬地历来众说纷纭，莫衷一是[2]，直到太原金胜村赵卿大墓的发掘出土，方露出一丝端倪。

七、赵卿大墓

1988 年，山西考古工作者发掘了一座大型东周贵族墓葬及附葬车马坑。根据墓葬形制，青铜器形制、规格、纹饰、铭文，以及车马坑规模，这座大墓和车马坑

---

① 杜文澜辑《古谣谚》卷三四，中华书局，1958 年。
② 赵简子墓有邯郸说、寿阳说、赵城说等。参见渠川福《关于太原晋国赵卿墓的若干问题》，山西省考古学会《山西省考古学会论文集（三）》，山西古籍出版社，2000 年。

的时代为春秋晚期后段，墓主人的等级应为晋国执政卿一级。发掘者认为，它很可能就是晋阳城的缔造者赵简子——赵鞅之墓[①]。

赵卿墓所在的金胜村，位于晋阳古城西北 3 公里西山东麓的缓坡地带。赵卿墓附近，还发现四座春秋晚期的七鼎墓，以及千余座战国早期中小型墓葬。可以判定，这一带是晋国晚期赵氏宗族墓地和赵国早期公墓所在。

赵卿墓是一座使用积石积炭的大型木椁土圹墓。墓葬为长方形竖穴土圹，头向东。墓圹口大底小，剖面略呈倒梯形。墓口东西长 11 米，南北宽 9.2 米，墓底长9 米，宽 6.8 米。墓内设有高 3 米多的大型木椁，木椁周围有厚达 80 厘米的积石积炭，共计 280 多立方米。在墓室中部略靠东，放置着墓主的三层套棺。套棺的南部、西部，共有 4 个殉葬人，殉葬人都有单棺和随葬品，其身份应为墓主人的侍妾和乐工。在墓主套棺周围，堆放着 3000 多件随葬品。墓葬东北 7 米处，还有面积为 200 多平方米的曲尺形牛马坑。

赵卿墓是迄今为止发现的随葬品最为丰富完整的晋国高级贵族墓葬。随葬品共计 3421 件，其中青铜器 1402 件，玉石器 669 件，金器 11 件，陶、木、骨、角、蚌、贝器 1339 件。

青铜器不仅数量多，种类齐全，礼器、乐器、兵器、车马器、工具和生活用具皆有，而且颇多精品，如鸟尊和虎形铜灶具为国宝级稀世珍品。这些青铜器，既是我们判断墓主身份的重要依据，又是研究先秦政治、经济、军事、科技和文化的宝贵资料。赵卿墓的青铜礼器有鼎、豆、壶、鉴、鬲、尊、盘、舟、瓿、匜等。青铜鼎共 27 件，其中有特大镬鼎 1 件，通高 93 厘米，口径 102 厘米，重 220 公斤，是迄今所见春秋时期最大的铜鼎，可与商代后母戊鼎相媲美。作为墓主身份标志的升鼎共有 3 套 18 件，每套形制花纹相同，大小相次成列，包括铺首环耳蟠纹升鼎 1套 5 件，铺首牛头蟠纹升鼎 1 套 6 件，附耳牛头蟠纹升鼎 1 套 7 件，另外还有立耳圆口的羞鼎 1 套 5 件。其余 3 件铜鼎器形很小，但非常精致。鸟尊也是一件难得的艺术品，其造型为一引颈挺立的鸟，中空以盛酒，背部虎形提手下有盖，与鸟身浑

[①] 简报发表于《文物》1989 年第 9 期，名为《太原金胜村 251 号春秋大墓及车马坑发掘简报》，认为墓主人身份为卿或上大夫。1996 年文物出版社出版了名为《太原晋国赵卿墓》的考古报告，认定"墓主人必是赵鞅无疑"。

然一体，尊身遍施羽纹。豆是盛食器，共 2 组 14 件。壶是贮酒器，有方壶、扁壶、高柄小方壶和匏壶 4 种。方壶古朴沉稳，扁壶简洁大方，小方壶雍容华贵。匏壶壶身弯曲，壶盖作立体鸟形，鸟爪擒蛇，造型精美绝伦。由灶体、釜、甑、烟筒等组成的虎头灶别具一格，属游牧民族生活用器。结合墓中出土的毡帐构件等游牧生活用具，说明赵卿生活中保留了一定的游牧风俗。

　　赵卿墓的乐器有编镈和石磬。编镈共 19 件，大小相次，发音自成序列，根据纹饰和音调可以分为两组。镈是青铜乐器，形态与钟口平齐带钮的编钟相同，只是形制更为豪华。两组编镈形制基本相同，一组为夔龙夔凤纹，另一组为散虺纹。编镈都是复音钟，即每个钟的正鼓和侧鼓可以各发出一个音，两个音相差 3 度。为了防止编钟的复音混响，在钟鼓部内侧正鼓和侧鼓之间，还增设了阻隔的音脊。编磬共 13 件，由石灰岩制成，形制相近，大小相次成列。虽然长期受外界腐蚀，磬体有许多小孔，有的还断裂成几截，但经修复后音色音质完好如初。用所出编镈和编磬演奏《康定情歌》和山西民歌，声音浑厚激越，余音绕梁，令人荡气回肠。

镬鼎

鸟尊

方壶

虎形铜灶

编镈

兵器共779件，有戈、戟、钺、矛、剑、镞和藤弓等。从兵器特别是剑的形制来看，晋国的兵器明显吸收了吴越兵器的一些优点。有相当一部分兵器放置在墓主棺内，仅剑和戈就有10件，其中一件戈上有铭文"赵𧊒之御戈"，这是判断墓主身份的重要依据。

车马器有车軎、车辖、辀首、马衔、马镳、当卢、带扣、铎、铃和装饰铜泡等。赵卿墓虽然有专门的车马坑，但车和马使用的各种青铜器具，绝大多数都卸下葬入墓中，这也是晋国丧葬制度的一个特色。

手工工具共76件，有环首刀、斧、锛、凿、锥、刻刀、削、锯和针等。同一种工具有多种型号，仅刻刀就有十几种。生活用具共249件，有灶、罐、釜、铲、耳杯、铜镜、带钩、帐顶、铜量、构件、壁插、合页等。

玉器共429件，主要为新疆和田玉和辽宁岫岩玉。玉器种类有璧、瑗、环、璜、琮、璋、圭、珏、佩饰和剑饰。大部分玉器表面都有精美花纹，主要是蟠螭纹、龙纹、蟠虺纹和云纹。玉佩饰造型多为立雕动物。

车马坑是赵卿墓的重要组成部分，其平面呈曲尺形，由长方形车坑和马坑垂直交汇而成。马坑南北长12.6米，东西宽3米，深4米。马坑内葬马44匹，马头向西，自北向南排列。车坑东西长12米，南北宽6米，深5米。车坑底纵向开沟槽，车轮放入后，车厢落实于坑底。这样独特的瘗埋方法在考古发掘中还是首次见到，主观目的是减少车辆悬空，以便夯实填土，客观效果是使车辆保持原始状态，为研

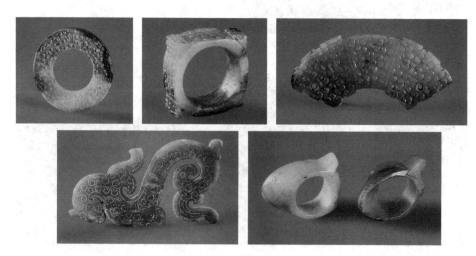

玉器

究古代车制提供了珍贵标本。车坑内 16 辆车分两排由西向东依次排列，车辆放置得非常密集，前面车的车厢覆压着后面车的车辀（辕），最后一辆车的车辕就放置在马坑的马骨架上。这些车的主要部件皆为木质，车厢以粗藤条为骨架，再以细藤条绑扎编织，个别部位有青铜饰件。16 辆车的基本结构是独辀单舆和一轴双轮，但形态各异，用途多样，种类齐全，是墓主生前的实用车无疑。在 1 号、7 号、8 号车的车厢和车轮夹缝中，各置一狗，其中一狗还戴着铜箍革带项圈，这些狗应该都是猎犬。1 号车是目前全国仅见的一辆圆舆车，车厢宽敞舒适，应该是墓主生前乘坐的座车。其他的车都是实用战车。这 16 辆战车和座车组成的庞大车队，正是墓主生前作为晋国正卿所拥有煊赫权势的真实写照。

赵卿墓是山西迄今发现规模最大、未经盗扰的大型积石积炭木椁墓，将积石积炭木椁墓的使用年代上溯至春秋晚期。赵卿墓的发掘，对于研究东周时期晋国的政治、经济、文化、青铜铸造、礼乐丧葬制度等都有着极为重要的科学价值。赵卿墓车马坑是东周考古发掘，整体保存完好，清理保护精细的大型车马标本，对研究中国古代车制有着重要意义。

然而自赵卿墓发现以后，有关墓葬的时代、墓主人是否为赵国缔造者赵简子等问题，众说纷纭。我们在此略作讨论。

历史文献中没有此墓的任何相关记载。发掘墓葬及其车马坑时，发现后世有数座墓葬就直接埋在该墓葬或车马坑之上。其中一座战国晚期墓，直接埋在车马坑的中央，破坏了三四辆古车遗迹。说明至迟到战国晚期，人们已经不知道大墓和车马坑的确切位置了，故此有学者推测此墓最初就是秘密埋葬的[1]。

《太原晋国赵卿墓》报告判断墓葬的年代为春秋晚期，"具体年代约在公元前 475—前 450 年左右"[2]。毋庸讳言，赵卿墓的墓葬形制、随葬品，特别是青铜器的形制和纹样，绝大部分都带有春秋晚期的典型风格。然而，即便如此，对于一座没有纪年的墓葬，也不应将其绝对年代局限在二三十年之间。这是因为虽然目前学术界对青铜器的形制序列了解得已经十分详尽，但还没有精确到将一件器物的形制变化具体到某一年的程度，更何况对赵卿墓的出土器物，部分研究者也持有不同看法。

① 渠川福《关于太原晋国赵卿墓的若干问题》，《山西省考古学会论文集（三）》，山西古籍出版社，2000 年。
② 山西省考古研究所、太原市文物管理委员会《太原晋国赵卿墓》，文物出版社，1996 年。

如赵卿墓出土的铜匏壶与铜方壶，朱凤瀚定为战国早期之物①。"黄成戟"，研究者认为将其时代定在"战国早中期应该还是可以的"②。同墓出土的另两件编号为584、546的铜戟，其"时代即便可以往前提，也不应早到春秋晚期"。因此，在没有发现绝对纪年或者可资比对的材料，特别是还不能完全确定墓主人的情况下，"以'春秋战国之交'作为大墓年代的结论是合适的"③。

对于这座神秘大墓的主人，发掘者通过墓葬形制规格、随葬品规模等级以及车马坑的宏大程度，判断墓主人为春秋晚期晋国一个拥有显赫权力和强大武装力量的卿大夫一级人物无疑。墓主人应为"晋卿赵氏，其拥有军事政治势力大大超过一般晋卿和小国诸侯"④。

而春秋晚期到战国之交，在太原地区建立卓越功勋并拥有如此显赫身份者，非赵简子、赵襄子父子莫属。赵简子，我们前文已经述及。他是晋阳城的缔造者，多数研究者也认为赵卿人墓就是赵简子的墓葬。而赵襄子也是赵氏家族中一个声名显赫的人物，是战国七雄之一——赵国的开创者，他与晋阳也有着十分紧密的联系。赵襄子死于公元前425年，从大墓的规格、形制以及随葬品的等级、时代看，说赵卿大墓为赵襄子墓葬，也不为过。问题的关键就聚焦在对大墓中出土的一件铜戈铭文的释读上。

赵卿大墓墓室南部出土一件带铭铜戈，铭文共五字，即"赵🔲之御戈"。五字中，其他四字无异议，唯确定墓主人的"🔲"字，异说纷呈。发掘者陶正刚通过与"侯马盟书"的比对，确认戈上字体与盟书字体相似，说明戈和"侯马盟书"的盟主赵鞅有一定联系。此字左下半部与右边当隶定为"明"，左上半部"🔲"，初看似"生"，但应释读为"草"，整个字可隶定为"萌"，"萌"即"明"，同音相转，通"孟"。在赵氏宗族中，"孟"一般作为宗主称谓。东周时期赵氏家族中，卒于公元前599年左右的赵宣子，卒于公元前545年的赵文子，卒于公元前475年（一说前458年）的赵简子，卒于公元前425年的赵襄子，卒于公元前350年的赵成侯，此

① 朱凤瀚《古代中国青铜器》，南开大学出版社，1995年。
② 张崇宁《太原金胜村251号墓主探讨》，《中国历史文物》2005年第1期。
③ 参见渠川福《太原金胜村大墓年代的推定》、侯毅《试论太原金胜村251号墓墓主身分》，《文物》1989年第9期。
④ 山西省考古研究所、太原市文物管理委员会《太原晋国赵卿墓》，文物出版社，1996年。

五人都曾被称为赵孟。五人中与晋阳关系密切者为简子、襄子父子二人。"据《史记》记载，赵简子死于晋出公十七年，即公元前 458 年。太子毋恤代立，是为襄子。襄子立三十三年卒（前 425），浣立，是为献侯，献侯少继位，制中牟。……说明赵鞅（简子）死在晋阳，而襄子有可能不是死在晋阳，而死于耿，以后者可能性更大。……上述种种，'赵𧤼之御戈'的主人定为赵鞅最为恰当。"[①] 铜戈即是赵鞅亲用之物，墓主人必是赵鞅无疑。

文献中也有赵简子死于晋阳的蛛丝马迹，可作旁证。

《吕氏春秋·孝行览》："赵简子病，召太子而告之曰：'我死，已葬，服衰而上夏屋之山以望。'太子敬诺。简子死，已葬，服衰，召大臣而告之曰：'愿登夏屋以望。'大臣皆谏曰：'登夏屋以望，是游也。服衰以游，不可。'襄子曰：'此先君之命也，寡人弗敢废。'群臣敬诺。襄子上于夏屋，以望代俗，其乐甚美。于是，襄子曰：'先君必以此教之也。'及归，虑所以取代。"

《史记·赵世家》："襄子姊前为代王夫人。简子既葬，未除服，北登夏屋，请代王。……击杀代王及从官，遂兴兵平代地。……于是，赵北有代，南并知氏，强于韩、魏。"

《史记·赵世家》张守节《正义》引《括地志》云："夏屋山一名贾屋山，今名贾母山，在代州雁门县东北三十五里。夏屋与句注山相接，盖北方之险，亦天下之阻路，所以分别内外也。"唐代州雁门县即今代县。夏屋山及其所在的恒山山系，东周时为赵与代的界山，亦即所谓"内外"之分界。

这些材料表明，上述事件的活动地点就在晋阳。结合赵卿墓及其周围发现的春秋晚期及战国早期墓葬群，金胜村一带是"晋国晚期赵氏宗族墓地和赵国早期公墓所在"的情况，说明赵简子就病在晋阳，死在晋阳，葬在晋阳[②]。

相反，认为赵卿大墓主人为赵襄子的研究者，首先对"𧤼"字释读为"萌"持不同看法，"此字左旁上下两部结合紧密，与蛊眚簋'眚'字结构完全相同，明是'眚'字，且在右旁'月'字的半包围之中，不应拆为'目'和草符两部分。……

① 陶正刚《太原晋国赵卿墓戈戟铭文丛考》，《太原晋国赵卿墓》，文物出版社，1996 年。
② 参见渠川福《关于太原晋国赵卿墓的若干问题》，山西省考古学会、山西省考古研究所编《山西省考古学会论文集（三）》，山西古籍出版社，2000 年。

何况'眚'字在上部作'屮'，古文字用于上部偏旁的'生'字多如此作，绝非草符。因此，陶先生释'萌'是不能成立的"[1]。而"🕮"右边为"月"，故此字从"月"从"眚"，当隶定为"腊"。"腊"字不见于后世字书和古代文献，其字从月，与天象有关，从眚当与字音字义有关。古称日月食为眚，腊字当是日月食称"眚"的专字，读音与眚同。"腊"字在戈铭中用为人名，应读为省，当是赵简子之子赵襄子毋恤之名。《尔雅·释诂》："省，察也。"省为视察。赵襄子名毋恤，"毋"乃语首助词，无义，"恤"义为体恤。省察与体恤义相因，春秋时人们起名，有联类一说，即名与字的意义相互关联。因此赵腊应为赵毋恤，亦即赵襄子，赵腊之御戈，即赵腊生前所用之戈。"此戈的主人与金胜村墓 251 墓主实乃同一人，即赵襄子，他生于春秋末年，活动于战国早期前段。该赵襄子之御戈，可以作为春战之际的标准器。"[2]

其次，依据文献，有学者认为赵简子死后不可能葬在晋阳。

公元前 493 年，赵简子在"铁丘之战"时发布战前誓辞，对自己提出了"若其有罪，绞缢以戮，桐棺三寸，不设属辟，素车朴马，无入于兆，下卿之罚也"的决定。虽然是统治者激励将士的说辞，但也可以看出赵简子对于自己死后能否埋入家族墓地是多么看重。赵简子为赵氏立下不朽基业后寿终正寝，因而在一般情况下，他自然应该入兆，即埋入家族墓地。而"赵氏家族的兆域何在？显然不会在晋阳。……晋阳之地作为赵家的势力范围即始于赵简子，但赵氏作为晋国的卿大夫则要早得多。……到目前为止，在山西考古资料中虽未发现明确的某个晋国卿大夫的墓地，但可以肯定地说，晋阳决不是赵氏家族的族葬墓地。从《礼记·檀弓下》中还可得知晋国诸卿大夫的墓地都在九原，如赵文子与叔誉观乎九原的一段对话就能说明一些问题。可见赵氏宗族的兆域与其它晋国大夫的兆域均在九原。……一般认为，九原的地理位置在今山西新绛县以北与今襄汾县接壤处的一段高塬上"[3]。因此赵简子很可能埋在晋南赵氏的家族墓地，而太原发现的赵卿大墓自然不是赵简子墓葬，而是赵腊即赵襄子的墓葬。

① 陈秉新《读金文札记二则》，《东南文化》2005 年第 5 期。
② 井中伟《早期中国青铜戈戟研究》，科学出版社，2011 年。
③ 张崇宁《太原金胜村 251 号墓主探讨》，《中国历史文物》2005 年第 1 期。

　　总之，因为墓葬中没有发现明确纪年的遗物，对墓葬中数量很少的铭文关键字学者又持有不同看法，因而赵卿大墓的主人更多地集中在赵简子、赵襄子父子二人身上。早期的研究更多倾向于墓主人为赵简子，近几年随着新资料的发现和研究的深入，认为是赵襄子的倾向有所增加。例如，倾向赵简子的学者曾指出，赵卿大墓青铜器造型和纹饰以及铸造工艺与时代属于春秋晚期的侯马晋国铸铜作坊遗址出土陶范非常近似，有些纹饰甚至是完全相同。因而，几乎可以断定，此墓铜器必为侯马产品。而且相当多的器物是首次使用，亦即专门为葬礼铸造，而只有赵简子时代才可能出现这样的情况。因为，赵襄子卒于公元前425年，"三家分晋"后侯马的铸铜作坊已属魏国，而且也不再可能铸造出具有如此风格和特征的产品了[①]。近几年，考古工作者在晋阳古城遗址发现春秋晚期残陶范，虽然只是陶范，而没有发现铸铜作坊遗址，但它提示，赵卿墓所出青铜器并不像原来认识的那样，都是在侯马铸造的，太原地区也能铸造出赵卿墓陪葬的青铜器。换言之，赵卿墓所出青铜器，一部分很可能就是在太原铸造的，因此也就不能排除赵襄子公元前425年死后使用如此规模与风格青铜器的可能。当然这一切还都是可能，在没有新的证据发现以前，太原金胜村春秋大墓还是称作"晋国赵卿墓"为宜。

第五节　赵襄子的文治武功

一、襄子元年与赵氏立国辨证

　　"晋出公十七年，简子卒，太子毋恤代立，是为襄子。赵襄子元年，越围吴。襄子降丧食，使楚隆问吴王。"司马迁在其所著《史记·赵世家》中，开宗明义，以赵襄子继立开始赵室纪年，表明一代史家是以襄子继立作为赵氏化家为国的标志的。赵襄子元年作为一个时代的标志而永存史册。

　　然而，历史上有关襄子元年究竟为哪一年，存在不同看法。

　　首先是《史记》中的记载自相矛盾。

　　《史记·赵世家》："晋定公三十年（前482），定公与吴王夫差争长于黄池，赵

---

① 参见陶正刚《太原晋国赵卿墓青铜器工艺与艺术特色》，《太原晋国赵卿墓》，文物出版社，1996年。渠川福《赵卿墓赵简子晋阳文化》，《晋阳文化研究》第二辑，山西古籍出版社，2007年。

简子从晋定公，卒长吴。定公三十七年卒（前475），而简子除三年之丧，期而已。是岁，越王句践灭吴。晋出公十一年（前464），知伯伐郑。赵简子疾，使太子毋恤将而围郑。知伯醉，以酒灌击毋恤。毋恤群臣请死之，毋恤曰：'君所以置毋恤，为能忍詢。'然亦慍知伯。知伯归，因谓简子，使废毋恤，简子不听。毋恤由此怨知伯。晋出公十七年（前458），简子卒，太子毋恤代立，是为襄子。"一大段记载，较为明晰地记述了赵简子从前482年到前458年死去的经历。然而《赵世家》在"是为襄子"后又突兀地记曰："赵襄子元年，越围吴。襄子降丧食，使楚隆问吴王。"

"越王勾践灭吴"一事，《史记》已记曰："定公三十七年卒（前475），而简子除三年之丧，期而已。是岁，越王句践灭吴。"这里又将"越围吴"系于赵襄子元年之下，显然襄子元年只能与吴国灭亡之年同时或早于此年，断不会晚于越灭吴之年，即不晚于公元前475年。这样，在《史记·赵世家》中，赵襄子元年就有了公元前458年和公元前475年两种说法。此外"简子除三年之丧"和"襄子降丧食"两件事又都和"越灭吴"相联系，且内容有扞格难通处。两件事是否是一而二二而一呢？我们试作讨论。

两种说法中，都与历史事件"越王勾践围吴、灭吴"相联系，因此我们有必要搞清"越围吴"究竟在哪一年。

《史记·吴太伯世家》："（吴王夫差）二十年（前476），越王句践复伐吴。二十一年，遂围吴。二十三年十一月丁卯，越败吴。"《史记·鲁周公世家》："（哀公）二十二年（前473），越王句践灭吴王夫差。"《史记·齐太公世家》："平公八年（前473），越灭吴。"《史记·六国年表》楚惠王十四年（前475）下云："越围吴，吴怨。"十六年（前473）下云："越灭吴。"《越王句践世家》记载，黄池会后四年（前478），越伐吴大破之，"因而留围之三年，吴师败"。诸多记载都说明"越围吴"在前475年，围吴两年后于前473年灭之。《赵世家》说前475年越灭吴。《越王句践世家》中说留围之三年灭之，虽然与其他记载有所不同，但也都在前475年前后，断不会晚至前458年。

通过以上史料的梳理可见，《史记·赵世家》有关"越围吴"的记载，前已言"越灭吴"，后又言"越围吴"，不但同篇相抵触，而且与《史记》其他诸多篇记载相矛盾。因此，我们可以基本确定，"越围吴"之年并非在前 458 年，而应在前 475 年。

关于"越围吴"之年，《左传》鲁哀公二十年（前 475）的记载更能说明问题。"十一月，越围吴，赵孟降于丧食。楚隆曰：'三年之丧，亲昵之极也。主又降之，无乃有故乎？'赵孟曰：'黄池之役，先主与吴王有质，曰"好恶同之"。今越围吴，嗣子不废旧业而敌之，非晋之所能及也，吾是以为降。'楚隆曰：'若使吴王知之，若何？'赵孟曰：'可乎？'隆曰：'请尝之。'乃往……告于吴王曰：'寡君之老无恤使陪臣隆敢展谢其不共。黄池之役，君之先臣志父得承齐盟，曰"好恶同之"。今君在难，无恤不敢惮劳，非晋国之所能及也。使陪臣敢展布之。'王拜稽首曰：'寡人不佞，不能事越，以为大夫忧。拜命之辱。'与之一箪珠，使问赵孟，曰：'句践将生忧寡人，寡人死之不得矣。'王曰：'溺人必笑，吾将有问也，史黯何得以为君子？'对曰：'黯也进不见恶，退无谤言。'王曰：'宜哉。'"

《左传》首言哀公二十年（前 475）"越围吴"，次言赵孟（襄子）为父守丧，故派使臣楚隆使吴国，一则对吴国困境表示同情，二则表明赵简子（先臣志父）虽与吴国在黄池订立攻守盟约，但此时却无能为力。可见此时赵简子已死，赵襄子已经继承赵氏宗主之位，并处理政务。充分说明"越围吴"之年，即前 475 年为襄子元年的说法是可信的①。

如果说"越围吴"之年即前 475 年为襄子元年可信，那么《史记·赵世家》包

---

① 赵襄子元年是否为公元前 475 年，亦即赵简子是否死于此年，学术界存在不同看法。其主要分歧是对赵襄子居丧之年与赵简子死亡之年的理解不同。如杨宽认为："《左传》记越围吴事在鲁哀公二十年、晋定公三十七年，即公元前 475 年。这年赵襄子正居简子的丧，可知赵简子已去世，而赵襄子元年应在公元前 474 年。"（参见杨宽《战国史》，上海人民出版社，1980 年）钱穆认为："赵孟降于丧食"之年即赵简子去世之年，只是由于春秋时期鲁历、晋历有别，鲁历哀公二十年的冬十一月已经相当于晋历的第二年正月，则赵简子去世已经跨越了两个年份，所以赵襄子按照晋历已经可以改元，而就鲁历而言此时尚属哀公二十年。这就造成一个比较特殊的现象：就鲁历而言，赵简子卒年与赵襄子元年同在鲁哀公二十年，即公元前 475 年。（参见钱穆《先秦诸子系年·赵简子卒年考》，中华书局，1985 年）白国红通过襄子降于丧食，特别是古礼三年之丧时间的考订认为，越围吴之年，为鲁哀公二十年，此时赵襄子刚刚结束为父亲所守三年之丧，又因吴国被围而恢复父丧期间的简朴生活饮食，所以楚隆才问赵襄子说："三年之丧，亲昵之极也。主又降之。"由此可以推定，赵简子卒年不应在鲁哀公二十年，而应该在此年之前的鲁哀公十八年九月，从此月下延二十五个月（前后三个年头），正是鲁哀公二十年十月，是月大祥。赵襄子居父丧结束。此后的下一个月，就是发生"越围吴"事件的鲁哀公二十年十一月。"鲁哀公十八年，当公元前 477 年，是年赵简子卒。则赵襄子元年应该在鲁哀公十九年，即公元前 476 年，赵国纪年应该从此年开始。"参见白国红《春秋晋国赵氏研究·赵襄子元年辨证》，中华书局，2007 年。

括《六国年表》关于赵简子死于晋出公十七年（前458）的记载就是错误的①。

至于太史公《史记·赵世家》记载中的错误描述，据钱穆考证，是太史公误读《左传》一文所致。"左氏哀二十七年《传》有云：'悼之四年，晋荀瑶帅师围郑。……将门，知伯谓赵孟入之，对曰："主在此。"知伯曰："恶而无勇，何以为子？"赵襄子由是慭知伯。'杜注：'简子废嫡而立襄子，故知伯言其丑且无勇，何以立为子。'余疑史公误读此文，以为知伯讥其何以为子，当在简子未卒前，故《赵世家》又云：'晋出公十一年，知伯伐郑，赵简子疾，使太子毋恤将。'晋出公十一年，即悼公四年，同记一事，而《史》特增简子疾使太子将云云，以弥缝《左传》何以为子之语。其后又增知伯归，因谓简子使废毋恤，简子不听，此亦非左氏所有。"②

对简子除三年之丧的记载，钱穆也认为，如果是记载定公死，简子为定公除三年之丧，则应记在《晋世家》中，今记在《赵世家》中，且前边已经记载越灭吴，后边又记越围吴，显见冲突，很可能是错简或后人参入造成的。参考《吕氏春秋·孝行览》中赵简子病重时交代赵襄子"我死，已葬，服衰而上夏屋之山以望"的记载，赵"简子卒在晋定公三十七年（前475）。此则据《吕览》校《史记》而可定者"③。钱穆重写《史记·赵世家》原文如下："定公三十七年（卒）而简子卒，（襄子）除三年之丧，期而已。"由此可见，《赵世家》所谓"简子除三年之丧""襄子降丧食"的记载，实际就是《左传》"越围吴，赵孟降于丧食"的翻版，记述的都是一件事。甚至有可能是太史公采《左传》之文入《史记》，只是太史公既囿于襄子卒于出公十七年的错误认识，又有《左传》"越围吴，赵孟降于丧食"的记载，只能两存之，形成了同一篇《赵世家》中记述前后矛盾的现象。

不过，太史公以公元前475年（应该也是"赵襄子元年"）作为六国开始之年还是表现出一代史家的卓识，可以说是太史公有关春秋战国史上的点睛之笔。它意味着赵国纪年的开始，同时也宣告中国历史上一个新时代——战国时代的来临。

---

① 《史记·赵世家》张守节《正义》："《左传》云哀公二十年，简子死，襄子嗣立，以越围吴故，降父之祭馔，而使楚隆慰问王，为哀公十三年。简子在黄池之役，与吴王质言曰'好恶同之'，故减祭馔及问吴王也。而《赵世家》及《六国年表》云此年晋定公卒，简子除三年之丧，服期而已。按：简子死及使吴年月皆误，与《左传》文不同。"

② 钱穆《先秦诸子系年·赵简子卒年考》，中华书局，1985年。

③ 同上。

有关春秋、战国两个时期的界限，主要有三种说法：其一，鲁哀公十四年，即公元前481年。"公羊""穀梁"二氏传《春秋》即终于此年。其二，周元王元年，即公元前475年。这是以周王室为标准划分的。周敬王死，其子元王即位，一个新王纪年开始。司马迁《史记·六国年表》即以此年开始，现代史学家郭沫若的古史分期也采用这一年限。其三，周威烈王二十三年，即公元前403年。周王承认魏、赵、韩三家为诸侯。宋代司马光《资治通鉴》即采用这一年代。

春秋战国之交，是我国奴隶社会向封建社会的转变时期，是"古今一大变革之会"。由于各诸侯国发展不平衡，变革的时间有先后，因此无论确定哪一个具体年份作为它们的分界线，总有顾此失彼之虑。如果说一定要选择一个时间点作为标志的话，那么前475年应该是一个比较合适的选项。其一，春秋时代虽然因《春秋》书名而来，但"春秋三传"终止年代不同[①]，以哪一个为准？而周元王元年，即公元前475年，天下共主周敬王死，其子元王继位，标志着一个新时代的开始，这一时间点与《春秋》一书的终止年也十分接近。其二，赵襄子元年前后，中原各诸侯国接连发生一系列具有划时代意义的重大事件。如前481年，齐国田常杀死姜姓齐国的国君齐简公，即所谓"田氏代齐"，标志着齐国政权的实际易手；前458年，晋国智氏、赵氏、韩氏、魏氏共分范氏、中行氏领地；前453年，韩、赵、魏三家又共灭智伯，瓜分智氏领地，即所谓"三家分晋"。其三，战国七雄之一——赵国君主赵襄子在此年接替其父成为赵氏宗主，同时也意味着赵国的建立，它无疑是战国时代来临的一个标志性事件。

对于太史公将赵襄子继立作为赵氏立国的标志，清代学者梁玉绳表示"殊难意解"，他认为："《世家》谓赵烈侯追尊献子为献侯，《竹书》称赵献子，《通鉴》书献子，是已。胡注因表献侯，遂曰'献子即献侯，盖分晋之后，三晋僭侯久矣'。谬甚，是时未分晋也。是献未称侯矣。献未称侯，将溯而上之，若桓、襄、简三子，均不称侯无疑矣。既不称侯，其不得纪年审矣。"从而认定："三家纪年，必在周威烈王二十三年初命为侯之时，当魏文侯二十二年，韩景侯六年，赵烈侯六年。"甚至认为："若依史法，方应贬削不书，迟至晋灭以后。"[②] 如果说以周威烈王二十三

---

①　《公羊传》《穀梁传》终于鲁哀公十四年（前483），《左传》终于鲁哀公十六年（前481）。

②　梁玉绳《史记志疑》卷九，中华书局，1981年。

年（前 403）作为三家包括赵国纪年的开始，还有几分道理的话，那么韩、赵、魏三国纪年"迟至晋灭以后"的说法，则显得拘泥不化。

先秦文献中，从赵襄子开始，对智、赵、韩、魏四氏已经以"国"相称，对其执政者也已经以"君"相称，并将其与其他诸侯国并列，视为同等的国家。如《战国策》记智伯率智、韩、魏联军攻赵是"三国之兵乘晋阳城"，襄子谋臣张孟谈欲策反韩、魏二氏时则曰："臣请见韩、魏之君。"又记"韩、魏、齐、燕负亲以谋赵"，张孟谈则请赵襄子"君其负剑而御臣以之国"，终使"四国疑而谋败"。类似的记载也频频出现于《韩非子》《吕氏春秋》等先秦典籍中。可见，战国时人包括政治家、纵横家及各学派学者已将襄子之立作为赵氏开国的标志。

事实上，襄子即位时期，晋君在晋国的地位已微不足道。《史记·晋世家》等史书中，对晋君从事政治活动的记载不但少之又少，而且错乱百出，公室之卑由此可见一斑。相反，对四卿的记载则明显增多且各自为政，俨然四个独立政权。他们无论进行政治活动还是发动军事行动，都是自作主张，而不再征得晋君同意，也不再借用晋君名义，获得的成果也全归各家所有，不再与晋君分享。如赵襄子即位伊始，就以阴谋手段吞并代国，代国灭亡后其疆域直接纳入赵氏版图。更有甚者，赵襄子将这块新占领地封赐给自己的侄子赵周，立之为代成君，赵襄子是晋卿中敢于分封的第一人，显然已经以赵氏国家君主的身份自居。在赵简子当政时，范氏、中行氏被灭后，赵氏仅占据了具有重要战略地位的邯郸及柏人二邑，"余邑入于晋"，可见晋君当时还有一定地位。而到晋出公十七年，赵襄子与智、韩、魏三家自作主张瓜分了范氏、中行氏故地，完全无视晋君存在。晋出公愤于四卿的专横，欲借齐、鲁之师讨伐之，四卿"遂反攻出公，出公奔齐，道死"。执政者智伯遥立晋昭公曾孙骄为国君，是为晋哀公（亦称晋懿公）。晋君已是卿大夫的木偶道具。到晋幽公时，其国土仅有绛与曲沃二邑，"余皆入三晋"，晋君"反朝韩、赵、魏之君"，君臣秩序已完全颠倒。

正因如此，太史公才在《史记·赵世家》中赫然写道："赵襄子元年，越围吴。襄子降丧食，使楚隆问吴王。"又在《史记·六国年表》中记曰："襄子元年，未除服，登夏屋，诱代王，以金斗杀代王。封伯鲁子周为代成君。"可见将襄子继立作为赵氏国家建立的标志，不但于史有征，也符合当时历史的实际情况。至于前 403

年"周威烈王赐赵、韩、魏，皆命为诸侯"，只是对既成事实一种名义上的追认，现代学者一般不把它当作赵、韩、魏三国建立的开始，也不将其作为战国时代开始的标志。

二、四卿争雄

襄子继立之时，晋国国内政治形势十分严峻。

自公元前 633 年晋文公创立"三军六卿"制度以来，虽然中间也出现过"三军三行""四军八卿""五军十卿""六军十二卿"等变体，但三军六卿制一直是晋国的基本政体。特别是公元前 560 年晋悼公撤销新军之后，这个体制就再也没有动摇过。赵简子和范、中行二氏决战时，按照执政者荀（智）跞当初的计划，在驱逐荀寅、范吉射之后，由梁婴父、范皋夷补缺，仍然是六卿制。前 493 年，执政卿荀跞去世，赵简子执掌晋国政务，梁婴父和范皋夷成为晋国卿大夫的愿望也随之成为泡影。梁婴父作为荀跞心腹，赵简子的不二之臣董安于就死在他的计谋之下，赵简子自然不会让他占据卿位。而范皋夷作为范氏一支，虽然和范吉射有矛盾，但赵氏与范氏殊死战斗 7 年，结下深仇大恨，赵简子断然不会允许范氏一族继续在晋国为卿，给赵氏树立一个潜在的敌人。前 492 年十月，赵简子杀死范皋夷，三年后范氏、中行氏被灭，"赵竟有邯郸、柏人，范、中行余邑入于晋"。前 475 年，在位 37 年的晋定公姬午去世，其子凿即位，是为晋出公。与此同时，晋国执政卿赵简子也离开了人世，由智伯瑶继任执政。晋国政治从六卿擅权变成智、赵、魏、韩四卿争雄。

智伯瑶（？—前 453），又称智伯（知伯），死后谥襄，后人亦称其为智襄子。由于智氏出自荀氏，故《左传》又称之为荀瑶。

战国秦汉以来，论者多把智伯与吴王夫差相提并论，将其看作骄傲轻敌、极武而亡的两个典型案例。《战国策·秦策四》说："智氏见伐赵之利，而不知榆次之祸也；吴见伐齐之便，而不知干隧之败也。此二国者非无大功也，没利于前，而易患于后也。吴之信越也，从而伐齐，既胜齐人于艾陵，还为越王禽于三江之浦；智氏信韩、魏，从而伐赵，攻晋阳之城，胜有日矣，韩、魏反之，杀智伯瑶于凿台之上。"又《战国策·秦策五》："智伯瑶残范、中行，围逼晋阳，卒为三家笑；吴王夫差栖越于会稽，胜齐于艾陵，为黄池之遇，无礼于宋，遂与句践禽，死于干隧。"《淮南子·人间训》中，将智氏与秦朝的覆灭看作同一缘由："秦王赵政兼吞天下而亡，智伯侵地而灭。"

事实上，智伯瑶是春秋末期晋国涌现出来的一位才干出众、智谋过人的政治领袖。在其执政期间，极力扩大智氏家族势力，在晋国一时形成力压三卿、独代晋宗的局面。司马光在《资治通鉴》中评价智伯瑶时说道："智伯之亡也，才胜德也。夫才与德异，而世俗莫之能辨，通谓之贤，此其所以失人也。夫聪察强毅之谓才，正直中和之谓德。才者，德之资也；德者，才之帅也。云梦之竹，天下之劲也，然而不矫揉，不羽括，则不能以入坚；棠溪之金，天下之利也，然而不熔范，不砥砺，则不能以击强。是故才德全尽谓之圣人，才德兼亡谓之愚人，德胜才谓之君子，才胜德谓之小人。凡取人之术，苟不得圣人、君子而与之，与其得小人，不若得愚人。何则？君子挟才以为善，小人挟才以为恶。挟才以为善者，善无不至矣；挟才以为恶者，恶亦无不至矣。愚者虽欲为不善，智不能周，力不能胜，譬之乳狗搏人，人得而制之。小人智足以遂其奸，勇足以决其暴，是虎而翼者也，其为害岂不多哉！夫德者人之所严，而才者人之所爱。爱者易亲，严者易疏，是以察者多蔽于才而遗于德。自古昔以来，国之乱臣，家之败子，才有余而德不足，以至于颠覆者多矣，岂特智伯哉！故为国为家者，苟能审于才德之分而知所先后，又何失人之足患哉！"一代史家因智伯而发出"才为德之资，德为才之帅，德才兼备为圣人，有德无才为君子，无德无才为愚人，有才无德为小人。用人之道在德才兼备，如果不得圣人、君子，则与其得小人，不如得愚人"之感叹，发人深省。

史书中不乏智伯瑶有关史迹的描述。

智伯瑶晋升为执政卿后，立即显露出过人才干。在晋国内部，他率领赵、韩、魏三家瓜分范、中行二氏故地[①]。当初赵简子灭二氏后，地归晋君。而今四卿分之，其实质就是瓜分晋君的土地。"出公怒，告齐、鲁，欲以伐四卿。四卿恐，遂反攻

---

① 《战国策·赵策一》："知伯帅赵、韩、魏而伐范、中行氏，灭之。"按：《史记·赵世家》《六国年表》记此事于襄子四年（前454），恐误。《战国策·赵策一》《韩非子·十过》等均言四家灭范、中行二氏后曾"返归休兵数年"，而智、韩、魏围晋阳三年，于前453年韩、赵、魏三家反灭智伯，两件事从时间顺序看，明显冲突。《史记·晋世家》系此事于晋出公十七年（前458），应为史实。参见杨宽《战国史料编年辑证》卷一，上海人民出版社，2001年。

出公。出公奔齐，道死。故知伯乃立昭公曾孙骄为晋君，是为哀公。……当是时，晋国政皆决知伯，晋哀公不得有所制。知伯遂有范、中行地，最强。"①此次瓜分土地，获利最多的显然是智氏家族。

在晋国树立起绝对权威的同时，智伯又多次对齐、郑等诸侯国用兵。晋出公三年（前472），智伯率师伐齐，与齐军在犁丘（今山东省临邑县）展开决战。战前，智伯亲自出马查看齐军营垒，不巧马匹受惊。智伯临变不乱，将计就计，他认为："齐人知余旗，其谓余畏而反（返）也。"乘势驱马到齐军营垒前沿，观察清楚敌情，返回本营。临战前，大夫长武子请示占卜吉凶，智伯说："以辞伐罪足矣，何必卜！"坚信可以战而胜之。果然"齐师败绩。知伯亲禽颜庚"（《左传·哀公二十三年》）。

史书中对智伯处心积虑图谋卫国有形象记述。

刘向《说苑·复恩》记载：吴国使节赤市出访晋国智伯时，向卫国借道通行，卫国大臣宁文子不但答应借道，还向他赠送纻缔三百制的厚礼。赤市顺利来到晋国，拜访完智伯后准备返国，智伯命人将船连在一起造成浮桥让他通过，赤市不禁怀疑："大夫渡河，两条船相并就可以了。现在智伯对我一个使臣如此敬重，其中必有缘故。"于是派人查看，结果发现后面布置着大批晋军，准备突袭卫国。想到卫国对自己的好处，赤市于是装病暂时留下，同时命人赶到卫国报信。智伯发现偷袭不成，终止了袭卫计划。

一计不成，又生一计。智伯假装逐出太子，让他逃奔卫国。南文子说："太子颜堪称君子，智伯又很宠爱他，他没有犯什么大罪却逃亡出来，其中必有蹊跷。"南文子派人到边境迎接智伯太子，并叮嘱属下："如果太子的兵车超过五辆，就要慎重，千万不要让他入境。"智伯听说后，无可奈何，只好打消了偷袭卫国的念头。

假装驱逐太子不成，智伯又改成送礼于卫国。他派人送给卫国国君四匹良马和一枚白璧，卫君十分高兴，群臣都来庆贺，南文子却面带愁容。卫君说："举国都很高兴，而你却愁眉苦脸，这是为什么呢？"文子说："没有功劳就受到赏赐，没

---

① 《史记·晋世家》司马贞《索引》引《竹书纪年》云："出公二十三年奔楚。"则晋出公出奔在韩、赵、魏灭智氏后，而非《史记》之《晋世家》《赵世家》《六国年表》等所言在四卿分范、中行二氏之后。参见杨宽《战国史料编年辑证》卷一，上海人民出版社，2001年。

费力气就得到礼物，不可以不慎重对待。四匹良马和一枚白璧，这是小国应该送给大国的礼物，如今大国却将这种礼物送给我们，您还是慎重考虑为好。"卫君把南文子的这番话告诉边防人员，让他们加以戒备。智伯军队偷袭卫国边境时发现卫军已有戒备，只得返回。智伯失望地说："卫国有能人，预先知道了我的计谋。"

智伯几次谋卫，无功而返，终于在计取仇犹国时获得成功。

仇犹在古文献中亦作仇由、仇繇、仇首、厹繇等，为白狄一支，故址约在今盂县一带。其建国约在前 500 年前后，公元前 457 年前后为智伯所灭。前 453 年，智伯为赵氏所灭，仇犹归赵。

古代文献关于仇犹国的记载十分缺乏，主要为智伯灭仇犹故事。对此《战国策·西周策》《吕氏春秋·权勋》《韩非子》《史记·樗里子甘茂列传》等都有大同小异的记载，而以《吕氏春秋》最为详尽。其记曰："中山之国有厹繇者，智伯欲攻之而无道也，为铸大钟，方车二轨以遗之。厹繇之君将斩岸堙溪以迎钟。赤章蔓枝谏曰：'《诗》云唯则定国。我胡则以得是于智伯？夫智伯之为人也贪而无信，必欲攻我而无道也，故为大钟，方车二轨以遗君。君因斩岸堙溪以迎钟，师必随之。'弗听。有顷，谏之。君曰：'大国为欢而子逆之，不祥。子释之。'赤章蔓枝曰：'为人臣不忠贞，罪也；忠贞不用，远身可也。'断毂而行，至卫七日而厹繇亡。"东汉高诱注："厹繇，国之近晋者也。或作仇酋。"

一般认为仇犹国故址在今之盂县。《地括志》："并州盂县外城俗名原仇山，亦名仇犹，夷狄之国也。"（《史记·樗里子甘茂列传》张守节《正义》引）《山西历史地名通检》："仇犹，春秋时夷狄小国，故治在今盂县。"

今盂县城东北北关、水泉村之间古城坪有古城遗址，1987 年，刘有祯对古城址进行了调查发掘。由于城墙破坏严重，"现存城址仅留几处断壁，已不能找到对应的四面城墙。大约由不很规整的两个长方形组成。城的东部地形高出西部。至于城的建制，已无从辨认。……《永乐大典》卷 5204 说'仇犹城周九里六十步'，当是符合实际的。……古城始建年代至迟也在公元前 480 年。……古城废弃在公元前 450 年左右，使用年限仅为三四十年左右"。对于古城性质，作者认为，遗址为"厹由故地的说法，最早见于《隋书·地理志》。……从出土遗物看，厹由主要受晋文化的影响，但同时汇合交流不同区域性的文化。……《汉书·地理志》说赵的分野：'定襄、云中、五原本戎狄地，颇有赵、齐、卫、楚之徙。'定襄与仚由相邻，此说是符合实际的。"[1]

不过，对北关古城为仇犹城址的说法也有不同看法。

2003 年夏秋，考古工作者调查发掘北关古城及北关东周墓地。发掘者研究认为："《今本竹书纪年》载周贞定王十二年（前 457）：'智瑶伐中山，取穷鱼之丘。'《水经注》卷十二：'淶水又东北，径西射鱼城东南，而东北流，又径东射鱼城南。'……《竹书纪年》曰：'荀瑶伐中山，取穷鱼之邱。'穷、射字相类，疑即此城也，所未祥矣。……疑'穷鱼''仇犹'发音接近，穷鱼可能就是仇由。"而"淶水即拒马河，在今河北淶源、易县一带，入永定河，属海河水系。东周时期的中山国，据已发现的考古资料和有关的研究成果，在今河北的灵寿、平山、行唐、新乐一带，拒马河在古中山国之北一百余公里，晋在古中山国西南，智瑶伐中山由太原盆地出娘子关下井陉是捷径，而断无逾句注山绕代地长途奔袭之理，况且，代地当时新为赵所征服，赵襄子与智伯又不睦。而仇由国正好在晋与中山之间，是伐中山的必经之地，先取仇犹，此属合理。……若确，则仇犹国被灭时间当为是年（前 457）"。对盂县北关古城址和墓葬，研究认为："前 453 年，韩、赵、魏三家灭智氏，原属于智氏的仇由之地归赵，赵在原仇由国故地建原仇城，并于原仇城以东二十里又筑置皋牢城。秦庄襄王三年，秦将蒙骜攻赵，得赵之榆次、狼孟、新城等三十七城，置太原郡统领，原仇城、皋牢城归太原郡管辖。赵之'原仇'可能有'原仇由之地也'之意。……北关东周墓地的时代相当于战国早、中期，墓地文化内涵属以晋文化为主体的中原文化系统，同时有少量非中原文化的因素。北关古城的时代为东周，因资料原因其上下限不详，但从其地理位置看，它应和墓地有密切关系，时代及文化性质应和墓地相当，也应是战国早、中期城，时代及地理位置均与赵所置的原仇城吻合，应是原仇城，至于春秋时期的仇由故城所在地……在县城以东约 15 公里的'曲曲城'有座古城，据调查的资料，有春秋时期的陶片，其时代、内涵及性质值得关注，或许与仇由故城有关。"[2]

[1]　刘有祯《山西盂县东周仚由遗址调查》，《考古》1991 年第 9 期。
[2]　吉琨璋、韩利忠、赵培青《盂县东周遗存及相关问题研究》，赵培青《盂县讲坛》，三晋出版社，2010 年。

智伯不但兼并仇犹这样的戎狄小国，而且也向与其势力相当的韩、魏、赵等索取土地。《战国策·赵策一》："知伯帅赵、韩、魏而伐范、中行氏，灭之。休数年，使人请地于韩。韩康子欲勿与，段规谏曰：'不可。夫知伯之为人也，好利而骜复，来请地不与，必加兵于韩矣。君其与之，与之彼狃，又将请地于他国，他国不听，必乡之以兵。然则韩可以免于患难，而待事之变。'康子曰：'善。'使使者致万家之邑一于知伯。知伯说。"《战国策·魏策一》："知伯索地于魏桓子，魏桓子弗予。任章曰：'何故弗予？'桓子曰：'无故索地，故弗予。'任章曰：'无故索地，邻国必恐；重欲无厌，天下必惧。君予之地，知伯必骄。骄而轻敌，邻国惧而相亲。以相亲之兵，待轻敌之国，知氏之命不长矣！《周书》曰："将欲败之，必姑辅之；将欲取之，必姑与之。"君不如与之，以骄知伯。君何释以天下图知氏，而独以吾国为知氏质乎？'君曰：'善。'乃与之万家之邑一。知伯大说。"

韩、魏两家不情愿地将城邑交给智伯时，提到智伯的一个人性缺点——"好利而骜复"，既贪图货利又凶狠暴戾、刚愎自用。这的确是智伯一个致命的性格缺陷。早在智宣子欲立智伯为继承人时，族人智果就指出了智伯的这一缺陷。对此《国语·晋语九》有精辟描述："智宣子将以瑶为后，智果曰：'不如宵也。'宣子曰：'宵也很。'对曰：'宵之很在面，瑶之很在心。心很败国，面很不害。瑶之贤于人者五，其不逮者一也。美鬓长大则贤，射御足力则贤，伎艺毕给则贤，巧文辩惠则贤，强毅果敢则贤。如是而甚不仁。以其五贤陵人，而以不仁行之，其谁能待之？若果立瑶也，智宗必灭。'弗听，智果别族于大史为辅氏。及智氏之亡也，唯辅果在。"《国语》记载智果预见到智氏之灭而别出为辅氏。《战国策·赵策一》对此也有相近记载："张孟谈因朝知伯而出，遇知过辕门之外。知过入见知伯曰：'二主殆将有变。'君曰：'何如？'对曰：'臣遇张孟谈于辕门之外，其志矜，其行高。'知伯曰：'不然。吾与二主约谨矣，破赵三分其地，寡人所亲之，必不欺也。子释之，勿出于口。'知过出，见二主，入说知伯曰：'二主色动而意变，必背君矣，不如今杀之。'知伯曰：'兵着晋阳三年矣，旦暮当拔之而飨其利，乃有他心？不可，子慎勿复言。'知过曰：'不杀则遂亲之。'知伯曰：'亲之奈何？'知过曰：'魏宣子之谋臣曰赵葭，韩康子之谋臣曰段规，是皆能移其君之计。君其与二君约，破赵则封二子者各万家之县一，如是则二主之心可不变，而君得其所欲矣。'知伯曰：'破赵而三分其地，又封二子者各万家之县一，则吾所得者少，不可。'知过见君之不用也，言之不听，出，更其姓为辅氏，遂去不见。"知过应即知果（智果），其更姓为辅氏的原因和时间两书记载略有不同，孰是孰非，难以断定。但有一点，智氏之灭和智伯的贪横暴戾、刚愎自用不无关系。

智伯从韩、魏二国顺利得到城邑后，又转向赵国。赵国此时已是襄子当政，其势力强于韩、魏二氏，与智氏相差无几。襄子本人素怀大志，且与智伯夙衔仇怨。而智伯这次索要的是赵国的蔺和皋狼之地。皋狼、蔺，均位于今山西吕梁山以西，蔺为赵西部大邑，皋狼更是赵氏祖先发祥地[①]，赵襄子自然不会将它拱手让人。智、赵两家多年累积下的矛盾一触即发。

三、继祧赵宗

赵襄子（？—前425），即赵毋恤（亦作赵无恤），春秋战国之际晋国赵氏的封君，战国七雄之一赵国的开创者。卒谥襄，史称赵襄子。

中国古代确定继承人主要实行嫡长子继承制。所谓嫡长子继承制，是中国古代宗法制度的一项基本原则，即王位由嫡妻（正妻）所生长子继承。夏商时期王位继承以父死子继为主，辅之以兄终弟及。西周初年，周公制礼作乐，始行嫡长子继承制。周朝统治阶级内部大致划分为天子、诸侯、卿大夫、士等级别。各个等级中，继承职位者必须是嫡妻长子，如果嫡妻无子，则立庶妻中地位尊贵的妾之子。即所谓"立嫡以长不以贤，立子以贵不以长"（《春秋公羊传·隐公元年》）。历史上，在选定继承人时，除立嫡常例之外，还有"立贤"与"立爱"的变体，而每一次变体的产生，都意味着一场斗争，甚至是国家的动乱。

赵襄子母亲为赵简子从妾，又是翟人之女，处于庶子地位，非嫡非贵，按照宗法制，赵氏嗣君之位断非襄子所有。然而雄韬伟略、目光深远的赵简子却舍嫡长子伯鲁不用，以狄婢之子毋恤为赵氏宗主。我们在《赵鞅的文治武功》一节中说明其主要原因是赵襄子最能够领会赵简子的"北进战略"思想，所以简子才决意改立其

---

① 《史记·赵世家》："孟增（赵氏之祖）幸于周成王，是为宅皋狼。"《集解》："徐广曰：'或云皋狼地名，在西河。'"《索隐》："按：如此说，是名孟增号宅皋狼。而徐广云'或曰皋狼地名，在西河'。按《地理志》，皋狼是西河郡之县名，盖孟增幸于周成王，成王居之于皋狼，故云宅皋狼。"

为继承人。

春秋时期，宗法制度严谨，人们的嫡庶贵贱观念十分浓厚。在赵氏已有嫡长子伯鲁为嗣的状况下，行废立之举，需冒很大风险，鲁莽行之，非但无益于巩固和发展赵氏基业，还有可能动摇赵氏根基，为赵氏家族带来无妄之灾。赵简子巧妙地利用了当时人们对"天"的迷信与崇拜心理，依靠"天所授，虽贱必贵"这一"上天"的决定，完成了废嫡立庶的政治决策。赵襄子的命运因此又被罩上一层神秘色彩，不仅弥补了他出身低贱的缺憾，而且在无形之中提升了他的威信。虽然如此，太子伯鲁被废与襄子被立这一违反嫡长子继承制的做法，在赵襄子心头，在赵氏宗族中依然是一个潜在问题。赵襄子也一直在努力化解这一危及赵氏政权的危险。襄子即位不久，攻灭代国，即把太子伯鲁之子封为代成君。赵襄子自己虽然有五个儿子，也不肯立为继承人，而是把伯鲁之孙浣立为太子，是为赵献侯。可见传统宗法势力在当时具有的力量是多么强大，亦可见赵简子为实现政治抱负所担风险之高。

总之，赵襄子得立为嗣意义重大：就他个人而言，他的人生轨迹从此发生重大改变；就赵氏家族而言，志向高远的赵襄子将带领赵氏完成几代人的心愿，缔造战国七雄之一——赵国。

四、平中牟　并代国

赵襄子即位后所做的第一件大事，是收复叛离赵氏的中牟。中牟（今河南省鹤壁市）[①]本属赵邑，其地近卫。当赵简子与邯郸赵氏等争斗之时，中牟邑宰佛肸乘机叛赵。晋定公二十二年（前490），赵简子打败范氏、中行氏之后讨伐卫国，同时攻取中牟[②]。现在简子尸骨未寒，中牟再次反叛。《韩诗外传》卷六记载战事经过云：

[①] 关于中牟的具体地理位置，有不同说法，除河南鹤壁说以外，尚有河南中牟说（今河南省中牟县，《汉书·地理志》主之）、漯水之北说（约在今河南省浚县以东，此《史记集解》引臣瓒之说）、河北说（《史记索隐》，清顾栋高《春秋大事表》卷九"列国地形口号"具体指为今河北邢台至邯郸之间）等。此数说据学者考证，认为河南鹤壁说理由更为充分。考古工作者于20世纪60年代初在鹤壁市鹿楼乡故县村西发现一面积达84000平方米的古遗址，中有冶铁工场，分布有密集的炼炉，并有镰、犁铧、锄、锛等铁工具及矛、剑、戟等兵器出土。此后，又于80年代末在此遗址的中部发掘出堆积深厚的战国至汉代文化层，从而证明此遗址为战国城址的一部分。参见孙继民、郝良真《战国赵都中牟琐见》，《河北学刊》1987年第5期。

[②] 《左传·哀公五年》："春，晋围柏人，荀寅、士吉射奔齐。"《说苑·立节》："简子屠中牟，得而取之。……夏，赵鞅伐卫、范氏之故地，遂围中牟。"

"昔者，赵简子薨而未葬，而中牟畔之。既葬五日，襄子兴师而攻之，围未匝，而城自坏者十丈。襄子击鼓而退之，军吏谏曰：'君诛中牟之罪而城自坏，是天助也，君曷为而退之？'襄子曰：'吾闻之于叔向曰："君子不乘人于利，不厄人于险。"'使修其城然后攻之。中牟闻其义而请降。"

中牟邑宰很可能属于邯郸赵氏系统，或者与范氏、中行氏关系密切。他们与晋阳赵氏积怨颇深，因此一叛再叛。所谓攻人攻心，赵襄子在攻取中牟时，汲取了其父简子"围并屠之"的教训，在中牟城墙突然垮出一个十丈长的豁口后，不是乘机进攻，而是鸣金后退，等里面的人修好城墙再行围攻。还美其名曰"君子不乘人于利，不厄人于险"，结果感动了中牟叛军，不战而屈人之兵。

中牟反叛之前，邑宰佛肸曾经在大庭支起一口大鼎，召集士大夫，宣布背叛赵氏，并郑重警告："顺我者封邑，逆我者烹！"士大夫都顺从了佛肸。轮到田卑，他义正辞严地说："为义而死，绝不避斧钺之罪；为义而穷，绝不受轩冕之服。无义而生，不仁而富，还不如被烹了算了！"说着牵起衣服就往鼎边走，佛肸赶紧跑过来拉住他，不觉中把鞋子都跑掉了。赵襄子进城之后，听到这件事，准备封赏田卑。田卑拒绝道："不可啊！您赏了我，就等于说原来屈服于佛肸的那些人都有罪了。表彰一个人而令万夫获罪，智者不为；赏一人而令万夫羞惭，义者不取。现在一旦我接受了您的赏赐，就会使广大中牟之士蒙上羞耻与不义的名声啊！"最终，田卑背着老母南徙于楚，楚王高其义，以为司马。（参见刘向《新序·义勇》）

为收买人心，赵襄子还释放了中牟叛军首领佛肸之母。《列女传·辩通传》："赵佛肸母者，赵之中牟宰佛肸之母也。佛肸以中牟叛。赵之法，以城叛者，身死家收。佛肸之母将论，自言曰：'我死不当。'士长问其故，母曰：'为我通于主君，乃言；不通，则老妇死而已。'士长为之言于襄子，襄子出，问其故，母曰：'不得见主君则不言。'于是襄子见而问之曰：'不当死何也？'母曰：'妾之当死亦何也？'襄子曰：'而子反。'母曰：'子反，母何为当死？'襄子曰：'母不能教子，故使至于反，母何为不当死也。'母曰：'吁，以主君杀妾为有说也，乃以母无教邪！妾之职尽久矣，此乃在于主君。妾闻子少而慢者，母之罪也，长而不能使者，父之罪也。今妾之子少而不慢，长又能使，妾何负哉！妾闻之，子少则为子，长则为友，夫死从子。妾能为君长子，君自择以为臣，妾之子与在论中，此君之臣，非妾之子。君有暴臣，妾无暴子，是以言妾无罪也。'襄子曰：'善，夫佛肸之反，寡人之罪也。'遂释之。君子曰：'佛肸之母，一言而发襄子之意，使行不迁怒之德，以免其身。'《诗》云：'既见君子，我心写兮。'此之谓也。"佛肸之母可谓善辩者。她以少年之养在母亲，成年之用在君长，佛肸之叛是君有暴臣，妾无暴子，将责任一股脑儿推给了赵襄子。赵襄子何等精明，焉能不知其中窍要，但释放佛肸之母，既收中牟人之心，又获闻善而从之美誉，何乐不为。

中牟既已收复，赵襄子选择深为自己信赖的王登为中牟令。不久，王登报告赵襄子："中牟之士中章、胥己，人品端正，学识渊博，君何不重用二人呢？"赵襄子当即答复："您出面推荐吧，我将任命他们为中大夫。"有家臣谏阻："中大夫，在晋国也算高级官员了，现在二人无功而受如此高官，恐怕晋国的群臣不会满意。况且，您也只是耳听为虚，何不眼见为实之后再作决定呢？"赵襄子不以为然，说："我选拔王登的时候，是亲自耳闻目睹考察过的，王登选拔的人才，也是他亲自耳闻目睹考察过的。他的耳目就是我的耳目！"王登返回，一天之内便接见了两位士人，按襄子的意见授予他们官职，还给予他们田宅。于是"中牟之人弃其田耘、卖宅圃而随文学者，邑之半"（参见《韩非子·外储说左上》）。赵襄子知人善任、用人不疑的品质由此可见一斑。更重要的是，它在一定程度上起到了稳定与鼓舞中牟人心的作用。

中牟地处太行山东南麓，齐桓公称霸诸侯时所筑，后属晋，是晋国争霸中原的重要据点。所谓"三国（赵、齐、燕）之股肱，邯郸之肩髀"（《韩非子·外储说左下》），收复中牟使赵氏获得向中原发展的重要前沿阵地。襄子之后，赵献侯即从晋阳徙都中牟，后迁邯郸，逐鹿中原。由此可见赵襄子收复中牟后，采取一系列巩固中牟措施的良苦用心。

避开人口密集但容易与诸卿产生矛盾的晋国中心区域，代之以向边远地区戎狄之地开拓疆土，即"北进战略"，这是赵简子为赵氏家族发展而确立的战略目标，为此他不惜废除嫡长子伯鲁改立庶子毋恤为继承人。而兼并代国则是这一战略的首要目标，赵襄子对此可以说是心领神会。

代国是春秋战国之际活动于今河北省西北部、山西省东北部，以戎狄族为主体建立的国家。《史记·赵世家》记赵简子言其梦曰："吾见儿在帝侧，帝属我一狄犬。"当道者为其释梦曰："狄犬者，代之先也。"由是可知，代之祖先属于狄族。《后汉书·西羌传》则称"代国为戎"，并称"代戎，即北戎也"。戎狄是春秋时期北方民族中最为强大也最为活跃的民族，活动于今山西、陕西、河南、河北、山东等地。北狄又可分为"赤狄""白狄"等。白狄原居于今陕西黄河沿岸，后东迁至今河北西南部定州、石家庄至山西边境盂县一带，分鲜虞、肥、鼓、仇犹等部族。智伯所灭仇犹即为白狄鲜虞部一支。赤狄分潞氏、皋落氏、廧咎如、甲氏、留吁、铎辰等部族，分布于今山西东南部，曾经是北方势力最为强大的部落之一。公元前 541 年，晋国卿大夫中行穆子带兵越过霍山险道，败无终及群狄于太原，北戎一部渐次融合于晋，一部向东北移徙，与"三胡"部族融合。赵武灵王胡服骑射所破林胡、娄烦戎等，其中就包含部分戎狄族成分，他们后来又成为鲜卑族的重要组成部分。还有一部分戎狄部族被压迫至常山（今恒山）以北地区，被称为"代戎"。

代戎建立国家的年代不详，明人尹耕《代国考》认为，恒山北之代国（故都即今蔚县代王城遗址），始至商汤，战国初被赵襄子所灭后，封伯鲁子代成君。战国末年邯郸被秦攻下后，赵嘉自立于代而称王。秦汉之际，赵王歇、陈馀相继称王于此；汉初，蔚县代王城短暂成为文帝之兄刘喜的代王都。而汉文帝刘恒为代王时所居都城，则已迁至今太原、平遥，是为山南之代[1]。春秋战国之际，代国的疆域范围大约在今天河北怀安、蔚县以西，山西阳高、浑源以东一带。今河北省蔚县东北的代王城遗址，被认为是东周代国都城遗址。城址呈椭圆形状，东西长 3400 米，南北长 2200 米[2]。在山西北部地区发现一批东周时期铜器墓葬，其时代为春秋晚期到战国早期。研究者将这一批铜器墓葬分为忻州地区（包括忻州、定襄、原平、代县一带）、昔阳地区和浑源地区。这批墓葬中既有大量晋系青铜器的文化元素，也包含北方戎狄文化元素，还有一些包含燕式青铜器风格。此外在原平峙峪、浑源等地出土了诸如吴王光剑等吴越风格的青铜器。山西北部出土的这批春秋铜器墓的族属，或以为"浑源铜器墓的族属当属代国无疑。……多年的考古发现与发掘证明，

---

[1]　尹耕《代国考》见乾隆二十二年订补重刊本《宣化府志》卷三七《艺文志》。

[2]　或认为代王城遗址为秦汉代国遗址，赵襄子所灭代国可能是位于蔚县的将城或东代城。参见孙继民《赵桓子都代考》，《河北学刊》1999 年第 1 期。

在太行山东麓的河北西部和北部发现了多处春秋战国时期的鲜虞墓葬。……鲜虞属我国北方民族白狄，故忻州、定襄、原平刘庄、代县铜器群的族属为白狄无疑"①。而昔阳铜器墓也应为鲜虞白狄人，很可能就是文献所载鲜虞肥国的文化遗存。需要说明的是，这批铜器墓中大量晋文化元素的存在，一方面说明戎狄族和晋文化有着广泛交往，另一方面也是这些地区在战国早期已经纳入赵国统治区域的证明。至于在远离吴楚的山西北部忻定盆地集中发现诸如吴王光剑、吴王夫差鉴等具有典型吴国文化特征的遗存，说明这批器物的主人曾经和吴国有着十分密切的关系。揆诸文献，春秋晚期，晋、吴两国关系密切，赵简子与吴王会盟于黄池，吴国灭亡前，赵襄子派使臣楚隆前往慰问；吴灭亡后，许多大臣逃亡晋国定居。"吴季札封于延陵，后人改姓延陵氏，在战国时期逃亡晋国的延陵氏曾被赵国分封在今雁北地区，西汉时尚存县名。……据《史记·匈奴列传》记载，赵襄子逾句注而破并代以邻胡貉。其后既与韩、魏共灭智伯，分晋地而有之，则赵有代、句注之北，忻定盆地在晋阳和句注之间，其地已属赵氏当无疑问矣。"②《战国策·赵策一》记载赵襄子退守晋阳时"乃召延陵生将车骑先至晋阳"③。此延陵生或与吴国延陵氏同族，他是赵国大将，或者就生活在忻定盆地。吴国器物出土于此，正是赵襄子兼灭代等戎狄国家后，将其纳入赵国版图的实物证据。

兼灭代国是赵简子、赵襄子父子"通力合作"的结果。

《史记·赵世家》"襄子姊前为代王夫人"。赵简子生前为笼络代王，已经与之通婚，病重时也不忘提醒赵襄子"我死，已葬，服衰而上夏屋之山以望"。襄子也没有辜负乃父期望，在服丧期间，不顾群臣反对，北登夏屋之山（今山西代县东北），以观察代地风土人情，并请代王相见，代王毫无戒备地前来赴会。酒宴上，襄子早已埋伏陷阱，斟酒者行斟时，趁机用斟酒用的铜勺刺杀代王及其从官。代王一死，赵军随即兴兵伐代，一举占领代国，将其领土并入赵氏版图。伐灭代国不久，赵襄子即遣新稚穆子由代地出发南伐中山，夺取了鲜虞中山国的左人及中人

---

① 参见宋玲平《山西中北部东周时期青铜器及相关问题》，山西省考古学会等《山西省考古学会论文集（三）》，山西古籍出版社，2000年。
② 贾志强等《忻定盆地春秋铜器墓主的文化族属问题》，山西省考古学会等《山西省考古学会论文集（三）》，山西古籍出版社，2000年。
③ 此"延陵生"原作"延陵王"，据杨宽《战国史料编年辑证》改。

（今河北省唐县）。

赵襄子使用阴谋手段灭代国，代王夫人（即襄子之姊）闻讯后，泣而呼天，拔下发笄自刺而死。代人为纪念她，将她自杀之山名为摩笄之山（今河北省蔚县东南）。

襄子灭代以后，因伯鲁早死，把代封给伯鲁之子周镇守，号称代成君，又专为代地封君配备"相"职，辅助封君治理。赵襄子是最早实行封君制的国君。这种封建虽然不同于过去实行的分封制度，但亦显示了代地的特殊地位。战国时，平原君、信陵君等封君都脱胎于赵襄子的代地封君制。

代国东接燕，南连中山（国），北边匈奴，而与楼烦、林胡接壤，具有重要的战略地位。代地并入赵国版图，对赵国发展具有十分重要的意义。它大大扩张了赵国疆域的规模，加快了这一地区少数部族与华夏民族的融合。从此，代地的人力物力资源直接为赵国所用。代地出马，对于战争连年不断的国家来说，这无疑是最为重要的战略资源。《史记·赵世家》记载，赵武灵王伐取中山，其部队中有"代"军，是代地军民已成为赵国武装部队的组成部分。赵武灵王伐中山，取楼烦、林胡等地，皆以代国为出发地。战国名将李牧镇守代地雁门郡，匈奴以李牧为怯，数十年不敢犯赵境，既保证了赵国北边的安全，也给代地带来和平与发展[①]。战国末年，赵都邯郸被秦攻破，赵王迁被虏后，赵公子嘉逃到代地自立为王，支撑数年之久。

五、水灌晋阳

平定中牟，兼并代国，攻略鲜虞中山国，瓜分范氏、中行氏故地，"北进战略"在赵襄子这个以庶出而继祧赵宗的国君手中顺利贯彻执行。其忍辱负重的优良品质（这是赵襄子得立为嗣的又一重要原因），也在襄子开拓巩固赵国基业的过程中显现出来。

据《左传·哀公二十七年（前468）》记载，智伯瑶、赵襄子率兵包围郑国都城。智伯瑶让襄子率先领军攻城，襄子则用外交辞令推脱，让智伯瑶先出兵。智伯

---

① 《史记·廉颇蔺相如列传》："李牧者，赵之北边良将也。常居代雁门，备匈奴。以便宜置吏，市租皆入莫府，为士卒费。日击数牛飨士，习射骑，谨烽火，多间谍，厚遇战士。为约曰：'匈奴即入盗，急入收保，有敢捕虏者斩。'匈奴每入，烽火谨，辄入收保，不敢战。如是数岁，亦不亡失。"

瑶极具挑衅地对赵襄子说道："你相貌丑陋，懦弱胆怯，赵简子为什么立你为继承人？"襄子回答道："我想一个能够忍辱负重的继承人对赵氏宗族并没有什么坏处吧。"不亢不卑的回答，避免了矛盾进一步升级。《史记·赵世家》也记载了赵襄子随智伯出征时发生的一件事："晋出公十一年，知伯伐郑。赵简子疾，使太子毋恤将而围郑。知伯醉，以酒灌击毋恤。毋恤群臣请死之，毋恤曰：'君所以置毋恤，为能忍詢。'然亦慍知伯。"面对智伯一次又一次的羞辱和挑衅，襄子部下已是群情激奋，要求杀掉智伯以洗刷耻辱，赵襄子依然牢记自己的使命，隐忍不发。

《说苑·建本》记载："赵简子以襄子为后。董安于曰：'毋恤不才，今以为后，何也？'简子曰：'是其人能为社稷忍辱。'"[①]在四卿争斗激烈的晋国，执政者智伯才智过人且又贪利暴戾，"能为社稷忍辱"是特殊环境下一个政治家生存发展的必备品格。当然忍辱的目的是为了更大的利益，所谓小不忍则乱大谋。当智伯瑶索要蔺、皋狼两座军事要地，事关赵国社稷安危之时，赵襄子则表现出了他果敢无畏的英雄本色，不惜与智氏公然敌对，断然拒绝。

智氏家族自智伯于公元前475年继赵简子成为晋国执政卿后，经过二十年的内争外战，势力大增。"知伯遂有范、中行地，最强"，"当是时，晋国政皆决知伯"。此次索地，智伯也采取了先弱后强、分化击破的策略。他先向势力较弱的韩、魏两家索地，韩、魏二家权衡得失后，向智氏献地，这在某种程度上意味着两家对智氏领导地位的认可。挟韩、魏"俯首"之威，智伯又向与其势力相当的赵氏索要城邑。当赵氏拒绝后，智伯又"三使韩、魏"，即通过韩、魏两家向赵氏施压。赵襄子拒绝智伯，也就等于拒绝了韩、魏。通过这一计策，智伯分化离间了赵、魏、韩三家的传统友谊，智、韩、魏三家暂时结成了统一联盟。

当是时，智、赵两家势力相近，智氏尚占有一定优势。与三家联盟相抗衡，对赵国来说，形势自然是分外凶险。然而赵襄子如果要将"北进战略"顺利推进，要想巩固和发展赵氏化家为国的成果，那么与智氏家族的决战是迟早都要面对的。

春秋晚期的晋国，诸卿势力中以智、赵两家最为强大，两家的明争暗斗也最

---

① 杨宽认为此段记载是刘向附会《左传·哀公二十七年》赵襄子自称"以能忍耻，庶无害赵宗乎"一文而"虚构之故事耳"。参见杨宽《战国史料编年辑证》，上海人民出版社，2001年。

为剧烈。早在公元前 497 年，赵简子与范氏、中行氏争斗时，时任晋国执政卿的智跞（也称智文子、荀跞）曾计划将包括赵氏在内的三卿一网打尽。他向晋君进言："君命大臣，始祸者死，载书在河。今三臣始祸……请皆逐之。"（《左传·定公十三年》）当韩、魏二氏向晋君求情免除赵氏罪责时，智跞不与。杨伯峻一针见血地指出："知氏主逐范、中行，而不与韩、魏之为赵请，则其心可以知矣。"[①] 赵氏归绛都后，智跞又趁赵氏危难之际逼杀赵简子重要谋臣董安于，以削弱赵氏力量。因为"不杀安于，使终为政于赵氏，赵氏必得晋国"（《左传·定公十四年》）。赵氏对智氏也是时刻警惕。铁之战大捷后，赵简子喜形于色，谋臣傅傁立刻告诫赵简子"犹有知在，忧未艾也"（《左传·哀公二年》）。智跞去世后，赵简子接任执政卿，进行了一系列政治经济改革，军事外交上也取得了重要成果。赵氏已逐渐具备取代晋国的实力，敏锐的政治家们已预感到晋国将"归焉"。赵简子去世后，智伯瑶继任晋国执政，其势力凌驾于三家（赵、韩、魏）之上，雄心勃勃，"欲尽并晋"。一山难容二虎，一个是欲将晋国归入赵家，一个是欲将晋国并入智家，矛盾与冲突自然在所难免。

智、赵二氏战略目标发生冲突也是两家矛盾加剧的重要因素。赵简子制定了以晋阳为中心，借此向北部戎狄之地发展的"北进战略"。赵襄子继立后，积极推进这一战略。其后人赵武灵王指出，赵襄子在北部边境筑"无穷之门，所以昭后而期远也"（《战国策·赵策二》）。"北进战略"，"计胡、翟之利"的计划可谓长远。

而智氏也有通过兼并晋国北部戎狄之地扩大势力的举措。前边我们已经讲述了智伯设计伐灭仇犹的故事。仇犹为中山属国，智氏将中山鲜虞这样的戎狄之国视为进取目标，不可避免地要与赵氏的发展战略发生冲突。

智氏索取赵氏的蔺与皋狼二地，也与其北进目标相关联。蔺与皋狼地处赵氏政治中心晋阳西侧，此前智氏已夺取的仇犹（今盂县）则在晋阳东侧。蔺与皋狼一旦易主，智氏就会对晋阳形成东西夹击之势。一旦失去晋阳，赵氏北进取得的成果也有可能化为乌有。更何况，皋狼作为赵氏先人所封故地，其精神与象征性意义重大，赵襄子断然不会将其拱手让人。

---

① 杨伯峻《春秋左传注》，第 1595 页。

然而赵氏的力量与智氏联军相比，仍然处于弱势地位。他们无法在晋国的中心地带与三家联军相抗衡，于是历史又一次重演，赵襄子带着赵家军退保晋阳。

退保晋阳之前，赵襄子君臣关于退往何方曾起争执。有人主张前往长子（今山西省长治市附近），因为那里距离绛都很近，况且城墙厚实完整；有人提议去邯郸，因为那里仓库充实。而赵襄子认为长子虽然城墙完厚，但"修城墙已经将老百姓的力气用尽了，还要他们拼死守城，谁会陪我们拼命呢？"至于邯郸城，虽然府库充足，但"榨取民脂民膏填充了仓库，现在又要他们去拼死抵抗，哪还有人肯陪我拼命？"而晋阳是"先主曾经嘱咐过的，又有尹铎曾经在那里施行宽厚和民政策，百姓必定会与我们同心戮力的"。谋臣张孟谈也认为晋阳经过名臣董安于多年经营，尹铎也按照他的方略治理，他们的政治教化至今犹存，还是应该退守晋阳。襄子"乃走晋阳"（《国语·晋语九》）。

赵襄子走保晋阳途中，家臣原过落单。他独自赶路经讨王泽时（位于今山西省新绛县）遇见三位神人，神人让原过把一根只有两节的竹竿转交赵襄子，襄子斋戒三日，亲自剖开竹子，里面现出一张朱书文字："赵毋恤，我们是霍泰山阳侯的天使。三月丙戌那天，我们将让你反灭智氏。你要在一百座城邑里为我们立建庙宇，我们将赐你林胡之地。"[1]通过天神意旨来加强君臣战胜敌人的决心，是先秦时期的普遍现象。应当注意的是，这里出现的霍太山之神，再一次说明赵氏与霍太山的关系之深。

晋阳城是赵氏世代经营的战略重镇，董安于和尹铎都曾主政晋阳并大规模营建之。董安于营建晋阳城的情况我们前文已经论及。尹铎是继董安于之后治理晋阳的又一重要人物，我们借助有限史料，对其治理晋阳城的情况作一梳理。

首先是尹铎营建晋阳城的大体时间。

《国语·晋语九》："赵简子使尹铎为晋阳。请曰：'以为茧丝乎？抑为保障乎？'简子曰：'保障哉！'尹铎损其户数。简子诫襄子曰：'晋国有难，而无以尹铎为少，

---

[1] 《史记·赵世家》张守节《正义》："《括地志》云：'三神祠今名原过祠，今在霍山侧也。'"而榆次亦有原过祠。《元和郡县图志·河东道二》云："原过祠，俗名原公祠，在县东九里。《史记》曰：'智伯率韩、魏攻赵，赵襄子惧，乃奔保晋阳。原过从，后，至于王泽，见三人，自带以上可见，自带以下不可见。与原过竹二节，莫通。曰："为我遗赵毋恤。"原过既至，以告襄子。襄子斋三日，亲自剖竹，有朱书曰："赵毋恤，余霍泰山山阳侯天使也。三月丙戌，余将使汝反灭智氏。汝亦立我百邑。"襄子再拜，受三神之令。既灭智氏，遂祠三神于百邑，使原过主之。'"

无以晋阳为远，必以为归。'"同书又载曰："赵简子使尹铎为晋阳，曰：'必堕其垒培。吾将往焉，若见垒培，是见寅与吉射也。'尹铎往而增之。简子如晋阳，见垒，怒曰：'必杀铎也而后入。'"这是有关尹铎营建晋阳的两条资料。李孟存、李尚师认为上述两条资料"不是一件事情的两种记载，前者显然发生在范、中行氏乱前，后者发生在乱后，所以晋阳的营建在公元前六世纪的末年"[①]。晋阳城营建于公元前 6 世纪末，应无异议。但说尹铎在晋阳"损其户数"事发生在范氏、中行氏乱前，亦即前 497 年之前，则有未安。首先，前引两段材料相连，第一句话行文完全相同，说明它们所记载的，都是赵简子对尹铎前往晋阳担任邑宰时的嘱托。其次，《国语》虽是以"记言"为特点的史籍，但每卷内容编排基本以时间先后为序。《晋语九》"董安于辞赵简子赏"首言"下邑之役，董安于多"，叙述董安于晋阳之战中所建功勋事；接着下一段就是我们前文征引的尹铎治理晋阳事，说明尹铎治理晋阳应在公元前 497 年晋阳解围之后；再下一段叙述赵简子要求尹铎在营建晋阳城时，毁去荀寅、范吉射围攻晋阳时构筑的壁垒，因为他一见到这些壁垒就如同见到荀寅和范吉射本人一般，显见也是晋阳解围以后事。此外，董安于被杀，尹铎接任，也是顺理成章。此一节点应是尹铎营建晋阳城的时间上限。《晋语九》于尹铎治理晋阳之后接记"铁之战"赵简子等三人夸功，表明尹铎营建晋阳应在"铁之战"以前。"铁之战"发生于鲁哀公二年（前 493），则尹铎营建晋阳的时间下限不会晚于公元前 493 年。可以说，尹铎治理营建晋阳城约在公元前 497 年至公元前 493 年之间[②]。

董安于和尹铎营建的晋阳城规模宏大。《战国策·赵策一》记载襄子一行退到晋阳城后："行城郭，案府库，视仓廪，召张孟谈曰：'吾城郭之完，府库足用，仓廪实矣，无矢奈何？'张孟谈曰：'臣闻董子之治晋阳也，公宫之垣皆以荻蒿苫（楛）楚墙之，其高至丈余，君发而用之。'于是发而试之，其坚则箘簬之劲不能过也。君曰：'足矣，吾铜少若何？'张孟谈曰：'臣闻董子之治晋阳也，公宫之室皆以炼铜为柱质，请发而用之，则有余铜矣。'君曰：'善。'"荻、蒿是草本植物，楛、楚是木本植物。宫室的墙垣所用材料以荻、蒿、楛、楚为之，而且高达"丈

---

① 李孟存、李尚师《晋国史》，山西古籍出版社，1999 年。
② 参见孙继民、郝良真《先秦两汉赵文化研究·赵都晋阳杂考》，方志出版社，2003 年。

余"，足见宫室主体建筑的壮观。又，"公宫之室，皆以炼铜为柱质"。柱质即柱础，以铜质柱础作为建筑材料，某种程度上反映了宫室主体建筑的豪华和讲究。构筑墙垣之用的荻、蒿、楛、楚用来制作箭杆，铜质柱础用来制作箭镞（箭头）或兵器并有剩余，这既说明宫室及墙垣使用的木质和铜质材料之多，亦反映出晋阳城及宫室建筑的营建规模之大。

晋阳城的布局结构起码包括城郭、府库、仓廪。赵襄子"行城郭，案府库，视仓廪"，并说："城郭之完，府库足用，仓廪实矣。"可见晋阳建有完备的城郭防御体系，城郭内建有一定面积的仓储区，仓储区分别建有府库和仓廪，用以储备粮食和各种物资。《韩非子·十过》记载赵襄子"行其城郭及五官之藏。城郭不治，仓无积粟，府无储钱，库无甲兵，邑无守具"，战备情形与《战国策》记述完全相反。但纵观《十过》一文可以看出，其所记述是为了突出尹铎治理晋阳时藏富于民的思想，极而言之，不足为据。后文"君夕出令，明日仓不容粟，府无积钱，库不受甲兵。居五日而城郭已治，守备已具"，就是最好的说明。此外还有"公宫之室""五官之藏"等，亦即宫廷区、官署区，当然也应有居民区。尹铎对晋阳城的营建，在规模上应超过董安于。从上引《国语》看，赵简子要求尹铎"堕其垒陪"，而尹铎却"往而增之"，尹铎连敌对者建的壁垒设施都加以增修，足以说明尹铎的营建规模大于董安于。晋阳的城郭以高大坚固为特点。智伯率"三国攻晋阳，岁余，引汾水灌其城，城不浸者三版"。晋阳城在如此长的时间内能够固守，并且城墙经过浸泡和城内进水而不垮塌，足见城郭的坚固。所谓版，胡三省《通鉴音注》："高二尺为一版；三版，六尺。"在智伯遏晋水以灌城的情况下，晋阳城郭还能保持不低于水面六尺的高度，可见城墙之高大 [1]。

晋阳城规模宏大，城墙坚固，赵襄子也"号令以定，守备以具"。智伯率领智、韩、魏三国军队浩浩荡荡杀奔晋阳。一场决定智、赵两家命运，并影响中国发展的大决战在晋阳城下展开。

智伯联军与赵军激战三月，未能攻下固若金汤的晋阳。见强攻不能奏效，智伯改变战术，将军队分开，对晋阳构成包围之势，然后蓄决晋水，以图淹没晋阳城。

---

[1]　参见孙继民、郝良真《先秦两汉赵文化研究·赵都晋阳杂考》，方志出版社，2003 年。

赖晋阳城墙高峻厚实，河水仅差三个版筑的水位而未能攻破城池。但由于断绝了给养，经过长期包围，到第三个年头①（即前453年），城内已是"巢居而处，悬釜而炊，财食将尽，士卒病羸"。眼看不能再支持下去，襄子考虑向三家投降。他向张孟谈试探说："粮食匮，城力尽，士大夫病，吾不能守矣，欲以城下（投降），何如？"张孟谈成竹在胸："我听说，国家灭亡不能使它复存，国家危险不能使它安定，那以后就不要再看重谋臣智士了。请你打消投降的念头，再不要说这样的话。臣请见韩、魏之君。"张孟谈想利用韩魏两家素来与赵氏的友好关系及与智氏的矛盾，说动他们反戈一击，以解救危难中的赵氏。

韩、魏两家与智氏联合，本就是迫于智伯强势而做出的无奈之举。智伯为笼络两家，答应破赵之后，与之三分其地，但两家均不相信智伯的允诺，他们看出智伯贪鄙的野心，绝不仅限于灭亡赵氏而后满足。史籍记载，眼见晋阳被水所困，"城不浸者三版"，赵氏指日可灭，智伯踌躇满志，带着魏桓子、韩康子巡视水情，智伯忘乎所以地说："始吾不知水可以灭人之国，吾乃今知之。汾水可以灌安邑（魏都，今山西省夏县西北），绛水可以灌平阳（韩都，今山西省临汾市西北）。"魏桓子和韩康子听了这话，心下顿时一寒，魏桓子用胳膊肘暗捅韩康子，康子踩了一下桓子的脚背，二人心领神会，已包藏着反戈一击的杀心②。

张孟谈潜出晋阳城，见韩、魏二国之君，向他们指出："臣闻唇亡齿寒。今知伯率二君而伐赵，赵将亡矣，赵亡则二君为之次。"张孟谈的分析与韩、魏二君的感受不谋而合。其实他们早有联合之心，只是担心机事不密，谋未遂而被智伯知晓，招致灾祸。张孟谈向他们保证："谋出二君之口而入臣之耳，人莫之知也。"两家随即与张孟谈约定，三家同时举兵，反攻智伯。张孟谈趁夜潜回晋阳城报告襄子

---

① 关于智伯与赵襄子在晋阳决战的时间，《史记·赵世家》云"三国攻晋阳，岁余，引汾水灌其城"。而《韩非子·十过》《战国策·赵策一》均谓三国之兵攻晋阳"三月不能拔，因舒军而围之。绝晋水而灌之，围晋阳三年"。与《史记·赵世家》不同。杨宽《战国史料编年辑证》："案：知伯率韩、魏围攻赵晋阳，三年未能攻克，赵阴约韩、魏联合反攻，共灭知伯。事在晋出公二十二年，即周贞定王十六年，则知伯开始围晋阳，当在周贞定王十四年。"

② 此段故事，《战国策·秦策四》《韩非子·难三》《史记·魏世家》《说苑·敬慎》等都有相近记述。先儒也对汾水、绛水能否分别灌安邑和平阳有讨论。"程恩泽《国策地名考》又谓：'汾水在安邑之西北，并非西南，其中隔闻喜县，相距尚远，谓可以灌安邑，颇觉难通……'程说至确。此乃后人任意编造之故事，不知地理形势而妄说者，《资治通鉴》以此为韩、魏反而与赵共灭知氏之主因，不可信据。"参见杨宽《战国史料编年辑证》，上海人民出版社，2001年。

密约情况，"襄子迎孟谈而再拜之，且恐且喜"（《韩非子·十过》）。

赵襄子紧锣密鼓地准备反攻智伯的大计。智伯军中对赵襄子的计划也有所觉察，而智伯以为大功告成，对此浑不在意。

谋臣郄疵向智伯进言："韩、魏之君必反矣。"智伯不解，郄疵解释道，我们已经和两家约好，攻灭赵氏，三分其地。现在晋阳城马上就要攻破，两家之君面无喜色，反而有忧虑之态，大概是害怕赵氏灭亡之后，两家步其后尘，如果出于这样的考虑，那是一定要反的。智伯不但不信郄疵之言，并且将他的话转告了魏桓子和韩康子，这或许包含试探和警告两人之意，魏、韩二君当然矢口否认。智伯也就心安理得，自以为灭赵在即。

向智伯提出警告的还有同族人智过。据《战国策·赵策一》载："张孟谈因朝知伯而出，遇知过辕门之外。知过入见知伯曰：'二主殆将有变。'君曰：'何如？'对曰：'臣遇张孟谈于辕门之外，其志矜，其行高。'知伯曰：'不然。吾与二主约谨矣，破赵三分其地，寡人所亲之，必不欺也，子释之勿出于口。'知过出，见二主，入说知伯曰：'二主色动而意变，必背君，不如今杀之。'知伯曰：'兵着晋阳三年矣，旦暮当拔之而飨其利，乃有他心？不可，子慎勿复言。'知过曰：'不杀则遂亲之。'知伯曰：'亲之奈何？'知过曰：'魏宣子之谋臣曰赵葭，韩康子之谋臣曰段规，是皆能移其君之计。君其与二君约，破赵则封二子者各万家之县一，如是则二主之心可不变，而君得其所欲矣。'知伯曰：'破赵而三分其地，又封二子者各万家之县一，则吾所得者少，不可。'"智伯又一次错过了消除隐患的机会。《说苑》因此评价智伯：智伯的厨师丢失一盒烤肉他都能知道，但对韩、魏将反这样生死攸关的大事却浑然不知。

相反，赵襄子君臣则同心协力。张孟谈对襄子说："臣遇知过于辕门之外，其视有疑臣之心，入见知伯，出更其姓。今暮不击，必后之矣。"襄子曰："诺。"使张孟谈见韩、魏之君曰："夜期，杀守堤之吏而决水灌知伯军。"襄子军乘夜幕攻杀智伯守护河堤的官吏①，决开堤防，引水倒灌智伯军队。智军大乱，韩魏二国乘势从两翼攻击智军，襄子亲率赵军，从正面迎击智军。智军大败，智伯为赵军生擒后杀

---

① 《韩非子·十过》云"赵氏杀其守堤之吏而决其水灌智伯军"，《淮南子·人间训》亦言赵氏杀守堤之吏。但《战国策·赵策一》作赵襄子"使张孟谈见韩、魏之君，曰：'夜期，杀守堤之吏而决水灌知伯军。'"

死于凿台①。"赵襄子最怨智伯，而将其头以为饮器。"②

水灌晋阳之战以赵氏大胜而结束。韩、赵、魏共分智氏之地，而"赵氏分则多十城"。晋出公二十三年（前452），智开率族人逃奔秦国，活跃一时的智氏（荀氏）从此离开了晋国的政治舞台（战国后期赵国人荀况应为荀瑶一族后人）。

智伯国破、身死，成为天下笑柄，为其复仇的侠士豫让则名高千古。

豫让，晋人，豫氏出于毕氏，故《战国策》称豫让为毕阳之孙③。其始事范氏、中行氏不得意，转而事智伯，智伯对他分外尊崇。及三晋分智氏，赵襄子最恨智伯，将其头以为饮器。豫让遁逃山中，感叹道："嗟乎！士为知己者死，女为悦己者容。吾其报知氏之仇矣。"他先是改变姓名，冒充罪犯，混进宫廷，企图借整修厕所之机，以匕首刺杀襄子。赵襄子如厕时，突然有所警觉，命令手下将豫让搜捕出来。赵襄子随从想要杀死豫让，赵襄子以豫让肯为故主报仇，乃有义之人，将其释放。而豫让一心只想着复仇。他又漆身为厉，灭须去眉，自刑以变容貌，装扮成乞丐回到家中。其妻子奇怪道："怎么容貌不像我的丈夫，声音却那么像？"豫让又吞

---

① 《元和郡县图志·河东道二》："凿台，在（榆次）县南四里。《水经注》曰：'洞过水西过榆次县南，水侧有凿台，智伯瑶刳腹绝肠，折颈摺颐之处。'《史记》曰：'智氏信韩、魏而伐赵，攻晋阳，韩、魏杀之于凿台之下。'《说苑》曰：'智氏见伐赵之利，不知榆次之祸。'皆谓此也。今按其台为洞过水所侵，无复遗迹。"李吉甫引《史记》说韩魏杀智伯于凿台之下。查中华书局标点本《史记·春申君列传》作："智氏之信韩、魏也，从而伐赵，攻晋阳城。胜有日矣，韩、魏叛之，杀智伯瑶于凿台之下。"并未言明智伯为韩魏所杀。而《史记》之文应出自《战国策·秦策四》："智氏信韩、魏，从而伐赵，攻晋阳之城，胜有日矣，韩、魏反之，杀智伯瑶于凿台之上。"亦未言明智伯为韩魏所杀。又，《国语·晋语九》："晋阳之难，段规反，首难，而杀智伯于师，遂灭智氏。"则又说是韩国段规杀智伯。广义而言，智伯为赵、韩、魏三家所杀，狭义而言，则只能为一家所杀。结合史料襄子断智伯头为饮器的记载，智伯为襄子所杀的可能性更大。
② 《战国策·赵策一》《史记·刺客列传》《韩非子·难三》等均言以智伯头为饮器，《吕氏春秋·义赏》：赵襄子"与魏桓、韩康期而击智伯，断其头以为觞"。觞即饮器。而《韩非子·喻老》："知伯兼范、中行而攻赵不已，韩、魏反之，军败晋阳，身死高梁（今临汾市东）之东，遂卒被分，漆其首以为溲器，故曰祸莫大于不知足。"溲器者，夜壶也，不确。饮器即头盖杯，历史上流行头盖杯风俗者，主要为欧亚大陆北方草原的游牧民族，诸如斯基泰人、匈奴、蠕蠕、印第安人等。河北涧沟龙山文化较早时期遗址（距今约4300年）中发现多例被砍下的头骨，研究认为这不只是简单猎头风俗的反映，而应是制作头盖杯的实物。至商周时期，华夏民族仍然不时有制作头盖杯的事例。将敌人的头颅割下制成饮器，一方面说明对敌人的仇恨，另一方面也表明自己的英勇无敌。参见严文明《涧沟的头盖杯和剥头皮习俗》，《史前考古论文集》，科学出版社，1998年。赵氏的渊源我们将其追溯到新石器时代大汶口文化，并认为河北龙山文化中也曾留有他们的遗迹。赵襄子以智伯头颅为头盖杯，虽然与涧沟遗址时代相隔久远，未必有必然联系，但还是为我们提供了赵氏一族从东祖西，流布发展的想象空间。
③ 豫让或为中都比氏之后人。《侯马盟书》中，比氏为打击的主要对象之一，在盟书记载的九氏二十一家中，比氏占八家。盟辞："中都比强之孙、比木之孙。"说明中都属于比氏。中都位于晋中盆地，与赵之晋阳相近。在赵简子与范氏、中行氏、邯郸赵氏的决战中，比氏属于赵简子的敌对方。赵氏胜利，比氏失败，中都后归赵。如此豫让刺杀赵襄子，就不只是报智伯知遇之恩，还有为宗亲复仇的意味在内。

炭为哑，变其声音，最终连他的妻子也认不出来。他的朋友劝他："你的做法太难成功了。说你有勇气是真的，说你有智略则未必。凭您的才能，假装投靠赵襄子，赵襄子一定会重用、亲近你，那你岂不就有机会报仇了吗？何必要这样虐待自己呢？"而豫让以为，既然投靠了对方，就应该对其忠诚，绝不能虚情假意，为先知报后知，为故君杀新君。他慷慨陈词："且夫委质而事人，而求弑之，是怀二心以事君也。吾所谓难，亦将以愧天下后世人臣怀二心者。"这一次豫让埋伏于桥下，准备再行刺杀。然而行动又一次为赵襄子觉察，豫让又一次被捉。赵襄子责备豫让说："你以前不是事奉过范氏和中行氏吗，智伯灭了他们，你没有为他们报仇，反而委身事奉智伯。现在智伯已经死了，你为什么唯独要给智伯报仇呢？"豫让说："臣事范、中行氏，范、中行氏以众人遇臣，臣故众人报之；知伯以国士遇臣，臣故国士报之。"襄子感叹道："嗟乎，豫子！豫子之为知伯，名既成矣，寡人舍子，亦以足矣。子自为计，寡人不舍子。"豫让自知死期已至，对赵襄子说："臣闻明主不掩人之义，忠臣不爱死以成名。君前已宽舍臣，天下莫不称君之贤。今日之事，臣故伏诛，然愿请君之衣而击之，虽死不恨。非所望也，敢布腹心。"襄子为豫让义举所感动，将自己的衣服交给豫让，豫让拔剑三跃，呼天击之曰："可以报知伯矣。"遂伏剑而死[1]。

　　豫让是战国早期名冠三晋的侠义之士，"是一个忠贞不贰、知恩图报、舍生取义、为知己而死的中国有骨气的士的典型形象"[2]。其报答知遇之恩，以行动证明人间道义、气节和忠义的侠义之举，感动了一代代志士仁人。"士为知己者死"，"以国士遇臣，臣故国士报之"，也成为千古传诵的警句箴言。后人吟咏豫让报恩的诗文不绝如缕，唐代胡曾《豫让桥》诗："豫让酬恩岁已深，高名不朽到如今。年年桥上行人过，谁有当时国士心？"振聋发聩，令人深思。

　　豫让之友青荓的所作所为也可歌可泣。

　　据《吕氏春秋·王道》所载，赵襄子在苑囿中游玩，走到大桥跟前，马停下来不肯前进，襄子派青荓前往搜查，发现豫让卧于桥下，佯装死人。豫让见已暴露，

---

① 豫让之事，《战国策》《吕氏春秋》《韩非子》《史记·刺客列传》《新序》等史料多有记载。但未言明豫让伏何处桥下刺杀襄子。后世方志遂多附会。山西、河北等地即有多座豫让桥，记刺襄子事。如太原晋源镇赤桥村、晋阳县东汾桥、邢台翟村豫让桥、定襄县、赵城县（今归洪洞县）、襄垣县等。石力《豫让桥考》论证豫让刺襄子事发生于太原，可以参阅。文见霍润德主编《晋阳文化研究》第六辑，三晋出版社，2012年。

② 霍润德、郑学诗《豫让精神与中国士思维》，霍润德主编《晋阳文化研究》第二辑，山西古籍出版社，2007年。

呵责青荓：“一边去！我有大事要办。”青荓答：“我俩自小为友，今天你要做大事，如果我说出来，违背交友之道，然而你要刺杀我的君主，而我不言，是失为人臣之道。看来我只有一死了之。”乃退而自杀。青荓为坚守人臣之节、交友之道，不惜以生命为代价，与豫让亦可谓志同道合。

刘向《新序·义勇》还记载了一个和豫让相类的故事：“智伯罃（瑶）之时，有士曰长儿子鱼，绝智伯而去之。三年，将东之越，而道闻智伯罃之见杀也，谓御曰：‘还车返，将吾死之。’御曰：‘夫子绝智伯而去之，三年矣，今反死之，是绝属无别也。’长儿子鱼曰：‘不然，吾闻仁者无余爱，忠臣无余禄。吾闻智伯之死，而动吾心，余禄之加于我者至今尚存，吾将亡依之。’遂反而死。”

坚守道义、慷慨赴难，三晋岂少侠义之士哉！

晋阳之战是春秋晚期晋国四卿决定命运的一场大决战。由于史料记载简约，水灌晋阳这一重要历史事件，留给后人许多困惑。特别是智伯用哪条水灌城，研究者莫衷一是。我们略作梳理。

《国语·晋语九》：“（襄子）乃走晋阳，晋师围而灌之。”没有提到引哪条河水。《战国策·赵策一》说：“三国之兵乘晋阳城，遂战。三月不能拔，因舒军而围之，决晋水而灌之。”但《史记·赵世家》却说：“三国攻晋阳，岁余，引汾水灌其城，城不浸者三版。”而同出自《史记》的《魏世家》又说：“决晋水以灌晋阳之城。”后世治史者发现了太史公说法的矛盾，也进行了一番辨证。不过言人人殊，迄无定论。

近年来，晋阳古城遗址的考古工作取得很大进展，我们找到了东周时期晋阳城的遗迹，也为水灌晋阳疑案的解决提供了一些线索。

从东周晋阳城所处地理环境来看，其地势西北高、东南低，西城墙下地表海拔约795米，东城墙处地表海拔770米，高差近25米。考古调查得知，城墙遗迹的分布随地势起伏，现存西部城墙高出地表5米多（据发掘资料，战国西城墙基址地表以下存约2米，地上部分应在10米左右），东部城墙据调查已埋在地表以下10余米。可见当时东西城墙之间落差应在35米左右。而汾水从城东流过，现存海拔767米，当时海拔应比现在更低。以汾水灌城，无论是在下游筑坝，还是在上游掘沟，要想冲灌晋阳城，特别是西城墙，都得筑起高约40米以上的堤坝，这在当时无论是人力还是财力都是不可想象的。而晋水发源于晋阳城西南海拔1400

米的悬瓮山下，源头海拔 810 余米，显而易见，引晋水易而汾水难，且晋水至今犹名智伯渠，遗迹尚存，文献中也多有记载。"城西又有晋水入城。"（《元和郡县图志·河东道二》）"晋赵襄子保晋阳，智氏防山以水灌之，不没者三版。其渎乘高西入晋阳城以周灌溉，东南出城注于汾也。"（《括地志辑校》卷二《并州》）既曰"防山"，又曰"乘高"，都与晋水相符。因此，"晋水说"应更符合晋阳城的历史地理环境。即使如此，文献记载的"城中巢居而处，悬釜而炊"也有文学描述成分在内。试想当时晋阳城的地理环境，城市地面东西落差达 35 米，水从西边乘高灌入，自然会从东边低处流走，正如《括地志》所说晋水："其渎乘高西注入晋阳城以周灌溉，东南出城注于汾也。"因此城内被淹部分主要应在东部，西部应无大碍。

关于水灌晋阳城，古城西风峪沟之水也应考虑。风峪沟汇集了周边的山水，借助山势，一泻千里，其余威甚至可以波及几千米以外的五府营、小站等村。晋阳之战时，即便山水不多，而风峪之地势也可利用。将晋水蓄积至风峪沟口，借助山势，一时掘开，自然威力倍增。智伯围晋阳三年，既引晋水，焉能舍易就难、舍近求远，不用风峪之水？然而文献无载，考古工作也仅仅是个开始，一切疑问，只有依靠今后考古发现来解决了[①]。

水灌晋阳之战，赵氏最终取得胜利。根本原因在于赵氏是春秋末期晋国新兴地主阶级的典型代表，改革最为彻底，是晋国最有活力的一支力量。早在晋平公十四年（前 544），吴国政治家季札出访晋国后，已经预见了晋国政局的发展趋势。"晋国之政卒归于韩、魏、赵矣。"晋定公时（前 511—前 475），吴国著名军事家孙武在同吴王阖庐的对话中，全面分析了晋国六卿实力优劣及发展趋势，并预言：范、中行氏先亡，智氏次之，韩、魏又次之，"赵毋失其故法，晋国归焉"。

苦心经营晋中盆地，也是赵氏取胜的关键因素。

赵简子奔保晋阳前，赵氏在晋中盆地的地位并不稳固。《左传·昭公二十八年（前 514）》："分祁氏之田以为七县……司马弥牟为邬大夫（今平遥县西南），贾辛为祁大夫（今祁县东南），司马乌为平陵大夫（今交城县西南），魏戊为梗阳大夫（今

---

① 参见龙真《风峪沟明清堤堰小考》，霍润德主编《晋阳文化研究》第六辑，三晋出版社，2012 年。

清徐县），知徐吾为涂水大夫（今榆次区），韩固为马首大夫（今寿阳县南），孟丙为盂大夫（今阳曲县北）。"距离晋阳最近的梗阳，便属魏，涂水则属智氏。赵简子确定"北进战略"，以晋阳为战略大后方，灭范氏、中行氏，多年执掌晋国政务。虽然文献不见赵简子经营晋中盆地的具体记载，但从其处心积虑兼并代国的举动看，他对晋中盆地应该已有较强的控制。到赵襄子时晋中迤北已多为赵氏所有，而代国的攻取则对赵襄子保卫晋阳起到了重要作用。晋阳之战后，赵氏对太原盆地的控制更加牢固。从沈长云《赵国史稿》中"赵国初建时期（前453）疆域示意图"可见，晋阳之战结束后，涂水、梗阳等已归赵氏。这些疆土一些是瓜分战败者的领土，一部分是卿大夫间领土互换调整的结果。文献中多有三家互换城邑的记载。如梁惠成王九年（前362），魏以涂水、阳邑（今太谷区东）换取了赵国的泫氏（今高平市）。从中可窥见赵氏控制太原盆地的战略始终没有改变。此外与晋阳城呈掎角之势的长子"城厚完"，邯郸"仓库实"，也是晋阳保卫战胜利的重要因素。有这样两座城邑遥相呼应，一方面大大增强了城内军民的抗敌决心，另一方面也迫使智伯不能够将全部兵力投放到攻取晋阳城的战事之中。

完固的城市防备和强悍尚武的民风，是晋阳保卫战取胜的又一因素。

晋阳作为赵简子封邑，谋臣董安于和尹铎苦心经营。董安于为这座城邑准备了充足的武器兵械，所谓"坚甲利兵，劲弩强矢，尽在郭中"（《尉缭子·守权》）。后人赞叹董安于说："董治晋阳，筑兵宫而人不见，缉矢垣而邻国不备。"（《七国考·赵宫室》引《吕览章句》）尹铎为晋阳邑宰后，增其"垒培"，"城厚以高"。在继续完善这座城市设施的同时，尹铎还注意发展晋阳的经济民生。他"损其户数"，减轻税赋，宽以待民，藏富民间，即《战国策》所谓"圣人之治，藏于民，不藏于府库，务修其教，不治城郭"。赵襄子决定退保晋阳，也是基于晋阳乃"尹铎之所宽也，民必和矣"（《国语·晋语九》）。当赵襄子下达"民自遗三年之食，有余粟者入之仓；遗三年之用，有余钱者入之府；遗有奇人者使治城郭之缮"的战备动员令后，其结果是："君夕出令，明日，仓不容粟，府无积钱，库不受甲兵。居五日而城郭已治，守备已具。"（《韩非子·十过》）"晋师围而灌之，沉灶产蛙，民无叛意。"（《国语·晋语九》）"赵氏在治理晋阳的过程中，先是扩大亩制，以减轻租税；进而'损其户数'，再度减轻田租；最后实行'无税'政策，将田租和军赋尽行免除。这一系列减免赋税政策的实施，使得赵氏在晋阳赢得了巩固的民心"[1]，也使得晋阳地区经济更加繁荣富庶。

此外，太原位当汉胡杂处之地，"人性劲悍，习以戎马"，具有边塞民族粗犷豪放、坚韧刚烈、尚武任侠的文化特性。在晋阳城下，历史上发生过多次保卫战，每一次总是那么慷慨激越，悲壮惨烈。太原人民面对强敌时，那种顽强不屈、殊死抗争的民族文化属性，在战争中的作用不可忽视。

虚心纳谏、任用贤臣，也是赵襄子取胜因素之一。

赵襄子派大夫新稚穆子伐狄，连取二邑。襄子听到胜利消息后，并未喜形于色，侍者问其原因，赵襄子说："我听闻，德行不纯而福禄并至，这叫作侥幸。侥幸毕竟不是福泽，没有德行不能承受福禄，真正的福禄不是靠侥幸得来的。得到也未必是幸事。我所以感到害怕。"（参见《国语·晋语九》）

赵襄子对自己的谊德言行严格要求，他的臣属也敢于犯颜直谏。

有一次赵襄子饮酒五日五夜而不醉，他得意地对侍者说："我诚邦士也。夫饮酒五日五夜矣，而殊不病。"侍者优莫说："主君你继续努力吧，再有两天就赶上商纣王了。纣王七日七夜，现在君王你已经五日了。"襄子心头一惊，问优莫："这么说我也要灭亡了？"优莫答道："不亡。"襄子又问："不及纣二日耳，不亡何待？"优莫说："夏桀和商纣王灭亡，是因他们分别遇到了商汤和周武王。现在天下的君主都是夏桀，而您是商纣。夏桀和商纣同时在世，怎么能互相使对方灭亡呢？但是也很危险了。"（参见《新序·刺奢》）赵襄子周围拢聚的就是诸如张孟谈、高赫、原过、新稚穆子、延陵生，包括侍者优莫等这样一些忠臣、谋士、武将，而且关键在于，对这些人才，赵襄子也能推心置腹，知人善任。从赵襄子与张孟谈的君臣际遇中，我们可见一斑。

张孟谈，生卒年不详。司马迁为避其父讳，作"张孟同"。在水灌晋阳之战中，赵襄子与张孟谈君臣协力，利用智氏与韩、魏两家矛盾，以唇亡齿寒的道理说服韩、魏两君，出其不意，内外夹攻，一举灭掉智伯。此役中张孟谈出谋划策、内外联络，为赵国最终战胜智氏贡献了力量。史称其"固赵宗，广封疆，发五霸"，对

---

① 马小红《赵氏减负政策与晋阳之战》，《河北大学学报（哲学社会科学版）》2010 年第 4 期。

赵氏可谓劳苦功高。功成之后，他极力引退。张孟谈对赵襄子说："先君简子治理赵国有遗训说：'五霸能够统率诸侯的原因是约束得当，让国君的权势足以控制臣下，不能让臣下的权势控制国君。所以尊贵为列侯地位的人，不能让他身居相国之位；有将军以上地位的人，不能让他担任大夫。'如今我的声誉已很显赫，地位也很尊贵，权力大而众人服从。我愿意捐弃功名，抛弃权势而离开众人。"赵襄子回绝了张孟谈。张孟谈闷卧三天之后使人对赵襄子说："晋阳的政务，臣下不听命怎么办？"襄子回答说："杀掉。"张孟谈回答说："我作为左司马被国家使用，为了赵国的安定，不避死亡，以成就自己的忠诚，君王还是动手（杀死我）吧。"襄子无奈，答应了张孟谈隐退的要求。张孟谈躬耕于负亲之丘（赵地名，今地不详）。三年之后，韩、魏二国借口赵氏多分了智伯十座城邑，联合齐、燕二国图谋对付赵氏。襄子到负亲之丘面请张孟谈，张孟谈毫不犹豫表示出山。他要襄子亲自为他驾车，安排他在庙堂住下，其属吏亦授予大夫称号，以示对他的尊崇。襄子言听计从。随后张孟谈派遣自己的妻室及三个儿子分别出使韩、魏、齐、燕四国。四国知张孟谈重新执掌赵政，又因张孟谈分派使者到各国，于是四国相互猜疑，谋赵计划不攻自破（参见《战国策·赵策一》）。

反观智伯，当时三家兵临晋阳城下，城中"悬釜而炊，易子而食"，"财食将尽，士卒病羸"，襄子"不能守矣，欲以城下"，时机大好。但结果却是张孟谈密联韩、魏，反戈一击，智伯"身死，国灭，卒为天下笑"。究其原因，与智伯骄傲轻敌、刚愎自用不无关系。

韩、魏两家迫于智氏强势，无奈献地于智氏之时，就抱着避其锋芒，"免于患难，待事之变"的意图。智氏联军的组成基础可以说是极不稳固，韩、魏两家围攻赵氏的消极态度亦可想而知。当智氏越是接近胜利，两家的危机感也就越强烈。"唇亡齿寒"的道理，对他们来说不言自明。而此时的智伯，满以为城破在即，志得意满。《战国策·秦策四》载智伯说："始吾不知水之可亡人之国也，乃今知之。汾水利以灌平阳，绛水利以灌安邑。"狂妄之态可见一斑。虽然有研究者认为它是"后人任意编造之故事，不知地理形势而妄说者，《资治通鉴》以此为韩、魏反而与赵共灭知氏之主因，不可信据"①，但从文献记载智伯一贯盛气凌人、刚愎自大的表

---

① 杨宽《战国史料编年辑证》，上海人民出版社，2001年。

现看，似不可遽然否定。智伯屡次侮辱赵襄子的故事，上文已经介绍。史书还记载了智伯戏辱韩康子及其相国段规的故事："三卿宴于蓝台，智襄子戏韩康子而侮段规。智伯国闻之，谏曰：'主不备，难必至矣。'曰：'难将由我，我不为难，谁敢兴之！'"其狂妄自大如此。以水围城，在中国战争史上可谓首创，智伯与韩、魏二君观察被大水围困的晋阳城，面对自己的"杰作"，说出"始吾不知水之可亡人之国也，乃今知之"，应是顺理成章的事情。当然，聪明如智伯，也不会当着二君之面大谈"汾水利以灌平阳，绛水利以灌安邑"等话语。颇疑"汾水利以灌平阳"云云，乃战国策士为强化说服力随意而加，也未可知。无论如何，韩、魏二君与智伯貌合神离，反意日盛则是可以肯定的。智伯军中敏锐地感觉到这一严峻形势的不止一人。智过、郗疵等良臣智士，多次警告智伯，韩、魏二君将反，并提出了分给魏宣子之谋臣赵葭、韩康子谋臣段规各万家之县，借以分化、拉拢韩、魏君臣的计策。只可惜智伯言不听、计不从，结果"乃有晋阳之难。段规反，首难，而杀智伯于师，遂灭智氏"（《国语·晋语九》）。

晋阳之战，是春秋战国之交的重大事件，在中国历史上具有划时代意义。当时正值中国奴隶社会制度瓦解、封建社会制度确定的时期，新兴地主阶级登上历史舞台，推动了社会的变革和进步。晋阳之战，对土地和人口的争夺贯穿于战争的全过程，"是战国初期一场具有封建兼并性质的战争。它标志着战争史上封建兼并战争时代的到来"[①]。

通过晋阳之战，新生的赵氏政权经受住了一次严峻考验。三家对智氏土地的瓜分中，赵氏多得十城。赵襄子也接替智瑶成为晋国执政卿，赵国实力进一步增强。《史记·赵世家》称："于是赵北有代，南并知氏，强于韩魏。"至此，晋国领土实际上被三家瓜分殆尽，晋国已是名存实亡，晋君反而沦为三国的附庸。前433年晋幽公继位之时，其所拥有的地盘仅只有绛、曲沃二邑，余皆入于三家，晋君"反朝韩、赵、魏之君"。晋阳之战，奠定了"三家分晋"的局面，意味着一个旧时代的结束，拉开了战国七雄并立的时代序幕。一些研究者因此将晋阳之战作为东周时期春秋与战国的分界点。

---

① 罗琨、张永山等《中国军事通史》第三卷，军事科学出版社，1998年。

晋阳之战是东周时期持续时间较长、规模较大的战事之一，也是一场以弱胜强、败中取胜的城市防御战。

赵襄子退守城防坚固、战具充备的晋阳城。智伯联军长途远征，合围晋阳下，争战几达三年。智伯又别出心裁，引水灌城。城中悬釜而炊，易子而食，这一波澜壮阔的战争场面，在以往的战争中并不多见，即使是争战频仍的战国时代也属空前惨烈。而战争中敌对双方智谋之士，如赵氏张孟谈，魏氏任章，韩氏段规，智氏郄疵、智过等，他们出谋献策，合纵连横，对战争的进程和结局都起到了重要作用。智囊人物在战争中发挥其才智与作用，成为战国军事史上的一个重要现象。

晋阳之战后，赵氏在太行山以东取得大片土地，列强兼并、各国争夺的重点也转移至中原一带。晋阳已经成为赵国的大后方，其作为赵氏之都的使命也告一段落。襄子去世后，本应由襄子确立的嗣君献子继位，但襄子之子桓子逐走献子，自立于代。一年后，桓子死，国人认为桓子的自立非出于襄子之意，"乃共杀其子而复立献侯"。献侯遂正式即位，时在公元前 423 年，并迁都中牟（今河南省鹤壁市西）。公元前 386 年赵敬侯又迁都邯郸，与晋阳成首尾相应、互为表里之势。从此晋阳与邯郸这种表里山河、攻守一体的战略格局，迄战国而至北朝、隋唐不改。"推想赵国都城自晋阳迁至邯郸之后，晋阳旧有的神学地位和宗法地位亦不会明显消弱。晋阳原本据有的'赵山北'地方的区域领导地位，也不会动摇。"[1]

第六节　赵都晋阳

"都"，即国都，作为国家政治中心城市——首都的主要称谓，乃战国以后事。春秋已远的王国，包括各诸侯国之首都，一般称作"国"。而"都"在当时含义较广，可指称行政区划，《管子·度地》："故百家为里，里十为术，术十为州，州十为都，都十为霸国。"也可指称城邑，《左传·庄公二十八年》："狄之广漠，于晋为都。"《左传·隐公元年》："先王之制，大都不过参国之一；中，五之一；小，九之

---

[1]　王子今《公元前 3 世纪至公元前 2 世纪晋阳城市史料考议》，《晋阳学刊》2010 年第 1 期。

一。"还可指称首都，"大致封君自己住的地方，有城墙作为防御工事，而且也有封建宗法制下象征宗法地位与权威的宗庙，则这种邑称为'都'。据《左传》庄公廿八年'凡邑有宗庙先君之主曰都，无曰邑。邑曰筑，都曰城'。'都'是行政中心，宗教中心与军事中心的三一体，也可能有较多的人口"①。我们说晋阳为赵之首都，即以此为前提。

赵之称国，如果以周天子承认赵氏诸侯地位算起，则晚至周威烈王二十三年（前403）。是年为赵烈侯在位第六年，"周威烈王赐赵、韩、魏，皆命为诸侯"（《史记·晋世家》）。事实上，赵氏立国可早到公元前475年。关于此问题，前文赵襄子继祧赵宗，多有论及，兹不赘述。而晋阳作为赵氏宗邑，亦即首都，则更在襄子之前。

《史记·赵世家》晋定公二十一年（前491）谈到赵简子当政时的晋国形势说："赵竟有邯郸、柏人。范、中行余邑入于晋。赵名晋卿，实专晋权，奉邑侔于诸侯。"赵氏当时虽无诸侯之名，却有诸侯之实。赵武灵王实行胡服骑射时就说："简、襄主之烈，计胡、翟之利。"在赵氏子孙心目中，赵简子才是赵氏建国的肇始者。

当赵简子时，赵氏宗邑应在晋阳。

从文献记载来看，赵氏宗邑并不固定，而是随着时间和形势的不同发生转移。周穆王时"赐造父以赵城，由此为赵氏"，传七世至叔代之时，"周幽王无道，去周如晋，事晋文侯，始建赵氏于晋国"，再五世至赵夙时因军功被献公赐以"耿"。这是赵氏进入晋国后所受的第一个封邑，此时赵氏之宗邑无疑当在"耿"（今山西省河津市）。赵衰从亡归国后，赵氏内部实现了大小宗易位，赵衰封邑"原"应是此时赵氏之宗邑，"耿"地则为赵夙后裔所继承。赵盾时期，赵氏宗邑所在地不详，此时"原"邑已属赵同，但赵同并非赵氏宗主，故而"原"邑其时不应为赵氏宗邑。赵武复兴赵氏后，其宗邑在"温"（今河南省温县），《左传·昭公元年》有赵武在"温"地主持家族祭祀的记载，"温"地当为赵氏宗邑无疑。赵简子时期，有温大夫赵罗，赵罗为赵简子伯父赵获之孙，可知"温"地为赵获一支所继承，赵简子时已非赵氏宗邑。赵简子时，赵氏宗邑应在晋阳（今山西省太原市西南）②。（鲁）定公十三年赵

① 许倬云《周代都市的发达与商业的发达》，杜正胜《中国上古史论文选集》，台湾华世出版社，1979年。
② 参见白国红《春秋晋国赵氏研究》，中华书局，2007年。

鞅索卫贡五百家，准备"舍诸晋阳"，杜预注："晋阳，赵鞅邑。"①《国语·晋语九》："赵简子使尹铎为晋阳。"韦昭注亦称："晋阳，赵鞅邑。"都认为晋阳是赵简子的奉邑。据《史记·赵世家》，赵简子于晋顷公九年（前517）继为赵氏宗主，则晋阳为赵氏宗邑时间当在此年以后。而晋阳城创建者董安于死于定公十三年（前497），那么晋阳开始为赵氏宗邑——首都的时间当在公元前517—前497年之间。

赵简子时赵氏宗邑在晋阳，则晋阳事实上也就是赵国最初的都城。在战汉时期，持此观点者不乏其人。

《战国策·齐策三》国子称："安邑者，魏之柱国也；晋阳者，赵之柱国也；鄢、郢者，楚之柱国也。故三国欲与秦壤界，秦伐魏取安邑，伐赵取晋阳，伐楚取鄢、郢矣。"所谓柱国，姚本注称："柱国，都也。"安邑曾是魏国的都城，鄢、郢曾是楚国的都城，将晋阳与安邑、鄢、郢并称为"柱国"，显然是将晋阳比作赵都。国子为齐国大夫，他的这番议论，应在公元前248年以后。此时赵国迁都邯郸已逾百年，说晋阳为赵之"柱国"，表明在当时人心目中，晋阳就是赵国旧都。《元和郡县图志·河东道二》太原府条引东汉人颍容语称："赵简子居晋阳，至成公居邯郸。"明人董说《七国考》卷三《赵都邑》引《列国纪闻》亦称："赵简子居晋阳。"②所谓"居"包含"建都""定都"之意。战国史官所撰《世本》有《居篇》，所列内容都是帝王诸侯大夫定都、迁都之事。如《太平御览》卷一五五《州郡部》引《世本》称"（周）平王即位，徙居洛"，"（周）敬王东居成周"。可见在颍容等战国、秦汉人心目中，晋阳和邯郸一样，都是赵国都城。

晋阳作为赵都具有一个鲜明特点，即不像其他都城那样，是政治权力、政治活动中心所在地，而是赵国经济、军事实力积聚的大本营，是应付危难局面的根据地。赵简子、赵襄子平时并不常驻晋阳，他们大部分时间居于晋宫室所在地绛都（今山西省侯马市），但绛都毕竟不是赵简子、赵襄子的领地。相反，晋阳虽不是他们平时活动的主要场所，却是他们实力的渊薮和宗室安危的可靠保障。他们先后派董安于、尹铎两度营建晋阳，足见对晋阳的重视。事实也证明，赵氏正是凭借晋阳才使本家族免于危亡。

---

① 《春秋左传正义》，《十三经注疏》，中华书局，1980年。
② 缪文远《七国考订补》，上海古籍出版社，1987年。

作为赵都的晋阳城，故址在今太原市西南晋源镇一带，可谓定论。不过因为史料记载晋南也有一晋阳，而生出些许是非。

《史记·魏世家》哀王十六年（前 307）："秦拔我蒲反、阳晋、封陵。"司马贞《史记索隐》于此条下曰："《纪年》作'晋阳、封谷'。"张守节《史记正义》则称："阳晋当作'晋阳'也，史文误。《括地志》云：'晋阳故城今名晋城，在蒲州虞乡县西三十五里。'《表》云'魏哀王十六年秦拔我杜阳、晋阳'，即此城也。"阳晋一名，据《史记索隐》所引《竹书纪年》，应作"晋阳"。《说苑》卷六《复恩》："楚魏会于晋阳，将以伐齐。齐王患之，使人召淳于髡。"淳于髡，战国中期人，楚魏所会晋阳，肯定在魏地，说明魏国确有晋阳。所以《资治通鉴》卷三于周慎靓王十二年（前 303）径记此事曰："秦取魏蒲坂、晋阳、封陵。"胡三省于《资治通鉴》卷一周威烈王二十三年（前 403）"简子使尹铎为晋阳"下注曰："韦昭曰：晋阳，赵氏邑。……班《志》曰：'故《诗》唐国。周成王灭唐，封弟叔虞。龙山在西，晋水所出，东入汾。'臣瓒曰：'所谓唐，今河东永安县是也，去晋四百里。'《括地志》曰：'晋阳故城，今名晋城，在蒲州虞乡县西。'"似乎晋阳城不在太原，而在晋南。所以胡三省又讨论说："今按《水经注》：晋水出晋阳县西龙山。昔智伯遏晋水以灌晋阳，其水分为二流，北渎即智氏故渠也。同过水出沾县北山，西过榆次县南，又西到晋阳县南。榆次县南水侧有凿台，《战国策》所谓'智伯死于凿台之下'，即此处也。参而考之，晋阳故城恐不在蒲州。"胡三省通过征引《水经注》《战国策》等说明晋阳不在蒲州，唐、晋同为一地。言外之意主张赵简子时期的晋阳应在今太原市西南。胡氏所言为确论，但他对臣瓒所言和《括地志》记述的指摘似无必要。臣瓒只是认为唐国在东汉曹魏的河东郡永安县地（今山西霍州），与晋阳并非一地，并没有否认赵简子营建的晋阳当今日之太原地区。至于《括地志》的观点，确实说晋阳故城在蒲州虞乡县西，但在短短的辑佚文里，我们也没有看出这个晋阳故城与赵简子封邑晋阳有什么联系。而太原县下记曰："并州太原，地名大明城，即故晋阳城，智伯与韩、魏攻赵襄子于晋阳，即此城也。"[1] 胡三省显然也知道《括地志》所说的晋阳故城是指战国时代魏国晋阳城，他在《资

---

① 贺次君辑校《括地志辑校》，中华书局，1980 年。

治通鉴》"秦取魏蒲阪、晋阳、封陵"条下注道："晋阳，按《史记·世家》作'阳晋'。其地当在蒲阪之东，风陵之西，大河之阳，且本晋地也，故谓之阳晋。"春秋战国时期，同名异地现象并不鲜见[①]。一些名称或因史料简略、年代久远而一时难以辨清，但就赵简子所创晋阳城在今日之太原来说，两千五百年来，鲜有他论[②]。

总之，晋阳之为赵都，应以赵简子确定晋阳城为宗邑算起。简子之前，赵氏曾先后获封于赵城、耿、原等地。虽为赵氏宗邑，但赵氏当时只是晋国一卿大夫，与独霸一方的诸侯国不可同日而语。那些所谓宗邑，还不具有一方区域政治、军事中心的地位。到了赵简子时期，随着赵氏领地的扩大，政治军事实力的增强，以及晋公室的衰落，赵氏才实现了由依附性卿大夫向事实上具有独立性诸侯的转变，因而晋阳也才具有赵氏政治中心——首都的意义。

晋阳为赵氏首都的起始时间，应在赵简子继位（前517）和晋阳城营建者董安于死亡之日（前497）的二十年间。对此问题，我们目前也只能给出这么一个大致时间，即公元前6世纪末[③]。而其结束时间，史有明文。《史记·六国年表》于周威烈王元年（前425）记曰："襄子卒。"二年记曰："赵桓子元年。"三年记曰："赵献侯元年。"而《史记·赵世家》则记曰："献侯少即位，治中牟。"是赵献侯于公元前423年即位后，将国都从晋阳迁往中牟[④]。

---

① 比如卫国有称阳晋者。《战国策·齐策一·苏秦为赵合从》："今秦攻齐则不然，倍韩、魏之地，至闱阳晋之道。"注释："卫，指卫国。卫，姚本作'闱'，鲍本作'卫'，从鲍本。阳晋：在今山东曹县。原属卫国，此时已归魏国。"王守谦等《战国策译注》，贵州人民出版社，1992年。

② 任振河提出赵简子"约于公元前513年秋，在自己封地赵邑（即赵伊）境内破土动工建边秦城堡晋阳城"。所论既无史料缺乏考据，又无考古遗迹遗物支撑，仅凭所谓传说和猜测立据，结论不可取。见其文《晋卿封地与赵鞅在晋南建晋阳城时间考略》，《太原理工大学学报（社会科学版）》2009年第2期。

③ 参见杨光亮《论晋阳城的创建与毁灭》，《城市研究》1987年第4期。

④ 或以为赵襄子曾从晋阳迁耿，而献侯自耿迁中牟。《汉书·地理志》河东郡："皮氏，耿乡，故耿国，晋献公灭之，以赐大夫赵凤。后十世献徙中牟。"《汉书·地理志》河南郡中牟县条下记曰："赵献侯自耿徙此。"《水经注》沫水条下亦曰：沫水"东北流，径中牟县故城，昔赵献侯自耿都此"。关于耿之地望，春秋时晋献公灭耿以赐赵凤，地在今河津市南。但此耿非献侯所迁之耿。"（一）战国赵都之耿即赵都之邢，它既非位于今山西河津县境的耿城（耿乡），亦非位于今河南温县境的邢丘，而是位于今河北邢台的古邢之地。（二）赵都之耿（邢）应迁自晋阳，时在赵襄子统治期间。立都于耿（邢）的时间，上限不过公元前453年的晋阳之战，下限在公元前421年赵献侯迁都中牟之前。（三）襄国一名含义的本身和邢台一带自古以来流传的赵国故事，尤其是赵襄子故事以及战国时期邢县设置的事实，在某种程度上反映或印证了今邢台即赵都之耿（邢）的推断。"参见孙继民、郝良真《赵都考略》，《先秦两汉赵文化研究》，方志出版社，2003年。

从赵简子以晋阳为都，即公元前 6 世纪末，到赵献侯迁都中牟，即公元前 423 年，晋阳作为赵都时间达 80 年左右[①]。

第七节　赵武灵王胡服灭娄烦

公元前 425 年，赵襄子去世，其子赵浣即位，史称赵献侯。献侯继位时，尚在少年，无力控制政局。其叔父赵嘉逐献侯，自立于代地（今河北蔚县），史称赵桓子。桓子在位一年即逝，赵国人以桓子之立非襄子意，乃共杀其子而复迎立献侯。前 409 年，献侯卒，其子籍继位，是为赵烈侯。赵烈侯六年（前 403），周天子正式册命韩、赵、魏为诸侯。烈侯之后，武公继立，公元前 387 年，武公卒，赵敬侯立，武公子朝作乱，败后逃奔魏国。"赵始都邯郸。"中牟从赵献侯于公元前 425 年定都，至赵敬侯公元前 386 年迁都邯郸，为赵都约 40 年。

迁都邯郸是赵国逐鹿中原的必然选择。

---

① 或以为晋阳为赵都达 150 年。李兴河《赵国都邑迁徙考略》："去周如晋，筑'都'晋阳。叔带到晋国传五代至赵凤时，因军功被献公赐以'耿'。这是赵氏进入晋国后所受的第一个封邑。耿的故址在今山西河津县南汾水南岸。赵凤之孙赵衰，晋文公时'居原，任国政'。原的故址在今河南济源县西北。赵衰四世孙赵鞅，于公元前六世纪初命家臣董安于主持筑造了新城——晋阳。在赵氏封侯之前，晋阳实际上成为赵氏的'都城'。晋阳故址，位于今太原市南古城营。晋阳作为赵氏的统治中心约一百五十余年。"揣摩文意，李文所谓"董安于主持筑造了新城——晋阳"，则晋阳城肇筑在公元前 497 年前，是则"公元前六世纪初"，初为末之误。然则"晋阳作为赵氏的统治中心约一百五十余年"亦误。参见李兴河《赵国都邑迁徙考略》，《赵国历史文化论丛》，河北人民出版社，1989 年。又，张午时、冯志刚《赵国史》："叔带到晋国传五代至赵凤时，因军功被献公赐以'耿'。这是赵氏进入晋国后所受的第一个封邑。耿的故址在今山西河津县南汾水南岸。赵凤之孙赵衰，晋文公时'居原，任国政'，原的故址在今河南济源县西北。赵衰四世孙赵鞅，于公元前六世纪初命家臣董安于主持筑造了新城——晋阳。在赵氏封侯之前，晋阳实际上成为赵氏的'都城'。晋阳故址，位于今太原市古城营。晋阳作为赵氏的统治中心约 150 余年。"也说"晋阳作为赵氏的统治中心约 150 余年"，系照抄《赵国都邑迁徙考略》原文，可置不论。参见张午时、冯志刚《赵国史》，河北人民出版社，1996 年。又，沈长云等《赵国史稿》："除了邯郸城外，赵国还有两座旧都，即晋阳和中牟。古晋阳城位于现在山西省太原市西南，春秋末年，赵简子的家臣董安于就开始在这里筑城，后来尹铎继续治理晋阳，把它建成了赵简子发展自己势力的重要基地（《国语·晋语九》）。赵襄子时，知、韩、魏三家联合攻赵，曾引汾水灌过晋阳（《史记·赵世家》《战国策·赵策一》），在这次战役中知伯死，于是奠定了韩、赵、魏三家分晋的基础。古晋阳城的历史悠久，使用的时间也较长，从周敬王二十三年（前 490）到北宋太平兴国四年（979）宋太宗平北汉止，共经历了一千四百七十余年，历代均为繁华的城市。""其实晋阳在赵氏封侯以前便成为赵的'都城'了，如果从这时算起，到赵献侯迁都中牟，晋阳作为赵都已有将近一百五十多年的历史。虽然赵都迁走，但晋阳城却没有被废弃，正如上文所述，一直到宋代它都是一座繁华的城市。"沈文也从赵简子家臣董安于筑晋阳城为赵都之始，赵献侯迁都中牟为结。则晋阳为赵都约八十年。但沈文也说："晋阳作为赵都已有将近一百五十多年的历史。"亦不知所以然。参见沈长云等《赵国史稿》，中华书局，2000 年。

　　邯郸位于河北省南端，西依太行山，东接华北大平原。"北通燕、涿，南有郑、卫"，地处太行山东麓的南北通衢，又邻太行山八陉之一滏口陉之边。这里背靠太行山，南临漳河水，交通发达，且靠近中原，邻接齐、魏，可谓"四战之地"，是赵国进取中原、争霸天下的战略重地。简、襄之时，赵氏发展目标为夺取公室及其他贵族领地和占领代地。范氏、中行氏、智氏、代国之灭，便是这个战略方针的具体实施，都晋阳也是实施这一战略方针的需要。到公元前5世纪后期，赵氏的战略中心已转至中原，迁都中牟即为适应这一目标。公元前403年，赵国取得诸侯名分，倾全力投入诸侯之间的兼并战争。为达到这一目的，需选择一靠近中原，便于发展，拥有一定经济基础和优越地理位置的城市作为都城。这样，地理位置优越，经济实力雄厚，农业、手工业发达的邯郸就成为赵国首选。

　　迁都邯郸后，赵国经历了敬侯、成侯、肃侯等的扩张争战。其中对卫、齐、秦等国的战争胜多负少，但与魏国的战争却屡屡受挫。特别是公元前353年，邯郸城被魏国攻破，史称"邯郸之难"。这期间，齐将田忌与军师孙膑率师驰援赵国，因此成就了经典战例——围魏救赵。魏军被迫议和，邯郸复归赵国。

　　经过"邯郸之难"，魏、赵两个中原强国势力受到严重削弱。赵国调整战略思路，将发展重点重新投向北方戎狄。公元前325年，赵武灵王继立，赵国也因此走向中兴。

　　赵武灵王（约前340—前295），名雍，赵肃侯之子。历史上又称赵主父、武侯等。

　　公元前325年，赵武灵王少年即位，因年纪尚小，未能听政，以阳文君为赵相，另设博闻师三人，左右司过三人，共同管理赵国国政。武灵王亲政后，首先求教于先王贵臣肥义，增加其爵秩。国中三老年八十以上者"月致其礼"，初步显示了治世之王的英明与魄力。

　　赵国当时面临的周边环境十分险恶。它西邻韩、秦、林胡、楼烦，北接燕、东胡，东与齐国隔黄河为界，南连魏国，并有中山在其腹心。这些毗邻的国家与部族，都对赵国的国家安全构成威胁。赵肃侯二十二年，张仪相秦，赵疵与秦战，败，秦杀疵于河西，取赵蔺、离石。武灵王即位当年，赵将韩举与齐、魏交战，战死桑丘。赵武灵王九年，联合韩、魏与秦战，大败，赵国死者八万众。十年，秦又攻赵，侵入晋中盆地，取中都、西阳诸城。

面对严峻的形势，武灵王力排国内守旧势力阻挡，毅然变法图强。《史记·赵世家》记载武灵王欲胡服，召楼缓谋曰："中山在我腹心，北有燕，东有胡，西有林胡、楼烦、秦、韩之边。……吾欲胡服。"又曰："虽驱世以笑我，胡地中山，吾必有之。"变法之决心可见一斑。

赵武灵王最显著的变法措施是胡服，其变法思想也主要集中在服饰礼俗变革方面。实施胡服改革，一方面是为了教化赵国百姓，《史记·赵世家》所说"吾将胡服骑射以教百姓"，《淮南子》也说"赵武灵王贝带鵕鸃而朝，赵国化之"。另一方面，是为了招募胡人骑兵，直接用于赵国的对外战争，《史记·赵世家》"遂胡服，招骑射"，武灵王"西遇楼烦王而致其兵"。

赵武灵王依靠胡服骑射改革后所建立的强大骑兵队伍，出兵灭了中山国。中山国，其先为北方狄族鲜虞部落，位于赵国东北部，地方五百里，号称千乘之国。赵国领土因之而南北分割，成为赵国的心腹之患。赵武灵王灭中山，千乘之国被赵独吞，赵国势力大增。《战国策·秦策三》评论说："中山之地方五百里，赵独擅之，功成、名立、利附，则天下莫能害。"

西攘楼烦胡，是赵武灵王的又一功绩。

楼烦戎，又称楼烦胡，与林胡、东胡并称三胡。三胡活跃于战国时期，为燕、三晋的主要敌国，又因其主要族源为戎狄，故战汉时人多以"胡"来代表北方诸戎狄部族。

楼烦戎初时占地甚广，绵亘燕、赵及匈奴之间，大致活动于今河北北部到山西西北吕梁山一带。《史记·匈奴列传》叙述春秋时戎狄情况说："而晋北有林胡、楼烦之戎。"《战国策·齐策五》："胡人袭燕楼烦数县，取其牛马。"《战国策·燕策一》苏秦北说燕曰："燕东有朝鲜辽东，北有林胡楼烦，西有云中九原。"可见林胡楼烦，于赵肃侯时尚在燕北。到武灵王时，楼烦戎主要活动在山西西北。《史记·赵世家》记载武灵王欲胡服，招楼缓谋曰："中山在我腹心，北有燕，东有胡。西有林胡、楼烦、秦、韩之边。"《史记·赵世家》又言："（赵武灵王）二十年，王略中山地，至宁葭。西略胡地，至榆中，林胡王献马。""二十六年，复攻中山，攘地北至燕、代，西至云中、九原。""（二十七年）立王子何以为王……是为惠文王……武灵王自号为主父。""惠文王二年，主父行新地，遂出代，西遇楼烦王于西河而致其兵。"并置雁门、代郡。经过武灵王的多次征伐，到秦汉时楼烦戎已退至河南地（今内蒙古鄂尔多斯市一带）。随着匈奴崛起于蒙古草原，林胡、楼烦成为匈奴联盟的一部分，并追随匈奴一起南下征战。战国后期，李牧守代、雁门两郡，"大破杀匈奴十余万骑"，"灭襜褴"，"降林胡"，林胡从此在历史上消失。楼烦随匈奴退却，活动于今内蒙古鄂尔多斯一带，仍为匈奴附庸。

楼烦人性强悍，习骑射，以骁勇善战著称。赵武灵王胡服目的之一为"致其兵"，即招募收编楼烦兵为己所用，赵国也因此强盛一时。楚汉相争，双方多用楼烦人组织独立军队。《史记·高祖功臣侯年表》：阳都侯丁复，"以赵将从起邺，至霸上，为楼烦将"。《史记·项羽本纪》载："汉有善骑射者楼烦。"《集解》："楼烦，胡也，今楼烦县。"《史记·樊郦滕灌列传》：（灌婴）击破柘公王武，斩楼烦将五人；攻龙且，生得楼烦将十人；击项籍军陈下，斩楼烦将二人；攻黥布别将于相，斩楼烦将三人。可见楼烦从军之众。西汉初年，楼烦数次与匈奴南侵。直到汉武帝时"击胡之楼烦、白羊王于河南"（《史记·匈奴列传》），"走白羊、楼烦王，遂以河南地为朔方郡"（《史记·卫将军骠骑列传》），从此楼烦戎在历史记载中消失。

战国中晚期，山西北部吕梁山一带是楼烦戎主要活动地区。

"秦始皇十三年，移楼烦县于善无县（今山西省右玉县）。"（《永乐大典》卷五二〇〇引《元一统志》）《汉书·地理志》雁门郡下设楼烦县（今山西朔州市朔城区东南五十里夏官城村）。《史记·匈奴列传》张守节《正义》："《风俗通》云：'故楼烦，胡地也。'"《通典·州郡》楼烦郡："岚州……晋灭之后为胡地，有楼烦王居焉。其后，赵惠文王破楼烦而取其地。……隋炀帝置楼烦郡。大唐为岚州，或为楼烦郡。"隋置楼烦郡于今宁武县，唐天宝以后将楼烦郡置于今岚县北二十五里岚城一带。《元和郡县图志》岚州静乐县："服戎城，在县北八十里，隋楼烦郡所理也。"可见晋北吕梁山一线是楼烦戎的重要活动区域，而春秋战国古城址在这一带多有发现。

楼烦古城遗址位于娄烦县马家庄乡新城东沟村附近，为全国重点文物保护单位。现残存城墙呈"∏"形，周长约3500米，总面积约24万平方米。裸露于地表部分的南城墙被南川河冲刷成东西两段。西端城墙位于距河约100米处，长53米，宽3—5米，高6米。东端城墙位于皇帝峁（又名石爷坡）山上，海拔高度1385米。城墙长1000余米，宽3—5米，高4—11米。从裸露部分可以看出，城墙由版筑而成，层次明显，夯层约0.12米，有的还能看到明显的夯窝与圆形柱洞，夯窝直径约 0.06 米。城的南、北、西三面原来有护城河，宽约 5 米，深约 3 米。20 世纪 70 年代末至 80 年代初，水利工程建设挖掘河道时，暴露出文化层，文化层厚约 0.6—0.7 米。出土了大量文物，器物有绳纹筒瓦、板瓦、涡云纹瓦当、陶盆、陶罐、陶鼎、甑、陶鬲、青铜剑、戈、箭镞、带箭头的战马骨骼等。城址年代约当春秋战国时期。不过，城址未经考古发掘，是否为楼烦戎城址，还需进一步考古学的证据。

第八节　赵国在晋中盆地的疆域及建置

战国时期赵国疆域因连年战争而变化不定。武灵王时期，赵国疆土常被后人视为战国时期赵国疆域范围之标准。东汉史学家班固《汉书·地理志》，对赵国疆域作过具体描述：赵分晋，得赵国。北有信都（今河北省衡水市冀州区）、真定（今河北省正定县）、常山（今河北省元氏县）、中山（今河北省唐县），又得涿郡之高阳（今河北省高阳县）、鄚（今河北省任丘市）、州乡（今属河北省河间市）。东有广平、巨鹿、清河、河间。又得渤海郡之东平舒（今河北省大城县）、中邑（今属河北省沧州）、文安（今河北省文安县）、束州（今属河北省河间市）、成平（今河北省交河县）、章武（今属河北省沧州），河以北也。南至浮水、繁阳（今河南省内黄县）、内黄（今河南省内黄县西北）、斥丘（今河北省成安县）。西有太原（今山西省中部）、定襄（今内蒙古自治区托克托附近）、云中（今内蒙古自治区萨拉齐附近）、五原（今内蒙古自治区河套平原）、上党（今山西省东南部）。班固所描述的赵国疆域，除代地（今河北省蔚县）、邯郸未有述及，所述上党在赵孝成王时期曾一度属赵外，其余基本为赵武灵王时期的赵国疆域。后人提到战国七雄之赵国，较明确的疆土概念便是指赵武灵王时期的赵国疆域。

而赵国西北部的疆域，特别是山西部分，在赵襄子之时已基本奠定。

赵襄子即位之时，赵国已是一个有着相当规模的国家。他通过收复中牟，兼并北方代国，与智、韩、魏三家共分范氏、中行氏故地，又与韩、魏二家共分智氏土地等一系列活动，基本上奠定了赵国的疆界。当时赵国疆域"自今陕西省的东北部，过黄河有今山西省的中部，更延伸向东北部、东南部，兼有今河北省的东南部，并涉及今山东省西边的一角和今河南的北端"[1]。

中国历史上，春秋战国之际史料十分欠缺。昔日顾炎武就指出，自《春秋左传》之终，至六国以次称王的百十年间，"史文阙轶，考古者为之茫昧"。如晋之智、赵、韩、魏如何瓜分范氏、中行氏的土地，赵、魏、韩三家瓜分智氏领地之情形，各史均无具体记载，仅有的一些记载也语焉不详，如上党、代郡等只有郡辖县数，却无具体县名。秦庄襄王三年，蒙骜"攻赵榆次、新城、狼孟，取三十七城。……初置太原郡"。三十七城，亦不详名称。加之战国时代各国相互攻伐，土地割让频繁，一些城邑往往多次易手，更增加了考察建置的难度。我们依据相关文献及考古资料，对赵国在晋中盆地的建置作一初步探讨。

襄子时期，赵氏领有的城邑有皋狼、赵城、耿、原、屏、楼、温、长子、蔺、晋阳、邯郸、柏人、中牟和平阳（代地除外）。其中邯郸、柏人、中牟及平阳皆为所谓"东阳"（太行山以东）地，原本属于赵氏支族赵穿后嗣领有，简子平服邯郸赵氏及范氏、中行氏的叛乱后，陆续归入简子及襄子手中。当韩、赵、魏三分晋国之时，彼此间或曾对个别属邑作过交换或调整，如赵氏原有的耿可能就给了魏国，即魏的皮氏邑；赵城大约也划给了魏氏，这两个地方后来都不见有赵氏管辖的迹象。

上述赵邑中位于最西边的几座是皋狼、楼、蔺。它们的分布比较集中，其中楼的位置最南，皋狼稍北，但亦相去不远，均位于今山西吕梁山以西晋陕间黄河东岸的中段。在它们之间，尚有离石、中阳等几座城邑，它们无疑也属赵氏领有。战国赵国铸造的布币有出自蔺者，亦有出自离石、中阳者，可资证明。因此，说战国初期赵国西部边界起自今山西西部晋陕间黄河的中段，是符合实际的。至于当时赵国势力是否越过了黄河深入到今陕西境内，目前尚未有明确证据。

皋狼、蔺、离石、中阳、楼以东，跨吕梁山脉，赵尚领有兹氏（今山西省汾阳市）、大陵（今山西省文水县）、梗阳（今山西省清徐县）、中都（今山西省平遥县）等邑。而汾河以东，在赵晋阳邑以南的原晋国腹心地带，则基本为魏、韩二国领有。其时晋阳东南附近的榆次、阳邑（今山西省太谷县）二邑尚不属赵。据《纪

---

[1]　杨宽《战国史》，上海人民出版社，2008年。

年》，到魏惠王九年（前361），魏国与赵国换土时转入赵国。整个襄子时期，晋阳仍是赵的政治中心。赵武灵王十年，秦攻取赵中都、西阳；十三年，秦拔赵蔺，赵国在西部边疆地区失去大片领土，赵国西部边境暂时退缩到汾水流域一带。

在晋阳以北，赵国据有代地，而使其版图向北扩展至今大同盆地，其北部疆界已深入今内蒙古境内。赵在晋北包括今内蒙古南部设代、雁门、云中郡。其中代郡辖县三十六。

公元前222年，赵国灭亡，共经历十二代十三位国君，存在二百二十三年。在这短短的二百多年中，赵国经历了一个由初步发展到强盛，再到衰落，直至最后灭亡的过程。在赵国的初步发展阶段，其国君锐意进取，赵国蓬勃发展，充满了无限活力。到赵武灵王改革后的最强盛时期，东控强齐，西压强秦，赵国成为影响战国格局的重要诸侯国。到孝成王时期，赵国开始衰落，长平惨败，从此一蹶不振。而此时邻国强秦如日中天，加快了对赵国的兼并步伐。晋中盆地首当其冲。

公元前259年十月，秦国挟长平大战之余威，兵分三路攻赵，大将司马梗"北定太原，尽有上党郡"。赵孝成王十八年（前248），秦将蒙骜攻赵，定太原。第二年，依秦制，"初置太原郡"，但在赵、韩、魏、齐等五国联军的攻击下，退出晋中盆地。前246年，秦王嬴政即位。是年，蒙骜再攻晋阳，复置太原郡，郡治晋阳城，下辖三十七城。晋中盆地自此纳入秦国版图。前221年，七国一统，秦分天下为三十六郡，太原为其一郡，郡治晋阳。太原从赵氏建城，到嬴秦设郡，作为山西行政中心，地位从此确立，历两千五百年不改。

第九节　文化与社会生活

一、思想文化

春秋战国时期，是中国学术思想文化蓬勃发展的一个重要阶段。这一时期，五霸迭兴，七国争战，各国在政治、军事上变法图强。政治军事上的强大，促使思想文化等领域得到了极大的繁荣与发展，各种学术思潮百花齐放、百家争鸣。太原地区，由于赵简子、赵襄子父子的苦心经营，哲学思想、政治军事思想、民族文化、侠义文化等的发展达到了当时社会的较高水平，对后世产生了重大影响。

（一）法治与德治思想

在西周时期，宗法制度和礼乐制度一直是统治者奉行的重要制度。到春秋年间，这些制度均已破坏，也打乱了周代的政治格局。奴隶主阶级逐步走向没落，封建地主阶级逐渐兴起，礼乐制度和宗法制度不断遭到破坏，各种思潮风起云涌，诸子百家各抒己见，其中以三晋地区渐渐发展起来的法治思想最为突出。可以说，三晋地区是中国法家思想的策源地，是产生法家重要代表人物的摇篮。

公元前536年（郑简公三十年）三月，郑国执政子产命令把郑国的法律条文铸到鼎上，公之于众，令国民周知这是国家常用的法律。这是春秋战国时期最早将法令公布出来的一位贤者，开了法规公之于民的先河。

过了23年，继子产之后，作为晋国正卿的赵简子和中行氏荀寅把范宣子所制定的"刑书"铸到铁鼎上公之于众，这是晋国执政者当众公布法律的开始，"范宣子法"成为我国最早公布的成文法。实际上，晋铸刑鼎是中国法制史上的一大进步。它打破了统治阶级专断刑律、任意处置剥夺百姓权利的不合理局面。而三家分晋后，韩、赵、魏三国之所以成为战国时代法家的主要发源地之一，当与晋国特别是赵简子等正卿重视法制建设和普及的传统有着密切关系。赵简子作为深谋远虑的政治人物，在当时国内外残酷斗争的大形势下，将法律铸于刑鼎并公之于众，是他依法治国理念的体现，某种程度上表现出赵简子的法治思想。

对于"刑书"的具体内容，特别是赵简子的法治思想，我们知之甚少，但从有关典籍史料及事例中我们可以窥见其法治思想的蛛丝马迹。公元前493年，为了摆脱与范氏、中行氏斗争所带来的被动局面，赵鞅在所率军队甚少、明显处于劣势的情况下，发动了著名的铁之战。他在战争前夕进行了一番精彩的演讲，"上大夫受县，下大夫受郡，士田十万，庶人、工、商遂，人、臣、隶、圉免"。这样的言语极大地鼓励了士气，最终取得了这场战争的胜利。最为关键的是赵简子家族素对百姓有恩，得到了百姓的支持。

在春秋战国那个战乱纷争的年代，像赵简子这样鼓励士气的言语应该是经常发生的。赵简子本人重视法家，前文已作说明。赵简子法治思想最为明显的特征就是通过将条文公布于民众达到教化之目的，通过制定严格的军事纪律和临阵应机动人的说辞达到政治军事上的目的。也就是说，赵简子的法治思想是为政治军事的宏图大略而服务的。他的法治思想主要表现在治军上，军事力量的强大才能使赵简子在诸卿角逐中立于不败之地，这点是被英明的统帅所认同的。其实在春秋战国那个动荡的年代，最早的法律首先都是为严明军规、为战争服务的。因此在当时法治思想促使国家强大的摸索经验影响下，赵简子公布法律，从另一方面也预示了后来赵国强大的历史必然。

事实上，三晋地区的法家思想对全国的贡献都是比较大的。晋阳地区作为赵简子的根据地，法家思想的萌发以及实行应该是有坚实基础的。从董安于的言行中我们可以略知一二。

董安于（？—前496），又称董阏于，春秋末晋国人，战略家和政治家，是晋卿赵鞅之股肱家臣，也是见诸史籍的晋阳城第一位行政长官。公元前497年，他奉赵简子之命于晋阳大地上修建了坚固的晋阳城。从那时起，董安于就和晋阳城的命运绑到了一起。他是春秋战国时期法家的主要代表人物之一，作为赵简子的得力助手，其法治思想应该和其主人是同出一脉的，可以说是对赵简子法治思想的继承、完善和发展。

据《韩非子》所载："董阏于之为上地守，行石邑山中，见深涧峭如墙，深百仞，因问其旁乡左右曰：'人尝有入此者乎？'对曰：'无有。'曰：'婴儿、痴聋狂悖之人尝有入此者乎？'对曰：'无有。''牛、马、犬、彘尝有入此者乎？'对曰：'无有。'董阏于喟然太息曰：'吾能治矣。使吾法之无赦，犹入涧之必死也，则人莫之敢犯也，何为不治之？'"根据以上内容，我们不难看出董安于法家思想的特点，那就是轻罪重罚，严刑峻法。

董安于治理晋阳期间还曾问政于骞老，"曰忠、曰信、曰敢"，忠诚、信任、敢于得罪人，成为董安于的为人做事之道，其法治思想比战国时期的商鞅早了一百多年，商鞅的法治思想和董安于有颇多相似之处。可以说，董安于的法治思想对商鞅有很大的启发意义。如果说赵简子的法治思想多偏重于理论的话，那么董安于的法治思想则多偏于实践。董安于的法治思想为赵氏立国后的兴盛与强大打下了坚实的基础。

晋顷公时，董安于为了在诸卿斗争中帮助赵简子站稳脚跟，在智氏胁迫赵简子杀死自己时，从容不迫地自杀了。这也是春秋战国时期侠义文化的一种表现（侠义文化将在后面的民族融合中详谈）。他临死之前，举荐尹铎为晋阳宰。在董安于的举荐下，晋卿赵鞅派尹铎治理晋阳。尹铎和董安于私交很深，之所以派尹铎来治理晋阳，应该就是因为他能延续他们的法治思想，筑牢其大本营。尹铎的法治思想与董安于及赵简子有许多相近处。我们可以这么说，晋阳城第二任行政长官的所有功绩，也是赵简子、董安于法治思想理论与实践的延续。为政治军事服务、以更好管理老百姓为理论、以严刑峻法为主要内容的法家思想是赵国法治思想的核心，对赵国的建立以及成为战国七雄均起到了重要作用。

在施行法治的同时，德治在晋阳地区的发展也是极其重要和明显的。窦犨亦是赵简子作为晋卿执政时期的重要人物，他们的君臣际遇与董安于、尹铎相比更多表现的是其悲剧性。即便如此，窦犨的德治思想仍影响了当时甚至以后好多人。太原民众为他建祠立庙，窦大夫赢得了世人的尊敬。

据《国语》记载，某一天，赵简子突发感慨："雀入于海为蛤，雉入于淮为蜃。鼋鼍鱼鳖，莫不能化，唯人不能，哀夫！"窦犨当时正陪侍一旁，听到这话，立即告诫简子说："臣闻之，君子哀无人，不哀无贿；哀无德，不哀无宠；哀名之不令，不哀年之不登。夫范、中行氏不恤庶难，欲擅晋国，今其子孙将耕于齐，宗庙之牺为畎亩之勤，人之化也，何日之有！"窦犨通过范氏、中行氏的覆灭，告诫赵简子，一切都在变化，包括统治者自己，如果不注重道德修养，统治者也会变成庶民。窦犨把道德摆在了首位，这些以加强自身道德修养进而以德治国的理念，充分体现了他的德治思想。

这和赵简子的德治思想也十分契合。《韩非子》记载：一天，赵简子外出，上车之前，对左右说："车席过于华美了。帽子再简陋，总要戴在头上；鞋子再贵重，也总要穿在脚上。现在席子这么名贵，我该穿什么样的鞋子踩上去呢？有了好鞋子，必然还要有好的帽子。如此，下美而耗上，这就是道义被妨害的根本原因啊！"于是改用破车和瘦马，穿的也是羊皮衣、羊皮袄。家宰觉得寒酸，劝道："新车子坐着才舒服，肥马才跑得快，狐裘才又轻又暖啊。"赵简子道："你说的这些我自然知道。我听说，君子用上好的车马衣服就会更加谦恭，细人（小人）一旦用上这些就顿时倨傲起来。我故意不用好的，就是为了防止自己产生细人的心态啊。"通过加强自身修养而达到教化、感化人们的目的，是赵简子德治思想的表现。

与赵简子相比，赵襄子的德治理念更加完善，更具有实际指导意义。有一次，赵襄子听到胜利的消息后，未喜形于色，侍者问其原因，他说："我听闻，德行不纯而福禄并至，这叫作侥幸。侥幸毕竟不是福泽，没有德行不能承受福禄，真正的福禄不是靠侥幸得来的。得到也未必是幸事。我所以感到害怕。"（参见《国语·晋语九》）

赵襄子对自己的道德言行严格要求，他的臣属也敢于犯颜直谏。有一次赵襄子饮酒五日五夜而不醉，他得意地对侍者说："我诚邦士也。夫饮酒五日五夜矣，而殊不病。"侍者优莫说："主君你继续努力吧，再有两天就赶上商纣王了。纣王是七日七夜，现在你已经五日了。"襄子心头一惊，问优莫："这么说我也要灭亡了？"优莫答道："不亡。"襄子又问："不及纣二日耳，不亡何待？"优莫说："夏桀和商纣灭亡，是因他们分别遇到了商汤和周武王。现在天下的君主都是夏桀，而您是商纣。夏桀和商纣同时在世，怎么能互相使对方灭亡呢？但是也很危险了。"（参见《新序·刺奢》）赵襄子的这种德治思想是以加强自身修养为根本，以虚心接受臣下纳谏为具体行动，处处把德治思想摆在首位，以德修身、以德教化臣民、以德治国，这是赵襄子德治思想的核心。

我们回过头来再说窦犨。他作为晋国大夫，或者赵氏家臣，由于政治理念不同，最后还是由于某种原因被赵简子杀害了，并惹起了孔子这位圣人的千古一叹，发誓不入晋国。事实上，两派思想在晋阳地区都有不同程度的反映，法治德治是相辅相成的。董偏于法治而窦倾向于德治。赵简子父子则是兼而有之，对于百姓他们倾向于德治，对于治军他们偏于法治。赵氏素对百姓多恩，从赵简子的铁之战及赵襄子的晋阳保卫战最终因得到百姓支持而胜利，就能看出赵氏德治与法治兼顾的思想。赵简子杀害窦大夫就不只是政治理念的相左，而是窦犨自身的问题[①]。

（二）政治军事思想

东周时期晋国强大的六卿不但向晋室夺权，就是他们之间也相互兼并，从而成为这个时代最突出的特点。赵氏家族在赵武中兴之后的春秋末年，势力发展到极盛。赵武之孙赵简子雄才大略，在与邯郸赵氏、范氏、中行氏的斗争中，制定北进

---

① 或以为窦犨有私通范氏、中行氏的嫌疑。参见侯毅《山西通史·先秦卷》，山西人民出版社，2001年。

战略，充分展现出他的政治军事思想。

赵简子利用晋公名义打击邯郸赵氏势力时，晋国内部与邯郸赵氏联系较为密切的范氏、中行氏反戈相向，共同谋划攻打赵简子。赵简子听取了董安于的意见，改后发制人为先发制人，在战略上获取了主动地位。在对方强大的攻势下，简子不支，奔走晋阳，赵氏面临灭顶之灾。其时，六卿内部也是矛盾重重，赵简子正是利用这一点，团结与范氏、中行氏有矛盾的智氏、韩、魏等，从而扭转了局势，取得了初步的胜利。晋阳城第一次发挥了军事堡垒的作用。

关于建城战略思想的意义，从尹铎的作为就可以窥其一斑。董安于之后，尹铎继任晋阳宰。尹铎到晋阳之前，曾向赵简子请示治理方略。赵简子对尹铎说："必堕其垒培。吾将往焉，若见垒培，是见寅与吉射也。"尹铎到任后，不但没有削平营垒，反而把营垒加高。此举激怒了赵简子，表示一定要杀了尹铎才肯进城。尹铎昔日的仇人邮无正向赵简子进谏："今吾子嗣位，有文之典刑，有景之教训，重之以师保，加之以父兄，子皆疏之，以及此难。夫尹铎曰：'思乐而喜，思难而惧，人之道也。委土可以为师保，吾何为不增？'是以修之，庶日可以鉴而鸠赵宗乎！若罚之，是罚善也。罚善必赏恶。臣何望矣！"一片忠心跃然纸上。尹铎在董安于修建城墙的基础上加高了的晋阳城，为后来赵襄子固守晋阳，联合韩、魏最终灭掉智伯发挥了巨大作用。尹铎的远见卓识，表现了他对赵简子的忠心，他对赵氏江山的稳定作出了不可磨灭的贡献，尤为重要的是体现了他与董安于突出晋阳城军事战略意义的重要思想。

赵简子的政治军事思想是在春秋末期的动荡年代逐步形成的。在与其他五卿的角逐中，他能处于领先地位，和他政治军事思想领先于其他诸卿有很大关系。他的思想表现在如下几点：一是受赵氏孤儿案的影响，避免重蹈覆辙，始终注意和韩氏搞好关系。晋国诸卿之中唯有韩氏与赵氏最为交好，且时间最长。二是善于团结利用诸卿，逐步排除异己。联合韩、魏、智消灭范氏、中行氏的故事就是很好的例子。三是善于利用城战，即利用晋阳城的坚固性退守晋阳，保全自己，达到自己预期的目标。四是制定北进战略。这是非常英明之举，北和诸戎，拓展疆土，壮大自己，而后达到兼并的目的。五是善于发现人才，任用人才，珍惜人才，爱护人才，举贤与能。董安于、尹铎就是最为明显的例子。

赵简子之子赵襄子即位后，也担当起自己的历史使命，推进了父亲制定的北进消灭代国战略。他在政治军事上利用坚固的晋阳城作为依托，采纳并使用张孟谈的反间计（这是纵横家思想在晋阳大地最为直接而有效的运作），联合韩、魏，消灭了当时四卿中最为强大的智氏，促使赵国更加强大。这种以城战为主，利用反间计反败为胜的战略思想，体现了赵襄子的雄才大略和赵简子选择接班人时的政治远见。后人把赵简子与赵襄子父子二人的功绩描述为"简襄功烈"，主要就是针对他们政治与军事方面而言的。

（三）民族融合

民族大融合是春秋战国时期最为明显的特征。追本溯源，其实早在晋国立国之初，开国之君唐叔虞就在其领地"唐"奉行"启以夏政，疆以戎索"的治国方略。随后，其子燮父改国号为"晋"，延续了父亲的民族政策。民族文化的融合与交流，是晋国始终奉行的一种治国方略。

发生在晋悼公四年（前569）的"魏绛和戎"，是晋阳地区民族融合的光辉典范。大背景是：晋悼公之前的晋景公、晋厉公时代，对外扩张领土，消灭赤狄，这直接导致了晋国与各诸侯国和戎狄之间的紧张关系；国内引发景公诛灭赵氏卿族继而厉公又被栾氏卿族所弑的大规模内乱，国内统治集团的矛盾进一步加剧，各大卿族间、卿族与公室间的争斗日益激烈，晋国处于内外交困之中，晋国的霸业面临严重危机。

为了摆脱困境，重振霸业雄风，缓和内外矛盾，魏绛高瞻远瞩，深刻分析了当时晋国面临的形势，特别是南方楚国对晋国霸业的严重威胁以及"和戎"对于重振晋国霸业的战略意义，说："诸侯新服，陈新来和，将观于我。我德则睦，否则携贰。劳师于戎，而楚伐陈，必弗能救，是弃陈也，诸华必叛。"英明的晋悼公在听取魏绛的深刻分析之后，废弃了自己"戎狄无亲而贪，不如伐之"的政治主张，使"魏绛盟诸戎"，经晋阳北上与诸狄结盟。此举不仅扩大了晋国的疆域，也在不同程度上促成了晋悼公恢复霸业的愿望。

正如李元庆所说，魏绛和戎"有力地促进了中原华夏民族的农耕文化同北方戎狄民族的游牧文化交汇融合，从而在经济生活领域为全方位的民族文化融合奠定了物质基础。这是我国民族文化史上的划时代事件，是我国古代民族文化融合的历史创举。从此，狄戎民族居住的山西中北部地区，即逐步由游牧型经济向着游牧、农耕混合型经济过渡了"[①]。"魏绛和戎"不仅恢复了晋国的霸业，且为晋国的发展创造了近三十年的和平环境，并把晋国的疆域拓展到了霍山以北。恰如顾炎武说的"霍山以北，自悼公以后始开县邑"，成为晋国的行政区。

赵简子制定"北进战略"后（其真实意图在吞并代国），在时机尚未成熟之前，赵氏采取了与代王通婚的策略，借以麻痹对方，掩盖自己的真实意图，《史记·赵世家》仅言"襄子姊前为代王夫人"，未点明其出嫁时间。《战国策·燕策一》记载："昔赵王以其姊为代王妻。"从上下文意来看，此赵王是指赵襄子，认为赵、代通婚是在赵襄子时。而《史记·赵世家》云"简子既葬，未除服"，襄子即以阴谋手段击杀代王，兴兵平代地。襄子姊不可能在父丧期间出嫁，因此，赵、代和亲当发生于赵简子时期。和亲政策的实施，既为以后兼并此地埋下伏笔，又使赵简子在与国内诸卿的火并中不必有后顾之忧，堪称两全之计，而后代国终被赵襄子所破。这也反映了赵简子民族政策的特点：以和为主，适时再战。

其实和戎政策是在不断发生变化的，时战时和成了当时对戎政策最显著的特点。

晋国军队在打败无终及群狄后，无终部族被迫迁回原始居住地今河北玉田县一带，即西汉右北平郡无终县，其余诸部组成了以代为基地的新的部落联盟，亦自曰"代戎"，或称"代国"。赵简子病死之后，其继位者赵襄子励精图治，兼并代戎，赵简子制定的北进战略得以实现。战国七雄之一赵国霸业也因此奠定了坚实的基础。

综合来看，赵氏对戎狄的方略为：一是在晋阳地区主动与戎狄结盟，缓解晋国外部压力；二是与戎狄通婚，缓解赵氏自身压力；三是伺机与戎狄开战，消灭戎狄，拓展疆土。

其后赵氏后代赵武灵王延续先祖之策，民族融合又进一步发展。赵襄子之后赵国的第七代国君赵武灵王以举国动员的宏伟气势，推行了"胡服骑射"改革。在"简襄功烈"的影响之下，赵武灵王发展了他们的民族政策，并不失时机地在新开辟的北方广大游牧地区，设置云中、雁门、代三郡，加大了这些地区的封建化进

[①]　李元庆《春秋战国时期晋阳民族文化》，《山西社会主义学院学报》2007年第2期。

程。赵武灵王胡服骑射的辉煌成就，标志着赵简子、赵襄子所奠基的晋阳民族思想文化发展到了繁荣鼎盛。

其实从"魏绛和戎"开始，一直到赵襄子时期，太原地区的和戎一直在进行着。不论是以货易土还是和亲通好，不论是以步当车还是胡服骑射，戎狄游牧文明和中原农耕文明从来就没有停止过互动交流。正是在"入华即华，入戎即戎""兼容并蓄"这一大的文化背景下，太原地区的先民们相互学习，相互融合，共同创造了独具特色的地域文化。

晋阳地区的游侠文化，就是多民族聚居地区民族文化的代表。

豫让，晋人。豫氏出于毕氏，故《战国策》称豫让为毕阳之孙。其始事范氏、中行氏不得意，转而事智伯。智伯对他分外尊崇。及三晋分智氏，赵襄子最恨智伯，将其头砍下以为饮器。豫让遁逃山中，感叹道："嗟乎！士为知己者死，女为悦己者容。吾其报知氏之仇矣。"他先是改变姓名，后又吞炭装扮成乞丐，皆为刺杀赵襄子，以报智伯之恩。在被活捉后，赵襄子责备豫让说："你以前不是事奉过范氏和中行氏吗？智伯灭了他们，你没有为他们报仇，反而委身事奉智伯；现在智伯已经死了，你为什么唯独要给智伯报仇呢？"豫让说："臣事范、中行氏，范、中行氏以众人遇臣，臣故众人报之；知伯以国士遇臣，臣故国士报之。"

豫让为了报答智伯之恩，数次行刺赵襄子而不能，最后自刎，血染赤桥，成就了一代义士之名。豫让的这种侠义思想并不是个例，在春秋战国时期的晋阳地区，这样的侠义行为是比较常见的。正如豫让的朋友青荓一样，既为豫让故友，又为赵襄子下属，他既要忠诚主上，又要对朋友义气，最后一死两全。这件事情更加体现了游侠文化在晋阳地区的影响，"燕赵多慷慨悲歌之士"遂成为佳话。

春秋战国时期，晋阳地区是一个历史演绎的大舞台。赵简子父子以及晋国臣子在晋阳地区的作为，对晋阳文化的发展起到了推波助澜的作用。民族大融合、政治军事思想以及哲学思想对后世晋阳地区文化的发展有着很大影响，晋阳文化也随着历史的进程融入中华民族文化的血脉当中。

二、经济与社会生活

太原位于山西省中部晋中盆地北端，东靠太行，西依吕梁山系，北部有系舟山、云中山，三面群山合抱，中南部为汾河河谷平原，地势北高南低。汾河从管涔山发源，流经宁武、静乐、古交，至上兰镇出山口，向南经晋中盆地，出介休霍太山入临汾盆地，到河津汇入黄河。地势平坦，土壤肥沃，晋水清冽，灌溉便利，适宜农耕和渔牧。这就是春秋战国时期晋阳地区经济发展的大环境。

（一）经济政策

赵简子父子在晋阳主政时，面临的政治大背景是：晋阳地区处在民族大融合、大发展的关键时期，人口上的往来交流以及晋阳地区的行政区域划分，和以往相比在不断发生变化，开疆拓土、发展经济成为英明政治家的必然之举。经济发展为政治、军事、民生提供物质保障，而多样的经济政策及行为又是经济发展必不可少的条件。太原地区此时经济上的改革主要表现在以下几个方面。

首先要提到的就是作爰田、作州兵。春秋中后期，军赋的改革在晋国已经刻不容缓，"晋于是乎作爰田"。晋作爰田旨在作州兵。这项政策产生的根源是韩原之战惨败后，晋国的执政大夫吕甥为了挽救统治，激励晋人抗秦，以晋君的名义"作爰田、作州兵"。所谓"爰田"即援田，就是为了援助已经成为秦囚的国君而辟出的赏田，主要对象是韩原之战中阵亡的家属及有功的将士。作州兵，就是为了让国人以州为行政单位额外交纳军赋，以解晋国因韩原之战兵甲殆尽的危机。"作爰田、作州兵"是当时土地制度和军赋制度的改革，也是晋国的一项重要财政改革。这种国家危难之际的权宜之计，却为后来晋国诸卿开疆拓土找到了最好的理由。我们现在虽然不能确切肯定赵国是否作州兵，但从晋国诸卿都曾作州兵及赵氏家族施政方略来看，作为正在发展且深谋远虑的晋卿赵氏家族必定会凭借此政策逐步扩大自己的领地。事实上，他们把晋阳地区作为自己的大本营，开疆拓土，向北发展，应是受了"作爰田、作州兵"政策的影响。从实际效果来看，这个政策不仅解决了当时晋阳地区田税和军赋两大收支问题，而且无意中将奴隶的土地国有制转变为封建的土地私有制，顺应了新兴封建势力发展的潮流，对当时政治、经济、军事的发展均起到了积极的推动作用。

其次，赵国在经济政策上最大的特点就是废除了"步百为亩"的井田制，代之以封建的田调制和地税制。事实上，赵国在改革亩制地税上比韩、魏都激进。当时范氏、中行氏采用最小亩制，以一百六十步为亩，智氏以一百八十步为亩，韩氏、魏氏以二百步为亩，而赵氏则采用最大亩制，以二百四十步为亩。其中赵襄子的相国张孟谈就在其领地推行"广封疆，发千百（阡陌）"①的改革。所谓"广封疆，发阡陌"，就是推广二百四十步为亩的大亩制。晋阳地区是否实行大亩制，尚无文献记载，但是晋阳地区作为赵氏的大本营，在距离晋国政治中心较远的地区实行大亩制，应该说是符合当时情势的。从赵襄子退保晋阳，老百姓主动送粮来看，大亩制在晋阳地区的实行绝非一朝一夕。大亩制在晋阳地区的实行，极大地调动了老百姓种田的积极性，促进了当地经济发展，带来了较长时期官兵与人民的和谐相处。这样一来，普通的老百姓受益了，赵氏的威望提高了，赵氏的根基更加牢固了。

再者，赵氏亦在其领地实行"公无税焉"的措施，即不按亩征税，这就是赵简子所提出的轻徭薄赋，是税制方面具体改革的体现。《孙子·吴问》中就谈到了赵氏对于前往垦辟荒地的农民实行"公无税焉"的政策，其税制是适应生产发展要求的。《韩非子·外储说右下》记述："赵简主出税者，吏请轻重。简主曰：'勿轻勿重。重则利入于上，若轻则利归于民，吏无私利而止矣。'"赵简子"勿轻勿重，重则利入于上，轻则利归于民"的政策，比起其他五卿征取的十分之二的税率（见《孙子·吴问》）来说，是比较宽和的，征取的税额也是较为适中的。"吴王问孙子曰：'六将军分守晋国之地，孰先亡？孰固成？'孙子曰：'笵（范）、中行是（氏）先亡。''孰为之次？''智是（氏）为次。''孰为之次？''韩、巍（魏）为次。赵毋失其故法，晋国归焉。'吴王曰：'其说可得闻乎？'孙子曰：'可……赵是（氏）制田，以百廿步为畹，以二百卌步为畛，公无税焉。公家贫，其置士少，主佥臣收，以御富民，故曰固国，晋国归焉。'"（《孙子·吴问》）可以印证赵氏征收税额是适中的。《国语·晋语九》记载尹铎至晋阳，为减轻民众负担而"损其户数"，则又证明赵氏已实行切实可行的户税制度。赵氏在晋阳地区实施的这些政策，对于开疆拓土、顺应民心极为有利。

总的来说，春秋战国时代，所有为发展社会经济而实行的经济政策，都是为政治和战争服务的。经济政策的主题也就是为扩大军事实力提供支持。这种以军事、政治为主要目标的经济思想和政策，促使赵氏迅速强大。最为明显的表现，就是其

---

① 杨宽《战国史》：《战国策·赵策一》，"千"字原作"五"，据日本横田惟孝《战国策正解》改正。

大后方晋阳地区的繁荣程度达到了当时历史的较高水平。

（二）生产

1. 农业、畜牧业并行发展

从春秋初年到三家分晋，五百多年间，包括晋阳地区在内的晋国在发展封建领主经济基础上，完成了向地主封建制的转变，社会生产力又一次获得解放，农业经济发生了前所未有的变化：农耕区域继续扩大，农具变革，牛耕的推行，以精耕细作为特点的传统农业逐步形成。

战国时期，农区和牧区的分界可用一条曲线表示，即"龙门碣石线"。这条曲线从西南陕西省韩城市经山西省河津市禹门口所在龙门山，再经乡宁、蒲县之东和汾阳、文水之间向东北延伸，通过阳曲县和盂县的上细腰，穿过滹沱河出境，达河北昌黎县北。这条线的"其西其北"，为当时的畜牧区域或农畜相杂的区域，而"其东其南"为主要农耕区。太原则在线之南，经济以农耕为主。

晋国农业发展史上最重大的变革，莫过于铁器和牛耕的出现。春秋初期，石器、骨器、青铜农具基本上是主要耕作工具。春秋中期，由于工矿业出现了突破性发展，制铁业有了相当的规模，这直接导致铁质农具的广泛使用。此地农业使用的翻土工具是犁。最早的犁是石制的，目前还没有发现完整的青铜犁。春秋晚期至战国期间铁犁是比较常见的，虽然数量不多，但铁犁取代石犁的事实标志着生产力的又一次飞跃。春秋晚期晋国铁器得到广泛使用，那么在以农业为主的晋阳地区也应该如此。

牛耕出现以前，相当长的时期内主要以人力挽犁为主。牛耕最迟在春秋晚期就已经出现，战国时各诸侯国在全国推广。晋阳地区作为赵氏的根据地，要想实现高效率的农业生产，势必要对牛耕更加重视。

铁农具的普遍使用和牛耕的推行，不仅便利了开垦广阔的森林草地为耕田，而且还可以深翻土地，使土壤疏松，易于细作，又能破坏杂草根系和改善土壤结构，提高耕作效率。这就使原始耕作栽培方式成为过去，精耕细作成为可能，从而逐步形成了传统农业及其科技体系。这一时期农业经济的发展，首先表现在农作物种类比以前增加了，从考古资料来看，粟、黍、麦、稻、稷、粱等是最常见的种类。

农业生产技术的逐步提高，改变了部分地区的一年一熟制，我国农业生产开始走上复种轮作的道路，这是我国古代农民在耕作制度改革上的一项创举。目前我国现存最古老的农学论文《吕氏春秋》中的《上农》《任地》《辩土》《审时》四篇，较为明晰地反映了春秋战国时期农业科学技术的发展水平。作为以农业为主要生产方式的晋阳地区，生产技术的提高，农作物品种的丰富，加上赵氏的苦心经营，使其很大程度上领先于其他卿族。

晋阳地区平原、山地、盆地、高山峻岭错杂其间，又是民族杂居地区，必然使畜牧业得到长足的发展。

这可以从相关文献资料以及考古发掘得到佐证。我们从《国语》《左传》等文献的记载推测，其时已有马、牛、羊、猪、狗、鸡六畜，还有兔、鹅、鸭、驴和骡子等家畜和家禽。放马畜牧除了供作战驾车和运送粮草之外，马一定程度上还是祭祀品和贵族的殉葬品。在太原晋国赵卿墓的车马坑中，一次就发现了殉马 44 匹。

牛、羊、猪、鸡既是祭祀的牺牲品，也是当时人们所食用的肉类。在太原赵卿墓的牢鼎中也发现了鸡骨、猪骨，太原地区畜牧业的发展也达到了繁荣程度。

伴随着农业、畜牧业的相互融合，在晋阳这一多民族居住地区，必定会有狩猎出现。也就是说，狩猎作为一种生活方式，是农业、畜牧业的补充。作为一种经济行为，农业、畜牧业、狩猎等，是春秋战国时期晋阳人民生活的物质保障。

2. 水利工程的兴起和发展

在中国古代，凿井汲水是大多数城市的饮水来源。水利工程的兴起大大改善了人们的生活、生产条件，并在用水功能上日渐丰富和完善，大多兼有农田水利和城市供水的双重作用。大禹治水中，用堤埂保护围内居民不受洪水侵袭，围外疏导水流顺畅排于下游的措施，就是我国古代城市及防洪工程的雏形。

我国原始社会末期开始出现水利设施萌芽，经过商代和西周的发展，到春秋战国时期出现了一个发展高潮。春秋战国时期，争霸称雄的各个政权，都在建造堤坝工程，农田水利建设由开渠疏导引水进入筑坝取水阶段。晋阳地区历史上著名的"智伯渠"就是最好的说明。

赵襄子时期，智伯便从悬瓮山下开渠筑成智伯渠，企图用水灌晋阳城的方法消灭赵襄子，因城防坚固未能破，却给后人留下了著名的智伯渠。这项用于军事目的的渠坝工程，开创了堤坝取水的先例。传说窦犨曾在太原地区治水。虽然仅是传说，难以找到文献资料及实物证据，但也从另一方面证实了太原地区水利的发展与繁荣。

3. 手工制造业的发展

我国古代用铁的历史可以追溯到商代，但是人工冶铁技术最迟始于春秋。生铁冶铸技术、钢制锻打技术、铸铁柔化技术的出现，使铁器的用途发生了根本性的改变，增加了铁器的使用寿命，加快了铁器替代铜器等生产工具的历史进程，推动了生产力的发展。大约在春秋中期，晋国由青铜器时代进入铁器时代。冶铁业是春秋中叶以后发展起来的新兴手工业。当时铁的用途更为广泛，不仅农业和手工业工具用铁制造，军队的盔甲兵器也都会用铁制造。我们可以想象，晋阳地区作为赵氏家族的根据地，自然会把冶铁技术掌握得炉火纯青，以便为其提供军事、农业等多方面的支持。

春秋末期，晋国人董安于为赵简子筑晋阳城造宫室时曾冶铜为柱础。用铜之多，铸件之大，工艺之精，不言而喻。太原金胜村晋国赵卿墓出土的青铜礼器有鼎、豆、壶、鉴、鬲、尊、盘、舟、瓿、匜等。这些种类繁多的青铜器说明晋阳当时可能也是晋国大型铜器生产所在地。最近几年，考古工作者在晋阳古城西城墙发现了陶范，更加说明晋阳地区存在铜业生产基地的可能性。

青铜器的铸造大致要经过采矿、炼铜、制模作范、配制铜溶液和后期修整五道工序。《山海经》记载海内产铜之山 29 处，据考证，其中五处在今山西境内，即今天太原的西山以及昔阳、盂县、平陆、垣曲等。据上海博物馆有关专家研究，晋国铜器已经采用与失蜡法有相同功效的"焚失法"制作技术。太原地区产铜，存在铜业生产基地的可能，其铜器制造水平应是比较先进的。

布币的发现是青铜冶炼技术发达的又一例证。布币为一种铜质铲形铸币，是三晋地区的主要货币形式。太原晋源镇北曾出土先秦货币"晋阳尖足大布""晋易（阳）平首布""晋阳方足布"等，从另一个方面说明当时的晋阳可能是赵氏的货币制造中心。

列国争战称雄，兵器制造业在官营手工业中自然占有重要地位。三晋各国中央和县一级地方政权拥有铸造作坊，其监管制度分为造者、主造者和监造者三级，各有分工，责任明确。重要的产品，还要在上面铭刻制造者的名字和产地、时间。除中央或县的武库所属作坊制造兵器外，冶铸中心地及铸币等官营手工业作坊一般也制造兵器。太原地区作为赵氏家族的领地，为了争雄称霸，发展壮大，开拓疆土，也可能会有自己的兵器生产基地，以满足军需。

革制品多用于战事，制革业是官营作坊。从文献记载看，皮革主要用来制作铠甲、固车、蒙鼓、弓箭矢囊。太原赵卿墓出土的车辆当中就有用革制品的痕迹，说明当时晋阳地区应该有革制品制作坊。

木器由于很难保存，在考古中几乎没有实物发现。但从文献记载和考古遗迹来看，晋阳地区使用木器是相当普遍的，仅生产工具中就有各类工具的木柄、制作陶器的转轮，以及耒、耜、二齿耙等。在房屋、宫殿营建中，木头更是关键，一座建筑物以梁、柱、檩、椽支撑着屋顶的全部重量，而墙则是后垒上去的。这种墙倒房不塌的建筑技术，此时更趋完善。

玉器作为晋阳地区贵族常用的礼仪用品和贵族服饰上的佩物，是一种身份的象征。1988年发掘的太原赵卿墓中就发现了摆放整齐的玉器，此玉器选材精良，造型逼真，研磨细腻。器型除带有礼仪性质的圭、璋、琮等，还有取材于生活的玉雕，如鱼、羊、牛、猪、马、蚕等，反映了当时玉与人们生活的深刻关系和高超的制作工艺。

晋阳地区自古一直是水域较多的地区。春秋战国时期，赵襄子、韩、魏和智氏决战在晋水环绕的晋阳城，智氏水灌晋阳时使用了大量的舟楫。由此我们可以得知，太原应该有造船作坊来满足战争与人们出行的需要，其舟楫的制作工艺也应该是较为高超的。

4. 商业的形成和发展

人类的发展历史表明，农业、畜牧业和手工业的日益发展，必然导致商业的兴起与繁荣。

春秋时期，晋阳地区作为赵简子的大后方、根据地，随着晋阳城的建立，日益繁荣。在晋国制定的"通商惠公""轻关易道、通商宽农"政策影响下，晋阳地区人们的往来与交流频繁，商业呈现出繁荣状态。

能够表现晋阳商业繁荣的是金属货币的大量铸造和使用。考古发现的大量布币，面文地名有兹、兹氏、中阳、寿阳、篱石、祁、阳邑、晋阳、榆即半、平周、平陶、平州、晋阳半、藺半、中都、土匀、西都等，多为晋中盆地城邑名。个别地名确址不详，怀疑也在晋中。这是晋阳地区商业繁荣的最好例证。

晋阳商业繁荣的另一标志，是城市的形成。如果说春秋晚期以前晋国的城邑主要是政治和军事的中心，那么以后的都和邑则加强了"市"的功能，从而成为真正具有贸易功能的经济中心。如赵国的初都晋阳城，既是冶铁铸造之地，也是铸币之地和各种商品的集散地。城市的繁荣加速了人口的往来与交流，必然带动商业的繁荣发展，使城市功能逐步完善。晋阳城也就成为名副其实的大都市。

5. 交通的发达

赵国的领地主要是山西中、北部，以及内蒙古的南部和太行山东面的河北南部和豫北、豫中地区。赵国的都城初为晋阳，后迁中牟（今河南鹤壁市），又迁邯郸。晋阳在太行山西，而中牟和邯郸都在太行山东。

赵国晋阳和邯郸之间有太行山阻隔，交通比较艰难，但也有两条道路可通。一条由晋阳经太谷、祁县一带翻越太岳山至沁水，由沁水而襄垣，至晋东南；或自太原盆地北部的榆次附近南去，至榆社、武乡等县，再到晋东南。由晋东南沿漳河东出，至今河南安阳、河北邯郸一带。另一条自晋中盆地沿滹沱河支流桃河，穿越太行山，经娘子关、旧关出井陉至今河北石家庄一带，南下邯郸。

从晋阳沿忻定、大同盆地经阳曲、忻州、代县，于雁门关翻越恒山；或由代县东北到繁峙、灵丘，进而入河北涞源县，或向东北之蔚县。这是晋阳与云中、代郡、九原联系的主要交通干线。另外，从晋阳往西去吕梁山也有一条大道，赵国北部三郡之间东西都有大道相接。从晋阳往晋南绛都也有一条大道相连，赵简子、赵襄子父子往来于两者之间，即是沿着汾河谷地的道路行进的。

甲骨文中有单辕双轮车的象形字，可以推测当时陆路交通工具主要是车。甲骨文还有舟的象形字，说明当时已有比较大的船。在当时，骑马也是一种非常快捷方便的交通工具。灵石出土的一件铜器，底部铸有"骡子"形象，说明当时骡子可能已经成为晋中盆地居民饲养的家畜和交通运输工具。

晋人制作和使用的车按用途可以分为两类。一是贵族乘坐的辂车和辇。辂车是四马或两马牵引的车子，公元前632年城濮之战晋军击败楚军，周襄王赐晋文公"大辂之服"，就是这种车的车衣；辇是用人力挽拉的车子，公元前550年栾盈攻绛，范宜子穿着孝服"辇以如公"，就是坐着这种车进入公室的。第二种车即晋人用于作战的兵车，当时又称"戎车"。还有"广车"，即横陈之车。这两种车都是用于军事的。

太原赵卿墓中，发现大量马与战车。渠川福《太原金胜车马坑及东周车制散论》，对车马坑出土的车辆用途及性质做了一定程度的分析：金胜车的用途和性质主要有圆舆、戎路、服车、田路、兵车等几种，这几种车基本上涵盖了赵氏车辆的所有功能。如编号1的圆舆，重较，夏篆，工艺精巧，装饰豪华，处于车队左列最后边位置。很可能是墓主晋卿赵氏本人的专用乘舆。而周车以方舆为主，此圆舆前所未见。编号3和8的戎路，又称革路，为《周礼·春官·车仆》所记五种兵车之首。兵车用材肥硕，车身宽敞。舆后有建旌（帅旗）的旗座，极可能就是墓主人的指挥车。编号4和9的服车，又称公车，也就是官车，是（王）公家发给有官爵者的公务用车，是身份的象征。编号7和8号的田路，亦即田猎之车，也是兵车的一种。车右侧都殉有一犬。7号车殉犬颈有铜箍革带项圈，应为猎狗。此外编号2、5、6的殉车，形制虽各有差异，均应为兵车。春秋时期的争霸战争中，兵车损耗十分惊人。出于战争的需要，各诸侯国十分重视和不断扩大兵车生产规模。春秋前期，每次战争动员的兵车最多不超过六百乘。由于军事生产能力的提高，中期增加到七八百乘到一千乘。春秋后期，小国拥有的兵车已达一千乘，大国少则数千，多则一万。赵卿墓中的兵车数量较多，不仅说明了晋阳地区可能存在兵车生产基地，同时说明赵国军事实力之强大。

晋中盆地在春秋战国时期多为水域，这就为舟楫作为交通工具提供了可能，特殊的地理环境迫使人们使用船只。掌舟楫的专门官吏称"舟虞"，当时晋国的船主要用于运送车马和粮草辎重等。到了春秋晚期，随着战争规模的不断扩大，晋人也常使用舟楫作战，赵襄子、韩、魏和智氏决战于晋水环绕的晋阳城，智氏水灌晋阳时应该使用了大量的舟楫。另外，老百姓出行走水路时也应该使用舟楫。

综上我们可知，晋人出行坐船或坐车，也骑马或步行。船与车的使用说明在晋阳地区独特地理环境影响下出行方式的多样性。

6. 发达的建筑业

晋国建筑业的发达突出表现在晋阳城的营建上。

晋阳地区因其"东阻太行、常山，西限龙门、西河，南有霍太山、雀鼠谷之隘，北有雁门、五台诸山之险"（《资治通鉴》卷二八四胡三省注），又因"府控带山河，踞天下之肩背，为河东之根本，诚古今必争之地也"（《读史方舆纪要》卷四十《山西二》），而成为赵简子建城的首选之地。建城时，赵简子与董安于已考虑到此地经济、畜牧、战争、水利等因素，也就是说，赵简子已经有了比较清晰的城市规划和布局，后来晋阳城发挥了它应有的功能，就佐证了这一点。宫城中建筑的柱础为铜铸，墙内用竹木为龙骨。高大的宫殿，坚固的仓廪、府库等城建设施一应俱全。至今我们仍能看到晋阳古城夯土城墙，城墙的剖面为梯形，夯窝细密均匀，夯土质地坚硬，反映了晋阳地区高超的建筑技术。

7. 医学的发展

春秋战国时期医学的发展状况，可以从名医扁鹊的活动窥其一斑。扁鹊姓秦，名越人，渤海鄚（今河北省任丘市）人，约生于公元前五世纪。《史记·扁鹊仓公列传》记载扁鹊"为医或在齐，或在赵"，足迹遍及今山西、河北、河南、陕西一带。传说他曾给赵简子看病，由此可见太原地区医学发展水平。

（三）百姓生活

衣食住行与人民生活息息相关。围绕在晋阳城周围及晋阳城内的居民生活在一个以农业、畜牧业为主，商业、手工业、建筑业等繁荣发展的环境之中。

对于大多数晋阳地区人民而言，衣物多用葛麻制成。当时的蚕丝业十分发达，有绢、帛、锦、罗等，但仅有贵族可以使用。除了麻、帛外，公室贵族选用珍贵的狐皮等为裘，普通百姓则以羊皮为主。无论是丝帛还是葛布，都需要经过染色才能使用。据文献记载，当时染布的原料是从矿物和植物中提取出来的。人们衣服的颜色有朱（赭红色）、黄、玄、墨（黑）、蓝、绿、灰等多种。

西周至春秋，日用陶器主要是鬲、甗、豆、盆、罐、钵等，还有生产工具如陶纺轮、陶片、陶锉、陶范等；战国时期的日用陶器主要是鼎、豆、壶、鉴、尊等大量仿铜陶器及其他陶器。这些器物的纹饰主要是各种各样的绳纹，也有少量附加堆纹。到了三家分晋时期，绳纹已为素面磨光的暗陶文所取代，许多陶器表面开始出现以红褐、黄色绘制的彩绘图案。陶器是普通百姓的日用品，当时的富贵之家应该开始使用漆器、铜器、木器了。

　　封建制的产生，导致一家一户为基础的自给自足的小农经济逐渐发展起来。晋阳人以生产谷物为主业，以种植桑麻和饲养猪、羊、鸡、犬等小型家畜为副业。当时平民百姓的生产生活形态，与其后两千多年来中国农村亦佃亦农较为相似，为传统的男耕女织生活方式奠定了基础。从晋阳地区环境来分析，人们的居住环境及居住条件也是较为多样化的。

　　崇法、尚德、勤政、宽民，简襄父子经营并依托晋阳化家为国，成就了显赫功绩。以军事堡垒、民族融合为特征的晋阳城，不仅在赵国建立和发展中起到了重要作用，而且也使晋阳成为"秦城汉塞，国之屏障"，它在秦汉发展历史上，作为中原北门，继续发挥着应有的作用。

第七章

秦代太原

秦国自商鞅变法后，逐渐成为七雄中实力最为强大的国家。秦国统治者通过远交近攻、连横合纵的策略，积极向东方扩展。韩、赵、魏三国首先受到秦国的直接进攻，而太原则成为秦、赵两国争夺的重要战场之一。

秦庄襄王二年（前248），即赵孝成王十八年，秦将蒙骜攻赵，定太原。第二年，依秦国制"初置太原郡"（《史记·秦本纪》），但在赵、魏、齐等五国联军的攻击下，旋即败退。

公元前246年，秦王嬴政继位，是为秦王政元年。秦王政初即位，就掀起了兼并六国、一统天下的狂潮。秦国不断扩展领土，并在其新占土地上设郡置县，巩固统治。继位当年，秦王政再次派蒙骜攻取晋阳，复置太原郡，郡治设于晋阳，下辖三十七城。秦王政二十六年（前221），秦始皇统一中国，将天下分为三十六郡，太原为其一郡，晋阳为郡治所。自此，晋阳城也称太原城。

在秦代统治的短短二十几年间，太原的社会经济处于恢复阶段，没有多大发展。但太原郡特殊的人文地理环境，还是显示出其抵御北方少数民族南下的重要军事战略地位。

第一节　太原郡的确立

一、秦国初置太原郡

战国中后期，秦国经商鞅变法后，基本上废除了西周以来的分封制，而在秦国全面推行郡县制。随着兼并战争的节节胜利，秦国将这种制度推向中原各国，在所占领的地区设郡置县，巩固统治。从秦昭襄王起，秦的版图扩展到河东地区（即今山西省南部），目标直指三晋诸国。

秦昭襄王四十七年（前260），秦、赵在争夺韩国上党郡的过程中，爆发了著名的长平之战[1]。赵国大败，四十余万军队被秦军将领白起坑杀，赵国从此一蹶不振。

秦昭襄王四十八年十月，秦国借长平大战之威，兵分三路，向赵国发动了大规模进攻。大将司马梗率领大军，越过黄河，进攻赵国西北部，一举攻克战略要地晋阳城，"北定太原，尽有上党郡"（《史记·秦本纪》）。赵国政权岌岌可危。当此大好时机，秦国却因连年发动征战，兵员死伤无数，粮饷严重不足，内部出现了主战和主和两种意见。赵国乘机派人到秦国游说宰相范雎。范雎本来就嫉妒白起、司马梗等人功劳，因而成为主和派的重要人物。范雎反复陈述，秦昭王权衡利害，最后采纳了主和建议，答应赵国割地求和，下令秦军停止进攻赵国，撤出新占领的赵国领地，秦军因此退出太原盆地。赵国通过外交途径收复了被秦军占领的太原地区。

秦庄襄王二年（前248），秦国养精蓄锐，集聚强大军力，开始了新一轮大规模的兼并战争，且矛头直指赵国。其进攻重点就是赵国的大本营、根据地晋阳。大将蒙骜率领大军，很快就攻下晋阳城。第二年，蒙骜又乘胜攻占了榆次（今山西省晋中市榆次区）、狼孟（今太原市阳曲县）以及晋北新城（今山西省朔州市朔城区）等37个城，控制了山西大部地区，依秦国制，"初置太原郡"，晋阳为太原郡治所。太原郡所辖区域文献上未有明文记载，但晋阳为其中心，晋中盆地、忻定盆地等区域应属太原郡所辖。

秦国在晋中盆地首次设郡，意义重大。首先它为秦国控制整个晋中盆地，进而控制山西打下了坚实的基础；其次晋阳是赵国的根据地、大本营，失去晋阳，邯郸、晋阳的首尾相顾之势顿时消解，秦国从太行临赵，赵国灭亡已指日可待；此外，太原郡也是秦国统一过程中，较早在秦国本土以外设立郡制的地方之一，它为日后秦国在全国大规模建郡提供了可资借鉴的经验。

秦国攻略太原，在太原建郡，统一的脚步已然加快。而赵国也十分清楚失去其立国根基、经济富庶、战略地位异常重要的太原地区之严重后果，因此组织力量积极抵抗。同时，韩、魏、齐、燕、楚五国在魏相无忌的组织和指挥下，组成庞大联

---

[1]　《史记·秦本纪》："四十七年，秦攻韩上党，上党降赵，秦因攻赵，赵发兵击秦，相距。秦使武安君白起击，大破赵于长平，四十余万尽杀之。"

军，合纵攻秦，救援赵国。占领太原的秦军在联军强大的军事进攻下，逐渐败退。不久，秦军又在河外（黄河以南）被五国联军击败。这时，晋阳起兵反秦，呼应联军，秦国暂时退出晋阳。

公元前 246 年，年仅 13 岁的嬴政继位。由于年幼，秦国实际权力掌握在丞相吕不韦手中。在吕不韦的策划下，秦国再次组织力量进攻赵国。大将蒙骜重整旗鼓，调动兵马，再战太原，攻克晋阳，复置太原郡，设郡守，加强了对太原的直接控制。至此，秦国从前 259 年司马梗北定太原，到前 246 年蒙骜再战太原，复置太原郡，经过十四年征战，太原包括晋中盆地归秦所有，并逐渐趋于稳定，成为秦国控制北边的大后方。

二、太原郡为毐国

秦庄襄王去世后，其子嬴政即秦王位，时年 13 岁。相国吕不韦掌握实权。关于秦王政的身世，旧史相传，庄襄王在赵为质子时，吕不韦以孕姬进献，此孕姬即为吕不韦宠姬赵姬，生子即为嬴政。

吕不韦身负大才，深通治国之道，《吕氏春秋》一书即是吕不韦治国之道的记录。秦王政幼年登基，政事专于吕不韦。秦王政生母赵姬出身歌伎，放荡不羁。嬴政登基后，她身为太后，仍不自检。吕不韦为避免赵姬的纠缠，专心国政，寻得男宠嫪毐进献赵姬。嫪毐本为市井小人，入宫后深得赵姬宠幸，并与赵姬连生两男。嬴政在母亲的要求下，封嫪毐为长信侯，以山阳（今河南省焦作市）为其住地，以太原郡为其封地，改太原郡为毐国。嫪毐迅速成为秦宫廷权臣。其家中僮仆数千人，诸客求宦为嫪毐舍人者千余人，一时门庭若市，成为咸阳豪门，这使嫪毐忘乎所以，野心膨胀。据《说苑·正谏》记载，一日，嫪毐与王公贵臣饮酒，喝得酩酊大醉，与大臣们发生口角。嫪毐依恃太后势力，目中无人，瞋目大骂："吾乃皇帝之假父也，窭人子何敢乃与我亢！"狂妄之态溢于言表。秦王政九年（前 238），秦王行冠礼，亲主政事。此时有人密告嫪毐实非宦者，常与太后私乱。嫪毐知东窗事发，遂盗取太后和秦王的御玺，调动士卒，攻击秦王政所居蕲年宫。秦王政命相国昌文君发动咸阳士卒攻嫪毐，战于咸阳，嫪毐大败。秦王政下令："有生得毐，赐钱百万；杀之，五十万。"（《史记·秦始皇本纪》）最终，叛乱者被缉拿归案，嫪毐被车裂，夷三族。太原收归秦国，恢复郡治。事后，秦王政派人闯进雍宫，杀死他的两个同母异父弟弟，将赵姬迁出咸阳，软禁起来。不久，秦王政又借机罢免了吕不韦相国职务，封其为文信侯，俸禄十万石。秦王政十二年，吕不韦饮鸩自尽。嫪毐叛秦以失败告终，而秦王政经过这一事件彻底扫除了吕氏势力，整肃内政，上下一气，图谋六国。

从公元前 246 年秦王政登基，至公元前 238 年嫪毐反叛被击败止，嫪毐统治太原郡的时间最多不过十年。这十年中，晋阳作为嫪毐的后方保障基地显然发挥了作用。至于嫪毐如何在晋阳充实物资以备战事，史料没有详细记载。结合嫪毐的阴谋野心，他在晋阳为反叛秦王政所做的人心、兵力、物资、武器以及城市防御等各种准备一定是煞费苦心的。另一方面，嫪毐唆使赵姬，力求秦王政封其太原，显然是看重了太原表里山河的战略攻防地位，是为其日后图存打基础的。

关于"太原郡为毐国"，王子今讨论说："《史记》卷六《秦始皇本纪》记载……'嫪毐封为长信侯。予之山阳地，令毐居之。宫室车马衣服苑囿驰猎恣毐，事无小大皆决于毐，又以河西太原郡更为毐国。'所谓'河西'，裴骃《集解》引徐广曰：'河'，一作'汾'。嫪毐虽然只有短暂的政治影响，然而专权一时。所谓'河西太原郡更为毐国'或者'汾西太原郡更为毐国'，以秦国'事无小大皆决于毐'的情势考虑，其遗存有探索的必要。《秦始皇本纪》司马贞《索隐》：'嫪，姓；毐，字。'按：《汉书》'嫪氏出邯郸'。葛承雍讨论嫪毐事迹，也重视'嫪氏出邯郸'的说法。如果嫪毐确实出身赵国，在'宫室车马衣服苑囿驰猎恣毐'的权力背景下，选择'太原郡'以为封地，自然考虑到了晋阳地理条件的优越。《汉书》卷二七中之下《五行志中之下》正是这样记述的：'秦始皇帝即位，尚幼，委政太后。太后淫于吕不韦及嫪毐。封毐为长信侯，以太原郡为毐国。宫室苑囿自恣，政事断焉。'所谓'宫室苑囿自恣'在'以太原郡为毐国'句后，值得注意。《文献通考》卷三〇五《物异考十一·恒寒》采用了这一记载。《山西通志》卷一六一《祥异一》：'始皇元年，封嫪毐为长信侯，以太原郡为毐国。宫室苑囿自恣，政事断焉。'如果《五行志》文意可以理解为'毐国''太原郡'中有嫪毐的'宫室苑囿'，显然也是值得考古学者注意的。我们或许可以因晋阳可能保留有体现较高消费生活等级的文物遗存，而有所期待。"①

三、秦代太原郡建置

秦王政二十六年（前221），秦灭六国，天下一统，国号秦，确立了中国历史上第一个封建专制主义中央集权的国家。

专制集权是秦始皇统一全国后国家统治形态的基本特征。在中央，秦设三公九卿，负责国家的政治、经济、文化、军事等要务。在地方上，彻底废除了西周以来诸侯分封建国制度，实行王朝严格控制下的郡县制，以郡统县，初分天下三十六郡，对其所属区域实行统一的中央集权统治。

太原郡为其中一郡，辖三十七县，治所晋阳。其境辖北到句注山，南至霍太山，东至今阳泉，西至黄河，所辖县有晋阳、榆次、离石、界休、霍人等。

太原郡设郡守，为太原郡最高长官，由秦皇帝任命，全权处理太原郡的一切政务；设郡尉，协助郡守分管太原郡的军务、监察。

太原郡下设县，县万户以上设县令，不足万户者称县长。县令或县长为一县最高行政长官，全权处理一县之政务；县设县尉，负责一县之军务；又设县丞，协助长官治事，兼管律法。

县下又设乡、里、亭。乡有三老，执掌一乡之教化；啬夫，管理一乡之赋税和狱讼；游徼，负责一乡之治安。里有里典，里下为伍，伍有伍老②。各级官僚机构的建立使秦在太原地区的统治趋于稳定。

太原郡究竟有哪些县，其地理位置又如何，史料上没有明确记载。《史记·秦本纪》："取三十七城……初置太原郡。"张守节《正义》曰："取三十七城，并、代、朔三州之地矣。""上党以北皆太原地，即上三十七城也。"可见太原郡应有三十七县。但县之名称、地理位置多不清楚。依据史乘及前贤研究成果，特别是《左

---

① 王子今《公元前3世纪至公元前2世纪晋阳城市史料考议》，《晋阳学刊》2010年第1期。
② 《汉书·百官公卿表上》云："县令、长，皆秦官，掌治其县。万户以上为令……减万户为长……皆有丞、尉……是为长吏。……大率十里一亭，亭有长；十亭一乡，乡有三老、有秩、啬夫、游徼。三老掌教化；啬夫职听讼，收赋税；游徼徼循禁贼盗。县大率方百里，其民稠则减，稀则旷，乡、亭亦如之。皆秦制也。"

传·昭公二十八年》的记载和谭其骧《中国历史地图集》有关太原郡的图说[①]，我们可以勾勒出秦代太原郡的大概情况。

太原郡郡治为晋阳（今太原市晋源区），辖境相当于今太原、忻州、吕梁、晋中、阳泉、朔州等地。辖县数目不详，《左传·昭公二十八年》所载十县中[②]，位于晋中盆地、忻定盆地的所谓祁氏七县应该归属秦太原郡。据后人研究成果，可考者共十三县：

晋阳：秦置，太原郡治所。建于鲁定公十三年（前497）前，春秋晋阳邑，战国时赵国初都。故治在今太原市晋源区古城营一带。

榆次：秦置，太原郡属县。春秋晋榆邑，也称魏榆。故治在今晋中市榆次区北。

界休：秦置，太原郡属县。春秋时瓜衍县建于此。故治在今介休市东南。

兹氏：秦置，太原郡属县。战国时为赵国兹氏邑。故治两说，一说在今汾阳市南甄子城，一说在今汾阳市南十五里巩村。

离石：秦置，太原郡属县。战国时为赵国离石邑。故治在今吕梁市离石区。

霍人：秦置，太原郡属县。春秋时为晋国霍人邑，也称葰人县。故治在今忻州市繁峙县东圣水村一带。

邬县：春秋晋国置，秦太原郡属县。春秋初晋国公族祁奚采地邬邑，鲁昭公二十八年（前514）晋国卿"魏献子为政，分祁氏之田为七县"，邬县乃其中之一，司马弥牟即为邬大夫。故治在今介休市东北二十余里邬城店。

祁县：春秋晋国置，秦太原郡属县。春秋初晋国公族祁奚之采地祁邑，春秋末被魏献子分置为七县之一，贾辛即为祁大夫。故治在今晋中市祁县祁城村。

平陵县：春秋时晋顷公十二年（前514）置，秦太原郡属县。春秋初为晋国公族祁奚之采地平陵邑，战国时为赵国大陵县，也作"大陆"。故治在今吕梁市离石

---

① 谭其骧《中国历史地图集》（地图出版社，1982年）秦时期图组编例说："秦制以郡统县，而秦县见于记载者极少。图中画出的县，一部分是见于唐宋以前史籍中的'秦置'县，一部分是见于战国记载而在西汉时尚存在的县；此外，凡见于秦灭六国至西汉统一以前的地名西汉时是县的，也作为秦县画出。"

② 《左传·昭公二十八年》："秋，晋韩宣子卒，魏献子为政，分祁氏之田为七县，分羊舌氏之田以为三县。司马弥牟为邬大夫，贾辛为祁大夫，司马乌为平陵大夫，魏戊为梗阳大夫，知徐吾为涂水大夫，韩固为马首大夫，孟丙为盂大夫，乐霄为铜鞮大夫，赵朝为平阳大夫，僚安为杨氏大夫。谓贾辛、司马乌为有力于王室，故举之。谓知徐吾、赵朝、韩固、魏戊，余子之不失职，能守业者也。其四人者，皆受县，而后见于魏子，以贤举也。"

区文水县东北武陵村。

梗阳县：春秋晋国置，秦太原郡属县。春秋初期为晋国公族祁奚的采地梗阳邑，后晋卿魏献子置梗阳县，魏戊即为梗阳大夫。故治在今太原市清徐县清源镇。

涂水县：春秋晋国置，秦太原郡属县。春秋初期为晋国公族祁奚的采地涂水邑，后晋卿魏献子置涂水县，知徐吾即为涂水大夫。故县治在今晋中市榆次区西南。

盂县：春秋晋国置，秦太原郡属县。春秋初期为晋国公族祁奚的采地盂邑，后晋卿魏献子置盂县，盂丙即为盂大夫。故治在今太原市阳曲县大盂镇。

马首县：春秋时晋国置，秦太原郡属县。春秋初期为晋国公族祁奚邑，后由魏献子置为县，韩固为马首大夫。故治在今晋中市寿阳县马首乡。

此外，在太原郡还有一些山川聚邑，如广武、狼孟、皋狼、蔺、新城等。或载于史书，或见于图册，可能也是太原郡所属县，但故址、建置不太明晰。

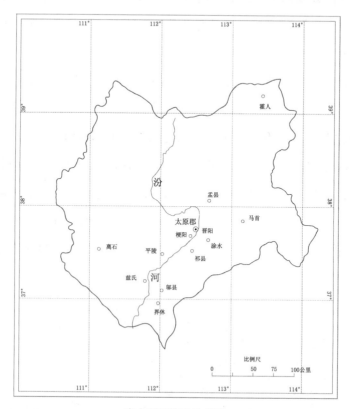

秦太原郡建置示意图

第二节　抗击匈奴的后方重镇

如何防范北边强族匈奴人的侵扰，是秦汉王朝面对的同一难题。而太原地处北边，在抵御匈奴侵扰中，起到了重要作用。

秦始皇兼并六国，统一"诸夏"，建立了中央集权制的封建帝国——秦。秦王朝的疆域广大，据秦始皇二十八年（前219）南巡时在琅邪的刻石载："六合之内，皇帝之土。西涉流沙，南尽北户。东有东海，北过大夏。人迹所至，无不臣者。功盖五帝，泽及牛马。莫不受德，各安其宇。"大夏，按杜预所注："大夏，太原晋阳县。"[①] 应是包括今太原在内的山西地区。太原郡处于秦朝北部边疆，晋阳又是其首辅城市。秦朝向北扩展疆土的同时，在太原郡北部一带与南下的匈奴发生了碰撞。

匈奴居于秦王朝之北，是我国古代北方的一个游牧民族。其最初活动区域，大致在今内蒙古河套及大青山一带。据《史记·匈奴列传》记载："匈奴，其先夏后氏之苗裔，曰淳维。唐虞以上有山戎、猃狁、薰粥，居于北边，随草畜牧而转移。"匈奴兴起于战国时期，是大漠南北被称为鬼方、薰粥、獯狁的各部族，经过长期斗争与融合，于公元前三世纪形成的。匈奴强盛时期，东破东胡，南并楼兰、河南王地，西击月氏与西域各国，北服丁零与西北坚昆。统治范围以蒙古高原为中心，东至内蒙古东部一带；南沿长城与秦汉王朝相邻，并一度控有河套及鄂尔多斯一带；向西以阿尔泰山为界，深入中亚的咸海、黑海一带；北达贝加尔湖周边，被称为"百蛮大国"。王国维《鬼方昆夷獯狁考》认为：商朝时的鬼方、昆夷、獯鬻，周朝时的獯狁，春秋时的戎、狄，战国时的胡等，应为后世所谓匈奴的族源。而山西，特别是太原以北的广大地区，在商周乃至西周时期，即为鬼方、獯狁、北戎、山胡等族的活动区域，某种程度上可以说也是匈奴族的"故地"。

匈奴人到战国晚期时，已然成为一个强大部族。当中原各国合纵连横、相互争斗之时，分布于今内、外蒙古大草原的北方各部族，在匈奴的征服下统一起来，建立了匈奴政权。其最高的统治者为单于，名头曼。公元前221年，中原列国一统于

[①] 《史记·秦始皇本纪》张守节《正义》："杜预云：'大夏，太原晋阳县。'按：在今并州，'迁实沈于大夏，主参'，即此也。"

强秦。如此在东北亚广大陆地上，并存着秦王朝与匈奴两个新生的强大政权。二者时战时和，或进或退。秦始皇三十二年（前215），派蒙恬进取河南地（指河套以南之地，今内蒙古自治区鄂尔多斯市一带），头曼率部属北徙，秦始皇死后，头曼单于率众南下，并以头曼城（今巴盟乌拉河以北）为中心建立了政权。匈奴常常南下，逾阴山（今内蒙古中部），渡黄河，进入河套一带，虎视眈眈，劫略中原。秦代北部边郡雁门郡、太原郡作为进入中原的北门，既是匈奴南下的一道屏障，又是匈奴等游牧民族南下侵扰的主要目标之一，自然也成为秦王朝抗击匈奴的北边重镇。

秦王朝为抵御匈奴南下，采取了一系列防范措施。

三十二年，秦派大将军蒙恬率三十万大军主动北击匈奴，并将之逐于河套之外。因山筑城，因河为塞，于要害处，驻屯边防军，阻止了匈奴的南进，匈奴被迫北迁，太原同其他北部边郡一样趋于平稳。贾谊《过秦论》言："（始皇）乃使蒙恬北筑长城而守藩篱，却匈奴七百余里，胡人不敢南下而牧马，士不敢弯弓而报怨。"（《史记·秦始皇本纪》）西汉桓宽《盐铁论·伐攻》也言匈奴不胜秦，向北迁徙，"不敢南面而望十余年"。

为了巩固北部边防，三十三年，秦始皇又派人将太原郡以北战国时所筑的赵国长城和秦国、燕国的长城连接在一起，重新修缮，并东西扩展，筑成万里长城[①]，藉以阻挡匈奴南侵。

三十七年（前210）七月，秦始皇在最后一次巡游途中病死，赵高、李斯和胡亥乘机发动沙丘之变，立胡亥为太子，篡夺帝位，逼死正在北边戍守边疆的长子扶苏，逮捕大将军蒙恬（参阅《史记·秦始皇本纪》《李斯列传》），北部边疆失去统帅。匈奴军队虎视眈眈，又开始觊觎中原。二世元年（前209）七月，爆发了由陈胜、吴广领导的农民战争，秦撤回在北边（包括太原郡、代郡等）防守匈奴的军队，开赴国内战场，镇压农民义军[②]。

---

① 《史记·蒙恬列传》："秦已并天下，乃使蒙恬将三十万众北逐戎狄，收河南。筑长城，因地形，用制险塞，起临洮，至辽东，延袤万余里。"

② 《盐铁论·伐攻》曰："蒙公死而诸侯叛秦，中国扰乱，匈奴纷纷，乃敢复为边寇。"《史记·匈奴列传》也云："头曼不胜秦，北徙。十余年而蒙恬死，诸侯畔秦，中国扰乱，诸秦所徙谪戍边者皆复去，于是匈奴得宽，复稍度河南与中国界于故塞。"

此时，在匈奴内部也发生了一件大事。冒顿本是头曼单于的太子，但头曼单于爱其后妾阏氏所生之少子，欲废冒顿，遂将冒顿质于月氏国，想借月氏国之手杀死冒顿。冒顿逃回匈奴，并设计杀死头曼单于，"尽诛其后母与弟及大臣不听从者"（《史记·匈奴列传》）。冒顿自立为单于，然后东破灭东胡，西击走月氏，南并楼烦、白羊河南王，与秦为界。"以故冒顿得自强，控弦之士三十余万。"（《史记·匈奴列传》）匈奴实力强盛一时。匈奴骑兵兵临长城脚下，再度侵入河南地，占领了今日山西、河北北部大片土地。太原郡北边时常遭匈奴掠劫，经济遭到一定程度的破坏。直至汉武帝大破匈奴，局势才为之改变。

值得注意的是，秦始皇派军队夺取阴山一带后设置了44县，徙去大批刑徒，"实之初县"（《史记·秦始皇本纪》）。始皇三十五年（前212），从内地徙民三万家至丽邑、五万家至运阳定居。徙民中有的来自太原郡。他们一面屯垦，一面戍边，对于开发北方边地、充实武备发挥了重要作用。

第三节　太原交通与北边道的修筑

秦王朝从前221年统一，到前207年灭亡，国祚只有短短的15年，但为建立新秩序，秦始皇制定了一系列大的规划并付诸实施，其魄力及对后世的影响都是空前的。决通川防，大兴驰道，即所谓"车同轨"，是这一系列举措中的一项。太原地区主要是北边道的修筑。

一、修筑驰道

驰道之称或许可早至先秦。秦统一六国的第二年（前220），即开始大规模修筑驰道。《史记·秦始皇本纪》：二十七年（前220），"治驰道"，裴骃《集解》引应劭言："驰道，天子道也，道若今之中道然。"秦始皇欲通过巡行天下，"以示强威"，从而加强对全国的控制，实行便捷有效的管理。简言之，驰道是供皇帝巡幸天下、宣示国威之用的大道。

《汉书·贾山传》记载了当时所修驰道的情形："（秦）为驰道于天下，东穷燕、齐，南极吴、楚，江湖之上，濒海之观毕至。道广五十步，三丈而树，厚筑其外，隐以金椎，树以青松。"驰道以咸阳为中心，东至今山东和辽宁，南抵今湖北、湖南，东南达今江苏和浙江，西至今甘肃南部，北至今河北和山西北部。驰道路面极为宽广，达到五十步（合今制约69米）。路基又高又厚，全部用铁锤夯打，使路面平坦坚实，并高于地面。道路分为中央道和旁道，每隔三丈，植树一株，以为标识。中央大道专供天子使用，即使是王公大臣，未经特许，不得行驶其中。湖北云梦发现的秦简记载禁行驰道中的制度说：有敢行驰道中者，人迁，车马没收[①]。汉丞相翟方进曾因私行驰道而遭弹劾，并没收车马。行人通常所走的是与驰道平行的旁道，犹如今天的辅道。据史料记载，当时还有禁止行人横穿驰道的严格规定。汉成帝为太子时，元帝急召，他以太子身份，仍不敢横穿驰道，绕行到直城门，"得绝乃度"。行人不得随处横穿驰道，就应该在一定的地方设置有交叉道口，以供行人通过[②]。

驰道是为天子而修的。秦始皇统一六国后曾五次巡游天下，其足迹西到西北边陲即今甘肃陇西一带，东达山东半岛的海边，北行至长城边塞，南抵长江中下游的广大地区，所走的就是驰道。秦始皇第一次巡察的是秦的西北地区，抵近边境，其他四次主要是楚、齐、燕、赵、韩、魏等六国新服地区。秦始皇在其巡行之峄山、泰山、之罘、琅邪、碣石、会稽等处，刻石立碑，称颂其一统天下、消除战争的功业，申张秦法，推行新制。沿途"堕坏城郭，决通川防，夷去险阻"（《史记·秦始皇本纪》）。这些与巡察有关的措施对巩固秦朝的统一起到了重要作用。

二、北边道的修筑

太原地区在秦代是否修建驰道，史书没有明确记载。现代研究者通过秦始皇最后一次巡游天下，死后经由太原，绕道回长安史实的考察，注意到一条历史上在北方地区起到过重要作用，而为后人忽视的交通干线——北边道[③]。

北边道是秦朝沿长城防线修筑的沟通东西的交通大道。其最初经营可上溯到战国时代。《史记·匈奴列传》："秦有陇西、北地、上郡，筑长城以拒胡。而赵武灵

---

① 参见中国文物研究所、湖北省文物考古研究所《龙岗秦简》，中华书局，2001年。
② 史念海《秦汉时代国内之交通路线》说："畿辅之地，殆因车驾频出，故禁止吏人穿行。若其他各地则不闻有此，是吏民亦可以行其上矣。"载《文史杂志》第3卷第1、2期。
③ 参见王子今《汉长城与北边交通》，《历史研究》1988年第6期。

王亦变俗胡服，习骑射，北破林胡、楼烦。筑长城，自代并阴山下，至高阙为塞。而置云中、雁门、代郡。"据《史记·赵世家》记述："主父（赵武灵王）欲令子主治国，而身胡服将士大夫西北略胡地，而欲从云中、九原直南袭秦。……三年，灭中山，迁其王于肤施。起灵寿，北地方从，代道大通。还归，行赏。"数年之间，赵国实际最高执政者频繁在北边活动，所谓"北地方从，代道大通"，说明当时赵长城防区已开通条件良好的交通道路。此一时期，燕、秦等国也在各自疆域北部修筑了里数不等的长城防线，道路也应随之建成。

秦统一后，在全国征调劳力，开始进行规模宏大的长城工程。《史记·蒙恬列传》："秦已并天下，乃使蒙恬将三十万众北逐戎狄，收河南。筑长城，因地形，用险制塞，起临洮，至辽东，延袤万余里。于是渡河，据阳山，逶蛇而北。暴师于外十余年。"在原有燕、赵、秦长城的基础上，修筑连贯，形成了人类建筑奇迹——万里长城。

修筑长城运送物资，需要完备的交通设施，而防御匈奴，行军备战也需要便利的交通设施。北边道因此产生。长城防御体系也依赖北边道连贯为一体。《史记·秦始皇本纪》载："二十七年，始皇巡陇西、北地，出鸡头山，过回中。"陇西、北地两郡正在当时长城线西端。秦始皇三十二年，东临勃海边，"刻碣石门"，又"巡北边，从上郡入"，大致行经了北边道的大段。

北边道是沿长城修建的东西向交通大道。从咸阳出发，至少还有四条南北向大道起到连接京师（咸阳）和北边道的作用。其中最著名的大道是秦始皇直道。直道由咸阳北行一千八百里至边防重镇九原。此外还有从咸阳至黄河边，由蒲津（今山西省永济市西）渡黄河，经平阳（今临汾市西北）、晋阳（今太原市南），至代郡（今山西省蔚县西南）以通云中（今内蒙古自治区大黑河一带）的河东干线。

河东干线所经区域大部在今山西省境，其南段基本上是利用春秋战国时的固有道路加以整修而成。北段所经地区的交通，在先秦时期虽已有所开发，但主要干线是在秦代开辟而成的。据《汉唐地理书钞·汉魏遗书钞》所述，周、秦、汉、魏入塞的中道是由太原经雁门、马邑、云中抵五原塞。从今朔县、平鲁一带是秦人防备匈奴的前哨情况看，这一干线的北段路线应是自太原经雁门、朔县西北抵于今内蒙古的，即所谓"雁门道"。由于山西地区处于我国农耕文化和牧业文化的过渡带，这条干线道路，就不仅具有重要的军事价值，也具有不可低估的经济价值。它的修筑，极大地促进了这一地区经济文化的发展。河东干线不但是北边道的重要组成部分，也是太原交通南北的重要干线。通过文献资料我们可以对它的情形有一个大略了解。

《史记·匈奴列传》记载："是时汉初定中国，徙韩王信于代，都马邑。匈奴大攻围马邑，韩王信降匈奴。匈奴得信，因引兵南逾句注，攻太原，至晋阳下。"

这是汉初因韩王信反叛而引发的一场著名战事，战争中心主要在太原地区及北边平城一带。汉初一些著名将领都参加了这一战事。《史记·樊郦滕灌列传》：（夏侯婴）"以太仆从击代，至武泉、云中，益食千户。因从击韩信军胡骑晋阳旁，大破之。追北至平城"。《史记·绛侯周勃世家》记述周勃"从高帝击反韩王信于代……转攻韩信军铜鞮（《正义》："《括地志》云：'铜鞮故城在潞州铜鞮县东十五里，州西六十五里，在并州东南也。'"），破之。还，降太原六城。击韩信胡骑晋阳下，破之，下晋阳。后击韩信军于硰石（《正义》："在楼烦县西北。"），破之，追北八十里。还攻楼烦三城，因击胡骑平城下，所将卒当驰道为多"。双方数十万大军，或从朔州逾句注（即雁门关）至晋阳城下，或从晋阳北至平城，且"所将卒当驰道为多"，说明从太原到晋北道路通畅，甚至有驰道可通。

如果说汉初的资料还不足以说明太原地区秦代修建驰道情况的话，我们再看秦始皇第五次巡行的路线。

秦始皇三十七年（前210），秦始皇开始他第五次也是最后一次的巡游。随行人员有少子胡亥、左丞相李斯和中车府令赵高等。秦始皇于十月从咸阳出发，南下至云梦（今汉水、长江交汇处至洞庭湖一带），遥祭虞舜于九嶷山（今湖南省宁远县）。又沿长江东下，过丹阳（今安徽省当涂县），抵钱塘（今浙江省杭州市），临浙江。因江面浪急，遂西行一百二十里，上会稽（今浙江省绍兴市），祭奠大禹，望于南海，而刻石颂德，这就是著名的《会稽刻石》。秦始皇从会稽还回钱塘后，过吴（今江苏省苏州市），乘船渡江过海，北至琅邪（在今山东省青岛市黄岛区），未求得神药。至之罘（今山东省烟台市芝罘区），射杀一鱼，遂转陆路西行，至平原津（今山东省平原县）。此时正是盛夏季节，由于一路劳顿，秦始皇突然病倒。始皇怕死，群臣也不敢言死事。到沙丘平台（今河北省平乡县）时，秦始皇病愈来愈重，乃令赵高写遗书给公子扶苏："以兵属蒙恬，与丧会咸阳而葬。"（《史记·李斯列传》）书信还未发出，始皇就于七月丙寅驾崩。

秦始皇死后，赵高采取了说服胡亥威胁李斯的手法，密谋篡改秦始皇的诏书，立胡亥为太子。同时，还以秦始皇的名义发书指责扶苏为子不孝、蒙恬为臣不忠，让二人自杀，不得违抗。在得到扶苏自杀的确切消息后，胡亥、赵高、李斯这才命令车队日夜兼程，迅速向都城进发。为了继续欺骗臣民，车队不敢走捷径，仍摆出继续出巡的架势，绕道回咸阳。由于暑天高温，秦始皇的尸体已经腐烂发臭。为遮人耳目，胡亥一行命人买了许多鱼装在车上。从井陉西行，到晋阳，又从晋阳北上九原郡（今内蒙古自治区包头市），通过直道南归咸阳。到咸阳后，胡亥继位，是为秦二世。赵高任郎中令，李斯依旧做丞相，但是朝廷的大权实际上落到了赵高手中，为秦王朝覆灭埋下了祸根。

秦始皇出巡途中病故沙丘平台，李斯、赵高秘不发丧，不急于回归咸阳控制统治中枢，而特意绕行北边，藉以稳定人心。由直道返回咸阳，说明这次出巡完全遵循秦始皇生前规划的路线，亦说明太原向北应有驰道可供秦始皇巡行。从太原往北所走的道路应该就是山西南北交通干线的北段——雁门道。

而河东干线的南段，即从太原沿汾河谷地南下到河东，以达关中、中原地区的交通大道，自古以来就已形成。赵简子奔保晋阳，智伯率韩、魏军围赵襄子于晋阳，走的都是这条道。战国时期，韩、魏二国于晋南地区锐意经营，当地交通基础良好。秦始皇第三次出巡，东经阳武（今河南省原阳县），登之罘，至琅邪，经上党而归。马非百考证云：此路线当由长安经同州渡河而东，沿河北岸，经蒲州、怀庆、东昌抵青州，至烟台，复循海南下到诸城。其归途则取道彰德，经潞安穿太行山脉，经临汾、韩城返长安。即沿漳水谷地至浊漳河流域的黎城、长治盆地，复向西由汾水谷地至今万荣、河津，西渡黄河。由漳水谷地进入浊漳流域，这一通道在先秦时已开发。秦治驰道，以固有道路为基础，使之更为畅通。可见秦时曾有驰道在山西南部横穿而过，与北行的河东干线相交错，纵横相交的枢纽约在平阳。

至于晋陕、晋冀之间，在战国时期已有道路相连，此时期则更为紧密。

从太原向东到邯郸，向西到上郡（治今陕西省榆林市东南），也各有一条交通干线。

秦始皇称帝前曾巡游太原，事在秦王政十九年（前228）。当时，秦国攻占赵国都城邯郸，俘获赵王迁，灭赵国。赵国是秦始皇出生之地，他曾在此地艰难生活了九年，秦始皇对邯郸的感情可谓复杂，自然对赵国有更深入的了解，也知道赵国是秦国的最大对手。赵亡，秦国离统一大业又近一步，于是秦王政乘兴巡游故赵，到邯郸诛灭其母仇家后，过井陉口（今河北省井陉县西北），西至太原，又由太原渡河到上郡（治今陕西省榆林市）回秦都，继续其统一大业。

太原沿漳水谷地向东经井陉关到河北是山西通中原的一条主要通道，史前先民即通过此道交通往来。战国时晋阳与邯郸交往频繁，已经有较为便利的通道。赵简子率军从晋阳出发，往征邯郸赵氏；秦将王离统领大军东渡黄河，经太原、井陉南下，至信都，攻赵国，大败赵王歇；秦始皇生死两过太原，走的都是这一道路，甚或是驰道。而从太原到榆林，虽有吕梁山、黄河天险阻隔，但从秦王政经太原至榆林，以及汉文帝"帝自甘泉之高奴（今陕西省延安市）因幸太原，见故群臣"的记载看，由太原至陕西榆林也有大道可通。

第四节　经济与社会生活

秦统一后，在中国封建社会经济发展史上最大的贡献，就是把商周时期的国有封建制度，即理论上的土地为国家所有，向封建制经济制度推进了一步。其主要特征就是土地所有关系的彻底改变。在此之前二百多年的战国时代，一直是商人地主与封建领主争夺土地所有权的时代，直到秦代，才以商人地主的胜利而宣告结束。这种土地关系的改变，使土地不再封赐于贵族，而是将其划分为郡、县，由朝廷派遣官吏去统治，即废封建为郡县，进行统一管理。始皇三十一年（前216），又下令"黔首自实田"（《史记·秦始皇本纪》裴骃《集解》），在这个法令下，地主和有田农民自动向政府申报拥有土地实数，按定制缴纳赋税，取得土地所有权。如此，也就在全国范围内从法律上肯定了封建土地所有制。"实田"作为征收赋税标准，标志着土地私有制的确立。这样，全国的土地皆掌握在商人地主的手中，开始了新一轮的土地兼并，出现了地主和农民阶层。

由于太原早在秦国发动兼并战争的过程中就已经设置郡县，因此，太原一带封建关系的转变较早就确定了，至秦代时得到了巩固。太原的土地大部分被商人地主占领，广大农民失掉了土地，沦为土地所有者的佃户，出现了佃农和雇农。佃农耕种地主的土地，须交纳收获物的一半[①]。即便如此，佃耕制度的确立比之前代已是极大地解放了生产力，提高了太原一带农民的积极性，促进了太原社会经济的发展。

秦代，太原的农业生产工具较之战国时代有所发展。《管子·轻重》云："一农之事，必有一耜、一铫、一镰、一鎒、一椎、一铚，然后成为农。"这些生产工具在秦代得到更为广泛的运用，并且进行了改进，牛耕和铁制生产工具得到进一步推广和普及。此外，人们还兴修水利，以晋水灌溉晋阳田地，种植谷物。

当时，太原盆地多种莜麦、荞麦和黍，汾河两岸水量丰富的地区应已种植稻谷，还种有蔬菜和果物。总之，太原一带由于土地关系的改变，佃耕制度的兴起，生产技术的提高和人工水利灌溉工程的建设，农业获得了一些恢复，且有了一定的发展。然在秦的暴政下，人们要应征各种徭役，要缴纳各种赋税，粮食产量虽有增加，但仍不能丰衣足食[②]。

秦代，手工业也有发展。随着封建土地所有制的确立，城市手工业者和商人同农民一样从农奴中分离出来，其中，手工业者逐渐成为新型商人所雇佣的商品生产者，他们生产的各种用品被商人运销到各地销售，获取一定的利润。冶铁是太原的一个重要手工业部门。秦统一后，对铁矿资源很重视，在产铁的地方派遣官吏，统一管理。当时，太原郡的大陵（今山西省文水县）产铁，于是太原也置铁官，管理太原的冶铁业。榆次王湖岭秦代墓地就出土一把铁剑。太原郡还可能有铜矿开采和铜器制造业。太原周边考古发现一些秦代墓葬，出土了一些铜质手工业产品，如文水上贤村出土了一批青铜器[③]，榆次的秦墓中也有铜器出土。制陶业则比较普遍，其产品用于生产和生活的各个领域。榆次王湖岭墓地发掘了一批典型秦代墓葬，出土的陶器分为灰陶和彩绘陶两种类型，陶器的组合为鼎、盒、壶、罐等，铜器则有鼎、扁壶、盆、洗、勺、镜、带钩等，其中铜扁壶，圆形蒜头六瓣小口，颈细长，腹扁且宽，长方形圈足，是秦代的典型器物。墓4中出土一枚石印，印文"安国

---

① 《汉书·食货志》："（董仲舒）又言：'至秦则不然……或耕豪民之田，见税什五。'"
② 《汉书·食货志》："至于始皇，遂并天下，内兴功作，外攘夷狄，收泰半之赋，发闾左之戍。男子力耕不足粮饷，女子纺绩不足衣服。"
③ 胡振祺《山西文水上贤村发现青铜器》，《文物》1984年第6期。

君"。秦统一前，秦孝文王被封为"安国君"，汉统一后，封王陵为安国侯，这些肯定和榆次秦墓发现的"安国君"无关。"此墓葬只能是楚汉纷争时期六国混乱的遗迹……这个安国君是当时赵国的封号，而安国君其人为一介武夫，当为战时赏功空授的爵位。"[1]墓葬的时代当在秦汉之际[2]。

太原地处晋中盆地，物产丰富，至秦代，商业有所发展。当时，太原的商业贸易主要有盐、铁经营，"盐铁之利，二十倍于古"（《汉书·食货志》）。同时，太原郡的北边，与匈奴有贸易往来。两者的贸易多在战争的间隙进行。

总的来说，秦在统一全国后，已确立了封建土地所有制，又进行了一系列有利于社会经济发展的重大改革，如统一交通制度、统一度量衡、统一币制等，客观上为经济的快速恢复和进一步发展提供了良好机会和充分条件。但是秦在其短暂的统治时期内，没有主动采取恢复生产和安定民生的积极措施，没有与民休息，发展生产，相反更加穷兵黩武，而且无休止地大兴土木，奴役黎民，使百姓疲敝，民不聊生。于是，陈胜、吴广"斩木为兵，揭竿为旗"（《史记·秦始皇本纪》），掀起了抗秦的农民风暴，烽火遍及多个郡县，太原郡概莫能外。结果，一个辉煌庞大的封建帝国顷刻间轰然倒下，化为灰烬。

榆次王湖岭秦墓出土器物线图

① 张颔《"安国君"印跋》，《中国历史博物馆馆刊》1980年第2期。
② 参见王克林《山西榆次古墓发掘记》，《文物》1974年第12期。

第八章

西汉太原

秦王朝灭亡后，经过四年的楚汉相争，至汉五年（前202），刘邦打败项羽，统一全国，建立汉朝。

汉初，为巩固边防，在太原地区先后建立韩国、代国和太原国。刘恒封代，治理太原十七年；即皇位后，免除了太原三年赋税，太原经济得到迅速恢复和发展。

汉时，太原战略地位非常重要。左有恒山、太行山之险，右有汾河、黄河之障，地处中原北门，为东西交通要冲。因此，汉与匈奴对太原的争夺异常激烈，晋阳成为抗击匈奴的重镇。

西汉政权巩固后，四边比较稳定，汉武帝废代国，恢复太原郡设置，稍后又设置并州刺史部，用于监察州境吏治。汉成帝绥和元年（前8），刺史更名为牧，牧治设于晋阳。

这一时期，由于国家统一，社会相对稳定，太原经济得到较快发展，呈现出以农业为主，畜牧业、手工业同步发展的格局，此外太原的商业也有了一定程度的发展。

第一节　秦汉之际太原的政治态势

秦始皇统一六国后，虽然建立了统一的封建集权王朝，但其为政严刑酷法，又穷兵黩武，大兴土木，沉重的徭役、赋税迫使人们逃离家园，流浪他乡。如在秦代短短的十几年间，役使五十万人南戍五岭，征调三四十万兵卒北逐匈奴、修筑长城，又征发七十余万人营造阿房宫和骊山陵，造成"丁男被甲，丁女转输，苦不聊生，自经于道树，死者相望"（《汉书·严朱吾丘主父徐严终王贾传》）的悲惨景象，为秦王朝覆灭埋下了祸根。二世元年（前209）七月，陈胜、吴广领导九百戍卒在大泽乡（今安徽省宿州）举起中国历史上第一次大规模农民起义的旗帜。

秦二世元年，陈胜在陈县（今河南省周口市淮阳区）建立"张楚"政权，自立为张楚王。各地豪杰和民众闻风而起，"县杀其令丞，郡杀其守尉"（《史记·张耳陈馀列传》），"云会响应，赢粮而景从"（《史记·陈涉世家》）。各支起义队伍出现在秦王朝统治的广大地区，汇成波澜壮阔的反秦潮流，动摇着秦王朝的统治基础。项羽随叔父项梁举兵于吴中（今江苏省苏州市），刘邦起事于沛县（今江苏省沛县）。六国残余的旧贵族、中小官吏也乘时而起，企图利用农民武装力量推翻秦朝暴政，恢复各自旧有政权。一些没落贵族纷纷加入起义军队伍中，一跃成为义军将领。他们在攻占一些郡县后或自立为王，或拥戴战国时亡国后裔为王，再次形成武装割据的局面。其中有据赵地称王的武臣，据魏地称王的魏咎，据韩地称王的韩成，据楚地称王的景驹，据燕地称王的韩广，据齐地称王的田儋等。

据赵地而称王的是陈县人武臣。陈胜吴广所率农民起义军建立张楚政权之后，魏人张耳、陈馀借机进言陈胜，请兵攻夺赵地。陈胜遂派张耳、陈馀为校尉，邵骚为护军，辅佐武臣为将军，统兵三千人，北攻赵地，一举攻占了原赵国故城四十余座。张耳、陈馀在攻入邯郸后，不经陈胜同意便拥立武臣为赵王，定都邯郸。武臣任命陈馀为大将军，张耳为右丞相，邵骚为左丞相。武臣自立为赵王后，使者赴陈告知陈胜。陈胜大怒，欲伐赵军，但军队已四出击秦，为了减少反秦阻力，避免"又生一秦"（《史记·张耳陈馀列传》），遂派人前往贺之，令其发兵西击秦军，援助西路军。然而，赵国不仅没有向西发兵，反而聚兵备战，准备北收燕、代，南收河内，扩军广地，从中渔利。赵军兵分三路：一军由将军张黶统领，攻占上党；一军由将军李良统领，北击常山（今河北省石家庄一带），西击太原；赵王武臣与张耳、陈馀自为一军，北击燕、代。

秦二世二年（前208），赵将李良平定常山后，西击太原。这时候，陈胜起义已失败，各地的反秦队伍各自为政。由于秦军扼守井陉口（今河北省井陉县）[①]，赵军攻打太原受阻。李良遂举兵突然叛赵，袭击邯郸，杀死武臣、邵骚，击退了张耳、陈馀军队。张耳、陈馀稍后收集散兵数万人，攻邯郸，打败李良。李良向秦军

---

① 一说山西平定旧关。

将军章邯投降。张耳、陈馀又立故赵国后裔赵歇为赵王（参见《史记·张耳陈馀列传》），都信都（今河北省邢台市），以张耳为相，陈馀为将。

不久，秦将王离统领大军东渡黄河，经太原、井陉南下，至信都，攻赵国，大败赵王歇。赵王和张耳仓皇逃入巨鹿城（今河北省平乡县），王离随即将巨鹿城团团围住。接着，章邯也率军支援王离军。这样，近五十万大军将巨鹿围了个水泄不通。张耳向驻扎在巨鹿以北的陈馀军求救，陈馀畏惧秦军，空有将卒数万而观望不前，张、陈二人因此结怨。其时城外尚有燕、齐、楚等援军，但多畏缩不前。独项羽率楚军与秦大战，以一当十，所向披靡，秦军大败。二世三年（前207）七月，章邯降楚，秦主力丧失殆尽。至此，项羽威名大震，各路诸侯纷纷归附，悉听号令。

当巨鹿之战时，刘邦始引兵西进，攻城略地，秦军一败涂地。十月，刘邦率先进入咸阳，刚刚当了46天秦王的子婴以绳系颈，乘素车白马，捧着皇帝玉玺、符节，站在咸阳的轵道旁，毕恭毕敬地迎接刘邦，向起义军投降，宣告了秦王朝的终结。稍后，项羽鸿门设宴，进入关内，"引兵西屠咸阳，杀秦降王子婴，烧秦宫室，火三月不灭"（《史记·项羽本纪》），秦彻底灭亡。

汉元年（前206），项羽自立为西楚霸王，分封反秦的各路诸侯。以刘邦为汉王，辖巴蜀、汉中之地，都南郑；以张耳为常山王，王赵地，都襄国（今河北省邢台市）；徙赵王歇为代王；"徙魏王豹为西魏王，王河东（今山西省临汾、运城地区），都平阳（今山西省临汾市）"（《史记·项羽本纪》）。项羽共立十八王，但分封不公，引起了各方不满。特别是陈馀，因仅封南皮（今河北南皮县）三县，更是怀恨在心，便借齐兵攻张耳。张耳败，投奔刘邦。陈馀迎立代王赵歇王赵，赵歇遂立陈馀为代王。陈馀以赵王懦弱，难以守赵，乃令代相夏说守卫代土，自己则留辅赵王。

被项羽分封在巴蜀、汉中的汉王刘邦于汉元年八月明修栈道，暗度陈仓，进入关中，陆续消灭了项羽用来阻挡其扩展势力的关中三王（雍王章邯、塞王司马欣、翟王董翳），占据三秦，势力大增。遂率兵东出，与项羽争雄，爆发了楚汉战争。各地诸侯也闻风而动，助汉击楚，会战彭城。结果刘邦被项羽所败，损兵折将二十万。这种情况下，塞王欣、翟王翳离开汉王，投降了楚王，齐、赵亦背约叛汉，与楚联合。魏王豹以省亲的名义回到河东，宣布背汉附楚，占领了太原、上党、河东一带。次年八月，汉王刘邦派部下郦食其劝说魏王豹复归汉军，共击楚军，遭到了拒绝，遂决定讨伐魏王豹。刘邦以名将淮阴侯韩信为左丞相，与曹参、灌婴将兵击魏，直指平阳。魏王豹派大将驻守蒲坂（今山西省永济市蒲州老城），阻塞临晋渡口（今陕西省大荔县东黄河西岸）。韩信领兵至临晋附近，望见魏军已陈兵渡口，无法渡河作战，便兵分两路，一路设为疑兵，集中船只进行操练，摆出强行渡河的态势，另一路设为奇兵，迅速越过夏阳，乘千余只小木船突然渡河，从魏军背后攻入。两军大战于东张（今山西省临猗县东张村），魏军大败。汉军乘机渡过黄河，占领了安邑（今山西省夏县），再战曲沃，击败魏王豹。魏王豹逃窜，在垣地（今山西省垣曲县）被曹参军所围。此时的魏王豹外无救兵，内无斗志，只得束手就擒。汉军又北攻魏都平阳，将魏王豹家室全部俘获。韩信自镇平阳，令曹参、灌婴二将继续分略魏地，魏地遂定。刘邦将魏王豹家属没官为奴，因见豹妾薄姬貌美，令发往织室作工。这就是后来成为高祖刘邦之妾、汉文帝之母的薄姬。

汉王刘邦平定河东，灭魏国，将其土地分置为太原郡、上党郡、河东郡。至此，太原郡成为汉之一郡，由汉王派人管理。

然而，太原的战事并未结束。赵王歇和代王陈馀仍兵祸太原一带。汉王二年（前205），汉军挟灭魏之势，兵分两路，大伐赵、代。韩信东进上党，于阏与（今山西省沁县）击溃代军主力，杀代相夏说；曹参自率一军，由汾晋河谷北击，围赵将戚公于太原郡之东邬城（今山西省介休市邬城店），戚公弃城而逃，曹参追而斩之。稍后，韩信与张耳领兵数万东出伐赵，与陈馀率领的二十万大军决战于井陉口。井陉口是太行山有名的八大隘口之一，位于今河北获鹿西十里的土木关。在它以西，有一条长约几十公里的狭窄驿道，易守难攻。当时赵军已先期扼守住井陉口，居高临下，以逸待劳，且兵力雄厚，处于优势和主动地位。反观韩信，麾下只有数万之众，且系新募之卒，千里行军，士气虽高涨，但身体疲乏，处于劣势和被动地位。

广武君李佐车献计于陈馀："今井陉之道，车不得方轨，骑不得成列，行数百里，其势粮食必在其后。愿足下假臣奇兵三万人，从间道绝其辎重；足下深沟高垒，坚营勿与战。彼前不得斗，退不得还，吾奇兵绝其后，使野无所掠，不至十日，而两将之头可致于戏下。愿君留意臣之计。否，必为二子所禽矣。"而成安君陈馀以为义兵不用诈谋奇计，他对广武君说："吾闻兵法什则围之，倍则战。今韩信兵号数万，其实不过数千，能千里而袭我，亦已罢极。今如此避而不击，后有大者，何以加之？则诸侯谓吾怯，而轻来伐我。"没有采纳广武君李左车的计策。韩信派人侦查得知广武君的策略不为成安君所用，大喜过望，放心引兵前进至距井陉口三十里处驻扎下来。又在夜半时选轻骑二千人，人持一赤帜，从萆山小道潜行到可以望见赵军的地方埋伏下来，并告诫潜行的军队："赵见我走，必空壁逐我，若疾入赵壁，拔赵帜，立汉赤帜。"又命令其裨将发布军令：军队简单进食，待大败赵军后再饱餐庆祝。诸将多不相信韩信所言，只是佯装答应，而私下以为："赵已先据便地为壁，且彼未见吾大将旗鼓，未肯击前行，恐吾至阻险而还。"（《史记·淮阴侯列传》）韩信又派出一万人为前锋，乘着夜深人静、赵军未察之际，越过井陉口，到绵蔓水（今河北省井陉县境内）东岸背靠河水布列阵势。赵军望见韩信军队背水而陈，皆大笑，以为汉军不懂兵法。天亮以后，韩信建大将之旗鼓，鼓行出井陉口，赵军出壁垒迎击汉军，大战良久。韩信、张耳佯装败退，扔掉鼓旗，撤入背水而陈的军营。赵军见汉军败退，空壁而出，争夺汉军鼓旗，追杀韩信、张耳至背水军营。韩信、张耳据守背水之营，力拒赵军。汉军兵将因为前有追兵，后有河水，无路可退，故皆殊死搏斗，赵军一时难以攻破韩信的背水大营。此时韩信所出二千奇兵，等到赵军空壁而出之际，驰入赵壁，皆拔赵旗，立汉赤帜二千。赵军久攻韩信的背水之营不下，想退回赵军营垒，却看见壁垒中皆是汉军红旗，大惊，以为汉军已俘获赵王将帅，兵遂乱，纷纷逃遁。于是汉军两面夹击，大破赵军，斩成安君陈馀泜水上，擒赵王歇。韩信率数万新募之兵，背水而陈，大破二十万赵军，取得了井陉之战的胜利，成就了以少胜多、置之死地而后生的经典战例。至此，太原地区的战事才逐渐平息下来。

前202年垓下之战[①]，楚汉之争以刘邦的最终胜利而告终。汉王刘邦即皇帝位于汜水之阳，是为汉高祖。西汉建都长安，开始了汉的大一统时代。

---

① 《汉书·高帝纪》载：五年"十二月，围羽垓下。羽夜闻汉军四面皆楚歌，知尽得楚地。羽与数百骑走，是以兵大败。灌婴追斩羽东城"。

第二节　西汉太原封国与建置沿革

一、诸侯封国

鉴于周朝实行分封制，诸侯混战数百年，秦灭山东六国后，在全国范围内推行郡县制度，不再分封诸侯王[①]，秦朝虽有所谓"关内侯""列侯（彻侯）"名称，但只是功爵制度中的一级。那些因军功等而获得侯称者，只享有一定的土地所有权，犹如一个大地主，并没有行政管理权，所以秦朝实行的是单一郡县制度。

汉朝建立，其政治制度总体来说是"汉承秦制"，具体到各方面，又有不同修正。如在地方建制上即与秦朝的单一郡县制不同，而是在实行郡县制的同时，又实行封国制度。郡国制成为两汉实行的一种地方行政制度。所谓郡指郡县，国指封国，郡和封国同是汉朝地方最高一级行政建制，郡直属于中央，封国则由分封的诸侯王统治。

楚汉相争阶段，刘邦迫于形势，对当时一些权高位重者分封王侯，以示尊崇。汉五年（前202）刘邦称帝时，全国共有异姓王七人。这一局面非常不利于汉初朝廷的直接统治。因此刘邦在高祖六年（前201）到十二年（前195）的七年时间内，寻找各种借口逐步撤灭诸侯王。虏燕王臧荼，杀楚王韩信、梁王彭越、淮南王英布，灭韩王信，废赵王张敖，仅长沙王吴芮得以自保。随着异姓王国的铲除，刘邦又在这些地区封同姓子弟为王、侯，仅同姓诸侯王就有九个。《史记·汉兴以来诸侯王年表》记载："高祖子弟同姓为王者九国，唯独长沙异姓，而功臣侯者百有余人。自雁门、太原以东至辽阳，为燕、代国；常山以南，大行左转，度河、济，阿、甄以东薄海，为齐、赵国；自陈以西，南至九疑，东带江、淮、穀、泗，薄会稽，为梁、楚、淮南、长沙国。皆外接于胡、越。而内地北距山以东尽诸侯地，大者或五六郡，连城数十，置百官宫观，僭于天子。汉独有三河、东郡、颍川、南阳，自江陵以西至蜀，北自云中至陇西，与内史凡十五郡，而公主列侯颇食邑

[①] 秦朝建立后曾就是否分封诸侯展开讨论，多数大臣赞成分封，独李斯坚决反对，秦始皇采纳了李斯的主张。

其中。"①

刘邦在异姓王故土分封自己的兄弟子侄为王，部分恢复封国制度。这一举措在西汉早期对巩固汉王朝统治，拱卫中央方面起到了重要作用。汉高祖临死前曾杀白马与大臣盟誓"非刘姓为王者，天下共击之"。吕后病殁，周勃即以此为号召，诛灭诸吕，匡复汉室。

汉初分封诸侯实行的是大者为王（王国）、小者为侯（侯国）。其建置虽然与郡等级相同，也是国家地方建置的最高一级，但诸侯国在诸如钱币铸造、赋税征收、封国内军政要务等经济和军事上所享有的特权，则是郡县无法比拟的。其实际权力远远大于郡县，可以说是国中之国。

汉初的同姓诸侯国，土地辽阔，户口众多。由于同姓诸王与高祖血统亲近，他们效忠汉朝，起着拱卫中央的作用，所以干弱枝强的问题并不突出。但随着时间推移，封国势力逐渐坐大，形成尾大不掉之势，对汉王室政权造成直接威胁。诸侯王国多"兼数郡之地，大者或五、六郡"，吴王濞封有四郡五十余城。据《汉书·地理志》记载，高祖于秦郡外增置二十六郡②，其中三分之二郡都在诸侯王国疆域内。汉初六十个郡中，九个同姓诸侯王国和一个异姓长沙国共有四十余郡，汉帝自领的郡只有十五个，汉王朝与诸侯国间的强弱之势由此可见一斑。强大的王国势力与专制皇权的矛盾因此日益加深。西汉文景时期，皇室与诸侯的争斗成为当时国家政治生活的一项主要内容。

文帝时，贾谊曾建议削弱诸侯；至景帝，晁错更进一步提议削减诸王封地。汉景帝三年（前154）以吴王刘濞为首的七个刘姓宗室诸侯不满国家削减他们的权力，兴兵叛乱，史称"七国之乱"。景帝派窦婴、周亚夫平定叛乱，趁机将王国军政大权、官吏任免权收归中央。经过文帝、景帝、武帝各种削藩措施的施行，分封王国权力受到极大削弱，一个诸侯国只领一郡，王国和郡自此在行政区划上才真正处于同一级别。据《汉书·地理志》记载，西汉末年郡国共计103个，封国只有20个。大郡领县三五十个，而大国领县最多十余个，小国仅领县三四个。郡和国

---

① 《汉书·诸侯王表序》言："尊王子弟，大启九国。自雁门以东，尽辽阳，为燕、代；常山以南，太行左转，度河、济，渐于海，为齐、赵；穀、泗以往，奄有龟、蒙，为梁、楚；东带江、湖，薄会稽，为荆、吴；北界淮濒，略庐、衡，为淮南；波汉之阳，亘九嶷，为长沙。"

② 谭其骧《汉百三郡国建置之始考》指出高祖实增为十九郡。见《地学杂志》民国二十二年（1933）第二期。

表面上级别相同，实际上已经是郡大国小，诸侯国威胁皇权的现象不复存在。王莽时期，全国郡治增至 125 个。东汉初，光武帝考虑到连年战争、国空民虚的情况，为减少官役，与民休息，对郡、县大加并合。《后汉书·光武帝纪》记载：建武六年（30）"并省四百余县"，约相当于当时县数的四分之一；继而又合并郡、国 13 个，占当时郡、国总数的十分之一强。至顺帝永和五年（140），全国共有郡、国 105 个，成为比较稳定的行政区划，直到东汉末。

太原地区在汉武帝以前基本上由诸侯国统治。

西汉初，太原地处北方边陲，常遭匈奴侵扰。为巩固北部统治，保证百姓休养生息，自高祖起，在太原分封建国，相继设立代国、太原国等。

二、韩国的兴废

西汉在太原设立的第一个诸侯国或为韩国[①]。

汉朝初立，百废待举，急需发展生产，休养生息。而北方强族匈奴趁中原战乱，无暇顾及北部边陲之际，南下侵扰，向汉境扩展，严重威胁着年轻的汉王朝。为保证边疆安定，汉朝开始在北部边地积极备战。其策略之一便是设立防御匈奴的封疆大国。

《汉书·高帝纪》高祖汉六年（前 201）："春正月丙午，韩王信等奏请……以太原郡三十一县为韩国，徙韩王信都晋阳。"统率边军，抵御匈奴攻击。韩王信，为故韩襄王之孙，刘邦起事后派张良徇略韩地，得信，以其为韩将，率领韩军，追随汉王。汉二年（前 205），韩（王）信[②]略定韩地十余城。汉王刘邦至河南，韩（王）信急击韩王昌，昌降汉。刘邦立信为韩王。汉五年，刘邦与韩王信剖符，封国今河南中部一带，都颍川（今河南省禹州市）。六年春，刘邦以为韩王信才能出众且雄武善将，而所都之地北近巩、雒，南迫宛、叶，东有淮阳，皆天下劲兵之地，恐其对汉室不利，遂将太原郡改为韩国，将韩王信迁太原，都晋阳，以防御匈奴。而韩王信认为，晋阳远离边境，不利于对匈奴的积极防御，遂上书刘邦："国

① 或以为韩王封晋阳后称代王，而非韩王。参见杜呈辉《代王韩信考辨（一）》，《雁北师院学报（文科版）》1995 年第 2 期；《代王韩信考辨（二）》，《雁北师院学报（文科版）》1995 年第 5 期。
② 因其与同时期名将淮阴侯韩信同名，故史书多称其为韩王信。

被边，匈奴数入，晋阳去塞远，请治马邑（今山西省朔州市）。"（《史记·韩信卢绾列传》）晋阳短暂成为韩国都城后即迁至马邑①。韩国成为汉朝抗击匈奴侵扰的重要前哨以及保卫中原文明的屏障。

韩王信迁都马邑的当年秋天，匈奴即大举南下，重兵包围韩都马邑。韩王信一面派人请汉兵救援，一面派使臣同匈奴讲和，要求匈奴退兵。刘邦将韩王信封国从河南迁至太原时，已显露出对其的戒心，对韩王信与匈奴信使往来，更为不满，遂严词斥责韩王信②。韩王信恐被诛杀，遂降匈奴，并与匈奴军合兵南攻太原，直逼晋阳城下。刘邦于汉高祖七年（前 200）亲率 30 万大军，出征匈奴，同时镇压韩王信叛乱。铜鞮（今山西省沁县一带）一战，韩王信军队遭到重大伤亡，其部下将领王喜被汉军杀死，韩王信逃奔匈奴，后战败被杀。其子穨当至文帝时，率众归汉，被封为弓高侯。平定吴楚七国之乱时，弓高侯奋勇当先，功冠诸将。

三、代国的变迁

对于韩王信初都晋阳为韩国，后迁马邑的说法，也有学者提出不同意见。认为："韩王信徙封后为代王，代国的疆域为雁门、云中、代、太原四郡。汉废代王韩信后方立刘喜为代王，辖原代王、韩故地。《汉书》中关于韩以太原为韩国的记载失实。"③

如其所论，韩王信迁晋阳后，王太原以北，或称代国。代国为一古国，其历史或可追溯到商周时期。公元前 475 年赵襄子灭代，封其侄赵周为君，史称代成君。代国都城位于今河北蔚县。前 228 年秦国攻破赵都邯郸，赵公子嘉出奔代，自立为代王。公元前 222 年，秦将王贲攻代，俘代王赵嘉。（赵）代亡。公元前 206 年，项羽分封十八王时，改封赵歇为代王，封张耳为常山王。陈馀打败常山王张耳，收

---

① 关于韩王信迁都晋阳又迁马邑时间，《史记》《汉书》所记不同。《史记》所载也不尽相同。《史记·高祖本纪》："六年，……徙韩王信太原。七年，匈奴攻韩王信马邑，信因与谋反太原。"《史记·秦楚之际月表》中载：韩王四年四月"韩王信徙王代，都马邑（按韩王信于汉王二年即前 205 年封王。韩王四年即汉五年）"。而《史记·汉兴以来诸侯年表》代国栏则记载：高祖二年"十一月，初王韩信元年，都马邑。（汉）五年（韩王信四年）降匈奴，国除为郡"。列传中记韩王信迁太原，又迁马邑为汉六年。《月表》则记为汉五年。而《年表》所谓韩王信初为王，即都马邑。史料仅此一见，恐误。《汉书》记载韩王信迁太原、迁马邑均为汉六年。

② 《汉书·魏豹田儋韩王信传》："专死不勇，专生不任，寇攻马邑，君王力不足以坚守乎？安危存亡之地，此二者朕所以责于君王。"

③ 杜呈辉《代王韩信考辨（二）》，《雁北师院学报（文科版）》，1995 年第 5 期。

复赵地，从代国迎赵歇为赵王。赵歇感激陈馀，立其为代王，陈因赵国初定，力量较弱，于是留在赵国辅佐赵王，而派夏说为代国相国，驻守代地。公元前 204 年（汉王三年），刘邦派大将（淮阴侯）韩信攻赵，背水为阵，出奇兵袭破赵营，大破赵王歇及代王陈馀军。汉军又北击代军，擒代相夏说。汉立张耳为赵王，张苍为代相，守代国，备边寇。此时代王虽亡，而国仍存。韩王信叛汉后，高祖自往击之，被匈奴围于白登，七日后罢去。汉令樊哙平定代地，立兄刘仲为代王。刘仲即刘喜。《史记·吴王濞列传》载："高帝已定天下七年，立刘仲为代王。"高祖九年，匈奴攻代，代王刘喜 [①] 弃国逃归洛阳。刘邦大怒，贬其为合阳侯，又立皇子刘如意为代王，都代，封宠臣陈豨为相国，驻守代地。代国辖 53 县。汉九年（前 198），"徙代王如意为赵王，王赵国"（《汉书·高帝纪》）。汉十年（前 197）陈豨反叛，自立为代王。高祖十一年（前 196），刘邦再次亲征，至邯郸，指挥与陈豨的战事，又令太尉周勃由太原进入代地平叛。汉将军柴武击败叛军，斩杀陈豨与韩王信。

　　至此，韩国、代地的战乱基本上被平息。此时，韩国不复存在，代国则因其王刘如意被迁为赵王，也处于无王状态。形势迫使汉王朝对此二地重新设置机构，以进行有效管理，防御匈奴侵扰。刘邦认为代地偏僻，经济凋敝，军事力量薄弱，又远离太原晋阳一带，不利于抗击匈奴，乃下诏曰："代地居常山之北，与夷狄边，赵乃从山南有之，远，数有胡寇，难以为国。颇取山南太原之地益属代，代之云中以西为云中郡，则代受边寇益少矣。王、相国、通侯、吏二千石择可立为代王者。"（《汉书·高帝纪》）燕王绾、相国何等三十三人认为："子恒贤知温良，请立以为代王，都晋阳。"于是，高祖封刘恒为代王，以晋阳（一说中都）为国都 [②]。辖境为太原、雁门、云中、代郡一带，原太原郡大部分划归代国。

---

① 《汉书·高帝纪》载：六年"春正月丙午，韩王信等奏请以故东阳郡、鄣郡、吴郡五十三县立刘贾为荆王，以砀郡、薛郡、郯郡三十六县立弟文信君交为楚王。壬子，以云中、雁门、代郡五十三县立兄宜信侯喜为代王，以胶东、胶西、临淄、济北、博阳、城阳郡七十三县立子肥为齐王，以太原郡三十一县为韩国，徙韩王信都晋阳"。

② 关于高帝十一年所立代国之都城，《史记》和《汉书》或言晋阳，或言中都。如《史记·高祖本纪》言："于是乃分赵山北，立子恒以为代王，都晋阳。"《集解》："如淳曰：'《文纪》言都中都。又文帝过太原，复晋阳、中都二岁，似迁都于中都也。'"而《史记·韩信卢绾列传》载："（十一年冬）上还至洛阳。上曰：'代居常山北，赵乃从山南有之，远。'乃立子恒为代王，都中都，代、雁门皆属代。"《史记·孝文本纪》言："定代地，立为代王，都中都。"《汉书·文纪》："高祖十一年，诛陈豨，定代地，立为代王，都中都。"结合以上不同的记载，文帝治代，似先都晋阳，后迁中都。

刘邦重新划分代国，册立刘恒为代王，是代地、太原特殊战略地位决定的。当时，代地"与夷狄边"，"数有胡寇"，形成了代地、赵国一带"难以为国"的政治困境。与此相比，太原左有恒山、太行山之险，右有汾河、黄河之障，地处中原北门，既是匈奴进入中原难以逾越的屏障，也是东出太行进入河北平原的重要交通要道。刘邦将常山以南太原的大部分土地划归代国，而将代地云中以西的土地划归云中郡，重新设置了代国疆域。通过行政区划的调整，代国缩短了东西战线，加强了纵深地带的控制，保障了物资供应路线的畅通，从而使代地受到匈奴等族的寇掠减少，便于对匈奴的积极防御。对于代国疆域的重新划分，清人康基田认为："汉都长安，太原、云中、定襄，皆屯宿重兵，以镇抚北方。立子恒为代王，重边备也。边警多在近边，出没无时，防守不易。高祖知近边之难防，取山南太原之地益属代，移都内地，使寇不敢深入，鉴于喜（即前代王刘喜）之弃郡而归也。自古轻敌者必败，近边调警，援兵不即至，每陷于敌。虽以高祖之雄略，驰逐于黄沙白草中，亦有不得自主时，开边未易为力矣。"[①]

文帝刘恒在太原做代王十七年，深知太原之于汉王朝的重要性。因此在他即帝位的第二年（前178），就将代国一分为二，立次子刘武为代王，辖太原郡以北的原代国领地；立三子刘参为太原王，以太原郡境为太原国，都晋阳。汉文帝五年（前175），刘恒徙刘武为淮阳王，同时，废太原国，改封刘参为代王，兼有太原郡地，仍都晋阳。这时，代国又恢复了刘恒为代王时的规模。刘参为太原王、代王也是十七年。其间，汉匈关系较为融洽，边疆趋向安定。后元二年（前162），代王刘参去世。刘参之子刘登继代王位，共29年。刘登死后，其子刘义继位。元鼎中，徙代王刘义于清河，为清河王，太原恢复郡治。太原从汉高祖十一年（前196）文帝刘恒封代王到汉元鼎三年（前114）刘义迁清河，共八十三年，历五王。

西汉实行诸侯就国制度。文帝以代王入承大统，鉴于列侯大臣权势太重，为防止其把持朝政，始有遣列侯就国之举。诸侯王、侯必须在封国内生活，而不能留居京师，而且诸侯王每年春、秋必须按时入朝朝觐。"春朝"诸侯王必须亲行，"秋请"则可使人代替。诸侯王在朝请时，对天子要有献费、聘币、贡礼三种贡献。诸

---

① （清）康基田编著《晋乘蒐略》卷七，山西古籍出版社，2006年。

侯王入京城长安朝礼也有一定时限，过期即为非法。诸侯王死后，也必须埋在封国内。全国各地大量发现汉代王、侯的墓葬，原因即在于此。

四、代国诸侯王陵园臆测

文景之时全国经济恢复发展，社会安定，国力逐步增强。代国作为西汉早中期重要诸侯国之一，综合实力位居各郡国前列。对此《史记》《汉书》等文献都有明确记载。然而反映一个时代物质文化特征的重要实物证据之一——墓葬考古，发现的资料十分有限，而有关诸侯王墓——代王陵园区的资料，更是付诸阙如。

不过我们通过一些考古发现，比照文献，也许可以探得代王陵园区的一些蛛丝马迹。

汉代晋阳城应在今晋源区古城营村一带。晋阳城遗址西部边山一带是古城的墓葬区，东周、东汉、北朝、唐墓多有发现，但西汉墓葬仅有零星发现。

1956 年，义井村西发现多座汉墓。墓葬以长方形土坑竖穴墓为主，有两座为土洞墓。墓室一般长 2.5 米左右，宽 1 米余。出土器物以陶器为主，有壶、罐、灶、井、盆、奁、耳杯、博山炉等。

2001 年，考古工作者发现了数座西汉时期墓葬。墓葬位于晋阳古城遗址西部龙山脚下，其中编号墓 2 的是积石积炭、竖穴土坑木椁墓。长 8.8 米，宽 2.5 米，深约 1 米。出土青铜器、玉器、漆器四十余件。铜器有鼎、壶、鉴、瓿、罍、灯、熏炉、刀、剑、匕首、弩机、权等。墓葬东部陪葬八辆小型车马明器。"墓主人身份目前尚未确认，但可肯定，他是一位有相当高地位的显贵。此墓的发现为研究西汉时期晋阳古城（西汉太原国、代国）的历史提供了珍贵的实物资料。"[①]

2013 年，晋阳古城遗址西北近 2 公里的寺底村又发现汉代墓葬 30 余座，以土坑竖穴墓居多，其次为土洞墓。土洞墓为直洞式，洞室弧顶，斜坡墓道，长度在 2—4 米。规模较大者多一棺一椁，较小者仅一棺。死者多为单人葬，仰身直肢。此外，还见有同穴合葬，并穴合葬者。这批汉墓多随葬成组陶罐，并配以陶壶或模型陶明器灶、井等，个别墓葬还放置有彩绘的漆盘、漆耳杯等，墓向或南北或东

---

① 李钢《从考古发现追溯晋阳文化渊源》，《晋阳学刊》2001 年第 6 期。

西，随葬品主要放置于棺外两侧，近封门处。人骨鉴定结果表明，死者以女性居多，年龄集中于 20—35 岁之间。

开化汉墓时代集中于西汉晚期至东汉早期，个别土坑竖穴墓的时代可早到西汉前期。其流行北向墓道和洞室木椁墓，与平朔汉墓类似，折射出鲜明的北方文化气息。特别是其立置圆木拼构椁室的方式，见于平朔西汉晚期墓葬中，属于典型的北方汉墓系统。这类葬俗以往在榆次北合流也有发现，由此初步推测山西中北部应是此型洞室木椁墓的重要分布区，从而进一步凸显了该区域在探讨两汉时期南北文化交流方面的重要地位。同时它也是周文化系统的土坑木椁墓向秦汉土圹砖室墓转型中的一种墓葬形态，具有鲜明的时代特征和重要学术价值[1]。不过西山一带发现的汉墓，虽然学术价值重大，但是规格不高，系一般百姓墓葬。乱石滩西汉早期墓葬，规格相对较高，然而距西汉诸侯王级的墓葬仍有较大差距。

太原尖草坪、白杨树一带大量发现西汉墓葬。20 世纪 50 年代以来，该地已陆续发现汉墓数百座，以竖穴土坑墓、斜坡墓道竖穴土坑墓、斜坡墓道土洞墓为主。1982 年，太钢尖草坪医院发掘墓葬两座，均为长方形土圹竖穴，有木棺椁。墓口长 7.3 米，一座宽 5 米，一座宽 3.4 米，深约 8 米。出土有铜炉、鼎、釜、勺、灯、五铢钱、陶壶、灶、玉猪及漆器残片等。墓葬时代为"西汉中期或稍晚"[2]。

值得注意的是东太堡发现的汉代墓葬。

1961 年 5 月，太原东山东太堡一带在工程施工过程发现铜鼎、铜镜、玉璧等十余件文物，同年 8 月又发现钟、鼎、鉴、盆、剑、博山炉、马蹄金等四十余件文物和重达 42 斤的半两铜钱。这批出土文物成组套出现，数量多，品质好。据出土现场勘察和发掘者分析：两次出土文物的地方是一个较大的坐北朝南、土构多洞室墓葬（估计南北长达 7 米余）。现在东边崖上从地表向下约 6 米处，还残存着一个土洞耳室的后部。从残存的部位，还可以看出比较清晰的木椁腐朽的痕迹，是依洞室大小，即上下和两壁，各附以 2 厘米厚的木板构成。在这残存的耳室内没有发现

---

① 作者参加发掘，资料摘自山西西南环联合考古队《太原铁路枢纽西南环线开化墓群考古工作报告》汇报材料。
② 祁慧芬、乔淑芝《太原市尖草坪汉墓》，《考古》1985 年第 6 期。

文物，只在耳室门口出土了铜钟四件和铜钫二件 ①。钟和钫都是汉代的度量器，四件铜钟形制相似，其中 1 号铜钟在肩部带纹上铭刻"代食官𬜯钟容十斗第十"十个字，3 号钟腹部刻铭文"清河大后中府钟容五斗重十七斤第六"。两件铜钫形制亦相似，大的一件上刻铭文"晋阳容六斗五升重廿斤九两"。

"清河大后中府"钟　　　　"代食官𬜯"钟　　　　"晋阳"钫

东太堡汉代墓葬遗存是太原地区重要的考古发现。特别是"代食官𬜯"钟、"清河大后中府"钟和"晋阳"钫铭文器物的发现，为我们探寻代王陵墓区提供了重要线索。

首先看这批文物的年代。

"出土四十二斤半两钱，其中绝大部分是文帝时铸的四铢半两，无内外廓。有一二枚是高后时铸的八铢半两，而武帝时所铸的四铢有外廓的半两钱这里也有二三枚。"② 四十多斤钱币中，不见汉墓常出的五铢钱。五铢钱始铸于汉武帝元狩五年（前 118），而四铢有外廓的半两钱，也是武帝时期所铸。从出土钱币看，时代上限当不早于汉武帝时期。

又发掘出土五块黄金，形制相同，重量不一，皆为麟趾马蹄形。"这次所发现的马蹄金凹面上面的铭字，现在可以初步认识的有令（令字之下还有一字，因凹面裂缝，字形不清，可能为'之'字，'令之'，可能即麟趾的简字）、吉、王、贵等字。"③ 据《汉书·武帝纪》："太始二年（前 95）……诏曰：'有司议曰，往者朕郊

①　山西省文物管理工作委员会、山西省考古研究所《太原东太堡出土的汉代铜器》，《文物》1962 年第 4、5 合集。
②　同上。
③　同上。

见上帝，西登陇首，获白麟以馈宗庙，渥洼水出天马，泰山见黄金，宜改故名。今更黄金为麟趾、褭蹄，以协瑞焉。'因以班赐诸侯王。"麟趾金的发现，也说明墓葬的年代应在武帝太始二年以后。

东太堡发现铜量器，铭文"晋阳""代""清河大后"等，更是判断墓主人身份和时代的重要资料。

"晋阳"在西汉时期为代国都城。如前所述，西汉太原诸侯王以韩王信为首，他以晋阳为短暂都城后即迁至马邑。刘邦之兄刘喜曾为代王，但都于蔚县，而非晋阳。晋阳真正作为诸侯王都城是汉文帝刘恒治代时期。刘恒以代王身份从晋阳入长安继皇帝位，死后葬于长安，是为霸陵。其后刘恒嫡子刘武为代王，刘武素为窦太后所爱，后迁梁，是为梁孝王，其死后应葬于淮阳。刘恒三子刘参初为太原王，代王刘武迁淮阳后，太原王刘参迁为代王，并兼有太原国疆域，太原国废。代王刘参于后元二年（前162）去世，其子刘登继代王位，在位29年。刘登死后，其子刘义继位。刘义于前133年继代王位，十九年后即元鼎三年（前114）由晋阳徙清河（今河北省清河县），号清河王。武帝随之撤销代国，复置太原郡。刘义在清河又为王十九年，于前95年去世，谥号刚，其子刘阳嗣清河王位。对此《汉书·文三王传》载："代孝王参初立为太原王。四年，代王武徙为淮阳王，而参徙为代王，复并得太原，都晋阳如故。……十七年薨。子共王登嗣。二十九年薨，子义嗣。元鼎中，汉广关，以常山为阻，徙代王于清河，是为刚王。"

案诸史料，从刘恒为代王始，到刘义徙清河止，代王虽有五位，但死后埋在太原的只有刘参、刘登父子二人。如果说太原有西汉诸侯王陵园区，那么也只能是刘参、刘登父子二人的陵园。而与"清河大（太）后"有关者则非刘登之妻、刘义之母莫属。

"清河太后"是刘义迁清河以后才有的称谓。刘义迁清河后又传子刘阳，刘阳传子刘年，刘年因与同产姐妹奸，废国后迁房陵。可见能称为清河太后者，只有刘登之妻（即刘义之母）、刘义之妻（即刘阳之母）、刘阳之妻（即刘年之母）三位。严格说来，刘年之母如果死在迁房陵之前，还可以称清河太后，否则只能称清河王后了。

三位清河太后中，刘阳之妻与代国毫无关联，可置不论。刘义之妻曾与其夫在代国称王十九年，可称代国王后，迁清河后，称清河王后。其夫死葬清河，子继清河王，她随子可称清河太后。不过刘义之妻虽然可称"清河太后"，且与"代"和"晋阳"有些许关联，但她死后应随夫葬于清河，而非晋阳。因此刘义之妻和东太堡汉墓出土的随葬品也没有多少关系。这样和"晋阳""代"及"清河太后"相关者，则只有刘登之妻，即刘义之母。

刘登于前133年死后葬在晋阳，子刘义在晋阳袭代王位19年后，迁清河王，代王太后应随子刘义迁到清河，作清河太后。去世后因夫刘登葬在晋阳，其灵柩理应随夫安葬晋阳。清河太后生前使用的一些物品作为随葬品也带回晋阳陪葬。"代食官䤾"钟和"晋阳"钫应是刘义迁清河王后从晋阳王宫带走的代王府旧物又葬回晋阳，"清河大后中府"钟则是其在清河作王后时所造之物。

代国王宫之物，确切说应是刘登之妻、刘义之母"清河太后"生前使用的器物作为随葬品，在太原东太堡出土，说明东太堡一带很可能就是西汉代国诸侯王的陵园区所在地。田野调查中在这一带发现了大量汉代建筑遗物，也说明这里应有重要汉代遗址。

我们说东太堡出土的随葬品很可能是代王刘登之妻生前使用之物，它们因"清河太后"死后随葬晋阳，东太堡一带可能是西汉代王的陵园区，但并不是说发现的土洞墓就是"清河太后"的墓葬。其一，随葬品虽然多，但依然与代工后这样身份所应出的随葬品差别较大。其二，墓葬形制与规格也与诸侯王级墓葬有着较大的差别。其三，铜器铭文有"代食官䤾钟"者，据《汉书·百官公卿表》，皇后之官有"食官令长丞"，应是主管后宫典膳一类的官员。铜器"清河大后中府"钟，《汉书·百官公卿表》虽无"中府"官名，但太仆属官有车府令丞，而秦代赵高曾任"中车府令"。东汉也有中宫私府令一职，秩六百石，由宦者担任，主皇后宫所藏币帛等物。《新发现的封泥资料与秦汉宦官制度研究》通过考古发现的"中府丞印"封泥，讨论认为秦汉时应有"中府"官职："'中府丞''宫臣丞'亦未见记载，顾名思义或与宦官系统有关。"东太堡出土器物或者是主管"清河太后"典膳的宦官墓随葬品。

代国自刘恒封代王，到刘义迁清河，凡四代五王，以晋阳为国都共计八十三年。从汉代立国到文景之治，太原或划为诸侯王国，或从属于代国，都是基于太原的军事战略地位和晋阳作为抗击匈奴重地而考虑的。文帝选派子孙来太原封建王国，以晋阳为国都，拥兵驻守此地，用以对付强大的匈奴。正是由于文帝对太原的政治、军事和经济采用了特殊的政策和措施，促成了太原社会经济的恢复和发展，才使北部边境趋于安宁。汉初诸王对晋阳的统领和治理也为武帝时全面反击匈奴奠定了基础。

五、西汉太原郡的建置沿革

太原从武帝元鼎三年（前114）恢复郡治后，作为山西地区的政治中心，历新莽以至东汉而不改。

秦汉地方行政基本上实行的是郡县二级制。

郡设守一人，又称太守，为一郡最高行政长官。郡守为朝廷所任命，代表皇帝治理一郡，所以除对朝廷负责外，在一郡之内则是郡守专制。其职权相当广泛，包括民政、财政、司法、教育、选举以及兵事等，可以说职无不总。属官有丞、长史、都尉、功曹、五官掾、督邮、主簿等。

郡以下设县，县的行政官署也称廷或县廷。县廷官吏由县令（长）、县丞、县尉及县属吏等组成。

县以下还有乡、亭、里等基层组织及其官吏。乡里基层官吏虽非朝廷正式任命，但其地位至为重要，举凡国家赋税、徭役、兵役以及地方教化、狱讼、治安等，无不由乡里官吏承担。汉高祖刘邦斩蛇起事时即为沛县泗水亭长。

太原郡初置于秦庄襄王三年。汉高祖二年（前205），汉灭魏，置河东、太原、上党三郡。西汉太原郡的范围大致与秦太原郡一致，辖二十一县：

晋阳：秦置，汉仍太原郡治所。治今太原市西南晋源区古城营一带。

葰人：春秋时晋国以霍人所居之地置霍人邑，秦置霍人县，汉时改称葰人县，为太原郡属县。故治在今忻州市繁峙县东圣水村一带。

界休：秦置，汉仍太原郡属县。治今介休市东南。

榆次：秦置，汉仍太原郡属县。班固《汉书·地理志》言榆次有涂水乡与梗阳乡。

中都：西汉置，太原郡属县。春秋时为晋国中都邑，战国时属赵国中都邑。西汉置县，曾为代都[①]。

于离：西汉置，太原郡属县。《中国古今地名大辞典》："于离县，今阙，当在山西旧汾州府境。"[②] 约在今汾阳市西部。

兹氏：秦置，汉仍太原郡属县。治今汾阳市南巩村。

狼孟：西汉置，太原郡属县。战国时为赵国狼孟邑。《史记·秦本纪》中所载的秦庄襄王二年（前248）攻赵狼孟，即此。故治在今太原市阳曲县黄寨狼孟村，古城遗址尚存。

邬县：春秋晋国置，秦太原郡属县，西汉仍太原郡属县。《汉书·地理志》载邬有昭余祁、并州薮。曹参曾"从韩信击赵相国夏说军于邬东，大破之，斩夏说"（《汉书·萧何曹参传》）。治今介休市东北邬城店。

盂县：春秋晋国置，秦太原郡属县，西汉仍太原郡属县。治今阳曲县大盂镇。

平陶：西汉置，太原郡属县。故治在今吕梁市文水县西南二十五里平陶村。

汾阳：西汉置，太原郡属县（东汉时废置）。故治具体位置不详，约在今阳曲县西北。

京陵：西汉置，太原郡属县。故治在今晋中市平遥县东北五里京陵村。

阳曲：西汉置，太原郡属县。故治今定襄县待阳村一带。东汉应劭注阳曲曰："河千里一曲，当之阳，故名阳曲。"

大陵：西汉置，太原郡属县。春秋时为晋国平陵邑，是为公族祁奚采邑。春秋末，"魏献子为（晋）政，分祁氏之田为七县"（《左传·昭公二十八年》），始建平陵。战国时为赵国地，更名大陵，别称大陆。《史记·赵世家》云"肃侯游大陵"，即此。大陵故治在今文水县东北武陵村。

原平：西汉置，太原郡属县。治今原平市。

祁县：春秋晋国置，秦太原郡属县，汉仍太原郡属县。故治今晋中市祁县祁城村。

上艾：西汉置，太原郡属县。故治在今阳泉市平定县南三十里新城村，遗址尚有残存。

---

① 《史记·孝文本纪》："定代地，立为代王，都中都。"
② 臧励和《中国古今地名大辞典》，商务印书馆，1931年。

虑虒：西汉置，太原郡属县。以县有虑虒之水，故名。故治在今忻州市五台县东北古城村。

阳邑：西汉置，太原郡属县。因春秋时为晋国大夫阳处父采邑，故名阳邑。故治在今晋中市太谷县东二十里阳邑村。

广武：西汉置，太原郡属县。县北即句注山，乃太原郡与雁门郡的交界处。《史记》所载"匈奴使左右贤王将万余骑与王黄等屯广武以南"①，即此。故址或以为在今忻州市代县西古城村。

太原又为西汉十三州刺史部之一并州刺史部的所在地。

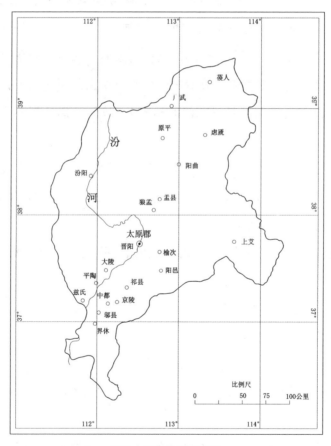

西汉太原郡建置示意图

武帝元封五年（前106）汉室参照古代十二州之制，将全国分为朔方、交趾、

---

① 《史记·韩信卢绾列传》。《正义》注广武曰："广武故城在代州雁门县界也。"

冀、幽、并、兖、徐、青、扬、荆、豫、益、凉等十三州，以各州为一个监察区（部），共十三部，其中十一部沿用上古十二州之名，习惯称之为十三州刺史①。

不过当时的部（州）并不像后代的州那样为一级地方行政建置，而是一个临时监察机构。每部（州）设刺史一人，每年八月巡视所部郡国的情况，即所谓"周行郡国，省察治政，黜陟能否，断理冤狱，以六条问事"（《后汉书·百官志》）。其性质与秦代监御史相类。刺史由丞相派属员分任，级别不是很高，秩俸仅六百石，不过因出刺监察代表朝廷，故"位卑而权重"。

设置十三部刺史是武帝时政治上强干弱枝的重要措施。因当时疆域大大拓展，需要加强朝廷对全国的控制。正如《汉书·地理志》所谓："武帝攘却胡、越，开地斥境，南置交阯，北置朔方之州，兼徐、梁、幽、并夏、周之制，改雍曰凉，改梁曰益，凡十三部，置刺史。"

随着时间推移，刺史部所监察的区域与行所逐渐固定，至成帝绥和元年（前8），刺史更名为牧，俸禄达二千石。州刺史从仅有监察之权，逐渐变成拥有直接指挥各郡首长权力的大员。中国地方行政机构遂由郡、县二级制变为州、郡、县三级制②。这一制度从西汉末期至南北朝的数百年间，作为中国地方行政架构的主要形式而不改。

并州刺史部的设立对太原以后的行政建置影响甚大。

当时的并州刺史部，负责监察太原、上党、代郡、朔方、五原、云中、定襄、雁门、上郡等九郡。地域包括山西大部、陕西北部、内蒙古西南部等广大地区。及至州作为一级行政设置时，并州刺史管理的疆域范围因时变易，总的趋势是逐渐缩小。并州牧治所初始也不固定，主要设于晋阳（太原）城内，并州因此成为太原的主要别称之一。

---

① 《汉书·武帝纪》："初置刺史部十三州。"
② 参见顾颉刚、史念海《中国疆域沿革史·西汉之郡国区划及其制度》，商务印书馆，1999 年。

第三节　汉文帝与太原

一、封王代国

刘恒为代王始于公元前196年。

《汉书·高帝纪》云："代地居常山之北，与夷狄边，赵乃从山南有之，远，数有胡寇，难以为国。颇取山南太原之地益属代，代之云中以西为云中郡，则代受边寇益少矣。王、相国、通侯、吏二千石择可立为代王者。"燕王绾、相国何等认为："子恒贤知温良，请立以为代王，都晋阳。"（《汉书·高帝纪》）于是，高祖封刘恒为代王，以晋阳（一说中都）为国都。

关于代国的封域范围，史书未有明确记载。从《史记·韩信卢绾列传》[①]《史记·高祖本纪》《史记·樊郦滕灌列传》等记载资料看，代国辖境主要包括代郡、云中、雁门、太原四郡。

代王刘恒是汉高祖刘邦"中子"（《汉书·文帝纪》），为薄姬所生。薄姬原是魏王豹的侍姬，魏王豹败亡后，其家室皆被俘获，薄姬因貌美而被刘邦纳入后宫。当时正处于楚汉战争的关键时刻，刘邦忙于与项羽的战事，一直没有宠爱薄姬。直到汉四年（前203）某日，刘邦召薄姬，幸之。薄姬对刘邦说，我昨夜梦见一条大龙盘在胸上，不知是什么征兆。刘邦说，这是贵兆，我今天就为你促成好事！是夜，薄姬陪刘邦宿寝，有孕，生子刘恒。薄姬因刘邦宠幸戚姬而遭冷落，以后再没有被召幸。从此，薄姬精心抚养刘恒。而刘恒也表现得非常聪明，有智慧，以温良恭俭赢得朝臣赏识。当高祖准备新立代王时，朝中燕王卢绾、相国萧何等三十三人一致推举刘恒。八岁的刘恒即被册封为代王就国，薄姬与其弟薄昭随子来到代国首都晋阳。

刘恒受封代国，来到太原做代王后，一方面依靠母后、薄昭和臣僚处理政事，治理代国，一方面在代王府熟读《诗》《书》，研习兵书兵法，掌握治国方略。他还深入民间，了解民情。晋阳人质朴、勤俭、豪爽、友善的品格，使幼小的代王心里种下了民本的种子，逐渐形成爱民治国的理念和与民休息的思想。

---

① 《史记·韩信卢绾列传》："上还至洛阳。上曰：'代居常山北，赵乃从山南有之，远。'乃立子恒为代王，都中都，代、雁门皆属代。"

汉十二年（前195），高祖刘邦驾崩，太子刘盈继位，吕后开始专权，朝中政治斗争异常激烈。但由于代国远离长安，不被人所重视，没有卷入政治斗争的风暴中，因而刘恒能在代地安心学习、执政，积累了丰富的治国经验。

吕雉七年（前181），吕后分封诸吕为王，朝中军政大权悉归吕氏。同年秋，吕后幽闭刘恒的弟弟赵王刘友，不久又迫使改封赵王的刘恢自杀。吕后又欲徙代王刘恒为赵王，以便控制。

刘恒此时已长大成人，深知吕后的残忍。早在汉高祖时，吕后就残害刘恒的异母弟赵王刘如意，又迫害高祖宠幸的诸多嫔妃，更为残忍的是将高祖最宠爱的戚夫人手足斩断，挖去双眼，熏坏双耳，烧残喉舌，置于厕所中，称为"人彘"。刘恒也知道，朝中内部斗争虽然异常激烈，但由于代国远离长安，不被人所重视，又有母后的督促，自己处处小心翼翼，谨小慎微，所以没有卷入政治争斗的漩涡。此时，吕后欲将自己迁为赵王，结果虽然难料，但二位赵王的前车之鉴，昭然在目，不可不防。刘恒委婉地拒绝了吕后的要求。《史记·吕太后本纪》对这件事做了简单的记载：高后吕雉七年（前181）秋，"太后使使告代王，欲徙王赵。代王谢，愿守代边。"吕后的愿望没有实现，而韬光养晦、不参朝政的刘恒也成功躲开了诸吕对自己的迫害，得以继续治代。

十七年来，刘恒以晋阳为国都，以太原为根本，与民休息，轻徭薄赋，发展生产，防御匈奴侵扰，将太原一带治理得井井有条，摆脱了代国以前贫穷、落后、受匈奴骚扰的局面，博得了朝野的赏识。十七年来，刘恒由少年到青年，是在朝中吕后临朝称制、诸吕专权和北部匈奴重兵压境的环境中成长起来的，不可避免地受到太原地区自春秋战国以来多民族杂居交往形成的多元文化的影响，从而形成了一套属于自己的治国方法和思想，为登临帝位创造了条件。

刘恒在代期间，娶王氏女为妻，生子有四，但皆夭折。宠姬窦氏，生女刘嫖；生子刘启，是为景帝；生子刘武，是为代王（后徙淮阳王）。与其他姬妾生子参，是为太原王（后迁代王）；生子胜，是为梁王。

高后吕雉八年（前180），汉皇室内部发生了一件大事，这就是陈平、周勃等人以惊人的胆量与智慧迅速铲平诸吕势力，远处代地的刘恒被迅速推上政治舞台的最高端。

二、入继大统

吕雉，汉高祖刘邦之妻。汉五年（前202），刘邦称帝，封吕雉为皇后。吕后在刘邦翦除异姓诸王侯中起了很大作用。汉十二年（前195），刘邦去世，惠帝刘盈继位，吕后擅权用事，排斥王陵等老臣，任人唯亲。惠帝死后，因无子嗣，遂立后宫子为帝，后又杀之，再立少子为帝，吕后乃临朝称制，诸事皆决于吕后。吕后先后借故杀死刘邦之子赵幽王刘友、共王刘恢及燕王刘建等，拔擢亲信，大树党羽，立兄子吕台、吕产、吕禄、吕台之子吕通等为王，又分封诸吕六人为列侯。

吕雉七年（前181），吕后又封梁王吕产为相国，赵王吕禄为上将军，掌管南北二军（南军为宫廷卫军，北军为京城卫军），朝中军权尽落吕氏之手。

吕雉死后，诸吕恐为众臣所诛，欲谋为乱，刘氏皇室与先朝重臣也愈发不满诸吕专权，矛盾一触即发。此时，齐悼惠王次子朱虚侯刘章在长安供职，宿卫帝宫，探得诸吕准备作乱的消息，便派人悄悄告诉其兄齐哀王。经过密谋，由齐哀王刘襄发兵西征，刘章与诸大臣作为内应，里应外合，一举诛灭诸吕，然后立齐王为帝。于是，齐王刘襄与琅琊王刘泽先后起事，发表讨吕檄文[①]，发兵西征诸吕。吕产命大将军灌婴领兵东进，攻击刘襄。灌婴行至荥阳（今河南省荥阳市），便按兵不动，反与齐王联合，伺机而动。

齐哀王起兵西进与灌婴军汇合后，驻在长安的太尉周勃与右丞相陈平也加紧了内部夺权的步伐。当时南、北军的军权皆由吕产、吕禄掌握。太尉周勃手中无军权，也无军印，无法调动护卫宫廷的南军和守卫京城的北军。周、陈二人经过合谋，让掌握调兵符节的纪通伪称奉天子命使太尉指挥北军，周勃得以取得北军军权。周勃又使与吕禄关系较好的郦寄和刘揭劝说引诱吕禄交出将印，曰："帝使太尉守北军，欲令足下之国，急归将军印辞去，不然，祸且起。"吕禄信以为真，将大印交给刘揭。周勃得到北军将印，进入北军，高呼："为吕氏右袒，为刘氏左袒。"（《汉书·高后纪》）军中皆左袒，追随太尉拥立刘氏。此时，南军的军权还未

---

① 《汉书·高五王传》载："琅邪王既行，齐遂举兵西攻吕国之济南。于是齐王遗诸侯王书曰：'高帝平定天下，王诸子弟。悼惠王薨，惠帝使留侯张良立臣为齐王。惠帝崩，高后用事，春秋高，听诸吕擅废帝更立，又杀三赵王（赵隐王刘如意、赵幽王刘友、赵共王刘恢），灭梁、赵、燕，以王诸吕，分齐国为四。忠臣进谏，上或乱不听。今高后崩，皇帝春秋富，未能治天下，固待大臣诸侯。今诸吕又擅自尊官，聚兵严威，劫列侯忠臣，挢（矫）制以令天下，宗庙以危。寡人帅兵入诛不当为王者。'"

夺回，宫城还在吕产的控制之下。陈平召来朱虚侯刘章辅佐周勃。周勃立即令刘章监守军门，令平阳侯曹窋劝告卫尉，不要入内助相国吕产。吕产不知吕禄已交出北军兵权，欲入未央宫指挥南军作乱，但宫尉严守，不准入内，急得他在宫门外来回走动，以寻时机。当朱虚侯刘章奉太尉之命率军千人去未央宫保护少帝，至未央宫掖门时，见吕产已在廷中，遂抓捕吕产。吕产只得东躲西藏，最后被朱虚侯杀死在郎中府的厕所中。刘章又入长乐宫，斩卫尉吕更始。刘章还归北军，向周勃奏报情况，太尉高兴地说："所患独产，今已诛，天下定矣。"（《汉书·高后纪》）接着，陈平与周勃命令将士全力捕杀诸吕，一律处斩。吕氏之乱遂平。

诸吕已诛，汉家又归刘氏。但是，皇室不可一日无主，立谁为主，就成为一个非常棘手的问题。很快，在朝廷内部，大臣围绕立谁为皇帝的问题展开了一场斗争。

少帝刘弘非惠帝之子，乃吕后以他人子诈名而立为太子，为吕后之傀儡。立其为帝，名不正，言不顺。此人选已为众大臣否决。

立齐王刘襄为帝，得到了其弟刘章、刘兴居的支持。其实，早在刘章以吕氏欲乱之事告知齐王刘襄时，就已经与朝中一些大臣达成共识，即外有刘襄起事，内有刘章、周勃、陈平为内应，灭诸吕后即立刘襄为帝。但是，当诸吕被诛后，丞相陈平、太尉周勃与大臣议立齐王刘襄为帝时，遭到了多数人反对。诸大臣认为：其一，齐哀王为齐悼惠王刘肥（刘邦与曹夫人所生）之长子，刘邦的嫡长孙，其兄弟九人先后封王封侯①。齐王刘襄家族势力强盛，众大臣怕日后难以相处。其二，齐哀王"母家驷钧恶戾，虎而冠者也。访以吕氏故，几乱天下，今又立齐王，是欲复为吕氏也"（《汉书·高五王传》）。齐哀王的舅父贪婪、凶残，有虎狼之心，如果立齐王为帝，有可能出现像吕后一样专权的局面。其三，高祖尚有诸子在世，立高祖与"外妇人"曹氏所生之孙，有可能加深高祖诸子与刘襄的矛盾，引起诸王争皇位之乱。朱虚侯刘章将情况告诉齐王后，齐王心中自然不悦，但也无可奈何，遂退兵回到齐国。

众大臣认为少帝刘弘、齐王刘襄皆不适合立为汉帝，遂准备从高帝诸子中立一

---

① 《汉书·高五王传》载："齐悼惠王子，前后凡九人为王：太子襄为齐哀王，次子章为城阳景王，兴居为济北王，将闾为齐王，志为济南王，辟光为济南王，贤为菑川王，卬为胶西王，雄渠为胶东王。"

贤王为帝。

高帝共有八子，据《汉书·高五王传》记载，吕后生刘盈，为惠帝；曹夫人（外妇）生刘肥，为齐悼惠王，刘襄即为悼惠王刘肥之子；薄姬生刘恒，为代王；戚夫人生刘如意，为赵隐王；赵姬生刘长，为淮南王；其他姬妾生赵幽王刘友、赵共王刘恢、燕灵王刘建。其中，惠帝已于八年前去世；燕灵王刘建、齐悼惠王刘肥已死，赵王如意被吕后毒死；淮阳王刘友被吕后迁为赵王后，被吕后召到长安囚禁，终被活活饿死；赵幽王刘友死后，吕后徙梁王刘恢为赵王，最后刘恢也被迫自杀；高帝八个儿子中幸存的只有代王刘恒、淮南王刘长。二王中刘长颇有智谋，曾依附吕后，已不被大臣看好，帝王的最佳人选自然落在了居偏僻之地的代王刘恒身上。

据《汉书·文帝纪》与《汉书·外戚传》记载，选择刘恒，一是他在高帝八子中为存世且排行最前者，若为帝，则诸弟或其他刘氏王无理由反对。二是其母家微贱，仅薄姬和薄昭姐弟二人。薄氏势单力薄，且宽厚仁义，对汉室不会构成威胁，也没有形成像吕氏一样外戚专权的条件。吕氏擅权以后，这已经成为大臣选择帝王的重要条件。三是刘恒八岁为代王，开始治理代国，在母亲教育和代地淳朴民风的影响下，形成谨慎小心、仁慈爱人、敬老扶幼的良好品行，尤其是治理代国期间，形成了与民休息、关心民间疾苦的治国理念。代王平素没有入承大统的野心，也无诛杀吕氏、收复汉室的功劳。如立其为帝，则必然凤兴夜寐，尽心竭力治理国家。最终，大臣们认为："代王母家薄氏，君子长者，且代王高帝子，于今见在最为长。以子则顺，以善人则大臣安。"（《汉书·高五王传》）

大臣们商决后，派使者赴太原请刘恒至长安为帝。使臣至代国都城晋阳，交给代王书信。刘恒阅后，深知宫闱权力斗争的诡秘莫测和残酷无情，对继承皇位一事充满疑惑。于是，他召集代国大臣商议此事。

代国群臣大多怀疑其中有诈。郎中令张武等言："汉大臣皆故高帝时将，习兵事，多谋诈，其属意非止此也，特畏高帝、吕太后威耳。今已诛诸吕，新喋血京师，以迎大王为名，实不可信。愿称疾无往，以观其变。"（《汉书·文帝纪》）张武认为朝中大臣皆为立国宿将，功高权重，各自心怀鬼胎，高祖在时，尚不敢图谋不轨，现已诛杀诸吕，而代王又无任何功劳，虽皇帝宝座虚位以待，岂有拱手相让之理。故为今之计，就是称病晋阳，静观其变。

代国中尉宋昌具有远见卓识，认为群臣所言皆非也。"夫秦失其政，豪杰并起，人人自以为得之者以万数，然卒践天子位者，刘氏也，天下绝望，一矣。高帝王子弟，地犬牙相制，所谓磐石之宗也，天下服其强，二矣。汉兴，除秦烦苛，约法令，施德惠，人人自安，难动摇，三矣。夫以吕太后之严，立诸吕为三王，擅权专制，然而太尉以一节入北军，一呼士皆袒左，为刘氏，畔诸吕，卒以灭之。此乃天授，非人力也。今大臣虽欲为变，百姓弗为使，其党宁能专一邪？内有朱虚、东牟之亲，外畏吴、楚、淮南、琅邪、齐、代之强。方今高帝子独淮南王与大王，大王又长，贤圣仁孝，闻于天下，故大臣因天下之心而欲迎立大王，大王勿疑也。"（《汉书·文帝纪》）宋昌认为，秦因暴政而失天下，是刘邦千辛万苦才统一了分裂的局面。这个天下只能是刘家的天下。当高祖设郡置县、分封诸侯，以郡国制巩固政权时，已是固若磐石，异姓谋叛已不可能得逞。汉王朝与民休息，发展生产，人心稳定，万民拥戴，虽然吕氏专权，似有以吕代刘之势，但当太尉振臂举节一呼时，就将吕氏诛杀殆尽。现在外有百姓拥护，内有刘姓诸王分封各地，一旦国有危难，必当倾力辅佐，刘家不可能失去天下。况且高祖的八个儿子只剩下淮南王刘长与代王刘恒，而刘恒又是年长者，圣贤仁孝，天下皆知，入承大统是人心所向、民心所归。代王刘恒听了宋昌的分析，疑虑打消不少，但心中总感意外，怕是朝中阴谋，乃将此事禀告母亲，薄氏也犹豫不决，让再占卜查看吉凶。占卜的卦辞是"大横庚庚，余为天王"，乃吉祥之兆。代王又疑，问占卜者："寡人固已为王，又何王乎？"卜者答："所谓天王者，乃天子也。"（《汉书·文帝纪》）至此，代王才基本打消了疑虑。其实，这是宋昌等欲使代王早日进入长安称帝而让卜者进行占卜从而消除心里疑虑的一种手段而已。

但是，代王仍有戒心，派其舅父薄昭先入长安拜见太尉周勃，打探虚实。周勃、陈平、灌婴等情真意切，详细告诉薄昭诸大臣准备迎立代王的计划。薄昭急忙回太原报告代王，说此事千真万确，不可再疑。至此代王才相信宋昌的远见。他对宋昌说："果如公言。"乃令宋昌、张武等备车护驾，择日由晋阳出发，离代赴长安。代王车驾至高陵（今陕西省西安市高陵区），为求稳妥，代王止行，派宋昌再入长安，观察大臣动静。

　　宋昌行至渭桥，远远望见丞相以下官员皆来迎帝。宋昌遂还身至高陵报告代王。代王南行至渭桥，群臣拜谒称臣，代王也下拜回礼。太尉周勃当着众官员面向刘恒跪奉皇帝玉玺，代王这才确信无疑，谢太尉说："至邸而议之。"

　　大臣们簇拥着代王至长安代邸。丞相陈平、太尉周勃、大将军柴武、御史大夫张苍等重臣上表奏代王："今少帝刘弘不是惠帝亲子，不应当继续奉刘氏宗庙而继皇位。大王是高祖亲子，愿即天子位。"[①]刘恒再三辞让，诸臣皆不应，乃接受天子印、符，即皇帝位。随后，刘恒在文武大臣的陪同下由代邸向未央宫进发。

　　此时，太仆夏侯婴与东牟侯刘兴居已在未央宫完成了清宫的任务，杀死吕后所立的少帝，吕后所封的梁王、淮阳王与常山王（此三王为少帝弟）也一并被杀。当夜幕降临的时候，刘恒进入未央宫，以庄严的即位典礼昭告天下，正式当上了皇帝，史称汉文帝。

　　当晚，文帝即"拜宋昌为卫将军，领南、北军；张武为郎中令，行殿中"（《汉书·文帝纪》）。用代国亲信控制宫城和皇城的武装力量。文帝还亲自下诏，感谢丞相、太尉、御史大夫等诛吕护刘有功者，并大赦天下[②]，完成了继位大事。

三、文帝治国

　　汉文帝为代王十七年，通过坐镇晋阳，治理代国，累积了丰富的治国经验。故即帝位后，汉文帝"以德化民"（《汉书·文帝纪》），与民休息，无为而治，社会经济迅速发展，汉代进入了快速发展时期。

　　实际上，文帝在位期间所施行的治国措施基本上是其在太原治代的延续和发展，其中包含晋阳文化传统。

　　文帝在太原的十七年间，代王府的建置、赋税的征收及经济与文化的发展具有相对独立性。刘恒自小就入居代国为王，深受太原地域文化的影响。太原既有古陶唐人文遗风，又有三晋开拓创新的智慧，还有晋阳人淳朴、豪爽的民风。同时，

---

① 《汉书·文帝纪》："丞相臣平、太尉臣勃、大将军臣武、御史大夫臣苍、宗正臣郢、朱虚侯臣章、东牟侯臣兴居、典客臣揭再拜言大王足下：'子弘等皆非孝惠皇帝子，不当奉宗庙。臣谨请阴安侯、顷王后、琅琊王、列侯、吏二千石议，大王高皇帝子，宜为嗣，愿大王即天子位。'"

② 《汉书·文帝纪》："（文帝）还坐前殿，下诏曰：'制诏丞相、太尉、御史大夫：间者诸吕用事擅权，谋为大逆，欲危刘氏宗庙，赖将、相、列侯、宗室、大臣诛之，皆伏其辜。朕初即位，其赦天下，赐民爵一级，女子百户牛酒，酺五日。'"

太原不仅人杰地灵，山川秀美，风光旖旎，而且还是与匈奴相交的边关重地、交通要冲，军事战略地位异常重要。由于特殊的个人经历和社会环境，刘恒自入代国为王时起，就在母亲和大臣的帮助下勤勉敬业，夙兴夜寐，悉心治理代国。代国很快就恢复了经济，发展了文化，同匈奴的关系也得到不同程度的改善，边境安宁，百姓乐业。刘恒即帝位后，很快就驾驭了朝中大臣，控制了全局，并使汉王朝重新走上正确的发展轨道。

经济方面，汉文帝封于比较偏僻的代地，此地经济比较落后，又近匈奴，人口也比较少。故在代地时，他为政宽和，注意发展生产。即皇帝位后，他仍然与民休息，实行强本节用、轻徭薄赋的政策，恢复生产，发展经济。文帝对农业非常重视，认为是天下的根本，为了劝农耕种，他还亲自耕作，以作表率。文帝十三年（前167），下诏"除田之租税"（《汉书·文帝纪》），宣布免除农民的租税。这种典型的重农措施，减轻了农民的负担。此外，文帝还下诏"除盗铸钱令"，允许民间铸钱；又"除关无用传"，取消了关卡制度；又开放山泽。这不仅使天下钱币增多，而且加速了包括粮食在内的各种货物之流通速度，促进了工商业的发展，活跃了经济。文帝采取了一系列政策以发展农业，又以发展工商业加速经济恢复和发展，从而使民富足殷实。这正是文帝治代的经验。当时代国正是依靠发展农业恢复了经济，又通过边境贸易和商业改变了代国百姓的生活条件。这种民本思想一旦用于社会，就立即显示了其勃勃生机。

军事方面，以晋阳为国都的代国地处北部边陲，匈奴常陈兵数万侵扰代地。作为代王，刘恒常常处于高度紧张之中，养成了尚武、果敢的品质，还熟悉军务军情，了解将士的艰辛。因此，刘恒由晋阳入长安后不断加强军备，改善守边将士的境遇，采取了一些有利于边境发展的措施。其一，亲临前线，指挥作战，又"劳军，勒兵，申教令，赐吏卒"（《汉书·文帝纪》）。其二，实施"募民徙塞（或徙民实边）"（《汉书·爰盎晁错传》），即组织百姓迁移边塞，充实边地，屯田生产，解决部分军需问题，"使屯戍之事益省，输将之费益寡"。其三，允许军中设市，以此吸纳商人，充实军备。这些措施是刘恒在代地期间同匈奴斗争的经验总结。

在思想方面，汉文帝继承了惠帝、高后时期的黄老思想，推进了清静无为的黄老政治，继续实行休养生息，发展生产。这也是文帝在代国所推崇的思想。然而，汉文帝即位前和即位之初，亡秦的苛法暴政仍然严重困扰着百姓，如不彻底改变这种情况，就有蹈亡秦覆辙的危险。故文帝即位后，既继续采取休养生息的政策，实行无为而治，又及时提出了"法正"的思想，并使二者有机结合起来，加速社会的恢复和发展。所谓"法正"，文帝是这样解释的："法者，治之正也，所以禁暴而率善人也。""……朕闻法正则民悫，罪当则民从。且夫牧民而导之善者，吏也。其既不能导，又以不正之法罪之，是反害于民为暴者也。何以禁之？"（《史记·孝文本纪》）。文帝认为法不正，民就不会遵守，强调法与人的统一，对自汉以来一直沿袭使用的秦律做了重大修改。如废除了秦律中规定的一人犯法，全家有罪的连坐法，取消了残忍的肉刑，包括黥、劓、膑等。文帝还认为，尧舜禹时期没有严刑酷法，而民能安居乐业，现今苛法繁多，却奸盗横行，民不安宁。为什么会有这种情况出现？究其原因，是由于"德薄而教不明"，"驯道不纯而愚民陷焉"，也是"教未施而刑加焉"，"改行为善而道毋由也"。这就是说文帝将法与道统一起来，法治与礼治并用，融法治于人文中，体现了朴素的民本思想，具有进步意义。这也是荀子"隆礼重法"[①]思想第一次在治国实践中的具体体现和应用，文帝是历代帝王中第一个将儒、法合流治国的帝王。从另一个层面来说，刘恒在太原治理代国，深受荀子"隆礼重法"思想影响，形成了"法正"思想。即位后，他将这种思想运用于治理整个国家，也是很正常和自然的事。

在生活方面，文帝自代国而来，了解民间疾苦，养成了节俭的习惯。即位后仍然保持谨慎谦虚、朴素勤俭和关心民生疾苦的作风，注意存问鳏寡疾苦，减轻百姓负担。在即位之初，文帝就下诏书，表达了自己爱护百姓、体恤民情、关心老人的意愿，并向各郡县发布命令：对八十以上的老人，每人每月可以赐给米一石，肉二十斤，酒五斗；九十以上的老人，每人再加赐帛二匹，絮三斤。十二年、

---

① 荀子是战国时期著名的思想家。他认为治理国家要"明礼义以化之，起法正以治之，重刑罚以禁之"（《荀子·性恶》），明确提出"隆礼尊贤而王，重法爱民而霸"（《荀子·大略》）。他一方面继承、发展和修正了儒家的"礼治"，另一方面又继承、发展和修正了法家的"法治"，并在此基础上以"礼"为主，使礼、法统一起来，形成"隆礼重法"的德法并举的治国思想，从而为后来封建正统法律思想的确立奠定了基础。其"隆礼重法"思想开儒法合流之先河，影响极为深远。

十三年，又分别下诏，奖励三老、孝者、悌者、廉吏布帛各若干匹[1]，"赐天下孤寡布帛絮各有数"（《汉书·文帝纪》）。文帝带头崇尚省俭，反对奢侈。在位二十三年，其"宫室苑囿车骑服御无所增益"。文帝计划造一露台，工匠计算需用百金，他觉得花费太大，对臣下说"百金，中人十家之产也"，遂作罢。文帝所宠幸的慎夫人，"衣不曳地，帷帐无文绣"。由于文帝的表率和慎夫人的俭朴，后宫对所用的衣服、器物也不敢有任何奢侈攀比之风。文帝对于建造自己的陵墓，也要求从简，"治霸陵，皆瓦器"，不得用金银铜锡装饰。对于死，文帝认为："盖天下万物之萌生，靡不有死。死者天地之理，物之自然，奚可甚哀！"反映了朴素的唯物主义观点。对厚葬，文帝认为"当今之世，咸嘉生而恶死，厚葬以破产，重服以伤生，吾其不取"。文帝要求天下吏民，在其死后"令到出临三日，皆释服。无禁取（娶）妇、嫁女、祠祀、饮酒、食肉。……无布车及兵器。无发民哭临宫殿中"，并要求"布告天下，使明知朕意"（皆引自《汉书·文帝纪》）。

汉文帝即位后在政治、经济、军事和思想等方面所采取的一系列措施，多是在太原治理代国期间所形成的治国经验的具体应用，与他在晋阳所受的军事、经济和文化熏陶有很大关系。文帝将治代的经验运用于治理整个国家，使国家很快度过困难时期。汉文帝在位二十三年间，政治清明，社会稳定，人民安康，经济富庶，为"文景之治"的出现，以及汉武帝时期的鼎盛、强大、繁荣打下了基础。

四、泽被太原

文帝由太原起家，入承大统，即位后十分关心太原的社会发展。无论是战时亲临前线，还是闲时视察地方，他多次驾幸太原，采取了各种有利于太原发展的优惠政策，显示出汉文帝对第二故乡太原的热爱和关注。

（一）赏赐、分封随自己入居长安的代国功臣

据《史记·孝文本纪》和《汉书·文帝纪》载：刘恒即帝位的当天晚上，就任命曾力排众议、力荐自己由代入长安即帝位的代国中尉宋昌为将军，镇抚南北军；

---

[1] 《汉书·文帝纪》云："孝悌，天下之大顺也；力田，为生之本也；三老，众民之师也；廉吏，民之表也。朕甚嘉此二三大夫之行。今万家之县，云无应令，岂实人情？是吏举贤之道未备也。其遣谒者劳赐三老、孝者帛人五匹；悌者、力田二匹；廉吏二百石以上率百石者三匹。及问民所不便安，而以户口率置三老孝悌力田常员，令各率其意以道民焉。"

任命代国的重臣张武为郎中令，负责保卫宫殿的安全。即位不久，任命薄昭为车骑将军，旋即派遣薄昭迎皇太后于代，连同窦夫人及儿子等接到京城。薄昭是文帝的娘舅，十七年前就与其姐薄氏随代王刘恒来到代国，悉心辅佐代王刘恒治理代国，今又为代王继承皇位穿针引线，可谓功勋卓著，因此被封车骑将军。这样，内外军权听命于文帝一人，巩固了皇权。文帝元年正月，文帝立出生在太原的长子刘启为太子，又封"将军薄昭为轵侯"（《汉书·文帝纪》）。元年三月，立太子刘启的生母窦氏为皇后。六月，再次封赏自代地入长安的功臣，封宋昌为壮武侯，其他追随者六人也被封为九卿之官。至此，由代地太原而来的功臣皆被赏官封爵。文帝帝位得以稳固。

（二）赏赐留在代地的旧时功臣

汉文帝在赏赐、分封随其入居长安的代国功臣的同时，也对留在代国的功臣进行了赏赐。

前177年，汉文帝驾幸太原，赏赐代地功臣。据《汉书·文帝纪》载："（三年）五月，匈奴入居北地、河南为寇。上幸甘泉，遣丞相灌婴击匈奴，匈奴去。发中尉材官属卫将军，军长安。上自甘泉之高奴，因幸太原，见故群臣，皆赐之。举功行赏，诸民里赐牛酒。复晋阳、中都民三岁租。留游太原十余日。济北王兴居闻帝之代，欲自击匈奴，乃反，发兵欲袭荥阳。于是诏罢丞相兵，以棘蒲侯柴武为大将军，将四将军十万众击之。祁侯缯贺为将军，军荥阳。秋七月，上自太原至长安。……"

文帝驾幸太原，既与当时太原的战事有关，也与衣锦还乡报答酬谢有关。

当时，匈奴骚扰汉边，渡河入居北地郡之北、黄河以南的广大地区，对汉王朝构成威胁。汉文帝此次征战匈奴是他称帝后首次对外用兵，因此格外重视，亲临甘泉（今陕西省淳化县），调兵遣将，指挥对匈奴的战事。不久，汉军击败匈奴，收复了部分失地，战争的态势愈来愈对汉王朝有利。文帝欣喜之余，由甘泉至高奴（今陕西省延安市）视察战事，遂驾幸太原，至晋阳庆功。在太原，文帝见到代国的群僚和有功之臣，并设宴庆功，论功行赏，又赐百姓牛、酒，游山玩水十余天，颇有当年高祖称帝还乡之意。而太原之行最重要的是免除了晋阳、中都（今山西省平遥县）三年赋税。太原民众甚是欢欣，与帝同乐。正当文帝游兴正浓时，忽然急报济北王刘兴居反叛。文帝在太原通盘全局，重新部署战事，令丞相灌婴率领击匈奴的十万大军回师征讨刘兴居。七月，文帝自太原回到长安，发布诏书[①]，用军事进攻、政治分化的两手策略，打败叛军，迫使刘兴居自杀。这次太原之行，除指挥军事外，最主要的是赏赐代国功臣，免除晋阳的三年赋税，为太原经济的迅速恢复和发展起了重要作用。

此外，文帝还于"十一年冬十一月，行幸代。春正月，上自代还"（《汉书·文帝纪》）。后元三年春二月，行幸代。五年秋七月，行幸代。值得注意的是，第二次巡幸代国前后达三个月，时间之长，为文帝出行之罕见。文帝在代国究竟干了些什么？在太原又有何活动？史书上没有任何记载，后人也无法得知其情况。

第四节　北边重镇

与匈奴的和与战是西汉王朝最重要的对外事务。刘邦立国，挟一统天下之威，驻跸晋阳，希冀歼灭匈奴，始有"白登之围"。吕后及文景时期，对匈奴采取和亲通好政策，换得边境安宁，国力发展。汉武帝强力拓边，从元光六年至元狩四年（前129—前119）的十余年间，先后对匈奴发动了九次反击。卫青、霍去病率军，经过漠南之战、河西之战、漠北之战等，取得重大胜利，匈奴失去阴山和祁连山两块栖息地，退居漠北荒原。汉王朝在武帝刘彻的治理下，国力强盛，成为当时世界上最为强大的国家。

一、晋阳平叛

秦亡以后，楚汉相争，最终刘邦建立大汉王朝。汉王朝立国之际，正当北方匈奴强盛之时，匈奴常常南下，大肆攻杀、掠夺北部边郡的土地、人口、牲畜、财产。高祖刘邦在与匈奴争斗的过程中，深感代地和太原等北部边区在军事战略上的重要地位。为了有效地扼制匈奴再度南下，高祖于汉六年（前201）冬天，封其兄刘喜为代王，辖境为云中、雁门、代郡等53个县；同时，以太原郡31个县为韩

---

① 《汉书·文帝纪》诏曰："济北王背德反上，诖误吏民，为大逆。济北吏民兵未至先自定及以军城邑降者，皆赦之，复官爵。与王兴居去来者，亦赦之。"

国，徙韩王信都晋阳①，扩军备战，防御匈奴进攻。韩王信以晋阳远离边境，不利于抗击匈奴为由，上书刘邦："国被边，匈奴数入，晋阳去塞远，请治马邑。"（《史记·韩信卢绾列传》）刘邦同意后，韩国都城由太原迁到马邑（今山西省朔州市），由此，韩国夹在中原和匈奴之间，成为汉朝抗击匈奴的一个重要前哨。

当年秋季，匈奴突然大举南下，重兵包围韩都马邑，韩国岌岌可危。韩王信眼见匈奴实力强大，孤军难敌，随即派人向汉求援，并多次派遣使臣同匈奴讲和，希望匈奴退兵。刘邦发现韩王信多次向匈奴派遣使节，疑其有二心，遂下书严厉斥责韩王信说："专死不勇，专生不任，寇攻马邑，君王力不足以坚守乎？安危存亡之地，此二者朕所以责于君王。"（《汉书·魏豹田儋韩王信传》）韩王信得书惶恐不安，恐被诛杀，遂投降匈奴，并与匈奴军合兵南攻太原，直逼晋阳城下②。汉七年（前200）十月，刘邦亲率三十万大军，出征匈奴，同时镇压韩王信叛乱。汉军进入太原郡后，连连取胜，特别是铜鞮（今山西省沁县一带）一战，大获全胜，韩王信军队遭到重大伤亡，其部下将领王喜被汉军杀死，韩王信逃奔匈奴。韩王信的将领白土人曼丘臣、王黄等拥立赵国后代赵利为王，聚集韩王信的残兵败将，准备再次与匈奴合谋攻汉。冒顿单于派左、右贤王各带兵一万多骑与王黄等屯兵广武（今山西省代县）以南至晋阳一带，企图阻挡汉军北进。汉军乘胜追击，在晋阳打败韩王信与匈奴的联军，追至离石（今山西省吕梁市离石区），再次击败韩王信与匈奴联军。匈奴又在楼烦西北集结兵力，旋为汉骑兵部队击溃。

汉军由于节节取胜，产生麻痹轻敌思想。刘邦听说匈奴驻兵于代谷（今山西省繁峙县至原平市一带），便派使臣十余批出使匈奴。匈奴故意将精锐部队隐藏，将老弱病残列于阵前。派去的使臣回来都说匈奴可以攻击。刘邦派娄敬再次出使匈奴。他回来报告说："两国相击，此宜夸矜见所长。今臣往，徒见羸瘠、老弱，此

---

① 或以为韩王信迁太原为代王，辖云中、雁门、代、太原四郡。韩王信反叛废封后，刘邦始封其兄刘喜为代王，辖境与韩王信相同。两王是前后相继关系。参见杜呈辉《代王韩信考辨（二）》，《雁北师院学报（文科版）》1995年第5期。

② 韩王信军是否攻占太原，史书记载不一。如《史记·匈奴列传》载："是时汉初定中国，徙韩王信于代，都马邑。匈奴大攻围马邑，韩信降匈奴。匈奴得信，因引兵南逾句注，攻太原，至晋阳下。"可见未攻下晋阳。而《史记·韩信卢绾列传》载："以马邑降胡，击太原。"未言攻占与否。但《史记·绛侯周勃世家》云："以将军从高帝击反韩王信于代……转攻韩信军铜鞮，破之。还，降太原六城。击韩信胡骑晋阳下，破之，下晋阳。"周勃攻下晋阳，可见此前晋阳已为韩王信军所占。

必欲见短，伏奇兵以争利。愚以为匈奴不可击也。"刘邦不听劝告，大骂娄敬说："齐虏！以口舌得官，今乃妄言沮吾军。"乃将娄敬抓起来囚禁在广武城，准备凯旋后进行处罚。刘邦率骑兵先到达平城（今山西省大同市），此时汉军步兵还未完全赶到。冒顿单于见汉兵蜂拥赶来，于是设伏，围刘邦军于白登山，刘邦数次突围而未果，被围困七天七夜，不得已，采用陈平之计贿赂匈奴阏氏（皇后），得以脱险。回国后，刘邦赦免娄敬，封为关内侯，食禄两千户，号为建信侯。这次战争史称"白登之围"或"平城之围"（参见《史记·韩信卢绾列传》《匈奴列传》）。

西汉初期，太原虽遭受匈奴侵扰，但在抗击匈奴的战争中主要还是作为后方的保障基地，所以才有韩王信上书高祖由晋阳迁都马邑一事。遥想当年，高祖刘邦以太原作为后方基地，在征伐叛王韩信和匈奴冒顿军之际，坐镇晋阳，指挥若定，何等威风。而西汉大军汇聚晋阳，严阵以待，盛况空前。汉军在离石、楼烦等地与叛军、匈奴军交锋，屡战屡胜，虽然高祖刘邦有"白登之围"的耻辱，但仍显示出西汉王朝的军威国威。

二、和亲与征伐

"白登之围"后，西汉朝廷将主要精力用于国内事务，与民休息，发展经济，处理诸侯国之间的关系。对匈奴则以和亲为主。

汉初，冒顿单于新立，攻灭东胡，击走月氏，南并楼烦、白羊河南王，侵燕、代，收复蒙恬所夺匈奴故地。"控弦之士三十万"，强盛一时。高祖七年（前200）冬，匈奴军与韩王信联合，攻至晋阳城下。汉集大军北向入晋阳，乘胜追击，始有"白登之围"。九年（前198）冬，高祖派娄敬与匈奴和亲。这是西汉和亲的开始。吕后时，冒顿单于自恃武力强盛，蔑视汉朝军事实力，写信给吕后，措辞甚为不恭。吕后采纳了大臣季布的意见，忍辱负重，派官员送国书，表示继续与匈奴修好。冒顿单于得书后，也派使者道歉，称："未闻中国礼义，陛下幸而赦之。"双方互以车马赠送，同意和亲。

文帝时，匈奴更加强大。单于致文帝信中，自诩"吏卒良，马力强"，夷灭月氏、楼兰等二十六国，"诸引弓之民，并为一家"。而汉文帝奉行与民休息的国策，对匈奴仍以和亲为主。前174年春，冒顿致书汉文帝约和。同年，冒顿死，老上（稽粥）即单于位。文帝遣宗室女嫁给老上，护送的宦者中行说投降匈奴，唆使匈奴对汉作战。文帝与匈奴单于书信往来，互相表示遵守诚信。文帝后元二年（前162）汉匈再次和亲。文帝下诏曰："朕既不明，不能远德，使方外之国或不宁息。夫四荒之外不安其生，封圻之内勤劳不处，二者之咎，皆自于朕之德薄而不能达远也。间者累年，匈奴并暴边境，多杀吏民，边臣兵吏又不能谕其内志，以重吾不德。夫久结难连兵，中外之国将何以自宁？今朕夙兴夜寐，勤劳天下，忧苦万民，为之恻怛不安，未尝一日忘于心，故遣使者冠盖相望，结彻于道，以谕朕志于单于。今单于反古之道，计社稷之安，便万民之利，亲与朕俱弃细过，偕之大道，结兄弟之义，以全天下元元之民。和亲以定，始于今年。"（《汉书·文帝纪》）诏书中，文帝对汉匈边境冲突给两族边民造成的损失和痛苦深感忧虑与不安，其咎在于"朕之德薄而不能达远也"，因此，夙兴夜寐，忧苦万民。而汉匈和亲，可使社稷安宁，万民乐业。汉景帝继位后，仍然执行和亲策略，于前元元年（前156）、二年、五年三次与匈奴和亲通好，使中原地区经济生产水平继续保持上升态势。

汉朝与匈奴虽然长期和亲同好，并送去大量财物，但匈奴仍不时为患边防。文帝十四年（前166）冬，老上单于将十四万骑入朝那萧关（今宁夏回族自治区固原市境），候骑至雍（今陕西省凤翔县境）、甘泉（今陕西省淳化县境），单于留塞内月余方去。文帝后元二年（前162），匈奴连岁入边，为害甚剧。文帝后元六年（前158），匈奴两路各三万骑入上郡、云中，杀略甚众，烽火通于甘泉、长安。景帝六年（前151），匈奴入雁门、武源、上郡，后元二年（前142），匈奴再入雁门。

与匈奴的和与战最为朝野所关注。文帝时，晁错先后上《言兵事疏》《募民徙塞下书》《教民习战守书》，建议募民徙居边塞，兵屯合一，高城深堑，构筑城邑，互相救助。对边塞居民实行伍、里、连、邑编制，教射法及应战之法，劝以厚赏，威以重罚。因而，文帝在实行和亲政策的同时，极其重视加强边境防卫、报警制度。文帝令将军令免、苏意分守飞狐（今河北省蔚县境）、句注（今山西省代县境）等军事要地，防备极严。依靠这种以防御为后盾，同时通使和亲修好的政策，高祖、文景之世的数十年间，汉与匈奴一直保持往来，两国间的关系以和平为主旋律，间以小规模战争，对边防城市经济与社会生活的影响不大。

汉武帝继位之初，继续实行与匈奴的和亲政策，"厚遇关市，饶给之。匈奴自单于以下皆亲汉，往来长城下"。元光二年（前133），汉武帝用雁门富豪聂壹计，命聂壹诈降，引诱匈奴攻取马邑城，汉埋伏三十余万大军准备一举消灭匈奴主力。匈奴单于半途发觉有诈，引兵还。从此，匈奴绝和亲，常常在边塞攻掠。元光六年（前129），武帝开始派军进攻匈奴，此后的三十余年间，双方多次发生战争。其中影响最大的有三次战役。

元朔二年（前127），匈奴入侵，汉遣卫青领兵从云中出击，北抵高阙，迂回至陇西，夺回河套一带，解除了匈奴对长安的直接威胁。汉设朔方郡，并重新修缮秦时所筑边塞。元朔五年（前124），卫青攻匈奴右贤王，右贤王脱身走，汉朝在河套地区的阵地得以巩固，匈奴再也无力从正面进攻关中一带。

元狩二年（前121），武帝命霍去病将兵远征。霍去病自陇西出兵，过焉支山（今甘肃山丹县境），西入匈奴境内千余里。同年夏，霍去病由北地出击，逾居延海，南下祁连山。这次战役，沉重打击了匈奴右部，匈奴浑邪王杀休屠王，率部四万余人归汉。汉分徙其众于西北边塞之外，因其故俗为王属国。后又迁徙关东贫民七十二万余口，充实陇西、北地、西河、上郡之地。西汉又在浑邪王、休屠王故地陆续设立酒泉、武威、张掖、敦煌四郡。汉得河西四郡地，不但隔断了匈奴与羌人的联系，而且实现了内地与西域的直接交通，西汉王朝与匈奴势力的消长发生了显著变化。

元狩四年（前119），汉发骑兵十万，"私负从马凡十四万匹"，令卫青、霍去病率军远攻，分别从定襄、代郡出击，相约会师绝漠。匈奴单于以精兵待漠北，被卫青击败，遁走。卫青北至寘颜山赵信城。霍去病出代二千余里，封狼居胥山，临翰海而还。这次战役以后，匈奴主力向西远徙，"幕南无王庭"。汉军占领了自朔方以西至张掖、居延海的大片土地，开渠屯田，"置田官，吏卒五六万人"，保障了河西地区的安全。汉军虽在这次战役中获胜，但自身也损失惨重，士卒死亡以万计，马死十余万匹。

元封、太初以后至武帝末年，汉同匈奴虽然还发生过不少战争，但其规模和影响都比较小。至太初三年（前102），汉朝令光禄徐自为出五原塞数百里，远者千里，筑城障列亭驿。又令强弩都尉路博德在居延泽边筑障塞。此年秋，匈奴军入定襄、云中，尽毁徐自为所筑城障，又至酒泉、张掖袭扰。天汉年间，汉连续派军出击，均不利。至征和三年（前90），派贰师将军李广利率大军出塞，军败，投降匈奴，汉军士卒死亡数万，此后汉不复出兵。

西汉朝廷对匈奴的战争，使汉初以来北方农业地区所受到的威胁基本解除。从此，边郡与内地的联系大大加强。大量的移民和戍卒、屯田兵，在原野上开辟耕地，垦殖发展。中原的生产技术和先进文化也在边地传播开来。太原地区作为征伐匈奴的军事重镇，主要作用在于提供军事、经济上的支持。而太原人赵破奴、常惠等或冲锋陷阵，或出使联络，为汉室安定和民族文化交流起到了重要作用。

三、浞野侯赵破奴

赵破奴，西汉太原郡人，幼时流浪于匈奴地区，后归汉从军。元狩二年（前121），汉武帝任命霍去病为骠骑将军、赵破奴为鹰击司马，于春、夏两次率兵出击匈奴，占据河西地区（今甘肃省和青海省一部分），歼敌4万余人，俘虏匈奴王5人及王母、单于阏氏、王子、相国、将军等120多人。同年秋，霍去病奉命迎接率众降汉的匈奴浑邪王，在部分降众变乱的紧急关头，霍去病、赵破奴率其部将驰入匈奴军中，斩杀变乱者，稳定了局势，使浑邪王得以率4万余众归汉。自此，汉朝控制了河西地区，为打通西域道路奠定了基础。匈奴为此悲歌："亡我祁连山，使我六畜不蕃息；失我燕支山，使我嫁妇无颜色。"元狩四年（前119）春，汉武帝命卫青、霍去病各率骑兵5万，分别出定襄和代郡，深入漠北，寻歼匈奴主力。霍去病、赵破奴率军北进两千多里，越过离侯山，渡过弓闾河，与匈奴左贤王部接战，歼敌7万余人，俘虏匈奴屯头王、韩王等3人及将军、相国、当户、都尉等83人，乘胜追杀至狼居胥山（今蒙古国境内），在狼居胥山举行了祭天封礼，在姑衍山举行了祭地禅礼，兵锋逼至翰海，这就是历史上有名的"封狼居胥"典故。经此一战，"匈奴远遁，而幕南无王庭"。这两次大规模征讨使匈奴受到沉痛打击，国力衰退，改变了匈奴独霸西域的格局。汉王朝的版图上从此多了武威、张掖、酒泉、敦煌四郡，河西走廊正式并入汉朝版图。元狩六年（前117），霍去病卒于抗击匈奴的归国途中。此时的西域，成为汉匈新的战场。在匈奴的指使下，楼兰、车师（原名姑师）两个丝绸之路上的小国屡屡劫掠汉使和商队，同时还兼作匈奴耳目。为了维护丝路沿线的安全，汉武帝派遣赵破奴领兵数万出击车师国，汉使王恢辅佐，

"武帝遣从票侯赵破奴将属国骑及郡兵数万击姑师。王恢数为楼兰所苦，上令恢佐破奴将兵。破奴与轻骑七百人先至，虏楼兰王，遂破姑师，因暴兵威以动乌孙、大宛之属。还，封破奴为浞野侯，恢为浩侯。于是汉列亭障至玉门矣"（《汉书·西域传》）。赵破奴以七百兵士破楼兰、车师两国，战绩惊人，武帝晋封他为浞野侯。车师国都城交河城坐落于河中台地，地势险要（交河古城在今吐鲁番），赵破奴率七百轻骑千里奔袭，大有昔日骠骑将军霍去病的风采。自此之后，汉列亭障至玉门关，保证了"丝路"的畅通，汉家威仪，震慑西域。"楼兰既降服贡献，匈奴闻，发兵击之。于是楼兰遣一子质匈奴，一子质汉。"（《汉书·西域传》）

元封五年（前106），卫青大将军卒。环顾宇内，浞野侯赵破奴军功资历第一。次年，匈奴乌维单于死，子詹师庐立，被称为儿单于。儿单于年少，喜怒无常，杀伐无道，左大都尉计划叛归汉朝。汉朝看机会来临，命令公孙敖修筑受降城（今内蒙古自治区乌拉特中旗境）以策应匈奴左大都尉，时为太初元年（前104）。次年，武帝以受降城距离匈奴较远，派遣赵破奴率二万骑兵出朔方北二千余里，至浚稽山接应左大都尉。儿单于迅速平息了叛乱，亲率大军追击闻讯而退的汉军。汉军且战且退，在距受降城北四百余里处，被匈奴军包围。赵破奴二万骑兵据寨做困兽之斗。汉军下寨处无水，赵破奴与亲兵趁夜出寨觅水，被匈奴巡逻骑兵俘获。四年里，浞野侯在匈奴娶妻生子。天汉元年（前100），赵破奴携了赵安国逃归长安，后受巫蛊牵连，全族被灭。

勇将赵破奴，一生跟随霍去病数破匈奴，安定西域，立下赫赫战功，没有战死沙场，却因牵连而遭灭族，真可谓造化弄人。同为太原人的常惠则出使匈奴，建功西域，功封右将军。

四、右将军常惠

常惠（？—前46），西汉太原郡人，少年时家境贫寒，谦恭好学，机敏果断，步入仕途后，从事外交活动，是活跃在汉武帝、昭帝、宣帝三朝的外交家。

西汉时期，匈奴被卫青、霍去病打败后，元气大伤，双方休战多年。然而，出于军事目的，两国使节往来频繁，为防止己方秘密泄露，双方经常扣押对方使者。匈奴先后扣留汉使路充国等十余人，汉朝也采取同样办法，扣留匈奴使节。汉武帝天汉元年（前100），匈奴新即位的且鞮侯单于派使者前来求和，主动送还以前扣留的汉朝使臣路充国等多人，以示诚心。武帝为表诚意，便派苏武为中郎将，张胜为副使（时为副中郎将），属吏常惠以及随员百余人，持节出使匈奴，送还以前扣留的匈奴使者。苏武到了匈奴，送上礼物，交还使者，等待单于复信返回。就在这时，突然发生了意外事件，以前出使匈奴的汉朝使者卫律投降了匈奴，但其副手虞常却一直身在匈奴心在汉，总想找机会回到中原。苏武一行到来后，因为虞常跟苏武的副手张胜原来是朋友，虞常就暗地跟张胜商量，想找机会杀了卫律，劫持单于的母亲阏氏，逃回中原。张胜表示坚决支持虞常，但未将此计划告知苏武。虞常的计划没有成功，反而被匈奴人逮住。于是，两国刚刚恢复的邦交，再遭破坏，重新以兵戎相见。单于派人将苏武押至北海（今贝加尔湖）边去放羊，苏武从此被监禁，在北海牧羊十九年，这便是大家熟知的"苏武牧羊"的故事。

常惠跟随苏武出使匈奴，境遇与苏武牧羊十九年相同，遭到长期扣押和流放。流放中，虽然常惠与主官苏武被分置两地，过着"渴饮雪，饥吞毡"的苦难生活，但他却镇定自若，灵活应对，寻找机会，改变处境，表现出一个外交家的卓越才能。汉昭帝即位后，随着"和亲"的恢复，汉朝政府要求放还苏武等人，匈奴却推说苏武等人已死，拒不交人。得知这一情况后，常惠设法见到汉朝使臣，言明被囚禁、流放的真相，并为汉使编了一个故事，说是汉朝天子在上林苑射得一只大雁，雁脚上系有一封帛书，上面写着苏武等人被放逐在北海边的事，让汉使以此责问单于，迫使匈奴放人。这一策略果然奏效，始元六年（前81），常惠随苏武等人回到阔别多年的故国汉朝，汉昭帝"嘉其勤劳"，任命他为中郎将，又拜为光禄大夫。这应该说是常惠外交生涯中的"初出茅庐第一功"。此后，常惠为汉朝屡立奇功。

西汉时期，在今天的新疆及小亚细亚一带存在着许多小国，号称"西域三十六国"，这些国家的地理位置十分重要，长期以来，一直是汉朝和匈奴的必争之地。本始二年（前72），常惠受汉宣帝派遣，出使西域乌孙国时，正赶上匈奴与车师、龟兹两国联手，大举向西域诸国进犯，常惠遂力请汉朝发兵反击匈奴，汉宣帝接到奏报，当即下令调遣十五万骑兵，由五位将军率领分道出征，任命常惠为校尉，持节协助乌孙兵。在这次反击匈奴的战争中，汉朝派遣的五位将军皆出师不利，只有常惠协助乌孙兵大败匈奴，俘获骑兵 39000 人，得牛马驴骆驼 5 万余匹，羊 60 余万只，从而使匈奴控制西域的美梦彻底破灭，也为汉朝西北边疆赢得了一段宝贵的安宁时期。汉宣帝因此封常惠为长罗侯。苏武去世后，常惠代替苏武出任典属国，专门处理国家外交事务。常惠多次出使，保证了汉朝与西域各国之间的交流，也为西域都护府的建立创造了条件。常惠在处理汉与西域诸国、北方匈奴诸部族的关系上，尽心尽职，功绩卓著，史称"明习外国事，勤劳数有功"（《汉书·常惠传》）。宣帝甘露年间，升右将军之职，成为国家栋梁。汉元帝时去世，谥曰壮武侯。

第五节　西汉太原的社会经济

一、西汉太原社会经济发展状况

秦末农民起义爆发后，各地旧贵族纷纷复国，形成割据局面。太原因为军事战略地位的重要性而成为各方势力争斗的焦点。赵国、魏国、代国及汉王刘邦等势力均盘踞于此，并以此为据点，四出攻伐。此地也成为各路诸侯征战之地，多次爆发战争。如赵将李良攻略太原；汉将曹参大战太原，于邬城（今山西省介休市境）斩杀代国大将戚公；刘邦在太原、河东征伐魏王豹，消灭魏国，设置太原郡。这些战事严重破坏了太原郡的社会经济。至西汉王朝建立的时候（前202），太原郡已是一片荒凉残败的景象，人们在战乱中或死或逃，无以为家，即便侥幸留在太原，也因生活所迫，或卖妻鬻子，或自卖为奴为婢。

汉初兴，高祖削藩夺王，平乱定叛，战争未尝停息，太原人民死于兵火者，不知有多少。加之此地又是汉代北边与匈奴交汇地区，战争的频繁程度可想而知。自韩王信投降匈奴后，汉军和匈奴军多次在太原发生战事，直至白登之战。此后，陈豨将兵守代，却又发动叛乱，太原又成为汉与叛军、匈奴交战之所。当时，农业、手工业和商业凋敝，"米石五千，人相食，死者过半"（《汉书·食货志》）。而像晋阳这样的"大城名都，民人散亡，户口可得而数裁什二三，是以大侯不过万家，小者五六百户"（《汉书·高惠高后文功臣表》），甚至天子出行时都很难找出四匹颜色相同的马，而将相则只能乘坐牛车。太原经济应同全国一样处于崩溃边缘。

二、恢复和发展经济的措施

经过秦末动乱和楚汉之争，再加上汉初的削藩平乱，太原的社会生产力遭到空前破坏，经济严重凋敝。如何恢复汉王朝在太原的封建统治秩序，发展社会经济，是西汉政权能否巩固的大问题。故汉初统治者采取了一系列恢复农业生产的政策和措施。

其一，组织军人复原为民，并给予一定的土地，免除徭役，令"兵皆罢归家"（《汉书·高帝纪》）。回归原籍的，免除六年的徭役。

其二，招抚流亡之民，允许战争期间逃亡山泽失去户籍的人口"各归其县，复故爵田宅"（《汉书·高帝纪》）。

其三，释放奴婢，诏令"民以饥饿而自卖为人奴婢者皆免为庶人"（《汉书·高帝纪》）。然后，清查户口，编造户籍，作为征收赋税、分摊徭役的依据。高帝的这些措施施行于全国，太原也不例外，对太原经济的恢复起了积极的促进作用。

文帝即位后，将他在代国发展经济的措施应用于全国。如多次下诏发展农业，减免农民的田租赋役，采取约法有禁、与民休息、轻徭薄赋等一系列有利于发展社会经济的政策。文帝治代十七年，太原是其起家之所，故即位后，他四次驾幸太原，并免除了晋阳、中都三年赋税，给予太原特殊的经济政策。至景帝时，继续施行"与民休息"政策，又使农民"半出田租，三十税一"成为定制。所有这些政策和措施都不同程度地促进了太原一带社会经济的恢复和发展，并使太原成为北方抗拒匈奴攻掠的重地、经济发展的粮仓。

三、农牧业的发展

（一）生产工具的改进和牛耕技术的进步，促进了生产力的发展

生产力是社会发展的动力，有什么样的生产力就有什么样的社会形态。西汉太原社会生产力水平提高的重要标志就是生产工具——铁制农具广泛运用到农业生产中，并成为农业首选的生产工具。《盐铁论·水旱》言："铁器，民之大用也。"《盐铁论·禁耕》也说："铁器者，农夫之死士也。死士用则仇雠灭，仇雠灭则田野辟，田野辟则五谷熟。"可见铁器之于西汉农业的重要性。从考古发掘的材料看，当时的生产工具主要有铲、锄、镰、铧等，如太原义井汉墓中就出土铁铧等生产工具。

铁制农具的普遍使用提高了田间的劳动效率。

同时，太原还大规模推广牛耕技术，即所谓的"徙民屯田，皆与犁牛"①，犁牛就是以牛耕田。农村缺少耕牛，于是人们纷纷"卖剑买牛，卖刀买犊"（《汉书·循吏传》）。这时候，牛耕的主要工具犁和铧已经有了很大的改进。从出土器物上看，既有轻巧便利、适于耕作熟土的小型犁铧，又有比较厚重适于开荒的大型犁铧。另外，耦犁和耧车这两种先进的牛耕方式也开始运用到太原的农耕生产中。耦犁即二牛三人二犁为一组进行耕作，具体说就是一人牵牛，二牛各挽一犁，另二人各执一犁，两犁同时并排耕田，故曰"耦犁"。《汉书·食货志》云："亩五顷，用耦犁，二牛三人。"说明用耦犁耕田，一天可耕五顷土地。耧车，即一牛挽犁，一人执犁，耧车下三犁并进，一天可耕种百亩②。山西平陆枣园汉墓出土的牛耕图壁画和三足耧车播种图壁画反映的就是新莽时期的农业耕作情况。其中西壁图，一农夫右手扶犁，左手扬鞭驱二牛翻田，犁铧露于土外；另一幅北壁图，也是一农夫驾牛，利用耧车插种，耧下三足清晰可见③。这是牛耕和耧车在农业中广泛使用的实物见证。作为三晋重要农耕区的太原应不例外。牛耕和耧车在太原的推广和使用，大大提高了农业生产效率，促进了太原农业的发展。

在农业生产方法上，太原推行了代田法和区种法。代田法是赵过在总结前人经验基础上改进的一种精耕细作的耕作方法。其主要内容是"播种于甽（田野间的水沟）中。苗生叶以上，稍耨陇草，因隤其土以附苗根"（《汉书·食货志》）。即在田里开沟作垄，将种子播撒于沟里，待苗长起来后进行除草，把垄上的土推到沟里，培壅植物的根部；待农作物收割后，再以垄处作沟，沟处为垄，如此轮番利用，保证了地力的最好使用，促进了农作物产量的大幅提高。代田法的推广，使农业取得了很好的收成。武帝末年，"边城、河东、弘农、三辅、太常民皆便代田，用力少而得谷多"（《汉书·食货志》）。太常，在《汉书》中数次出现，一是代表官职名，一是表示地名，在这里指代的是地方。不过这个地名是泛指，很可能是指汉代的太

---

① 《汉书·昭帝纪》："边郡受牛者勿收责。"注引应劭曰："武帝始开三边，徙民屯田，皆与犁牛。"
② （明）徐光启《农政全书》卷二十一云："前汉赵过又增其制度，三犁一牛，居世因之。"又言："汉武帝以赵过为搜粟都尉，教民耕殖。其法：三犁共一牛，一人将之，下种輓耧，皆取备焉，日种一顷。"
③ 山西省文物管理委员会《山西平陆枣园村壁画汉墓》，《考古》1959年第9期。

原郡和常山郡一带。如此，则河东北部的太原郡在汉武帝末年已施行这种耕种方法，谷物产量大幅提高。

（二）兴修水利，灌溉农田

农业发展的重要条件就是水利灌溉。在太原，较早的水利工程是智伯渠[①]。汉时，人们在晋阳周围的汾河平原或谷地上，疏通旧有的智伯渠，引入晋水、汾水，灌田浇地。发源于悬瓮山的晋水就是通过拦河蓄水，开渠筑坝，被人们引至晋阳城，成为当地人民引水溉田的主要水利工程。武帝曾发布诏令说："农，天下之本也。泉流灌浸，所以育五谷也。……故为通沟渎，蓄陂泽，所以备旱也。"（《汉书·沟洫志》）在农业产区拦坝蓄水，凿井灌田，极大地提高了作物的产量。太原西汉平民墓中出土了不少陶井模型，有的还附有井栏、井架及打水的器物。这些随葬品是社会生产生活的再现，表明太原掘井灌田技术已基本普及。

总之，铁制农具、牛耕的普遍使用，农业技术的进步和耕作方式的改进及水利灌溉的兴盛，使西汉太原的农业得到恢复和发展。

（三）农作物种类虽未超出前代范围，但各类作物之间的位次发生了变化

当时，麦、稻开始普遍种植。如元狩三年（前120），汉武帝"遣谒者劝有水灾郡种宿麦"（《汉书·武帝纪》）。在晋阳周围汾河谷地和晋水流域及水量较丰富的地域，疏通旧渠，广种水稻。太原北部的丘陵山地仍多种莜麦、荞麦和黍。经济作物除蔬菜外，还种桃、桑、李、枣等。张骞出使西域后，中亚、西亚地区的西瓜、葡萄等新品种也开始栽种。这点可在与太原相距不远的孝义张家庄汉墓中出土的西瓜籽得到印证[②]。早在文帝时，就开始在太原北边与匈奴交汇处移民实边。士卒一面戍边，一面屯田垦荒。宣帝时（前73—前49），"百姓安土，岁数丰穰，谷至石五钱，农人少利"（《汉书·食货志》）。粮食自给自足，但谷贱伤农，于是官府将河东、上党、太原等郡的粮食通过漕运供应京师。

农业的发展，促进了太原社会的发展。以人口为例，《汉书·地理志》记载了汉平帝时太原郡的家庭人口情况。当时山西六郡共有户746856，人口3252210。其

---

① 智伯是春秋末年晋国的"六卿"之一，在兼并范氏与中行氏领土后，又胁迫韩、魏攻打赵襄子。襄子退守晋阳，智伯便从悬瓮山下开渠引晋水至晋阳城下，"遏晋水以灌晋阳"。这就是智伯渠。此后，人们"踵其遗迹，蓄以为沼……沼水分为二派"，注入汾河，并沿路灌溉农田。

② 山西文物管理委员会、山西考古研究所《山西孝义张家庄汉墓发掘记》，《考古》1960年第7期。

中太原郡 21 县共计 169863 户，680488 人，每平方公里 13.1 人；每户平均四口略多，还不足"五口之家"。太原郡人口和户数相比秦末有了增加，显示了汉代太原社会经济发展情况。

（四）畜牧业的发展

作为农业的重要组成部分，太原的畜牧业在汉代也有一定的发展。秦汉时，随着农业经济的恢复和发展，畜牧业的重要性逐渐在太原郡显现出来，并且成为农业的重要分支。

太原郡的中南部，尤其是晋中盆地和汾河谷地，以种植业为主，但也广泛饲养六畜（牛、马、豕、羊、犬、鸡）。就是说，饲养家禽与家畜成为农业经济中最普遍的一项家庭副业。从各种考古资料看，家禽主要是鸡和少量的鸭，家畜则以马、牛、羊、豕、犬等为主。汉墓中出土了一些马厩、猪圈、羊圈、鸡舍等随葬明器，表明六畜的饲养以圈养舍饲为主。这种以种植业和畜牧业既相互补充又互相利用为特点的农业生产适合太原郡的实际情况，也有利于社会经济的发展。

太原郡北部地处中原农耕文明与北方游牧经济的结合带，一方面受北方游牧民族（如匈奴）的影响与渗透，另一方面这里有许多天然牧场，水草肥美，条件优越，适宜各种牲畜（如牛、马、羊）的繁殖，因此畜牧业发达。每当春季来临之际，成群的牛羊悠闲地在嫩绿的草地上吃草，高大的骏马则欢快地奔跑在广阔的原野上。

总的来说，马、牛的饲养在太原郡的畜牧业中占有重要位置。其一，由于牛耕的普及和交通运输的需要，马、牛之于农业的重要性愈发显现出来。同时，官府也鼓励民间大量养马、养牛，规定"民有车骑，马一匹者，复卒三人"（《汉书·食货志》），刺激了牛、马养殖业的发展。一时间，在"长城以南，滨塞之郡，马牛放纵，畜积布野"（《盐铁论·西域》）。许多人投入养马行业，并由此致富。班固的先人班壹就是因养马而闻名于世的。《汉书·叙传》载："始皇之末，班壹避地于楼烦，致马、牛、羊数千群。值汉初定，与民无禁，当孝惠、高后时，以财雄边，出入弋猎，旌旗鼓吹，年百余岁，以寿终。"其二，为防御匈奴南下劫掠，军事上也需要大量的战马，但军马严重缺乏。故自文、景帝起，官府在包括太原郡在内的北部边郡畜牧业比较发达的地方大力发展官营牧场，即牧师苑，以备军用。其长官为牧师苑令，对太仆负责，掌管牧师苑养马的一切事务[1]。据记载，当时边郡牧师苑共有三十六所，三万官属奴婢饲养着三十万匹马[2]。可见，养马的规模很大。除此之外，官府还在太原郡特设"家马官"[3]。家马，就是主供天子私用的马[4]。"家马官"，即专门负责饲养皇家私用马的官吏。家马官管理的马很多，所以"汉有家马厩，一厩万匹"（《汉书·地理志》注引臣瓒曰）。至太初元年（前104），武帝更名"家马"为"侗马"。可见，太原郡是当时的养马基地，受到朝廷的重视，此地的马被广泛用于军事和皇家使用。卫青奉命抗击匈奴时，就从河东、太原买走了大批军马[5]。武帝时，汉以"马邑之谋"诱引匈奴军入塞，欲趁机歼灭之。当匈奴单于看到太原北部牲畜遍布山野却无人放牧时，感到非常奇怪。《史记·匈奴列传》："单于既入汉塞，未至马邑百余里，见畜布野而无人牧者，怪之，乃攻亭。"说明太原的畜牧业已有一定的规模，且在战争中发挥了重要的作用。

四、手工业的发展

农业的发展，促进了手工业的发展。秦汉时的手工业，主要是依靠有一技之长的专业人员在小作坊进行手工劳动，并通过使用简单的生产工具进行小规模的生产。手工业在整个社会生产中的比重不大，但对百姓生活有着重要作用。

西汉的手工业生产，比之秦代有所发展。这从各种手工业管理机构的设置上可以看出来。《汉书·地理志》记载有铁官、铜官、盐官、服官、工官、船司空、木官、金官等手工业官署机构，而这些工官又分属《汉书·百官公卿表》中所列的少府、将作大匠、水衡及大司农等四个经济部门，从事铁器、铜器、煮盐、织衣、木器、造船、金器等生产。此时，手工业的分工更细了，生产的种类更多了，管理机构的设置更全了。具体到太原也是如此，基本上与全国保持同步，甚至在某些方面

---

① 《汉书·百官公卿表》："太仆，秦官，掌舆马，有两丞……又边郡六牧师苑令，各三丞；又牧橐、昆蹄令丞皆属焉。"

② 应劭《汉官仪》曰："牧师诸苑三十六所，分置西、北边，分养马三十万头。"卫宏《汉官旧仪·补遗》载："太仆帅诸苑三十六所，分布北边。以郎为苑监，官奴婢三万人，分养马三十万头，择取给六厩，牛羊无数，以给牺牲。"

③ 《汉书·地理志》："太原郡，……有家马官。"

④ 《汉书·百官公卿表》颜师古注曰："家马者，主供天子私用，非大祀戎事军国所须，故谓之家马也。"

⑤ 《汉书·酷吏传·咸宣》载："卫将军青使买马河东。"颜师古注曰："将军卫青充使而于河东买马也。"而王先谦《汉书补注·咸宣传》言："卫青充使，买马河东太原。"

还领先于全国平均水平。

（一）制盐业与冶铁业

制盐和冶铁是秦汉时期重要的手工业部门。汉初，富商大贾多经营盐、铁，获利很多。以后，官府在盐、铁产区置"盐官"和"铁官"，由官府统一经营和管理。据《汉书·地理志》记载，太原郡的晋阳设有"盐官"，大陵（今山西文水县境）设有"铁官"，全面控制和负责太原郡盐、铁的生产和销售。由此，盐、铁的生产、运销和税收完全控制在朝廷和地方官府手中。西汉冶铁业比以前发达，铁制品的种类、数量和质量都比战国时有很大提升，制造的农具、工具、兵器也比过去精良。相关考古资料有：1961 年，太原东太堡出土了一件铁质博山炉[1]，太原义井出土有铁犁铧等生产工具，太原卧虎沟出土有铁戟等兵器。以博山炉为例，整个炉身似鼎状，子母口与盖相吻合；盖呈尖锥形，饰起伏的山峦，似为镂雕，惜已严重锈蚀；腹部附一把手，平底，三尖足。可见，此时的铁器铸造已经相当精致，纹饰也很精美。

（二）制铜业

太原制铜业较为发达。《山海经》就有太原铜矿的有关记载[2]。太原金胜村 251 号春秋大墓[3]出土 1690 件青铜器，晋阳古城遗址也出土春秋时期铸造青铜器的陶范，表明当时太原的青铜制造业已达到一定高度。

西汉时，太原的制铜业仍发挥着重要作用。1961 年 5 月，太原东太堡出土铜鼎、铜镜等 15 件文物。同年 8 月，又出土了铜钟、铜鼎、铜鉴、铜盆、铜剑、铁质博山炉及马蹄金、半两钱等 36 件文物，两次出土文物共计 51 件（半两钱有四十二斤，按一件算）[4]。这么多重要铜器的出土印证了制铜业在太原盆地的重要性。其中三件有铭文的青铜器最具代表性。第一件是"清河大后"钟，通高 37 厘米，口径 14.5 厘米，腹径 27 厘米，底径 16.4 厘米；器物呈壶形，圆口微敞，短颈，鼓腹下收，圈足笔直，高达 5 厘米；素面，仅腹部饰三周略凸起的带纹，两侧

---

[1] 山西省文物管理工作委员会、山西省考古研究所《太原东太堡出土的汉代铜器》，《文物》1962 年第 4、5 期。

[2] 《山海经·北山经》曰："悬瓮之山，其上多玉，其下多铜……晋水出焉。"

[3] 山西省考古研究所、太原市文物管理委员会《太原金胜村 251 号春秋大墓及车马坑发掘简报》，《文物》1989 年第 8 期。

[4] 山西省文物管理工作委员会、山西省考古研究所《太原东太堡出土的汉代铜器》，《文物》1962 年第 4、5 期。

为对称的铺兽衔环；腹中部有铭文"清河大后中府钟容五斗重十七斤第六"。第二件是"晋阳"钫，通高 46 厘米，口径 11.8 厘米，腹径 24 厘米，底径 14.5 厘米；覆斗状盖，方口、短径、深腹、圈足；器身除肩部两侧饰有一对铺兽衔环外，并无纹饰；一铺兽右侧刻有铭文"晋阳容六斗五升重廿斤九两"。第三件为"代食官䤾"钟，为此地出土的最大的一件钟，通高 46 厘米，口径 18 厘米，腹径 31.5 厘米，底径 20 厘米；器物形制与第一件大体相同，圈足较低，高 3 厘米；也为素面，仅腹部带纹稍有不同；刻有铭文"代食官䤾钟容十斗第十"。三件器物皆通体素面无纹，腹部刻铭，有器物的主人（或地名）、容量和重量或编号。从造型、纹饰到书体，都是典型的西汉风格。这三件重器及另外五件马蹄金的出土虽没有绝对纪年可考，但应在汉武帝太始二年（前 95）至昭帝（前 86—前 74）之间。出土的五件铜镜仅有一件完整，其余皆有残缺。完整者为草叶纹镜，圆形，圆钮，四叶纹座，素边略上卷，钮外四乳钉间饰草叶纹，外饰二十内连弧纹；残缺者皆为铭文连弧纹镜，也是圆形，皆十六连弧纹，各有铭文，其中二镜有"千秋万岁"铭，具有典型的西汉特征。另外，还有一件圆形圜底、折唇侈口的铜洗，其口沿上铭刻"尹氏"二字，可能是铸造工匠的姓氏，可见当时铜器制作的工序已经很有条理了。东太堡这批铜器的发现，不仅表明西汉太原地区制铜业的发达情况，而且为汉代文物的断代增添了宝贵资料。此外，1956 年，太原义井、黄坡发现九座汉墓（编号 6、7、9、10、11、14、15、16、18），土墓二座，其余为砖室墓。其中 18 号墓中出土有铜盖弓帽、轴、弓形饰等[1]。1967 年冬，太原东太堡砖厂发现一件铜鐎[2]，带盖，凤首流，扁圆腹，腹侧作一长曲柄，腹下三熊足，素面。器盖和柄上均阴刻篆体铭文，共三处："䤾齡主""鐎第二䵺重六斤五两""孙氏家"。此墓与出土"晋阳"钫的墓时代相当，大致在武帝时期。1982 年 12 月，太原尖草坪汉墓出土的铜器主要有铜炉、铜鼎、铜釜、铜勺、铜灯、铜泡、五铢钱等[3]。2001 年 4—11 月，山西省、太原市、晋源区三家文物单位考古队重点对太原市晋源区王郭村和乱石滩果树场等地的汉墓进行了抢救性发掘。1 号墓的随葬铜器主要有铜车马模型器五辆，此种规格在太原

① 山西省文物管理委员会《太原西南郊清理的汉至元代墓葬》，《考古》1963 年第 5 期。
② 戴尊德《太原东太堡发现西汉孙氏家铜鐎》，《考古》1982 年第 5 期。
③ 山西省博物馆《太原尖草坪汉墓》，《考古》1985 年第 6 期。

地区较为少见。2 号墓随葬青铜器主要有鉴、鼎、壶、甑、镇、剑、弩机、灯、博山炉等，除一件青铜鼎器壁稍厚，器身满饰饕餮纹，为东周风格外，大多器物器壁较薄，没有纹饰。4 号墓随葬铜器为铜车马器模型、灶、钵、壶、勺、剑、弩机等。703 号墓随葬铜镜、五铢钱。706 号墓随葬铜鉴、甑、鼎、釜、灯、熏炉等。这些墓葬中最能代表太原制铜手工业水平的是八棱铜壶、青铜剑。这么多青铜器的出土，证实了西汉太原地区铜器的冶炼、造型、雕塑、浇铸和修整已有一套完整的工序和分工，并且比前代有了改进和提高。

太原地区出土的西汉青铜器至少表明，周代以来流行的簋、敦、豆等食器至汉代已基本消失，鼎、壶、钟、钫成为当时主要流行的容器，即礼器变为容器。其他容器如洗、盘、樽、杯等饮食器和釜、甑等炊事用具较为常见，且形制上明显具有汉代特点。除此之外，铜镜、熏炉、带钩和车马饰在汉墓中也时有发现。同时，又出现了一些新型的铜器，如灯、镦斗、漏壶之类，说明除了供饮食、储藏、烹饪之用外，青铜器还被用于日常生活的其他方面。就纹饰特点来看，不管是官府使用的青铜器（包括清河太后宫廷器物在内的青铜器），还是民间使用的铜质生活器，胎一般较薄，除一些铭文外大都是素面的，几乎没有什么花纹和装饰，这可能是两个方面的缘由所致。一方面，青铜器上简洁朴素的纹饰可能是一种时代的风尚，正是由于花纹和装饰的简素，才得以节省大量的时间生产更多的产品（各种日用器物），并迅速在民间推广和使用。另一方面，漆器轻巧美观、造价低廉和使用方便等优点，使其在日常生活中更易被人们所接受，从这层意义上看，青铜器的地位显然已经下降了，不再像此前那样被人们特别重视。

（三）制陶业

太原地区制陶业的发展，从考古材料看主要表现在日常生活用品的制作上。如1956 年在太原义井、黄坡发现的九座汉墓中，随葬品以陶器为主，主要有陶壶、罐、盆、耳杯、博山炉等（同时也出土有灶、井、奁等明器），其中一陶壶的肩部阴刻"日利千万"等铭文[1]。1982 年，太原市尖草坪汉墓出土有圆口短颈鼓腹圈足的陶壶[2]。2001 年发掘的晋源区的大多汉墓中也出土不少陶罐、陶壶。以上皆为出

---

[1]　山西省文物管理委员会《太原西南郊清理的汉至元代墓葬》，《考古》1963 年第 5 期。
[2]　山西省博物馆《太原市尖草坪汉墓》，《考古》1985 年第 6 期。

土遗物。采集到的汉代遗物主要有太原市尖草坪西墕遗址的泥质灰陶素面瓮、折沿盆等残片，杏花岭麦坪遗址的泥质灰陶素面卷沿盆、直口瓮、喇叭口罐等残片，阳曲县泥东村东遗址的泥质灰陶卷沿罐、折沿盆等残片，阳曲县南高遗址的泥质灰陶罐、宽折沿盆等残片，阳曲大汉遗址的泥质灰陶素面钵、折沿盆等残片，阳曲侯村遗址的泥质灰陶素面缸、折沿盆等残片，阳曲松树遗址的泥质灰陶素面高领罐、素面折沿盆等残片，阳曲梁庄遗址的泥质灰陶素面直口瓮、素面卷沿罐等残片，阳曲戴庄遗址的泥质灰陶绳纹罐、素面折沿盆等残片，古交河南遗址的泥质灰陶素面折沿盆、罐等残片，古交南坪遗址的泥质灰陶素面卷沿盆、小口罐等残片等。这些从墓葬和遗址中出土和采集到的遗物以日常生活用品为主，主要有泥质灰陶的罐、盆等；纹饰简单，多为素面、绳纹，卷沿或折沿；陶器的制作也较为简单，落后于同时期其他地方。2002 年 8 月，在榆次发掘的一个夫妻合葬墓中出土了八件直径 30 厘米的陶缸，其工艺、形状、色泽颇具地方特点[①]。大约在西汉后期，一种新型的棕黄色或绿色的釉陶由关中和洛阳一带传至太原一带，实物偶见于墓葬中。娄烦曾出土有汉代绿釉陶乐俑。

制陶业发展还主要表现在墓葬明器的制作上。从考古材料看，主要有太原义井、黄坡发掘的汉代墓，随葬有陶制的灶、井、奁等明器。灶的形状呈梯形，灶面设有五釜，釜上又置甑，有的还附有耳杯、勺等器皿，有的灶面仅以五孔代替。灶前作成长方形的火门，灶后则作一圆孔，表示有烟囱通过。灶多为素面，有的仅在火门周围饰方格纹。井都为圆桶形，折唇，井内皆置有一只陶质水桶。而奁则有腹部红色脱落现象[②]。太原尖草坪汉墓出土一件陶灶，灶面上置两个陶甑、四个陶釜[③]，时代为西汉末年至东汉早期。此外，一些汉墓中还出土有陶鸡、陶猪、陶犬等动物陶塑。这些陶质明器制作简单，纹饰多以素面为主，偶有简洁的绳纹、方格纹。可见，西汉的陶器制作有一部分是服务于墓葬明器的。

制陶业发展的第三个方面主要表现在建筑材料的制作上。制砖和造瓦是汉代制陶业的一个重要方面。砖有两种，分大型砖和小型砖。大型砖多是墓葬所用材料，

---

① 2002 年 8 月 16 日，《生活晨报》报道了晋中市猫儿岭一带的市质量技术监督局院内发现西汉时期夫妻合葬墓的情况。
② 山西省文物管理委员会《太原西南郊清理的汉至元代墓葬》，《考古》1963 年第 5 期。
③ 山西省博物馆《太原尖草坪汉墓》，《考古》1985 年第 6 期。

一般长度都在一米左右，内部是中空的，即所谓的空心砖。太原市某文物收藏单位藏有一块空心砖，长113厘米，宽43.5厘米，厚13厘米，纹样为模印的方格纹和五铢钱纹及乳钉纹组成的连续图案，纹饰图案化，显得单一、呆板。小型砖长度一般在20—30厘米不等，分为长方形和方形两种，一般用于地面建筑，墓葬中也会使用。小型的长方形砖，以素面为主，偶有几何等简单的印纹，主要用于砌筑墓顶和墓室。

太原晋源区乱石滩出土王莽时期四神砖

而方形砖用于铺地，正面印有几何图案。2001年，太原果树场一座王莽时期的墓中出土模制铺地方砖，边长27.4厘米，砖面装饰有龙、虎、鱼、玄武动物图案，构图简练，线条柔和，富有动感。

瓦的使用很早。考古资料显示，西周时，建筑上已广泛使用瓦。春秋战国时，板瓦和筒瓦日趋流行。至汉代，瓦又有了发展，板瓦断面约为四分之一圆周，筒瓦断面为二分之一圆周，这两种瓦的形状已很规整，表面上排印的绳纹也趋向整齐。太原地区最常见的且带有地方特征的是外饰绳纹内饰方格纹的板瓦、筒瓦，也发现大量外饰粗绳纹的筒瓦。太原晋源区晋阳古城遗址，阳曲县郑家寨遗址、白家社村东遗址，古交的麻会和黄家沟遗址等大都采集到这两种瓦。此外，在晋阳古城遗址周围采集到一个瓦当，上有篆书铭文"长乐万岁"，另外"千秋万岁"等铭文瓦当也偶有见到，说明带文字的瓦当已在晋阳地区使用。在汉代，太原地区烧制的建筑材料，基本供当地使用，而比较特殊的建筑材料则由其他地方引进。

综合汉代太原制陶业的发展情况，可以得出如下结论：

汉代制陶、烧陶技术水平有了提高。太原出土的陶器大都呈青灰色，色泽一致，表明在烧制中已能掌握火候，烧成温度基本达到一千摄氏度左右。大型器物普遍增高，器物的表面除少量弦纹、绳纹外，一般为光滑的素面。

在器形方面，变化较大的就是器底。西汉前期瓮、罐（带有绳纹）等器物一般是圆底的，有时是圜底的，大约到了中后期，出现了底为圈足和三足的器物，此外就是平底的了。

在造型方面，种类的多样化成为西汉太原陶器的一个重要特征。一方面，以前流行的一些器物退出了历史的舞台，从新石器时代以来流行的陶鬲和在战国时流行的陶豆到汉代逐渐消失，一些仿铜礼器如陶鼎、钟、钫则经常随葬于墓中，成为一种时尚，暗示着主人的身份和地位。另一方面，瓮、罐、瓶、盒等日用器皿大量流行，且种类增多，器形也变得复杂起来。同时，案、熏炉、灯等生活用品也流行起来。西汉中期以后，盛行制作各种专为随葬用的陶质明器，如仓、灶、猪圈、楼阁等模型以及猪、牛、羊、马、鸡等动物陶塑。虽为墓葬用具，却反映了当时社会民俗和民间生活的基本情况。

在纹饰上，西汉陶制品没有什么创新，器物多为素面。除此之外，是一些简单的绳纹、方格纹及弦纹。比较特殊的是空心砖上出现了一种模印的五铢钱纹，深深地打上了时代的烙印。

太原地区出土的陶器，多为普通的生活用具，制作也比较容易，应属于私人性质的小规模制陶作坊所制，但一些仿铜陶器和四神砖等当属官府制造。不过在这些陶器上没有发现像关中、洛阳等地方官府所制的陶器上的戳印标记。

（四）漆器

漆器起源很早，新石器时代就存在了。春秋战国时期，漆器发展很快，已达到很高的水平。西汉时，漆器在战国的基础上又有所发展。太原的不少汉墓中都有漆器出土。值得一提的是2001年发掘的太原晋源区乱石滩果树场的2号汉墓。该墓为典型的积石积炭墓，随葬品主要为青铜器，还有玉剑格、玉饰件，更为重要的是随葬了大量漆器。墓底各处都散有漆皮，厚薄不均。随葬漆器多为盘、碟，叠放在一起，有的叠涩漆皮厚达8厘米，薄的也有3毫米。可以推测，当时随葬漆器之豪华。依墓葬规格推断，墓主应为达官显贵。此外，4号墓发现漆片，703号墓出土漆盒。再如，太原尖草坪1号汉墓出土了一些漆器残片。有一残件直径7厘米，似为漆盒、漆匣之类的器物，黑地朱绘纹饰，中心绘夔龙纹，周围绘卷云纹。另一件残漆器长16厘米，宽14厘米，主题纹饰为一大鸟，圆眼，长尾上翘，既写实又写意。

太原的西汉考古材料表明，不论是贵族墓，还是较富有的平民墓都有漆器出土，说明漆器的普及程度在提高；漆器上所描绘的花纹，不论是图案化了的龙凤纹、云气纹，还是写实的兽类、鱼类，纹样越来越细致和流畅，色彩也愈发鲜艳亮丽明快，说明漆器的纹饰装饰水平在提高；不论是漆盒、漆匣，还是漆盘、漆碟，器物表面比较光滑，器形更加规整，说明漆器的制作工艺在提高。故太原漆器在西汉时有了一定的发展。太原西汉墓中出土的漆器少数是私营手工业者制造的，多数为官营手工业作坊制造的。这是由漆器制作的复杂程度和性质所决定的。当然，如果太原在西汉有漆器制作中心，那一定就是晋阳了，因为晋阳既是西汉初期代国和太原国的都城，也是稍后太原郡和并州刺史部的治所所在地，是太原的经济中心。

（五）玉器

1982 年，太原东太堡西汉墓中除发现大量铜器和钱币外，还发现三件青玉玉璧。这三件玉璧形状相同，尺寸渐次缩小，廓作窄素缘，肉两面所饰的卷云纹刻于菱形纹中，排列有序，纵横成列行。此三件玉器是作为礼器随葬于墓中的[①]，具有较高的文物研究价值。1982 年 10 月，太原尖草坪一号汉墓中出土一件玉猪，长 9.8 厘米，高 3.8 厘米，置于墓主人右手旁，造型古朴，线条简练，具有汉代玉器特点[②]。2001 年，太原乱石滩果树场汉墓群 815 号墓中两米深的淤泥中发现了不少玉饰片和玉片。玉饰片大多为长方形，大小基本相同，阴刻龙、虎、朱雀、马等图纹，并饰以金粉。玉片四角上有可供穿系的小孔，少量呈菱形和半圆形。从出土的玉片分析，墓主人生前有很高的社会地位，死后随葬有玉衣。乱石滩果树场汉墓群 2 号墓中出土有玉剑格、玉剑首等玉饰件。太原不产玉，加工玉器的行业少，玉器的使用程度还没有普及，而玉器作为随葬器物也只有少数富有和具有一定身份的人才能使用。

汉初的太原玉器，主要是继承战国时代的传统，二者区别不甚明显。西汉中期以后，玉器的种类、纹饰和治玉技术都出现了新的变化：作为礼器的玉器，种类减少，仅有璧和圭两种；用于死者身上的玉晗、玉塞等所谓的"葬玉"，已经出现；玉笄、玉带钩等日常装饰用具及武器（如青铜、铁剑柄端和鞘）上的玉饰品的使用开

---

① 山西省文物管理工作委员会、山西省考古研究所《太原东太堡出土的汉代铜器》，《文物》1962 年第 4、5 期。
② 山西省博物馆《太原尖草坪汉墓》，《考古》1985 年第 6 期。

始增多。与前代相比，除了在扁平的玉片上施浅浮雕的花纹外，还流行高浮雕和圆雕的玉器，而镂孔透雕和细线雕刻的花纹也有所增加。玉器表面的抛光技术水平有所提高，说明玉器加工有了进步。

综合以上分析，西汉时太原地区的手工业规模不断扩大，分工更加细致，产品趋于多样化，说明太原手工业已有一定程度的发展，甚至在某些方面略领先于全国平均水平，为整个太原的社会经济发展创造了条件[①]。

五、商业与交通

秦汉时，太原成为北拒匈奴的重镇、南下中原的北门。其中心城市晋阳则是北中部诸郡的交通枢纽，并州政治、经济、文化的中心。秦始皇统一全国的次年，就开始以咸阳为中心，大筑甬道，修驰道。秦始皇东巡时未入太原，但最后一次巡游时（前210）病死在沙丘（今河北省平乡县境），车队回程时取道井陉口，由太原北出雁门至九原（今内蒙古自治区包头市），然后沿直道至咸阳（参见《史记·秦始皇本纪》）。说明太原向东通过井陉口可达黄河大平原，西经九原沿黄河边可抵咸阳，东西线已基本打通。当秦末农民战争爆发后，李良攻略太原、韩信击败成安君皆与此条交通线有关。

汉兴，太原陆路已很便利，匈奴多次攻入太原郡，给北部边境造成了极大的威胁，汉高帝刘邦遂将太原郡的31个县改置韩国，防御匈奴。而当韩王信投降匈奴并进攻太原兵临晋阳城下时，刘邦亲率大军由晋阳过句注山直捣平城，发生了著名的"白登之围"。可见，太原北线交通业已打通，即晋阳北上可通过马邑抵达平城。汉文帝三年（前177），"辛卯，帝自甘泉之高奴，因幸太原"，又"七月辛亥，帝自太原至长安"（《史记·孝文本纪》）。说明太原至长安的交通线已很顺畅。元封四年（前107）十月，武帝"行幸雍，祠五畤。通回中道，遂北出萧关，历独鹿、鸣泽，自代而还，幸河东"[②]。在代地时，曾"幸中都宫"，中都即今之平遥西南。在祭

---

① 参见左振华《从考古材料看西汉时期太原手工业发展情况》，霍润德主编《晋阳文化研究》第三辑，三晋出版社，2009年。
② 《汉书·武帝纪》："（元封四年）春三月，祠后土。诏曰：'朕躬祭后土地祇，见光集于灵坛，一夜三烛。幸中都宫，殿上见光。其赦汾阴、夏阳、中都死罪以下，赐三县及杨氏皆无出今年租赋。'"师古注曰："中都在太原。"

祀后土祠后，武帝下诏免除了太原、中都等县一年的租赋。说明由太原南下的线路仍然是通畅的。

西汉末年，良吏第五伦"自称王伯齐，载盐往来太原、上党"（《后汉书·第五伦传》）。更始二年（前24），尚书仆射鲍永行大将军事，镇守北方，拜冯衍为将军，"领狼孟长，屯太原，与上党太守田邑等缮甲养士，捍卫并土"（《后汉书·冯衍传》）。西汉哀帝年间（前6—前1），刘歆由河内太守调任五原太守，自东往西入太行，经天井关，北上上党郡之高都（今山西省晋城市境）、长平（今山西省高平市境）、长子、屯留、铜鞮到太原，继续北上，逾句注山（今山西省代县境）、雁门郡，再折而西向定襄郡、云中郡，直到五原郡。所经之地名都留在他写的《遂初赋》中。由此可见，太原与晋东南的交通线路也很通畅。

有汉一代，太原地区以晋阳为中心辐射四方的交通线已基本建成，并纳入全国的交通网中。陆路方面，东南向，由太原出发，经榆次沿浊漳水西岸，经太谷、虎亭、屯留、长治、高平、晋城、沁阳于孟泽渡河可至洛阳；北向，由太原往北，沿杨兴河谷、大盂峡谷，过石岭关到达雁门郡大同；东向，由太原经榆次向东沿潇河谷地至寿阳、平定，过井陉口，可直抵河北大平原，即"井陉道"；南向，沿汾河谷地经晋中盆地过灵石可达临汾、运城；西南向，经离石过黄河可达首都长安。

水路方面，主要有汾河。汉武帝曾巡幸河东，泛舟汾水，作《秋风辞》曰："泛楼船兮济汾河，横中流兮扬素波。"（严可均辑《全汉文》卷四十）宣帝五年（前54），太原、河东、上党谷贱伤农，遂将三郡的粮食由汾河漕运至京师（参见《汉书·食货志》）。当时，汾河漕运可到太原，说明水运的发达程度。

汉代，农业、手工业的发展，交通运输业的发达，为太原商业的快速发展提供了动力。文帝对商业的发展采取了一些措施。文帝元年十二月，下诏"尽除收孥相坐律令"（《汉书·文帝纪》）。这等于废除了商鞅变法时规定的"事末利及怠而贫者，举以为收孥"（《史记·商君列传》）的法令（即那些从事工商业及因懒惰而贫困的人，包括他的妻、子都要被收为官奴婢）。此法令的废除，对工商业者及其家属无疑是一种解放。其次，文帝还于五年（前175）夏四月"除盗铸令"[1]。这一诏

---

[1]　《汉书·文帝纪》。颜师古注引应劭曰："听民放铸也。"

令实际上承认了民间铸铁和铸钱的合法性，促进了民间商业的发展。又文帝十二年（前168）三月，宣布"除关无用传"①。传就是出入关口的通行证。出入关口而不用通行证，对于自由通商非常有利。原来太原地处汾河谷地，与周边的县城和山川关口都有关卡设置，关卡凭证的废除，促进了太原一带商品物流的运转速度。又，文帝后元六年（前158）夏四月，下令"弛山泽"②。"弛山泽"就是开放山泽，让民众开发、利用，享受其利益。山泽的开放，使太原一带的人们可在汾河边从事捕捞，在丘陵山区伐木、开矿。文帝采取的这四项措施为商品经济的快速发展提供了强有力的保障。

商业贸易的对象主要是盐、铁及其他日用品。

钱币是商品经济发展的缩影。随着商品交换的发展，作为交换媒介的货币也发展起来，西汉钱币主要有半两钱、四铢钱、五铢钱、黄金马蹄金及王莽时的钱币。如前述考古显示，仅太原东太堡西汉墓中出土的半两钱就有四十二斤之多。文帝时铸的四铢半两，高后时铸的八铢半两，武帝时铸的四铢、五铢及以后流行的五铢钱都可在不同的墓葬中见到。文帝五年（前175），朝廷还允许民间私自铸钱，至武帝元鼎四年（前113），统一铸造五铢钱成为定制。这在太原出土的钱币中都有所反映。王莽时所铸的钱币也偶尔见到，如太原乱石滩果树场538号墓出土了"大泉五十"铜钱。汉武帝时，金币也在社会上使用。太原东太堡汉墓中出土的五件马蹄金，形式相同，皆圆形，似麟趾蹄状，大小重量渐次减小（径分别为5厘米、5.5厘米、6.3厘米、6.3厘米、6.4厘米，重分别为5两、5两、4.3两、4.9两、4.9两），共重24.1两③，正面中心凸起，背面中心下凹，其中四件背面刻有文字。这是汉代以黄金为上币，铜钱为下币，黄金是法定货币的实物见证。史载，武帝太始二年（前95），黄金改铸马蹄金④。钱币的大量出土，反映了西汉时太原商品经济的发展情况。

太原郡地处北边，与匈奴接壤，故与匈奴的商业贸易也较频繁，但多在边关

---

① 《汉书·文帝纪》。颜师古注引张晏曰："传，信也，若今过所也。"如淳曰："两行书缯帛，分持其一，出入关，合之乃得过，谓之传也。"李奇曰："传，棨也。"师古曰："张说是也。古者或用棨，或用缯帛。棨者，刻木为合符也。"

② 《汉书·文帝纪》。颜师古注曰："弛，解也，解而不禁，与众庶同其利。"

③ 山西省文物管理工作委员会、山西省考古研究所《太原东太堡出土的汉代铜器》，《文物》1962年第4、5期。

④ 《汉书·武帝纪》：太始元年（前96）三月诏曰："今更黄金为麟趾袅蹄以协瑞焉。"

进行，称为"关市"。公元前 200 年，"平城"之围解除后，汉匈和亲，双方互赠礼物，商品贸易日盛。景帝即位后，"复与匈奴和亲，通关市，给遗匈奴，遣公主，如故约"（《史记·匈奴列传》）。汉武帝即位后，"明和亲约束，厚遇，通关市，饶给之。匈奴自单于以下皆亲汉，往来长城下"（《史记·匈奴列传》）。此后两族虽战争不断，但仍未中断贸易往来，而太原在其中占有重要地位。

太原输出的商品主要有盐、铁、缯、丝织品、药品、漆器等，汉人穿井筑城的先进技术也由太原传入匈奴和西域等地。同时，一些装饰品、琉璃器和皮制品等外来商品和匈奴的马匹、牲畜也源源不断通过太原进入内地，而匈奴先进的养马技术也由太原传入中原。由于双方的贸易是互利互惠的，都能得到自己所缺的东西，故边贸长盛不衰。

汉代，开展商品贸易进行商业往来成为城市商人发财致富的重要途径。故《史记·货殖列传》说："夫用贫求富，农不如工，工不如商，刺绣文不如倚市门，此言末业，贫者之资也。""末业"，即商业，只要努力经商，"贫者"就可致富。商业的发展促进了各阶层的分化，出现了一个新的商人阶层。有的商人成为周游天下的富商大贾，也有的是由农工转为小商小贩，还有的是辞官从商。如李岳辞官经商，在晋阳贩运大麦。《太平御览》卷八三八引《三国典略》载："李岳，字祖仁，官至中散大夫。尝为门客所说，举钱营生，广收大麦，载赴晋阳，候其寒食，以求高价。清明之日，其车方达，又从晋阳载化生向邺城，路逢大雨，并化为泥。息利既少，乃至贫迫。当世人士，莫不笑之。"又如，西汉末年，第五伦官至乡啬夫，后辞官，以贩盐而求富，"自以为久宦不达，遂将家属客河东，变名姓，自称王伯齐，载盐往来太原、上党，所过辄为粪除而去，陌上号为道士，亲友故人莫知其处"（《后汉书·第五伦传》）。

从以上所举两例可以看出，经营这种大宗的、远程的大麦和食盐的商品贩运，不仅需要大量的资本（如购买商品的固定资金、大量的流动资本），而且需要有经营商品的专门知识和技能，甚至还得掌握购买和出售的最佳时机。这是由各地的市场行情和人们不同的需求决定的。这就是李岳失败而第五伦成功的根源所在。就这一点而言，二人的商业行为显然已具有了一些商品经济的资本主义元素了。

晋阳是太原郡重要的商业城市，是四方商货的集散之地。当时，晋阳城内，既有出售五谷、瓜果、盐酒、酱醋等的食品行业，又有生产和销售绵絮、丝绸、布匹、皮革等的服装衣料行业，还有出售木材、竹麻、铜铁等的日用品商铺，出售犁、锄、镰、斧等农具的门面，出售珠玉宝器的珠宝店。他们经营的既有专供上流社会享用的高档消费品，也有供百姓使用的生活用品。晋阳城商业的繁华由此可见一斑。

六、城市发展情况

太原位于黄河中游晋中盆地北端，其中心城市晋阳城周围有数个城邑，祁县、梗阳、中都、大陵、榆次、狼孟、阳邑等散居在汾河谷地和丘陵上。秦汉时期，晋阳城随着其日益重要的战略地位而迅速发展起来。其左有恒山、太行山之险，右有汾河、黄河之障，地处中原北门，为河东之根木。秦代时太原已成为抗击匈奴的重镇，西汉时与匈奴的战争尤为激烈。

自公元前 200 年汉高祖刘邦亲率 30 万大军由太原北击匈奴后，汉代历任皇帝均选派嫡子或亲信来太原驻守，完善城市设施，强化城市防御功能，用以对付匈奴。早在公元前 201 年，即派韩王信镇守晋阳，改太原郡三十一县为韩国，都晋阳，以防匈奴南下。公元前 196 年，为巩固北边统治，以韩国地改置代国，封皇子刘恒为代王，都晋阳。从此，晋阳城成为太原的政治、经济、军事中心，也是汉族与北方各族经济文化交流的枢纽。从政治上看，晋阳一直是汉朝代国、太原国、并州刺史部、太原郡等官府机构的治所，其重要性是不言而喻的。从军事上看，晋阳城背靠龙山，傍依晋水，濒临汾河，易守难攻，是一座典型的防御城市。汉高祖刘邦、文帝刘恒等多次在战争的关键时刻亲临晋阳，指挥在太原发生的战争，所以晋阳作为防御少数民族南下的重镇，应进行了大规模的营建。从经济上看，晋阳既是谷物粟麻的产粮区，又是手工业较发达的地区，同时也是商业贸易频繁的城市。因此，晋阳城是一座功能齐全的城市。

从考古资料分析，西汉晋阳城遗址有零星发现，但不全面。如 1961 年 6 月，谢元璐、张颔等对晋阳城遗址作了初步勘察，不仅找到了东周时期晋阳的古城址，而且找到了它的大致范围。在此范围内和周围的遗址中发现了西汉时期的陶片，不能说这段城墙为西汉所筑，但至少可以推断西汉时已利用了这段城墙[①]。近几年来，晋阳古城的考古调查和试掘工作有所进展，晋阳古城城址四周范围已基本确定，其主体时代基本上定为东周时期，但在西城墙的一段城墙遗址中发掘出了西汉的器物。上述情况表明，晋阳城的西城墙在西汉时可能沿用了战国时期的城墙，或至少对这一段城墙做了一定规模的修整和使用。就是说，晋阳古城的城址遗址是非常复杂的，如果撇开晋阳古城的城市布局、建筑规模，仅就城墙而论，那么可以说，虽然它是互相连接的，但时代很可能不一致。因为后代很可能定期或不定期地借用了前代或更早时代的城墙，或对其中的某一段加以裁截和修补，更有甚者只利用了前代的城墙基础。晋阳城的西城墙，甚至其他城墙很可能就是这种情况。即西汉时利用了东周时期的城墙，而为自己所用。

西汉时的晋阳城到底有多大？其建筑设施和城市规模又如何呢？在这二百多年的时间内，它是利用了东周时期的晋阳城而仅仅做了修建和增补，还是重新扩建了？显然，现有的史料和考古资料无法回答这些问题，答案只能从今后的考古中去寻找了。

---

① 谢元璐、张颔《晋阳古城勘察记》，《文物》1962 年第 4、5 期。

第九章

东汉太原

公元 25 年六月，当赤眉军迫近长安，农民起义推翻王莽政权即将取得胜利之际，刘秀在鄗南（今河北省柏乡县）称帝（光武帝），袭用汉的国号，以此年为建武元年。不久，刘秀即定都洛阳，史称东汉或后汉。从刘秀称帝至汉献帝建安二十四年（219）东汉王朝被曹魏所代，共历 194 年。

建武三年（27）春，刘秀的军队扼守洛阳以西地区，彻底剿灭赤眉军，农民起义军取得的胜利果实，落入刘秀之手。刘秀重新恢复了地主阶级的统治，于建武五年（29）统一了包括太原在内的中国北方主要地区。

东汉太原是中国北方重要的经济、政治、军事重镇。时人评价太原"东带名关，北逼强胡，年谷独熟，人庶多资，斯四战之地，攻守之场也"（《后汉书·冯衍传》）。卓越的地理位置使其成为各种势力纷争的中心，成为汉族与匈奴、乌桓、鲜卑等周边民族冲突融合的焦点。中平五年（188），屠格胡攻取太原，杀并州刺史张懿。同年二月，黄巾军部众向北攻占太原，南破河东，陈兵十万。次年董卓为并州牧，逐步掌控了太原地区的实权。

建安元年（196），献帝即位。以太原郡为中心的并州成为袁绍和曹操两大集团争夺北方的主要战场。晋阳先为袁绍所占，后为袁的外甥高干所踞。建安十二年（207），曹操占据并州，派梁习为并州刺史。建安十八年（213），曹操统一北方，废并州刺史部，将幽、并二州并入冀州，梁习继续管辖并州区域。经他二十余年的精心治理，太原地区逐渐出现经济复苏、民族融合的安定局面。

东汉初期的太原地区，存在着严重的土地兼并问题，大量土地包括依附于土地的农民被地主阶级占有。随着东汉政权的巩固，统治阶级开始关注农民的生活、生产状况，采取了一些措施，使农业和手工业得以向前发展，人民的生活也因之改善。

东汉时期太原的农业发展水平比西汉有了提高。从太原以及北方地区出土的东汉铁农具铧、锸、镰、锄等数量之多大大超过西汉就足以说明东汉农业生产力水平的提升。犁的铁刃加宽，犁尖的角度缩小，较过去坚固耐用，便于深耕。大型铧比较普遍，锸、镰等农具也比过去宽大了。太原地区较早地推广了牛耕和铁铧犁，回转不便的耦耕式犁被轻便的一牛挽犁所替代，曲柄锄和大镰的使用更便于中耕和收获。

东汉时，太原的手工业也与农业一样，得到了一定程度的发展。铁器的广泛应用，说明冶铁业、铸铁业的发达。1982年12月，在太原尖草坪汉墓中，出土有铜器和铅器，这些都在一定程度上证明了太原当时手工业的繁荣。

东汉时期，太原作为北方大邑，商业仍然发达。这个时代，"天下百郡千县，市邑万数"，都卷进了商品流通的大潮中，太原的官僚贵戚们还凭借权势，从事西域贸易和国外贸易。

第一节　建置

初始元年（8），王莽取代孺子婴，自立为帝，建立新朝，史称新莽。一登上帝位，王莽即以儒家思想为指导，崇古改制，开始了他雄心勃勃的政治、经济、社会等一系列大变革。在地方建置方面，王莽将全国分为九州，一百二十五郡。州设州牧，郡的长官按照爵位的不同分为卒正、连率和大尹等，县则设县宰。在这一变革中，太原政区有较大变化。据《永乐大典》："王莽分并州牧，置朔方牧。"将过去的并州刺史部一分为二，分出北方地区置朔方刺史部。太原郡仍为并州刺史部治所，辖县与西汉同，仍为二十一县，不过一些县域和县名有所变更，特别是县名更改者多达十一处。

王莽更改的太原郡县名有：界美县，原界休县。王莽以休有停止、终结意，不吉，故更名界美。于合县，原于离县。分离不如聚合，故更名。太原亭，原榆次县。或以为县有太原亭，故更名。兹同县，原兹氏县。因兹氏与滋事谐音，故更改。狼调县，原狼孟县。多穰县，原平陶县。陶与逃谐音，不吉，故更名多穰，取粮食丰收意。致城县，原京陵县。大宁县，原大陵县。示县，原祁县。繁穰县，原阳邑县。信恒县，原广武县。

这些变更违反沿革成俗，只重表象而轻本质，无补于国家对地方的控制，反而给太原的管理带来了一些难度。刘秀建都洛阳后，深感中央集权统治对国家长治久安的重要性，在国家行政区域管理方面进行了一系列变革，太原政区建置有一个撤并、恢复西汉旧名的过程。

一、行政建置

东汉太原的行政建置，主要是恢复西汉时期的旧制，虽然也有省并、裁撤，但更多的是向西汉时期制定的政区复原。这一方面是行政管理的需要，更多的则是顺应民心的选择。在追求正统的社会中，任何不符合传统的新制往往会被视作大逆不道。王莽"新"朝实施新制的短命，在一定程度上折射出了这个问题。东汉统治者能够审时度势，及时废除土莽的建置体系，因循旧制，恢复西汉固有名称，应该说是明智之举。但刘秀有感于西汉郡一级地方政权辖地广，管县多，威胁中央政权，因此对地方行政制度实施了一系列的变革。

东汉初，天下分为十三州，一州所辖郡、国多少不等。光武帝建武十八年（42），将各州的州牧这一级地方行政建制取消，重新设置刺史部，作为中央派往地方的监察部门。刺史为监察官。州是监察区的名，又称部。每州设刺史或州牧一人，巡察所属郡、国，督察郡、县官吏和地方豪强，纠举不法，弹劾污吏。当时的太原郡隶属并州刺史部。晋阳交通便捷，人口众多，为历朝都会之所，并州刺史部和太原郡治仍为晋阳。

到灵帝中平五年（188），州刺史再一次成为州牧，握有军政大权，高于郡太守。从此，州变成行政区。朝廷选派九卿等国家重臣出任州牧，成为常设的一方军政长官。地方形成州、郡、县三级管理制，即以州统郡、国（王国），以郡统县、侯（侯国）国、邑（皇后公主食邑）和道（部族所居）。至献帝兴平元年（194），分凉州的金城、酒泉、敦煌、张掖四郡，置雍州，全国增为十四州。建安十八年（213），在曹操主持下，将原幽、并二州又合并为冀州，司隶校尉部及凉州并入雍州，交州并入荆、益二州，"复禹贡九州"，天下恢复为豫、兖、青、徐、冀、扬、荆、益、雍九州。

刘秀撤销州牧后，国家地方行政实行郡县两级制。太原郡在西汉和王莽时期，管辖二十一个县，这在全国属于中上水平，算得上是个大郡。到东汉，太原郡减为十六县。原属的葰人县、汾阳县撤销建制，葰人并入雁门郡繁畤县，汾阳并入太原郡狼孟县。广武县、原平县从太原郡划出改属雁门郡。上艾县改属常山郡。太原郡的变化，与当时北方军事态势不无关系。为了抵挡北方少数民族来袭，把原本属于太原郡辖区的一些县划归到太原以北，加强了雁门郡和常山郡的实力。

晋阳在古代被认为是古唐国所在地，这里地势雄奇，有龙山、悬瓮山等名山，是晋水的发源地。由于接近北边，汉以来晋阳一直是刺史治所，属于军事重镇。东汉太原郡的首县是郡治晋阳县，它的治所大约就在今天太原市的西南，晋源区古城营南一带。当时实行的是郡、县同治，两级的行政机关都设在这里。

据《后汉书·郡国志》记载："太原郡，秦置。十六城，户三万九百二，口二十万一百二十四。晋阳，本唐国，有龙山，晋水所出，刺史治。界休，有界山，有绵上聚，有千亩聚。榆次，有凿壶。中都、于离、兹氏、狼孟、邬、盂、平陶。京陵，春秋时九京。阳曲。大陵，有铁。祁、虑虒。阳邑，有箕城。"

这十六座城的范围大抵在今太原附近，北至定襄、五台，南至介休，西至汾阳，东至榆次。东汉的太原郡共有十六县，其具体位置如下：

1.晋阳，在今太原西南，晋源区古城营村一带；2.界休，在今介休市东南25里；3.榆次，在今晋中市榆次区西王都村；4.中都，在今平遥县西北12里桥头村北；5.于离，《大清一统志》认为在"汾州府境"，今阙；6.兹氏，在今汾阳市南15里巩村；7.狼孟，在今太原市阳曲县北70里故县村；8.邬，在今介休市东20里邬城店；9.盂，在今阳曲县东北30里大盂镇；10.平陶，在今文水县西南25里平陶村；11.京陵，在今平遥县东7里京陵村；12.阳曲，在今定襄县待阳村，东汉建安二十年（215）迁至今阳曲县东北故城村；13.大陵，在今文水县东北15里大南城村；14.祁，在今祁县东南15里祁城村；15.虑虒，在今五台县北34里岭底村；16.阳邑，在今太谷县东南15里阳邑村。

县以下设置乡，以地理面积自然划分，十里一乡，大乡由郡直辖，置有秩一人；小乡由县置啬夫一人，均主一乡之事。

乡以下设里，置里魁一人，掌管一里百家。里下为什、伍，什管理十家人，伍管理五家人，互相监督。

东汉时期的太原郡所辖十六县已如上述，从辖区范围来看，比西汉时的小了一些（西汉时的太原郡北至雁门），这是因为此时已将西汉时太原郡所辖的原平、广武改隶雁门郡，而上艾县也改隶常山郡，而葰人和汾阳二县也在东汉时被省并了。

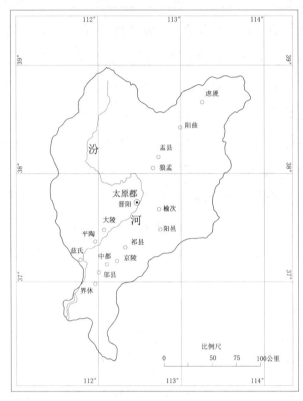

东汉太原郡建置示意图

东汉初年，光武帝为了避免重蹈西汉初诸侯王拥地自重的覆辙，把必须分封的诸侯王封在了相对狭小且互不毗连的区域之内，使其徒有虚名而无法坐大。当时省并有四百余县，这也是太原郡缩小的一个重要原因。尤其在建武十三年（37），东汉全面统一后的第二年，全国的行政建置有了较大调整，省并侯国，降诸侯王为侯，王国改为汉郡，东汉的政区开始向完全郡县制过渡。

"世祖中兴，惟官多役烦，乃命并合，省郡、国十，县、邑、道、侯国四百余所。"（《后汉书·郡国志》）只是这种出于统治需要的政区划分并没有持续多久，至明帝、章帝、和帝，机构臃肿、辖区膨胀的旧弊又逐渐重现，"至于孝、顺，凡郡、国百五，县、邑、道、侯国千一百八十"（《后汉书·郡国志》）。这便是东汉中叶政区变化的实际情况。

至东汉末年，群雄割据，中央不能统一政令。并州由高干掌控一州之事。高干是袁绍的外甥，凭借其舅之力成为并州刺史，掌握了今山西中、北大部分区域，是当时太原地区实际上的统治者。

二、东汉太原地区的分封情况

东汉政权建立以后，继续推行西汉分封王国的制度。建武元年（25）七月，"宗室刘茂自号厌新将军，率众降，封为中山王"（《后汉书·光武帝纪》），这是东汉分封诸侯王的开端。

建武二年（26），刘秀开始大封宗室贵族为王。四月，封其兄刘縯子刘章为太原王。同时分封的还有其族父、族兄等多人。至建武十一年，又徙太原王刘章为齐王。

至建武十五年（39），朱祐向光武帝上奏："古者人臣受封，不加王爵，可改诸王为公。"（《后汉书·朱祐传》）光武帝从其议，降赵王为赵公、齐王为齐公等等。

建武十七年（41），被分封的诸皇子又由公晋爵为王。进右翊公刘辅为中山王，并食常山郡。中山国和常山郡各有十三县，这样刘辅的食邑就有二十六个县。这些县有一些如上艾、汾阳等，在西汉时都属于太原郡，而至东汉时，为防止诸侯王拥国自重，造成威胁，才将郡国建置有意拆分开来。

在政治上，东汉的这些王侯虽然分封在太原地区，但他们仅把这里作为其食邑，没有治民权，因此他们一般也不会来封地久居，也就没有留下什么政绩和名声。

当时王国的主要官吏是傅和相。东汉因袭西汉制度，将丞相改为相，将太傅改作傅。《后汉书·百官志》："皇子封王，其郡为国，每置傅一人，相一人，皆二千石。本注曰：傅主导王以善，礼如师，不臣也。相如太守。有长史，如郡丞。"其时傅与相都由中央来任命。

第二节 太原的军事战略地位

东汉初年，太原地区经常受到鲜卑与乌桓、匈奴等部族的骚扰。其中乌桓与匈奴时分时合，这两支剽悍的游牧部族力量经常侵扰太原郡，给光武帝统治集团带来一定困扰。光武帝以币、帛笼络乌桓。在建武二十五年（49），还加封乌桓渠帅八十一人为侯，让他们率领部众入居包括太原广大地区的塞内，其意图是使乌桓在北边形成第一道屏障，以便侦察匈奴、鲜卑的动向，负起守卫国土的责任。东汉在上谷宁城（今河北省张家口市宣化区附近）置护乌桓校尉，兼领鲜卑，管理与乌桓、鲜卑的互市事务。中平四年（187），前中山太守张纯叛入乌桓，率乌桓各部寇掠包括太原的北方地区。乌桓逐渐强盛后，北方许多吏民为避边塞劫掠之祸，纷纷投奔乌桓，达十余万户。

乌桓等游牧民族在太原地区的种种活动使太原及其周围地区的居住环境走向复杂，军事战略地位日渐突出，一系列军事战争和民族融合的故事陆续上演。

一、卢芳为乱太原

王莽代汉建新朝之后，先后颁布"王田令""私属令"等，不但没能缓解西汉中后期以来不断激化的社会矛盾，反而使这种矛盾更加激化，各地豪强控制大量土地及耕作的农民，建立大型田庄，发展自给自足的田庄经济，甚至拥有私人武装力量，这一切都成为社会不安定因素。太原郡战乱不断，农民起义，豪强争雄，四处狼烟，至新莽地皇四年（23），刘玄被拥立为帝，建元更始，是为更始帝。同年九月，更始帝的军队攻破长安，杀掉王莽，灭了新莽政权。更始三年（25），赤眉军攻入长安，更始帝刘玄被杀。同年光武帝刘秀称帝，改元建武。在此后相当长的一段时间里，太原的北边依然是战乱连绵，且经常会受到北方部族的侵扰。其中在太原势力较大、对太原构成一定威胁的是卢芳部众。

卢芳，字君期，安定三水人（今甘肃省泾川县），在王莽时代，天下人都思念汉室正统，卢芳便趁势诈称自己是汉武帝的曾孙，并且还编造出一套令人信服的世系说辞。王莽末，卢芳联络三水属国的羌胡起兵，被更始帝召为骑都尉。更始败，三水的豪强商议，以为卢芳是刘家子孙，可以继承汉室宗嗣，就共同立其为上将军、西平王，并与西羌、匈奴结好。匈奴单于说："我们匈奴与汉本来就结为兄弟，后来匈奴中道衰落，呼韩邪单于归附了汉朝，并世代称臣，而今天汉朝又中道衰落了，这个刘家后代来归顺我，亦可以立他为王，让他尊敬地侍奉我们。"（参见《后汉书·五行志》）于是派人把卢芳接入匈奴，封了他个汉帝。后来，卢芳在匈奴人的帮助下，联络同样降附匈奴的五原人李兴、随昱，朔方人田飒，代郡人石鲔等入塞，以九原县为都，并据守五原、朔方、云中、定襄、雁门等五郡，虎视太原，与胡兵互通，屡犯北边。

建武六年（30），卢芳与贾览率领的胡骑击杀代郡太守刘兴，接着又杀五原太守李兴，一时间，各郡太守人人自危，纷纷逃离。后来汉室多次派人剿灭卢芳势力，都没能成功。建武十二年，卢芳又攻打云中，没能攻下，这时他的部下叛离。卢芳见情势不妙，便抛弃辎重，仅十余骑逃入大漠深处。建武十六年，卢芳又占据高柳（今山西省阳高县），向汉室请降。汉乃立卢芳为代王，让他做与匈奴联络的中间人。卢芳也表示愿意。只是后来因不能为汉朝信任而复叛，匈奴人遣数百骑将卢芳和他的家眷接至塞外，终老匈奴。

卢芳势力，在东汉王朝初建立时，陈兵北边，给太原地区造成相当大的威胁，给太原的社会安定、百姓生活带来许多困扰。

二、匈奴八部融并州

东汉班超出使西域，在西域长驻了三十多年，先后击破了被匈奴控制的西域诸国，使它们一一归顺汉朝，促进了民族融合和文化交流。东汉建武二十三年（47），匈奴内部发生较大的分裂。永元三年（91）北匈奴西迁，南匈奴内附汉朝。

匈奴是公元前三世纪兴起于大漠深处的一个民族，它的发源地在今内蒙古阴山山脉，当时匈奴部落的联盟首领冒顿，征服了蒙古草原周围各部，建立匈奴政权，此后和中原王朝时战时和。公元47年，匈奴呼韩邪单于之孙比因为没被立为单于，便率领他所统辖的南边八部众四五万人降附汉朝，这样八部大人共议立比为呼韩邪单于，沿袭其祖之名号，史称南匈奴。而对于留在漠北的蒲奴单于，史称北匈奴。

建武二十五年（49），南匈奴击败北匈奴，却地千里。但由于南匈奴自觉势单力薄，惧怕北匈奴仅是战略转移，极有可能会卷土重来，于是遣使于东汉修好，自愿"奉藩称臣，献国珍宝，求使者监护，遣侍子，修旧约"（《后汉书·南匈奴传》）。此后南匈奴一直处于东汉王朝的庇护之下，并在太原郡的北部广修要塞，防御北匈奴的进犯。东汉遣中郎将段郴等赴南匈奴，在五原（今内蒙古自治区包头市）八十里处建立单于庭，并允许南匈奴各部入居太原。当时的南匈奴八部"悉复缘边"，大致分置在太原郡的北边。如郎氏骨都侯屯定襄（治今山西省左云县西），左南将军屯雁门（治今山西省代县西北），栗籍骨都侯屯代郡（治今山西省阳高县）。匈奴部众归入太原郡北边之后，各依郡县管辖，这是中国历史上第一次较大规模的将南匈奴南迁于太原沿边的活动，也是东汉时民族进一步融合的一个里程碑。

东汉永和五年（140），南匈奴内部再次发生叛乱，左部句龙王吾斯、车纽等召集各部人马八千余骑围攻美稷（今内蒙古自治区准格尔旗），屠杀朔方和代郡的长史。东汉发兵平叛。不久，车纽又东引乌桓，西收羌戎及诸胡数万人，攻掠并、凉、幽、冀四州。为了应对叛乱，东汉政府对北边的政区做了调整，"乃徙西河治离石（今山西省吕梁市离石区），上郡治夏阳（今陕西省韩城市），朔方治五原（今内蒙古自治区包头市）"（《后汉书·南匈奴传》）。此次叛乱，断断续续延宕了四年，最后还是被东汉王朝平息。这次发生在永和年间的叛乱，使大批原南匈奴八部的人口由沿太原北边逐渐深入到太原郡及其周围诸郡，南匈奴部众在汾水流域与汉民族充分融合。

三、鲜卑诸部崛起

东汉初年，太原地区经常遭到羌族、乌桓、匈奴、鲜卑的侵扰，在错综复杂的矛盾中，胡汉时战时和。鲜卑诸部的势力逐渐上升，呈现出崛起的势头。

羌族入居太原是在王莽末年，他们散在塞内，与汉人杂处。由于常被地方小吏侵夺，所以常有反抗摩擦。东汉王朝屡次派兵镇压羌人反抗，并逐渐把羌人迁至陇西、汉阳及三辅地带。此后，东汉又发兵捣毁羌人的庐落，羌人多惊走出塞，相聚反抗。当时北地、武都、上郡、西河等地的羌人俱起，进击关中。永初五年（111），一部分羌人进入太原、河东，迫近洛阳，各郡县纷纷内徙，割禾拆屋，强迁居民，导致百姓流离失所。顺帝永和元年（136），并州、凉州和关中的羌人又相继发动反抗斗争，这次战争耗时十年之久。太原及周边的战乱，造成了严重的恶果，民不聊生，哀鸿遍野。桓帝初年的童谣云："小麦青青大麦枯，谁当获者妇与姑。丈夫何在西边胡。"[①] 在长期的战争中，男丁长年征战在外，田中只有妇孺，生产遭到极大破坏。

西汉元狩四年（前119），汉军大破匈奴，将匈奴逐出漠南，乌桓臣属汉朝，被南迁至上谷、渔阳、右北平、辽西、辽东五郡塞外驻牧，代汉北御匈奴。东汉建武二十五年（49），乌桓又从五郡塞外南迁至今辽河下游、山西河北北部及内蒙古河套一带驻牧，此时正值匈奴分裂为南北二支，北匈奴逃往大漠深处之后，南匈奴和乌桓便驻在太原的北部，成为近塞的邻居，北匈奴的故地，被鲜卑占据。

光武帝末年，许多鲜卑大人陆续率部归附东汉，东汉采取怀柔政策，把他们封作王侯。

光武帝之后，至明帝、章帝、和帝之际（约60—105），鲜卑人时而内附，时而反叛。而此时的乌桓久居塞界，生活渐渐适应，他们向往安定的生活，与中原腹地的人民和睦相处，兵戈不兴。然而到了汉安帝永初（107年为永初元年）之后，乌桓和鲜卑便经常侵扰北边，太原也在其中。

东汉熹平元年（172），鲜卑的檀石槐逐渐统一鲜卑各部，立庭于弹汗山歠仇水之上，离高柳（山西省阳高县）不过三百里。他的兵马非常强盛，东西部的鲜卑大人尽皆归附。于是他南抄缘边，北拒丁零，东却夫余，西击乌孙，把过去匈奴的地盘全部占据了。当时鲜卑的疆域，东西万四千余里，南北七千余里，其间的山川、水泽、盐池都在其掌控之下。檀石槐把他的领地分成三部：从右北平以东至辽东，接夫余、濊貊二十余邑为东部；从右北平以西至上谷十余邑为中部；从上谷以西至敦煌、乌孙二十余邑为西部。这三部都有首领大人主领，效忠于檀石槐。

汉灵帝即位后，并州缘边诸郡无不受鲜卑寇抄，杀掠不知其数。熹平三年（173），夏育任护乌桓校尉，他看到边境的这种现象，主张征并州诸郡的兵力出征击之。夏育认为经过一冬二春的努力，一定能剿灭鲜卑。朝廷起初没有同意，后来

---

① 《桓帝初天下童谣》是一首东汉桓帝时的童谣，从中可以见出政治得失。这首童谣就是被当作历史资料记载、流传下来的。从中可以窥见当时政治黑暗、社会残破、人民痛苦的现实。

有护羌校尉田晏，犯了法，被朝廷宽恕之后，很想立功以报朝廷恩德。他请中常侍王甫让自己做将军。王甫又请夏育出兵，协力讨鲜卑。灵帝同意他们的想法，拜田晏为破鲜卑中郎将。对于征讨鲜卑的军事行动，大臣们有不同意见，于是相议于朝。当时议郎蔡邕执意反对，灵帝没有采纳他的意见，派夏育出兵高柳，田晏出兵云中，匈奴中郎将臧旻率南单于出兵雁门。他们各自带领上万骑兵出塞二千余里征讨鲜卑。檀石槐命三部大人分头率部迎击。战争的结果是东汉军队大败，丧其辎重，死者十之七八。带兵的夏育、田晏、臧旻三败将被囚于槛车，贬为庶民。

对于这次战争的失利，蔡邕早有预料，这也是他当时不主战的原因。他对鲜卑的崛起做了这样的分析："自匈奴遁逃，鲜卑强盛，据其故地，称兵十万，才力劲健，意智益生。加以关塞不严，禁纲多漏。精金良铁，皆为贼有。汉人逋逃，为之谋主。兵利马疾，过于匈奴。"（《后汉书·乌桓鲜卑传》）蔡邕的这一段分析，可以说是知彼知己。当时的鲜卑，已经统一漠北，取代了往日匈奴的地位，实力强大。

鲜卑诸部在斗争中求发展，即将迎来驰骋中原的历史时代。

四、并州：四战之地

东汉建武六年（30），冯衍任狼孟长（地在今太原市阳曲县）。冯衍是东汉初年著名才子，他饱读诗书，对时世、政局都有远见卓识。王莽之时，冯衍被推荐做官，但他坚持不肯出仕。这是因为他的祖父是西汉元帝时的大鸿胪，荣国恩甚深，所以冯衍一直怀念汉家之德。

冯衍对新莽政权和边境诸胡给人民带来的灾难有这样的描述："缘边破于北狄，远征万里，暴兵累年，祸拏未解，兵连不息，刑法弥深，赋敛愈重。众强之党，横击于外；百僚之臣，贪残于内。元元无聊，饥寒并臻。父子流亡，夫妇离散。庐落丘墟，田畴荒秽。疾疫大兴，灾异蜂起。"（《后汉书·冯衍传》）

早在更始二年（24），朝廷遣尚书仆射鲍永行大将军事，希望他能安定太原地区。冯衍在鲍永行前语重心长地对他说："今大将军以明淑之德，秉大使之权，统三军之政，存抚并州之人。……将定国家之大业，成天地之元功也。"接着，他对并州做了一个总体评价："夫并州之地，东带名关，北逼强胡，年谷独熟，人庶多

资。斯四战之地，攻守之场也。"（《后汉书·冯衍传》）

这段话，是东汉太原地区的一个真实写照。句中"东带名关"，力陈太原形势险要，东汉时与太原有关的关隘很多，如井陉关、娘子关等；"北逼强胡"，匈奴、鲜卑、乌桓是也，这些部族经常南下骚扰边地；"年谷独熟"，应是当时以晋阳为中心的并州地区的农业特点，太原以农耕为主，季节滞后于中原，北方农作物如莜麦、稷等只能在这里"独熟"；这里人才众多，将帅戎卒，不乏其人，因而成为中国北方重要的战略要地，是四方皆可开战、能攻能守的地方，即所谓"四战之地，攻守之场"。

第三节　东汉太原地区的经济发展

东汉时期太原地区的经济经历了战乱衰退和复苏发展多次螺旋式的前进。政权更迭而造成的战乱，使百姓受到很大伤害。太原郡的人口大量减少，土地荒芜，朝廷为了增加太原地区的劳动力，恢复和发展生产，同时抵御北匈奴势力的南下，决定将南匈奴部众南迁于太原郡及其沿边地区。同时地方官员遵照光武帝的诏令，让流离失所的人还归故土，从事生产，希望能够修补战争创伤，使经济得到恢复。

东汉在太原地区施行的休养生息政策基本达到了预期目的。南匈奴作为太原北边的屏障，有效地阻止了北匈奴的南下侵扰，又由于汉匈人民的共同努力，太原地区经济得以迅速恢复和发展。"百姓新去兵革，岁仍有年，家给人足"（《后汉书·张纯传》），以致出现了"中兴"的短暂繁荣局面。

太原及其北部地区一直是东汉朝廷抵御北方部族南下的军事要地，屯田制从西汉文帝时期开始在这里施行，这一举措使土地得到迅速开发，出现了大面积的肥沃良田，农作物产量比先秦时期有了较大提高，太原粮食还供给京师[①]，可见当时太原农业发展水平是较高的。

随着东汉政治日趋腐败，土地兼并激烈，广大农民流离失所，加之匈奴的南下劫掠骚扰，逐渐造成国敝民贫，屯垦的工作也废弃了。汾水两岸，田地荒芜，人

---

① 许一友、温国强、宋文庆、周芳玲《太原古代经济研究》，山西经济出版社，2005 年。

们衣食无着，饿殍遍野。有一些民生数据可以反映出当时的这一问题，在西汉元始二年（2），太原郡所辖 21 个县，土地面积 51750 平方公里，住户 169863 家，人口 680488 人，人口密度为 13.1 人／平方公里；到东汉永和五年（140），人口锐减，太原郡所辖缩减为 16 个县，土地面积 45360 平方公里，住户 30902 户，人口 200124 人，人口密度为 4.4 人／平方公里。

东汉后期，社会转入动荡萧条，当时太原地区的景况正如曹操《蒿里行》诗中的描述："白骨露于野，千里无鸡鸣。生民百遗一，念之断人肠！"建安十一年（206），曹操率大军击败并州刺史部高干，改任梁习为并州刺史，梁习治理并州后，致力于农业经济的恢复和发展，使当时太原"边境肃清，百姓布野，勤劝农桑"（《三国志·魏书·刘司马梁张温贾传》）。

一、农作物产量的提高

东汉时期，在国有和自耕农土地所有制形式之外，一种新的土地所有制形式出现，即豪强地主占有大量土地，采取田庄式生产经营方式。田庄多是聚族而居，宗族的首领就是家长，家族内有严格的长幼尊卑之序。从事劳动者多是同族的贫苦农民、宾客、部曲、徒附等，他们与田庄主有着极强的依附性。汉末农民起义，庄园豪强是社会上重要的武装力量之一。当时的田庄中，有农、林、牧、渔各业，还从事某些手工业生产，或进行一定的商业和高利贷活动，具有极强的自给自足性质。史载樊重经营的田庄中，庐舍楼阁成片，"竹木成林，六畜杂果，檀漆桑麻，闭门成市"（《东观汉记·樊重传》）。从东汉崔寔《四民月令》描述看：田庄里种植着小麦、大麦、春麦、粟、黍、粳稻、大豆、小豆等粮食作物，胡麻、牡麻、蓝靛等经济作物，瓜果等蔬菜；自己制作的各种酱、酒、醋及饴糖等食物；又种植药用植物，以配药品。在这种大田庄里，还种植各种林木以及果树，饲养马牛等耕畜和家畜。在手工生产方面，自己养蚕，纺织各种麻布和丝织物，制作衣、鞋，制造农具和兵器等。此外，田庄中也有粮食及农副产品的买卖。可见，在地主田庄里，各类生活资料基本上都可以自给自足。山西离石马茂庄发现的画像石上，"常见的有车马出行、楼阁人物、庖厨、乐舞、农耕、狩猎等。如反映贵族豪奢生活的题材，在这类题材中通常雕刻有重楼高阁、田园庭院，楼内主人宴饮闲谈、置博对弈、游戏听乐，周围侍奉的众多奴仆，有的捧食进馔，有的拱手作迎送宾客状"①。可以说是豪强地主田庄经济的形象表现。晋阳古城周围发现多座东汉砖室墓，墓葬破坏严重，但从一些墓葬的多座墓室、出土器物有陶楼等来看，应是聚族而葬。如 2013 年太原市西南开化村发现的编号 51 砖室墓，"斜坡墓道，上口长达 14 米，墓室土圹长15、宽 12 米，分前、中、后室，以及南北四个侧室，共 7 个分室，将前堂后室的汉代地下生活表现得淋漓尽致；墓室均为多层砖券，工程浩大，这也是山西目前所见规模最大、结构最为完备的汉墓之一。墓葬结构复杂，形制成熟，堪称汉代多室砖墓的典型代表，也是两汉庄园经济的真实写照，成为家族合葬的一个缩影"②。表明太原地区也实行以地主土地所有制为基础，以庄园生产为主要内容，以土地依附关系为典型特征的经济形式。

这一时期的生产工具较前代有了很大进步，以农业生产中最重要的翻土农具犁为例，已广泛使用曲面犁壁。这在世界上是最早的。犁铧上安装犁壁，使松土、碎土、翻土质量有了提高。汉代还出现了与近代铧式犁相似的古代铧式犁。它不仅具有较强的切土、碎土、翻土、移土的性能，且能将土中的残茬、败叶、杂草、虫卵等掩埋于地面下，有利于铲除杂草和减轻病虫害。

经济形态的变革、耕作技术的提高、水利设施的建设③促使东汉太原地区的农业生产水平有了较大提高，当时的农作物品种丰富，质量、产量都有很大提升。太原郡秋种荞麦，有红黑斑不同品种，俗谚有：中秋有月，荞麦多实。另外，莜麦、小麦、黍子等作物已普遍栽培。

二、畜牧业兴旺

因征战的需要，南匈奴人把他们畜牧的经验和方法带至太原，大力畜养牲口马匹。当时一场战争动辄用马匹数十万之多，可知当时的畜牧业是很发达的。东汉时，还在太原设有专职管理马匹的机构，有家马官之职。

---

① 冯军平、郝慧芬《离石汉代画像石的题材分类》，《吕梁教育学院学报》2012 年第 2 期。
② 太原西南环联合考古工作队《太原铁路枢纽西南环线开化墓群考古工作报告》。
③ 《后汉书·安帝纪》记载东汉元初三年（116），太原"修理旧渠，通利水道，以溉公私田畴"。此旧渠应为智伯渠。

三、采矿业的发展

东汉时，铁器的使用已经非常普及，太原郡因多处有铁矿，所以采矿业和冶炼业都在国内处于领先位置。《后汉书·郡国志》记载太原郡："大陵，有铁。"大陵在今山西省文水县境。古籍中还记载太原地区的铜、锡等矿产蕴藏量丰富，而且很早就被这里的人们发现并开采使用。

四、手工业的进步

东汉时期，太原地区的手工业发展水平提高到了一个新的阶段，生产规模和生产技术都有很大提升。在休养生息政策下，私营手工业得以迅速发展。

1959 年，在太原金胜村发现了许多古墓，重点清理了 9 号汉墓。墓中出土了大量的陶器，有陶罐、陶井、陶灶等器物。这些陶器，有的刻有精美的几何纹样，有的造型朴实大方，圆润平正，反映出极高的工艺水平。另外还出土有漆器，在漆器内部还发现了麻制品、麻纸，这或许是太原历史最悠久的纸的发现[①]。

第四节　东汉太原地区的社会生活

1982 年 12 月，在太原市尖草坪区发现了两座东汉墓，出土了一批随葬器物，有铜器、玉器、陶器、漆器、货币等。我们从出土文物中可以看到，东汉太原地区在墓制葬俗上已较前代发生了较大变化。过去盛行的青铜器礼器日见减少，列鼎而食的旧俗已为实用的生活器具所取代。此次出土的陶灶、铜釜、玉猪、马衔等物，说明人们给死者陪葬的是反映世俗生活的模型器物。这一变化反映了东汉时期太原地区随着以小农经济为主体的农业生产方式的迅速发展，人们的生活观念发生了变化。即以讲求实用为荣，衡量人们社会地位高低的标准是掌握生产生活资料的多寡。

一、烹饪器具的进步

太原地区多次出土的大量烹饪饮煮器具也表明，随着社会的进步，汉初那种列

---

① 李奉山《太原金胜村 9 号汉墓》，《文物》1959 年第 10 期。

鼎而食的习俗已渐被改变，人们开始用砖砌或者用土坯垒砌长方形状的连眼灶，而前代人还只是在地面上挖成灶穴，在这样的土灶上做饭。

灶具的进步，说明了烹饪技术的进步、生活水平的进步。时至今日，人们沿用的灶型基本仍是这种连眼灶，尽管燃料有很多种。

从时间上看，太原地区的陶灶分四期。

第一期：灶面上置五个火眼，素面，管状烟囱。如太原市尖草坪汉墓M2:6，前端与中间各设两个火眼，尾端设一个火眼，上置两甑四釜，尾端设一较短圆形管状烟囱，灶前壁正中间开一拱形火门。灶长27.5厘米，宽20.2厘米。这一时期的陶灶发现较少，形制比较单一，以马蹄形陶灶为主，结合墓葬形制以及随葬器物，推断这一时期为西汉中期，即西汉武帝至宣帝时期。

第二期：陶灶整体器形比较规整，灶面呈梯形，上设五个火眼。有的灶面仅作五孔，灶后有管形的烟囱，如太原西南郊西汉墓M7。结合墓葬形制以及随葬器物，推断这一时期为西汉后期，即西汉元帝至平帝时期。

第三期：陶灶出土数量较少，灶面呈梯形，上设五个火眼。如太原开化墓群M12:8，灶面呈梯形，灶身前后壁平直，两侧壁略弧，无底。灶面上方置五个火眼，前端与中间各设两个，尾端设一个，上置陶釜和陶甑，灶面模印耳杯、勺，灶面后端有一实心烟突。灶前壁中央开一长方形灶门，四周饰菱形网格纹。灶身长16.5厘米，前宽15厘米，后宽7.5厘米，高6厘米。结合墓葬形制以及随葬器物，推断这一时期为新莽时期至东汉初期，即居摄元年（6）至东汉光武帝建武

太原市晋源区果树场出土的陶灶

十六年（40）。

第四期：陶灶灶面上开始出现挡火墙，有的灶面仅作五孔，灶后有管形的烟囱，如太原金胜村汉墓 M9。结合墓葬形制以及随葬器物，推断这一时期为东汉前期，即东汉光武帝建武十七年（41）至和帝时期。

三、四期出现的梯形五火眼陶灶仅见于太原地区，且主要出现在太原西南郊汉墓、开化墓群、金胜村 9 号汉墓三个墓地，共计 15 件，可能为此区域内的特殊形制。

二、从出土俑看太原地区人民的服饰

东汉时期太原地区人民的衣着、服饰是这个时期人们的社会心理、文化修养和精神状态的外在表现，也是这个时代人们审美心理的深刻反映。东汉时，人们用灵巧的双手制作的服饰，不仅美化了人，美化了生活，而且也给中华文明增添了灿烂的色彩。至今我们看到那些反映这个时代的出土文物，看到古人的服饰用品时，仍不禁为古人的智慧、巧夺天工的技艺和高度发展的审美情趣赞叹不已。

1956 年 4 月，在太原的义井、黄坡、寨沟、北堰、石庄头等村，发现了汉墓 9 座，其中编号为 6 的砖墓中，出土了陶俑 1 件。这件陶俑虽然具有高度的抽象性，但还是反映出东汉时期人们在服饰方面的一些特征。

东汉时代，人们把帽子称作"头衣"，贵族所戴的头衣为冠、冕、弁，平民戴的头衣为巾、帻。戴冠显示的是贵族身份，东汉人对此十分讲究，各级官吏在正式场合都要戴冠，以示敬重。《后汉书·马援传》记述马援十分敬重自己的寡嫂，如果没有戴冠，就不敢入户见嫂。从太原出土的汉俑来看，当时的冠，与后世的帽子形制大不相同。它并不像现在的帽子那样把头顶全部罩住，而是用冠圈套在发鬓上，将头发束住，冠圈两旁有缨子，在下巴打结，这样就把冠稳稳戴在头上了。普通百姓则不能戴冠，而是以布包头，称为巾。在汉末，不仅百姓以幅巾包头，就是一些名儒雅士、王公大臣，甚至称雄一方的豪强也都以此为尚，羽扇纶巾是名士的装束。

东汉太原名士郭太，字林宗，博雅君子。一次他出行遇雨，便将所戴头巾折起一角，后来人们都仿效他的这种装束，世称"林宗巾"。

三、太原地区的寒食之俗

寒食的风俗起源甚早，在周朝时，春天就有修火禁的规矩，其法是要禁火，以提请人们对火患的警惕。这种习俗流传到后世，被误传为因介子推而起。

曹操击败高干，夺取并州后，专对太原地区的寒食陋俗下《明罚令》强制改正。因为当时太原地区的寒食已经不是一两天的事，而是几十天成月的事，人们自然苦不堪言。

这道颁布于建安十一年（206）的《明罚令》又叫作《禁绝火令》："闻太原、上党、西河、雁门，冬至后百五日皆绝火寒食，云为介子推。子胥沉江，吴人未有绝水之事，至于推独为寒食，岂不悖乎？且北方沍寒之地，老少羸弱，将有不堪之患。令到，人不得寒食，若犯者，家长半岁刑，主吏百日刑，令长夺一月俸。"

在这篇《明罚令》中，曹操指出了把寒食的原因归于介子推的荒谬。一句"云为介子推"，便反映出曹操对这种无稽之谈的不屑。紧接着，他举了个同样的事例：伍子胥沉江，吴人并没有绝水，这就辛辣地讽刺了介子推被焚，晋人就绝火的荒谬。从保护民众，尤其是保护老少羸弱的角度来看，《明罚令》的意义是积极的。只是民俗的问题是一种积时既久的文化，想用一纸行政命令一朝改掉它，是不大可能的。太原地区的"百五日绝火"习俗并没有因为《明罚令》"令到，人不得寒食"的严刑峻法而停止，老乡们冒着半年刑期的惩罚，硬把这个习俗流传了下来，可见民俗力量的巨大。

第五节　东汉太原的名士

"汉室中微，王莽篡位，士之蕴藉义愤甚矣。是时裂冠毁冕，相携持而去之者，盖不可胜数。"（《后汉书·逸民传》）王莽新政，朝廷黑暗，大批文士由绝望而淡出朝政，移志乡野，这些士人的选择表明其"不事二姓"的政治态度和淡泊名利的处世原则。至刘秀建立东汉政权，尽管"光武侧席幽人，求之若不及，旌帛蒲车之所征贲，相望于岩中矣"（《后汉书·逸民传》），仍未能改变这一社会现象。加之刘秀本人对士人隐居生活的充分理解和宽容，为隐士们营造了相对宽松的政治环境，隐士们身心自在，乐享田园生活，不仅颇受民众尊重，且具有一定的声望和地位。可以说东汉光武帝时期是隐士阶层产生的绝佳时期，也是隐士们有所为有所不为的历史时期，中国的隐士阶层从此登上历史舞台。从东汉开始，正史文献中设立了"逸民"或"隐逸"传，隐士作为社会中一个重要阶层为史家所重视。

一、隐士周党、闵贡、王霸

两汉之际，太原郡名扬天下的隐士有周党、闵贡和王霸。

周党，字伯况，广武（今山西省代县）人，生卒年不详。史载周党家境殷富，有家产千金。他自小失去双亲，为一同姓宗族所养，但这一同姓宗族对周党十分刻薄，且霸占了周党祖传的家产。周党成年后，向县令申诉，追回了家产，然后尽数遣散奴婢，散尽家财，只身前往长安游学。

数年后，周党返回故乡。一天，周党在众人面前被乡佐羞辱。周党读过《春秋》，知道复仇之义，又年轻气盛，就和乡佐约定日期决斗。在决斗中，周党受刀伤昏迷，乡佐佩服周党的勇气，遂将其抬回家养伤，几天后周党才苏醒。从此，周党敛身修志，名闻乡里。王莽篡汉，周党托疾闭门。不久，天下大乱，盗贼猖獗，附近州县皆遭受劫掠，但广武因周党威名所在，盗贼不敢进犯。

东汉建武三十二年（56），汉光武帝刘秀征召周党为议郎。周党上任不久即托病辞官，携妻子和儿女隐居黾池（今河南省渑池县）。几年后，汉光武帝委派尚书又征召周党做官，周党迫不得已，身穿"短布单衣，縠皮绡头"（《后汉书·逸民传》），随尚书到洛阳见皇帝。周党"伏而不谒，自陈所志"，力辞为官，只求隐居，光武帝接受了他的请求。但朝中博士范升却上书皇帝，说周党私窃虚名，"文不能演义，武不能死君"，要求与周党在云台下比试治国之道，以证明周党之徒有虚名。还说周党再三征召不就，见到皇帝不礼，要求以大不敬的罪名对周党处以极刑。但光武帝却认为："自古明王圣主必有不宾之士，伯夷叔齐不食周粟，太原周党不受朕禄，亦各有其志焉。"（《后汉书·逸民传》）又看周党衣着朴素，乃赐帛四十匹，放其归隐。从此，周党隐居黾池，以耕读为业。

周党的事迹名扬天下，渑池县人敬慕周党淡泊名利的君子之风和隐士之节，就在县内建祠祭祀他。据说周党隐居的村庄，因其不受皇帝征召而得名"不召寨"（今河南渑池县坡头乡不召寨村），不召寨村西北处原有窑洞一孔，当地人称为周党窟。隐士周党深受后人敬仰，吸引了不少文人墨客到此凭吊，留下了许多诗篇。明朝山东布政使戴珙有诗赞道：

> 无媒径路草萋萋，懒见香泥没马蹄。
> 高节不因炎帝①屈，芳名应与碧山齐。
> 月明故宅人何在？花落空阶鸟自啼。
> 冠盖纷纷千载下，几人凭轼过前溪。

周党有一位朋友叫闵贡，字仲叔，太原人，也是一位特立独行、方正耿介、不依附权势的贞介之士。"党每过仲叔，共啖菽（泛指豆类）饮水，无菜茹。"（《东观汉记·闵贡》）周党看到闵贡家境贫寒、生活简朴，心有不忍，送给他一些生蒜，但闵贡说道："我欲省烦耳，今更作烦邪？"（皇甫谧《高士传》）拒绝接受。

闵贡大概因为此种原因时常搬家。有一个小故事，闵贡年老时，客居安邑县，贫病交加，买不起肉，只能买少量猪肝果腹，屠夫有时不肯卖给他。安邑县令通过闵贡的儿子知道实情后，吩咐属吏要经常买猪肝给闵贡。闵贡时常收到猪肝，感到很奇怪，便问儿子，儿子说出了缘由，闵贡听后感叹说："闵仲叔怎能因口腹之欲拖累安邑百姓呢？"连忙搬到别的地方去了。

周党生活富足，拒不为官，终老渑池。闵贡境遇贫寒，衣食无着，颠沛流离。二人寻求的都是归隐避世。与他们生活态度相似的还有太原王霸。

王霸，字儒仲，也是太原名士。他年少时就自节自律，很是清高。王莽篡汉后，他抛弃冠带，罢官而去。建武中，王霸被征召到尚书台，见光武帝时，他从不称臣而是称自己名字。有司愤而质问他，王霸答："天子有所不臣，诸侯有所不友。"司徒侯霸十分欣赏王霸的才学，意欲让司徒官位于王霸。然而阎阳在朝堂之上毁之曰："太原俗党，儒仲颇有其风。"（《后汉书·逸民传》）终未促成此事。从此王霸称病不出，隐居守志，多次被征，他都不应，直到寿终。

王霸曾与同郡的令狐子伯是好朋友，后来子伯做了楚国相，其子也做了郡功

---

① 炎帝，指汉代皇帝。古代按五行推德，汉代是火德，故称炎帝。这里指光武帝刘秀。

曹。一天，令狐子伯令其子奉书于王霸，其子去时车马侍从，雍容华丽。当时王霸的儿子正在野田耕作，听说家里来了客人，便扔下农具回到家。王霸的儿子见到令狐公子，自惭形秽，沮丧不堪，甚至连头也不敢抬。王霸见此情景，也非常惭愧伤感，深受打击，卧床不起。王霸的妻子问其故，起初王霸不愿说，最后不得已，言曰："吾与子伯素不相若，向见其子容服甚光，举措有适，而我儿曹蓬发历齿，未知礼则，见客而有惭色。父子恩深，不觉自失耳。"王霸妻听到此番话后，说道："君少修清节，不顾荣禄。今子伯之贵孰与君之高？奈何忘宿志而惭儿女子乎！"（《后汉书·列女传》）妻子的一番话，让王霸幡然醒悟，从此，他终身隐遁的思想再也没有改变。王霸夫妻真可谓志同道合。王霸是一个安贫乐道的人，是一个不愿屈从于人的人，他虽然一度为儿子的处境感到惭愧，但大致还是倾向于田园生活的。他不是贵族，至少在物质生活上不是贵族，他生活的时代是一个相对宽松的时代，光武帝对待士人的态度和宽松的政治环境，为东汉初期隐士阶层的形成准备了条件。此一时期，士族阶层尚未萌芽。而太原王氏由王霸开始，后来一步一步登上门阀士族地位，其中一个承上启下的关键人物就是王允。

二、教育家郭太

东汉末年，太原郡界休县出了一个名士，叫郭太（或写作郭泰），字林宗，从小生活在一个贫困的家庭里。他早年丧父，母亲想让他在县里找个差事，他说："大丈夫怎么能做这样卑微的事呢？"于是告别了母亲，外出求学，很快便博通典籍，精于辩论。他到洛阳拜见河南尹李膺。李膺对其学识大感惊奇，和他结为挚友，郭太因此名震京师。

官员们举荐郭太做官，他坚持不就，说："吾夜观乾象，昼察人事，天之所废，不可支也。"终究没有做官。

郭太身高八尺，容貌魁伟，喜欢宽衣博带，周游郡国。有一次在陈梁一带行路时遇雨，他便把头巾折起一角。人们纷纷仿效他的样子，也把头巾折起来，称作"林宗巾"，可见当时人是多么钦佩他。

郭太最著名的是"知人鉴世"。《后汉书·郭太传》："王柔字叔优，弟泽，字季道，林宗同郡晋阳县人也。兄弟总角共候林宗，以访才行所宜。林宗曰：'叔优当以仕进显，季道当以经术通，然违方改务，亦不能至也。'后果如所言，柔为护匈奴中郎将，泽为代郡太守。""又识张孝仲刍牧之中，知范特祖邮置之役，召公子、许伟康并出屠酤，司马子威拔自卒伍，及同郡（晋阳）郭长信、王长文、韩文布、李子政、曹子元、定襄周康子、西河王季然、云中丘季智、郝礼真等六十人，并以成名。""其奖拔士人，皆如所鉴。"当时有谁受到郭太识拔，便如"鲤鱼登龙门"身价百倍。"士争往从之，载策盈车。"（《汉魏六朝杂传集》）"后归乡里，衣冠诸儒送至河上，车数千两。"（《后汉书·郭太传》）并州人士，自然沾光不少。

有人请汝南名士范滂评价郭太，他说："隐不违亲，贞不绝俗，天子不得臣，诸侯不得友，吾不知其它。"郭太对老母非常孝顺，被称作至孝。当时，朝廷中奸党横行，名士多为其毁，而郭太却因为品行高洁，又无官无职，没有受到奸人的迫害。看到朝廷如此黑暗，郭太更坚定了不入仕的信念，专心从事教育，弟子有上千人。

桓、灵之时，士人集团同宦官集团斗争激烈，郭太是士人集团的主要首领，他还是著名学者、思想家和教育家，人称"有道先生"。建宁元年（168），太傅陈蕃和大将军窦武为阉人所害，郭林宗深感物伤其类，大恸于野。他叹息道："人之云亡，邦国殄瘁。"

第二年春，郭太卒于家，时年四十二岁。四方之士都来为他送葬，共同为他建碑立石。大文豪蔡邕为郭太书写了碑文，史称《郭有道碑》。蔡邕感慨地说："吾为碑铭多矣，皆有惭德，唯郭有道无愧色耳。"（《后汉书·郭太传》）

郭太英年早逝，没有留下更多的著作，但他的美名载于史册，成为太原历史的骄傲。

第六节　汉末的并州势力

汉灵帝即位后，沉迷酒色，重用宦官，农民在多重残酷压榨下不堪重负，终于在东汉中平元年（184）爆发了黄巾起义，东汉朝廷调集大量兵力才将这场声势浩大的起义镇压下去。公元190年，又逢"董卓之乱"，中央大权落入董卓等权臣之手，而其他在外带兵的将领与地方豪强也借围剿黄巾军的机会掌握了大量的武装，从而揭开了东汉末年军阀混战的大幕，董卓、袁绍、曹操、孙坚、刘备等人纷纷登上了历史的舞台。

汉末的政治舞台，有两个并州人物不能绕过，一个是吕布，一个是王允。并且他们并非单枪匹马，而是东汉末期并州政治势力的一个缩影。

一、吕布集团

吕布（？—199），字奉先，五原郡九原（今内蒙古自治区包头市）人，东汉末著名武将。民间对他评价为"人中吕布，马中赤兔"和"三姓家奴"，他的事迹经罗贯中《三国演义》演绎后，广为人知。

《三国志·魏书·吕布传》说："吕布字奉先，五原郡九原人也。以骁武给并州。刺史丁原为骑都尉，屯河内，以布为主簿，大见亲待。"《后汉书·吕布传》记载基本相同。尽管《三国志》和《后汉书》都有吕布的传，其他人的传中提到吕布的地方也不少，但一般说来，都详于他的后半生，很少涉及他的早年生涯。吕布在得到丁原赏识以前，即他在并州的早年生涯，对人们说来，是一个谜。尽管史料不足，不能全面了解吕布的这段历史，但是，如果从某些迹象或某个侧面，仍可以显示出一定的真实情况。《三国志·魏书·吕布传》云："司徒王允以（吕）布州里壮健，厚接纳之。"据同《传》陈宫对陈留太守张邈的说词，"吕布壮士，善战无前"，"壮健"当即"壮士"。《后汉书·王允传》云："（王允）素轻（吕）布，以剑客遇之。"王允是太原祁县人，"世仕州郡为冠盖"，说明在大姓豪族代表人物王允的心目中，吕布不过是并州同乡中的一名"壮健"或"剑客"，而王允之所以厚加接纳，目的仅在于实现他的政治图谋，即利用吕布刺杀董卓。即使吕布杀死董卓有功，被东汉朝廷任为奋武将军，进封温侯之后，王允还是视其为"剑客"之流。

"剑客""壮士"之说，在汉代的史籍中，是经常出现的，意思大约为"亡命奸臧""气力勇猛""力扼虎，射命中"，所谓"剽轻剑客之徒"。以此来说，吕布早年应该是主流社会之外的不法之徒。他遭到士族和大官僚的轻视，是非常自然的。

东汉末年是一个游侠横行的时代，但其层次也是有高低的。从当时情况看，吕布应该是一名并州的"轻侠"。"轻侠"是游侠中层次最低的人物，一般说来，其特点是勇而无谋，又易为人所利用。

识拔吕布的并州刺史丁原，是并州军统帅，他与凉州军统帅董卓，都得到大将军何进的重视。《后汉纪》卷二五说："（何）进以（袁）绍为司隶校尉，王允为河南尹。乃召武猛都尉丁原、并州刺史董卓，将兵向京师，以胁太后。"这是袁绍为何进所出的建议，即召集拥有强兵劲旅的猛将，率兵前来京师洛阳，胁迫太后同意诛灭宦官。董卓这时虽已被任为并州刺史，却未上任，所统率的仍是凉州兵；丁原离开并州，这时以武猛都尉名义屯驻河内，所统率的仍旧是并州旧部。并、凉两支劲旅，成为何进所依靠的主要军事力量。

并州与凉州的士兵勇敢善战，当时被称为"并、凉劲兵"。由于并、凉两州边邻匈奴、西羌等少数民族，这里的人民经常要抵御这些民族的侵扰，因此即使是妇女也可以"载戟挟矛，弦弓负矢"。在当时人看来，并、凉士兵属于"天下之权勇"，"百姓素所畏服"（《三国志·魏书·郑浑传》裴注引张璠《汉纪》）。

董卓利用吕布，诱使其背叛并杀死丁原，从而兼并了并州军。尽管董卓极力拉拢吕布，"誓为父子"，但他们之间仍存在矛盾。《太平御览》卷五五引《典略》云："董卓虽亲爱吕布，然时醉则骂，以刀剑击之，不中而后止。"《后汉书·吕布传》云："（吕布）尝小失（董）卓意，卓拔手戟掷之。布拳捷得免，而改容顾谢，卓意亦解。布由是阴怨于卓。卓又使布守中阁，而私与傅婢情通，益不自安。"吕布对董卓的暗中不满，以及内心的"益不自安"，对并、凉两支军事力量之间的矛盾来说，更起了直接激化的作用。

在丁原的并州军中，与吕布出身和经历相似的并州人，在《三国志》中还可以找到两个，即张杨和张辽。《张杨传》说："张杨字稚叔，云中人也。以武勇给并州，为武猛从事。……并州刺史丁原遣（张）杨将兵诣（塞）硕，为假司马。"《张辽传》说："张辽字文远，雁门马邑人也。……少为郡吏。汉末，并州刺史丁原以（张）辽武力过人，召为从事，使将兵诣京都。"其一，从籍贯上说，吕布是五原人，张杨是云中人，张辽是雁门人，五原、云中、雁门三郡都属于并州。其二，吕布"骁武"，张杨"武勇"，张辽"武力过人"，才力基本相当。其三，他们都以这方面的才力为丁原所赏识，在并州得到"司马"或"主簿"，"武猛从事"或"从事"这种高级武职。这些人的存在，不但加强了并州军的战斗力量，也为此后形成以吕布为中心的并州军事集团创造了条件。

张辽的出身和早年经历应该与吕布相似。后来，并州刺史丁原响应东汉朝廷号召，派张辽率领并州劲旅前赴京师洛阳，又受大将军何进委派回到河北募兵。待到从河北重返洛阳时，丁原已死，并州军为董卓所兼并，张辽也率部归附董卓。吕布杀死董卓之后，张辽"以兵属吕布"。吕布死后，其军归曹操。

至于张杨，当丁原被害，并州军遭董卓兼并时，他留在并州的上党郡，拉起一支几千人的队伍，起兵反对董卓，并与匈奴单于於夫罗联合。丁原的部队曾屯驻河内，这里本来是并州军的地盘。不久，张杨即在河内站定脚跟，又从董卓控制的东汉朝中取得河内太守之名。"（张）杨素与吕布善"，他的这支部队后来也成为并州军事集团的主要力量。

从史籍记载中至少可以知道，在摆脱凉州军控制后逐渐形成的并州军事集团，包括吕布、张辽、张杨等三支武装力量。张杨的地盘在河内，与吕布一直保持着密切联系，张辽虽然"以兵属吕布"，但他以北地太守或鲁相名义（《三国志·魏书·张辽传》，同书《蜀书·刘备传》裴注引《英雄记》），在吕布军中仍保持相对的独立地位。吕布、张辽、张杨三人组合的并州军事集团，拥有强劲的武装力量，先后取得一定地盘，成为当时重要的割据势力。

二、王允势力

王允（137—192），字子师，太原祁（今山西省祁县）人。他出生于官宦世家，少有大志，勤于习诵经诗，朝夕不忘骑射，在太原一带很有声望，名士郭太（林宗）十分欣赏王允，称赞其"王生一日千里，王佐才也"（《后汉书·王允传》），并结为知己。王允19岁时被荐为太原郡吏，有除暴安良之官声。

当时在晋阳有一个小黄门叫赵津，此人横行乡里，无恶不作。晋阳人敢怒而不敢言。王允为了百姓的利益，为保一方的安宁，就把赵津抓起来杀了。赵津的兄弟意图报复，"因缘谮诉"。汉桓帝震怒，将太原郡太守刘瓆关进监狱，后处死。王允非常悲愤，扶刘瓆灵柩回乡，为其守丧三年。由此王允名声大震。

后来太守王球治太原郡，接受贿赂，想任用一个叫路佛的声名狼藉之徒。王允坚持原则，多方阻挠，当面指斥，遭到王球忌恨，借故拘捕了王允，并打算杀掉他。刺史邓盛闻知此事，马上出面保释王允，并征召他担任并州别驾从事。王允为感激邓盛的救命之恩，工作兢兢业业，任劳任怨。在邓盛的提拔和宣扬下，王允的名声越来越大，不仅赢得了州郡官吏和百姓的赞赏和钦佩，而且引起了朝廷的注意。不久，王允被朝廷三公同时征召，以司徒荐举高第（成绩优秀）征召为侍御史。从地方州郡迁到中央朝廷，这是王允人生道路的重大转折，也为他实现政治抱负提供了广阔的舞台。

王允担任侍御史不久，爆发了声势浩大的黄巾军农民起义。为了迅速镇压起义，东汉朝廷特别选拜王允为豫州刺史，征辟荀爽、孔融等名士担任王允的从事，率领重兵讨伐黄巾军。王允初次领兵打仗，便充分展示了他非同一般的文韬武略。王允预先广泛征求从事和将士意见，设计了周密的作战方案。战时，王允亲自披挂上阵，一举击溃豫州黄巾军。之后，王允和左中郎将皇甫嵩、右中郎将朱儁共同受降数十万黄巾起义军。在受降过程中，王允部下查获宦官张让门客与黄巾军的来往信札。张让是当朝掌权的大宦官，权势滔天，极受皇帝宠爱。王允怀疑张让与黄巾军私通，便进一步追查，把其中的具体细节全部揭发出来，并上奏皇帝。汉灵帝大惊，立即召张让进宫，要他交待。张让在朝中向来无人敢惹，见到王允的奏章后吓得半死，急忙叩头谢罪。但他花言巧语，不仅矢口否认罪行，反诬王允忌妒陷害他。灵帝本就有意偏袒张让，又被张让巧言迷惑，便不再追究。

张让脱罪后，便伺机打击报复王允。次年，张让终于找到借口，将王允逮捕下狱。但正好赶上朝廷大赦，王允免罪释放，官复刺史原职。睚眦必报的张让并没就此罢休，没出十天，他又以另一个"莫须有"的罪名将王允再度下狱。

司徒杨赐知道张让必欲置王允于死地。为让他免受痛苦，杨赐派人劝王允："你得罪张让，一月之内，两次下狱。如今凶多吉少，性命难保。大丈夫能屈能伸，为了将来，何不先退让一下？"王允当然拒绝屈服。手下无计可施，端来一杯酒，激王允说："你既然不想保全，不如饮此毒酒，何必再受折磨？"王允厉声说："我是国家大臣，君王赐罪，我自当接受惩罚，依法在街头斩首示众。岂能吞毒自杀，以死逃避？你们不必再劝，我意已决！"说完，他一把夺过毒酒，掷杯于地。幸好在朝廷中，大将军何进、太尉袁隗、司徒杨赐一起上书，历数王允治国安邦业绩，为他求情。由于众人请命强烈，灵帝只得赦免他。王允改名换姓，隐居河南陈留一带。

中平六年（189），汉灵帝病死，王允赴京师奔丧，大将军何进辟其为从事中郎，参与诛杀宦官的计划。后又转任河南尹。献帝即位，擢为太仆，迁守尚书令。次年，代杨彪为司徒、兼守尚书令。是时，董卓专断朝政，自为太师，胁迫献帝迁都。王允被迫随驾入关，在此期间，王允搜集兰台、石室中最重要的图书秘籍，运到长安，分门别类进行整理，国家所藏经典图书得以保存，王允功不可没。

当时董卓权势强盛，留守洛阳，朝中大小事务，都由王允主持。王允韬光养晦，佯装唯命是从，董卓也愿和王允推心置腹，一点儿也不怀疑他。在危乱存亡之秋，汉末君臣能维持社稷，有赖王允之力。此时，在王允的周围，形成了一批以文人显贵为主的官僚势力，他们试图铲除宦官和军阀，然后护卫天子回洛阳，恢复王朝的秩序。

三、董卓之乱

随着董卓篡权叛逆的野心逐渐显露，王允遂与同僚密谋铲除这个祸患，于是他联合吕布，导演了诛灭董卓的政变。这次政变是汉末各方政治力量角逐的结果，并非那么具有戏剧性，史书的记载也仅寥寥数语。《后汉书·王允传》云："（王允）潜结卓将吕布，使为内应。会卓入贺，吕布因刺杀之。"后来的《三国演义》和戏曲《凤仪亭》《连环计》，引入了虚构的绝代美女貂蝉，将这段故事演绎得绘声绘色，使之家喻户晓。

汉灵帝崩，吕布被董卓所诱，做了董卓手下的骑都尉，"誓为父子，甚爱倍之"。董卓为人狡诈，自知养虎于舍，所以对吕布常怀猜畏。董卓是一个暴戾之人，有一次吕布有个小失误，董卓拔戟掷之，吕布身手敏捷躲过飞戟得免。事后吕布改容谢罪，董卓怒气平息，欢好如初，但在吕布心底埋下了很深的怨念。吕布为董卓守中阁，"而私与傅婢情通"，也就是后世戏剧文学中描写的"吕布戏貂蝉"。因此私情，吕布"益不自安"。正当他彷徨无计时，王允观察到吕布与董卓间的矛盾，便拉拢吕布，请他做内应，除掉董卓。吕布还在犹豫与董卓的父子关系，王允离间他说："君自姓吕，本非骨肉。今忧死不暇，何谓父子？掷戟之时，岂有父子情也？"（《后汉书·吕布传》）吕布被王允的言辞说动，遂参与王允密谋的行动，并亲自手刃了董卓。董卓祸国殃民的行径，激起了天下人的极度愤慨，铲除董卓，不仅顺应时代潮流，而且合乎天下民心。它的意义不仅仅在于除去董卓这一祸国奸臣，而且深刻影响着东汉末年的历史进程。

除董卓成功之后，王允主持朝政，颇自独断，提拔不少太原同乡，如以宋翼为左冯翊，王宏为右扶风，此二人亦是受到郭太赏识的太原士人。但是，"允性刚棱疾恶，初惧董卓豺狼，故折节图之。卓既歼灭，自谓无复患难，及在际会，每乏温润之色，杖正持重，不循权宜之计，是以群下不甚附之"（《后汉书·王允传》）。铲除权奸后的志得意满，加之古板严厉的性格，使得周围人逐渐疏离，以致后来的事情每况愈下。

王允在大好形势下，没有及时安抚分化董卓旧部，反而表现得要赶尽杀绝，酿成危局。加之名士蔡邕等因与董卓交好而从坐刑死，长安内外群情涌动，政局再乱。另外，吕布等总惦记瓜分董卓的财产，王允也没有同意。在王允心中，吕布只是剑客勇士，从没把他视为伙伴。自负功高的吕布渐感失意，心中多有不平，开始离心离德。

董卓的部下大多是凉州人，王允打算解散他们的军队。消息被讹传，有人造谣说王允要杀掉所有的凉州人。于是引起骚乱，董卓部下李傕、郭汜合谋叛乱，长安被围。城破之际，吕布将逃走，在青琐门遇到王允，他招呼王允一起逃走。王允说，"上天保佑国家，这是我的心愿。要是不能如愿，那我就舍身为国。身为宰相，天子还年幼，还得依靠我等。我绝不会遇到祸难而苟且偷生！"（参见《后汉书·王允传》）说完，便扶着献帝逃到宣平城楼。

李傕、郭汜率兵到宣平门下，汉献帝壮起胆子询问道："你们目无王法，作乱京城，到底打算做什么？"李傕回答："董太师对陛下忠心耿耿，却无缘无故遭人杀害，我们只想替太师讨回公道，不敢造反。等到捉拿处决凶手后，我们愿意接受审判。"王允二话没说，向汉献帝行了最后的君臣大礼，便随士兵走下城楼。李傕、郭汜命令手下当场将王允处决，一代名臣竟死于因自己手软留下的遗患的屠刀之下。

李傕、郭汜之乱中，"（王）允时年五十六。长子侍中盖、次子景、定及宗族十余人皆见诛害，唯兄子晨、陵得脱归乡里"（《后汉书·王允传》）。另外，王允之孙王黑因居于太原而未受牵连。王允死后，"天子感恸，百姓丧气"。迁都许昌后，汉献帝思念王允的忠贞气节，改用隆重的殡礼重新安葬王允，还特意派虎贲中郎将

"奉策吊祭，赐东园秘器，赠以本官印绶，送还本郡"。后来，又封王允的孙子王黑为安乐亭侯，食邑三百户。王允虽然横死，但祁县王氏受到汉献帝少有的追尊，成为并州首屈一指的名门。后来曹魏时期，又以王允之侄王凌最为出类拔萃，成就了祁县王氏发展的第二次大飞跃。

吕布刺杀董卓后，并州与凉州两支军事力量之间更势同水火。《后汉书·董卓传》载："（李）催、（郭）汜等以王允、吕布杀董卓，故忿怒并州人，并州人其在军者男女数百人，皆诛杀之。"李催、郭汜是凉州军的重要人物，他们采取杀尽军中并州人的残酷行动，是必然的。《三国志·魏书·吕布传》云："（吕）布自杀（董）卓后，畏恶凉州人，凉州人皆怨。由是李催等遂相结还攻长安城。布不能拒，催等遂入长安。"从吕布说来，排斥凉州军的李催、郭汜等人，也是必然的。两支军事力量之间的斗争，以吕布失败率军退出长安而宣告结束。

《三国志·魏书·吕布传》裴注引《英雄记》云："（张）杨及部曲诸将，皆受（李）催、（郭）汜购募，共图（吕）布。布闻之，谓杨曰：'布，卿州里也，卿杀布，于卿弱。不如卖布，可极得汜、催爵宠。'（张）杨于是外许汜、催，内实保护布。汜、催患之，更下大封诏书，以（吕）布为颍川太守。"当吕布被袁绍利用，为其大破黑山军张燕之后，险为袁绍谋害，从而来到河内依靠张杨。并州军的吕布、张辽、张杨集合在一起，对凉州军的李催、郭汜来说，当然是严重威胁。他们首先进行分化，诱使张杨及其部曲诸将杀死吕布。在张杨看来，这具有相当大的诱惑力，因为这样不但可与凉州军暂时和解（他在河内，与吕布不同，没有与凉州军直接冲突过），而且可以兼并吕布部队，以扩大自己的军事力量。吕布的这番话，指出他与张杨同属并州军事集团，唇齿相依，如果内部火并，自己被杀，张杨也必然势孤，无疑将为凉州军所攻灭。权衡轻重，张杨不得不放弃这个打算。表面上，他敷衍李催、郭汜，实际却大力保护吕布。在这种情况下，李催、郭汜只得反过来笼络吕布，任他为颍川太守。吕布得到颍川这块地盘，有了立足之地，而颍川、河内两郡又相互邻接，从此，这个松散的并州军事集团力量日益壮大。

割据兖州的曹操与陈留太守张邈，以及当地大姓豪族之间，矛盾日益激化。曹操谋士，也是当地大姓豪族代表陈宫，乘曹操东征徐州陶谦的有利时机，勾结反对曹操的一批人，准备起兵，将曹操逐出兖州。《三国志·魏书·吕布传》云："（陈）宫说（张）邈曰：'今雄杰并起，天下分崩，君以千里之众，当四战之地，抚剑顾眄，亦足以为人豪，而反制于人，不亦鄙乎？今州军东征，其处空虚，吕布壮士，善战无前，若权迎之，共牧兖州，观天下形势，俟时事之变通，此亦纵横之一时也。'邈从之。"陈宫的建议很明白，他们之所以利用吕布，是看中他的"善战无前"。陈宫说词中一个"权"（权且）字，就可以清楚吕布在他们心目中的分量。尽管濮阳一战，曹操十分狼狈，差点为吕布所俘，但在袁绍的大力支持下，终于大败吕布，收复兖州。这次战争，吕布被利用，失败后只得东奔徐州依附刘备。

吕布是一名"轻侠"型的人物，一贯为当时的大姓豪族所轻视并灭之而后快。当吕布与袁术准备联合之际，徐州豪族陈珪劝说吕布投靠已控制东汉的曹操，待其归顺，陈珪之子陈登则建议曹操及早消灭吕布。曹操亦是同样打算，任陈登为广陵太守，并命"阴合部众以为内应"，最终消灭吕布。

吕布为曹操所杀，张辽投降，后来成为曹操的五员名将之一。至于张杨，《三国志·魏书·张杨传》云："（张）杨素与吕布善，太祖（曹操）之围布，杨欲救之，不能。乃出兵东市，遥为之势。"不久，部将杨丑杀死张杨，响应曹操，而杨丑又为张杨部将睦固所杀。当睦固准备将军队拖回河北投奔袁绍时，为史涣所破，睦固被杀。最后这支并州军被曹操收编，并入张辽所部，意味着并州军事集团的完结。

吕布是未受过正统教育的"轻侠"型人物，由于他生性勇猛，大家都很畏惧他。时人对他的评价是"勇而无谋，轻于去就"，奉行"有奶便是娘"的行为准则，但这并不意味着他愚蠢，《三国志·魏书·吕布传》裴注引《曹瞒传》曰："时人语曰：'人中有吕布，马中有赤兔。'"

建安元年（196），袁术派大将纪灵带领步骑三万征讨刘备，刘备向吕布求援。吕布手下说："将军您一直想除掉刘备，如今可借袁术的手除掉他。"吕布说："并非如此，袁术如攻破刘备，就会与北面泰山的部队连成一片，我们就会被包围。因此，我不能不去救刘备。"吕布考虑到了战略上的制衡关系，于是领兵飞速支援。纪灵等听说吕布前来援救刘备，只好收兵，不敢轻举妄动。吕布在小沛附近扎营，派人请纪灵等一起饮酒。吕布对纪灵说："玄德是我吕布的兄弟。如今他被诸位所围，我特意赶来救他。我吕布生性不爱看别人互相争斗，只喜欢替别人解除纷争。"吕布命在营门竖起一戟，说："诸位看我射戟上的小支，如一发射中，诸君当立即停止进攻，离开这里。如射不中，那你们就留下与刘备决一死战。"他引弓射出一箭，正中小支。纪灵诸将大为震惊，赞道："将军您真是有天神般的威风呀！"于是，各自回兵，遂解刘备围（参见《三国志·魏书·吕布传》）。后世戏曲演绎的《辕门射戟》即以此为本。

以吕布为中心的并州军事集团，长于骑射，以骑兵冲锋陷阵见长，是一支具有特殊战斗力的军事力量，在东汉末年扮演过重要角色。曹操的主要谋士荀彧认为"不先取吕布，河北未易图也"（《后汉纪·孝献皇帝纪》）。当吕布最后失败被俘时，还对曹操说："明公（曹操）所患不过于（吕）布，今已服矣，天下不足忧。明公将步（兵），令布将骑（兵），则天下不足定也。"（《三国志·魏书·吕布传》）可见在生命的最后时刻，吕布仍以自己统率骑兵作战的才能自诩。可叹这位剽悍的并州武士，尽管为后人留下了许多可歌可泣的故事，但是，其本身所具有的弱点，一旦被人利用，必然成为昙花一现的人物。曹操灭了吕布，中原遂无劲敌。随着官渡决战的展开，曹魏王朝已呼之欲出。